危與機

黃融／著

國際金融投資智慧

Crisis as Chance
The Wisdom for
International Financial Investment

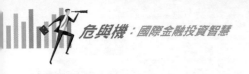

／目／錄／

CH **02** 個人投資者的角色 …………………………… 77

CH 05 對沖、投機、期貨及衍生工具交易 …… 363

CH 06 貨幣、利率與債券市場交易 423

CH 07 外匯交易市場

CH 08 商品交易市場 ·················· 505

CH 09 房地產與金融市場 ·················· 523

CH 11 投資者的個人修養 571

附錄 593

前言

　　沒有人天生就會投資。掌握投資技能不外乎透過學習或實際經驗累積。可是成長中很少有長輩跟我們討論金融投資，更不用說有系統的傳授我們有用的投資經驗與智慧。許多人都是出來社會工作有儲蓄後才接觸投資，靠的往往是網上一些片段式的資訊或幾本炒股祕笈，就開始了金融交易的各自修行。金融投資的經驗往往須要付出昂貴的代價才能獲得，甚至很多人因個人虧損經歷，視金融交易市場為洪水猛獸，連提也不想再提起。學習投資免不了要犯錯，可是犯錯後獲得的經驗法則往往在將來的市場環境下是無效的。沒有一定深度的學習去掌握金融市場運行的一些規律，很難應付市場環境變化以及應對投資偏好的切換。

　　這本書的編寫目的是為了幫新一代的投資人少走一些彎路，較系統的學習金融投資知識與交易智慧，學會對投資項目進行風險控制，保護自己手中得來不易的財富。金融市場是全球最大的交易市場，從股票、債券、外匯、金融商品，以至你的銀行存款也是金融市場的一部分。沒有什麼人可以遠離金融，水能載舟亦能覆舟，無數的個人及機構在進行金融投資時曾遇上了重大的風險，有一些甚至破產倒閉。然而金融的歷史教訓總是被投資者所遺忘。個人投資者總是認為這次不一樣。不懂金融，卻熱衷交易，是風險的最大源頭。機構投資者犯下的錯誤並不比一般人少，比如許多的航空公司因為期油對沖出現數以百億計的累計虧損。還有因為外匯對沖損失上百億的中資機構，因為過度相信金融定價模型而倒閉的長期資本公司（LTCM）等例子。建立系統性的金融知識，理解金融資產的風險及回報特性，做好風險控制，才能在金融市場上長久生存並獲利。沒有知識，不懂金融，短期在市場中也能獲得厚利。滿倉操作，浮盈加倉，牛市來的時候你帳戶的帳面資金往往就一飛沖天了。不過不懂得如何控制風險，保護得來不易的資本，帳戶中所有的利潤乃至你自己投入的本金，終將隨風而散。

　　許多個人投資者主要只交易一至兩種金融工具，比如股票和貨幣基金，投資人可能會錯失更廣泛的投資機會，不去理解其他資產市場運作亦會錯失金融市場發出的重要交易訊號。大家可能不知道，美國國債收益率曲線倒轉現象，成功的預測了由1970年代以來美國發生的全部經濟衰退，美國的10年期國債與3個月短期國債孳息率在2019年3月出現了最新一次的倒掛（Inverted Yield Curve）現象，大家必需相對警惕資產價格進入週期尾部出現停滯或下跌的風險。有危就會有機，如果真的有危機來臨，而你卻能在下跌前保存實力將來低位建倉，這可能是一次非常難得的投資機會。當然我們無法事前評估危機的持續時間及深度，所以在危機時參與交易必需先有資本進行長期投資，而且不可以去估底，當估值下跌至非常吸引水平時，可考慮分階段吸納可以長期持有而不會在資本市場寒冬中消失的的資產，比如分段買入主要國家股票指數的交易所買賣基金（ETF）。

　　一些投資人進行投資時，考慮的主要是消息面，以及觀察圖表及資產價格的變化。資深的投資者，還會參考金融市場，的價格與基礎價值之間的距離去判斷風險與回報，並且會認真參考金融市場用真金白銀生死博奕交易出來的預測並加以利用。比如前面提過債券市場的孳息曲線變化可以預視經濟週期衰退的風險，外匯市場的遠期外匯變化則告訴你市場對外匯走勢的判斷。這些都是金融機構用資本交易出來的真實預測，判斷錯誤、定錯價位就會被別的機構加以利用，可以造成巨額虧損，有很高的參考價值。只是多數大眾喜歡聽到的是免費的即時市場評論，而很少去嘗試聆聽這些金融市場真實參與者冒上巨大風險交易出來的訊息。

　　期權及波動率市場的變化可以告訴你市場預測長期持股的風險。有時候全球股市出現上升，反映波動性風險的期權短期引伸波幅，卻可以異常地出現短期較長期大幅便宜（價跌）的情形。簡單來說是賣出股票下跌（放空）保險的機構大幅上調長期保險費。當然這並不代表市場必

然下跌，而是風險上升。這代表期權市場認為當前股票市場的體質並不健康，長期出現風險事件的風險非常高。這種機構預計市場未來的波動率上升風險的聲音你懂得如何聆聽嗎？如果不懂，是時候買這本書認真學習金融市場的生存之道。市場中沒有必勝之法，機構的預期也可能是錯的。但無視市場發出的強烈警告訊號，一意孤行滿倉交易，虧了錢只是認為自己沒有運氣，每天研究無序波動的短線圖表，看多一百年也不會有太大進步。因為眼中看到的只有市場的波動，投資人看到的卻是引起波動的本質，這是根本性的投資水平差異。

我擁有經濟及會計的專業知識，按理來說在市場中並不算無知的投資者。但當我畢業後真正參與金融市場時，才發覺我從書本上認知的概念用在市場上並沒有什麼實戰價值，有時甚至錯誤連連引起重大的虧損。我是在市場上當過無數次大笨蛋，看過數之不盡的財經類書籍，喝了很多金融投資書籍的毒雞湯，用上了早已過時的投資策略，犯上了許多的錯誤，經歷了非常痛苦的真實虧損體驗，才寫成了這一本書。我希望這本書可以能成為新一代金融投資者學習金融知識的起點，尤其是宏觀經濟策略部分，紮實地學習一些基本功。萬事起頭難，但投資者總得先建立投資知識的基本框架，才更容易在市場中實踐並累積經驗。

金融市場總是不斷在循環，並沒有什麼新鮮事，每一次金融市場出現重大危機，無論是1929年大蕭條時代，還是2008年國際金融危機，伴隨的往往是巨大的獲利機會，無論是1932至1935年低位升幅達3倍的見底大反彈，還是2009至2010年回升超過50%的報復性反彈。危與機總是連結在一起的。尤其當今中央銀行更積極的介入危機，令危機的持續時間很可能比以往縮短。當然投資者是否能在危機中獲利就視乎買入在較高還是較低的價位？選擇的資產是否優質能捱得過資本寒冬？危機交易的困難之處是我們很難事前知道低位在那，而且投資者是否有信心在困難的日子作出長期堅守，等待下一個春天的到來。

這本書也沒有稀奇古怪的創新觀點。我寫作本書的目的是嘗試把系

統性的金融知識整合到一本書之中，把較前沿的金融知識普及化。當你想投資一個金融投資項目並願意承擔一定的風險，你是否了解最大損失可能？有什麼投資工具可以應用？有什麼交易策略可以進行風險控制？這就是本書的核心價值所在。期望讀者能保持懷疑精神，對新學會的方法及知識先行驗證才去應用，最終把知識化為自己的投資能力，能在變幻無常的國際資本市場中有所收獲。為了方便大家進一步深化學習，書中會提及許多著名投資者的名字及相關的參考書籍名稱。有興趣深入學習的朋友可以作參考，並進行更深入的探索。要記住，機會永遠是留給有準備的人的。因應自己的風險承受力，選擇貨幣及債券類投資的讀者，以及未來準備好在市場上進行交易實踐的年輕讀者朋友，學習投資並觀察市場行為也是一門可以陪伴終身的興趣，希望你們能在閱讀本書時能獲得知識增長的樂趣。

危與機

　　國際金融市場是一個龐大而且會不斷循環的生態系統，金融危機有如自然現象總是會週期性地出現。可是每一次危機出現時，許多金融市場參與者往往被殺個措手不及，損失慘重。

　　其實國際性的金融危機不常發生，自1987年的股災發生後，美國只出現過2000年及2008年兩次較大的金融動盪。如果美國投資者想等待出現一個下跌40%以上的熊市才敢入市，隨時可能要等待15年以上，並錯過大量的上升時段。所以許多美國的投資家才會這麼推崇長期持股的策略。對成熟市場的金融市場參與者而言，市場出現10～15%調整的次數則高得多，這種中等規模的調整波動經常在3至5年之間發生。近期可以數2018年底的加息恐慌，2015年因中國匯改引起的市場波動以及2011年的歐債危機。這種調整往往是買入的良機，不過你必需考慮利用風險控制工具管理下行風險，因為沒有人事前真正知道熊市是否真的到來。

　　包括中國A股在內的全球新興市場的股市指數，因估值過高而出現泡沫爆破乃屬常見。很多新興市場的牛熊週期短於7年，投資人長期持有新興市場的股市投資回報表現並不突出；等待較低價位買入新興市場指數，耐心等待下一次上升週期賣出獲利的策略，在過去卻有不俗表現。這是因為新興市場的資本市場體量較細，一旦資金湧入很快就暴升並完全透支估值，在暴升狀態參與股票市場變成了參與博傻遊戲。當市場見頂回落往往都會迎來暴跌，市場漸漸變得低殘，股市乏人問津。可是持有估值極低的股票一段較長時間也不見有上升動能，不少投資者選擇停損離開，沒有等到下一個春天的到來。這種漲跌循環其實創造了很好的週期性交易機會，問題是沒有多少人能在長期尋底過程中持有，以等待暴升後頭也不回的賣出，穩定入袋獲利。

　　大家要認識到危機不會無中生有，危機爆發前總是有很多明顯的風險因素在持續累積，在危機爆發前總有一定的預警訊號。只是市場一開始並不會太理會，依舊是一片歌舞昇平，一點都感受不到風險的氣氛。我們沒有水晶球估計危機何時到來，也不知道下場危機何時結束 我們只知道危機不會永遠持續，每一次金融危機的出現也是長期投資人的最大機會，危中就會有機。問題是你手中保有一定資本才能利用危機化為潛在回報，而不是被動的深陷危機之中，無法動彈。

　　美國自2008年金融危機後持續近10年的貨幣寬鬆環境已經開始逆轉。美國政府的3個月國債孳息率與10年期國債孳息率已經在2019年3月出現倒掛（Inverted Yield Curve）現象。這是自2007年來首次出現的債券市場預警訊號。從1970年代以來孳息率倒掛或孳息率平坦現象出現後，美國經濟都會在6至36個月內出現衰退，並影響到金融市場出現震盪，而且此訊號的預測在數十年間從未失準。很多人對此作出不同的觀點與解讀。對於投資者而言，我們沒有必要執著尋找這次債息倒掛的成因，然後不斷去懷疑這次會否不一樣（This time is different）。其實長期債息下跌並低於3個月的短期債息已經清晰表達了大型金融機構的風險偏好改變。他們願意以更低的利率去鎖定回報，去規避潛在經濟衰退下資產下跌的風險。大家明知美國政府的財赤嚴重、總負債沉重，未來須要不斷發債去補充資金，卻仍有大量投資機構願意買入長債令長債息率下跌。這已經代表很多大型機構投資者清楚地向市場表達其風險偏好變得更保守。而且以借入短期資金貸出長期資金獲利的銀行業，其未來的盈利及放貸意欲也會受到孳息倒掛產生負面影響，這樣已經可以直接對經濟產生負面影響。換言之，無論引起利率倒掛的成因為何，利率倒掛現象出現本身已經有可能引起衰退風險上升。

　　作為投資者，我們不應作無謂的預測，因為金融市場總是變幻莫測。即使美國於2005年底出現孳息曲線出現倒掛後，2006至2007年全球股市反而先創出新高，市場在2007年下半年才開始出現調整，但直至2008初

金融市場也沒有出現持續性的大幅下挫。當時大量的能源類股票反而創新高支撐大局，直到了2008年的年中全球金融市場才開始出現暴跌，相隔十多年。2019年3月美國再次出現國債孳息倒掛後，全球股市仍在一片歡騰之中。市場的上升鐘擺效應可能把指數推至新的較高位置，過早談危機似乎不合時宜。所以讀者們千萬不要以為孳息曲線出現倒掛後的市場會立即下挫，往往再經歷了一段的上升行情才開始下跌。投資者應該視孳息倒掛為一個長期投資部署的警訊。我們其實都不知道事情會否如預期般往壞的方向走或是這次真的不一樣，但事前的一些分析準備可以幫助我們在市場動盪開始前作出較理性的部署，減少潛在損失風險。

如果金融市場最終真的出現重大下跌，貨幣政策收緊以及經濟陷入衰退，兩者都是可能的成因。當然我們也不能排除全球貿易衝突或其他未知因素引起市場動盪的可能，以往全球央行過度使用貨幣政策，形成了不同的類型的資產泡沫和無效投資。如果最終出現貨幣政策逆轉，尤其是非預期的快速改變，比如超過預期的快速利率上行，市場就可能會出現不能承受之重，出現嚴重問題。大家看看2018年底，美股因為市場預期美聯儲會較快加息影響下，在12月分出現大跌。再看看聯儲局在2019年1月分改變加息預期後的股票市場狂歡，就可以理解到聯儲局的貨幣政策對金融市場的巨大影響力。不少金融市場的參與者都感覺到聯儲局的貨幣政策已經被金融市場的波動脅持了。

但無論市場如何脅持聯儲局的貨幣政策，金融市場還是會敵不過通膨或經濟衰退這兩個更大的敵人。如果美國因勞動力市場過熱或任何其他原因，令聯儲局不得不再次收緊貨幣政策，更大的金融動盪就會再次到來。這十多年間大量個人及企業信貸投入了股票及房產，一旦因貨幣政策收緊而出　現資產價格出現下跌，代價會更沉重。而且很多新興市場國家的貨幣也會難以抵禦美國持續加息沖擊，而出現匯率貶值及資本流失風險，引起全球廣泛的金融市場波動。我會在不同資產大類的分析上對此詳解。

　　經濟過熱、投資擴張過度後的自然收縮，也可以令金融市場產生巨大動盪，因為經濟過熱時企業在盲目樂觀下進行的投資往往無法真正產生盈利，只會增加負債比率，企業的盈利水平會下降並開始收縮業務，此等情況下即使美聯儲再次減息想刺激經濟也可能是藥石罔救。美國的失業率在2019年已跌至4%以下的全民就業水平，如果翻開美國的失業率變化週期，每次失業率在4.5%以下達至全民就業水平並維持1至2年時間後，往往不久後都會出現經濟放緩甚至衰退的情況。上兩次失業率的低點發生在1998及2006年，剛好在低點發生兩年之後出現金融動盪，分別出現了2000年的科網爆破及2008年的全球金融危機。因為經濟活動已經到達擴張的頂峰，當有任何負面預期改變後，市場都會出現重大震盪。而且大型經濟週期改變前往往國債孳息先行出現倒掛，這現象美聯儲做了不少公開研究並不是危言聳聽，投資者必需警惕市場擴張週期尾部的風險。

　　面對任何危機我們必須要思考危機的爆發源頭是什麼，才能評估最受影響的資產類別。比如2008年金融危機的源頭是美國的房地產次級按揭（以不動產借貸）泡沫。這次美國房地產有可能只是當配角，大量在低利率時代累積發行的垃圾級企業債（Junk Bond）以及新興市場累積的美元債務可能會引發重大風險。這些在市場融資環境寬鬆時期借入的企業資金，在市場緊縮時就無法再融資或須要付出不能負擔的高利率。有些資金還不是用作生產用途而是用作了股份回購，一旦經濟衰退，就算美聯儲大幅減息，這些垃圾級企業債的借貸利率也會因為違約風險大增而大幅上升。如果真有較多發債企業出現違約，金融市場就會風聲鶴唳，便會觀察到債價大幅下跌、孳息率急速上升的現象。大家須要對美國企業債市場的變化多留心，一旦金融動盪，新興國家就會難以償還早年低息借入的美元債，形成全球連鎖反應。當債券及其他融資的渠道受阻，股份回購這個引致美股近年上升的最大購買力就會因信貸緊縮而收縮，形成股票市場估值下跌的狀況。

當危機真正來臨時，大量資金往往會選擇撤退到美國長期國債，因為國債市場的交易容量夠大，是大型機構在危機中的防禦首選。其他國家的投資者亦可考慮買入本國的長期國債作防禦，前提是所在地的央行不用大幅加息以捍衛匯率，否則長期國債價格也會下跌。如果美國採用非常激進的貨幣政策，如對沖基金等機構的投資者，亦會在組合中提升如黃金等避險資產的權重，目的是降低投資組合的波動性並抵消美元貶值的風險。由於黃金商品類資產高價格波動的特性，而且價格修復週期非常長，屬高風險的資產類別。機構以部分資金買入是用來協助分散組合風險，不是用來投機交易的，個人投資者千萬不要長期重倉持有。部分避險貨幣如日圓等也可能兌美元出現升值，而人民幣這類內需比重較高的新興市場貨幣，反而可能與美元保持穩定甚至兌美元出現升值，而究竟危機出現時對新興市場的影響有多大？比如中國A股這類跟美國相關度較低的市場實際影響，我們事前難以找到水晶球。但如果危機真的發生，全球市場的風險偏好會改變，大型投資機構的股票投資配置比例會下跌。由於外資在A股中的占比已經不斷增加，在危機中資金會流出，包括A股在內的新興市場影響會較以往明顯。而且當國際市場估值不斷下降，新興市場的估值也會有下調壓力，除非有很特殊的政策刺激金融市場，否則新興市場即使這幾年沒有大幅上升也很難獨善其身。

執著於分析危機是否會發生並沒有太大意義，10位經濟學家可能得出11個結論。即使風險情況真如預期的發生，發生的時間及下跌的幅度事前也難以評估。對投資者而言，最重要的是我們要事前考慮訂立應變計劃，並在風險確切形成前或形成初期進行防禦性部署。因為當危機爆發時，一些資產可以完全喪失流動性或須要以很低的價格出售，比如垃圾債以及一些總價較高的不動產。期權市場的對沖保險費用大增，危機來到時再想以期權對沖資產下跌風險，要付出的成本已經可能高得令你卻步，只能思考是否直接低價賣出持倉了。

由於我們對危機是否會發生以及發生的烈度在事前並無法有準確判斷。如果危機沒有發生，持有大量現金等待危機到來可能並不明智。危機中面對最高風險的投資就是任何涉及借貸及槓桿投資的持有者。這類投資者要自行考慮在危機前兆出現時盡早賣出部分持倉自行去槓桿，否則下跌形成時只能聽天由命，因為下跌幅度太大時你的借貸資產出現爆倉被強平（Forced Selling），投資組合便會無險可守。對沒有採用槓桿的大眾投資者而言，在危機發生時面對遍地的便宜資產充滿長期投資機會時，手中若已經沒有任何現金或高變現能力的資產可以換入超值的優質金融資產，也會感覺就像入寶山空手而回。

當預期危機有可能發生時，投資者進行簡單的防禦性部署已經可以應對。對於採用投資組合進行長期投資者而言，而須要稍為降低股票的比例（比如下降10～20%），加大國債及貨幣類的投資比重。因為國債及貨幣類的變現能力非常好，可以在危機發生時輕易賣出進行靈活部署。相反的，房地產類低流動性資產在危機時的變現能力會變得更差，即使房地產的價格沒有受到金融市場波動的衝擊，但持有者也難以在市場信心虛弱時賣出資產變現進行其他擁有更大潛在回報的投資。如果你買入了較高風險的低評級企業債遇上了金融危機，即使公司沒有違約，債價也會劇烈下跌，你也不太會願意大折讓賣出企業債去換入其他資產，所以在危機中會動彈不得。較為進取的組合式投資者會把投資組合中換出的股票及企業債資金轉為超長期國債以及一些避險資產，這類避險資產平日的回報很一般，有時甚至會拖累投資組合表現，比如在加息週期中長債投資者會面對一定程度的虧損。但是在市場陷入危機時利率下跌後，長期國債的價格會逆市上升，所以換入一定比例的防禦性資產有風險對沖作用，在市場風聲鶴唳時可以從容面對。投資者可以視情況在危機發生後分段賣出避險資產換入市場中被低估的優質資產。在本書後面的章節中會對避險資產特性及投資組合建設有更詳細解釋，讀者可作參考。即使危機並沒有如期而至，市場出現持續上升，防禦性部署投資組合中保留股票及債券組合仍能獲得回報，只是會降低了最大回報率而已。

　　風雨過後總是天晴，危機過後，大量的優質而且被低估值的資產會再次回升，展開修復性行情。尤其當全球的央行為了應對危機再次大幅增加貨幣供應，大量的貨幣會再次追逐有限的實體優質資產。如果能保存實力在危機中分批買入優質的實體及金融資產，將可能在風雨過後獲得不錯的回報。但千萬不要在暴風雨中買入有可能倒閉的公司股份或企業債，因為投資者可能損失全部投資，在風雨過後一無所有。個人投資者必須要配合自己的個人性格特質進行部署。如果你在危機中分批買入較優質資產後仍難以安心長期持有，恐慌資產價格會繼續跌至無底深潭，則持有足夠的現金及低波動性的短期國債類投資，安然度過危機是很好的防禦性選項，對個人投資者而言，持有後能安心睡覺的投資才是好的投資。

　　如果因為各國政府及央行的一些強力貨幣及財政政策影響，危機受到有效控制而沒有爆發，全球金融市場出現了長期停滯情景也是有可能的。金融資產的價格會在一段長時間內出現來回大幅震盪，出現有波幅沒有升幅的停滯情況。這種情況下主動交易就會變得非常困難，因為你永遠不知道每一次震盪下探是調整，還是熊市來臨。如果美股能夠反地心引力地挺住，但是估值沒有大幅上升，指數成分股又沒有突破性的技術革命出現或沒有其他刺激因素引起可持續的盈利上升，美股未來的10年長期回報很可能會降至較低個位數，出現大停滯時代。主流投資者數十年來信奉長期投資獲利（Stock for The long Run）的簡單有效策略應該會被改寫，大量偏好時機交易的基金或許會乘勢而起。利用各種方式的市場博奕獲利會成為主要利潤來源，而不是依靠總體市場上升提供回報。

　　大家看看2018年至2019年第一季美股指數幾乎毫無寸進，2019卻創造了10年最佳第一季度回報，道指的升幅達11%。這些回報都是2018年調整時低位賣出的投資者虧出來的。大家可以留意將來國際金融市場的生態系統是否會因應市場變環境化而切換投資風格。

　　金融市場並沒有固定的劇本，市場總是會動態地不斷變化。所以我們不能完全排除美國因出口增加等原因，企業盈利在一段時間內出現擴張支撐估值上漲的可能。作為投資者的我們千萬不要沉迷於自己設定的劇本之中，認為某些條件發生下市場一定會上升還是下跌。你必須要思考如果市場走向不如預期時，你的部署會承受多大的風險。思考危機的最大作用是預先防範高風險的情景，確保自己的投資部署不會在市場波動後進退失據。有些投資者甚至會選擇完全不預計市場走向，只進行固定策略的被動投資靜待風雨過去。世間上沒有水晶球能事前準確預測市場變化，唯一不變的是金融市場不會輕易消失，在狂風暴雨之中金融交易還是會繼續進行。作為人類的我們跟交易系統或人工智能最大的分別是，我們會不斷學習並改變自己去適應環境，去應對金融市場的各種危與機，在永遠不會停止的風浪中邁步前行。

關 於 本 書 結 構

　　金融交易的核心就是利貨幣和不同資產與貨幣的相對價值的變化規律，對此作出買賣交易從中獲利。要學會如何在金融遊戲中生存，我希望讀者從貨幣發行與中央銀行貨幣政策這個金融世界的制高點開始認識整個國際金融體系的資本流轉。

　　我會先簡單的介紹貨幣發行體制，再介紹中央銀行與現代銀行體系對金融世界的影響，然後會去瞭解通膨與利率的關係，以及中央銀行貨幣政策對金融及經濟的影響。我亦會為讀者介紹幾次重大的金融危機的成因及影響，這是打下理解全球金融系統運作的基本功。接著我會解釋個人投資者的優勢與劣勢，並提醒大家一些投資者交易時經常遇上的陷阱。

　　大家要知道貨幣市場的變化對股票市場的長期走勢有很大的參考。所以即使不直接參與交易不同的金融資產，對其他金融市場的觀察和理解也十分有價值。我會在書中會對證券交易市場、債券及利率交易市場、外匯市場、商品交易市場等主要資產大類作出獨立解釋。由於房產投資是許多家庭最大的資產之一，本書會對房地產與相關的金融投資部分作解釋。

　　分析完各種交金融資產的特性後，我會介紹個人投資者使用不同資產配置方法，靈活應用主要交易資產的特性去配合自己的投資須要，建立適合自己財務須要的投資組合。不是每一位投資者都適合作股票類投資，你須要有自有的閒置資本並可作長期投資，以及有充足的風險承受能力，否則不斷短時間內買賣很易虧損連連。個人交易者比機構投資者有資訊及資金面的劣勢，但卻沒有業績壓力，能選擇持有貨幣等待交易機會，不用迫自己做沒把握的決定。而且因為資金量少可以靈活地進出交易市場，在投資資產的流動性要求較低。

　　在本書最後面我會與讀者分享一些個人的交易想法。其實你的投資是否能獲利，很在乎你個人的想法和認知，只有做到知己（自己的風險承受能力及交易行為）知彼（市場特性），才能百戰不殆，在金融交易市場中獲取回報。

金融市場基本原理

金融市場核心動力

　　金融市場有著把不同資產進行證券化的功能，能令各種實體資產證券化重新組合成不同的金融交易工具，並能以很低的交易成本在全球主要交易市場中流通。在古代我們的祖先能投資的不外乎身邊房子及田產，現代的投資者在投資帳戶下達一個指令，就可把資本騁聘在國際資本市場，以在同一天內買入美國的蘋果公司、中國的茅臺、日本的豐田汽車、韓國的三星電子。金融交易的好處是低交易成本、高效率，不過同時也因為複雜性而陷阱處處。你可以買到穩健的中短期美國國債、中國國債，獲得穩健的資本增值。可是海外的投資者也可能因為證券化，不幸地在金融危機前買入美國的住房抵押債務（CDO）的相關投資而蒙受重大損失。證券化是一把雙刃劍，可以幫助你捕捉全球機會，也可以令投資人承受意想不到的損失風險。

　　理論上資產是指一項能令我們獲得將來收入的經濟資源，實際上只要買入後將來賣出能獲得持續或一次性現金流的都可以算是資產，比如零息國債等等。金融交易體系有一只巨大的無形之手。手中持有貨幣的機構或個人，考慮手持現金買入合適資產以獲取更高的預期資本增值，就會增加金融資產的需求。已經持有金融資產的人如果想賣出資產換成貨幣，以等待機會去投資另一項更佳回報的資產，就會增加金融資產的供給。當一段時間內金融資產的需求上升幅度大於供給，資產的價格就會上升。而這個由機構及個人投資者組成的買入、賣出行為，就形成了推動全球金融交易市場運轉的核心力量。

　　只要投資項目獲得的收益率超過通膨率，投資者就能通過金融投資在將來獲得更多商品及服務獲取更多購買力。有興趣認真的理解金融市場的讀者們，讓我們一起由貨幣開始認識金融市場的運作。

認識貨幣

　　貨幣這種人類發明出來的東西最大的作用是促進交易可能。在以物易物的社會，我們須要直接用實物交易，沒有了貨幣作為交易媒介參與其中，許多的交易便無法實現。比如你想用薯仔去換一條魚，而擁有一條魚的交易對手只想要麵包，交易就無法達成。貨幣是現代經濟體系中最主要的交易的媒介（Medium of Exchange），替代了沒有效率的以物易物交易。我們可以簡單地以貨幣購買所需的物品及服務，而不須要背負沉重的糧食或其他實物去尋找願意交易的對手。貨幣的出現促進了社會的複雜分工（Division of labour）並提升了生產力，因為生產者只需專注於生產一種自己較擅長的物品或服務，便可以賺得貨幣買到其他生活所需，社會總體能生產出更多物品及服務，促進經濟成長。

　　貨幣除了用作購買商品及服務，亦可以作為儲存價值以及作為金融資產的交易用途。人們除了直接儲存沒有利息的現金，也可以存放在銀行裡，如果當時央行沒有推行負利率偶爾還可能收到一點利息。投資者亦可以把貨幣用作購買房地產等的實體資產或股票債券等的金融資產。當資產價格上升時就可以賣出部分資產獲利，投資者就可以用賺到的錢購買更多物品及服務促進經濟成長，這就叫作財富效應（Wealth Effect）。不過如果投資者在金融交易賺到的錢，只是用來不斷的追逐更多的帳面數字的財富增值，這種紙上財富並沒有改善投資人生活的水平，必需捨得花錢消費才能真正地改善生活水平。大家要理解到純粹金融交易是不能促進社會的生產及服務增加的。但金融交易會間接幫助企業發行股票或債券獲得須要的資金，養活許多創投基金去鼓勵新企業成立和發展。個人逐利的投資行為卻間接地促成了社會及經濟的發展。

金本位制

　　金融交易的基礎是現金貨幣與不同資產之間的轉換，沒有貨幣就

沒有金融交易的可能，所以簡單認識貨幣十分重要。現代的主流貨幣都是信用貨幣，簡單的來說就是沒有任何實質的物品去支持貨幣的內在價值。你相信貨幣的價值是源自貨幣發行國的生產力量，個別國家貨幣是以整個國家或採用相同貨幣地區（如歐元）生產的物品及服務的價值背書貨幣的信用。大家天天上班很辛苦去賺的錢，中央銀行印出來便有了，理論上想印多少都可以。但沒有大家工作所創造的物品及服務的價值支持，貨幣其實只是一張廢紙。所以優秀的中央銀行會視經濟情況決定貨幣的供應增減並以利率作調節，確保經濟暢旺時提供足夠的貨幣作實體經濟交易，不會引起物價的太大波動。

在1870年後金本位制（Gold Standard System）曾經流行一時。在金本位制下一個國家的貨幣發行理論上發行的紙幣都必需有充足的黃金支援其價值，國家的貨幣發行總量直接與黃金掛鉤。流通的貨幣價值必須要黃金儲備的一定倍數。國際收支平衡（主要為對外貿易淨收益以及資本淨流入）以黃金為結算。國家與國家之間的滙率是固定的，按各自貨幣兌換黃金的比率去定價，央行不能隨意增加貨幣供應。如果一個國家擁有國際收支順差，就會有黃金流入其中，引起貨幣增發，最終會引起通膨並導致出口的競爭力下降。同樣地，如果一個國家出口不濟，經常進口大於出口出現國際收支逆差，黃金會流出，令其國家貨幣總量下跌，引起物價持續下跌的通縮狀態。物價下跌會令國家的競爭力重新回升。理論上這種黃金的流動可以自動調節國際收支平衡。但實際上當時的央行主要利用改變利率已可調節國際收支平衡的問題。因為只要利率上升便可以吸引海外資本流入，因為持有貨幣的利息回報會更高，改善國際收支中的資本流入問題。同時高利率也會壓抑消費及投資，令國內物價下跌。但是即使在金本位制下，實際上國與國之間的大額黃金實物流動並不常見。

金本位制於1934年美國大蕭條時代被取消，因金本位制並不適應政府須要用強力財政政策（Fiscal Policy）刺激的衰退年代。一旦經濟陷入衰退，金本位制也會制約政府刺激經濟的能力。例如政府想在經濟放緩時以發行公債加大公共建設速度以提升社會總需求，央行卻無法提供發債所需的貨幣以作支持。大家理解到採用金本位制其實制約了政府的經濟刺激政策的靈活性，經濟復甦所須要的時間就會大大加長。金本位制

產生的貨幣政策僵化問題與1930年代的大蕭條與當年的錯誤有重大的關係。美國聯儲局有大量研究承認當年犯了重大錯誤，任由地方性銀行倒閉而不作迅速的支援，令很多無辜存戶損失畢生積蓄，銀行體系受到重挫。直到今天聯儲局的決策者仍牢記當年的教訓，面對危機他們決不再會選擇袖手旁觀。比如在2008年金融危機發生後採用各種激進的貨幣刺激去挽救銀行間的流動性，這部分我們在後面會再加討論。

金本位制亦不適合經濟活動加速的年代，因為一旦經濟增長較快，生產力有所提升，而貨幣總量受黃金制約不能滿足社會經濟擴張須要，貨幣的購買力就會不斷上升，可能形成通貨緊縮。由於黃金的開採速度是相對有限，而經濟生產的物品及服務卻增長較快時。黃金或等值的貨幣持有者就能什麼也不做地增加購買力，他們可以不斷付出更少的錢去獲取同等的生產物品及服務，勞動者的收入相對黃金而言卻會不斷萎縮。人們不願花手中的貨幣去購物，商業投資因而減少，這會很大程度制約一個國家的長遠經濟發展。

布雷森林體系與信用貨幣

美國在二次大戰末1944年建立了布雷森林體系（Bretton Woods System），作為金本位制的變相延續。美聯儲保證其他國家央行可用持有的美元以官方價格兌換成等值黃金，成員國的本國貨幣和美元直接掛鉤，實行可調整的固定匯率制度。這令美元成為主要的國際結算貨幣，所以美元也曾被稱為美金。但是布雷森林體系下並沒有要求美國發行美元時必需以足夠黃金支援，當時美元發行實際上並沒有完全等值的黃金支持。美國只準備部分數量足夠供其他國家平常存取便算了，如果同時間有很多海外國家都想拿美元轉換成黃金，美國的黃金就會不夠應用了。

在1960年代開始美國不斷流失黃金儲備，美國開始想辦法減少他國想提取的黃金。最終1971美國尼克森總統決定停止按照35美元對每盎司黃金的價格兌換體系內其他國家的美元，正式中止了布雷森林體系，並引發了

當時美元相對主要貨幣的大幅貶值。這導致當時美元的利率須要大幅度上升以控制通膨，超高的市場利率水平令美國股市在1970年代初受到重挫。

法定信用貨幣

目前全球的主要經濟體系都採用了沒有實物或內在價值的信用貨幣（Fiat Money）作為本國的法定貨幣。由於法定信用貨幣並沒有發行限制，相對金本位制有較大的政策彈性，在有須要時可以大幅調節利率，並發行充足的貨幣以刺激經濟生產活動，可以更好地支援經濟發展。採用信用貨幣制並能更有效保障以本國貨幣為主要存款構成的銀行體系應對危險的彈性。沒有了金本位制的約束，令貨幣政策更靈活，中央銀行就能隨心所欲地隨時印錢，便能接管資不抵債銀行的資金缺口，政府直接接管銀行營運，因為沒有人須要擔心本國的大型銀行會因缺乏本國貨幣出現銀行體系崩潰。只有銀行原有股東的資本完全被蒸發掉而損失慘重，銀行將來被國家接管或注入本幣資本，而銀行體系內的客戶存款及貸款狀態則能保持不變。

前面提過美聯儲有大量關於1930年代大蕭條的研究，吸收了當年貨幣政策不靈活的教訓，他們會在任何主要銀行出現危機下毫不猶疑的為銀行體系提供充足的資金。這樣做的代價是可能引起通膨升高，可是2008年後央行的印錢行為卻一直沒有引發一般物價通膨，因為一般民眾不能直接受惠於央行的印鈔行為，實質工資根本沒有什麼上升，真實的影響只是引起了包括股票、房地產資產價格的暴漲，工資遠遠追不上資產上升幅度，形成了全球資產財富的擁有權更集中。

放棄布雷森林體系而採用信用貨幣的另一好處，是自由浮動的匯率會協助調節國際間的不平衡。比如貿易逆差太多的國家較容易出現貨幣貶值，卻會重新因為貶值改善出口的競爭力，再次達到對外收支的平衡。即使某些體量較小的國家想濫發貨幣亦會因為本國貨幣會在外匯市場出現大幅貶值而受到制約。但在信用貨幣制下採用固定匯率的國家，

一旦濫發貨幣並且過度舉債，尤其借入了大量的外幣債務，就會非常危險。當一國出現外債累積後仍繼續嘗試把匯率維持在較高水平，在短期是可以做到的，只是在長期必然是不可能的任務，並很可能會引起區域性的金融危機，比如1998年的亞洲金融危機。在權衡性利弊後，幾乎目前全世界的央行都是採用信用貨幣制。我會在本書有關外匯交易的部分再加以解釋，濫發貨幣對國際匯率的影響。

創造錢的機構──中央銀行

中央銀行的角色

中央銀行就是一個國家的本國貨幣發行及管理的最高權力機構，他們可以發行貨幣以增加貨幣供應或者收回貨幣以減少貨幣供應，以影響經濟生產活動及金融交易活動。中央銀行最重要使命就是必需維持物價穩定以及幫助經濟持續成長。由於現在大多數國家都是採用信用貨幣制，理論上想印多少錢就可以印多少錢。實際上制約中央銀行印錢行為的最大考慮因素就是通貨膨脹。因為一旦物價開始不受控制上升，央行必需收縮貨幣供應並提高利率以避免出現貨幣失去購買力而淪為廢紙，並引發因社會生產及交易無法有效進行下出現的經濟崩潰。

通膨與通縮

通膨是指一般物價在一段時間內持續上升。一般理想的通膨率是1～3%之間，因為溫和的通膨率有利刺激消費和投資。當消費者預期物價會慢慢增加，會傾向即時消費有利促進經濟生產活動。

通貨緊縮則是指一般物價在一段時間內持續下跌，對經濟會造成很大的傷害。試想消費者認為想買的產品會越來越便宜，很多人就會選擇延

遲消費，等等再買更便宜嘛。生產商更難賣出貨物，投資成本因為越賣越平而難以收回。商業投資也會因而減少，伴隨的代價往往是失業率上升，薪資較大幅度減少甚至裁員，升高失業率。所以央行會利用一切他們可用的金融工具去嘗試把通膨控制在目標範圍，避免出現通縮或高通膨。

當社會的生產活動須要更多錢時，央行就應該提供經濟體系足夠的貨幣，以促成更多商品及服務的交易活動。而當經濟活動出現過熱時，比如大量公司使用借貸投資一些很難回本的投資項目，大眾借入許多超越個人還款能力的信貸以作短期消費。中央銀行就應該收緊貨幣政策以減低經濟過熱風險。因為家庭和企業部門的債務負擔超越還款能力，將來會形成大量潛在銀行及信貸體系的壞帳風險。

央行的貨幣性政策工具

對中央銀行而言，控制通膨及物價穩定是央行最重要的工作之一。如果通膨過高，央行就會嘗試收縮貨幣政策（如加息）等工具去收緊信貸，冷卻經濟活動。如果經濟出現通縮，即一般物價持續下跌，會影響消費信心及商業投資，央行會推行刺激性貨幣政策（如降息）及量化寬鬆（即間接印錢投放到金融市場）等方法，去提升信貸支持經濟活動擴張。

調控政策性利率

為了防範信貸風險以及控制通膨，央行最直接的方法就是調整政策性利率，比如美國的聯邦基金利率。理論上利率是借用貨幣的成本，同時亦會影響了儲蓄的回報。當市場利率上升後，會鼓勵更多人去儲蓄，因為存款的利息回報率在上升。私人消費開支好像借錢買新車、買新房，就會因為借貸成本上升而減少。而商業投資也會因借貸成本上升而減少新增的投資項目。社會總需求因為加息而受壓後，通膨壓力一般就可以緩解。當然大家會明白實際的央行政策利率並不等於社會的存款及貸款利率，銀行借貸利率和我們的存款利率亦明顯的有利息差距，我們

會在貨幣市場的章節再進行更深入的討論。

如果央行任由通膨加劇，就有可能引起惡性通膨，一旦通膨失控嚴重可以引起貨幣崩潰，社會經濟陷入動盪，這是一般社會付不起的沉重代價。所以防範惡性通膨也是中央銀行一般情況下首要的使命。當經濟過熱或有潛在過熱風險時就會加息，直至達到中性利率狀況，即是利率對經濟沒有刺激作用，減少引起經濟過熱的風險。但在某些金融危險時期或經濟動盪時間，央行很可能以刺激經濟為最優先考慮而容忍通膨率在一段時間內超過一般3%上限的目標。

其他貨幣政策工具

除了加息，中央銀行的貨幣政策工具還有調整存款準備金，這樣可以間接影響貨幣供應。存戶每存入100元到銀行，銀行必要保留最低的存款準備金水平以應付客戶正常提取須要。存款準備金降低後銀行可以保留更少儲備，借出更多手中的儲備作貸款，刺激經濟運作。降低儲款準備金等於間接增加貨幣供應。不過投資者必需留意，央行有沒有其他同時影響貨幣政策的措施，如收回一些短期貸款資金，我們要留意的是新增貨幣的淨投放影響。其實現代金融體系中的貨幣政策非常多類性，有很多不同的定向放貸工具。比如中國央行的各種稱為「麻辣粉」類定向信貸投放，即是金融機構向小微企或指定目標借款可從中央銀行獲得特惠貸款利率。歐洲央行在2014年推出了定向長期再融資操作（Targeted Long-Term Refinancing Operation，TLTRO）其目的也是令銀行貸款流向指定目標群體，令銀行向指定目標放貸能更有效刺激實際經濟，而非純粹把資金買入金融資產或房地產價格，銀行因為貸款利率的誘因也會有動機借出更多定向貸款。

讀者會疑問，為什麼中央銀行不直接對特定的群體派錢，要間接向銀行體系輸送資金？因為銀行在進行放貸時必需考慮到借款者能否還款，不會胡亂放貸給沒有充足抵押品又沒還款能力的對象，否則要承擔壞帳的損失。而派錢則很可能引起道德風險（Moral Hazard），即是借款人借入資金後根本沒有打算還款，反正拿了錢花了才算。歷史上一些央行試過採

用直接印錢給政府支持財政政策的行為，幾乎無一倖免地引起了金融及經濟混亂。試問錢印出來就有，有什麼政府還會自我約束財政紀律？想花就花，當然會變得非常慷慨。問題是由誰來真實地生產商品及服務，如果須要從外國輸入商品，大家可以想像沒過多久該國的貨幣在外匯市場就會出現大幅貶值。引發通膨升溫，經濟及生產活動陷於混亂之中。

量化寬鬆及直昇機撒錢

2008金融危機後許多國家的央行推行了激進的貨幣政策，比如量化寬鬆（Quantitative Easing），即中央銀行大量印錢，在二手債券市場中從銀行手上買入長期國債券壓低長期借貸利率，同時令銀行體系有更多超額儲備資金可供貸款予消費及投資。這樣可以進一步降低企業及政府進行長期融資的成本，並且鼓勵更多長期投資行為。央行大量創造信用貨幣後卻並沒有明顯拉升通膨率。其中一個原因是許多國家仍然有一定的財政紀律，比如歐洲國家的負債水平在2011年歐債危機後已有一定的改善。而且各地的銀行也不敢胡亂借貸以免再次由壞帳引起自有資本的重創。反而美國的財政赤字卻不斷擴大，尤其川普推出了稅改後可見美國的財赤不斷加大，美國最終有可能走上貨幣財政之路，使用如美聯儲前主席伯南克曾提出過的直昇機派錢（Helicopter Money）的選項，即是美聯儲直接印錢支持美國政府的財政赤字，美國政府可向全民派發現金福利或支持大量的公共服務擴張，最初的效果總是美好的，結局往往是殘酷的，要麼是令通膨上升過快逼使央行中止政策，要麼美元兌主要貨幣出現大幅度貶值令美元不再成為全球主要結算貨幣。

濫發貨幣還想要保持匯率穩定，除非美國央行能邀請全球央行一起參與這個瘋狂印錢派對，全球貨幣在主要央行一起濫發下，匯率反而可能出現異常的穩定狀態。直至某一大國率先結束派對收緊貨幣政策，引起其他國家匯率出現相對的大幅貶值，可能再次觸發全球金融震盪。對於這種前所未見的可能情況，估計太多的劇情並沒有太多的意義。只是如果真的發生，大家只能盡量持有實物背書的資產保值，股票及房地產等名義價格也許會繼續上升，購買黃金及商品也能在一定程度對抗超級貨幣濫發風險。不過如果做了長期銀行定存，或買了長年期國債的朋友應該哭暈在地

上，因為那些產品如果一直持有在產品到期後估計都沒有什麼購買力了。

銀行體系與貨幣供應

銀行體系是金融交易系統的基石，幾乎多次的金融危機都與銀行與信貸有不同程度的重大關係。無論是1929的大蕭條，或是2008的國際金融危機。要理解金融市場的運作，我們必須要對銀行體系的運作進行基本的認識。

在一般人的理解上，銀行的功能就是接受了我們的存款，並把貸款借出給有須要的個人或企業。銀行的主要利潤來源就是存款與貸款之間的淨息差，再加上不同種類手續費以及佣金收入。很少人理解到其實銀行是一門金融槓桿生意，其實風險並不小的。在2008全球範圍有為數不少的中大型商業銀行出現破產或被接管，比如英國的北石銀行（Northern Rock）就因資不抵債而倒閉。不少國際大型商業銀行即使能活下去，原有股東的資本也損失慘重，長期投資於銀行股以收息支持生活的投資者蒙受巨額資本損失。冰島的全部主要銀行都相繼破產，海外存款者的存款100%化為烏有。

銀行要做生意首先要有自有的資本，股東擁有的淨資本就是銀行最基礎的資本。銀行的最高貸款總額必須要根據銀行的自有資本大少而決定。銀行吸收了存款後在一些國家須要把部分存款存入中央銀行的戶口，稱為存款準備金。不過即使把存款準備金率降至零水平，銀行可增加的最大貸款可能還是有限制的，因為最大貸款受銀行自有資本的大少限制。比如一間有1000億資本的銀行，在符合目前銀行界最嚴格的監管要求下，在預留一點緩沖資本的前提下，大約可以做10000萬億左右的貸款生意。當然實際這要視不同貸款風險加權而定。因為銀行的每筆貸款都要有相應的風險準備金，簡單的理解就是銀行放出貸款前要準備一定比例股東的真金白銀自有資本去預備為萬一出現的風險埋單。如果銀行放出的貸款被歸類較低風險的類別，銀行同一銀碼的貸款就可以用占用較少的風險準備金。因為房地產的按揭貸款，有充足的抵押品，並且貸

款人往往要準備30～50%的首期，即使樓價大幅下跌30%銀行仍不會有本金損失。故此按揭貸款被歸類做低風險貸款類別，能占用較少的風險準備金。如果銀行評估當前樓市沒有重大的能量引起壞帳出現下跌風險，銀行往往很樂意做這種風險低輕易獲利的生意。

如果銀行體系遇上了如2008年的重大金融風險事件，當年美國採用次級按揭貸款購房首付比例可低於10%，當樓價出現較大幅度下降，放貸機構持有的房地產抵押品價值便可能低於貸款總額，做成銀行自有資本出現虧損。如果同一時間出現大量此等不良貸款引起的虧損，銀行有可能在監管要求下出現資本缺口，須要減少對外借貸出現信貸緊縮狀態（Credit Crunch）。政府及央行必須要盡快行動去補充銀行的資本金。或者考慮直接注資銀行，政府成為銀行的主要股東，令銀行體系的信貸功能運作能回復正常。

讀者必需留意央行的利率，與我們在商業銀行做定期存款的利率，跟貸款的利率並不是同一個概念。央行的利率是商業銀行向央行借貸的利率，你可以理解為一種商業銀行向央行借款的成本價。商業銀行之間還有一個銀行同業借款市場，如果同業的借貸利率比央行低，銀行就不會跟央行借貸，而是用較低的利率從同業間融資。而我們的存款利率則是銀行給予我們戶口內利息的回報，通來這個利率會比銀行同業的貸款利率低，否則銀行就沒有動機從存戶中吸收存款，而會直接在同業市場獲取更便宜的資金。而銀行戶口中的活期存款及往來戶口則是銀行獲得最廉價資金成本的來源，給予存戶的年利息往往低於0.5%甚至為零。只要銀行的資金構成中有較多的活期及往來存款，銀行的利差就會較好，並比其他同業有較大的盈利空間。

個別銀行不斷在進行的接受存款及放款過程，最終會令金融體系出現信貸創造。試想，你存了10萬到A銀行，A銀行保留一定準備金下把8萬借出，這8萬存款存入了B銀行。你在A銀行的帳戶中顯示仍有10萬，而B銀行的帳戶上則多了8萬的存款。這多出來的8萬元就是銀行體系創造出來的存款。2018年中國的基礎貨幣大約為30萬億人民幣，而我們包含現金及銀行體系存款的廣義貨幣供應（M2）超過180萬億人民幣，就可以知道銀行體系創造存款的威力。

讀者們可以想像一下，這些創造存款主要去了哪裡？其中相當部分流入了房地產市場。房地產被定義為優質的抵押品，銀行可以此等房產的估價升值進行信用創造。舉例，一間北京城區的1990年代建成的老破小屋在建成時只值30萬不到的價格，如果持有到今天已值數百萬。如果你住在自己的房子並沒有任何對金融系統的影響，但如果這時有人願意以高價買入你的房子，銀行就會願意借給買家數百萬元的借貸去買入你的房子。你30萬不到買來的房子在銀行體系不斷的信貸創造的過程已經可以換得數百萬的貸款，過程如武俠小說般神乎其技。當然大家會說房地產市場是供需行為，樓價上升很大程度是受惠收入上升及經濟發展。這是對的，但信貸創造在資產價格的助力當記首功。中國從2000～2018年的M2增速跟一線城市房價增速十分接近，平均大約每年以超過10%～15%速度上升，當然有些年分跑快點，有些年分慢一點。有估計2018年中國的房子總價已達40萬億美元，比美國全國房子總價30萬億美元還要高，而且差距還在增長之中。這就不能單從經濟及收入上升的角解釋，必需考慮信貸高速擴張的重要影響。

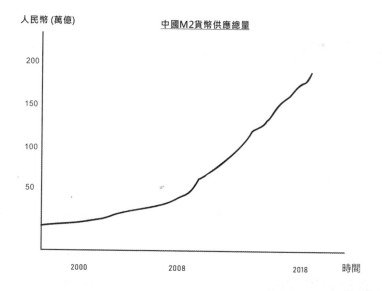

　　如果一旦銀行體系無法正常運作，銀行無法提供出社會生活活動所須要的貸款，或者存戶無法提取戶口內的存款，社會的實質生產活動就會受到嚴重沖擊，引發非常嚴重的經濟衰退及社會危機。這種情況曾經在1930年代及2008年的國際金融危機中出現，稱為信貸緊縮狀態。1930

年代的信貸緊縮，由資產價格的下跌引發了銀行危機，並引起百年來最嚴重的經濟蕭條。所以吸收了以往的經驗教訓，各國的政府及央行都不會對銀行危機坐視不理，他們在2008年的國際金融危機發生後果斷迅速的採取行動，以積極的財政措施以及超級寬鬆的金融政策，如暴力降息及大增貨幣供應等去避免了危機進一步的擴大。

不過令人意想不到的短期救市措施變成了長期刺激，而且刺激手段越來越激進，量化寬鬆印錢一輪過後又一輪，日本央行印錢買資產買到連股票都不放過。這些措施形成了一個長期的超低利率以及貨幣泛濫時代，促使全球各地出現新一輪更廣泛的資產價格暴漲。直到今天，歐洲、日本等許多國家的儲蓄存款仍是維持在零利率，而房地產及股票等資產價值在危機10年過後早已比2008年低位升翻天，大多數歐美國家的股指都升過了2008年危機前的最高水平。沒有對銀行及金融體系的理解，就很難明白我們的金融市場為什麼會走到今天的特殊狀態。

總貨幣供應

認識到銀行體系如何能創造存款，即自行創造更多的貨幣供應。在分析經濟系貨幣總供應時，我們會把貨幣供應細分為分不同的貨幣供應定義：

廣義貨幣供應M1

主要代表直接交易用途的貨幣，主要包括市面流通的現金以及銀行一般沒有利息的往來存款。

廣義貨幣供應M2

包括直接交易用途的貨幣（M1），再加上銀行體系內的各種存款，包括活期存款、定期存款等等。

廣義貨幣供應M3

在M2的基上加上非銀行金融機構存款。

由於M3的總量在大多數國家跟M2沒有重大差異，分析貨幣供應時多數只會直接考慮M2的增長去分析。新增的M2貨幣供應有兩個主要的流向，第一是流向實體經濟活動，第二是流向了金融市場以及資產市場。你可以觀察到中國的M2由2008年後加速上升，10年間由40萬億人民幣升向了160萬人民幣，增長近300%。而同期的中國經濟總量大約只上升了100%，而剩下的增長很多都是流向了不同的資產市場，支持了中國股市的擴充，債券市場的發展，房地產市場的總值大幅上升，形成了多個巨額吸收新增貨幣供應的資產池子。

通膨與購買力損耗

對個人投資者而言，通膨就是我們現金儲蓄的最大敵人。當通膨率為正數時，便會持續蠶食貨幣的購買力。如果我們不作投資，假設每年通膨率溫和地維持在2.5%，9年過去後持有現金的購買力只餘下不足80%，損失了20%購買力。

時間 (年)	1	2	3	4	5	6	7	8	9
購買力	97.5	95	92.7	90.4	88.1	85.9	83.8	81.7	79.6

如果持有資產的回報每年不足2.5%，實質購買力就會持續下降。這亦可稱為通膨稅，以通膨無聲無色地拿走了大家現金儲蓄的購買力。所以擁有儲蓄完全不投資的個人或機構幾乎肯定會變成通膨下的輸家。

名義回報與實質回報

當我們瞭解通膨率的影響，在作出投資時就可以從金融數據的名義回報找出實質回報去判斷我們有無獲得購買力的上升。

投資市場的名義（市價）回報率－通膨率＝實質回報率

假設一個國家的長期通膨率是3%，假設在該年度：
投資股票的回報是7%，扣除通膨3%後，實質回報會便是：
（7%－3%）＝4%
投資債券的回報是3.5%，扣除通膨3%，實質回報會便是：
（3.5%－3%）＝0.5%
銀行定存的回報是0.5%，扣除通膨3%後，實質回報會便是：
（2%－3%）＝-2.5%
現金或活期存款的回報是0%，扣除通膨3%後，實質回報會便是：
（0%－3%）＝-3%

你會發現不同項目扣除通膨後實質回報差異巨大。而且上述例子中銀行定存及現金等項目均出現負回報，即投資者的購買力被通膨蠶食，扣除通膨率後出現負回報。即使到了2019年歐洲及日本的主要銀行提供給存戶的存款利率仍為零，即是只要有少許通膨發生已會令儲蓄者有購買力損失。

當銀行的主要利率回報下降至低於通膨率，就會出現負實質利率（Negative Real Interest Rate）現象，即是擁有銀行存款儲蓄者的購買力在不斷減少，感覺就像被低利率的貨幣政策懲罰。通常出現負利率時不少資產的價格會出現持續的上漲，當然不是任何的負利率狀態都等於資產必升，要視會否出現過大的泡沫而令資產價格被透支，以及政府及央行有沒有限制性政策。在一般情況下，借款者在負利率下往往得到豐富的獎賞，他們借入貸款投資各種資產後往往不斷獲得購買力上升，成為負實際利率環境下的大贏家。

大眾對金錢與購買力的認知有一個很有趣的偏差。假設當前有3%的通貨緊縮，如果有人從你銀行戶口中的錢拿走了1%的儲蓄，然後跟你說你的真實購買力因為物價下跌而上升了，你一定會非常憤怒，誰人偷走了屬於我的東西。如果銀行每年給你1%的利息，不過通膨率是3%，你卻可能認為自己沒有吃虧，反正錢就是增多了嘛。我們的財富心理帳戶往往非常關注金錢的絕對數量，而不是錢能買到多少東西的相對購買力。大眾對通膨有很強的忍耐力，即使通膨到了10%，只要他們帳戶裡的錢增加了3～5%，多數人不會感到憤怒和生氣，反而感覺自己錢多了好像還不錯。所以政府利用溫和的通膨就能解決很多金融及資產泡沫的問題，只要一個泡沫地區的房產價格不再上升，每年5%的通膨就能在20年內把不能負擔的樓價變回合理水平。

　　不斷換算實質購買力是一件很煩人的事，只要通膨上升不要太有感覺，一般人並不會把通膨當成重要的事。美國的房地產價格總體不斷上升，可是直到2002年至2007年那一波引發國際金融危機的上漲前。美國房產價格扣除通膨的實際波動竟然在數十年間維持在基準年的上下15%左右波動，即是美國房地產的價格相對收入水平長期沒有重大變化。當然近年在貨幣寬鬆政策下，房地產相對居民收入水平出現了大幅上升，這是實質購買力的上升，所以全球都非常熱衷房地產交易。但如果貨幣政策沒有出現重大逆轉或出現重大經濟衰退，這種現象就很難出現逆轉。而較高水平的通膨是否發生就是迫使央行貨幣政策轉向的關鍵，所以認識通膨對理解國際金融及資產市場運行也是相當重要的。

經濟增長

　　實質經濟增長是指經濟體系內生產的物品及服務的總產值在扣除通膨影響後比上一年上升。經濟週期理論預期經濟會自行由衰轉盛、由盛轉衰。影響真實經濟運作的因素多得可以寫一本厚厚的教科書，有內部增長、貿易及國際影響。

主要能影響經濟總需求改變的因素為下面四個因素：
1) 社會總消費
2) 總投資
3) 政府支出
4) 對外貿易淨收益（總出口－總入口）

　　中國是典型的大型大陸型經濟體，其實對外貿易的依存度並不高。改革開放時第一批發展起來的是對外加工業，吸收了最初發展所需的資本，令很多民眾心裡潛意識中仍認為對外貿易是經濟命脈。在中國經濟的發展過程中投資占經濟總量的比例往往在40%以上，而且對經濟增長率的貢獻比例一直非常高，有些年分對當年經濟增長率的貢獻甚至超過50%。基礎建設投資、生產設備建設、房地產投資都是過往推動中國經濟的主要馬車。當經濟發展進入平穩階段時，新增的投資需求就會放緩。比如一個地方已經建設好滿足社會須要的公路網絡、機場及高鐵、城軌網絡，並且有充足的住宅房屋供應，由於存量資本及基建已經基本充足，未來就會減少對新增投資的須要。舉例，地方已建好的機場足夠應付未來十五年的預期使用需求，再建設第二個機場除了花錢出去，對社會而言並沒有實際的作用。歐美等發達國家投資占經濟的占比率低於20%，因為投資主要用在設備的折舊以及一些改善型建設，比較少再須要大規模大興基建。

　　展望未來，中國最主要推動經濟增長的引擎會在社會消費增長。這必須要社會大眾的可支配收入上升，並且有充足的消費信心才可以拉動。隨著中國中產階級不斷壯大，消費轉型及升級是將來的一大增長亮點。對外貿易的淨影響會漸漸減少，中國的對外貿易淨額在2008年前曾經一度貢獻中國經濟增長率超過10%，但由於2008年的國際金融危機引起了外貿的突然巨幅萎縮，當年的出口下滑了近半，對經濟影響其實遠比2018年中美貿易衝突的潛在影響大得多。在此以後中國經濟的重心改為發展內需，近年再發展以服務業為核心的產業替代策略，不斷減少對外貿易的依賴。中國國際收支平衡順差占經濟總量的比例已經由以往超過10%下降至1%，內需為主的大陸型經濟體可以更有效抵抗外部衝擊。

　　國際經濟的外部環境波動只能有限度影響到當前中國的經濟，但外

部環境的變化在心理層面的影響遠高於實際層面。如果人們因為消費信心受損、投資信心受損，就會對經濟產生可以觀測到的影響。在危機時信心值萬金，中國經濟跟國際主要經濟體系最大的分別是，政府相關企業占經濟的比例非常大，在危機時大量的國企及民企可以獲得非常寶貴的銀行信貸支持，能大大降低信貸緊縮風險。這是一個有力的穩定器，可以利用中長期信貸緩解外部的衝擊，直至社會總體信心回復。有些人會擔心這種信貸膨脹會引發高通脹等等，這就要視刺激政策的力量及時間的集中度，如果不是短期信貸大量溢出居民手中，短期貨幣政策與通脹的關係並不明顯，大家可以參考美國、日本以及其他國家激進型貨幣政策的真實影響，最危險的反而是引起了資產價格泡沫，這可能須要一些行政措施去幫助控制，我們會在後面再作討論。中國經濟抵抗外部衝擊的韌性其實相當強。

影響長遠經濟變化的因素

一個國家的潛在產能（Potential Output）是由其生產的物品及服務的能力去決定。房地產股票等的二手交易價對經濟活動不會構成直接影響。真正能影響一個國家真實經濟發展的因素只有三個主要的供給側（Supply Side）因素去決定：

1) 人口總量及質量（如能力及知識水平）
2) 資本總量，包括基建及生產設備等
3) 生產力水平提升，受研發及科技創新等影響

如果一個國家最初資本及設備等比較少，比如剛剛改革開放後的中國，資本及人力的新投入會快速提高經濟總量。因為經濟的總量的基數少（Low Base），只要稍為增加生產設備總產出相對以往就會大幅上升。但當經濟發展到一定的水平，增加的基建、生產設備及產能提升只能有限度增加國民生產總值。所以大家就會觀測到中國經濟的增速由以往的10%以上，降至8%，再降至6%，最終會慢慢降至發達國家1～3%的長期經濟增長水平。對於大型成熟的經濟體而言，在扣除通脹後有2%的實質增長已經是非常之好的狀態。

中國及美國等大國的出生率正不斷下降，即使未來提升了生產力及資本設備，如果無法盡快逆轉人口下降趨勢，長期的經濟增長就會受到很大制約。未來會膨脹的行業就只會是醫療、老年照顧及保護服務等，大量人口變成了依賴人口後消費能力及意願會下降，而新的勞動力不能補足社會發展所需。這是日本等國家早已開始出現的問題，最終結果會演變成社會經濟停滯，退休年齡須要不斷被延後，退休福利被持續削減，人口日漸凋零，這是非常值得重視的議題。在日本很多小城市的房地產是難以養老的，人都沒有了還有誰會買你的房子？北海道一些地方即使把地價降為零也找不到人去入住、去開發。

人口過多社會資源未必能承載，可是年輕人口比例下降太快也會嚴重影響社會經濟發展。日本的國債已達到全球主要國家中的最高水平，負債超過國民生產總值的250%，已經無力進行償還，須要不斷進行貨幣增發維持局面。日本央行增加的貨幣多數在本國流通，較少直接影響到外匯市場。如果有一天日圓出現信心危機，大量資本外流，引發短時間大幅貶值，否則日本央行須要考慮是否要收緊貨幣政策以穩定匯率，日本經濟就可能陷入危機之中。

一個國家的真實經濟及生產活動增加，人民的生活才會有所改善。要提升長遠實質生產能力，必須要人口、資本設備及生產力提升三個因素一起配合。單靠任何貨幣化的泡沫投機，只會引起資產價格上升，而不會直接增加社會的真實生產能力。當然資產價格短期暴漲往往會引起短期的消費上升，資金泛濫也會促進短期投資，可是往往會出現無效或過度投資，把資本用在沒有效率的投資項目，最終只會引發經濟及金融風險。比如1980年代尾至1990年代初的日本，就經歷了股市及房地產泡沫年代及隨後的經濟衰退，其相關後遺症影響至今。

經濟週期

一個經濟體系往往會有繁榮及放緩或衰退等週期性變化，其中最核心引起自我循環的因素是：

1）政府政策及監管改變
2）消費者及生產者信心變化
3）利率及信貸環境改變
4）外部經濟環境影響

　　政府政策變化對經濟有非常重大的影響，比如減稅會刺激消費，收取高額的資本增值稅卻可以凍結股市的成交。信心是促成消費者消費量改變的重要因素，即使收入上升了但是沒有信心就只會增加儲蓄而不敢把賺到的錢花出去。而企業在有盈利的情況下只要缺乏信心也不會進行投資，經濟就難以提升。如果一些政府積極引進投資，進行了一些政策轉變，可以引起巨大的影響。澳門的賭博及旅遊事業已經發展了數十年，經濟成長曾一度出現停滯2002年時因為澳門政府的開放牌照引進競爭政策，令澳門的經濟出現翻天覆地的改變。由2002年開始用了15年時間，GDP翻了4倍。這是相當驚人的增加，新的的旅遊及酒店投資功不可沒。所以不要低估供給則政策的長遠影響，當政府提供利多經濟發展及投資的經濟政策，市場就會發揮好其角色，提進經濟發展。當消費者及生產者的信心增加，社會的總需求就會不斷上升，形成正向經濟影響。

　　信貸是經濟增長的的助燃劑。當消費及投資信心旺盛，配合低利率時代的融資成本，企業就會更有動機去進行借貸，引起經濟增長。然而物極必反，當過度的信貸引起大量的超額消費和無效投資，最終引發經濟由盛轉衰。好像房地產投資熱潮時在荒蕪之地建數十層樓高的度假村，附近什麼配套都沒有，最終建好後也沒有人去住。一些公司不斷地增加生產設備但並沒有真實並充足的需求，引起產能過剩問題。比如中國的鋼鐵生產能力遠超過中國的需求總量，新的生產線在建設後並不一定投入生產。美國也有相關的過度投資問題，比如在2008年前次級貸款最盛時，美國有大量新屋興建在荒地上，當地並沒有完整社區，也根本沒有真實的居住須要。當過度生產引起了財務風險，最終信貸、消費、投資也會同時出現收縮，引發經濟衰退。如果經濟收縮是因為太多金融借款引起的資產投機泡沫，收縮的過程就會稱為去槓桿過程。關於信貸與危機我們在書中的其他部分會有詳細解釋。

其實利率的升跌跟經濟活動總量沒有絕對關係。通常來說，當經濟向好時通膨率會上升，利率就會因應上升去降低經濟過熱的風險。所以經常出現利率上升週期中經濟持續向好的現象。真正對經濟造成負面影響的是預期以外的快速利率上升。如果中央銀行以金融市場預期以外更快速的路徑進行加息，這就很可能影響到商業活動及投資信心。企業可能也不得不放緩其投資活動，影響經濟活動放緩。而且過快的加息也有可能會引起資產市場的短期暴跌，而這種暴跌會產生強烈的負財富效應（Negative Wealth Effect），令社會的消費活動快速下降。所以投資者必需留意非預期的大幅加息才是影響經濟的負面因素，而非加息本身會對經濟做成負面影響。

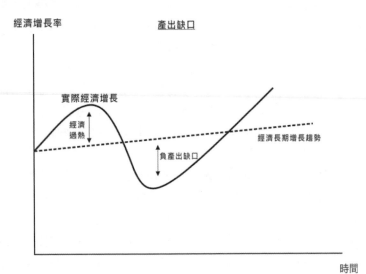

投資者要留意中國經濟長年都沒有出現過負數並不代表經濟從來都是表現平穩。其實投資者判斷經濟形勢要留意的是有沒有產出缺口（Output Gap），其概念是如果一個經濟每年的增長率是6%，今年的經濟增長率只有3%，已經出現產出缺口。這代表經濟中的消費及民營投資受到很壞的影響，個人及家庭的可支配收入下降，失業率上升，企業盈利減少。所以2008年當中國GDP由10%以上急降至6%左右，你就可想而知當時產出缺口有多大。實體經濟狀況其實非常差，所以才有了4萬億財政刺激政策，並大幅增加貨幣供應以刺激經濟，由政府的支出上升把

中國經濟總需求的缺口填補，並提振個人及企業的信心。當然任何政策也是有其代價或副作用的，由那一年開始，中國的房價就進入了加快速上升的軌道，引來私營及公營層面不同的過度投資問題。但當年如果沒有強刺激，中國經濟更嚴重的衰退近乎不可避免。所以在中國投資，對政策變化的掌握往往是獲取超額回報的關鍵。

由於全球經濟相關度比以往變得更高，外部經濟環境變化也會對經濟活動產生重大影響。比如美國及歐洲經濟出現衰退時，對進口貨物及服務的需求就會減少，令美國的貿易伙伴出口到美國的商品及服務總值可能會大幅下降，對該等國家的經濟產生負面影響。而外部環境變化對投資信心的影響往往更快，因為一旦主要國家出現衰退，不同國家的商業信心都受到負面影響，商業機構就會推遲甚至減少實質的投資計劃，令經濟發展速度減慢。國際熱錢的流出也會對經濟做成威脅，一些新興國家經濟體往往在全球衰退時要面對高比例的資本流出，可能影響到本國貨幣出現較大幅度貶值，如果該國的政府及企業借入了大量的外幣債務，甚至可以引發地區性金融危機。

比如2008年的金融危機是由美國的次級按揭貸款影響。美國人的房子被熱炒看似跟中國沒有重大關係，但由於當年美國的消費因深陷危機中喪失了大量購買力，而且出現了全球性的信貸緊縮，影響到全球經濟衰退。當年中國的對外出口總額近乎腰斬，大量沿海的出口企業暫停經營甚至倒閉。所以除非一個國家的沒有外貿並且金融市場並不對外開放，否則無可避免受到外部經濟環境影響。比如貿易衝突也會對中國出口造成負面影響，但對外貿易的變化對中國經濟的實際影響並沒有想像中高。

理解經濟週期對於我們去認識金融交易有重要義意，一般來說股市會先於經濟活動提前反映市場變化。如果市場預期經濟衰退的風險增加，他們預期多數企業的盈利水平會變差，尤其是週期性行業的股份，如汽車股、消費類股份。明白經濟增長速度的變化，長期會必然減慢，也有助我們正確解讀當前的經濟狀況是好還是壞。其實經濟跟股市有相關性，卻沒有必然關係，我會在後面有關的部分再加解釋。

理解金融交易的本質

在開始對金融交易工具逐一解釋前，我們先去理解什麼是交易及交易的本質。短期進行股票及金融資產買賣交易是一個零和遊戲，一個贏家背後必需有一個輸家。你口袋中的錢在買貨後變成我手中的錢，只是一種財富的帳面轉移，沒有什麼經濟生產活動。但長線的公司在實體經濟中利潤增長及派息等，可以把零和遊戲變成長線贏家的遊戲。

短期股票交易的零和遊戲

假設市場上只有三個交易者在買賣一只股票。當你以100元賣出股票給買家甲，100元就會由買家甲的戶口轉到你的戶口。當股票上升中，買家甲120元賣出股票給買家乙，120元就會再由更高價買入的買家乙的現金戶口轉出到買家甲上。假設不幸遇上市場大跌，買家乙恐慌不已低價60元出給你。你現在重新獲得同一張股票，另外多了40元。整個交易流程中社會上股票跟銀行戶口的錢從來沒多沒少。你幸運地賺到了40元，買家甲賺到20元，買家乙巨虧60元。你和甲賺到的錢全都是買家乙虧的錢。市場上資產價格的一場暴升暴跌，只是一場你口袋的錢變成我口袋的錢的財富大轉移運動。

長線股票交易有可能變成贏家的遊戲

如果你持有的股票不是一張賣不出就賺不了錢的紙，而是背後擁有一間經營良好公司的股權，該公司賣出的商品及服務非常受歡迎，創造很好的利潤，並且每年都向股東發放不錯的的股息（分紅）收入。最初的投資者以合理價錢賣出股票後，新買入的投資也能持續分享到公司的利潤和長線股價增值，股票的價格也越來越高，這一切都有實體經營活動的在背後支持。持有股份的投資者在買賣之中總體能獲益，收到的派息亦越來越多。這種有實質經營活動支持的股價上升就不再是零和遊戲，而變成了贏家的遊戲。

信貸與資產價格

我們說過，短線的金融交易基本是零和遊戲，有人賺錢就要有人賠錢，錢只是在不同的人的口袋中流轉，那麼為什麼會引發金融危機呢？假設你以1000萬賣出一檔股票給買家甲，1000萬貨幣就會由買家甲的戶口轉到你的戶口。當股票上升時，買家甲以1200萬賣出股票給買家乙，買家甲淨賺200萬。

若果買家乙自己只有250萬本金，當地的金融機構缺乏監管，令他成功向場外金融機構借入950萬元進行高風險槓桿投資。不久後市場出現大跌，買家乙出現資不抵債陷入恐慌，為免損失進一步擴大，以低價600萬賣出給你。你現在重新持有同樣數量的股票持倉，卻多了400萬現金。整個交易流程中你賺到了400萬，買家甲賺到200萬，買家乙巨虧600萬。由於買家乙自己只有250萬，他的借貸資金損失缺口是350萬。

這時會出現兩種最可能情況：

情況一，如果買家乙的現金收入足夠每月償還貸款，買家乙就可選擇繼續供款，可能要用20至30年時間還清借款的350萬及相關利息成本。但可悲的是他或許要以一生的工作或生意的收益去填補這次交易損失的虧損。到老時仍一無所有，一生辛勤工作的成果只變成了高位賣貨者的利潤。

情況二，如果買家乙根本無力償債，他的欠債就會變成借出款項的金融機構的壞帳。如果在有個人破產法的地區，大多數情況下買家乙這類欠款者會毫不猶疑選擇破產。在數年的個人收入大部分給予債主償債後，欠款還不清也不用再償還。那麼這些壞帳變是由誰來埋單？其實真正承受350萬損失的就變成了借款者。借款者可能是銀行，可能是其他貸款機構。他們的帳戶上出現350萬的壞帳損失。如果銀行或放貸機構同時有其他客戶都出現無力償債的情況，在最壞的情況下銀行自己也可能因出現大量虧損個案，而令自己因為資不抵債而最終破產，如果整個銀行

界也出現相似情況，就會引發整個銀行體系崩潰的系統性金融風險。這時連你手中的1000萬存款也會因為銀行出問題而取不出來，你費盡心思賺來的錢竟然也化為烏有。這種金融體系崩潰的情況會對實體經濟造成重創。因為銀行出問題而引發的社會經濟總損失將遠超過你跟甲賺到那600萬。這就從零和遊戲變成負和遊戲，即大眾都是輸家了。

信貸週期、股市週期與金融危機

大家明白了金融交易及債務風險的本質後，現在大家應該理解為什麼絕大多數金融危機都是由債務引發。資產價格的升跌一般只會涉及財富轉移。當利率長期在低位，會鼓勵個人及企業進行借貸，形成債務累積週期。投資人就會更有動機去借貸投資獲取更高回報，這就稱為槓桿投資。當銀行或其他金融機構的大量信貸助推資產泡沫成長時，便會吸引更多投資者加大槓桿。當最終資產價格上升太急無以為繼時，資產價格深度下跌就會引發銀行體系大量壞帳，並可能引發重大金融危機。

當然如果資產價格是以緩慢的速度下跌，企業經營還有長期成長空間，我們便可在控制泡沫膨脹下，以長時間慢慢的把資產泡沫風險縮小並化解，如能以這種方式去槓桿能很好地避免金融體系的動盪。可是資本市場一旦陷入恐慌，就很難實現緩慢去槓桿這種最佳解決形式，因為一旦市場失去信心，迎接投資者的往往只會是暴跌收場。

貨幣供應與中國股市週期無必然關係

過往代表中國銀行體系總存款的貨幣供應（M2）每年增長十幾百分比以上，這些的新資金主要投到了房地產市場，一線房地產價增幅格跟M2呈甚高的相關性。房地產成了增發貨幣M2的最大吸收池。而中國A股看似不常能分一杯羹，其實不少人看漏了中國A股的擴充，2009年到2017年上證指數都是3000點左右水平，總市值卻由20萬億升到50萬億左右。因為有很多新的股票在這期間發行上市，亦有很多已上市股票增發股

票,雖然股票的價格沒怎麼上升。但A股市場卻不斷提供新上市公司須要的資金,對社會經濟發揮價值。只是一批又一批的老股民直接享受不到這些成果,他們雖為利而來,卻最終不知不覺間變成了上善若水的善長去造福上市企業。他們默默無聲的透過參與股市支持各類企業的成長,水善利萬物而不爭,在歷史洪流之中留下了自己無形的腳印。當然我們更希望將來的股市參與者更多的是能與企業共同成長,共同分享企業發展的成果,而不是成為資本市場的先烈。

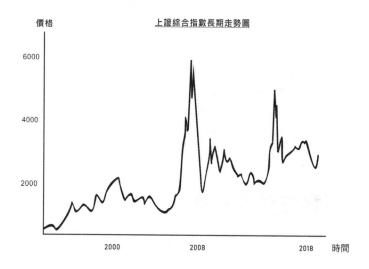

以往幾次的中國股票大牛市往往須要受政策性利多影響啟動。一旦有強烈利多股票交易的政策出臺,配合金融監管以及貨幣政策放鬆的環境,大量貨幣在信貸支持下去爭奪有限的股票,就很容易出現短時間內由慢牛到狂牛的行情,一直升不停,直到許多交易者迷信股市只升不跌,然後迎來的又是另一次泡沫爆破。慢牛行情在中國實在比較少見,中國的資本市場經常出現一放就亂,一亂就收,一收就死的週期,然後週而復始。

美國的資產價格與利率週期的關係

其實經濟和股市背馳也不是A股的個別現象,美股在1970年代經濟總體還在增長中時股票出現大跌,箇中原因除了股票的創新及利潤成長不夠吸引外,更重要的是在1970年代利率長時間維持在較高水平,最高甚

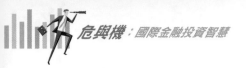

至達10%以上，令股票投資相對貨幣市場而言不吸引人，引起資金撤出股市。到了1980年代初由於通膨太高，聯儲局曾最高把利率提升至20%的極高水平，最終成功控制通膨，但股票市場在80～82年間出現24%的持續下跌，在通膨率達每年10%以上的年代，這代表2年間股票投資人的實際購買力損失超過40%。

美國股市的大週期與利率週期有很強的反向關係，當市場利率太高，股市投資就會變得不吸引人。相反，當美國的利率維持在低位一段時間，而且企業盈利保持增長，股市的表現往往相當不錯。因為長期低息環境下，資產價格一旦上漲，投資帳面上的股票或房產等資產價值上升，這就成了借貸機構眼中的優質抵押品，投資者可以輕易以其抵押品從證商或銀行增加借貸去做槓桿投資。不過當資產價格的上升趨勢持續發展下去後，最終股市，債市或樓市等資產市場可能搭上了大量借貸，形成過度信貸引起的投機性資產泡沫，最終發展成一個新的金融危機。

通膨與實質資產回報

不要以為買了股票及債券就一定能抵抗通膨。就好像2018年的國際資本市場，正在處於美國加息週期的尾部，可能出現股票及債券同時下跌的股債雙殺，在一段時間內主要資產中只有持有現金才能獲得正回報。

假設通膨率爲2%，看看以下的資產模擬情景

投資股票的回報是-10%，因為加息後投資者去槓桿賣出股票，扣除通膨2%後，實質回報便是（-1%－3%）=-12%，股票投資者會遇上較大虧損。

投資債券的回報是-0.5%，因為利率上升引起債價下跌，扣除通膨2%後，實質回報便是（0.5%－3%）=-2.5%，債券投資者會有較股票輕微的虧損。

銀行定期存款的回報是3%，扣除通膨2%後，實質回報會便是

（3%－2%）＝1%

現鈔或活期存款的回報假設是0%，扣除通膨2%後，實質回報便是

（0%－2%）＝-2%

在這等情況，就只有銀行定期存款的實際回報是正數，這種情況就是投資界形容為現金為王的時刻。但大家要留意現金或活期存款的回報仍是負數的。

讀者必需注意，銀行定存及貨幣類投資並不是很好的長期投資之法，只能比純粹持有現金而言減少一定的購買力損失。長期來說實質回報往往連通膨也追不上。由於近年美國等央行喜歡採用激進的貨幣政策，令實質利率變為負值。把銀行定存回報長年期壓在零甚至在技術層面出現負利率的超低水平，鼓勵人們把錢轉出銀行戶口作消費或投資。中國央行在2018年的信貸投放大幅度壓低了中國的利率水平，明顯可以看到長期國債利率由4%降至3.1%，令中國的債券市場在2018年迎來一波大牛市。而大眾很喜歡用的餘額寶等的利率快速跌破3%以下，展望將來除非出現經濟過熱，否則很難期望利率再次有大幅上升空間。我會在本書利率及貨幣市場部分再作詳細解釋。

雖然危機發生時能持有現金能很大程度保存資本安全。銀行定存獲得額外的實質回報率仍非常有限，只能提供財富保值而不能達到財富增值。不過投資者必需留意現金為王的時間不會維持得太久，一般不會超過2年。當央行的利率再次降低並大幅度使用貨幣政策去刺激經濟時，貨幣類投資及銀行定期存款等的實質回報又會再次變回負數，而持有現金的回報會再次大幅跑輸其他資產。投資者須考慮在危機有結束趨勢前開始增加股票及債券等較高風險資產的配置。

如果一個國家出現貨幣購買力危機，出現嚴重的通膨或是由濫發貨幣引起資產性價格急脹，應對之最佳方法就是購入實物資產，例如房地產，有實際資產支持的股票及房地產信託基金等，以及如黃金等商品。因為真實的資源及資產是有限的，而信用貨幣政策要多少央行就可以印多少。當

然並不是說買入實物資產一定能獲利，而是在貨幣濫發下自我保護。除非央行印的錢全都滯留在銀行體系無法借出，否則要麼引起一般物價通膨，或是資產價格暴漲。如果資本沒有管制，借貸亦可能流出到全球不同的金融市場，資金泛濫引起全球資產市場同步上升。從2008年的金融危機後，除日本以外幾乎全球主要國際城市的樓價都大幅上升，而且這種上升都是遠超同期的居民收入，令社會出現了擁有資產和沒有資產兩類人。今天你即使獲得了學術界最高榮譽的的諾貝爾獎，獎金只夠在一些國際熱點城市買一間老破小二居室。在歷史上這種全球實物資產的同步上升非常罕見，大家要知道背後的成因，我們都是被動的受這種貨幣洪流影響。

當美國這種金融大國採用濫發貨幣或匯率大幅貶值以應對國內危機時，美元的購買力會下降，實物資產的美元價格便較大可能出現上升，2003～2007的商品大牛與當時美國的布希總統採用了弱勢美元策略，令美元兌主要貨幣大幅貶值有很強的因果關係。無論一個國家的貨幣如何貶值，實物商品及實物資產仍會保有價值。但金融類資產如現金存款、定息債券等就難以發揮保值作用。所以大家必需留心一些宏觀政策性改變。當美國的牛市及經濟週期見頂，在美國政府債務高舉，進一步財政刺激力度有限的情況下，央行將會擔起刺激經濟的重任。雖然美國在2015年開始了貨幣緊縮週期，在可見的將來，由任何經濟引發金融危機的影響下，美國的貨幣政策只會更加激進，除非其他國家的貨幣政策比美國更激進，美元的全球影響力終將減弱。

金融監管、貨幣政策與國際金融危機

當利率長期維持在低位，資產市場的價格表現又比較好，投資者很可能會不繼續進行借貸累積更多債務槓桿以加大投資。投資的資產項目產生的回報現金流如租金、股息等無法支持債券的借貸成本，必須要資產價格的持續上升去抵銷借貸成本。當資產價格最終出現較長時間高位波動並無法再創新高，更多借入貸款的投資者選擇拋售資產，以應付現金流須要並減輕超額的債務負擔。沽售的壓力會引起資產價格開始下

跌,更多持有資產的人注意到價格下跌形成趨勢,紛紛加入沽售行列,市場上的潛在買家卻因為下跌的預期而變得越來越少,這會再次引發資產的加速下跌。大量的借款人無力償還欠債,更多抵押品的價值低於貸款額,最終變成銀行及金融機構的壞帳。資產價格崩潰最終令信貸市場出現系統性金融風險,甚至可能引起銀行及信貸體系崩潰或風險,最終爆發金融危機。這種由信貸累積最終引起資產價格崩潰的現象稱為明斯基時刻(Minsky Moment)。

中央銀行有防範資產泡沫,確保金融體系正常運行的角色。很多人相信中央銀行能準確預警並防範金融危機。事實卻是,即使是美國聯儲局在多次金融危機發生前仍低估資產泡沫形成的風險,卻遲遲沒有加息去控制信貸泡沫。美聯儲在2008金融危機真正爆發前不久仍明顯地低估了問題的嚴重性。2000年的科網股爆破後聯儲局大幅減息以刺激經濟,以穩定金融市場,由2001年初的6%利率,到年底時已經大幅減到1.75%。利率進一步下降至2003年的1%,在2004年中才開始加息去控制過熱的經濟,可惜一切已經太遲。當時美國民眾對科網股爆跌的經歷仍記憶猶新,資金沒有大舉湧入股市,美國民眾把投資的目標轉向房地產市場。大量廉價的信貸湧入房市,形成了美國房地產只升不跌的神話,1990～2000用了十年才升了25%的美國房價在2000～2007就升了90%。這還是全國性的房價,部分熱點城市的同期升幅超過150%以上,而且近乎完完沒有重大調整,幾乎是只升不跌。美國房地產成了有買貴無買錯的泡沫市場。

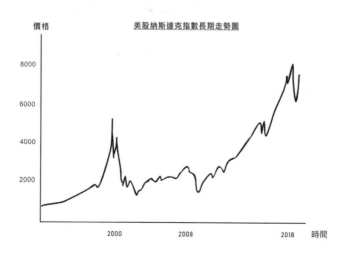

　　從這個角度去看，引發2008危機的根源與2000年的科網爆破有莫大關係。聯儲局採快速降息以穩定市場。同時間美國大幅放寬對房地類貸款的限制，金融機構可以大大增加次級按揭（Subprime Mortgage）借貸與較低還款能力的貸款者，而且由於可以收取高額利率，銀行樂此不疲的增加此類貸款。但銀行或貸款機構的自有資金有限，為了獲得更多的利潤，銀行及放貸機構把這些房貸打包成金融產品，經過複雜的金融包裝把這些次級（劣質）按揭債務被包裝成按揭抵押債務（CDO），並在統計學及會計手段進一步修飾下變成最高安全級別的AAA債券評級。然後把這些垃圾貸款的金融產品賣向全世界的養老基金，以及各地的機構及人人投資者手中。由於利率較同級的AAA債券高，機構投資人相當樂意購買這些毒債。因為金融界的朋友最喜歡的是按表面數字交易，而很少人去查找數字背後的隱藏風險。即使是中央銀行，由普通職員十年如一日的向上級呈交的市場風險評估報告，對這些複雜的金融創新預警是非常有限，因為在數字上看不出背後的問題，只要樓房貸款斷供沒有大面積發生，世界安好如初。

　　2001年開始的持續超低利率引起了大量資金湧入樓市，樓市每年以十多二十的百分比上升，而且在2001～2006持續地上升，形成了美國樓市只升不跌的神話，不買房子是傻子，敢買就會贏，買了房就是買了印鈔機可以天天不用工作在數銀紙。在缺乏金融監管下，大量資金借貸與並沒有還款能力的樓宇借款人，只要付出5～10%首付，無需任何收入證明就可以輕易獲得借款。有興趣的朋友可以看《The Big Short（大賣空）》這套經典的金融界電影，能夠較有趣味地瞭解一下金融危機的來龍去脈。

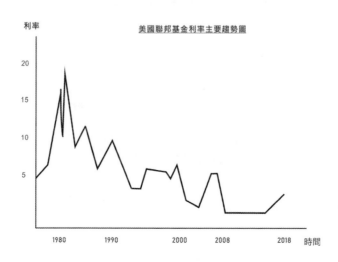

美國聯邦基金利率主要趨勢圖

2007年美聯儲主席伯南克仍認為美國不會爆發系統性金融危機，而且他提到美國樓市從來未出現過全國性大幅下跌，相信當時的系統性風險可控。大家都知道2008年就發生了50年來最嚴重的國際金融危機。其實央行對市場運行的判斷經常是錯的。而且他們往往就是泡沫的製造者，這就是為何我一再強調投資者要有自己的觀點與判斷，不要盲目信任何專家意見，即使是聯儲局主席。我鼓勵讀者懷疑書中所有對金融市場的觀測，自己在當時的環境下進行驗證，因為市場不斷在變化，有些舊有金融觀測很可能會變成不合時宜。

其實銀行在股票市場的借貸風險缺口比例上不大，因為銀行歸類股票做風險資產，有完善的風險管理措施。如果同一情形發生在樓市，往往殺傷力更大，因為房地產被歸類為更優質的抵押品，更易獲得銀行信貸。一旦經濟衰退而出現購房者無力償還每月供款（現金流斷裂），同時因為房價快速下跌會令大量不良貸款湧現，即使銀行收回房子拍賣仍可能是資不抵債，形成銀行體系大量壞帳。當銀行自有資本金損失嚴重至低於法定要求，卻無法在金融市場動盪下補充資本，銀行須要發行更多股票或長債補充資本卻找不到市場買家，就可能出現倒閉風險。如果是個別銀行發生，這只是單一金融事件，如果在經濟體系內大多數銀行同時發生，這就會爆發系統性金融危機。最壞的情況是原本毫無風險概念的無辜存款戶損失全部或部分存款。當全球經濟深陷危機時，消費及投資會大幅萎縮，經濟陷入嚴重衰退。這亦是為什麼大型金融危出現時，政府及中央銀行往往須要果斷拯救銀行體系以避免出現經濟崩潰。

聯儲局在2004年至2006年進行了持續加息，引爆美國樓市只升不跌神話。大家可能會問央行不加息不就沒事了嗎？不加息會加速經濟的過熱，導致更高的通膨及日後須要更快的加息，而更快速的加息因會造成強大的短期賣出壓力更易刺破資產泡沫，這會在將來引起更大危害。那聰明的讀者又會想，是否聯儲局加息太慢引起了資產泡沫，事後看來是的，但你想想在2003年或之前股票指數剛剛走出低谷，當時通膨沒有明顯壓力，經濟也是溫和擴張，只是樓價升得較快，央行若太早加息可能會增加經濟冷卻風險而被各方人士責難，如果當時加息很容易會被批評為冒進加息。過熱的樓市最終被持續加息冷卻，留意利率見頂是2006

年，樓市下跌是2007年，金融危機是2008年。這就是金融政策工具的傳遞時滯效應，加息就好像溫水煮蛙，每年6～7%利率成本相比，15%以上樓市升值並不足阻止人們繼續投機。一旦樓市停止上升，6～7%的利息成本就會壓迫最無還款能力的人賣出房子，而一旦成交價持續下跌會壓迫更多高借貸的業主加速減價賣房。在2007年開始下跌，並最終引起美國樓市的次級按揭泡沫，大量的次級接揭貸款變成壞帳，參與其中的金融機構出現巨大損失，最終引爆了2008全球金融危機。

在2009年的金融危機後美國聯儲局採用激進的貨幣政策去刺激經濟，把利率降至接近零。而且這次持續的時間更長，由2009一直到2015年底才開始第一次加息。而且加幅非常溫和，還採用了更激進的量化寬鬆政策去進一步刺激經濟，即是印錢去購買商業銀行持有的債券，令銀行有更多的資金可貸出，並且從而壓低長期借貸利息，鼓勵長期的投資及借貸。我會在本書有關債券交易部分再作詳細解釋。全球的股市及樓市因而累積了大量新的借貸。形成另一個大泡沫。當美國的利息不斷上升至一定的臨界點，就會擠壓不同資產市場的泡沫，造成金融市場的巨大震盪，引爆下一次金融危機。

目前在低利率下美國的企業已大量累積債務，並不斷以現金對股票回購以推升股價。當企業盈利下降，自由現金流減少，並且因為加息而導致融資成本上升，企業難以繼續每年一萬億美元以上以上的回購金額。當這個大買家不見了，大量的ETF投資者同時撤出市場，市場缺乏買家可能引起大幅度下跌。大家在交易時必須要小心。

理解利率與金融危機的關係後，大家會發覺無論是1998亞洲金融風暴、2000科網爆破、2008年美國金融危機、2018年的的美股大調整與新興市場劇烈波動等等都有相似的發展規律。瞭解借貸週期對於我們防禦重大金融風險非常重要。投資者要非常小心留意這種現象，每當一個資產市場的槓桿累到一定程度後，須要評估下一場危機會否如期而至，並及早作防禦性部署。

但過去的經驗不一定是有效的參考，許多人看到美股高昂的估值後

預測美股可能出現2008年式大跌。可是在2019年初當聯儲局因應市場下跌把加息預期改為觀望時，市場以罕見的報復性反彈作慶祝，由2018年12月低位只花了一個月時間已經回升了15%以上，之前以為美股大跌市將至累積大量放空倉位的投資者倉皇逃生。而較早前賣了股份的投資者都紛紛趕回市場。如果美股早前的股價已經透支了稅務改革等利多的基本因素，能推升股價的只有靠估值上升。既然聯儲局如此悉心保護股票市場，重視降低市場波動準。美股高估值的維持時間可能超過以往的歷史認知水平。長期而言，純粹依靠估值上升是不可持續的，把泡沫延後爆破，會把將來的長期回報透支或消耗，除非有更激進的貨幣政策刺激，以及有多企業盈利不斷能超預期成長，否則美股未來的長期投資回報空間將不斷降低。如果過往的經驗是股票回報是長期高於其他資產大類，投資者必須要小心，由於未來的長期回報已被目前的高估值透支，長期持有股票的回報將下降至更低水平的新常態。美國股市投資的基調很可能變成個股及板塊間的輪動，而不再是以往的整體市場全面上升的狀態。

中央銀行貨幣政策的限制性

其實中央銀行很多時並不是不知道風險來臨，而是有時身不由已。央行的首要目標是維持物價穩定及促進經濟增長。通膨和經濟增長這兩個央行政策目標本身就是互相衝突的，央行減息增加貨幣供應就會刺激經濟，很可能最終引發通膨。如果央行加息太快，就會引起資產價格的急劇波動，並可能因利率影響減少消費投資導引經濟衰退。如果沒有經濟過熱等數據支持，央行進行預防性加息會面對巨大的社會壓力。一旦加息過快引起經濟放緩更會成了眾矢之的。美聯儲的目標是，經濟穩定地增長，通膨溫和上升，資產泡沫沒有形成巨大風險。中央銀行家駕駛經濟這部龐然大物時，只想用放鬆油門緩慢調節政策利率來煞車，非萬不得出現高通膨時已不會以快速加息踩煞車。遇大問題時，經濟這部機器並不是踏了油門就會加快，而是不知過了多久時間才會突然加快，煞車也是不知道要了多久才能停。所以非常難去處理掌握好平衡之道，往往會出現經濟真正過熱後才急急踏煞車最終引起衰退，比如2005至2006

年間的快速加息最終導致了2008年的金融危機。

　　中央銀行家並不討厭資產泡沫，如果泡沫不會破裂，買家都能賺錢，產生財富效應，社會消費就會提升，經濟會成長。2009年後美國進行每月850億美元的量化寬鬆買債計劃，不就是要讓一部分在渡過了金融危機的機構及個人先富起來，就差沒有用廣播器向資本市場大喊，大家一起來買債券，買股票，我印錢給你們買借貸，成本年息都不用於1%，大家只管借錢買，發財的機會到了。中央銀行家真正擔心的是由信貸引起無以為繼的泡沫，引起銀行體系大量壞帳出現重大金融風險。大家要知道的的是，股市價格並不是央行的政策關注目標，他們在意的是實體經濟及信貸市場有沒受資產價格劇烈波動的沖擊，並盡力保持物價平穩。

　　讀者可能會感到奇怪，明明是央行引導資產市場上漲，但是當資產上漲後，不就是會形成資產泡沫最終爆破，那央行不是設了陷阱自己踩進去嗎？他們其實心中有一個如意算盤。這些放到資本市場上的錢總有一部分會被實體經濟利用，企業增加投資達到穩經濟的目標。如果金融市場上升到泡沫仍不算太嚴重時，聯儲局來個慢煞車，慢慢加點息，一點一點的煞，泡沫就不會破裂，經濟繼續成長，有錢人繼續成長。可是這些年來這個如意算盤在美國從來沒有打得響過。

　　投資者都有追漲殺跌的本能，一旦牛市吹響了集結號，資產市場一年15%以上的年回報率，哪可能是央行0.25%或0.5%的加息幅度可以煞停的。大家要注意的是央行的官員更有動機面對通貨膨脹苗頭初現時按兵不動，因為一旦加息下重手經濟放緩明顯，就很容易被社會大眾千夫所指，所以反而任由市場泡沫存在，即使最終破裂，央行還可以化身成救火英雄對市場進行拯救。市場上的大量乾柴是他們自己放的，有時火是還是他們間接鼓勵投機者點的，救火英雄當然還是由自己去當主角。

　　這些不時做出事後看來是錯誤決策的央行官員本身其實很精明，他們不停研究歷史上不同的經濟危機以及評估應對之策，大家可以上美聯儲的論文庫看看那些文章，很多也很有深度及養分，雖然對直接用在交易上的作用是有限的。決策的難度在於，聯儲局須要在提早加息避免經

濟及資產市場過熱及保護經濟發展之間盡量取平衡，不過事後看來這幾十年來在預防風險方面，美國央行經常犯大錯，如何成功平衡兩者始終是央行一道最難解之題。近期來看他們從歷史教訓中學會盡量做預防性加息，利用緩慢的加息減弱每一次加息週期對市場的震盪。看看在川普的強大壓力下美國央行最初仍維持漸進加息，就知道美國央行在吸收了上一次的教訓後在嘗試修正自己。

央行深明再讓泡泡再膨脹就會令金融體系陷入越來越危險的境地。一般情況下能獲取大額借貸在金融市場用槓桿交易，或者在房地產市場進行大量投資性買房獲利的人都是人口中的少數，不會超過總人口的5%，他們增加個人消費對社會總體通膨影響是有限。當然你會爭議，這樣做美國聯儲局不就是引起社會財富不公平的推手？是的，因為他們從不把貧富均衡作為優先的政策指標。他們把存款利率壓至零就是把儲蓄者的增值都拿走了，以補貼有錢或敢於借貸的投資者用超低息進行金融及房地產投資，然後賺個盆滿缽滿，產生正財富效應，卻沒有引發通膨（因為大部分的人仍是沒有錢）。因為央行最優先的目標是通膨及經濟增長，其次是調節貨幣匯率。你手上股價升跌從來都不是央行的關注重點。所以股市正常升跌沒動並不構成救市理由。只有當股市出現暴跌引起金融系統可能發生重大風險，商業及消費信心有可能受嚴重沖擊時才會考慮救市。

當經濟成長最終引起美國出現全國勞工薪資收入快速上升的狀況時，就是美國央行貨幣政策被點死穴的時間。當央行持續的貨幣增發最終傳遞到實體經濟，總需求上升，大量公司因為要擴張生產而聘請更多人手。可以觀察到勞動力參與度升高，即更多人加入勞動市場參與工作，超低的失業率想找工作的人大多都找到，非農業新增職位快速上升，即企業加快了招聘的步伐。這最終會引起廣大工薪階層的收入的加速上升，市民大眾的口袋越來越多錢，大家需求越來多的東西，總需求不斷上升，可能會引起一發不可收拾的高通膨水平，從而逼使央行必需更快速的加息以控制物價。如果這個加息速度大超金融市場原本預期，大量資金就會由股票撤出到持有貨幣或其他貨幣市場工具。股市出現短時間大量的賣出盤，可能會引起金融泡沫快速破裂及導致經濟衰退。投

資者一定要留心這個泡沫被刺破的條件，看到以上警訊後盡量不要去賺市場上升週期尾部的那一點錢。在市場崩解前減少風險資產持倉保存獲利，撤出到貨幣等安全資產等待下一次機會。

當泡沫爆破引起經濟的負面連鎖反應過大，出現重大金融事件，央行便很大機會再次進行救市。央行救市的第一步是減息，而且是採用快速下降利率的強刺激以穩定金融市場，間接鼓勵投資者重回市場。如果效果還不夠，第二步是推行量化寬鬆政策，大量增加債券購買計劃，釋放大量現金到銀行體系以支持借貸。這時很可能是債券大牛市的開始。若市場失效嚴重，持續不能止跌，回復正常交易狀態，央行就可能推出更激進的股票直接購買計劃。日本央行已有先例進行較溫和的股票ETF購買，令日股維持在較高價位。若然央行這個持有無限貨幣的超級大買家，積極出現在股票市場進行大量購入計劃，這樣的投資機會不把握真是浪費。因為就算央行沒有拉升股價，而是掛賣出價慢慢吸貨，下跌空間已經非常有限，這種情況市場信心回復後資本市場一拉升就彈起來了。

在2008金融危險過後全球主要央行包括，美國聯邦儲備局、歐洲央行、日本央行、英倫銀行都先後推出量化寬鬆政策，其主要運作原理是央行印錢購買商業銀行手上持有的債券，主要是國債，之後是政府相關的企業債。最大的效果是大幅壓低了政府及企業的借貸成本，在最瘋狂的年代，買入德國十年期的國債收益率是負數，即是投資者借錢給德國100萬歐元不止十年不收分毫利息，而且還要十年後只收回99萬本金，連本金都送給德國政府無償使用。如此難以想像的事情是在金融世界真正發生過，而且商業銀行樂此不疲的做這種看似愚蠢透頂的交易。在金融交易世界之中，確定必然虧損的交易是沒有投資人會做的。商業銀行根本不會傻得長期持有這些負回報債券，他們知道無論債券利率如何被印錢瘋狂扭曲，他們也可以買入這些負回報債券後以更高的債券價格賣給歐洲央行這個市場上的最大買家繼而獲利。有些國家如瑞士央行已近乎把本國的債券都差不多買光了，最激進的日本央行更直接印錢買入日本的交易所買賣股票基金（ETF）。

這是一個貨幣政策近乎瘋狂的年代，最奇怪的是，如此大規模的印

錢為什麼沒有引發通膨從而迫使央行中止行動呢？因為這些印出來錢主要都不會流到大眾的口袋，而是在金融市場進行資本交易沒有流出實體經濟，不太影響到大眾的消費水平，這樣就不會輕易引發通膨。一家央行看了鄰居操作得這樣好玩當然自己也想試試。央行的決策者幾乎看不到印錢對經濟的即時副作用。如果政策能令一些人得益，其他人沒有損失何樂而不為？各地的資產因應本國不同的政策，央行印錢後價格上升的資產類別有差異，有些在債市，有些在股市，有些是房股債各市場全面上升。

所以認識貨幣政策對投資者而言非常重要，令你可以選擇合適的金融市場工具以抵消央行的貨幣政策，令財富從你們的儲蓄中轉移。如果你選擇在低利率的通膨環境下只持有貨幣，就好像是縱容小偷持續從你家中偷走購買力。當股市回復正常，央行仍沒有減少貨幣刺激政策，慢慢地新的金融週期又會再次開始，資產價格再次持續上升，越來越多資金重回股市，慢慢形成下一個泡沫。然後再次等待下一次爆破，又再一次救市。金融交易的大週期就是這樣形成的。

外幣貸款與地區性金融危機

有時有一些投資機構在資本市場中的貸款不單只使用本國貨幣貸款，而是在美元利率便宜時借入大量美元貸款作融資。由於新興市場國家的本國貨幣貸款利率很高，往往來到5～10%。而當美國降息時，採用美元融資的企業貸款利率可能只有本國貨幣利率的一半，比如3～6%之間。而且美國降息週期中美元的匯價往往疲弱，更有利新興國家企業借入美元後以本國貨幣進行還款。大量的新興市場企業以至國家發行美元為結算貨幣的企業債及主權債，獲得廉價的美元資金。

當這類美元計算的外部貸款持續累積，新興市場企業卻沒有在生意轉好時居安思危開始償還債券減少負債水平。一旦美國開始持續加息，並且開始上升到形成債務壓力時，有可能倒迫新興國家的中央銀行亦要

跟隨。新興國家借貸者之前借入大量債務後可能將要償還更多的利息，而且美元對本國貨幣升值也會造成新興國借貸者還款更困難。因為他們要以更多的本國貨幣才能償還同一筆的美元外債，造成企業的現金流變得緊張，即使新興國家的企業採用固定利率借貸或較長年期的債券，並非常精明地對匯率進行對沖。債務到期後卻再難以在市場上進行再融資，因為到時的市場利率可能變得非常高，發行美元債券的票面息率往往在8～10%以上，難以在可負擔的利率下獲得融資，而且還不一定能吸引到投資者去買。而且外匯對沖成本亦會變得更為高昂，令外匯借貸變得更為困難。

　　新興國家的企業或政府相關機構必須要在債務到期前賣出部分或全部資產，以支付貸款利息及償還貸款。最雪上加霜的是，本國的央行為免匯率大幅貶值須要加息以捍衛匯價，令本國貨幣的融資成本都要被逼上升，一些企業須要走向破產清算。一些新興政府或需求尋求國際貨幣基金會的緊急貸款以渡過難關，並接受嚴苛的政府財務約束以獲得此等國際援助。所以平息過度借貸的代價往往非常沉重。1998年的亞洲金融風暴，2018年的土耳其等部分新興國家貨幣大幅貶值，都是源自此等交易行為。

　　1990年代初美元的利率偏低，引起了亞洲地區新興國家（如馬來西亞、印尼、泰國、韓國等）大量以低利率借入美元債務，當美國利率上升及美元匯率上升時，該等國家漸漸無力償還相應的美元債務。同時部分國家出現了進口超過出口，貿易性外匯不斷流失，要靠借貸及投資等資本性現金流填補。以索羅斯為首的金融投機者看到市場有巨大危險可乘大舉衝擊亞洲國家匯率，引起貨幣大幅貶值，大量企業破產，引爆1997～1998年間的亞洲金融危機。

　　美聯儲快速局部降息緩解亞洲金融危機對美國的影響，反而令美國股市不受亞洲崩盤影響而一枝獨秀繼續上升。在當時低於中性利率的刺激下，更多資金加緊湧入股市尤其美國的科技股（互聯網那時初起步成為新興的熱炒事物），大量毫無業績天天燒錢經營的網絡股上市，並持續爆升。即使之後美國央行再加息也阻止不了股市的狂熱，最終引起

了1999～2000年以NASDAQ指數為主的科網股泡沫及隨後的科網泡沫爆破。（反映科技股的NASDAQ指數由2000年3月的4700多點跌至2002年10月的800點左右。）

資產泡沫是否一定會爆破

資產泡沫是否一定會爆破其實並沒有標準答案，要視乎推動上升的燃料是什麼，亦要視泡沫的相對資本市場的資金總量大小。超大型由信貸燃料推動的主要資產泡沫在歷史上沒有例外都會出現爆破，唯一的問題只是何時爆破及有沒有什麼特定觸發因素的問題。因為信貸是有成本的，亦是有還款壓力的，只要資產價格不再快速上升，或者還有錢可買入的投資者都買入並借盡信貸，在燃燒耗盡後，就很難長期抵抗地心引力。

信貸成本會影響資本燃料消耗的速度，所以加息對資本市場泡沫有很大殺傷力。如果投資不能吸引更多的新加入者去增加資產上升的動能，在原有資本在高利息環境下被消耗得太快，泡沫燃料提供的動能無法再抵抗賣出資產獲利的下跌壓力，泡沫就會開始自我引爆，於是大量泡沫資產爆破下跌時沒有可以到足夠體量的傻錢去當接盤俠，想買入的人早買入了，還有多少人會願意拿真金白銀過來接火棒？這就是為什麼傳統智慧上當街邊小販、的士司機等普通人都對股票充滿熱情時，就是必需離場的時候。

一個大型由信貸引起的資產泡沫，必須要有源源不絕的資本持續投入才能維持，否則只有一部分投資者想賣出持有的資產離場，就會推低資產價格，引起連鎖反應。相反地，如果泡沫規模不大而且沒有太多信貸投資，而是交易者自有的長期資金作投機，這種小規模的泡沫就能形成並維持一段長時間，即使出現大幅價格下挫也不過是像打牌或麻將，有贏家就必然有輸家的零和遊戲，錢從一些人的口袋流到另一些人的口袋之中，對社會沒有太大的影響。這些情形較常體現在就是那些個別中小型股票的異動，總離不開平靜、拉升、散貨離場的劇情。

　　如果一些流動性較低的資產，一旦下降形成，往往會自我加強。除採用非常強勁行政措施，否則難以再緩解，不過行政措施可能會導致問題的持續惡化，比如把泡沫的程度加劇，這樣市場在將來崩盤的風險就更大。行政措施也可以凍結泡沫，比如限制賣出房產在買入資產後相當長的一段時間內不允許賣出，或以高額的交易以減少交易的可能。這種行政措施能減少交易上賣出的賣壓，但同時也會對潛在的買家需求產生很負面的影響。如果在一些業務週期較長的行業，比如房地產行業，在未來的房地產開發活動就會受到很大的壓抑。在保護價格不變情況下，代價就是實體經濟上的相關生產活動也會受到影響。

　　其實我們所理解的資產泡沫不一定以爆破形式終結，可以出現緩慢解決的情形。比如市場被凍結後用較長的時間以通膨及實質收入上去稀釋泡沫。不過如果操之過急的代價可能是貨幣政策使用過猛引起貨幣貶值。如果泡沫發生在股市，理論上透過公司盈利的長時間上升也可以緩解資產泡沫。但實際上股市的泡沫爆破往往非常迅猛，根本原因是投資者在股市投資中使用的融資都是短期貸款而且利率是浮動的，因此一旦資產價格下跌會使每日的市場價變動而出現被強制賣出平倉的情形。所以股票市場下跌時往往無險可守，引起資本槓桿的連環爆破。而房地產開發商發行企業債的週期多在3至5年，即使到期，如果當時資本市場資金充裕，還可以輕鬆地選擇發行新債以償還舊債進行資金展期（Rollover），不過如果到時資金面非常緊張，借貸的風險偏好大幅減少，房地產企業就會出現資金困難，必需盡快賣出手上的存貨（房子）以填補現金流的缺口，偶然聽到發展商虧本賣房多就在這種時間。

　　房地產個人買家的借貸週期一般更長達20年至30年之間。即使房價大幅下降，房地產的持有者只要能償還每月供款仍舊可以堅守資產不用賣出，雖然銀行理論上可按抵押品價值下跌而追收差價，但這做法很易引起借款者的恐慌而引起資產價格大跌。最終引起銀行抵押品價值大幅下降甚至帳面上資不抵債引起銀行危機，所以多數銀行都不會笨得用石頭砸自己的腳。2008年國際金融危險發生後美國就允許銀行不用按最新的估值評估抵押品（房地產）的價價，以減低銀行帳面上出現資不抵債的風險。這些政策手段都是減低泡沫爆破時對金融體系的影響。

對於一個資產泡沫而言，只要流入泡沫資產的資金比流出的多，資產價格就會一直膨脹。一項上升中的資產很少投資者會立即退出，想賣出吐現的人少，資產價格就可以維持在高位。如果一個資產市場的泡沫體量比較少，而且不斷有新資金或不斷被注入更多信貸，形成更大的泡沫，泡沫可能仍會在很長時間繼續成長，直到最終注入的資金無法持續。有時持續時間長達十多二十年，令你認為泡沫會永遠存在。而一個體量非常大，而且缺大量短期資金支持的泡沫就難以持續了。

龐氏騙局與馬多夫騙局

龐氏騙局又被稱層壓式騙局。美國在20世紀初有一位名為查爾斯・龐濟（Charles Ponzi）的著名騙子。他宣稱能以倒賣郵政票券而獲得豐厚的利潤，並承諾投資者能獲取高達50%的豐厚回報。他以新投資者投入的資金作為支付舊投資者的利潤，只要能不斷能獲得新客戶，騙局就可以持續。但騙局的極限是當社會大部分人都參與其中時就再也找不到更多的新客戶了，騙局會因無法償付投資收益而自動爆破。另外一種可能是大眾因某些資訊突然意識到自己上當，然後許多人同時想賣出變現，騙局因沒有足夠的現金償付而爆破。而最新加入的投資者損失比例會最大，因為他們沒有收到多少分紅就爆破了，但他們往往仍將信將疑損失有限，完全相信並沉迷其中不能自拔的投資者損失最大比例的個人財富，因為他們會把自己手中所有可變現的資產都投放其中，投資者認為找到了一個輕鬆賺錢的方法，在龐氏騙局爆破最終前不會聽從任何勸說者的意見。

於2008年爆破的馬多夫（Bernard L.Madoff）騙局比龐氏騙局更高明，連國際投資銀行都能中招，涉款高達600多億美元。馬多夫曾擔任那斯達克的主席，在金融界有深厚的人脈關係，他從不主動邀請他人投資，是投資者主動找其管理資金，而且不一定受理，必須要無條件信任其投資的神祕策略。其設立的馬多夫對沖基金每年都能穩定地提供10%左右的合理回報，其賣點是幾乎每一個月的交易都會獲利，每一年的交易回報都是絕對正回報，沒有任何重大回撤。這種神乎奇技的交易表現令其投資者認為他掌握了某種神祕的套利交易策略，反正數十年來都有回報，沒有什麼人懷疑到這是一個巨大的騙局。其客戶包括大量的投資銀行。及國際性金融機構，你很難理解為什麼投資大行的風險部門沒有查證投資的真實性？負責其審計的是一間名不經傳的蚊型會計師行。馬多夫的騙局竟然能在美國證監等的監管底下長期未被察覺。
騙局最終在 2008年時因為金融海嘯爆發客戶須要大額提款而爆煲，馬多夫最終並被判入獄150年。

一個500億美元級數的巨大騙局竟然可以維持20年，那麼一個局部金融泡沫可以維持的時間可能超過大部分人的想像。所以大家有時會看到泡沫好像能永遠存在的假像。但是全國性的大型投機泡沫若使用巨額短期信貸推動的最容易無以為繼發生爆破。這就是為什麼股票市場會反覆發生股災，因為支持股市上升的錢多是短期資金。

美國當年的樓市次級按揭危機，是倒在借貸合約中以短期浮動利率計算每月利率支出，當短期利率急速上升，如果樓市沒有不斷上升抵消借貸成本，還款壓力的增加會令信貸大面積在短時間內出現集體違約，引起信貸市場系統性風險，並最終波及整個金融市場。在央行控制之下的優質企業債等泡沫事件也很少發生，而垃圾級企業債，及新興市場主權債往往會爆雷也是近似道理。這些新興國家只有在金融環境寬鬆時才容易借貸到長期債務，一旦金融環境收緊，舊債一到期就很易出現債務風險。

個人投資者的角色

個人交易者的角色

個人投資者的身分並不同於財經評論家或基金經理，評論家可以在大牛市起步時叫你賣出持貨認為大跌將至，或在熊市中天天亂喊估底。只要能賺到人氣，評論家就能在不斷錯誤中存活。而基金經理的工作是盡力打敗行業表現指標（Brenchmark Index），在熊市中只要客戶沒提走資金就仍會有管理費收入。

可是個人投資者是用自己的真金白銀作投資決定，優勢是沒有每季度交業績的壓力，可作長期投資，另外可以選擇在市況不明時只持有貨幣不作交易。但是個人交易者必須要學會自我控制交易風險，要有自己的判斷。因為個人投資者須要自己承擔全部損失，即使你輸得一敗塗地痛哭流涕市場也不會把本金還給你，務必謹慎行事。

對個人而言不作任何的金融投資也是一個選項，但是會面臨長期的通膨消耗購貨幣買力的明顯風險。通膨是一項緩慢並有極高確定性消耗儲蓄購買力的長期風險。以往在高利率年代，我們可以簡單地透過銀行定期存款，就已經能減低甚至完全抵消通膨引起的購買力損失。但近年全球央行經常採用激進的貨幣政策以超低息刺激經濟，銀行存款的回報就會遠遠不足以抵消通膨損耗，而出現負的實質利率（Negative Real Interest Rate）的情況，並且維持一段相當長的時間。美國在2009年到2015年間的1年期定期存款息率連0.5%都沒有，通膨卻維持在2%左右，儲蓄者的購買力都有很大的損耗。雖然美國在2015年底開始再次進入加息週期，但一旦美國經濟出現衰退的苗頭，全球的利率會再次長時間陷入超低水平。盡早學習更多的國際金融交易知識令我們有更多選擇去對抗通膨及資產貶值，提升個人及家庭的長遠財富實力。

主動交易者很易迷失

　　理性預期和趨勢跟蹤是主動交易的兩大主流法則。理性預期根據政治經濟環境，估值及收益預期變動去作出投資判斷。而趨勢跟蹤則是簡單的跟蹤市場的升跌變化作出交易判斷。如果只相信理性預期，隨時出現嚴重的市場認知錯誤，只迷失在自己建構的世界之中。但是盲從趨勢跟蹤亦不過是在追漲殺跌，你眼中只看到的每天波動，什麼智慧都不能增長，這就很易變成被市場收割的韭菜。最好能結合理性預期作交易框架配合實際市場形態的趨勢跟蹤作出交易判斷。

　　網上能免費搜尋到大量的投資資訊，有一些文章也是很有參考學習價值的。但是知識往往太碎片化，對初學者的幫助有限。如果想在網上免費地尋找交易策略更應該早點清醒，因為市場的專業交易者絕不會跟任何人分享核心交易策略，否則太多人同時採用他們的策略便很易失效，更無可能會在網上免費發布給你看。只有退休的交易大師會出回憶性著作，他們的交易哲學及分析方法往往很有參考價值，但對新手投資者而言實際的可操作性其實比較有限。一本書的最快出版週期大概也要2至3個月，所以沒有任何一本投資書可以跟得上市場的變化，我這本書也不會例外。所以我在書中並沒有任何買什麼就能賺的交易建議，而是教你去認識市場中的交易工具以及思考分析方法。讀者對投資書中找到的投資交易策略，包括我在書中提及的也必須要小心使用。因為交易市場沒有一成不變的有效策略，一定要先在當前的市場上評估其可用性，並且須要按不同時間及不同市場的特性持續作出修正。

　　對個人投資者而言，金融市場是一個公平的競技場。這裡只看投資能力，不同的學歷、不同出身的人在這裡也沒有必然優勢。大家一同面對市場的風險，分享市場給予的回報。多看心靈雞湯或天天喊口號對增加投資回報一點用處也沒有。不過金融市場實際上有著強烈的資訊不對稱以及能力不對稱問題，沒經驗的交易者往往只看到回報而看不到風險。有些人更以為進攻就是最佳的防守，而不知道在漫長的投資生涯中，資本雪球只要在投資過程中蒸發一次，而且也就只需蒸發一次，就再也混不下去了。

什麼都沒有了，怎麼混也混不出個名堂。如果你夠年輕還可以用人力資本
再儲蓄再嘗試，年紀大了虧一次沒了就沒有機會再翻身了。

閱讀與投資

在進行金融交易前，系統性的學習及適當的閱讀其實非常重要。有
些人總喜歡先作戰後學習，這倒是一個快速成長的方法，不過進行金融
交易時你可能連自己為什麼會大虧也不明白，風險非常高。而且你要確
保倒下多次之後還有本金可戰鬥下去，否則虧了以後就沒有然後了。但
是有沒有書或教程可以確保你不犯錯，沒有！有沒有什麼學習可確保你
有超額回報？也沒有！有些人就會覺得反正學跟不學結果也差不多，不
學無術也可以贏大錢。是的！如果你身處在大牛市，不過重點是你會不
會知道急升情況難以持續太久，懂得見好就收，金融市場不學無術進行
交易往往走不了多遠的路，很易會被下一個逆轉行情打倒。

你投資前看過了多少本相關書籍？很多人外出旅遊前總會先買一本
旅遊書作參考，心想花這麼多錢去旅行總想得到一些有價值的指引。一本
有質素的出遊指南，能減少旅行中犯錯的機會令出行更暢順，體驗更豐
富。也總有些大膽的旅客喜歡買張機票或車票就在陌生的環境下闖蕩。在
旅行途中，即使什麼書也沒有買，只要在一個地方亂闖，用上一些時間也
不難找到目的地。因為每一個旅行的景點是固定的，而且當地會有很多正
確的指示牌或當地人可以幫助你，多花點時間就能熟悉。可是在金融市場
市場的環境中，沒有誰是天生就會交易並熟悉市場運作的，這裡也沒有什
麼的正式指示牌，沒多少人能指出一條明路給你走，胡亂闖蕩的成本卻非
常之高。更困難的是金融市場是永遠在動態運行中，無論碰壁了多少次，
仍很可能仍找不出門道，還有很多疑似的專家發放誤導性的資訊。掌握金
融投資的方法能在市場交易中長期獲利其實不容易找到。

有不少想認真學習投資的初學者，會嘗試先求知才再投資。他們會
逛書店、去圖書館或上網買電子書，接著會嘗試學習應用書上的知識。看
到書中的成功案例，開始感覺自己成了半桶水交易大師。接著會是更拼命

的買書，更拼命的去看圖表去看數據，知識看似增長了，可是最終結果往往是越買越輸。這種知識學習者的慘劇往往不斷發生，令更多的人認為學習知識在資本市場是無用的。箇中原因是剛進入市場的投資者，沒有任何實戰經驗的累積，亦從來未經歷過各種貪婪與恐慌的人性試煉。初學者亦無能力鑑定那些書是真正值得看的。就好像大家看食店點評，有些人總是吃什麼都說好吃，你看了網上食評後去光顧，大呼上當了，下次也不會再幫襯。可是投資世界上當一次的代價往往非常沉重，甚至永不翻身。

我自己也不只一次買了一些不熟悉領域的投資書，按圖索驥在市場稍稍測試一下後看似效果不錯，到實盤作戰時卻沒過多久就迅速虧損掉書價數以百倍計的金錢。而且我往往遇到上書中沒有提及的市場變化，或者碰上市場上很少發生的特殊情況。我的本科修的是經濟學、研究生是專業會計，理應算是受過系統性財經訓練的專業投資者。但我開始個人投資後，很長時間內仍認識不到投資世界只有一位名叫市場的真實老師，所有的書本知識都只是用作參考。只有不斷的學習並跟他交手切磋才能獲得真正的投資能力提升，別無他法。而且這位老師心情非常不定，時而風和日麗，時而暴跳如雷，一旦當你做錯決定的時候，這位嚴厲的老師最喜歡給學生來一頓當頭棒喝。

我的投資旅途上最初連續數年賺了一些錢，曾經有一段時間過度自信，卻在日後的市場波動之中接連多次被資本市場這位真實的老師打倒在地上。老實說，一次跌倒要爬起來還不算難，連續被打倒就很難說了。當你自問不斷努力地學習，買了差不多全世界最著名投資書回家，看了幾百本中外文書藉，拜讀了大量投資大師的著作，拿了數十年的數據做回測，看盤研究，公司資料看到眼都差不多花了，得到的卻是慘虧的結果，真的萬分沮喪，失敗得令自己懷疑人生。

我用了很多的時間才發現最大的問題是我學習了太多資訊，被太多財經書藉提及的簡單因果關係所蒙蔽，卻沒有把其消化並吸收成適合當下市場的投資智慧，沒有認真評估該理論或策略是否仍然適用。分析時不應只用回測也要用前瞻性評估，不應只考慮基本面也要考慮交易面的因素，包括市場對沖行為、去槓桿強制平倉等因素。而且要認識投資工具背後隱藏的風險。認真理解歷史走勢對將來走勢預判的限制性，以

及評估資產價格走勢關係破裂的因素，比如由加息較快引起的2018年美國股債雙殺現象。慢慢地書還是繼續買，但看了任何內容也只會用作參考，測試還是繼續做，而不會盡信，不斷累積更多的經驗。所以我很鼓勵讀者對我書中以及任何其他投資書籍的內容及分析方法抱持懷疑精神，要小心評估是否適合當下的市場後才考慮是否應用，獨立思考判斷，是一個優秀投資人的必要精神。

新手投資者往往喜歡買著名投資大師名號的書，比如股神巴菲特什麼的書。其實巴菲特從來沒有直接出過一本教你投資的書，主要只有一部《巴菲特致股東的信（Berkshire Hathaway Letters to Shareholders）》是他自己寫的。你買到的其實都是別人參考他的投資方法寫的。而且書中往往只像崇拜偶像的歌頌，很少人提及巴菲特2009至2018年間的實際回報跟美國的標普500指數已經沒有明顯的超額收益。同期更大幅跑輸美股大型增長交易所買賣基金（美股：VUG / IVW）。又比如買了本宏觀交易策略大師索羅斯所著的《金融練金術》回家自行修練，看著那些1980年代的陳年案例，估計你依樣畫葫蘆在家連爛銅也練不出來。

許多投資書裡面的有效養分很少，而且更危險的是不少早年有效的交易方法因為市場環境變化早已過期，一般沒有豐富投資經驗的讀者如果沒有指導很容易消化不良。比如用買入價值投資之父葛拉漢的《證券分析》去參考，書中分析公司經營的部分直到今天仍然有一定的參考價值。書中價值投資的概念在1960年代前可以輕易擁有超額回報。不過你現在去美股撿便宜找到有安全邊際的股份多數只會撿到垃圾，因為現在不是以往美國散戶橫行的年代。現在美股中的對沖基金及機構投資者已完全占主導地位，市場上仍遺下的滄海遺珠很可能只是魚目混珠。其實葛拉漢1955年就認為股市太昂貴，賣光持股享受人生去了。

又比如你看了1980年代的《海龜投資法》一書，以為人人都可通過學習成為趨勢投資大師，很可能最終只有虧成了龜仙人了。你知道這位出書的丹尼爾所管理的資金在1980年代末出現巨虧並被投資者控告操作失當，最終要賠錢和解。並且其後在1990～2000年間多次再嘗試開展資產管理業務，都因大幅虧損失敗收場。即使你閱讀了非常優秀的著作，比如全球最大對沖基金橋水創辦人達理奧的《債務危機》（Big Debt Crises）一

書，學會了關於債務週期及危機的深刻分析，如果沒有對市場交易的深刻理解，你只能看到危而看不到機。你又知道怎樣應用交易策略去獲利嗎。

我可以肯定絕大部分的讀者可能沒有時間及精力會去嘗試消化數以百計的投資書籍。化繁為簡的能力對學習投資也是非常重要。有沒有想過你自己看過多少書，最終把全部內容都遺忘了。大多數投資者參與投資時獲利主要靠的是市場波動本身，而非學習一些數學套利模型或學習造市商的獲利原理，你學了方法也沒有設備和技術。這種學習對個人交易者而言並沒有重大的增值作用，除非你是業內人士。有許多投資學書籍是沒有中文翻譯本的。那些經典的證券、貨幣市場等等的投資書往往都是近千頁的厚度，還配有很多複雜的概念和正常人不會有心情弄明白的數學公式，看多一會兒絕對令人昏昏欲睡。更難的是如何從書中吸收到有效養分並應用在真實的投資中。

自學投資對一般讀者而言談何容易。反而是那些標榜即學即用買股必定賺一類的書籍平易近人，一個下午就能輕鬆學完，不過如果跟書中戰法依樣畫葫蘆，除非遇上大牛市買什麼都能賺一把，否則估計在波動市場中，交易者一上市場作戰沒多久就沒有然後了。我寫這本書的目標是減輕讀者從各書籍中或機構論文等資訊找出基本養分的難度，把大量的投資概念化繁為簡。並加入一些金融歷史中不應被遺忘的真實事例供讀者參考。誠如很多投資前輩所言，研究那些極端的市場狀況可以幫助投資者在將來能在市場長久生存打下良好根基。

金融市場博大精深而且永遠是動態的，沒有人能完整認識整個市場的不同環節，也永遠學不完。對一般投資者而言學會找住大行情的機會，往往比不斷關注大量短期的小標的更有效果。目前不同投資市場的精細化專門書籍已經很多，直接翻譯外國著名投資書籍也不少。配合中國國情並同時能系統性學習國際金融體系知識的書籍卻很少。其實投資界早已進行了複雜分工，很多金融界業內人士的真實工作只是負債分析很少的一個分化市場，比如專門交易股指期權的，比如專門交易國債期貨的，又或者交易單一行業股票投資的。很少人的工作須要整合並理解貨幣政策、股市、債市、匯市、商品這些金融市場互相緊扣的環。不少專業財經書籍以學術或場外的高冷視角度配合非常冷冰冰的數字及公式模型，一般個人投資者

難以透過閱讀對真實市場交易行為獲得更立體的認知。令一般的個人投資者跟市場主要參與者有巨大的知識及能力差距。我希望這本書能啟發沒有太多金融基礎的朋友及年輕新一代去認識真實的金融投資世界。為免太過沉悶或用數學公式嚇跑讀書，我嘗試把本書寫得簡單易懂人性化，跟讀者朋友們分享一下金融交易的見聞及想法。

金融交易沒有必勝之法

我多次提到金融市場短線交易是一個零和遊戲，不可能有必勝指標或方法，常用指標必然是有時能用，有時失靈。而且一旦失靈時往往是新手投資者蒙受重大損失的時候，因為他們堅定地相信他做的交易部位是對的。誤以為自己是交易之王，看過幾本書，做了一些獲利的交易就洋洋得意，這樣能不中埋伏才怪。市場往往會很耐心的培養短線投資者對自身獲利方式的信心，當投資者被培養得信心滿滿，差不多想買廣告去歌頌他的投資系統如何超越牛熊成就傳奇時，差不多就到了被收割的時候了。短線交易的學費非常昂貴，要認知市場是不斷進化的，混沌並且沒有固定章法，唯一不變的章法是市場短線會不斷嘗試不同的波動方式令最少的人能一起獲利，這是零和遊戲的精髓，尤其在期貨市場及槓桿持股，往往做十次賺的錢一次錯誤就連本帶利的送回市場去。

所謂的盈虧同源，就是你獲利的方法和思維，也是導致你將來產生損失的根源。比如一個牛市思維的交易者會在熊市中損失，因為當熊市真正來到時他會認為這是牛市的調整。一個波動率放空交易者可能會被突然的波動率急升打敗。一個放空型交易者可能在熊市中獲利滿滿然後遇到熊市中強烈的反彈而受到徹底重創。你必需有不斷進化的市場認知，驗證當前市場環境是否適用，隨時準備好適應市場變化，而不是期待市場去適應你的交易系統。

主動交易者除了要不斷適應市場，還要克制自己的情緒，對一般人而言太難做得到。如果你是個普通人，不知為何亂做交易卻幸運地在短線交易上大賺一把。如果可以的話，請拿這些錢離開金融市場，有多遠走多遠，這些錢就真的是你的，你可以真正的用這些錢去用在生活上。

如果你捨不得離開市場，往往不用多久，你就會連本帶利的把錢送回市場，甚至虧得一無所有。

交易虧損漩渦

當你真正用自有資金進行長期投資用作退休儲蓄，最壞的情況只不過是虧損一定程度的本金。如果長期定投美國的標普或中國的深滬300，即使會在狂牛市時買了貴貨，但由於買入的金額額占總投資比例不會太多，損失仍是相對有限。如果讀者採用了股債混合型投資，或再進行其他資產的風險分散，投資組合一年內出現30%以上虧損的可能性不太大，而且市場氣氛轉好後組合虧損就會自我修復。

真正會令交易者陷於困境的交易，往往是由主動式交易引起的。活躍的投資者往往在牛市中獲得厚利，看著帳面的資產淨值不斷上升，心中一定是樂開花了。捨不得手中的投資淨值有一點的下跌，就是要看著數字在上升之中。投資者往往在市場過熱階段，會把自己所有能動用的個人資金，甚至節衣縮食把每月能剩下來的開支都投入到市場之中，生怕錯過了一次大行情的機會會抱憾終生。更激進的槓桿投機者會進行大量場外借貸投入到股市之中，再利用證券商的保證金帳戶把交易槓桿放大，希望把回報提升到最大。

新晉的短期投機贏家最終遇上虧損重創通常有一個相似進程。如果投資標的上升太猛，他獲利賣出持有股份安全地退出市場後，很快就會忍不住加倉再買回去。尤其會在回調或者出現價格突破這兩個關鍵位置殺回去。大致的過程如下：

初試啼聲

小試牛刀買入，心中仍存有風險意識。
快速賺了錢後加倉投入，之後越賺越多。
在一次回調或認為市場上升太快後理智地賣出。

獲利心雄

賣出後持有現金感覺非常失落，再也沒有了追漲殺跌的快感。

再次緊盯不同的標的，心急地等待再次出場的機會，要再一次狠狠地獲利。

你認為市場就是為你這樣的天才交易者而設立的，已準備在下一次機會中投入更高的金額。

全倉買入

當市場再次出現調整或突破時，認為機會再次來臨，動用主力資金入市。

買入後市場出現下跌，為了盡快平手，使用槓桿或一切可動用的資金在較低價企圖去攤薄買入成本。

如果市場走勢順利，亦可能在上升時加槓桿買入更多股份，希望能在升浪中賺到盡。

堅定持有

市場開始下跌，認為是正常調整。

市場出現反彈，相信上升的判斷是正確的，選擇繼續持股

一敗塗地

市場再次下跌並跌穿之前的低位，沒有槓桿者內心非常恐慌，每看一次報價就恐慌一次。如用高槓桿的投資者爆倉被抬離金融市場。市場繼續下跌至未預期過的幅度，個人虧損的對市場已經完全無反應了。

高位買入的投資者承受了下跌過程的全部損失，有一些人不忍持續下跌的痛苦，選擇在低價賣出了持倉，永久離開了金融市場。有一些投資者認為反正都下跌了這麼多就這樣把股票留在證券戶口，卻再也沒有交易，也沒有再留意市場。昇華成了佛系投資者，用無盡的時間去等今生是否有緣能解套。

持倉壓力

　　交易者面對虧損的倉位時，很容易會後悔當初買入時早知道就不要買太多。或者面對上升中的倉位時早知道就買入多一點。問題是你根本不可能早知道。有時候看見上升中的市場忍不住加大持倉以捕捉潛在利潤。反而引起持倉壓力過大，心理上無法把持，對市場的波動會變得非常敏感。抗壓能力變得非常差，無論持有項目是升或跌，對你來說最大可能仍是損失。因為你忍受不了一些逆向波動，跌了一點就感到非常痛苦，而這些平常不過的上下波動很可能令你快速地中止交易。無論之後市場是真的上升或下跌，過大的倉位令你很易被市場的小波動震了出來。如果心理上承受不了壓力，倉位過大根本是輸家的遊戲。投資者一定要知道，能安心持有的交易倉位才是好的倉位。交易者買入後吃得開心，睡得安穩，升升跌跌生活如常。保留充足可生活的現金準備，才可以從容應對市場的波動。

貪婪與自信是風險的源頭

　　投資者要留意當金融市場出現大幅下跌前，其實有大量的時間給個人投資者撤退。無論是1929年的美國股市大崩盤，1987年10月的單日暴跌，2008年的金融危機，2018年底的大調整。在正式放量下跌前市場都只是先有小幅度的下跌，而且之後市場會持續了一段時間的上下波動，下跌一小段段往往先有反彈。即使是變化速度極快的中國A股，2007年大跌前在高位形成不對稱雙頂支持了近一個月的時間。2015年下跌前亦有6個交易日在高位停頓，而且下跌初期有不斷出現強勁的單日反彈。在這期間即使資金體量大的個人投資者也能輕易全身而退。

　　那為什麼股市大跌時許多個人投資人卻總是損失慘重。因為許多投資者有一個交易心理陷阱，他們不能接受一定程度的帳面損失，認為曾經擁有的帳面盈利數字就必須要持續維持，不能容忍一點點的帳面交易虧損，認為必須要再賺回來，否則就認為自己是失敗者。而之前錯過了上漲行情的交易者往往迫不及待的在急跌後的強勁反彈中衝入市場，因為對他

們來說追回失去的潛在利潤機會到了，他們一直焦急的等待機會入市，他們一直很後悔沒有在之前的一波行情中採用全額持倉，少賺了錢感覺就是虧了一樣。但他們沒有感到市場的風險，沒有看到各種估值指標早已極端不合理，甚至把許多公司100年以上的潛在利潤都透支了，或者選擇無視這一切，也許他們堅信這就是牛市，也許他們相在市場中有買貴沒有買錯，也許其實他們什麼想法都沒有，反正就是想賭一把賺快錢。

最初個人投資人仍會有一定的風險意識，對市場會否回調會非常小心。可是當許多個人投資人如果出現實際的帳面損失，最初或許能忍痛短暫地賣出持股，但他們很快就會繼續天天密切留意市場，急於找個近期的買入機會把帳面上的損失追回來。投資者最初賣出持倉時的損失可能不大，但當跌市出現後再次追入時，一旦遇上市場下一波的中幅下跌，投資者的帳面虧損就會變得令人非常痛苦，想從資本市場中找機會賺回的念頭開始會蓋過最後的一點理性。

他們看著圖表上與歷史最高位已經有一大段距離，心中想只要股票沖回去我就可以把損失的都追回來，我一定要把損失的都追回來⋯⋯他們無視市場向下跌向無底深潭的風險，心中只想到往昔風光無限好時的股票頂峰。急於求勝的心往往會迫使交易者進行最後一批資本的孤注一擲，無論是借來的、證商融資槓桿回來的，全都的押注到市場能短期反彈回升。而等待他們的，往往是眼睜睜的看著市場由一個價位滑到下一個更低價位的痛苦下跌過程。從最初內心仍然掙扎是否賣出平倉，嘗試接受巨虧，到最後對虧損變成了完全麻木，交易者腦海一片空白，已經完全無力發出平倉指令，甚把投資相關的一切資訊屏閉。交易者看到藍色的天空也認為是灰色的，吃到的東西已經分不出任何味道。而用了借貸槓桿投機的朋友，等到的往往是證券商打來的追加保證金通知，最後很難逃過爆倉巨虧的命運，貸款投機者的名字往往最終慘被加進了破產或老賴名單之中載入史冊。

其實貪婪與自信的交易心魔一直存在在所有投資人的心裡，只是投資老手會極力克制自己。他們知道一旦市場走勢逆轉，市場中的多頭交易就難以再獲利。無論是買入還是放空都很可能因為混亂無序的市況而損失，進行頻繁交易只會把損失擴大。所以帳面上減少了的面值就讓

它隨風飄散，果斷撤離市場，盡量保持資本實力等待下一次的機會。交易老手懂得把損失控制在有限的數額，並接受損失而不去追回，是在市場進行主動交易想長期生存下去須要學習的重要交易態度。有時你查看自己一系列巨虧的交易，其實最初只是由小幅度的交易虧損引起，但你嘗試在短期內太理會市場變化下盡快把損失交易回來，導致更巨大的損失。形成了可怕的虧損漩渦，最終引起難以承受的損失。1995年的霸菱銀行巨虧事件，也是由於最初的少幅損失開始，引起被稱為天才交易員利森失去理性加大注碼去賣空日經225期權。在缺乏充足內部監管的情況，最終虧掉了整間銀行的資本金。專業交易者也可以犯下此等錯誤，個人投資者就不要高估自己的心理質素了。因為當你陷於交易虧損之中時往往是完全失去理性的，如果你沒有採用風險對沖手段去限制最大損失，請盡量不要參與主動型的短線交易，因為你可能在一次的熊市或波動市況中因為槓桿及多空來回交易損失大部分的本金。

賭徒陷阱

為什麼很多人明知在金融市場進行高風險博奕的勝算很低，許多資金面並不充裕的投機者卻不能自拔地參與其中。因為他們往往相信，如果手中沒有太多資本，工作的收入也不可能大幅增加，要翻身改變命運就只有在投機中博一把。認為只有參與高風險博奕才有機會可以快速地一次過翻身，從此不再為錢所困。他們相信不去賭不去博想發達就沒有什麼機會了。

可是大量參與了不同的投機熱點投資的交易者，最終只有少數在早期參與並早早退出者獲利，大量的後來參與的投機者最終都變成了韭菜被收割了。這就是金融投機交易為什麼會出現越窮越賭，越賭越窮的現象。此等投機行為背後的投資項目可能完全沒有基礎價值，項目也毫無真實的獲利承載力，一些人的獲益是從另外一些人的虧損中而來。就好像參與了彩票遊戲，大多數人出現不同程度的損失，令少數人拿到了特大獎金，這種遊戲只能令少量的投機者得益，但你有絕對的自由可以選擇不參與，如果被暴富獲利的想法主導了思維，就會忽略眼前在工作上、在實體業務上

可以有能力改善並增值的地方。金融投機可以令少數人暴富，卻不可能令大多數人獲得長遠的利益。如果你賺了一筆不少的錢，希望你不會變成一位慣性賭徒，急不及待參與下一場投機，然後最終一貧如洗。

一般人並不理解貧困型賭徒的交易思維，他們長期受到看不到出人頭地機會的絕望壓迫。希望用投機或賭博去證明自己，去嘗試一次翻身。可是即使你贏了一次，卻很難收手不再賭，最終看看是哪一個投機項目出現巨額虧損了。賭徒的命運早已命中註定，賭神永遠只是一個傳說。劇中的賭神有誰是不是孤注一擲大賺特賺的，真實世界這樣交易的賭神終有一天變輸神，而且相信不用太長的時間。賭博的負和遊戲沒有什麼人可以有長期例外不用虧損的。想當「估」神或賭神的朋友其實這本書也不用看了，難道運氣可以學習或累積的嗎？如果你並不富裕卻幻想能投機致富，我只會真心建議你腳踏實地的改善眼下的能力和生活狀態，開始儲蓄並投資在自己的個人能力上，再慢慢積累資本，這才是實實在在的過好日子。

波段交易的風險

如果採用資產配置組合進行長期投資，我們便減少了很多操作上的風險。不過很多人不會甘心接受被動投資的有限回報。這亦是為何書中加入許多主動交易的參考，希望讀者們能吸收其他投資人的經驗與教訓。對於主動型交易者而言，不只面對市場的風險，也要面對個人交易者自己的操作風險，而且操作風險有時遠比市場風險更危險，你可以在牛市中虧錢，也可以在熊市中虧錢。因為只要你不斷犯錯而未找出問題所在，虧損的命運難以改變。

波段交易多重虧損陷阱

你的錯誤操作足以在一個下跌20%的行情中損失50%的本金，因為你可能在股市行情的震盪波段不斷的來回交易，頻繁的買入賣出引發多次虧損，做成自有資本的重大損失。如果你買入後，持有一會兒又隨機的賣出，然後錯過了大升浪在更高位的價位買入，而買入股價又再次下

跌，你就會受到更大的傷害。所以採用波段交易的總損失可以超過買入並持有策略的最大損失。

你可能因為一些不確定性的因素賣出，在負面因素被消除後才高位追入，有時太想保留小量利潤，看到帳面由正變負非常沮喪，就會沒有心情長期持有。如果信心不足時建議在建倉時以輕倉去抵抗大波動。同時會減低一旦你沒持貨時市情往好的方向發展急升高追的風險。因為上升時已建有的倉位有浮盈，就算再加倉心理承受會較強，下跌時大不了平手出場。如果一旦高追，小量下震可能令你非常不安，連原來持有的倉位也會一併賣出。

如果賣出後等待市場再下跌再買入，很可能在牛市中等來等去，看到股價一騎絕塵，心中十分痛苦。非常之想再次買入，加入獲利的陣營，所以往往選擇了高位震盪時買入，因為看似比最高位便宜了一點，買入後也許真有一點上升，卻可能發展股價沒有突破上次高位，並且在未預期的情況下快速下跌。你認為這是震倉活動，卻最終發現自己這次真的當了接盤俠。升市沒賺到多少，跌市卻跌個正著，是許多股民心中的最痛。對追熱點這種須要大量運氣成分的交易，要麼你就要低位時已經買入，否則高位介入必需考慮對沖可能，停損在追熱點時不太合適，因為高位個股經常上下劇烈震盪很易出現停損頻繁，其實高位介入被熱炒個股真的很難跟進獲利。這不是一種技術活，其實只是一種賭博。

預測與無知

市場的未來走勢永遠是不能事前預測的，投資者沒有辦法避免風險，只能去控制。其中一些投資者確信他們有持續預測大市升跌的能力，只要預測總是正確就能控制到風險。可是實際在交易市場上基本面的因素非常混亂，同時有好同壞的因素存在，不同交易者的多空力量互相角力，有時會不分勝負。很多人能正確預測未來一段短時間內的波動，1997年亞洲金融危機，2000年科網泡沫，2008年金融危機爆發前其實也有很多分析師能正確預測。可是這些分析師往往錯誤的預測其後的風險事件，因而即

使知道風險存在，亦無法事前得知風險爆發的準確時間，以及爆發後影響的程度。這樣對大多數的交易者而言並沒有太大的參考作用。其實沒有人能長期持續準確預測市場時間及波動幅度，一個也沒有。投資界的前輩一起觀察了一百多年的市場參與者，除了吹牛者或騙子之外從未找到過什麼預測大師。不過有一些交易者總相信自己有特異功能，能夠預測股市，甚至有準確的點數及時間。如果不幸地有一兩次真的估中了，就很容易誤信自己真的有特異功能。尼森（Nassim Nicholas Taleb）所著的《隨機騙局》（Fooled by Randomness）一書很好地解釋了這種交易者的認知誤差。交易者往往要為自我膨脹付出很大的代價，必須要小心認清自己的真實能力。

有一些關鍵的財金會議，如聯儲局的議息會議。經濟數據如就業水平的變化，會引起市場出現劇烈波動，而事前無人能預計結果，就好像美國的非農業新增職位，或者一些雙方力量相當的選舉，又或者一些國際談判能否達成協議，你只能選擇不參與或賭一把。而且即使預期結果正確，市場的實際反應可能跟你想像的完全相反。比如川普在2016年當選美國總統的當天，美股期貨在亞洲交易時段先出現暴跌其後再在美股開市後出現倒升，市場劇情反轉的速度比翻臉還要快。投資者其實很討厭不確定性，但卻無法繞過不確定性去獲取較佳利益。獲巨利者總是在風險當口勇於承擔的交易者，但勇於承擔過大風險總是很易上得山多總遇虎，熱愛高風險交易很難長期在市場中生存下去。過度相信自己的預測，可能會令你無法判斷錯誤的風險，承擔了不能承受的實際風險，引起重大損失。

紙上談兵

相信有不少投資者都經驗過投資中不斷買書學習充實自己，卻越看越虧的情況。這個陷阱的循環是努力買書學習，看書時頭頭是道，感覺自己已經盡得投資大師真傳，是時候在市場上一展身手。可是上市場作戰沒多久又敗興而歸。懷疑自己學錯了門派，又再買另一本投資書籍，繼續嘗試依樣畫葫蘆，又去實踐作戰，又再灰頭土臉。陷入了不斷學習與不斷虧損的漩渦之中，痛苦得不能自拔。究竟是哪裡出錯，那些名著流傳了幾十年，是騙人的話沒有可能留存在今天，是我錯了嗎，還是市

場是錯的……其實誰都沒有錯，而是時代變了，市場的交易者與交易行為變了，以往成功的策略已經沒有用武之地了。很多人都聽過股神巴菲特的師傅是1934年出版了第一本《證券分析》（Security Analysis）被視為價值投資之父的葛拉漢，卻沒有多少人知道葛拉漢在1950年代時已經認為市場被過度高估而無法投資，解散了自己的投資基金並賣出所有股份。巴菲特的投資事業就是在老師介紹了不少客戶後得到快速成長。葛拉漢則去了巴黎尋歡作樂去了，餘生都離開了主流的資產管理行業。

投資大師巴菲特後來受到成長股大師費雪（Philip A.Fisher）的非常之作《非常潛力股》（Common Stcok and Uncommon Profit）一書的重大影響，以及合夥人查理‧芒格的影響改變了整個投資風格。不再以雪茄尾的股份為投資對象，雪茄尾形容那些只餘下一點超額價值的個股，只要吸一口就沒有了價值的低殘股份，巴菲特開始以合理估值的成長股為主要的投資對象，才能維持往後數十年的強勁績效。

可是巴菲特也敵不過2009年後的資本市場風格轉變，由於市場利率太低，令各路科技及成長股的價格不斷沖向新高，而巴菲特的投資在2009開始計算10年200%總回報只大約與標普500指數持平，而遠低於納指同期的350%的總回報。當然納指成分股中許多過度熱炒，科技股高增長高估值的市場不會是價值投資者巴菲特的投資首選。巴菲特到了近年才買入蘋果公司股票，也許因為蘋果公司已過了成長期，估值變得更合理，但其實股價成長空間已大幅減少了。

但許多明瞭市場口味變化的基金經理卻輕易能獲得更好的業績，當利率持續低降，市場會變得相當重口味，只要股價跑得動即使較高風險的股份都會大量吃進。投資者會說這些是陷阱，是的，不過這種口味變化是可以預測的，而且不同於2000年那一波來去如風的科網泡沫，這次的上升持續時間非常長。時代變了，堅守原則是一種選項，沒有對或錯，只是績效不一樣。你可以期待巴菲特式的投資組合波幅會比市場低，同時的代價也是回報會變得平庸甚至比總體市場低。大家要認識到金融市場這種風險與回報的交換是永遠不會改變的。

有一些投資書籍存在嚴重的倖存者偏差的問題，如果你沒有足夠

的市場認知很可能誤以為自己找到了交易之法。比如在美國非常暢銷的《市場怪傑（Market Wizards）》系列書籍，對交易者而言是有相當可讀性的書籍，書中有大量與不同交易領域頂尖交易者的訪談，可以瞭解一下他們的交易想法。問題是書中的主角都好像童話或超人故事中的主角一樣，遇上了重大挫折後必定能挽回損失，而挽回損失的方法就是做出更多正確的交易。情形就好像你去訪問一些剛在賭場中贏了大錢的人，他們總會告訴你他們是怎樣最終獲勝的。不過這些方法其實並不可以複製，因為市場的環境每天在改變。

如果你買了橋水達理歐（Ray Dalio）的《原則》及《債務危機》等著作，一定會被其深厚的金融體系認識而折服。大型對沖基金橡樹資本霍華·馬斯克（Howard Marks）出版了非常著名的《投資中最重要的事（The Most Important Thing in Investment）》、《掌握市場週期（Mastering the Market Cycle）》等著名書籍。可是兩位大師在公開的預測也都會出現誤差，達理歐在2018年2月時仍認為投資者可繼續投資美股，因為持有現金毫無回報，沒過幾天美股卻遇上幾個交易日10%重度下跌。霍華·馬斯克在2018年10月表示美股目前只是調整，可是兩個月後美股不同指數已經自高位下跌超過15%至20%，進入特大調整。羅傑斯（Jim Rogers）更在2018年下半年出了書提及放空美股是絕佳投資，他預測劇本中了一半，美股市場真的在2018年底出現了短暫的劇烈調整，卻估不中2019初的市場大反彈。若果跟從建議放空美股的投資者沒有隨機應變及時退出，很可能會虧損慘重。如果連對交易週期有如此深入了解的人都無法預測股市變化，你認為你看了他們的著作後就的能輕易掌握市場週期了嗎？

市場總是變幻莫測，許多投資大師並不預測股市，他們會贏在跟進市場的變化而不斷修正自己，你知道美股只占橋水總投資的一部分，而且在2月市場出現變化後，橋水大舉放空歐洲金融股，老手總是會找尋危機中金融體系最脆弱並有充足流動性的部位去放空，並獲得豐厚利潤。橋水旗下一只主力基金在全球股市負回報下2018大賺超過14%，羨煞同行。你若只看到了大師建議的一部分，不明白別人的真實部署，並且沒有學會跟隨市場變化進行自我修正，看了許多大師的書其實什麼真本事也學不到。

投資書籍永遠也跟不上市場的變化，大師的評論也不可能跟得上當下市場的改變，而且預測往往是錯的。如果你自我認知到自己的交易能力一般，還不如學習組合式投資，利用股票、債券等多種資產配置，承擔市場風險賺得市場回報來得簡單。很多人都有高估自己投資能力的傾向，我也用了很長時間才發現自己跟其他投資者沒有什麼分別，即使學習能力再強，也沒有什麼特殊能準確預測市場變化能力。

如想獲得更高回報，必需用上時間並承擔更大的市場風險。萬一遇上市場突然逆轉，你在市場的倉位跟投資大師在市場中的倉位面對的虧損並沒有分別。投資世界是一個有趣的地方，這不是一個純粹論智商高下的地方，非常重視投資者的認知能力和執行力，這裡天天喊成功學的口號一點作用都沒有，只有知己知彼才能百戰不殆。金融市場更多時候是一個反映深層人性的一個地方。謹慎行事者得到受控制的風險與市場提供的回報。猶豫不決者永遠不會參與其中，不用承擔風險卻也永遠沒有回報。貪婪的人可以得到貪婪者的巨大風險與回報，貪小便宜者可以得到貪小便宜的小額回報與冒上不成正比的巨大風險，他們若不能及早覺悟改變投資行為，只要運氣用盡，終將把從市場得到的一切轉手連本連利交回市場。

認知與偏見

投資者要認識到人性中對事物認知的偏見，我們會認為近期在發生的形態必然會繼續重演。比如你觀察到市場過去3年間是每逢下跌後必再上升，翻查過去10年紀錄大致也是跌後必升，你就很可能會確信市場下一次跌後必然會上升。你會無視一些相反的案例，比如30年過去了日本股市還是回不到1980年代尾的高位。或者美國股市在1960～1980年代極長期的停滯。我無意對任何股市、房地產市場或其他資本投資能否上升作出不在能力範圍內的猜測。我只想明確的告訴讀者，任何有內在價值可產生現金流的資產都有其一定時間內的上升極限。就算任何類型的投機泡沫長期存在，在一波暴升浪潮後，往後長期年度化回報率終會下降。最近包括越南等小型股市，3、4線的房地產項目，長期停頓就只有1年的火爆，又再歸

於沉寂，很長時間都沒有上漲動能。因為估值的上升不可能無限推升市場，市盈率上到40再要翻倍就是80，然後就要升到160倍才能再翻倍，除非持有資產的實質業務盈利能力年年倍升，能夠合理化過高的股票估值，或者一個城市的居民收入極速上升，令房地產價格有實質的支持，否則泡沫就算不爆破，已被透支的投資項目也會很長時間不能帶給你實質回報。風起時豬都可以飛天，但是地心引力是不能改變的。投資世界的地心引力是永遠存在的，只是有時候時間太長了力度太猛，太多人已經累積了市場只升不跌的認知，人們大都已認為地心引力不再存在了。

全職交易難以維生

可能部分讀者都聽過身邊有朋友全職炒股，尤其在大牛市期間有更多人會有動機辭去工作，因為短時間內帳面賺到的錢可能高於全年的工資收入。全職短線炒個股，以追逐市場熱點，獲得最大利潤為目標。一些日內主動型交易者（當沖客）更會嘗試炒賣期貨及衍生工具維生，為了控制交易風險，會選擇並不持有任何交易倉位過夜。這樣做的最大好處是避免了重大不確定性的發生，只以日內由交易者持續交易的波動去獲利。我跟大家提過資本市場的獲利原則是承擔風險，獲得較高的預期回報。如果市場在牛市階段，日內交易者往往會錯過大行情而只是吃了小波幅。

交易者可能從不同途徑聽說過，有個人以數萬元的小量資金在家作交易就能變成上千萬、上億身家的交易大贏家。我知道買彩票也有機會能獲得超級大獎，不過99.999……%的機會不會是你跟我能獲得。如果市場上的錢有那麼好賺，大家都不用工作，天天安坐家中就可以了。如果聽到人說日內交易還能每個交易日穩定盈利，還能連續10年跑贏大市穿越牛熊，遇上吹牛故事或者騙子的機率比真有如此幸運的人大得多，大家對虛構的故事不要太認真，假的真不了。就算假設真有其人，等他把必勝獲利之道傳授給你及其他人時，由於參與者太多潛在利潤被透支已經變成無效方法。

美國、中國金融界有影響力的前輩沒有一個建議投資者進行日內交易。他們很多人直接警告初入市場者，約翰。柏格直接說這遊戲爛透了（The game sucks）。我最初走入金融市場時也不相信沒有辦法操短線，不就是出現了個趨勢或形勢跟上去嘛，試過一段時間，天天看盤天天交易，因為趨勢真亦假時假亦真，錢來得很快也去得很快，時間越久，越覺得日內交易是一個長期無法獲利的遊戲，眼中看到的只是市場在短期的買盤和賣盤之間出現的小擺動，就好像不停跟市場其他參與者玩剪刀拳頭布，不斷猜測對手下一步的行動，卻什麼也學不會，也完全找不到長期有效方法。我知道我無法三言兩語影響到熱愛此道的交易者。賭場天天開門，有人賺也有有人賠。只是這種對賭方式對大多數讀者而言是毫無效益的方法。少數交易者可能把概率上的好運解釋作技巧高超，從而沉迷此道不能自拔，這類短線交易者如不能及早抽身離開，結局往往是一事無成兼一貧如洗。

　　全職交易或成為日內交易者最好的方式是成為投資機構的受薪交易員，因為交易就是他們的正職工作。無論市況波動，炒輸炒贏，工資都不會是負數，贏大了還往往有巨額花紅，萬一交易失敗出現巨虧，也不用自己掏腰包賠償損失，大不了被人炒掉再轉行而已。而自持個人資金的日內交易者則大不相同，不但沒有每月基本的收入支持生計開支，而且一旦發生巨虧損失大部分資本有可能永遠不能翻身，而且即使交易偶有獲利，你個人的心理及生活面的代價也是非常巨大。

　　我也曾經有一段時間深陷短線交易之中，所以我有最真實的交易經驗和感受。天天在交易時段把自己封閉在多個交易系統面前，看盡一切可看到的海內外新聞，不停與毫無人類感情反饋的自動化交易市場作對賭，生活面是如此之窄。而且一旦日內建立重倉，你連洗手間也不敢亂去生怕盤中有變，每秒鐘盯住市場的變化，而且還要找點位日內平倉，否則就可能要高危地持倉過夜，或要進行風險對沖部署。你人不累心也累，雙眼中就只剩下不由你可控制市場波動，心情隨其高低起舞，時而如癡如醉，時而痛苦萬分。睡覺中也在迷糊中想打開外盤報價，夢中也是非常警覺，睡不安穩，一醒來先察看昨晚市場變化。在甜品店吃口中吃著雪糕，眼中只盯住手機中的申流交易報價，都不知道雪糕是甜的還是鹹的。

　　全職的交易者在夜深人靜的時候細問一下自己，多久沒有留意過天氣變化，窗外的景色，多久沒有好好的跟家人安穩吃一頓飯，享受旅行生活的樂趣。如果人生只剩下交易場上的短暫輸和贏，我情願做一個快樂的輸家，也不去贏這種痛苦錢，卻把自己的人生及生活輸得一乾二淨。全職交易還說不定付上了青春精力在賺賺蝕蝕中最後連老本都全賠，你卻除了學會如何在金融市場上賭錢外什麼生活工作技能都沒有，連人力資本的價值都失去了。希望所有讀者看到別人辭工全職炒股的成功案例不要頭腦發熱，即使賺到了的也是巨大代價的痛苦錢，而且很多人選擇全職交易時往往是牛市攀升期，往往離頂不太遠。一旦你習慣的市情景結束，你會發現你很努力學會並建立的投資策略全部失靈，等待你的只是何時被抬離金融市場而已。

　　大家千萬不要以為在家炒賣交易，就是坐在家中不須要受氣，完全自由兼能穩定獲利只是一種空想。交易者的心靈往往是不自由的，為什麼當你買升時市場就跌，賣了股份不久市場又升，而且市場走勢跟預期的落差往往令人相當痛苦。當你的投機事業徹底失敗又沒有正職工作時，真的令人沮喪得懷疑人生。真想全職炒股，除非你家有幾千萬現金以上，買債券及高息股組合收4～5%股息安坐家中已經年入百萬現金，把那些閒錢投機一下，賺了是多餘，虧了不影響生活。那你早應該算是財務自由了，做不做全職工作就視乎你工作上能夠獲得更多滿足感。可是大多想不勞而獲的投機者往往只有一百幾十萬本金，有些資金甚至是來自長輩的辛苦積蓄和退休金，如果以市場年化回報平均值的情景去算，一年賺到的回報也不太可能夠支付家庭開銷。多數投機者肯定不會那麼老實的去做長期投資，看幾張圖用上幾個技術指標就認為自己是技術派大師，市場上什麼高風險的策略和工具都很可能會嘗試，追逐漲停板敢死隊，槓桿資本玩賣期權，什麼高危的投機玩意都學齊。如果「不幸地」投機路上先來錢快，很快就會失去風險意識，之後特別快虧得一乾二淨。

　　如果你還年輕，我勸告你盡快遠離短線投機。不過我當然知道勸告是沒有用的，因為我當年也是雄心萬丈，根本無法阻止。只好希望投資者在本金很少時遇上巨虧，並吸取到市場的教訓，學會如何保護自己辛苦得來的資本。把時間提升自己的工作及生活能力，老老實實在職場，

在生意場上磨練打拼，把資金穩健的投資保值就很好了。剛開始投資就賺上大錢有時並不值得慶祝，因為很多交易者很快就會自我膨脹變成過度相信自己，最後陷入萬劫不復的境地。我是交上巨額金錢與時間的學費才寫出這一段解釋，希望你們能領悟到投機交易的風險，不要在將來出現的狂牛市中迷失自己。

投資前制定交易計劃

主動型交易者在進行交易前先進行交易計劃，評估最壞情況可以是一個很好的風險控制習慣。在設定好的條件下進行買入股份或賣出股份的計劃。當條件觸發時就會按計劃賣出股份獲利，或按下跌到某一主要價位或幅度時停損。由於計劃往往趕不上變化，許多交易者最終無法確實執行其最初的計劃。在上升市況中賺少了還好，一旦陷入快速下跌狀況，不作停損可能引起本金的重大損失，投資者最好在建立交易倉前先設定最大的損失可能。

投資股票在沒有使用借貸或槓桿下，理論中的最大損失是100%本金。實際上對全球主要股市而言，年波幅大概率在上下30%以內，許多時候更常見是全年的波幅只有15%。當然某些年分比如A股相關指數，在狂牛市中用一年時間可以超過100%升幅，不過不久後多會出現超過50%的快速下降，實際指數返回起步點。其實其他年分很多時年波幅也不超過20%附近，尤其是市場人氣消散的年分。

其實對於個人投資者而言，單項投資項目的損失嚴重程度由投入的總資本比例以及投資的時間長度決定。投資的預估總本金比重高，面對的可能損失自然會較大，如果是孤注一擲式投資，單次交易出現重大風險的可能就會很大。時間拉長時，遇上損失的風險總金額就會上升。而分散式投資的每一筆投資就如上圖加邊的輕倉投資所示，雖然下跌的比例跟重倉仍可能差不多，但是單次損失的本金就很有限。

持有時間可以增加單一項目的總虧損可能，在最壞的情況是單一個股最終出現退市，或損失超過95%本金以上，而採用分散投資就可以大大減低單一筆投資的影響。如果分散式投資每一個項目的本金並不多，而且價格走勢的相關度並不一致，總投資金額的波動風險就會被降低。我們會在組合式資產管理的部分作更詳細的解釋。

而參與放空、期貨及衍生工具交易的最大虧損可以遠超投資本金。所以最好事前先利用如期權等風險控制工具鎖定最大損失水平。比如交易者可以控制3個月內總資產最大損失在10%之內，代價就是為投資組合購入期權作保險。當然如果可以容忍更高風險比如接受最大20%損失的投資者，可以選擇保障力較差但成本低廉的價外期權，只須付上很少的成本，已經可以防範特發事件發生對投資組合的重大負面影響。投資界中經常提到墨非定律（Murphy's Law），凡是可能出錯的事就一定會出錯。投資者必定要小心，如果長期進行投資交易，要警惕超低概率事件對投資策略會否帶來不能承受的虧失，並考慮採用衍生工具等去控制最大損失風險。

有一些投資者會採用長期資產大類分散投資的方法去分散風險而不理會個別資產項目的價格波動。最著名的有橋水基金，他們非常推崇以不同資產波動的差異，令投資在同等風險暴露中獲得極高回報。但對大多數個人投資者而言，要執行如此複雜的主動式資產配置組合計劃須要太多的專業知識，不容易實行。而且即使風險被分散，回報的不確定性仍是很高的。在2017的牛市狂歡中，橋水其中一只基金的回報接近零。

對一般的個股投資者而言，如果投資者沒有為投資組合買入任何如期權等保險，並沒有制定停損計劃為限制最大的損失，就可能會在劇烈波動市況中遇到非常重大的損失。總括而言，單筆投資的風險由金額及投資時間長度決定。對風險控制而言，方式主要有停損計劃、衍生工具風險對沖、分散式低相關性資產投資組合等三種主流方式，當然即使你計劃做足並不代表每一年都必然有好收成的。

對投機者的一點建議

有些主動交易者在市場上獲利後非常興奮，擁有巨大的交易快感，恨不得向全世界宣布我贏錢了。當一項交易完成後，就會開始急於尋找下一個項目，否則就會感到強大的空虛失落感。他們交易的目的由最初的賺錢變成了追尋刺激。無視市場變化不斷參與其中，獲利的績效一定是不穩定的。而且越刺激的東西多是越大風險的項目，在追漲殺跌的過程中迷失自己，最終變成了一個交易場上的沖浪者，只為了追求刺激去交易。變成了慣性賭徒就沒有什麼好結果了。

沒有什麼比安坐家中交易落盤就能獲利更輕鬆的賺錢方式。不勞而獲對多數人來說形象不好，但真有不勞而獲的機會放在眼前時你就會發覺大多數人都按捺不住了。看住股票或任何可交易的工具的價格不斷上升，不斷看到身邊的人加入其中並成功獲利。一般人平靜的外表下內心都很可能會翻江倒海。當你贏了錢與眾同樂後，你的風險意識會一直下降，尤其你看到身邊的人都一起獲利，有錢賺難道不先落袋為安嗎？只是你不會想想是誰把錢虧給你的？贏得越容易，把全部或更高比例資產押注的風險就會上升，最終出現個人資產巨虧的風險就會上升。如果你時常警惕自己贏和輸是一個銀幣的兩面，是連在一起的，等待機會避免過度交易方為上策。不過這真的是知易行難了。

我知道一心想參與投機的朋友是阻止不了的。如果你真的忍不住參與在未來的任何投機浪潮之中，請盡量控制投機倉位在總資產的5%內，準備好這部分的投機資金可以承受100%的損失。並盡量不要在升勢的尾部參與，即全民都狂熱都在談論其中的時候，購買力已經被徹底透支的時候。還有一點，絕對不要融資參與！想也不好想！因為當看錯市場後很可以極速輸到一無所有。沒有人迫你去投機，只有投機者自己因為貪念能把自己推向這種投機困境了。

我知道如果投機項目賣出後真的賺錢了，你心裡就會後悔沒有做全倉，只用5%總資產投資如果變成用上了100%總資產，回報不就多20倍回

報嗎？是的，不過你其實承受了20倍的風險部位，即是隨時輸到一無所有，只是你自己沒有察覺當中分別。在事後來看什麼賺錢的項目都應該加槓桿，自然能大賺特賺。讀者朋友，這是事後已確定已發生結果的概念，等於說如果你知道彩票開什麼號碼預先買了一定賺錢的道理。如果事後的虧損是100%，你就會非常慶幸自己只做了5%或者根本不為所動沒有參與其中。我知道零和遊戲中一定有人賺錢，不過大多數人都是輸家，不受貪婪驅使參與其中絕對不會是壞事。因為投機是會上癮的，賺得越多越浮躁，就很大機會倒在下一個浪潮之中，連本帶利歸還給投機市場。

資本市場蘋果園

在開始進入各資產大類的解釋之前，我想用一個簡單的蘋果園比喻讓大家簡單瞭解一下金融市場的運作。

有一個名叫金融市場的蘋果園，園中果樹會結出金蘋果。人們可以投資這裡的果樹、果苗、甚至種子，更可以為果樹投資買衍生產品保險，無數參與者在一起交易，熱鬧得很。在果園之中，最穩健的投資當然是那些生長得很好並放在溫室內種植，早已果實纍纍的名叫國債的果樹。這個品種的果樹每年定時都會結出果子，而且風雨不改。還有一個名為中央銀行的管理員悉心照料，保證果樹不會生蟲枯萎，收成幾乎是肯定的。你能看到樹上早已掛滿了還未到期成熟的蘋果，只須等一些時間就能成熟獲利。這種幾乎用時間就能賺錢的果樹由於太受歡迎，要投資很多錢才能買一棵，而且價值很貴，獲得的額外收益非常有限。

一些更進取的投資者就會把目光看到那些種在溫室外也是能每年定時都會結出果子的企業債果樹。他們在溫室外受一點風吹雨打，偶然也有一兩棵被蟲蛀或枯萎，但多數也能有收成。位置好，生長不錯的果樹會有監察員評估一下收成情況，並作出信用評級（Credit Rating）。高評級的果樹由於風險跟溫室的果園差不太多，而且價格稍為低一點，獲得的投資收益比國債果樹高，也很是很受投資者歡迎的品種。而一些在種

植位置比較差，或易受風吹雨打蟲害影響的名為垃圾債或高收益債的果樹，監察員可以給予非投資級別的評級甚至不願置評。不過由於價格便宜，只要該年天氣不太差沒有明顯蟲害，能獲得很好的超額收益。不過一旦遇上壞天氣，就只好自嘆倒楣，投資人很可能要承受巨大損失了。

果園中有另外一種品種的果樹，叫股票開心金蘋果。這種果樹有時可以成長得快而且可以長得非常巨大，有時連續結果，收成好得驚人。有時多年都不結果，甚至有時會突然枯萎，收成充滿不確定性。雖然不少股票開心金蘋果的種子和果苗都很難最終得到果實收成，不過只要遇上一段風和日麗，雨水（流動性）充足的日子，總會有很多開心金蘋果投資人獲得了成堆的果實收益，令投資溫室國債果樹及企業債果樹的投資者都非常羨慕。

股票開心金蘋果在壞天氣及雨水不足的季節總是沒法結果，而且有不少更會永久枯萎（公司倒閉），令投資人面對最高100%資本損失，痛心不已。所以在壞天氣時，市場有很持有果樹的投資人願低價賣出，他們很擔心這些果樹最終會在壞天氣下枯萎。一些敢冒風險的投資人會在這時選擇相對優質的果樹作低價買買入，他們承擔果樹會進一步枯萎的高度風險，相信只要等到好天氣再來時，總有一些果樹就可能再次長出大量果實。真等到有那時候總有很多其他的投資者願出超高價想收費他們的果樹，這就可以賺到以非常豐厚的回報。不過總是有一些不太幸運的勇敢投資者，買的開心金蘋樹在壞天氣倒下了。

風雨過後總是有天晴。那些位置較佳，生長情況較好的果園總是第一批再次長出果子。機會往往是給有準備的人，那些勇於在壞天氣選擇優質生長開心金果樹作投資的人往往獲得很高的回報。而總體長期而言，股票開心金蘋果的出果量最大，投資回報最高，只是短期總要面對很大的不確定性，最壞的情況是整個市場5至10年都沒有收成。

市場上還有一些開心金蘋果的種子投資人。他們知道大多的種子都不能成功長成開心金蘋果果樹。但如果投資足夠大數量種子，只要有一兩棵成長了就能獲超額回報。他們被稱為種子投資者（創投）。他們期

待種子成長後能在市場賣出好價錢。如果市場運行暢順，他們總是獲得非常豐厚的利潤。

除了直接投資果樹和種子的人，還有為果園投資者提供風險承擔保險服務的投資人。他們設立了名為果樹期貨及衍生品市場，為市場提供了不同的投資風險解決方案，間接地促進金蘋果的投資及交易。本來有很多投資人因為風險太高不敢買入股票開心金蘋果，這些衍生產品交易者願意在投資者付出一定的保險成本後，替其投資的最大損失進行保險。比如對位置較佳的果樹只須付出開心金蘋果樹價格15%的費用，買入一年期的開心金蘋果期權保險後，保險者就會保證投資金額95%的本金安全，即投資者在計入15%的保險成本後一年內的最大損失不會超過投資本金20%，投資者在付出了成本後獲得風險分擔的效果。從而令很多風險看似很高的投資得以在衍生工具的風險對沖後進行交易，令更多的種子及樹苗獲得了投資和成長。這就是期貨及衍生產品市場的實體作用。

沒有期貨及衍生產品市場的投機者，就沒有了足夠且有能力分擔市場交易風險的交易對手。不過這個市場有時會過於熱鬧，參與衍生產品的交易者太多，承擔風險後沒有獲得足夠的回報（衍生產品波動率太低的時候），往往變成了資本投資者對資本投資者的零和對賭博奕，一旦天氣突變，總有一大批風險投機者會遇上大幅虧損離場。相反，如果期貨及衍生品市場內的交易者太少，承擔風險後若能獲得高額的回報（波動率定價偏高的時候），會吸引更多的風險承擔投資者重新入場，令市場再次回復均衡易狀態。

歡迎大家來到金融交易蘋果園的大門口，蘋果園的大門永開攤開歡迎大家入內參觀，很多投資者入內轉了一圈後不明所以就出來了，根本不知道果園中專業的投資人是怎樣獲得收益的。有些人進到果園先拿些錢胡亂買些果樹賭一把，選擇買了再去學，最終往往虧損離場。金融市場永遠是有人辭官歸故里，有人漏夜趕科場。總有很多投資者幻想著不久後就能在各種交易中大顯身手。金融投資哪有這麼容易，否則金融市場早就應該改稱為金融提款機了。

股票投資

證券交易前言

　　股票市場是各種金融資產中最複雜、短期最無穩定獲利法則的交易品種。在全球的資產大類中，股票的長期回報在過去30年完全擊敗所有主要資產大類。中國A股雖然呈現劇烈波動，但市場總體的底部仍是在上升中，而且盈利水平也有提升。如果考慮已在香港及美國上市的中概股如阿里巴巴、騰訊等，長期獲利水平也不差。理解股票市場的運作及價格形成機制，對你全面理解金融市場的運作非常重要。股票的相關知識太多，寫本數百萬字的書也未能解釋得完，但參與股票投資又太容易，只要開個戶口就可以。怎樣投？投什麼？是很多新手投資者的最大疑問。

　　實踐是檢驗真理的唯一方法，這原則用在主動型股票交易是非常合適的。我在前面解釋過利率與資產大週期的宏觀景像。但去到實際股票操作，還是要對股票的特性進行深入的理解才可以進行真實的市場交易。美國股票過去數十年來都是所有主要資產大類中長期回報率最高者，但單一年度的最大損失也可以達到40%以上，中短線交易的風險亦是非常巨大。即使選擇長期投資，如不幸地在2000年時買入美國的科技股也可以持續虧損10年以上仍拿不回投資本金，更不用說1929年美國市場大崩盤後投資者用了25年時間才回本。千萬不要誤以為美國股票市場遍地黃金隨手可撿。相對美股投資者而言，能持續參與中國A股10年以上而生存下來的投資者都不簡單，他們多有自己的一套的生存法則，否則早就在週期性暴跌中被抬離場了。

　　投資股票也可以採用組合式基金投資，比如主動型股票基金及交易所買賣股票基金，如果採用基金投資，本書中證券交易部分有不少對個股分析及評估的內容都可以自行省略。其實主動型的投資也不一定能打敗被動型基金投資，我會在本書中介紹許多不同國家的指數基金，令讀者更理解投資股票的多種方法。

　　如果你想成為資深的主動型股票交易者，在場外紙上談兵或開個虛擬戶口自娛永遠學不了交易的真本事，因為你無法虛擬出市場會大幅滑

價，掛出的賣盤沒法成交。你也虛擬不出你在市場掛出市價賣單後，買盤可以突然消失無影令你懷疑自己是否出現幻覺。更重要的是你的交易會與市場出現互動，你參與的資本可能會變成別人的獵物，市場其他的交易者可能會製造不利於你的趨勢，先把你吃掉才繼續原有的行情。投資者必需認知到交易市場是動態的而且永遠充滿不確定性。就是因為有這種不確定性才能令股票的回報比其他資產高，因為很多保守的投資者都嚇跑了不和你爭利潤了。但要在股票投資中長期獲益，當中最難克服的不單是市場本身的變幻無常，更重要的是克服交易者人性中貪婪與恐慌。

股市沒有祕笈

不少人最初投入到市場中時，因為幸運遇上牛市而獲利甚豐，自以為已得交易之法洋洋得意。卻往往過沒多久便被市場打得一敗塗地，連本帶利都賠上了。最慘的是這些劇情週期性地在個人投資者身上不斷重覆上演。有交易經驗的人都可能感受過，花了時間金錢精神到最後才發現自己是市場中的大笨蛋是多麼的痛苦。不少金融交易書籍中告訴你出現一些買入交易訊號後跟進便能輕易獲利。為什麼到你在真實市場上使用時變成買入即下跌，苦苦被套牢？因為金融書的案例是精選某個交易訊號能成功發揮效用的時間段作解釋，如果把時間軸拉長，就可以發現同一個買入或賣出的交易訊號經常都是錯的。然後再有些書叫你去修改參數，修改後就能解釋到之前的交易為什麼不準。是的，不過你怎麼確定修改參數後就能成功應用在未來的市況？你知道有多少市場交易者利用技術訊號設計陷阱，先拉動股價引導其他投資者買入去接盤。

交易大戶早就知道你們在花了一百幾十元買入的技術分析書的全部盤路。你的交易行為早已被人看清，被收割不過是遲早的事而已。技術面有套路，基本面不就行了嗎？令人沮喪的是基本面分析用在短線交易也沒有什麼用，只有長期投資較有參考性。投資教科書上根據歸納歷史上金融事件的市場反應判斷，在未來的同類事例中往往是失效的。例如傳統上降了存款準備金增加貨幣供應應該利多股市。2018年10月中國央

行大幅降低了1%存款準備金，消息發布後的第一個交易日A股由開市跌到收市，主要股票指數滬深300下跌超過4%。這是因為在市場缺乏信心的狀態下，根據市場歷史劇本作交易判斷很容易會做錯決定，必需同時權衡當時市場狀況是否合適，即使是股神巴菲特也會在2008年金融危機前低估油價下跌的幅度而蒙受一定的投資損失。資深交易者的交易智慧總是來自一次又一次與市場的真實碰撞，花了很多交易虧損的學費，經歷非常痛苦的實踐才學得來的。

不少讀者可能曾經幻想過投資界有什麼武林祕笈，神祕大法學了就能獨步市場。只要你看看絕大多數的國際投資大師的兒女都無誰去繼承衣缽，沒有什麼祖傳大法能獨步市場，就知道可以省了尋找神祕投資策略的幻想。為什麼投資技能無法有效代代相傳？因為金融市場從來沒有固定劇本及長期可跑贏的必勝策略，只有適者生存是唯一不變的市場法則。而且根據美國基金界前輩約翰（John C. Bogle）的統計，即使最頂尖的交易者或基金經理都會隨時間變得平庸，即使是股神巴菲特（Warren Buffett）及金融大鱷索羅斯（George Soros）近年的每年淨回報表現還未必能跑贏美國標普指數。聰明的基金管理大師彼得林奇（Peter Lynch）選擇在1990年代急流勇退，而曾叱吒風雲的債券大王格羅斯（Bill Gross）更因熱愛交易而最終晚節不保。

其實短線的金融市場波動就像隨機漫步（Random walk）。只有長期市場變化有一些規律可以參考，如果我們對金融市場的變化規律加以學習，小心分析當下形勢作出應用，還是可以在市場上立足的。比如參考如央行的利率政策、債券市場的孳息曲線變化等等。市場總體股利的成長水平以及估值水平，都是很有用的交易參考。本書會嘗試把一些有點深度的基礎知識介紹給各位，希望讀者們的投資知識能有所增長。

什麼是股票

股票就是公司的股份，持有股份者就是公司的股東，你買了股份後

便是公司的擁有者之一。有限公司是指擁有獨立法人（Independent Legal Status）地位以及負有限債務責任（Limited Liability）的商業組織。公司的擁有人稱為股東。一間私人有限限公司的股份並不可以自由轉讓，要得到公司的董事會批准，股份交易及流通非常不便。股份制有限公司或稱為公眾有限公司的成立，可以允許公司股份自由買賣及流通，不用董事會批准及同意，大幅增加股權交易的流通性。而證券交易所的成立，就是提供了公眾有限公司的股東以及投資者進行股份交易的平臺，在有規範下進行股份交易及結算，促進資本市場的發展並支持實體經濟活動。

股票的出現是為了滿足社會上對高風險生產活動投資的融資須要，以及拆分部分資產擁有權進行交易的需求而誕生的。股票市場的出現為業務充滿不確定性卻又有相當獲利可能的初創企業提供了無可替代的股權融資，獲得足夠的資本以支持其發展。銀行融資及債券市場融資都須要企業有一定的盈利基礎，尤其銀行大額融資更須要充足的抵押品支援。如果沒有股票融資，初創產業沒有辦法直接上市融資，令初創股東不可輕易地向大眾賣出原始股，形成無法建立初創資本退出管道。必需等到企業有實體盈利並進行分派時才能收回投資本金。許多最初沒有太多盈利甚至常年在虧損邊緣的創新型的企業包括騰訊、亞馬遜等公司，最初也都難以獲得資本去快速發展，甚至因融資現金流不足可能倒在黎明前的黑暗之中。

近代的股票交易始於17世紀初，起源於大航海時代的融資須要。當時歐洲航海技術的進步使海外貿易成為了迅速獲得巨額財富的途徑。可是組織商船船隊須要大量的資金，而且要冒上惡劣天氣，海盜以土著襲擊等風險。沒有單一的投資者甘願冒大筆資本損失的風險去博取高額的回報。於是以股份集資進行航海貿易的方式就應運而生，如果商船滿載而歸，投資人則可按股份投資的比例進行分配。即使航行活動帶來了虧損，損失會平攤在不受限的投資者之間，令個人承受的風險在可接受的水平。

1602年荷蘭東印度公司股票發行是近代意義上第一支公開交易的股票。並創立了近代世界上第一間令投資者可自由交易公司股票的阿姆斯特丹證券交易所交易，令荷蘭東印度公司的投資者創造了股份持有者能把持股輕易變回現金大大改善了流動性，即使投資期內公司仍未能分

紅時，投資者在沒有分紅收益時仍能透過賣出其股份獲得資本增值。東
印度公司獲得資本後迅速發展，擁有大量的商船、數萬人的僱員甚至軍
隊，並為其股票的股東創造巨大的分紅利益，令參與其中的投資者獲利
甚豐。其他商業機構也爭相仿傚，有越來越多股份制有限公司出現。今
天一些沒有盈利卻壟斷市場的科網企業被熱炒，買入股份的投資者考慮
跟數百年前並沒有多大的分別。如果沒有股票市場，亞馬遜一類創立後
長期未能盈利的企業，未必能創立並得到如此規模的發展。

但並不是所有企業都必須要上市去借助資本市場的力量，好像賣
調味品的老乾媽一直以私人公司經營，中國的電訊科技龍頭華為一直以
員工持股方式經營公司，公司沒有考慮上市。因為公司上市的最大好處
是能發行資本融資，獲得充足的資金支援業務發展。如果公司不須要集
資，又沒有計劃讓大股東或員工的持股上市後以高價賣出吐現，公司其
實可以選擇一直保持私人有限公司的地位。公司不用公開財務數據以及
受上市條例約束，經營的自由度和靈活性反而更大。

普通股與優先股

公司的普通股股東擁有投票權，股東可以在股東大會上選舉董事，
由被選舉的董事組成的董事會就是一間公司的最高權力核心。實際上對
個人交易者而言由於持股不多對公司近乎毫無影響力，絕大多數投資者
都不會參與公司的股東活動。誰控制了董事會就擁有了控制公司的最高
權力，董事會有權任免所有員工，包括首席執行官（CEO）、首席財
務官（CFO），公司內什麼人都可以被炒。董事會可決定是否派息及其
派息比例，收購合併其他公司，發行新股給指定機構攤薄原有股東的控
制，甚至可以解散公司主動清算。董事會權力之大可見一斑，如果股票
上市地的監管不夠嚴密，買入了董事會濫用權力與機制損害小股東的股
票，還傻傻的進行長期持有不蝕本才怪。

優先股則是一種介乎於債務與股票之間的證券。不同交易市場允

許優先股股東的權利並不相同。通常來說，優先股的投資人會享有每年指定的股息回報，而相關的股息須要優先於普通股的股東派發。換句話說，股份的盈利水平較低時，優先股的股東仍可享股息，剩下的盈利才派發予普通股股東。但持有優先股的代價是能獲得的股息多數是固定的，並不能分享公司業務成長獲得的額外收益。優先股視為公司的股東而非債權人，而相對於公司發行永續債務，公司即使不派息予優先股股東，股東也不能把公司申請清算，只能等待公司盈利改善時補回派息。一些優先股會設有附加保障條款以吸引投資者，如果公司不能按協定派息，優先股的股東可以獲得投票權，甚至直接轉換為普通股。如果公司破產或清算，清算後的款項會最先償還給債務持有人，然後到優先股股東最後才到普通股股東。大部分在交易所上市交易的都是普通股，優先股多數由機構性投資者在交易所外進行場外交易，在全球證券交易所內間接以信託形式上市或買賣交易的比較相對很少。

同股不同權股票

一般說來，大多上市公司的普通股股東持有的股份都具有相同的投票權益。但是一些創新型公司的股份結構可能採用同股不同權結構。好處是如果公司的成功是因為擁有優異的管理層，採用同股不同權結構後無論其他投資者買入了多少股票後也無法奪得公司控制權，保證管理團隊的穩定性。當然你是否參與買賣這種股份是你自己的選擇了。

近年湧現了許多同股不同權的股票好像港股的小米、美團、美股的谷歌、臉書等等。這些同股不同權的公司通常是創新型科技公司，大股東或控制團隊擁有絕對的投票權，他們持有的股份投票權往往是其他普通股東的10倍或以上，大股東只要持有10%股份就能完全控制公司，一般普通股股東的投票權被稀釋。有一些如阿里巴巴更設立了合夥人機制，只有合夥人可選舉董事，主要理由是以專業管理團隊確保公司由最合適的人營運，一般普通股股東買了多少公司股份都不能控制到公司的董事會。

雖然從股權結構上似乎有點對普通投資者不公平，而且在不少國家的證券交易市場仍不允許同股不同權股票的存在，但股權結構這些都是公開資料，在交易所角度這亦是股票交易市場上清晰資訊下的明買明賣，投資者蘿蔔青菜各有所愛。交易所的目標是提供更豐富的選擇給投資者，在有規範下進行交易。對證監會等市場監管者而言，企業管治有沒有落實，投資者的利益有沒有受到保障才是關注的重。長期而言投資者的眼睛是雪亮的，如果他們發現這一類的股份結構令其利益受損，比如控制者不斷以各種合法名義發行大量股份及認股權主要管理層，該等股份交投及股價自然會下降。投資者會用腳投資賣出股份以示不滿，該等公司因為名聲敗壞日後也難以在資本市場上融資。

其實股權結構不一定會損害投資者的利益，比如美股谷歌等公司的股東受惠公司的成長而獲利甚豐，即使是同股同權的公司損害投資者利益的事多不勝數，當中關鍵是企業治理水平，企業有沒有重視弱勢股東的利益還是把他們當羊牯，這跟股權結構沒有絕對關係。大家清楚瞭解不同上市公司的股份結構及風險後，應該實際觀測不同公司的企業管治行為，股息政策股份回購等行為，自行決定該等股份是否合適自己的投資風格。

證券投資的回報，風險與現金流

在一個不斷湧現創新並富有競爭力公司的大型股票市場進行長期投資，回報率是各大類資產中最好的。長期回報率能超過債券等各類資產。美國的標普 500 指數長期平均回報超過7%，扣除通膨後仍能獲得很好的的實質回報。如果作為退休金準備資產，投資期超過15年，美國的股票投資是過去50年表現最佳的資產大類之一。但我們不應盲目地認為美國股市的投資回報能持續。在不同國際股市的長期回報率差異極大，比如日本及歐洲股市由於等成熟市場長期回報比較有限，因為當地上市公司的股利沒有太大的成長空間。中國股市總體股利是有成長的，不過必需留計在境外上市的中國股份，才能更好量度中國的整體市場表現。A

股牛熊更替太快，股市的估值變化壓力在短時間內集中釋放，而且很受政策性影響，往往形成強烈的暴升和暴跌行情。不太適合應用簡單的長期投資法則。我們會在本章詳細解釋投資不同市場的考慮因素。

股票投資風險

股票的風險可以分為個股風險以及系統性風險（又稱為市場風險）。如果你買了一只酒店旅遊個股，旗下酒店遇上了風災要暫停營業數月進行維修，對股價會構成比較負面的影響，這就是個別股票的投資風險。短期個別股票的價格非常波動，在沒有漲跌停板的市場，一個月升跌達30%的例子比比皆是，一天內下跌90%的個股也偶有所聞。所以孤注一擲式的個股投資其實風險甚高。高位買入無投資價值股票後打算長期持有則可能有巨額虧損風險。有些毫無業績的股份可以自高位損失95%甚至退市。公司都倒閉或退市了，你連想當個佛系投資者期望今生有緣能翻本也不行。所以投資高風險個股，或在股市泡沫期間才開始高位建倉都是非常危的行為。我會在後面的章節詳細討論。高位買股票指數投資還不算最危險，因為如果你能快速停損總虧損未必很大，持有股票的最大金錢損失為本金的100%。如果有融資或者借貸，下跌30%～50%可能已經要被強制賣出了，槓桿投資者往往倒在一次寒冬之中永遠等不到春天的到來。

採用組合式投資可以降低個股風險，如果投資者把資金平均分布投資到10隻不同股票之中，每項目的最大損失就只會是本金的10%。理論上當你把投資平均分散到15至30隻價格相關度不太高的股票，單一個股的下跌風險就會被投資組合內的其他持股有效地分散並化解，因為組合內有一些股份在上升，抵消了一些下跌股份的影響，投資者變成了只用承擔的系統性風險，對股票進行組合性投資無法減少系統性風險。關於投資組合應用部分，我會在本書的投資組合分析部分進行更詳細的解釋。

不過組合式的指數基金投資也不是絕對安全，如果你在2000年泡沫高位買入反映美國科技股走勢的那斯達克指數，2年後本金損失達75%，選擇長期持有仍要10年時間才能回復本金。我會在後面的章節進行更詳細的實例解釋。

現金流及流動性分析

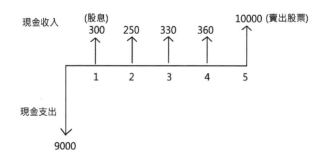

持有股票後的獲得現金流回饋主要有兩個主要途徑。第一是在市場直接賣出股票，如果賣出價較高就出現資本增值，如果賣出價較買入價低就出現資本虧損。大部分的投資者投資股票的主要目標都是從資本增值獲取一次性的現金增值。第二是股票派發的現金股息（如有），這些股息可以用來消費或再投資。有一些股票持續每年派發5%以上股息，就算長期持有不賣出股票也能在若干年後完全收回超過投資本金。不過現在因為大家都偏好快速的資本增值，越來越少人以收取股息為投資目標。而且讀者必需留意不同國家對股息的稅收政策，股息稅率太高的話投資回報就會大打折扣，這會在後面關於股票相關稅務部分再解釋。

股票的流動性（賣出變回現金的能力）往往非常好，尤其是中大型的股票。全球主要股票市場的個股賣出後3個工作天內大多能結算完成提走資金。不用擔心資金不能退出的問題。小型股因市場不活躍，一旦大量買入退出時可能引起價格下跌，有時買價和賣價的差價可達股價的1%以上，例如你買入價格為\$100，盤面不變下想即時賣出要以賣出價（\$99）出售已經會損失1%，交易時的差價成本非常高。由於流動性比較低，價格波動大，所以我不建議初學投資者涉足流通性低的小盤股。

開立證券帳戶的種類

要買賣證券首先在你要在證券公司開一個股票買賣戶口，開戶成功後存錢到證券公司的指定帳戶，證券公司確定資金到帳就可以開始買賣。一般在證券公司開立的普通個現金帳戶（Cash Account），這是有多少本錢買最多買多少股票的戶口，操作風險比較低。

大型的證券公司還有提供保證金交易帳戶（Margin Account），提供融資融券甚而放空等服務。簡單來說就是容許客戶以股票抵押借錢作槓桿投資，比如1比2的融資比例代表100萬本金可以融資買入200萬的投資。美股部分證券商視乎你購入個別股票資產的流通性，100萬本金可買賣高達500萬價的股票資。賺錢的時候倍數上升，虧錢的時候自然倍數虧損，一旦遇上個股大波動可以一個交易日爆倉輸清光。

一般投資者只宜開立現金帳戶，最大的虧損就會受限於自有本金，不會出現借錢炒股後遇上美股裂口崩跌或A股連續跌停，令投資者陷入資不抵債的困境。

開始進行股票買賣

當你準備好證券戶口，存妥資金，你就是市場上準買家。你在市場上掛出買單並成交了，你便開始了第一筆真實的證券交易。證券市場的參與者，不斷在持有現金或持有股票之間切換。持有現金的人在等待時機以買入，持有股票者在等待時機賣出。下面有關交易盤面的內容是為新手而設，有經驗的投資者可略過。

只要用證券帳戶下單買入一檔股票，比如16元入10000股。第二天17元賣出10000股，帳面利潤便有1萬[（賣價17－買價16）元×10000股]。扣除股票經紀佣金及稅費（A股主要是交易印花稅）及一些雜項（交易所

費用如交收費等）就是淨利潤。目前A股是T＋1交易，星期一買入股票後要下個交易日即星期二才能開始賣出。而港股及美股是T＋0交易，買入股票後可以即時賣出。

由於A股採用T＋1機制，投資者賣出了已持有的股票後，股票戶口帳面增加了的可動用資金可以選擇當天買入其他股票。但是投資者若當天買入了股票以後只有等第二天才能賣出。形成了A股投資者有較大動機，一有風吹草動，大量短線投資者會選擇同時先賣出股票以作觀望，視情況再考慮是否入貨。因為A股投資者買入股票後無法即日逃生，很多時候只有當市場一段時間後形成較穩定上升形勢，才有較多投資者敢於追入的狀態，最慘的是當你追入時後卻遇上階段性頂部，形成交易上的虧損。比如投資者在證券交易戶口下單買入一檔股票18元10000股。第二天市場下跌在17元停損賣出10000股。帳面虧損1萬，再加上佣金及稅費等成本實際虧損會超過1萬。

同樣道理，如果在某一交易日出現一面倒急升，新買入股票的投資者並不能即日做空，所以即日的回吐壓力不大。在大升過後的第二天更要留心市場會否有一些程度的獲利賣盤出現。高價追入持股不一定有回報，要在股票市場上賺錢並能長期累積資本其實並不容易的，每一次虧損你也要檢討是什麼因素導致虧損，學習並修正自己，否則虧損的學費就是白交了。

股票交易的場所

證券交易所是股份制有限公司的股份進行買賣交易的主要場所，多數個人投資者都是在交易所直接進行交易。全球不同的國家都有許多不同的交易所，好像中國A股有上海及深圳兩個主要交易所。美國有紐約及那斯達克交易所，其實美國實際上有十多個交易所同時在競爭，只是大家比較認識前面兩者而已。

近年除了在股票交易所內交易，國際市場上場外交易（Over The Counter Market）以及黑池交易（Dark Pool）也占一定的交易比例。場外交易是指證券的交易者在交易所外進行證券買賣的，買方和賣方採用一對一交易，沒有經過交易所公開的競價機制，比較適合搓合大金額交易，以免在市場上放出巨額買賣盤後引起市場震盪。

黑池（Dark Pool）交易也是場外交易的一種，由證券商或投資銀行等機構設立的交易平臺，為機構投資者及大額個人投資者進行買賣雙方較大金額的匿名配對股票交易。黑池交易的好處是買家與賣家的身分毋須曝光，這類交易多數是機構性投資者的大手買賣，相對而言透明度較低以及監管難度較高。傳統股市買單很難避免大量買入而不拉升股價，賣出時也難以不對交易盤面使成壓存，因為就算掛出被動的買單及賣單，只要數量龐大很易會影響到股價變化，黑池交易最大的好處是交易的買賣盤不會對股市交易價格造成直接衝擊。要留意的是不同國家對黑池交易有不同的監管制度。有一些國家並不允許黑池交易。

市場上不同的交易者

交易者／投機者（Trader／Speculator）

捕捉短期的市場變化而獲利，較注重短期的價格波動。方向性買賣交易為主，主要做多市場比較少參與做空，目的是在短線交易中獲得正的投資回報。比較多中國A股的個人投資者，甚至機構投資者也屬於短線的交易者。A股的交易者在獲利時總是以短線交易者形式出現。只是有時在虧損被深深套牢時才會被迫變身成長線投資者，以時間換取解套的機會。私募基金，對沖基金多有短期業務壓力，他們也往往是市場中的短線交易者。

投資者（Investor）

捕捉長期的市場變化而獲利，較注重估值及資產的長遠升值潛力。長線投資的個人投資者、保險資金、退休基金、海外長線基金、政府機構或主權投資基金都是以長期投資獲利為主要目標，不太注重市場短期的交易變化。

套利者（Arbitrageur）

做市商，高頻交易等套利交易者，並不理會市場的升跌變化，他們只是利用市場買賣差價或各位低風險套利機會獲利。他們盡量不承擔市場的風險，淨交易倉位亦會控制在較低水平。

一般證券交易所接受的訂單種類

在瞭解影響長線影響股票變化的基本因素，以及由歷史股價推演的技術分析之前，我們首先要認識股票價格的形成機制即交易盤面。不同的交易者會在交易所內下達不同種類的買入及賣出指令，我們先理解買賣指令訂單的總類。

限價單（Limited Order）

限價單是按特定的價錢買入指定數量的股票。正常來說限價單會訂在市場的買入價或更低的價錢期待能以更低價入貨，但要視乎當時的賣家有沒有人願用較低價賣給你。如果限價單定在市場的賣出價，便會即時對盤成交。有時當買單的數量較大，把同一價位的賣盤都買光，就會抬升盤面的買入賣出價。例如原來的盤面買入價是10元，賣出價是10.1。大額的限價買盤把盤面提升為10.1買入，10.2賣出。如果一個錯誤價格的

機構性大額限價單出現，以錯誤的超高價買入或超低價賣出，就可能出現股價突然暴升或暴跌的烏龍事件。

市價單 （Market Order）

市價單是按指定的股份數量不問價錢進行買或賣的交易。當市價盤買入指令到達交易所，會優先以當時市場的最低報價的賣盤價買入，如果未能買入足夠數量，會向次佳報價的賣盤買入相關數量，如此類推。市價盤其實是非常危險的一種訂單，因為無法確定最終成交價。在市場流動性低、成交較稀疏時輸入市價單可能令最終成交價大幅偏離目前的市場價，引起相似於烏龍效果的暴升或暴跌效果。所以投資者使用市價單時必需非常小心。

競價單 （Auction Order）

競價單是指在一些交易市場開市前或收市的集合競價時段不問價格的買入訂單，在交易對盤時往往有優先成交權利。不過交易風險就是你事前根本不知道最終的成交價格，使用時有一定風險。

競價限價單 （Auction Limited Order）

在一些交易市場開市前或收市的集合訂價時段指定價格的買入訂單，在交易對盤時的對盤次序會低於競價單。並不是所有交易所都有這類交易指令，要視乎交易所採用的開市及收市的定價模式。

功能性交易訂單服務

交易者如想買入較大量的股票時，如果不想引起股價的大幅波動，一些專業的證券交易商或相關的交易服務提供者會提供智慧型下單服務。

自我調整演算法／自動生成訂單（Adoptive Order）

下達的買賣指令後會由證券交易商的系統自動把訂單分為較少占率如每次以100～500股交易，系統會自動在定單設定的最大買賣差價範圍並嘗試以較佳的價格買入成交。例如系統會先以較低價位的限價訂單出價，如果等待後仍無法成交系統會再次把價位向上移。在整個交易過程中，系統會自動跟隨最新交易價格行情變化而移動買賣交易的區間，並在交易指令中設定好的價差範圍內嘗試完整執行整筆交易。這類系統化的落單形式，目的是要減低大額落盤時對市場盤面的影響，盡量減少訂單因買入數量較大而大幅影響市場交易價格的情況。不過這種下單形式對於資金體量少的個人投資者作用不大。

分時自動訂單（Time Order）

有一些機構交易者如出於指數成分股改變等原因，須要在某一段交易時間買進足夠數量的個別股票。他們有可能採用不問價錢，每隔一定時間就向市場下單買入指定數量股票的方式建倉，務求把成交價接近於當日該股票的平均價格，減低短時間內大額買盤可能快速抬升了市場的價格的影響。

相機裁決的訂單（Discretionary Order）

相機裁決的訂單較常用於機構性的大額買賣交易，機構買家給予指導性的買入數量及價格區間由證券商的交易員或自動化交易系統去執行。比如某基金想於合理價位對某一流動性一般的個股入貨。執行買入的交易員或系統會嘗試以低於當日平均成交價格去購買股份，並以買盤不會大幅影響市場價格為原則，有相當大的時間及價值彈性去完成訂單。有時候交易者甚至會嘗試賣出手中的持股以壓低市場價格，再在較低位買入，令總體持貨成本下降。同樣地想賣出某持股時機構會有較強動機營造交投活躍，價格持續上升的氣氛。令賣出持股時的價格能以偏高的價位完成交易。當然相機裁決的訂單對是否能達成買入目標有一定的不確定性。

股票市場價格形成機制

股票市場實際交易時，報價畫面會同時報出買價（Bid price）及賣價（Ask Price）。

假設股份名稱為黑洞科技。

買盤數	買入量	買價	賣價	賣出量	買盤數
10	100,000	10.5	10.6	60,000	8

買價是買家想買入的價格，買貨建倉時當然想越低價越好，所以買入價是指交易盤面中價格較低的報價，亦即是賣家能以即時賣出股份成交的價格。買入量的數字100,000股代表股份的在這價錢即時可賣出的股票數量。但留心實際交易時買家可能突然極速撤單，令你在10.5這口價實際可賣出的股份數量低於100,000。

賣價是賣家想賣出的價錢，即是盤面中報價較高者，這是買家能即時買入成交的價錢。右面的數字賣出量60,000在這價格即時可買入的股票數量。但留心實際交易時買家亦可能突然極速撤賣單，令你在10.6這口價實際可買入的股份數量低於60000股。

市場最新的成交價（可以在買入價或賣出價）就會稱為市價。比如你以10.6價格下買單，買入5000股，最新市場價就會顯示為10.6。

如果你想買入10,000股黑洞科技，你可以用賣價（較高價位）直接即時入市成交，這種買入方式盤稱為主動買盤。或以買價（較低價位）掛出訂單等待市場有沒有人願意用較低價賣給你以作交易，這種買入方式稱為被動買盤。同一價位不同賣家掛出的賣單會進行排隊，時間上先落盤的訂單會優先對盤成交。

中國A股，港股都有相似的盤面制度，交易時可輕易參考到買賣價附近的盤面，較易看到市場買家賣家的部署。當然這些盤面的陣勢有可能只是假像，只在營造做市場氣氛。美國部分股票設有莊家提供買賣盤

面流通性，一般打開盤面很少看到買賣價外其他價位的排盤，主要看得見的買賣盤都直接排在買價和賣價這兩口價。所以交易美股時不容易用盤面知道其他對手的部署，而且美國有很多超高頻電腦交易去賺取盤面中的買賣差價，這就是為何上面盤面表中所說有極速撤單的情況出現。有時你看不到他們存在，他們卻在你下盤後以毫秒計的速度與你對盤成交，所以美股在買賣價及參考最新成交盤外，沒有太多資訊可參考。

股價上升時的交易盤面

在證券交易所的交易盤面設計下，同一檔股票會同時出現買入價以及賣出價。而最新成交的價錢則被顯示為最新報價，或被稱為市價（Market Price）。可是這並不代表你按這個市場價輸入買盤就能成交。買入的時候必須要以當時的賣家提供的賣方報價才能成功對盤成交。而賣盤報價的股份數可能低於你想買入的數量，比如市價為16.2只有30,000的賣盤，假設同一時間沒有其他投資者搶先買入，你用16.2的價格只能即是買到30,000股，你可以按當前的市場賣盤的更高價買入，或者選擇於16.2掛出買盤。我們會稱這種買盤為被動賣盤。

看看以下虛構的盤面狀況，假設股票名稱為黑洞科技，沒有做市商及高頻交易者介入買賣。剛剛有賣家以16.1主動賣出了10,000股給買家，所以黑洞科技市價最新報16.1。現在市價16.1買盤還剩下25,000股買盤。盤面來看買賣雙方基本勢力均衡，股價沒有出現重大波動。

買盤數	買盤	黑洞科技	賣盤	賣盤數
		16.3	20000	6
		16.2	30000	10
3	25000	16.1 市價		
5	10000	16		
8	50000	15.9		

　　這時突然有新聞消息報導黑洞科技最近銷量火爆，預期盈利水平會上升。交易市場內持有現金準備買入股票的交易者認為機不可失，願意提升價格立即入貨。他們看到目前市場盤面16.2還有30,000股賣盤，為免錯失股價上升機會，投資者立即以16.2的限價盤買入全部30,000股，市場最新成交價格就會由16.1升至16.2。

　　現在交易盤面如下：

買盤數	買盤	黑洞科技	賣盤	賣盤數
		16.3	20000	6
		<u>16.2 市價</u>		
3	5000	16.1		
5	10000	16		
8	50000	15.9		

　　如果有另一買家聽聞到消息也想買入30,000股，他可以選擇使用限價盤掛盤在16.2，或者立即用16.3的價格即時購入20,000股。如果買家為免這20,000股被別人買掉，立即以市價購入，並以16.3 掛出10,000股買盤看看有沒有其他賣家願以16.3賣給他。

　　最新盤面變動如下：

買盤數	買盤	黑洞科技	賣盤	賣盤數
		16.5	15000	4
		16.4	10000	2
1	10000	16.3市價		
		16.2		
3	5000	16.1		
5	10000	16		
8	50000	15.9		

你可以見到市場成交價已經升至16.3，最新的買盤價16.3出現了10,000股的買單。更高的價錢賣盤也不多，一旦其他投資者聞風跟進買入。原有的被動賣盤，比如上班族開市前就設好限價賣出訂單的，就可能被主動買入的投資者全被吃掉。而原本有賣出股票打算的股份持有者往往看到市價急升就會急急撤單，嘗試在更高的價位賣出，獲取更高利潤。這樣市場就會出現市場價格持續上升的狀態。

股價急升的盤面

　　股票急升從來不須要理由，只要有利多的市場氣氛，而市場出現了一定的上升形勢，開始有賺錢效應，市場就有了爆升的潛質。有消息面政策面助攻就更好，只要當時很多投資者早已磨拳擦掌，準備好準金隨時入市。累積越來越多投資者看好股市，卻想等待市場調整才入市。這些場外等待的資金形成了潛在的購買力，早已全倉入市的人是不能再拉升股價，他們只是市場中潛在的賣出者，有時他們會在各股吧討論區搖旗吶喊。只有其他投資者願意以更高價下買單才能拉動股價上升，一般投資者的資金來源不外乎投資者場外存放在銀行中的資金以及用融券借貸加槓桿的資金。當更多人一起關注市場，市場的情緒開始興奮繃緊，沒有多少人願意賣出持股。

　　最新盤面如下：

買盤數	買盤	黑洞科技	賣盤	賣盤數
		17.2	4000	2
		17	18000	4
		16.8		
		16.6		
		16.4		
		16.2市價	5000	2
82	260000	16		
6	80000	15.8		

如果這時市場比大家原來預期中更快的速度上升，一天過去，兩天過去，還是繼續上升。場外等待的投資者都沉不住氣了，後悔沒早點買入。越升越懊悔，越升越痛苦，彷彿唯一能解決痛苦的就是發出買入指令。等待中的回調還是沒出現在。但這時賣家好像都不見影了，市價16.2的賣單就只有5000股了，估計沒過多少功夫就被人搶光。說時遲那時快，更多投資者決定立馬市價買入，看到17元還有18000股也立即吃進了。股價就這樣從16.2跳至17，然後原先掛在買盤價的小兄弟看價格被人抬升了，把報價掛高在17。看到買盤已經極速由16.2跳上17，看到如此美好時光賣家都封盤不賣了，不等更高價價位不賣了，不過他們都不知道市場能到哪裡，就繼續觀察一下吧。既然手中的股票是搶手貨，完全不用急於賣出。場外的買家們由於手中的貨量不多，個個如狼似虎，生怕被別人捷足先登，向還可以買入的盤直接掃貨。每一口價都在往上升，下跌了一、兩口價中途休息的機會轉瞬即逝，沒多久又被四面八方的買盤拉升了。

很多新興市場的特色是，要麼了無生氣，要麼一飛沖天。有時你會懷疑炒股的朋友們是否都是火箭動力學家，眾志成城令股票上升竟然真的會令個股價格反地心引力地加速，越升越快。同時間許多人也會變成了交易界的哲學大師，許多在場外的準投資者突然頓悟出勇者無懼的交易心法，認為大好牛市機會在眼前，我不入股市誰入股市。不怕買貴了就怕買不到，立即加入買入大軍。當市場上充斥恐慌式買入者，狂牛就是這樣練成的。

在有漲停板機制的A股，買入者都生怕停板了又買不到貨。往往這個時候大家都不斷把股價推向漲停。投資者的漲停板預期被自我實現。唱歌、喊口號，看住股價高歌猛漲甚至一字漲停，市場參與者都樂開花了。也許他們心中唯一的遺憾就是股買不夠多，槓桿加得不夠狠。

似乎即使經過了長時間的演進，A股等新興市場的追漲殺跌本質從未改變。慢牛在過往似乎一直不適應中國股市的水土，歷史上只有狂牛和漫漫長熊是比較適應這一種生態環境。也許將來市場的環境會改變，令慢牛也可能成長，令持續參與者都能獲利而不是總在追漲殺跌。不過似乎真的

要須要更長的時間才可能看到市場的生態環境出現根本性改變。而且投資者教育的普及化亦是非常重要，不是指學習K線圖技術分析的投資者教育，而是真正理解資本市場長期漲跌運行邏輯的投資者教育。如果更多的投資者看到股價上升並不感到興奮，而是看到市場未來回報被透支。當市場暴跌時並不悲觀，認為是長線買入機會。部分更進取的投資者以小比例持股創業類股份，形成市場健全的資本市場生態系統。

價格下跌的盤面狀態

每一個買入股票的人都是潛在的賣出者。所以有一句投資界的老話叫「多頭不死，空頭不止」。越高價追入股票的投資者由於持貨成本較高，在下跌時的停損壓力往往更大，當越來越多的多頭投資者一起買入，這種越擠擁的交易就越危險。當他們打算賣出持股時，就會轉身變成市場空頭，升得越高最終出現崩跌的機會就越高。去過遊樂場的朋友都應該知道，過山車總是升高了才滑下去，而且升得越高的過山車向下滑得越狠。假如黑洞科技被熱炒過後，股價開始無力再往上升，目前的交易般口如下。

買盤數	買盤	黑洞科技	賣盤	賣盤數
		18.5	15000	4
		18.4	10000	2
1	5000	18.3市價		
6	20000	18.2		
3	5000	18.1		
5	30000	18		
8	50000	17.9		

假設當前主要股票市場指數出現較明顯下跌形勢，而黑洞科技股

價仍未開始下跌。已持有黑洞科技股票的一位投資者想賣出持股獲利離場，他打算立刻賣出20,000股，為了快人一步賣出，選擇用市價單交易，即不理最終成交價格在市場上立即賣股份給願意買入的買家。因為最高價位的18.3有5,000股的買單，他的市價賣出訂單首先以18.3的價格賣出5,000股。次高價位18.2有20,000股買盤。市價單會再以 18.2賣出15,000股，完成交易。這筆訂單會把市場的交易價格由18.3壓低至18.2。

最新的盤面如下。

買盤數	買盤	黑洞科技	賣盤	賣盤數
		18.5	15000	4
		18.4	10000	2
		18.3		
6	5000	<u>18.2市價</u>		
3	5000	18.1		
5	10000	18		
8	2000	17.9		

最新的市價下降為18.2，買盤量只剩5,000股，市場的買盤變得比較脆弱。如果再有賣家選擇賣出，很容易就會導致股價繼續下跌。同時你會發現最新的買價和賣價之差距由0.1擴大至0.2（18.4－18.2）。

如果有其他持股者想賣出股份，又不想用18.2這麼差的價位成交，他可以嘗試用限價盤以18.3掛出賣盤，等待看看有沒其他投資者願以18.3買入10000股。交易盤面現在最高的買盤價為18.2，賣盤價為18.3，買賣差價就會重新收窄為0.1（18.3－18.2）。買賣差價（Bid－Ask Spread）越大，交易成本越高，因為投資者買入賣出之間差價也是交易成本的一部分。如一只股票有較大的買賣差價，比如賣盤價為18.4，買盤價為18.2。你以18.4買入，並以18.2賣出已經會即時每股虧損0.2，這還未算上稅費及經紀佣金等交易成本。

做市商與個股莊家

　　當然有些讀者可能想到，如果我能以18.2買入並用18.4賣出，不就可以賺到這0.2的差價嗎？是的，美股等很多股票市場上的專業做市商（Market Maker）就是合法地專門賺取這些差價去獲利，因為很多個股你想賣出時也沒有什麼買單同時出現，難以成交。做市商會在一定買賣差價下願意擔當買家或賣家的交易對手方，並盡快把持股部位賣出平倉獲利。做市商的出現其實幫助撮合了買家和賣家，提供了股票市場更佳的流動性，在美股交易中非常普遍。如果交易活躍買賣價差小的股份，做市商不存在也沒什麼影響。但是如果交易不活躍的個股，有時真的可能找不到什麼買盤，買入後都不知找誰來賣出。所以交易所其實是很歡迎做市商的出現，往往有不同程度的合作，以增加市場的流動性，吸引更多投資者參與其中。中國股市由於實行T＋1交易，買入後股份要第二天才賣出，持倉風險太大，所以股票市場的做市商並不普遍。中國做市商類的交易者，較多時只出現於交易所買賣基金或期貨市場之中。

　　做市商並不等於A股投資者所熟悉的個股莊家。因為大家認知的莊家是為了方向式買賣作交易，比如莊家想在一檔股票的上升中獲利，往往經過股份收集，開始拉升，震盪及再次拉升，最後到達目標價位區間成功保持高位一段時間，最終賣出持股成功獲利。其實原理跟地攤小販在不同管道入了些貨，在市場上嘗試較高價轉手一樣，如果最終貨物賣不動小販也會虧損。只是股市小販的貨物變成了股票而已，而他們賣貨的手法由市場的叫喊、擺放，變成了在股份的圖表上用資金畫上看似完美的技術分析圖，以及在市場上形成一定的哄動效果，吸引更多投機者加入。而做市商的角色則簡單得多，他們盡量不持有任何個股到第二個交易日，保持淨倉位為零，只為賺取市場交易中間的無風險差價。做市商與個股莊家採用的是兩種完全不同的獲利手法。

　　在真實的交易中，如果你想買入比較大金額的股票，專業的投資者在建倉入貨階段會選擇把買單拆細至不影響市場價的水平去交易，以免購買意圖驚動其他市場參與者。當然在入夠貨後拉升股價階段，他們往往會

在市價下掛出一定沒有成交意圖的買盤去虛張聲勢,並且會使用主動買盤去拉升價格。他們會觀察當時的市場是否有其他投資者的買盤一齊配合拉升行動,如果市場不配合通常會等下一次機會。否則貿然拉升股價不但大量消耗了資本,而且股價拉升後企不穩隨時倒跌收場,變相被其他交易者剪羊毛。大型的個股由於參與的機構眾多,大部分的參與者都是價格接受者(Price Taker)沒有單一投資機構擁有股票價格定價權。如果中小型個股,由於買賣流通量比較少,一兩間機構的介入往往已經可以對股價做成重大的影響,可以變成該股票的價格制定者(Price Maker)。

限價單與市價單對盤面的影響

買盤數	買盤量	黑洞控股	賣盤量	賣盤數
		10.5	98000	17
		10.4	32000	6
		10.3市價	40000	8
21	50000	10.2		
3	80000	10.1		
51	155000	10		
8	20000	9.9		

前面的章節提過,股票買賣下單時有分限價單及市價單。限價單只以某一指定價格掛出買單或賣單。市場價則接照目前市場的買賣盤面不問價購入或賣出指定股份數量。看看上面這只黑洞控股的盤面。當時市價是10.3,賣出量是40,000。如果你想買入100,000股的貨,最粗暴的買入方式是輸入市價盤,買數100,000股。假設同時沒有其他交易者輸入買單,你下單後交易所對盤會先對走價格為10.3的40,000股,再對走10.4的32,000股,再對走10.5當中的28,000股。你的買單一口氣抬升市場的了2個交易價位。

　　如果是機構投資者，正常市況下這樣作出交易指令下單的交易員應該很快就被開除。因為機構入貨時是以壓低平均買入價為目的。交易員的目標就是如何以較低的平均成本價入貨，他們會首先把每筆交易拆細，用限價單每手500股，1,000股這樣在10.3市價慢慢買入，不要令其他投資者發現他們的行動。如果發現市價已被其他投資者先行抬升，他們可能會先按兵不動，等待更有利的價位再建倉。解釋相機裁決訂單時已提及過，在部分流通性低的股份，交易員甚至會先賣出手上持股，壓低了市價，令其他持貨者恐慌賣出持股，他們再以較低價錢慢慢買入收集，當收夠目標數量後才再次拉升，此亦稱為大戶震倉行為。但是如果個股的流通性高，你一賣股壓低價格其他大型機構就吃掉了你賣出的便宜股份，就會變成偷雞不成蝕把米的局面。資本市場有時真亦假時假亦真，投資者千萬不要在股市升至相對高位時，把每次市場下跌都解釋是震倉行為，因為總有一次真的是熊來了，尤其是股市上升週期的尾部。

　　如果在大牛市中，若在交易盤面經常觀察見到大手大手的市價盤買入單，或者大手大手的市價盤賣出，這就代表持有大量資金的新手投資機構或有錢的大韭菜投機者進入市場了，他們完全不同一般專業投資機構交易的行為，一眼就會被其他老練的交易者們發現。一般難逃先吃點甜頭賺一把然後被收割的命運。這時股市的升幅多數已經走不了多遠，因為韭菜們高價追入後很難找到更傻的交易對手。這時是專業交易者減持離場或做足對沖部署的時間了。

　　投資者要留心缺乏流動性，即買賣盤面不活躍的個股交易非常困難。市值較小的股份盤面中缺乏買賣盤，買賣差價比較較大。機構投資者一般不會考慮參與，因為流動性太低時，想在市場多買一點股份建倉時股價很易被快速拉升，但當你一旦想快速賣出持股獲利時，股價卻往往因買盤不夠多而出現快速下跌。這類股份往往成為市場上的遊資及投機者的樂園，因為不用太多資本就能明顯地影響價格走勢。有時投機者們成功拉升股價，並配合一些市場消息成功在高價位派發給其他投資者。但有時拉升股價的投機行為也會被其他交易者識破並利用，其他同樣以較低價入貨的交易者在主力投機者拉升時先行做空，到主力拉升股價後想高位出貨時卻發現無人承接，甚至出現股價跌停。這種主力拉升股價被其他投機者埋伏並深套其中的故事也經常在資本市場內上演的。

當然如果大家投資的是市場上的大盤股，任何一家機構都不太可能長期拉動股價，必需跟隨市場眾多機構形成共識的主要力量去作交易。一些每日成交額隨時過百億的個股，游資的錢放進去不消一會兒已經湮滅在市場的交易之中，對價格沒有什麼影響力，股價相對難以操控。所以我會建議初入市場的朋友在考慮估值及價格是否還有上升空間後，先從大盤股或大盤股指數基金入手，以免博奕技能不精時在小盤股被快速消滅，很快就含恨離開股票交易市場。

股市快速下跌的盤面狀況

我們來看一個市場失常情況，市場因缺乏流動性（缺乏買家）而出現價格崩跌，會是怎樣的情形。同樣是虛構的黑洞科技股份，經營業務正常，遇上整體市場暴跌，許多個股跌停，股票買家好像被黑洞吸走了一般。

買盤數	買盤	黑洞科技	賣盤	賣盤數
		12.3	50000	10
		12.2	62000	8
3	5000	12.1市價		
		12		
2	2000	11.9		

假設你持有了50,000股黑洞科技想先行停損，一看上面盤面觸目驚心，買盤只有很可憐的幾個，數量極少，賣出持股異常困難。看到盤面上遠有排山倒海的賣盤，掛在市價12.2的盤已有8個，再下賣單排在對盤次序的第9位還不知何年何月才賣得出。如果擔心大市出現大跌，決定狠下心停損逃走，把看得到的買盤都吃掉。第一個對盤賣價的是12.1的5,000，第二個對盤賣價是11.9的2,000，最新市場成交價會變為11.9。

買盤數	買盤	黑洞科技	賣盤	賣盤數
		12.3	50000	10
		12.2	62000	8
		12.1市價		
		12		
1	2000	11.9		
		11.8		
		11.7		
1	1000	11.6		

在交易指令成交後現在盤面如上表。賣盤數量仍然很多，買盤少得可憐出現滑價可能，即股價因缺乏買或賣盤而快速向單邊移動。一旦有其他賣家想逃生，願意用買盤價（較低價位）11.9成交2,000股，價錢就滑向11.9。然後再有賣家想賣出就更會滑至11.6成交。中間幾個價位都沒有了買盤了。更低的市場價令更多在賣家恐慌不已，每一口價都向下墜，他們都忍不住爭相以更低價賣出持股逃生。而能否逃生的關鍵在於買盤數量是否足夠。賣家心想我都已經割價求售了，買家快點報出買盤出來救救我啦。買家就是市場上手握現金者，他們持有的現金在不考慮通膨下是絕對的安全資產，手持現金者在暴跌時往往選擇安全至上，而不會輕易把自己置於危險之中買入下跌中的股票。

所以一旦市場出現快速下跌，個股往往會以接近全日最低位收市。那些老練的市場參與者會等跌勢停止後才考慮入市，因為他們知道這種高風險的錢不是他們可以賺的，不去接強烈下跌趨勢的沽盤，是避免短時間內出現重大損失的生存哲學。除非你確信現在的價位有強大的安全邊際，並且你願意不計較短期的繼續下跌而長期持有，而且已經準備好股價繼續下跌的應對交易計劃，比如預留資金在更低位買入或擁有風險對沖方案。否則不要胡亂參與此等交易。

被動交易與極端盤面

　　極端的盤面是指，市場上幾乎一面倒只有買家或一面倒只有賣盤的情況。在正常的市況下，同一時間會有不同的交易者都想賣出持貨，而同時間又會另一批交易會想買入，大家會有不一致的交易預期，不斷的有買有賣，股價雖不斷波動，但是想買的人可以在現價買入，想賣的人可現價賣出。這才能形成交易市場。即使大家看到的資訊是一樣的，但還是會有不同的想法。有些投資者覺得賺夠想獲利了，同一時間有其他投資者認為短線還有操作空間選擇買入，這樣就形成了有買有賣，價格有升有跌的正常盤面狀態。

　　可是在極端的交易情況下，市場可能一面倒，出現瘋狂買入稱為融閃的狀態，因為害怕今天不買明天更貴。又或在恐慌時出現一面倒賣出逃生的崩盤狀態。在下跌過程中，一旦出現一面倒逃生，期貨及期權會出現巨大差價難以有效對沖，短線投資者持續撤出，導致盤面遭受全面受巨大賣壓，卻找不到太多買家。美股近年大量資金投資到採用被動投資策略的交易所買賣基金（ETF），一旦投資者大量撤出資金，這些基金會被動地不問價賣出組合持股。美股可能出現盤面一面倒下跌的可怕狀況。最可怕的是因股價太低引起更多交易者出現強制平倉，在市場上繼續出現不問價賣壓，能把恐慌推到極點，只有親歷其中的人才能真正體驗其中的感受。交易市場中有句話叫「跌到你懷疑人生」。除非下跌中途有政府及央行用真金白銀強力救市，市場才會快速回復正常，否則要直至市場只餘下主要自有資金交易者，這種暴跌去槓桿行動才會自行結束。

跌停機制

　　當整體市場出現劇烈波動時，平日會撿便宜貨的投機者不見了，基金投資者不見了，高頻交易者不見了。而所有以債務槓桿去借貸入市（自有本金槓桿借了幾倍資金入市）或把股票質押與財務機構的大股

東，都會很恐慌，因為一旦市價跌過某一價格便會被強制平倉，而且往往是不問價錢被強平。在A股市場的個股就會出現連續跌停板（股價每天價格限上下10%波動），不能低於停板價賣出，所以就會有大量賣盤聚積在跌停價。然後第二天一開市又可能跌停，完全沒有成交或只有極少量的跌停買盤。第三天開市繼續跌停。投資者每一天的資金以10%在滾動下跌，卻完全無法賣出持股以中停損失繼續擴大，眼看損失每天不斷擴大卻無法停損離場，是一個很痛苦又很可怕的交易狀態。

如果在香港和美國股市，因為沒有漲跌停板制度，個股出現巨大的裂口式下跌，即開市的第一口價已經大大低於昨天的收市價。或者交易日內一天股價極度崩跌90%也不算奇聞。要留心個股崩盤的機會遠大於市場指數崩盤。

我對新手投資者有兩個建議，可以先嘗試買指數基金參與交易，個股交易時要控制倉位，持倉不應過度集中。更重要的是不要以任何借貸進行財務投資。因為你們對市場認識不足，往往缺乏逃生技能。專業交易老手們在察覺市場不對勁時忍痛都能果斷賣出持倉，而且可能有各種緊急應對方案，他們知道在市場中保留資本活下去比一切重要。新手們往往忍不住紙上財富煙消雲散而選擇等等看，幻想很快就能解套了，一旦用上了槓桿，股價崩跌抵押價值不足到時就會被證券公司強制平倉（強行賣出所有倉位），隨時一無所有。就算例子中的黑洞科技升回16元也已經沒有機會拿回本金，只有淚流滿面。切記槓桿很危險，新手最好不要碰。

A股跌停板的例子

即使是大型個股短線亦可以出現跌停，2018年10月29日的貴州茅臺股票，作為主要權重個股，因為業績不及預期，開市後便封死跌停，除了開市前對盤成交的部分，開市後只剩小量買盤以跌停價入貨，全天成交了4.9萬股其中3萬股都是頭2分鐘成交的，在9點32分後輸入賣出指令都沒有什麼機會能賣出，因為股價完全封死沒有反彈，排在跌停價549前面還有幾萬股的賣盤，想當天賣出股份也沒什麼可能成交的了。比較同一天滬深300指數下跌了3.05%。

連大盤股茅臺都能偶現跌停，小型個股及部分特別處理的（*ST）股出現連續跌停的機會就更大，目前A股最大的跌停紀錄是個股連續29交易日跌停，買了該股票的投資者想賣也不賣不出真是欲哭無淚。所以資金集中去投資少量個股的投資者還是要非常小心出現連續跌停風險。誰都知道下重注盡賭單一個股爆升有可能賺大錢，也許總有人能在賭博中贏大錢，但是更多的是虧的一敗塗地。所以對一般交易者而言，如果你想在市場交易中長期生存下去，學會分散投資風險是非常重要的一項技能。我當然知道集中持股兼用槓桿是獲得快錢的最佳途徑，不過這也是交易者破產或被套牢的特快捷徑，大家一定要謹慎保護自己的資本，不要帳面賺了快錢，躺在帳戶還未花過，轉頭連本帶利變成市場的點心。

活用盤面運作進行交易部署

大家學會了以上的盤面分析後，就會明白其實股市上升下跌很可能是沒有特別理由的。媒體總喜歡說某某因素導致今日之大跌或大升。有時驅動市場波動的因素是很明顯的，如政府救市，股份的業績大幅好於預期。有時卻找不到什麼好理由只為做標題配上一個升跌的理由。

其實股價升跌的最大因素只是某一交易時間有較多投資者選擇買入還是選擇賣出股票。如果同一時間有較多交易者想買入股份，他們追逐有限市場在現價附近掛牌賣出的股份，股價就會被快速拉升。當股價拉升時很多原本已掛出賣盤的持股者選擇提升賣價或索性抽起賣單，股票的供應就進一步減少，而想在升浪中大分一杯羹的投資者出價會更進取，令股份的買單部分湧現大量買盤，大量的流動性出現大大加強了持貨者的信心，他們看到以目前市價做空有大量買盤在跟進，可以隨時賣出獲利而不會壓低股價。他們就會更安心的等待更高的價位才考慮是否減持。

股票市場往往在一段長時間的小波幅振動中走不出什麼行情，卻往往在股價出現某次突破後短時間內展開巨大升浪，之後又會再次歸於平靜，沒有什麼交易者會想錯過一個大升浪。上漲明顯而且流動性較佳

的個股會吸引不少機構投資者也會參與其中，機構往往有著業績不能大幅跑輸同行的壓力，有時即使明知股價高得不合理，但若無跟進交易，市場熱點個股投資組合的回報率就可能會大幅跑輸其他下足馬力追投機熱點的同行。不是什麼人都像巴菲特那樣有大量可作長線投資的自營資金，股票基金等機構投資者若業績不佳很可能被投資者贖回資金，持續表現不佳最壞的情況是要解散基金，迫於不少資金管理者的生存壓力，即使理性的機構投資者也可能要被迫參與追逐市場熱點的投機活動。所以漲勢明顯的股份往往會自我增強，並不須要什麼基本因素的支持。這時候所有的壞消息都可以變成好消息，媒體可以解釋為壞消息出盡了，明天只會變得好了。利多的消息更會變成了超級興奮劑，這些時候看媒體看分析報告最大的作用是測量市的反應，如果熱炒的個股對利多消息沒有什麼反應，交易者必需非常警惕市場的購買力是否見頂，必須要關注盤面的變化，留心買盤的流動性有沒有減少。或者開始考慮是否先行減少倉位或退出交易，如有合適的交易工具亦可對交易風險進行對沖。

熱炒個股上升的故事開始時總有不同原因，結局多數總是相似的買力耗盡並引發下跌。即使強如騰訊（香港交易所：700），股份由首次上市開始十多年間上值了數百倍，也可以在2018時一度出現近40%的巨額跌幅。一些勇猛追熱點的槓桿投機者口袋中的錢可以一次清袋。一批又一批在下跌初期撈底，在下跌中期搏調整反彈的投資者當了階段性的接盤俠，都變成了短線股市零和遊戲中的虧損一方。

大家要理解股份下跌的時候也往往沒有什麼基本面或消息面的理由。如果一些被熱炒的股份，去到最後總是會出現了購買力透支。而且有可能出現大量的槓桿式投機者參與其中，這些借短錢的投機者的持股能力非常脆弱，當市況稍有波動時便很易被迫平倉離場。這種在下跌時強迫賣出的力量往往是導致市場在出現了少量下跌後，突然出現放量劇烈下跌的原因。而且交易者必須要留意在市場下跌的初期其實仍有相當數量的買盤願意逢低買進我們的持股，他們是相信牛市未完的撈底者。可是當市場價格再進一步下降，一批又一批的接盤俠都中伏了後，市場上的買盤就會越來越稀少，而高位買了貨追熱點或下跌時接盤的投資者都會越來越心急，眼看買盤能提供的流動性越來越少，他們的內心都是

焦急萬分，賣了又怕市場可能會見底回升，繼續持貨又怕再跌下去是無底深潭。當有投資者被強制平倉，本來已經脆弱的盤面，有限的買盤立即被消耗，股價滑向新低，更多的交易者出現恐慌，更多人選擇投降自行賣出平倉。可是市場上還有多少買家敢於接下跌的股份？一波又一波的下滑，令更多槓桿投資者被強制平倉或自行賣股去槓桿。當你親身參與交易時，發現那些以往活躍的熱炒中小盤個股的買盤量比起牛市時連五分之一也沒有，真的令人心中一寒。你心中不禁在問，買盤都去那兒了，好像被黑洞吸走不見了。只剩下一個又一個卡在反彈關鍵位，排山倒海的賣盤在等待賣出，心中不禁冷冷的在想，股價要多大的買盤力量才能打破這些銅牆鐵壁的的賣盤？想不面對現實也不行了，股價再也回不去往昔美好的時光了。

讀者不要執著於什麼跌市原因而去找媒體標題，最重要的是判斷中長期真實驅動行情的因素與預期，加以利用來評估未來的行情走向，並參考市場的盤面狀況才做出最後的交易決定。當整體市場在長時間運行到底部並企圖穩定一段時間，你會發現市場上的賣壓已顯著減少，沒信心要賣的早已賣了，要強行平倉的也早已被抬離場了。市場開始對壞消息不為所動，VIX指數等波動率參考指標也已經回落到較低水平，市場接近階段性底部的機會大增。這時如果股價開始小幅上升，發現市場的賣壓仍不強，這代表市場會有較大機會向上升方向運行。但由於看空市場的投資者仍然眾多，上升幅度往往不強，牛市往往是在懷疑中誕生就是這個道理了。

有時一些股份的交易面異動，其實是有跡可尋的。比如股份被加入了主要指數成分股後，就會有跟蹤指數的主動型跟被動型基金的買盤必然跟進。中國A股加入MSCI、FTSE等國際指數後被視為利多因素也是這個道理。可是在A股加入MSCI指數的2018年，雖然外資淨流入了2千億以上資金，卻是幾年間年度表現最差的一年。因為當市場因為貿易戰及美股暴跌影響而整體氣氛不佳時，加入指數引來的資金相對A股數十萬億人民幣的容量只是杯水車薪，沒有什麼有效拉力。如果一旦市場氣氛轉好，這些不問價位要被動買入的資金就會有助推升股價，所以也不能片面的說開放市場對A股的盤面沒有積極的作用。投機大師李佛摩說過，

市場總會沿最小阻力的方向前進。大家可以留意到以深滬300為首的大盤股，在2018年尾開始的一波上漲，比以中小盤股為主的中證500強，外資加強配置的心理及實質影響不可以忽略。當然在市況不佳時我們亦要反向思考外資流出對盤面的負面影響。

活躍於市場的交易者往往會留意一些個影響股份交易盤面供需異動。比如大股東及員工持股解禁期，大股東有沒有股份質押以及須要被強制平倉的水位。因為這些情況會大大影響盤面的賣盤數量，可能會引起股價的短線大幅波動。如果股份什麼日子將被加入指數成分股，或者股份加入海外交易者可交易名單等，則是交易需求面的影響。如果一只對市場有影響力的基金解散或破產，我們亦會預期該基金重倉持有的投資有巨大的賣壓，殘酷的交易市場往往會再放空一把令交易價壓向更低點，再在低位大量買入對手強制賣出的股份獲利。有時觀察交易市場的行為往往感覺有點像看非洲草原上的野生動物片，尤其在博奕更激烈的期貨及衍生產品市場，那裡多數的參與者只信奉叢林法則，異常殘酷。

小米科技在2019年因股份解禁的股份異動

小米公司股票於2018年上市後，為期6個月的主要股東及員工持股鎖定期將於2019年1月9日到期。估計將有30多億股股票被解禁，相當於已發行股票的約19%。在股份解禁前一天的1月8日，A股上證輕微下跌0.26%，深滬300下跌0.22%，港股恆指上升0.15%，市場沒有重大波動。而小米集團的股價卻出現了7.5%的大幅下跌，並以接近全日最低位收市，收市價11.1港元創了上市以來新低。在正式解禁的第一天，股價曾下跌到10.5港元的更低位，盤中因當天市場整體大升曾經收復跌幅，最終仍下跌至10.3港元再以全日最低位收市。相比17港元的上市價，半年時間小米已經下跌接近40%，如果從高位算更是下跌了50%以上了。

像小米股份解禁這種交易現象事前是可以預估並有跡可尋的，可以見到一月初時不少市場交易者早已先知先覺，預先賣出持倉。小米的下跌不應該只歸咎於股份解禁，其中也有基本面估值過高等因素。但無可否認，股份解禁的因素對股價也構成了負面影響，並加速了股份下跌的過程。

個股的長期核心驅動力量

　　個別股票的內在長期核心驅動力量是每股盈利增長影響，以及股息再投資的回報，這部分被認為是內在性的股份價值（麵粉），第二個驅動力量是市場因為心理，利率等外部原因影響整體估值水平的升降，這部分以觀測市場整體市盈率變為市場的投機性股價部分（發粉），兩部分對股票價格的影響配合時間的作用，就形成我們今天看到的市場股票價格（麵包）。

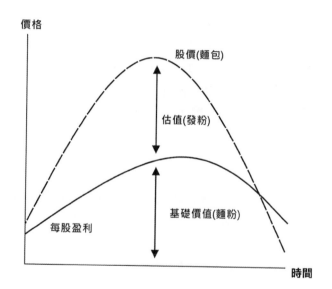

　　一些成長股因為基礎價值不斷上升，連同估值也一同上升，形成個股的長期推升力量。最經典的案例要數2003年上市的騰訊，十多年升值超過500倍。騰訊2018年的每股盈利比2003年時亦上升了約180倍。大家就可以明白股王多數不是只靠資金炒出來，當中有相當比重是由基礎價值上漲引起的，因為公司的業績長期上升，被視為超級成長股，估值上升亦是推升股價的重要因素。如果騰訊的業務擴張已達到市場容量的極限，就算盈利等基礎價值仍是上升中，股價已經可以因為估值的下降而掉頭下跌。因為市場評估公司的增長率減慢時，估值水平就要相應降低。

明白了這個道理，大家就可以理解全世界的主要股指中，為什麼美國的納指在2000年科網爆破一敗塗地後卻能捲土重來，再次升過泡沫年代的峰值再創新高。反而日本的股市，在長期零利率及貨幣政策強刺激下用了30年仍回不了1989年的頂峰。因為納指成分股不斷更新，成分股的總體盈利在科網爆破後出現了明顯的上升，比如冒起了蘋果這類大獲成功的公司。大量的互聯網企業由只有流量沒有收入，演變成了可以獲利的商業模式，谷哥、臉書就是其中的代表。而日本股市的公司仍缺乏長期盈利上漲動能，而且不時受外部經濟環境沖擊，指數總是難以推進。中國的公司其實盈利也在大幅增長，只是很多最具活力的創新型中國公司沒有在A股上市，比如阿里巴巴、百度等等，又或者如華為這種沒有上市的高成長公司，令大家低估了中國企業的盈利成長。而A股歷次的大爆升主要都是由估值拉升引起，而不是由基礎盈利上升引起，這種空中樓閣總是難以持久，而且須要消耗非常大量的短線資金才能維持，因為推升出來的估值必須要持續的資金投入，否則就無法持續應付投資者獲利賣出股票的壓力而轟然倒下。

經濟增長很可能會令上市公司的總體盈利的不斷上升。但如果公司同時不斷發行更多新股票，新發行的股份就可能會抵消了股份每股盈的增長，令股價成長停滯。當每個股票能對應分配到的每股盈利（麵粉）被分薄了，麵包自然很難發大。又如果新上市的股份定價已透支未來的回報，跟進的長線投資者也不可能獲益，這道理好像使麵包狂加發粉，烤出來又大又好看，經時間冷卻後就勢必打回原形。

國債利率這種無風險利率上升時，就好像冷風吹向已發脹的股市，很容易令估值發脹過度的股價（麵包）縮水，除非是真材實料由盈利驅動的股市上升。當無風險利率比較高時，貨幣類投資的回報有可能比持有股票更好，很自然減少投資者對股市的興趣，尤其一些大型機構性投資者有興趣加配貨幣類投資。而且股票也不像房子般是必需品，當股票市場提供的回報缺乏吸引力，參與的交易者在總人口中就會越來越少，市場人氣日漸下降，估值就會降低。

如果在市場深陷熊市的持續下跌週期中，市場可能演變成存量資金

博奕。殘留在市場中的交易者為了獲得短線利潤進行了互相廝殺，互相追逐熱點並極速切換，爭奪對方口袋中剩下的那點錢，這是非常殘酷的博奕。要等到下一次的牛市再來，整體估值才上升大家都能一起獲利。

新股上市與創投

新股上市前階段

前面提到現在很多新成立的公司，尤其科技類及互聯網類的公司最初成立時都獲得了創投資本（Venture Capital）和私募股權（Private Equity）的投資。創投資本在本質上和私募很相似，只是創投更專於創新企業的投資。而私募的業務類型更廣泛，他們還有參與企業併購、業務重組改造及資產管理等不同業務。當前最出名的私募有紅杉資本、凱雷資本、黑石集團等等都是手握千億資金的資本巨頭。當你成立了間新公司並獲得創投或私募的首筆投資，市場稱為天使輪投資。因為沒有這些資金，這些企業在沒有錢去開展業務就不能成立及壯大。天使輪投資人往往認同創業者的業務模式（Business Model）已會開始投資，因為這一輪投資獲得原始股份的成本是最低的，獲利空間是最大的。不過投資的新企業100間中還不知有沒有10間能捱得過頭3年就倒閉了，所以創投是以大量小金額投資初創企業去分散風險的。只要100間有5間成功的初創公司能賣出股份獲利已可抵消投資95間倒閉公司的損失。

當一間公司的業務開始形成，雖然很可能仍處於燒錢吸客的虧損狀態，但是開始獲得一定活躍用戶的基礎，有實際銷售業務，公司就會須要再次融資，以進行業務推廣。多數公司會以發行新股去吸收新資本，原本的天使投資人亦可能繼續參與其中。如果天使輪投資人沒有跟進新一輪的投資，他們的股權比例就會下降。比如最初公司有10,000股，天使投資人以每股1,000元總投資200萬買入其中2,000股。第二輪融資再發行6,000股每股2,000元進行A輪集資1,200萬，天使投資人的持股比例便會由20%下降去10%。但是天使投資人並沒有損失，因為按第二輪的出價其手

持的股份已經升值至400萬。如果公司的業務順利，銷售額市占率不斷提高，下一輪融資的股份價格往往倍數成長。

隨著公司的開始建立經營基礎，客戶人數開始增長，業務須要更多資本參與進行擴展，就會進行B輪融資。去到C輪融資代表業務已開始上軌道，業務模式已被驗證，須要更多資本去搶占市場占率，並達至規模經營，甚至稱霸行業。這時期加入的新投資者往往須要比A、B輪投資者付出很高的每股成本去獲取相同的股份。再往後如有D輪或以上融資就近乎是價高者得的遊戲，往往投資者的出價會非常高，就算公司能上市也不確保他們的買入價有很大的利潤空間，要視乎當時新股市場的氣氛。

首次公開發售

新成立的公司通常吸收了多輪資本後，最終的目標就是做大做強然後上市，稱為首次公開發售（Initial Public Offer，IPO）。因為上市前A、B、C輪投資該公司的原始股股東（一級市場投資者），在市場氣氛良好時上市往往能以一個很好的溢價賣給首次公開發售時願意買入的公眾投資者（二級市場投資者），有時能賣高的價格以倍數計算，A輪或以前的投資者有時獲利可達百倍以上。所以一旦公司成功上市，最初的投資者大多可以歡天喜地的賣出股份獲利離場。不過去到B輪、C輪甚至D輪以後的投資者是否能獲利就只是靠天吃飯了。因為越後期進行上市前投資的投資人往往要付出更高的價格，不少熱炒的擬上市公司早已透支未來幾年的成長空間，甚至透支到行業的增長極限，要在IPO時以超高價賣給二級市場中的機構投資者也不一定是件容易的事，所以上市前入股的投資者並不是穩賺不賠的。2014年10月參與小米上市前E輪融資的投資者，按小米公司為450億美元估值入股，到了2019年小米上市後的估值只餘下300億美元左右，參與E輪投資的淡馬錫、厚撲投資等著名投資機構的該批持股經過多年仍落得虧損，所以創投並不是一門穩賺不賠的生意。

通常來說，準備上市的公司會在首次開公發售（IPO）時額外發行公

司原有股本10～30%的新股票進行集資。這樣做雖然對舊股東擁有的股權會進行稀釋，但同時因為可以較高的價格發行新股吸收新資金，舊有股東大多不介意自己的股權被稀釋的影響，因為他們往往更在意能否在證券交易市場中更高價位賣出持有的股份，獲取豐厚的現金利潤。有部分的新股上市是原有投資者賣出了持有的原始舊股去套現，甚至亦有只上市不集資的案例，上市目的只是為了令股份可以至證券市場交易。2018年上市的小米在進行上市發售的21.8億股集資大約400億港元，新股及舊股份別占65%及35%，即是發售的股份中除了新發行的股票，亦同時把舊股東持有的股份直接放售給投資者。投資者應該要小心考慮為什麼原有的投資機構或高管會考慮放出股票，如果他們認為股份是會生金蛋的鵝，應該一股也不賣給你。最簡單的解釋當然是他們想保留資金另有發展或完成交易獲利退出，投資者應自行思考此等股份有沒有長期持有的價值。

投資者除了要留意該新股上市前，原有的創投及投資機構有沒有在公司IPO上市時直接售出舊股給公眾，另外亦要留意上市時主要持股的大股東股份有沒有設禁售期。在禁售期到期前往往出現兩種現象，如果股份的交易量大，市場流通股份眾多兼股票表現平平，禁售期到期前後一段時間很可能出現較強賣壓，因為機構投資者會選擇先於大股東等股份解禁前先吐現再觀望。如小米於2019年1月分股份解禁前後一段時間大跌超過20%。如果股份的流通性不高，持股者比較集中，主要機構參與者就會較大動機在出貨前力托股價，因為在他們在售出解禁股份前出現大跌就委難再賣到好價錢獲利。如果股份的流通性低只要很少資金就能力托股價，再慢慢在較高位進行分派。

如果參與上市前投資的機構股東沒有股價出售限制，他們往往會選擇在股份剛上市流動性最好時快速賣出持股吐現。因為一旦過了上市初段交易較活躍的期間，市場每日成交額往往非常小，就可能出現有價沒市的情況。一間市值百億美元的公司可以每天的成交金額不超過2百萬美元，這種情況下如果機構投資者想賣出持股，採用了被動賣盤盡量不想壓低賣出價格，一年也賣不出多少持貨。在香港上市的海底撈（6862）在上市後市值近千億港元，但上市後交易金額少的時候一天交易額連二千萬港元都沒有，主要股東想要在場內賣出大量股份吐現並不容易，在場外配售亦不

容易找到願出高價的機構性買家。海底撈於2018年12月10日納入了上交所港股通名單，A股的資金可以直接加入炒賣，成交快速回升數天後又再歸於沉靜。所以也不是說公司上市，股價上升了就代表真的是賺到錢，還要視乎是否真的賣得出股份持貨收回現金才算完成交易能落袋為安。創投這一口高風險高回報的飯也不是人人有能耐能吃到的。

員工持股與禁售限制

國際上，新股上市的熱門目的地主要有三個，美國、香港和中國A股。如能在A股上市通常估值最高，即能賣最高價錢。但因為A股上市的難度較大，規則較多，時間最長，不確定性最高，所以很多中國相關企業的新股都選擇在美國或香港上市，而且價格在市場暢旺，也能賣得很好的價錢。好像阿里、京東、百度都選擇在美國上市，而小米、美團等在香港上市。上市的時候，原始股的股東就能高價賣出股份獲利。不過有時大股東及員工持股可能有禁售限制，如果股價能挺一段時間，比如阿里巴巴上市時很多中高層員工賣出股份後都能變成小富翁了。拼多多股份用了3年時間由成立公司零開始，到2018年在美國上市融資時獲得240億美元估值，老闆身家一躍上了中國50大富豪榜，所有參與其中的創投及私募基金應該都樂翻天了。

初創公司的員工原始股或期權也有可能發財夢碎的，最主要原因是公司未必有交代清楚上市的股本安排，獲得的期權或原始股票可能在公司上市後被嚴重稀釋。比如公司上市時25股原始員工持股才能合成1股在美國上市交易的美國存托股份（ADS）。員工即使獲得上市前的股份能獲得的利益就會非常有限，甚至有一些員工自己拿錢投資了公司的原始股票，卻不知道這些股份最終有合併的可能，投資回報率比定存還差，這時心裡應該會很受傷。而且一些初創公司拿出看似巨額的公司期權獎賞，往往期權的行使價定價甚高。當公司真正上市後，除非股價能大幅上升，否則未必有機會行使。例如公司只批了10萬期權，上市後25倍稀釋，只有4000股ADS每股賺1元美元，還要面對很高的所得稅等支出。扣完了稅及交易成本幾年打拼的發財夢錢就只夠買幾件家電就沒有然後了。打工者抱住上市

發財夢，辛苦打拼幾年後最終發現沒什麼真實回報，內心應該會感到十分沮喪。當然你若幸運加入了阿里巴巴，小米等公司又成功分獲相當數量的內部原始股等到上市，就真是令同行羨慕透頂了。不過提醒正打算找工作或想轉工的讀者，公司上市後所有發放的股份及股權會直接計入公司經營成本，所以一般已上市公司不會慷慨派發股票及股權。加入該等已上市多年的公司工作，若不是晉升為高薪的高管，已經不能再複製該公司老資歷同事能在公司上市時發大財的好事了。

新股發行與分配

認購新股的途徑主要有國際配售以及公開發售兩種。國際配售的對象為機構投資者，以及在投資銀行的超高淨值個人投資者，他們是主要的定價者。在香港一般90%股份會配售，10%會公開發售，如果市況非常熱烈，公司可能會把公開發售比例上調至20～50%，令更多散戶投資者參與其中。好處是交易狀況會變得更活躍，而且散戶往往願意不看基本因素高價追入上漲中的個股。因為上市前負債承銷的投資銀行會進行路演推介股份，吸引全球各地的投資者落盤參與，投行多會先給予參考定價範圍，例如8～10元一股，然後不同的投資者對此出價競投。如果市況淡靜投資者的出價可能會變成限價8元並收縮認購額，甚或放棄競投。這時投行就要跟擬上市公司考慮是否要調低招股價，因為投行跟新股上市有包銷協議，如果一旦股份在市場上賣不出去，承銷的投資銀行要用自己的真金白銀買入以確保成功發行，而且上市後亦會有一定時間的價格穩定期，投行可合理地對股價維穩，以確保交易有秩序進行。投資銀行不會那麼笨做虧本的生意，他們會因應市場波動而中止股份發行計劃。

如果市況旺盛，一股難求，即使機構投資者追入貨，公司大多會按上價限定價，在新聞中就會出現國際配售錄得非常大額超額認購。而公開發售時散戶亦大多會大幅超額。這時大家就等著新股上市首天上升多少獲利。投資熱門新股上市一般很少會短期內跌穿發行價，近乎是一種穩賺不賠的生意。如果上市後股價大升，新上市公司多數還設定了一個超額配股權，即是上市後可定向增發一般股票10～20%的新股，公司能獲得更多的

增量資金。但由於參與者眾多，大額認購1億還不知道能否分到50萬的股份意思一下。就算升值了20%，也是獲利甚微。如果要借入資金，熱門新股往往賺價蝕息。所以專注買賣新股其實是很難賺大錢的。只有買了當時人人認為是垃圾的股份，過了幾年脫胎換骨被人發現是寶藏，新股二級市場的買家才能發家。好像2003年的騰訊，當年上市時只有用戶，盈利模式一直打不開。連其大股東香港電訊盈科也忍不住賺點小錢賣股給南非NASPER公司，誰人想到這批股份如今市值萬億升值數以百倍計。

A股主板由於設有新股最高市盈率限制，這造成相對已上市股票估值較便宜的吸引力，往往新股一上市就爆升，上升1倍至數倍是等閒之事。2019年7月開始交易的科創板的新股由於融資體量小，即使沒有什麼業績參考，只要有賺錢效，投資這類新股一般也是萬人空巷一股難求。但是由於投資者眾多，所以每人能分到的利益是非常有限的，運氣差時一手也分配不了，能抽中新股肯定就能賺點不錯的收益了。但對資金量大的投資人，在A股抽新股或參與科創板的分配量太少，即使股價成倍上升總收益金額仍是有限。所以基金等除非獲得分配否則一般很少在公開市場參與。新股上市因為體量少，流通股數少，上市後的持續暴升往往成了游資的樂園，不過大家在上市後在二級市場追高一定要非常謹慎，因為升停板背後的老搭擋就是跌停。一旦股份跌停被套，想不損失也很難了。即使是大型新股一旦打開漲停或升勢中止時往往已經極度透支。好像2007年的中石油，2015的中國中車，2018的工業富聯，而這三個時間點剛好都差不多是中國股市由一波牛市到熊市的轉折點，投資者必需小心注意風險。

美股的新股認購一般不太向個人投資者開放，因為美國監管機構認為新股對個人投資者而言風險過高，很多美股證券公司都沒有直接提供新股IPO股務。即使有提供股務對客戶資格亦有嚴格的限制。美國是承銷的投行與擬上市公司自行決定新股分配，分配方式不受約束。他們一般分配與投行最有價值的機構或個人大客戶。所以你會發現新股上市第一口價往往已大幅超出美股上市的發行價。二級市場的投資者必需小心思考是否用自己的資金高價追入別人手中的貨。從事網上貸款的趣店（QD）美股2017上市定價24美元，首日開盤價34元升43%，但之後股價快速回落，一年後股價跌到連5美元都沒有，高位買入投資者虧損85%，

上市時24美元入股的也損失近80%。2018年9月趣頭條（QTT）以7美元一股發行價在美股上市，開市首日盤中最高漲至20.39美元，最高漲幅超過190%。可是上市後第二天就無以為繼大跌41%回到9.41美元，而且新發行3百萬股的流通股票兩天換手率達到了驚人的13倍。讀者應留意到近年明顯地有不少中國資本活躍於美股市場，他們的炒作手法跟A股非常眼熟，很可能是系出同門一脈相承。

IPO投資也是高風險投資

在美國新上市的公司出現業績虧損的其實非常多，有統計在2018年上市時錄得虧損的公司近80%。但是買入這些虧本的公司仍可能有可能獲利，因為只要有短線炒作空間市場上有很多資金追逐這些短期利潤。這些長期投資人看似是醜小鴨的股份其實也是投機者眼中會生金蛋的鵝。市場上的投機者從來只會認真地看看有沒人願以更高價買入，如果有，什麼樣資產哪怕是垃圾他們也認為是發光的金子。這過程會持續直到有一次他們找不到更笨的投機者，而他們發現自己做了接盤俠，就會賣出虧損股份暫時離場觀望，等待下一次新股大牛市的機遇了。

在不同的股票市場上，新股上市第一天就跌破發行價也並不罕見。港股不時出現新股發行第一天就跌穿投股價的中伏案例，在美國新股也不是穩賺不賠，很多股份其實上市第一天只是接近公開發行價平收，扣除手續費所剩無幾，運氣不好重倉投中了當時的不受歡迎行業，如2018年的美國醫療股，也可能頭一天損失20%以上。即使往往有中資海外資金熱炒的中概股也不是必勝，360金融（QFIN）頭一天開盤後全日只能收平於招股價16.5美元，並在不足一月內下跌了20%。除了頭一天出脫的投資者，後面賣出的投資者都出現了虧損。當然也有像趣頭條（QTT）這種集資額小（1千2百萬美元）第一天便升了1倍以上的小型股案例，這種交易跟賭博開大小分別不大，而且市場容量非常小，錢一多買了貨後都不知道可以賣給誰了。要謹記新股上市熱鬧過後往往成交非常疏落，就算股價有上升，手中的股份量多，很難能找到足夠買家去買入股份，沒有足夠的流動性是投資小型新股的一個巨大風險。

2018年全球新股集資額最高的香港市場新股上市第一天便下跌10%以上的股份並不罕見。單是香港新股市場2018年的8～9月兩個月上市當天即下跌15%以上已有7只，有一只更是第一天便下跌30%以上。而2018年7月至12月在香港上市的公司，在2019年1月時已有12只出現50%以上跌幅，30%跌幅更是比比皆是。即使重磅的小米及美團都分別下跌超過了30%及40%。所以港股、美股等新股市場跟A股新股近乎必賺的狀況還是有很大的差別，別以為任何市場能買到新股就一定能賺錢。雖然新股投資的長期投資虧損風險相當大。不過當中的短期回報也是非常誘人，而且剛上市時部分有故事可吹牛的股份往往還有一輪炒作，若然該新股的股份流通量不高，股票拉升的過程往往迷倒眾人，令短線交易者抵擋不住參與其中，妖股不夠妖怎麼吸引投資者？三幾個交易日拉升個20～30%是等閒之事，許多人能從中獲利，看的就是誰當了最後的接盤俠而已，這就是為什麼明知新股交易風險如此之大仍有這麼多投資者參與其中。

中國A股引進的科創板亦是增補原有資本市場融資功能的不足，以往許多未錄得盈利或同股不同權卻有潛力的公司都到了美國或在港股上市。但投資者必需非常警惕長期重倉參股與此等科創類股份的巨大風險。可以預見在一般時間內科創板的股份由於流通量小，很易被熱炒。個人投資者決定是否參與時必需警惕若在超高價位買入，時間不會幫助你取回本金，因為股份可能已經被透支了幾十年甚至幾百年的潛在利潤，獲利的唯可能只是找到下一個比你更瘋狂的買家。打開融資的管道是一件有利資本市場發展的事，但參與其中的交易者必須要認清盲目高追熱炒個股的風險。

投資新股的風險與考慮

有些投資者會考慮買入業務優秀的新股作長線投資。我們在投資前一定要考慮公司上市的動機，想想一間經營良好的公司為什麼要上市賣股份給你分享公司的利潤？最合理由是公司須要資本去擴張業務，賺更多的錢，那樣就能創造更高的股東權益回報（EPS）。其實有一些新股只是市場過熱時想多補充營運資本，以應付將來的經營環境逆轉時好過冬。亦

有一些新股上市的目標是讓主要股東或以及早期的創投及私募基金投資者想在市場熾熱時賣出股份吐現離場獲利。雖然主要股東有禁售期，但一些早期投資的創投及私募基金通常沒有。如果市場氣氛不錯上市後拉升股價能以更高價賣出，回報就能更可觀。其實就算經營真的良好，優質公司的優勢早已反映在股價上，甚至透支了公司未來幾年的經營成長預期。一旦上市後業務增長沒有驚喜，股價往往也沒有什麼再成長空間。

投資者長線持有新股須謹慎。其實參與新股的投資者大多知道長期持有新上市新股大多數都沒有什麼回報。但是參與新股上市初段的短線交易卻往往有高額回報，而且短期內風險有限，不少新股還在上市初期有保薦人（投資銀行）合法護盤去維持價格的穩定。所以新股交易經常是資本市場的焦點，因為有錢賺的地方，就有交易機會，雖然很多新股都有先彈升再下跌的典型「彈散」行情，但誰會理那麼多長線短線。而這個看似風險不少的新股市場卻滋養著一代又一代傑出的創新型公司成立和成長。沒有了新股市場創投及私募基金就會出現項目回本困難，缺乏冒險資本許多初創公司就不再存在，阿里巴巴、騰訊、亞馬遜等公司就不可能有今天發展，經濟也就會缺少了創新的動力。下次你投資新股時都可以想想，嘿嘿，我也有為社會發展作出貢獻。雖然大家只是為了短線賺錢，但這就成就了股權融資這一個融資管道，要瞭解金融市場凡事都有正反兩面影響的。

借殼上市

有些公司為了避免繁瑣的上市程度，而且沒有太大的上市集資須要。可以選擇買入一些成交量非常低的上市公司的控股股權，俗稱買殼。買入了上市公司的殼後就會開始大量發行新股票以收購新注入的上市公司資產，並稀釋原有持股股東的股權，市場俗稱為買殼注資。新的控股股東在注入資產後往往會更改公司名稱及業務類型。由於注入的新資產往往盈利質素不錯，即使持股的控股權可能稀釋，原有的公司小股東多數會非常歡迎此等間接收購行為。此等股份資產在停牌暫停交易被注入後獲得非常高的股價增值。A股的順豐控股就是借殼了鼎泰新材而

上市的。2016年5月1日A股深交所上市公司鼎泰新材（深：002352）發布公告，以全部資產和負債與順豐控股股東持有的股權的全數等值進行置換。消息公報後上市公司鼎泰新材的股價出現連續升停板。順豐控股公司（深：002352）於2017年2月注資重組完成後出現連續升停板行情，數個交易日由40元左右升到70元左右才見頂。所以注資交易是市場上重大的交易機會之一，投資者一定要留意。不過亦要小心不要高追連續漲停或暴升被透支前景的股份。順豐在2018年已回落至40元以下，之前高追長線持有的投資者都錄得了帳面虧損了。

非流通股與禁售期

流通股是指在證券市場可自由交易買賣的股份，非流通股指的是已上市公司中不能在交易市場上自由買賣的股票。這些股票可能是國家股、國有法人股等等。除了不能在交易所直接買賣，其它權利和義務都和流通股是完全一樣的。非流通股一般在獲得監管機構批准下可以通過拍賣或協議轉讓的方式來進行買賣。近年透過股權改革，大多數A股上市公司的股票已變成全流通。

前面也有提過新股會有禁售期安排，是在新股招股的常見安排。新股上市時大股東及公司員工持股的禁售期一般為6個月至2年之間。此舉可以增加新股投資者的信心，因為大股東短期內無法賣出持股，主要股東會有動機在禁售期前維持價格的穩定。如果股份在禁售期過後出現較明顯下跌，投資者應該非常謹慎。

配股集資與分拆業務上市

公司在上市一段時間後並不代表沒有融資須要，有時為了業務再拓展，或是資金使用量大的公司如銀行及房地產企業要擴充資本，這時便

可能須要進行配股集資。發行新股份集資的最大好處是拿到的資本是永遠不用歸還的，只有在公司獲得利潤後選擇是否派息給全體股東。不像債券會有到期還款日，還不了就被債權人清算解散公司。上市公司增加發行股票主要有向普通股股東供股集資及定向增發兩種形式。如果選擇向原有股東集資，股東要麼付上新資金才能保有原來的股權比例，否則其擁有的股權比例就會被新發行的股票攤薄，原理可參考前面上市前各輪融資的股權變化解釋。

對多數股東而言付款去供股還是任由股權被攤薄都不是什麼好事，所以多數公司宣布供股後股價多數下跌。如果是定向增發，很多時候能引入戰略投資者或戰略股東，只要該配股價沒有大幅低於目前的市價，對價份價格的影響則比較輕微。

母公司分拆子公司業務上市是指母公司已經上市再把旗下的子公司業務獨立分拆上市。最大的好處是當這家子公司上市時的賣出價若較其會計成本（Book Value）高，差價就會直接計入母公司的利潤。如果子公司上市後仍持有的股份將來價格繼續上升，就可以計入投資股份的公允價值變動獲利。母公司變相做了創投資本的角色，自己創造不同的業務再逐個賣出獲得資本獲利。分拆上市最出名當然要提騰訊系的相關公司，每一次有業務分拆上市都往往能對當年母公司利潤有正面影響。但問題是業務賣出後便會減少了持續經營利潤，所以母公司賣出時往往定價非常貴，甚至透支了幾年以上的投資空間，你再加入其中長短其實很難再獲利，不過短炒的利潤空間還是照舊吸引無數投機者參與，看誰走得慢變成接盤俠而已。

證券交易常識

以下這部分是股票交易的的基本常識，目的是幫助完全沒有股票認識的讀者去了解更多股票交易的常識及要注意的地方，如已有一定投資基礎的讀者請略過這些基礎部分。

收取股息（分紅）

如果你持有的公司業務經營良好，有利潤可以分派股息，投資者就可以獲得股息收入。公司會公告每股股息分派金額，在除淨（權）日在股東名冊上的所有股東都能獲得現金分派。但是除淨日的股價會作相應的調整，比如每股派$0.5股息，除淨日後下一天股票價格會做相應扣減$0.5。當然如果市況很好，下一天股價升幅達$0.5以上，你就看不到除淨對價格的影響。有一些股票因公司賣資產去派息，該年度的息率可以非常高，其實公司的淨資產已越來越少，你就會看到股價在除淨後往往走勢會偏弱。

如果公司是初創型，業務高速擴張須要保留資本作投資，股份完全不派息股價也可能長升長有。但當公司業務去到穩定期，持續獲得利潤沒有什麼新投資，卻還沒有什麼分紅，這種俗稱鐵公雞的公司就可能有公司治理問題，要小心考慮是否合適作長期投資。在港股中有很多長期低於資產淨值60%甚至低過淨現金水平的公司，股價卻5年10年也不會上升。這種公司除非控股股東不足51%持股，被大型投資者進行狙擊奪取控股權，把公司資產賣出分派投資者才可能出現一次性爆升。

在中國股市，股份提升分紅比率通常都會很受投資者歡迎，消息公告後可能被熱炒一轉。但高價追入的投資者必需考慮為什麼公司不再用現金進行投資而是進行分派，會否是主營業務增長差不多到頂了。所以請謹記息率高的公司不一定是好公司，根據經營現金流及投資須要合理進行派息的公司才是好公司。

如果投資者對持續派息豐厚的公司進行股息再投資，長期投資這類現金牛股票的回報率往往是不會太差的。但必需確定這公司的業務經營前景穩定，比如擁有長期經營權的地區壟斷性供電或燃氣類股份。因為若你不斷用股息投資同一間公司，一旦業務迅速惡化，就會變成股息滾存數十年，最終虧得連本金也收不回的慘況。2009年匯豐銀行的股東就受到巨大的傷害，股價由2007年的140以上到09年3月最低時只剩33。如果投資者選擇繼續持有9年多過去到了2018年尾的股價仍只回到65元左右，計及利率只能在帳面上勉強平手。卻浪費了整整10年期間的投資時間。而花旗銀行

由2007年的50元下跌至2009年3月的不足1元，巨虧97.5%以上。長期只集中投資少數個股而不作風險分散的投資者就可能面對個股業務逆轉的巨大風險。

股票分拆（分派紅股）

上市公司有時會選擇自行把股份拆細，令原來持有的股東持有的股份數量上升，但持有的權益保持不變。比如1股拆5股，投資者看似多了4股，其實每股的實際收益也是同等比例拆細。原本每股收益（EPS）是$5，一拆五後每股收益也只剩$1。當然股價也會進行1拆5調整。

分拆紅股的原因有好多，較好的原因是因應公司股價上升，每手交易（市場上最低交易股數）的金額可能太大，不利個人投資者交易。好像騰訊在2014年因股份升幅太高，進行股份一拆五。如沒有是次分拆，每手100股的交易金額在18年時最高可達20多萬，非常不利一般公眾交易。

但有時候分拆活動只為取悅投資者，公司的股價死氣沉沉，管理層這時來個股份分拆行動（送紅股活動），刺激更多投資者關注消息參與投資，令股份的交易更活躍，達到推升股價的目的，但如果公司的業績跟不上，股價過了一段時間還是會打回原形的。

股份回購

美國股市上升的其中一個最大的推手就是股份回購。公司把手中持有的現金直接在市場買入公司股票，買入股份後市場上流通的股份會減少，同時每股收益（EPS）會因而上升。如果回購金額龐大，自能吸引更多投資者想參與這個股份升值獲利的機會，股份想不升都難。

問題是為什麼上市公司不把錢直接用作派息，而要樂此不疲的進行股份回購呢？這就跟美國的所得稅法有關。美國公民持有股票收取的股息是要交入息稅的，而公司進行股份回購後提升每股收益是不用交稅的。股票持有人只須在最終賣出股份後才一次性的收一筆資本增值稅。如果你是長線持有的機構股東，相對派股息而言你會更喜歡公司管理層

進行股份回購。這就是為何近年美股的年度回購金額均達數千億美元，2018年更突破了萬億美元大關。投資者要留意公司的回購會在業務公告期前或某些時間被短暫禁止，比如美股在2018年12月的暴跌過程中體現出買盤的脆弱性也是因為當時有很多公司進行業務公告前的敏感期，令很多回購活動被暫停。在平日倒是沒什麼大問題，如果剛好遇上市場氣氛差劣。沽盤一旦湧現而買盤卻減少下，股份價格就可能快速下滑。匯豐銀行在停止回購後往往也會出現一波的快速下滑。所以股份回購行為對股票有很直接的影響。

中國A股目前也開始鼓勵上市公司進行合理的股份回購以提振股價。可以想像將來更多公司會參與股份回購的大潮之中，投資者可留意當中的機會。

股份回購其實也有副作用。通常公司在經營狀況良好，現金流穩定時才作出回購。但是一些公司的管理層為取悅股東，公司負債不斷上升時仍進行股份回購，等於借錢去在市場上拉升自己的股價。如果公司的經營現金流不足以持續支持股份回購，一旦信貸環境收緊市場利率上升，企業借再融資變得困難時，公司回購就會無以為繼。在經營現金流不足甚至公司出現持續虧損的情況下，公司可能要考慮變賣資產以降低負債水平，公司就會考慮財務報表上一切可出售的資產，包括已經回購的股份。試想想當股價在下跌時，公司還想在市場上賣出自家股票去取回現金以支持實體經營，賣壓就會變得很強大。這亦是美股大牛市尾部面對的一個巨大風險因素。

股份質押與強行平倉

投資者如果用融資的方式買入個股，比如以100萬本金買入200萬市值的股份。

證券公司借貸給你時除了會收取利息，同時會設立強制平倉機制。一旦股價下跌，抵押品（股票）的價值低於最低保證金（比如120萬）水平，客戶又未能即時補充充足現金抵押品，就會出現爆倉即抵押品價值

不足的情況。爆倉後證券公司多會執行強制平倉以控制風險，證券公司會強行替客戶賣出全部或部分股票持倉以控制最大損失風險。因為如果股份再下跌並低於100萬貸款總額，你又無力償還差額，虧損的部分就會變相由證券公司承擔，影響證券公司的本金及經營穩定性。

上市公司的大股東在市場上賣出股份是要在交易所作出公開申報。當市況失佳時，大股東減持對投資者的心理而言有很負面的影響。如果股份沒有現金可作派息，大股東雖持有很多股份，自己口袋中可用的現金也未必多。他們就可能把持股抵押給一些金融機構獲得貸款。有時亦可能以此類貸款為公司發展的資金。而貸款的金融機構也明白這些中小盤股價格波動性很大，一般只會借出股份市價50%甚至更低去保障自己。而且會設定強制平倉條款，一旦市場價格低過某一水平，便會觸發貸款者可以任何市價強行賣出被抵押的持股。這對本來流動性就不高的中小股的股價可以是毀滅性打擊。目前監管機構亦開始加強監管及化解這種金融風險。

國企與民企

我們可以買入的上市公司股份主要是國營企業以及私營企業兩大類。中國在改革開放初期沒有活躍的民營企業，第一代市值大的上市公司主要都是國企為主。股市承擔為國企提供長期資本的重要角色，並且因為公司引入外來股東對公司治理方面亦會加強，提升國企的經營活力。後來大型的國企幾乎都已經上市，國企改革階段性的歷史任務已近乎完結。市場上新上市的企業中民營企業的比例越來越高，到近年創投資本越來越活躍，許多科技類及互聯網類的公司湧現資本市場，令投資者可以選擇的股份更多，當然投資陷阱也是越來越多，大家必需學會基本的分析技巧，以協助判斷打算投資新股的長遠投資價值。

各類型中資股

A股是中國最主要的股票市場，最初只允許中國境內投資者參與，並以人民幣交易及結算。後來為了吸引境外資金參與中國資本市場，中

國在境內設立了B股市場，允許部分公司在B股市場發行股票，向境內持
有外匯的投資者或境外投資者進行交易，深圳上市的B股以港元作交易及
上海上市的B股則以美元進行交易。到目前B股的歷史使命已基本結束，
成交並不活躍，基本已淡出中國股票市場的舞臺。所以大家會明白中國
股市為什麼經常被稱為A股、ST股（ST，Special treatment），代表因為業
績非常差有退市風險，對股票交易者發出的風險提示。

其實在中國的公司因應海外上市地點的不同，出現不同的股票俗
稱。比如在香港上市的中資股票稱為H股，比如中海油、建設銀行等
等。而在美國紐約直接上市的中資股稱為N股，比如阿里巴巴等公司。
在新加坡交易所上市的公司稱為S股，由於估值較低，並且新加坡市場
沒有如香港市場有港股通等直接投資管道，近年中資已很少在新加坡
集資。

美國預托證券（ADR）

ADR則指為中資公司在美國發行的預托證券，每一份的ADR代表一
間美國以外的企業一定數量的股份，比如20股原始股合成一份ADR。海
外公司的股份會寄存主要是美資銀行的金融機構，會發出單據作為寄存
證明。美國的銀行對股份進行包裝變成一種可在美國市場流通的證券，
而買賣單據的過程不涉及海外公司股份的直接買賣，而只是擁有權在海
外持有者之間流通轉手。在美國國內直接發行股票的成本很高，而且監
管比較嚴格，美國發行預托證券的制度允許境外股票能夠間接地在美國
市場流通買賣。而且由於交易成本比直接買入境外股票低，也一定程度
受投資者的歡迎。比如中石油、中人壽等中資股都有在美國發行ADR。

由於中國股票市場對私營企業的限制比較高，比如須要一定的獲
利水平才能上市，而且對行情有一定的限制。即使公司條件符合上市要
求，選擇在A股上市集資往往須要較長的時間才能成功集資，對短期有資
金需求的公司不利。而且A股市場的牛熊週期變化比較快，一旦熊市來臨
很多時候新股上市活動又會被暫停。所以中國的投資者要理解為什麼這
麼多的中資公司會須要在境外進行集資。

中國預托證券（CDR）

　　2018年初中國股市開始考慮發行中國預托證券（CDR）去吸引已在海外上市的大型而且有競爭力的中國科技類公司回國內間接上市交易。此舉有助吸引中國有競爭力的公司回流本國資本市場，令中國的投資者也能分享到此等公司成長的紅利。可是由於當年股票市場的波動太大，出現熊市，令發行計劃受到擱置。

　　理論上發行CDR對已在海外資本市場上市的相關中國概念股科技股構成利多，因為A股市場的估值往往較高。投資者可能會考慮先對相關的個股進行提前部署重要政策。但是投資者每次對這類看似很強大的交易理由時，往往會忘記了進行第二重反向思考。這個推論會不會是錯的，什麼情況下不成立，應該在什麼的情況下果斷中止交易。比如投資者要留意A股市場波動引起的推遲或取消發行的風險。另外如果A股上市的CDR與美股並不存在套利機制，A股與美股的差價，便可以像香港上市的H股與深滬上市的A股長期存在巨大的差價。有趣的是A股與H股之間差價並不如大家原先設想那樣，在開通了深港通、滬港通等資本互通機制後差價便會一直收窄。而是差價大小視乎A股是處於牛市還是熊市，大牛市時可以拉闊至50%，而熊市時收窄至10%以內。所以只要套利交易不成立，投資者就無法肯定提早買入CDR相關中概股能輕易獲利，這種情況下盡量做輕倉交易以降低風險，事實上許多相關中概股在2018年自高位曾經下跌了近50%。投資者一定要小心自己收到消息後頭腦過熱的風險，必需冷靜判斷市場的走向是否與自己的預估符合，並作出策略修正。

交易成本，稅收對交易行為的影響

　　在進行國際股票投資時，許多投資者往往會忽略稅收對交易行為重大影響。交易印花稅會直接影響交易成本的，令高頻率交易變得不可行，甚至可以直接凍結市場交易行為。試想像買入賣出同時收取0.4%的印花稅，一買後想賣出已沒有了0.8%。幾乎沒有什麼短線交易的空間，

投機者都消失了，令市場交易行為漸漸凋零，整個市場的流通性就會大降。而股息稅則是會影響公司派息的選項。公司可能會減少派息而改為用股份回購。部分股市持有超過一年的股票免除利息稅會鼓勵減少股市的轉手率，不過如果該市場像A股那樣本來股息就不高，對交易行為沒什麼影響了。如果一個國家想毀滅股市，只要把各種稅費不斷提高，股市就會變成一潭死水，自行消滅。大家可能不明白箇中的代價。股票市場最大的功能是令公司可以進行股權融資。而這些資金是資本市場中最慷慨的，願意支持創新精神的資本。雖然很多公司融了資後並沒有什麼作為，但市場上最成功的公司包括蘋果、微軟、阿里巴巴、谷哥等無一不受過股權融資的養分而壯大。如果沒有首次新股上市這個資金的出口，私募及創投基金等能支持創新企業的資本也會大幅萎縮。許多有潛力的新企業就無法茁壯成長。社會經濟的創新與活力最終也會受到負面影響。

印花稅（Stamp Duty）

　　印花稅是指資產買賣交易時政府所徵收的稅種。因為以往一些政府會在重要的公文如樓宇買賣契約蓋印花代表政府承認買賣合約的合法性，並收取稅費去支持政府收入。比如在香港進行股票交易買賣都會收取千分之一的印花稅，單是買賣一次股票計及佣金及交易所徵費便要千分四左右，即買入股票後需有0.4%以上的回報才能平手。而投資者如果採用了衍生工具如窩輪及牛熊證等的交易則能省卻印花稅。印花稅的交易成本影響間接地促使香港成為全球交易所場內掛牌衍生工具交易最活躍的市場之一。有時單日衍生工具的成交已可占當日交易所場內成總交金額的20%。交易者無須開立任何期貨及期權戶口已經可以輕易地參與各種由不同發行商運營的交易所掛牌衍生產品。

　　由於交易成本較低，窩輪（Warrant）及牛熊證等交易產品很受日內或短線交易者歡迎，產品槓桿由1倍以下至上百倍都有，部分產品成交非常活躍，有時甚至出現衍生工具的日成交金額超過相關股票成交金額的情況。香港每天的股票及衍生產品市場交易有很重的短期博弈的味道，主要的博弈都集中在流通性高並有大量衍生工具參與其中的股份。A股市場中經常熱炒一些中小型個股。而在港股中那些數量龐大的冷門小盤股票往往乏人問津，一天成交額連50萬港元也不到。投資者亦要留意由於

發行商有買入正股對沖交易風險的須要，有時衍生產品的交易太旺盛，反過來會直接影響到標的股票價格，甚至有時會因衍生工具平倉引起價格大幅波動。

美股沒有印花稅，而且股份交易的佣金非常低，交易成本每次低至1美元，交易股票時往往只須要一個價差已能獲得正收益。超低的交易成本助長大量的高頻交易，大量超短線的交易者聚集其中，形成非常熱鬧的交易市場，亦是目前全球流通性最好的交易市場。

買賣差價（Bid-Ask Spread）成本

很少投資者注意到買賣差價也是影響交易成本的重要因素，尤其買賣交易不活躍的股份買賣差價會較高，令交易成本上升。因為買入與賣出的差價是投資者無法繞過的交易成本之一，一些活躍的個股差價往往只有1個最微少的價差，視乎股價高低可能是0.1或0.01元。但不活躍的股份差價可達10個價位甚至差價超過股份面值的1%以上。如果買入後想短期內快速賣出逃生幾乎肯定會出現帳面虧損。

資本增值稅／資本利得稅（Capital Gain Tax）

資本增值稅是指如果買入股票後股價上升，投資者因應價格上升的部分須要向政府交稅。而資本增值稅則是按投資價格增值收取，並不計算股息收入。投資者買賣股票的價格獲利扣除交易成本後就是淨收益。

美國公民持有的美股會被徵收資本增值稅，是否長期持有會影響稅率，一般持有18個月以下視為一般收入按個人所得稅稅率徵收，而18個月以上只收取長期資本利得稅（long term capital gain），稅率在10～20%之間。美國公民在股票投資上遇上虧損可享有稅務扣減，每年有扣減上限，超額虧損的部分可留到下一年再扣減，沒有年期限制。

但非美國公民無論是直接投資或是間接買入基金投資也並不須要繳付此等稅項，所以海外交易者在交易美股時有很大的稅務優惠。不過若出現虧損就不能向自己國家的稅局要求稅優惠了。

股息稅

非美國公民一般收取10%股息稅，但對不同地區的稅率有不同安排，一些沒有跟美國簽好相關協議的地區，投資者可被收取30%的股息稅，成本非常沉重。

股息收入被一些國家被視為入息的一部分，會按入息稅徵稅而不是收取資本利得稅。香港上市的公司進行現金派息沒有任何股息稅。不過在香港上市的中國國內公司（H股）在分派股息時會被中國稅務局徵收10%股息稅。中國A股目前則對持股超過1年的股民免除股息稅，而持股一年以下的股東收取的股息會按比例計入個人所得徵稅。

股息稅與股份回購行為

在美國收取股息會被美國政府按入息稅收取，或者海外持有者被收取高達10至30%的股息稅項。所以無論是美國本地或海外的股票持有者而言，高息股對投資者在稅務考慮下非常不利。他們請願公司一直把錢保留，等業務壯大後將來一次賣出獲利，只須繳交一次性稅率較低的的資本增值稅，也不太想每年被利息稅剪一次羊毛，海外投資者更不用令資本增值稅。所以美國有相當高比例的企業傾向較低的派息率（2%以下），並把業務上多餘的現金在交易市場中進行股份回購，因為股份回購沒有直接稅務成本，投資者會受惠於回購後流通股數減少，每股盈利增加的資本增值。而且公司股份的價格往往在回購進行中有很好的支持，故此股份回購非常受美國投資者歡迎。

香港市場並沒有任何股息稅，一些經營良好現金流充裕的公司都傾向派發高比例股息。對投資者而言只要沒有稅務影響，直接收到現金往往是最直接的資本受惠。所以不少香港的上市公司維持很高的派息比例，每年派發50%利潤作股息的大型公司很常見。而被稱為鐵公雞的公司，擁有一定的經營利潤及現金儲備，並不是準備用作投資為股東增值，又不向股東派發或進行股份回購。這就跟稅收無關，而跟公司治理有關（Corporate Governance），管理層未必以股東利益為最優先的考慮了。

退休金投資稅務優惠

美國民眾的退休保障計劃主要由公營及私營兩部分組成。美國的社會保障局設立的有相當近似於中國社保的全國性退休金計劃。同時亦有大量由保險、基金公司等不同金融機構管理的私營退休保障計劃，為美國資本市場提供了穩定的長期資金。其中最著名401（K）退休金計劃，是一個對金融交易及資產管理行業影響十分巨大的退休保障計劃。因為該計劃根據美國國稅條例第 401（K）條訂立，因此大眾多稱為401（K）計劃。該退休金計畫允許私人公司的僱主向政府申請設立後，僱員每月可把該月收入中的一定比例（1～15%）存至其至退休金帳戶，政府設定了15%的最高收入上限，並對每年最高可撥金額作限制。而公司亦可按照員工供款的百分比給予一定比例的顧主額外供款，一起存入到退金帳戶中，一般不超過工資的5%。這些存入退休帳戶的收入將獲得一定的延遲稅務（Deferred Tax）優惠，可於該年的應課稅入息中作出扣減，變相減少了該年度應繳的稅金。

私人公司會由僱主與金融業者合作發行不同的投資計畫供僱員作長期投資，規定公司最少要提供數種不同風險與回報率的產品供員工自行選擇。要注意的是政府不會保證退休計劃中的投資收益，無需對投資進行補底，在過去的數十年間在美國股債市場進行20～30年每年持續投入式長期投資的退休金項目極少出現虧損。

民眾因稅務優惠而自發儲蓄在退休金計劃之中，假設每月能存下10～15%，年回報率只需有5%，到將來退休時便會有一筆為數相當可觀相等於數年工作收入總和的退休金可以調用，這會大大減輕政府對民眾的退休福利開支的負擔。由於存入退休基金的款項一開始並不須要課稅，能增加可投資的金額，投資回報可得到很大程度的提升。

假設你每年能投資10,000美元到401（K）計劃，現行稅率是25%，20年後退休，如果每年的投資回報是5%，20年後到你退休時總資金滾存可達到330,000美元。美國民眾目前在到達59歲半時便可以提取這些退休

金，只須按年老時提取退休金的時間才須繳納個人課稅。由於年輕高收入時要負擔較高稅率，獲得稅務優惠到年長時才提取退休金在稅務支出上會有很大的實惠。因為只有在取出退休金時才按當年取出的數額交入息稅。如果不是一次過大額提取，可以享受相對低的稅率。如以一個退休家庭有兩位老人計算，退休金提取時的計及各種個人入息扣除（Tax Allowance），每年提取3萬美元左右，實際入息稅率支出低於5%。整個提取過程的總稅負不會超過15000美元，還未計算退休開始後退休金繼續增值的部分。

如果每年的投資回報是8%，20年後到你退休時總資金滾存更可達到457,600美元。每年投資1萬美元是許多普通中產家庭力所能及的水平。在中國中產家庭能作出類似供款的家庭不在少數，如果能有效的透過每年負債的定投改善退休生活質素，當許多中產家庭都能自行負擔大部分的退休開支，大大減輕政府的退休金支出負擔。雖然很多中國的投資者會懷疑新世紀開始後中國股市的長期回報似乎達不到8%，但投資者不要忘記了中國債市的長期正回報，過去10多年要達到5%回報並沒有什麼難度。

我們再看看如果不選擇儲蓄計劃節稅，年度直接被扣除25%的稅金，再以稅後的金額作相同的投資計劃，投資的金額就是每年7,500美元。

如果每年的投資回報是5%，20年後到你退休時總資金滾存可達到248,000美元。

如果每年的投資回報是8%，20年後到你退休時總資金滾存可達到343,000美元。

大家可以比較到時即使按5%的投資回報作比較，330,000 在扣除分時提取相關稅費的金額後正常不會少於315,000，而如果被直接扣稅的再投資只餘下248,000。由於投資計劃是相同，風險是對等的並不存在回報差異的問題，應用退休計劃節省下的60,000美元是實實在在可支配收益的支付退休生活。大家看到這中間的差異，就明白為什麼401（K）及相類似的退休金計劃在美國能如此受歡迎了。

　　只要長期投資的回報不低於通膨率，因為獲得了稅務上的優惠，一般僱員也可以在計劃中獲得正收益，增加退休時的購買力。由於不少民眾加入了自願的退休保障計劃，政府也樂於節省大筆退休福利開支的沉重財政負擔，計劃令各參與者都有益處。同時大大鼓勵了美國資產管理行業的發展，時至2018年，401（K）計劃的管理資金已達到5.6萬億美元以上，而且超過了60%存入了共同基金之中進行管理，為美國的資產管理行業帶來大量的長線資金，可以用於長期的股票及債券投資，有利資本市場的進一步發展。這些資金有良好的穩定性，即使在熊市也未必會有大量資金進行資產轉換，是非常穩定的市場資金來源。

　　中國也開始進行了退休基金的建設，並開始了在部分地區引入個人稅收遞延的稅務優惠，以吸引民眾更積極為退休開支作更充足的準備。雖然退休基金投資計劃對大眾仍是新鮮事物，目前參與的民眾不算多。但若果有更多的民眾能認識到其實惠，慢慢會有更多人參與其中。無論是股票型、債券型或是混合型基金，也會很好地為資本市場提供重要的長線資金。這些不會在市場短期波動下突然撤走，或亂追熱點的長線資本將有助促進中國的資本市場長遠發展。當然我們不要對退休金在短期中對資本市場的影響力量有過高的期待，在相當長的一段時間中，退休基金的建設仍只是處於起步階段，相信隨時間及推廣普及將來可以成為中國人應付退休支出的其中一個重要資金來源，減輕政府退休總開支及未來年輕人的稅務負債。

遺產稅與財富傳承

　　很多海外投資人不知道直接投資美股只要超過一定金額（目前約為6萬美元），將來下一代的承繼人須要付上最高達30%的遺產稅才能繼承遺產。而且繼承的過程非常複雜，往往須要付出法律費聘請美國律師處理。投資者不要以為在香港與新加坡等已經免除了稅遺產的稅務地區的銀行或證券公司開立有美股交易功能的證券戶口就能免稅，美國的稅局對海外持有者的美國證券資產也會毫不客氣的收取遺產稅。

資金額較大的投資者往往會以信託形式或以有限公司形式持股去規避美國這種遺產稅項的風險。由於有限公司等在法律上是獨立法人身分，這些海外的股份由始至終都是買入在公司的名義之下。遺產的繼承者就可以透過繼承公司的擁有權而完全規避美國的遺產稅。不過投資者亦要留心本國的法律及稅務制度會否把公司的投資回報歸類為經營利潤須要付稅。另外若投資戶口有較多的交易亦可能要付出較高的每年強制的會計核數（Auditing）服務等成本。

如果你是一位只擁有一般資金水平的較年長個人投資者，想避開額外為美國證券資產付遺產稅的風險，其中一個可行選擇是進行間接投資，做法是買入本國交易所上市的海外投資基金，或在本地的銀行或金融服務機構買入於本國銷售的開放式基金，由於基金是以信託形式保存，遺產承繼一般是以當地法律而不須要再付美國的遺產稅。當然買入基金會有手續費及管理費等因素，投資者選擇投資標的時要一併考慮其中。

股份停牌及除牌

股份停牌指上市公司的股份暫時停止在交易所進行交易，股份停牌的理由有很多，比如有重大事項要宣布，公司有股價敏感消息須要公布。比如公司進行或擬進行重大的供股或配股等企業融資活動。公司被清算或涉及重大的訴訟或調查等等。又或者上市公司因各種理由無法按時提供年度財政報告，或無法符合交易所維持上市地位的要求。要留意即使是公司擬進行重大交易也可以申請停牌。在國際市場上，如果日內價格大幅波動而沒有任何因素影響，也可由上市公司主動要求或按交易所要求暫停交易，以澄清有沒有影響股價大幅變動的因素。

股份除牌是指股份永久中止在交易所買賣，並撤回上市地位。股份除牌不一定令原有的股東出現損失，反而可能因此獲利。有些股份除牌是因為股票被大股東成功進行了私有化行動，可能是大股東想在別的交易市場上市。大股東多數會以比目前市價高的現金及等價物以吸引股東

贊成私有化方案,當股東會中通過議案後股份就會在指定交易日後撤銷上市地位,原有股份不可以再在股票交易所流通買賣。比如奇虎360公司(QIHU)在美國除牌後在中國A股借殼江南嘉捷(SH:601313)上市交易,市值獲得倍數計的上升。而美股的股東2011年以14.5美元的成本,到2016年時能以77美元被私有化,奇虎360公司(QIHU)的美國股東在是次交易上亦有非常不錯的收益。

不過同樣是遇上除牌交易,如果投資人買入香港上市的阿里巴巴網絡股份(港股已除牌:1688)的股份就沒有這樣好運氣。該股2007年以13.5在上市,2008年最差時只餘下3元多點,2011年股價約有9元左右,阿里巴巴母公司選擇退市,對當時仍持股的小股東用13.5港元進行回購,這看上去比當時市場價9元左右有大幅溢價,正常的投資者當然會接受計劃,但考慮股份上市時一直持有投資者投資五年的回報近乎零,感覺就是免費借出了資本。讀者要留意這間公司只是阿里的商業對商業(B2B)業務。此業務重新歸回阿里巴巴集團旗下,並於2014年與阿里巴巴的一些主營業務一起在美國進行首次公開發售股,變成大家熟悉的阿里巴巴集團(股:BABA)。

有部分公司被除牌是因為公司經營不善,被交易所強制撤回上市資格。比如A股因持續虧損或股份價格過低而被除牌。港股停牌半年以上的股份也引入了自動除牌機制,而美股則較常遇到公司破產並最終除牌。留意美股有大量的虧損公司上市,一旦部分經營持續變差,某些行業的熱潮過去又沒法再融資(比如2000年初美股的科網熱潮),結果此等公司只有等待什麼時候除牌的命運。持有該等股份的股東很難在交易所外的場外交易市場找到買家,所持股份很可能變得毫無價值。

上市股票的基本面分析

基本面的分析非常博大精深,沒有任何一本書可以解釋得完。你得瞭解會計學、經濟學、管理學、法學、統計學、地理學、天文學、生

物學、化學等等。沒有任何人可以貫通所有上市公司的行業。但要在市場上獲利，也根本不須要懂得那麼多知識。優先學習一些簡單而重要的準則對一般人來說實際得多，基本分析會助投資者去找出經營優異的公司。但基本面或股票估值卻很難判斷股價可以升到多高，因為股價是由市場的資金與盤面決定。我參與市場很久後才認識到價格是市場交易出來的，所以股價是不可能由靜態數據分析出來的。不過壞的公司、有持續經營風險的公司，卻比較容易在基本面被過濾發現，這就降低了我們長期持有垃圾資產的風險。

對大多數沒有會計背景的讀者，沒必要執著於理解公司財報上的每一項目、每一個財務比率，因為這對投資判斷的增值其實往往非常有限。因為絕大多數情況下，拿著資本跟你在真實交易市場進行進漲殺跌的交易者都是不太理會這些資料，很多時候只是簡單看看數字比較一下作判斷，然後就沖到交易市場上廝殺了。讀者投資時不要迷信基本分析，詳細分析了財務報表不代表你的投資不會中伏，投資者作投資決定時一定要配合市況及交易面判斷。

雖然估計很多讀者閱讀基本面資料時會大打瞌睡，不過我還是要寫下一這些沉悶的基本知識為初級投資人提供一點參考。如果純粹從學習知識的角度來看，基本面對你認識一間真實的公司財務運作還是很有養分的。

從上而下，從下而上

股票分析有分從上而下分析以及從下而上分析兩種方向。
- 從上而下分析法是指以宏觀分析為主，先判斷不同國家市場的總體經濟分析，再到不同行業的大類比較，最後再到個別股票的基本面分析。

．由下而上的分析法是先以個股的基本面進行分析，再到行業分析，最後再分析宏觀經濟狀態。

　　其實投資者沒有太大必要執著於分析的次序。對於遠離我們日常生活環境的海外股票市場，面對數以萬計的上市公司採用先下而上的分析法簡直是浪費生命。你最可能以投資基金的形式參與該等市場，只須分析宏觀經濟狀況配合估值指標就可考慮是否加入投資組合。

　　如果投資者選擇對特定市場進行從下而上的分析，就要對股份的行業特性及基本面有較深入的認識。建議讀者只選少量自己身處的行業或非常熟悉的個股才進行詳細分析。資本市場並不是一個你付出了十分努力去研究就給你十分回報的地方。天天埋首研究追熱點的交易者也不見得比對主要股指進行長線投資的回報高。高效率、能提升回報的分析，才是好的分析。如果你喜歡以股票分析來消磨時間，則另作別論了。

經濟週期與股市

　　股市與經濟表現其實不一定相關。很多投資者有錯覺以為股市是經濟的晴雨表，其實在現今的全球股市表現卻與經濟增長無必然關係。傳統理論上經濟在繁榮上升週期，失業率會下降、個人收入水平上升、總產出不斷增加、公司的盈利就會上升、繼而股價就能增長。相反地經濟在衰退期，失業率上升、經濟下跌、股利減少、公司的股價就會下跌。

　　如果這種關係成立，2009～2010年美國失業率高達8%～10%時，美國股市為何在同期迎來了50%以上的報復性反彈上升？而中國經濟每年都有可觀的增長，以這種國民生產總值的增長率去評估，A股市場早就應該一飛沖天。可是大家看看A股市場的長期表現就知道，中國市場發了十

多年仍未再次突破2007年的高位。經濟增長與資產價格，尤其證券化資產價格，其實並無絕對正關係。很多有持續盈利增長的非上市公司，比如華為、老乾媽等，股票市場的投資者是無法投資其中，也分享不到他們的利潤增長。而且當經濟暢旺時，很多魚目混珠的爛股票也跟隨上市，這些公司並沒有什麼利潤可以分享給投資者，往往有一些財務上的坑洞須要投資者的資金補充。中國公司的總體利率水平是不斷上升之中，不過中國A股上市公司的每股盈利在長期卻並沒有明顯的增長。由於股票發行的許多限制，盈利增長快的公司未必有在A股市場上市。或者不在A股市場上市而選擇在港股或美國市場上市，比如騰訊及阿里巴巴等。又或者一些有總體盈利增長的公司大幅增加股票的發行總量，攤薄了原有股東的每股收益，令A股市場的投資者未必能大比例地分享到長期經濟上升的果實。

雖然說經濟增長與股市沒有必然關係，但全球股市在經濟由盛轉衰時的下跌關係非常明顯。所以經濟好市場未必好，經濟由盛轉差時市場就不會太好了。但是往往經濟還未好轉時，股票市場已經築底回升了。我們會在後面解釋引起股票的內在長期核心驅動力，這樣你就會更好理解為什麼股市和經濟表現的關係並不是完全相關。

上市公司財務數據基本分析

財務分析是非常沉悶而且複雜的分析工具，在實際短期投資的參考作用卻非常有限。財務分析最大的效用是把垃圾剔除在投資組合之外。投資者對一間上市公司的基本財務分析，通常會看不同的估值指標。而這些指標的數據來自公司年報中的三大報表：損益表、現金流量表、資產負債表。我們首會先針對損益表項目及指標做分析。

在損益表中，最重要的結構如下：

	銷售 Revenue	賣出的商品及股務的總價值
一 減去	銷售成本 Cost of Revenue	直接的銷售成本如人工、零件成本、分銷商折扣等
三 等於	毛利 Gross Profits	
一 減去	其他經營成本及扣減 Other Operating Cost and Deductions	稅項、折舊、非直接經營成本如行政等，少數股東股權益等等
三 等於	股東應占溢利 Net Income Applicable To Common Shares	這是理論上落到股東口袋中的錢

我們首先對銷售進行分析

銷售（Turnover / Sales Revenue）

一間公司的基本分析中最簡單的就是銷售總額，如果一間公司運作良好，其銷售應該是一直上升的。投資者比較重視的不是銷售金額本身，反而是銷售增長的動力。如果每年銷售增長30%以上，就會被視為成長股。就算盈利水平一般般，往往也很受投資者歡迎。

每股銷售收益指標

銷售水平參考指標

$$每股銷售收益指標（Sales per Share）= \frac{總銷售}{已發行股份總數}$$

每股銷售指標越高越好，而且更重要的是有沒有增長。近年很多大公司都會在業務公告時加入營收指引，令投資者能更瞭解公司管理層對近期公司業務變化的看法，作出投資判斷。

對互聯網公司如阿里巴巴、京東、亞馬遜等我們亦會參考以下兩種銷售相關指標

每月活躍用戶人數MAU（Monthly Active User）

活躍用戶當然是越多越好，但投資者更看重的是活躍人數的增長率。增長率下降代表市場的大餅可能快見頂。如果用戶人數見頂，只靠每用戶的消費額推升銷售是很困難的。所以如果個股之前股價上升透支嚴重，往往在MAU增長變慢時來迎來大暴跌，看看美股面書在2018年公報業務後的大暴跌你就明白了當中的風險了。

網站成交金額GMV（Gross Merchandise Value）

做互聯網銷售的上市公司如阿里巴巴、京東、亞馬遜都會參考這指標，因為有很多交易平臺只是促成交易，賣家只是借助平臺接觸客戶進行交易，好像淘寶網上賣家的生意，會計處理上這些銷售金額不會直接計入平臺公司的銷售收入（Total Revenue）。所以投資者亦會參考GMV這指標判斷公司平臺上的生意大餅有沒有越做越大。但是投資者使用GMV必須要注意轉化率的問題，即是這些在平臺上促成的生意究竟有沒有幫助到公司的業務及利潤。如果很多賣家只是利用了銷售平臺，而卻沒有什麼真金白銀的貢獻，比如願意付錢做廣告、提升競價排名等。這些GMV的含金量就會非常低。做投資決定時必須要參考更多其他資料。

股東應占溢利

股東應占溢利（Net Income Applicable To Common Shares）可以簡單的認知為公司的淨收入或淨利潤。最簡單的概念就是公司的總銷售及其他收益減去總生產成本。當然因為國際會計準則非常複雜，有很多不同的項目須要調節或增減。例如母公司為控股股東的附屬子公司的業務損益，是完全併入母公司的損益表。但這些子公司也會有其他股東持有部分股權，歸

屬這些子公司小股東的利潤部分，便要以少數股東權益的項目在母公司的損益表中的股東應估溢利中扣減。利潤的來源其實有很多可能性，投資者最好分析一下利潤來源自經營性利潤還是資本性得益，而且投資者亦要留意可以合法利用會計原則變動短期業績的空間其實並不少。

最優質的利潤來源應該是經營性的利潤來源。比如你是經濟火鍋店，火鍋賣多了生意額上去了，成本上升速度較銷售慢，銷售上升時經營性的利潤就會快速成長。許多上市公司的業務並不如餐飲這麼簡單，投資者要留心公司銷售上升的同時會否突然出現很多應收帳。應收帳是指就是東西先賣給你，費用遲些才收取。有做生意經驗的人都知道應收帳有時真的是收不回來的。如果公司有大量的應收帳，而同行的公司卻沒有相似現象，投資者便要較小心了

如果公司持有一些投資物業，當樓市上升時其公允價值（Fair Value）上升，這些物業在該年度雖然沒有買賣交易，會計上也會把這些未實現的增值計入公司的利潤之中。有一些上市公司亦會持有股權投資，公司自己去炒股或投資行業相關公司的股份，如果股價上升也會出現公允價值上升的帳面利潤。在房地產開發商中很常見的交易是，把已建好的酒店商廈等項目賣給自己開設的房地產信託基金。只要母公司持股房地產信託基金不超50%或絕對控制權，就不用合併財務報表。簡單來說，賣給自家信託基金的房產項目在會計處理上就是賣給了外人，直接計入母公司利潤。就算將來子公司持有資產下跌，也不會直接影響到母公司的報表。這樣做的好處是母公司的負債率會下降，更易進行市場融資。

有時銀行對不良貸款的處理手段亦會直接影響利潤。如果在經濟狀況不佳時，銀行的貸款中就很可能會出現較多逾期貸款，銀行會對這些不良貸款做撥備（Provision）。這些撥備在會計上會變成銀行的支出，減少該年的利潤。但銀行有時也有動機做超額撥備，好處是當經濟復甦，不良貸款減少時可以減少超額撥備水平，這種回撥的金額會變成該年的銀行利潤。所以銀行可以撥備增減令不同年分的利潤水平變得更平滑。

如無會計背景的讀者可能會發覺不易掌握股票背後財務狀況的真

實全貌。但我可以肯定的告訴你，即使你是上市公司的執業會計師甚至財務總監，也無法單靠另一間同行業公司的報表就能確定有沒有隱藏風險。因為有上市公司有可能存在不少表外交易，指的是公司在財務報表要申報的範圍以外的交易，更是完全沒有辦法從報表中得到半點線索。上市公司與其他非上市公司（比如老闆親友開的公司）的業務往來，外人是無法從財報或任何公開資訊找得出來。我們只能從財務分析防範一些可見的風險，大家要認清財務分析絕非全能，不要以為自己看了看財務報表就把自己當成了股神巴菲特或其搭檔查理芒格（Charles Thomas Munger），因為他們跟上市公司最高層有很多合法的互動及掌握公司經營的詳細資訊，而普通投資者絕對沒有可能得知的。

基本面投資者除了要理解公司的利潤來源，亦要理解公司的成本結構。公司最簡單的成本來源是持續經營業務的成本，比如人工、租金、從銀行及金融機構借貸的融資成本，前面提及過，如果公司銷售增長不斷上升，而經營成本的上升速度較慢，公司的主營業務利潤就會增長。相反如果經營成本不斷快速上升，就算生意越做越多也可能錄得虧損。這在互聯網公司中非常常見，不斷上漲的獲客成本，令經營的生意額越多就虧損就越多。大家有時用手機程式買東西或打車會有免單優惠，這些優惠的成本相當一部分落在公司的股東頭上。所以大家會發現有些時候網上訂購的物品及服務太便宜了，有時甚至免費送給你，可以想想是誰貼錢給你花？

有些公司的成本結構比較穩定，好像火鍋的食材價格波動有限，而且有替代食材。但有些行業如航空公司面對的單一最大成本可能是油價，可是油價異常波動，所以航空公司的成本控制非常困難。即使採用對沖策略，也可能因為油價大幅下跌而出現對沖虧損，國泰航空就是其中一個著名的虧損案例。很難對其盈利水平作出準確的預估。如果一些公司有大量的經營成本是利息支出等財務支出，你就要小心一旦公司業務轉差，公司的財務狀況可能迅速惡化，因為利息支是無論生意好壞的必要性開支，若持續有債務累積往往將來的利息開支有增無減，除非公司主營業務產生的現金足以快速減少債務水平，或能成功賣出大量資產吐現才能渡過難關。

商譽（Goodwill）

收購合併也會往往會大幅拉升企業的成本，而且可以形成長期的負擔。當一間上市公司以高價收購另一間公司，收購總價超出被收購者的會計價值（Book Value）的部分就會變成收購者的商譽（Goodwill）資產。大家聽到是資產時不要太開心，大家先看看以下例子，比如A公司以100億買了會計帳面只值20億的B公司，多出的80億就會計入商譽，這個商譽在舊時是須要每年折舊計入公司的經營成本的。在現今會計制度下則是要每年進行減值評估的。對於如何評估被收購的對象價值有沒有減值，這個爭議就大了。

中國的證監會明確上市公司收購合併形成的商譽每年必需進行減值測試，評估被收購公司的業務及現金流等是否符合商譽價值。上市公司並不可以用各種理由不進行商譽減值測試。要求公司合理判斷並識別商譽減值跡象，主要須要進行商譽減值的現象包括：現金流或經營利潤持續惡化、被收購方未實現承諾的業績、產業政策的不利影響等。大家就會明白為何好像公司經營還是挺正常的，為何該年出現業績大幅下滑甚至虧損。如果大家有留意阿里巴巴收購餓了麼，美團收購摩拜都有大額商譽的形成，這些業務往往變成了一個燒錢的坑洞，因為收購後合併了報表，業務損失會直接反映到母公司的財務報表上，而且還要準備商譽的減值。雖然收購時總解釋為業務戰略擴張須要，增加母公司業務的使用流量，但做成的負面財務影響不可謂不少。

盈動2000年收購香港電訊

盈科拓展是一間在1993在新加坡上市的公司。該公司於1999年獲得香港數碼港項目的發展權，並於1999年把業務注入名不見經傳的香港上市公司得信佳公司（港股：1186）借殼上市，並把公司改名為盈科數位動力。盈動的股份在1999年12月的1個月內從6港元左右攀升到12月28日的19.5港元。由於香港當時開始開放電訊市場的競爭，香港電訊的盈利前景並不吸引人，2000年時英國的大東電報局有意出售持有的香港電訊（港股：8）的控股股權。最終由新加坡電訊和盈動進行競投，盈科數位動力最終出價較高贏出。盈動本來的自有現金量很少，其股份也沒有盈利及太多資產作融資。管理層在迅速利用當年旺盛的資本市場配股集資10億美元，並獲得銀行界110億美元的銀團貸款以作收購，最終以現金及合併後的新股份等以總成本達380億美元成功收購了香港電訊。並於第二年合併並改名為電訊盈科（港股：8），盈動完成合併後撤銷上市地位。

香港電訊原本是一間每年穩定盈利派發5～7%股息予股東的穩健電訊公司，於2001年合併成電盈後首年已出現69億元虧損，其中最重要原因是要應付龐大的銀團利息開支及各種收購成本。而且收購後形成了巨大的商譽項目，要在日後按當時的會計準則每年把巨額的商譽進行重估或減值處理，單是2004年的商譽損失就達130億港元，這極大地限制了公司的盈利表現。電盈的總資產一度低於總負債，股價一落千丈，同等股權的價值由2000年合併前超過140港元，於2004跌至不足5元 合併後追入持貨的投資者即使持有10年後連5%本金也拿不回。堪稱公用類股份的經典虧損案例。

這案例亦再次警惕投資者不斷把股息重覆投資個別股票的巨大風險。一旦公司的經營出現重大轉變，投資者必需果斷作出應對，出清持倉。因為你投資的已不是現金牛，而是變成了負債大王。公司辛苦賺來的營業利潤只夠還利息是很痛心的。對投資者而言很重要的是，你其實事前有絕對足夠的時間改變部署，因為此等收購往往會引起股價上升，如果持有香港電訊這類被購對象的投資者，合併後短期內賣清持倉及收取現金收購代價，往往能有很好的獲利。但投資者明知沒有長線持有價值了，賣出股份後無論股份再升多高也不再回頭炒作，才能把獲利袋穩。這就是有投資基本面知識和沒有基本面知識投資者的巨大差距。這些教訓是市場上的投資人以數以百億計的虧損而來的，而大部分較年輕的投資人根本不知道這些經驗教訓。大家進行投資時必須要認識到一些基本因素出現變化後可以對長期投資回報產生的巨大影響。

通用與非通用會計準則（GAAP&NON-GAPP）

科網公司好像騰訊、阿里巴巴等，多會同時向外提供美國通用會計準則（GAPP）的盈利和非通用會計準（NON-GAPP）則的盈利供投資者參考。由於科網公司的業務經營比較特殊，往往有大量收購合併，需有很多投資收益重估，投資減值，以及對公司高管及員工發放認股權等等，不會在該年度影響經營業務現金流。非通用會計準則排除了非現金項目及併購交易的影響，方便投資者評估公司主營業務的核心經營狀況。比如以非常高價格收購了另一間科技類公司，在通用會計準下可能會在往後年分的財報中產生巨額的商譽減值。而採用非通用會計準則就可以不用計算此等非現金項目的每年變化。

不過有時通用與非通用會計準則兩者之差距可以巨大至極，科技

公司一年可以動輒派發數十億甚至上百億的股票及認股期權等予公司員工，這些絕對是公司的重要經營成本。假如一間公司在財務年度發行100億等值的股票獎勵公司高層，在通用會計準則下當然會變成巨大的不利因素，因為這100億是要直接計入公司的損益帳成本項目，甚至可以因分派股份項目計入成本而令公司業績出現虧損。但在非通用會計準則的粉飾下，公司的主營業務仍可以是盈利的。長期投資者對不斷強調非通用會計準則的公司需保持應有的戒心，而且必需參考通用會計報表狀況一同作投資判斷。

稅息折舊及攤銷前利潤（EBITDA）

稅息折舊及攤銷前利潤（EBITDA）和非通用會計準則都是一些經過改動後的財務分析數據，使用的時候仁者見仁，智者見智。EBITDA即是代表未計利息、稅項、折舊及攤銷前的利潤。其實這些未計的項目都是企業的重要經營成本，一般進行公司業績分析必需考慮其影響。但有些行業如電訊業、廣播行業等最大成本是一開始的一筆資本投資。因為這類一次性的資本投資在日後有大量折舊支出的（Depreciation Expense），但是扣除折舊等因素後公司的經營現金流可能早已達正數。只是被最初的巨大投資產生的折舊所累，使用EBITDA指標更能反映當前公司的現金流及財務健康狀況。

EBITDA 在商業上最大的用處是用在槓桿收購時評估公司的最大可用作支付債務及利息的現金流。但是利息和稅絕對是減不掉的成本，在股東會或投資推介會中強調EBITDA的公司往往經營狀況不算太好的。是金子始終會發光，大家要留意能這類公司將來會否真正獲得實際利潤，還是長期須要在EBITDA調整下才能粉飾真實的財務狀況。

現金流分析

企業現金流（Cash Flow）分析

由於公司的利潤來源複雜，很多分析員及投資者都會很小心分析經營活動淨現金流的水平。這是指公司今年實際的生產經營活動現金流，出現水份難度較大，比較有投資參考性。如果持續是正數代表公司的生產活動有足夠的現金支持投資及派息等活動。如果經營現金流已足以覆蓋投資及融資的現金流支出，公司的經營風險相對較低，而且到年底時公司持有淨現金水平還會被年初上升。

投資活動的現金流

正常來說，公司的投資活動的現金流多是負數。你要投資一個生產項目，建設新的基建項目，都要先投入大量資金才能建成，獲取土地、建設廠房全都是現金流出。所以一間正常有投資項目的公司投資現金應該為負數。如果你察覺其投資現金比上一年大幅上升，可能是公司加大投資力度的反映，不一定是壞事。但是如果業務已經經營不佳，公司還大手筆增加同行業的投資，你就得懷疑這種投資建成後從經營活動獲得足夠現金流償還這些融資成本的可能性。

融資活動的現金流

融資活動的現金流最主要反映公司在銀行或其他財務機構是否有新增借款。公司發債等亦會增加融資活動的現金流。如果公司連續多年不斷須要由融資活動提供現金流，而無法由經營活動產生正的現金流。你就得懷疑公司長期經營有沒有風險。除非公司是處於資本密集性行業如房地產等，而正處於業務的上升期，且你相信借來現金發展的項目都能得到很高的回報，否則太高比例的融資現金流並不是一個好的現象。

　　如果一般行業的公司經營現金流長期出現負值，但其公告的業績又經常有盈利的，投資人便要小心查找是什麼原因引起此等差距。但對現金流的分析真的要視乎行業，最好做同行業的比較。好像銀行的經營現金流經常是負的，因為要貸出貸款。房地產的經營現金流也經常是負的，如果公司不斷增加開發項目，很可能每年的經營及投資現金流都是負數，而每年的融資現金流不斷上升越來越多代表借的錢越來越多。這情況在大型房地產公司中出現也是很正常。不是行內人很難從報表中直接判斷誰好誰壞。2017年中國房地產股價呈倍數式大升，上升得最快的恆大、碧桂園、融創都是融資須要最高的公司。因為地產市場上他們布局最廣，生意最大，地產市場上升時他們受惠最大。所以你看報表時單純由現金流去看往往是判斷不了其股價走勢的。不過成也風雲敗也風雲，一旦市況逆轉這類公司總是下跌得最快。

　　財務報表分析最有投資參考價值的是使用在債券投資分析上，因為現金流對企業能否償債非常重要。用在股票投資上只能作參考，因為股票投資者更重視的是長遠增長，如果你看現金流美股非常多表現較佳的股份（如亞馬遜）等現金流並不吸引人，股價卻長升長有，你完全不明所以為什麼賺不到錢的公司股價卻在上升？因為股票買的是未來，你認為該股份估值不合理，最多自己不買賣，千萬不要去嘗試放空，因為市場上的買入交易者沒多少個會純粹參考現金或估值模型作交易。你嘗試放空強勢高估值股份虧到被抬離股票市場，該股份的價格仍未必開始下跌。

股票現金流或股息折現估值

　　有一些很喜歡找尋股票基礎價值的投資者，會嘗試評估公司的現金流去得出一個內在價值（Intrinsic Value）的價格與公司的市場交易價作比較。方法也不難明白，有興趣深究數學定價模型的讀者可參考本書最後的附錄部分。

自由現金流折現估值

投資者先要計出公司未來每一年的自由現金流，並對股價進行折現計算。問題是現金流的形成與增長有很多會計上的可能，如果一間公司不斷賣出資產，自由現金流也會上升，但這不會增加公司的生產及競爭力，反而可能削減公司未來的盈利能力。可是看上去公司的自由現金流就會上升，並引起折現評估高估公司價值的錯誤。

股息／現金分派折現估值

只要你考慮美股派息會計入個人息稅，公司情願直接在市場回購股票，而只作有限度派息，甚至不作派息，就知道利用股息去評估股價的方法沒有什麼真實的判斷力。

股息增長折現估值

這方法透過評估公司的股息成長率，並進行對回報進行折現。計算方式就是把預期本年度的公司股息除以（折現率減股息增長率）。明顯地這種模型漏洞百出，第一市場的折現率即市場最低要求回報是動態而非回定不變的，只要加息就會對股票的估值做成毀滅性上升，而減息又會把公司的估值推升至接近無限大。公司的增長率根本沒有可能是固定的，而且經營生意面對大量的不確定性，比如經濟衰退風險、貿易戰影響等很難事前作出評估的因素左右分析的質量。

本書中多次強調股票的價格是交易出來的，並沒有一個絕對的公允價值。股票的合理價格存在一個非常廣闊的區間，比如市盈率在15至25倍都是合理值，那麼你怎樣相信用數學公式計算出來公允價格會直接影響到市場的真實交易行為？如果市場的交易者完全不理會這些折現模型，你卻認為自己用公式找到打開市場寶藏的鎖匙，這種閉門造車的行為對獲得投資回報並沒有太大的幫助。參考價用來參考一下就是了，不要太執著與認真。

公司倒閉與現金流風險

有很多原因可以導致公司最終倒閉,最簡單的理解是經營不善長期虧損所致。但事實上資本市場存在大量長期不盈利甚至持續出現虧損的公司,很多美國及香港上市的新股也是長期沒有盈利的。一些不盈利的公司上市集資後,過了一段時間後仍活得不錯,股價上升並且能持續獲得融資。其實很多時候引起上市公司出現破產的最大原因是現金流斷裂。我們知道經營良好的公司能從經濟活動中產生正現金流,並能以經營活動的資金支持投資活動以及公司發展,無需增加負債水平,這類公司經營非常穩健,出現破產的可能性非常低。

一些公司的負債率較高,有可能是因為業務擴展須要大量資本,比如房地產開發的企業。也有一些負債率高只因公司經營持續困難,須要不斷向股東融資以及借貸去維持企業的生存,一旦資本市場的資金面變得緊張,投資人不願再持續投入資本,而公司也無法從經營活動中獲得正的現金流支撐,公司的儲備現金及可變賣流動資產耗盡,仍無法支付基本營運開支或償還短期債務,公司就有可能因現金流斷裂而倒閉。例如一初創企業需採用燒錢式方法吸引客戶以獲得銷售增長,假設公司每年最少要消耗10億營運資金,而公司只餘下5億現金。此類公司多數沒有充足抵押品及經營現金流支援去獲得銀行貸款或在債券市場發行債務,如無法持續獲投資人作股本融資或盡快上市,公司的現金流會在半年內耗盡而倒閉。2000美國互聯網泡沫破裂後,大量毫無盈利基礎的兼無盈利模式的初創上市公司大多在現金流耗盡後倒閉了,只餘極少數有盈利或生存能力的強者如亞馬遜、蘋果公司等生存下來。

如果一些較具規模的上市公司從銀行或各種貸款機構借貸借入了大量債務,必須要留意債務的到期日會否過度集中?一旦高負債型公司的主要借貸到期,公司的經營狀況轉差,原有的貸款機構對貸款不予展期,公司必須要在到期日前籌集足夠資金還款。如果公司聲譽不佳難以在資本市場發行更多股票或債券去獲得補充資金,公司便很可能會在主要債務到期日出現違約,最終很可能被債權人申請破產清算,公司就此關門大吉,所以投資個股時亦要留意一下公司的債務結構。有些公司即

使沒有違約，卻可能因為主要債務到期日臨近，投資者規避風險賣出股票，出現股價下跌，如果該公司的大股東對持股進行了較高比例的股份質押，一旦出現股票大跌時短時間內沒有辦法籌集足夠的現金可以即時補倉，就可能因為觸發大股東質押股份被借款的金融機構強制平倉的風險事件。比如香港股市在2019年1月17日出現過部分中小型房地產開發商的股價大暴跌，個別股份的單日最高跌幅達60～90%，而且暴跌引起了股票市場上的共振，令一批同類型股份也因心理因素影響出現單日30%以上的下跌。所以投資者不得不對公司的主要債務到期日加倍留心。

每股盈利（EPS）

公司盈利分析上，最常用的指標便是市盈率。市盈率由公司年度總盈利除以已發行股數計算出來。我們前面已詳細分析過公司盈利的來源及質量，我們現在要再把公司的總盈利計算成每股盈利。這個看似非常簡單的計算其實亦有要注意的地方。

理論上公司的盈利越高，每股盈利自然也會越高。如果公司的股份受到一些財務活動影響如股份分拆，如每二股送一紅股，即使公司的總利潤在上升，公司股份的每股盈利仍可能會變小。如果我們參考了過時的交易所報價資料，以舊的每股盈利去觀察現在的股價，並沒即時反映拆股後每股盈利的變化，就可能會誤以為個股P/E很低很便宜的假像。所以當股份出現分拆或公司增發新股後，最好自己手動計算一下新的經調整EPS測試有沒有錯。每股盈利是判斷股票投資估值的重要參考，尤其用於股票指數分析時有很好的參考性。

$$正常的EPS計算 = \frac{最新的財務年度盈餘（利潤）}{年度平均已發行股份總數}$$

由於在美股中公司股份回購經常發生，每一天的實際數股本都不是固定，所以就會使用年度平均已發行股份數去計算EPS。如果公司大幅度回購自家股份，已發行的股份數就會下降，這就會提升EPS水平，並能降低公司的P/E指數。

$$經調整後EPS = \frac{最新的財務年度盈餘（利潤）}{經調整的最新的已發行股份總數}$$

這個經調整後EPS亦可能在公司報告中被稱為全面攤薄後的每股盈餘。

因為原來投資者的股份盈餘被新發行的股票分薄了。在大多數情況，如果公司向某些機構定向增發股票引入更多資本，你持有的權益就會被新來的投資者分薄了，一般來說原有投資者也不會太開心，除非新增資金可帶來重大的業務增長，長遠可獲利更多。另外由於每股盈利是以上年度的盈利數字為參考，投資者往往亦可參考投資銀行提供的預期盈餘（利潤）去評估股份的估值變化，計算出最新預期的每股盈利作參考。

市盈率（P／E）

靜態市盈率

把最新公司股價除以公司最新已公告的財政年度全年每股盈利就能得出股份的市盈率，這是資本市場上重要的估值參考指標，一般來說越低越便宜。

$$P/E = \frac{公司股價}{每股盈利（EPS）}$$

由於一般網站計算市盈率是以上一個財年的收入作計算，並未能跟上公司最新業務的變化，故顯然的一般網站市盈率被稱為靜態市盈率。

滾動市盈率（TTM P/E）

以股票最新四個季度已公告的盈利作計算，即包括最近期財務季度公告的利潤數值。這比起靜態市盈率能更緊貼公司最近的利潤變化，相

對而言有較佳的參考性。美股和A股都有季度業績的公告要求，但很多其他地區的上市公司未必須要公告季度業績，如港股的上市公司只須公告全年及半年業績。滾動市盈率的更新週期會須要調整。

預期市盈率（Forward P/E）

$$預期市盈率＝\frac{公司股價}{預期每股盈利（EPS）}$$

投資者有時亦會參考投資機構的最新每股盈利預測計算，以便更緊貼公司最新預期盈利及估值水平。通常預測市盈率是綜合了不同投資銀行及證券商對公司未來盈利的數字作估算。中小型個股若沒有被機構分析師覆蓋並沒有預期盈利可供參考，所以無法以預期市盈率作評估。投資者必需留意預測市盈率只能用作參考，因為預期往往跟不上變化，一個政策轉變，又或宏觀經濟出現變化，預期的利潤就要被大幅修改。

理論上，市盈率或預期市盈率等指標數值越低代表估值越便宜。但使用P/E指標作投資參考，其實是一門藝術而非科學或數學統計那麼簡單直接。前面解釋過盈利的來源有多樣性，我們以經常性盈利作主要參考。由於P/E往往只反映盈利水平，沒有反映盈利的質量，比如果公司賣出了持有的員工宿舍、公司辦公大樓等獲得一次性盈利，投資者就會懷疑公司獲得盈利的持續性。有一些公司進行資產重組時，賣出部分資產予同一大老闆的系內公司，也可能會錄得大量帳面利潤，這些左手交右手的財務變化並沒有改善公司的實際經營水平。所以有些P/E低的公司未是真的便宜，而是一個看似便宜的陷阱。亦有一些大股東差不多想退出經營，把主營業務賣出，往往錄得一次性高額利潤。大家要留心這種低P/E的公司其實已經變成了沒有主營業務的空殼公司，因為大股東變賣主要業務資產後有時會有大額分紅，有時這種公司會經歷一番炒作，如果股價炒作至大幅高於分紅及經評估剩下業務的價值，就不要去參與投機了。

除了盈利變化，股價變化也會影響P/E數值。有些低質的公司業務不斷收縮毫無增長動能的公司，這類公司的股價往往持續下跌，P/E就會

被動地變得越來越低，但沒有太大的投資價值。初入市場的新手投資者往往吸收了陳年股市經典書籍的價值投資學說，喜歡投資超低P/E個股，但是很多持有多年仍是不會升，而且更多時是你買入後股價繼續下跌。

有些公司看似盈利不錯，卻是一毛不拔不把公司的經營利潤分享給股東，往往P/E也會很低。比如公司沒有重大資本開支須要，又沒有投資或併購其他公司須要，經營也有良好現金流，手持的現金越來越多，不過完全不派息給投資者或進行股份回購，你長期持有沒有賣出沒有任何現金收益，股價卻慢慢走低，市盈率就會由看似有價值，變成股價超有價值，再變成極有價值。價值投資者買入後等來等去也等不到春天，股價老是半生不死，買入該類股還不如做定存，長期投資真是浪費資本。我在P/E指標上交了大量的學費才學會便宜莫貪的道理。

同行業的橫向比較是P/E 最有效的用途之一，公司經營相似的業務，盈利能力相近，負債及其他參考指標差不多，P/E較低有可能是真的相比便宜。但是同行業P/E高是否就等於真的貴，要看看機構投資者對股票未來盈利的預期。因為如果其中一間公司P/E較高是因為投資了很多新的設備或商業項目，支出部分自然會上升，但這也代表公司將來會更有競爭力。比如澳門賭業股中的銀河娛樂（港股：27）老是行業中P/E較高者，因為其不斷開發新的酒店及旅遊項目。銀河娛樂往往是同行業股票中在牛市中第一只彈升的，而且在跌市中有較強抗跌力。當然博彩娛樂類股份有很強的週期性，大家投資時必需判斷是否在長期上升或下跌走勢，往往一跌持續幾年以上。

經濟變差時市盈率亦會大幅波動。因為公司的盈利會大幅下降，影響投資者的判斷。例如在經濟擴張週期的尾部，一間公司的P/E可能由以往的15倍升至20倍，由於盈利有增長看似仍然合理。然而當短時間內經濟轉為衰退，公司產品的需求下跌，盈利會突然快部下滑，令P/E暴升由20倍升至40倍甚至更高。而且一旦公司陷入虧損，我們便無法以P/E進行判斷，因為沒有盈利就無法計算P/E，報價上只會顯示P/E不適用（N/A）。這時候投資者便須要用其他指標，比如市帳率指標（P/B）做價值評估了。

如果一間公司的盈利來源穩定，對其市盈率進行不同時間比較就可以幫助估計熊市的低位。當其P/E不斷走低到多年低位並開始穩定下來，其業務仍是穩定沒有重大不利影響時，你可考慮是否開始建倉。但我再次提醒任何投資者，嘗試在股市低位建倉都像在黑暗中探索，我們無法評估跌市可以跌的多深。不要認為比上次低位便宜便立即全倉出擊。因為一旦全部資金被套，市場繼續下跌，你就會像去到大賣場看到心儀的產品又便宜又好時好想買貨，摸摸口袋中卻沒有錢了，這種感覺真的會令投資者沮喪萬分。

週期調整市盈率（CAPE Ratio）

由於公司盈利在經濟週期中非常波動，經濟向上時盈利當然大升，經濟一旦向下盈利往往急跌。所以有時我們會採用10年長期平均的每股收益，而不是只用當年的每股收益去推算股價在經濟週期中相對價格的高低。這個指標就稱為週期調整市盈率（CAPE）比率。由於此評估方法是由諾貝爾經濟學獎得獎者席勒（Robert J.Shiller）教授發明，有時亦會稱為席勒市盈率（Shiller PE Ratio）指標。

這指標的作用是協助我們推測如果以目前價格買入後估值的增長空間。如果比率已經遠高於平均值，即代表股價可能已被嚴重透支，長線投資的價值已大幅下降。在2018年美國標普500指數的週期調整市盈率已達到34左右，而長期平均值只是在16.5左右，股市可能在將來遇上重大的調整才能返回平均值。這亦代表你若長期持有的預期回報率會變得不吸引。

但投資者亦要小心使用此指標，因為如果近期有大幅減稅等一次性措施，週期調整市盈率估計的平均收益就會大幅低於目前的實際收益，比如在川普上臺後推出了稅改令美國公司因減稅在2018年有明顯的盈利上升，在盈利大升時使用以長期平均盈利計算的CAPE Ratio時就可能會高估當前市場的過熱程度。而且如果指數內有大量高增長公司，他們以往的收益會比目前低很多，計算平均數時就會低估其盈利能力。所以

在每股盈利成長穩定的市場週期調整市盈率可能是一個很好的參考。如果用在納指這類反映高成長股票的指數，使用週期調整市盈率只會經常出現高、非常高和極之高的訊號。除非出現金融危機式大跌，否則5至10年都難以等到均值回歸，沒有太大的參考作用。當然我絕不是建議大家去胡亂交易超高估值的股份或股指，因為一旦遇上崩盤可以跌得很慘。只是大家使用此指標時一定要參考其他因素，而且絕不能因為估值高便對股市進行放空，否則很易市場未爆破前你的投資帳戶已經虧損爆破。

市盈率相對增長比率 （PEG）

有時投資者亦會把長遠的增長率配合市盈率進行分析

$$PEG = \frac{市盈率}{盈利增長比率}$$

如果指標在1以下，代表公司的盈利增長不錯，相對於其市盈率估值來看比較合理。採用PEG對增長型公司的比較有其一定的參考價值。指標理論上越低越好，因為代表股利有良好的成長，其市盈率長遠可以進一步降低。

但是PEG使用時有兩個大問題，盈利其實每一年的波動都很大，而且公司的增長率變動非常快，我們難以確定公司長期的增長率。投資者只能靠以往資料配合現有業務開展情況外評估。由於評估的參數變動太大，PEG只能是配合其他指標一起使用時的一個參考，而絕非是決定性指標。

綜合而言，市盈率是正常經濟週期下一個很有用的參考指標，不但能協助我們去觀測目前的股價估值是便宜或是昂貴，還可以協助判斷公司的盈利前景被透支的情況，從而評估長期持有的基礎獲利空間。如果股價已透支公司未來5年，甚至10年的盈利增長，投資者長期持有該股票不會有太多升值空間，長期投資者必需遠離該等被熱炒的股票。

我必須要強調目前股價增長最快的都是盈利水平很低甚至沒有盈利的公司，而且在大牛市中長升長有，支撐其價格的理由層出不窮。比如最經典的銷售增長，即使是虧本銷售，市場仍有大量資本非常樂意買入，因為有成長才有幻想空間，才能編寫美麗的投資童話故事，股價上升才能增加基金收益。如果一項資產明顯地高估甚至毫無基礎價格，也不會妨礙市場對它的追捧，因為牛市中大家只會關心有沒有賺錢效應，即使是投資基金經理也很可能會參與其中，因為不買了就會跑輸同業，真出事暴跌時比人跑得快就可以了。所以一旦有投資項目被炒熱，就自然有資本會主動及被動的跟進，直至泡沫破裂，股價一沉不起遊戲才會結束。然後又有新的熱點，新的熱炒板塊。

資產負債表分析

我們瞭解了盈利及現金流方向的分析後，接著要開始對資產負債表進行分析。

股東權益

股東權益指公司股東對公司所擁有的全部資產清償所有負債後剩餘價值的所有權。我們有一個簡單的公式去拆解資產負債表的三大項目。

公司總資產－公司總負債＝股東權益

無論公司有多少資產，如果公司負債非常高，公司的股東權益也不會太多。擁有很多資產的上市公司也可能是負債大王，做基本分析時必須要留心負債及股東權益的水平。

股本報酬率（ROE）

股本報酬率（ROE）是衡量上市公司賺錢能力的重要指標。ROE能反映公司每一普通股股本的投資報酬率，即是代表了公司自有股本的賺錢能力。ROE越高反映每一單位的股東權益能創造更多的收益，是專業投資者常用來評估公司基本經營質素的指標。

$$ROE = \frac{淨收益（Net\ Income）}{年度平均股東權益（Average\ shareholder's\ Equity）}$$

理論上ROE越高就越好，因為ROE高代表公司的盈利能力高，用相同的本金可以獲得較高的利潤，公司經營的生意有本少利大的特性。所以ROE較高的股份通常能獲得較高的估值，市盈率往往會比較高。一般公司的ROE若能超過15已經是很好的狀況。相反地，如果一些公司的生意在經濟繁榮週期時仍只有低個位數ROE，即代表此等公司的盈利能力非常差。而且須要大量的資本才能獲得同等利潤，公司業務模式的獲利能力比較一般，除非以非常便宜的價格買入，否則持有此等股份難以有超額回報。

我們用2019年1月做一個比較。

	蘋果 美股： AAPL	騰訊 港股： 700	碧桂園 港股： 2007	中國石油 601857	格力電器 000651	茅臺 600519
ROE	49.3	27	27.8	1.5	26.4	23.7
P/B	6.8	10.2	1.8	1.1	2.7	8.2
ROE/PB	7.2	2.6	15.2	1.4	9.8	2.9

由於ROE每年都有一定變化，投資者亦可以5年平均的ROE，以及經營週期中最好年分及最差年分的ROE作更詳細的評估。有時你會發現不少公司都有強者恆強，弱者越弱的市場觀察。中國石油的最近5年的ROE

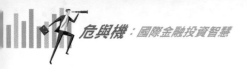

沒有一年能超過5。騰訊的最近5年的ROE沒有一年低過23。而碧桂園最近5年ROE則從14至27之間大幅波動，可見房地產行業的週期性比較明顯，而且很受政策性因素影響。

ROE最有用的比較如下：
- 同一間公司不同經營年分的ROE變化比較，評估公司的盈利能力變化。
- 相同行業的公司同時間的ROE比較，評估同一行業公司的盈利能力差別。

投資者要小心不同行業的ROE不應拿來直接比較，不同行業的ROE可能有天壤之別。因為不同行業須要的資本及經營狀況有巨大差別。比如經營銀行擁有須要充足的股東資本才能相應地放貸，所以一般ROE很少超過18%。如果偶然高於此數該銀行可能是出售了某些業務，而非持續經營性收益。但經營狀況惡化的銀行如匯豐銀行，其ROE從2008年金融危機前的雙位數年代降至近年平均只有5%～6%，反而匯豐銀行的子公司恆生銀行的ROE一直保持雙位數水平，盈利能力的差別反映在股價上。恆生的股價早已追回了2008金融危機前160港元的最高位，並持續提供股東每年超過4%利息。但母公司匯豐銀行卻只有金融危機前130港元高位的一半水平，十多年過去了股價仍只有65港元附近，即使多年收息也大約只能收回本金，用十年時間取回自己的本金的投資者難道還要慶祝嗎？股東想想這十年的通膨購買力損失就已經夠痛心，還不要說如果把錢投放到其他投資項目上的潛在獲利。

所以投資者作投資決定時不要被過往的投資經歷蒙蔽了，必需留意公司的經營環境變化。不過讀者必須要留意ROE是一個滯後指標，一間公司的經營環境惡化到反映到當季的盈利指標已經須要好幾個月時間，並不適合在經營環境急速惡化時用作直接投資決議，只為當季的經營狀況會比想像中惡劣，股價會在數據未公告前已經大幅下跌，千萬不要看了滯後的財務數據去撿便宜。

如果一間公司不斷增加負債投資，只要生意獲利的回報率高於借貸

融資成本，借入更多的資本可以讓其ROE上升。中國龍頭房地產企業的ROE往往能達到20%以上，但這並不代表每一個開發的項目都有高額獲利。如果你認識真正參與房地產開發的人員，他們會告訴你每一個項目除了要支付高昂的地價，還有大量不論賺蝕都要繳交的稅費。除非項目的土地是以往低成本時早已買入的，否則淨利潤是相對有限的。而ROE主要來源於高額的槓桿。總資產相對股東權益超過8至10倍的開發商比比皆是。使用大量財務槓桿是可以提高ROE，但是必須要留意公司的資金來源是短期借貸還是長期，而且要留心融資成本是固定利息還是浮動。

負債過高的公司一旦遇上融資成本上升，公司有大量的短期融資到期，或大量浮動利息的長期負債，一旦利率市較大幅度上升，再融資變得困難，這間公司的經營就可能陷入危險的境地。槓桿借貸提升ROE對於公司的財務而言是水能載舟亦能覆舟。所以使用ROE分析時仍須要對公司的負債狀態進行分析。另外有些公司在連續虧損後股東的權益可能下降至較低水平，一旦業務開始盈利，ROE看上去就會很高，這並不代表公司是有競爭力的。

我們在參考ROE時，其實必須要同時考慮市場的估值水平。如果一間獲利水平甚高的公司已被市場熱炒，再好的公司在投資上也會變成壞投資。比如一間公司的ROE達到極高的30～40，但是股份已經被市場熱炒，PB升到到20倍以上。除非你確信公司未來的利潤會極速成長，否則你用ROE除以PB去觀察，即把40倍的ROE除20倍的PB，超高的ROE已經被沖到天上的股價攤薄至只有可憐的2的水平。你用如此高的溢價購買，長期獲利可能就會被大大減低。當然你參看上表中ROE/PB最高的碧桂園是否就代表很便宜，這就必須要考慮公司的盈利是否見頂，另外我們必需從高負債率思考為什麼市場給予目前的估值水平。因為如果盈利是因大量的高槓桿借貸經營支持，將來的盈利不確定性就會較大。

投資者千萬不要因為看到一個指標發出便宜的訊號就買入任何股票或資產，必須要全盤考慮該股份的綜合質素。純粹的低市盈率、低市帳率或者比市場高的ROE，從來都不是必然買入的理由。投資者不要誤墜估值指標的陷阱。而且通常買入熱炒股份的投機者交易時從來不會看估值，

所以你用估值去判斷此股份的短期走勢是毫無參考性的。預期股價繼續上升往往是投機者唯一買入的理由，而不是估值的高低。不過沒有實體估值支持的股份一旦上升動力減弱就會自動掉頭下跌，因為空中樓閣在沒有支撐下最終是必需倒下的，但要多久才倒下就沒有人可以事前回答你了。

負債比率

一般來說一間公司的債務比率越高，公司的經營風險會增加。因為公司借入了大量的債務後，每年都有利息支出，而且還債的壓力也會上升。我們評估債務的重點不在債務總量，而是要考慮債務相對公司資產總量的相對水平去判斷債務風險。

常用的參考指標是：

$$資產負債比率 = \frac{總負債}{股東權益}$$

這個比率理論上是越高越不好，如果資產負債比率上升到90%以上，代表公司的經營脆弱性較高。但我們去作出投資評估時不可以單純的說公司負債比率高便一定不值得投資。要視乎行業的資金須要。如果做餐飲業的輕資本行業，高的負債率當然不合理，如果是房地產公司的負債率則很少低於50%。因為地產公司發展得較快時必然會採用銀行融資等手段增加投資項目。如果配合適當水平的借貸，只要投資回報率高於融資成本，便能夠提升股東的每股盈利回報。

我們在討論ROE時已提及過，大家要留意公司的這些債務是長債還是短債較多，而且利息是否回穩還是接市場利率浮動。如果一間公司有較高比例的短債作融資，一旦在加息週期債券利率上漲，公司便無法再以低廉的利率去獲得經營性借款，公司可能須要以甚高的利息成本發行新一批債務去進行融資，這樣財務成本就會急劇上升，並大幅度蠶食公司的利潤。一些房地產開發商支付的融資利息遠超過公司全年利潤的情況並不罕

見，所以有沒有長期穩定利息成本的融資，對資本消耗較大行業的利潤水平有關鍵影響。如果公司同一時間有大量中短期債到期，卻無法在市場上成功融資進行債務展期，通常會嘗試盡快尋求機構性買家，公司把一些項目或業務的擁有權以低於市價賣出迅速吐現，亦會考慮出售任何仍可變現的流動資產還債。面對債務風險時，已經不是賺還是蝕的問題，而是企業能否活下去生死存亡的問題。若仍然無法獲得充足的資金填補，最終結果難逃破產清算或被其他公司以低價整體收購的命運。

一間公司負債率高是不是一個壞的指標，這就要看身處什麼時代了。如果遇上了政策風口，負債率最高冒上最大風險的企業會吃上大螃蟹。比如2016年至2017年的一波在中國不同城市上演的房地產上漲浪潮，令高負債的開發總量最大的巨型房企樂開花了，單單在2017年恆大地產、碧桂園、融創中國等的股價都升了3～6倍，反而經營槓桿較低的萬科只升了1倍。所以不能說負債率高就是壞的投資，必需看清楚身處什麼的時代，在風起時高負債市場占有率高的企業通常會跑出。不過一旦市場冷卻，業績又會極速惡化，投資者必需認清水能載舟亦能覆舟的道理，必須要適應市場環境變化改變部署。

公司如何美化負債率

公司為了降低負債率，最直接有效的方法就是出售資產。一些大型地產發展公司曾進行了大規劃的主營業務資產出售計劃，最大的動機都是把負債率降低，減少潛在的財務風險。如果不想平價賣出優質資產。公司也可以選擇發行股票，優先股或永續債券（Perpetual Bond）去補充公司資本。

優先股是一種特殊的公司股份，同時擁有債務工具和權益工具的特性。視乎優先股的條款，在部分公司的會計處理上，優先股可以視為公司的債務，而非視為公司的股東權益。優先股的股東在公司資產破產清算的受償順序排在債權之後，優先於普通股股東獲得清算補償。優先股

的股息通常按一個已協定的股息率發放，但是優先股通常在股東大會上並無表決權。由於優先股的條款變化及派息情況等有很大彈性，亦可按發行條款決定能否提早贖回。許多公司會把優先股歸類為公司的權益，因為這樣能降低公司的負債率。

永續債是一種沒有到期日期，理論上可永久存在的債券。這種永久債券按會期（通常是半年或一年一次）支付債息直到永遠，發行人會在一定條件下，比如最短在發行3年後，設有可提早贖回債券的權利，當然發行人不一定要贖回。有時為了補償投資人長期持有的耐心可以設定在某些年期過後把息率提高，以吸引更多投資者認購。在香港上市的房地產企業不少都有發行永續債去補充股本，有一些更達數百億甚至上千億的規模。歐美的銀行在金融危機後亦有很多採用永續債補充資本。永續債在公司財務報表上可視為公司的股本，而不一定歸類為負債。所以發行永續債有可能降低公司的負債比率，而又不會降低主要股東的控制權。問題就是有時息率要訂得很高才能吸引到投資者。

房地產開發商採用共同合股開發個別地產項目時也能達致降低負債率的效果。如果幾間房地產開發商一同發展一個較大型地產項目，比如幾家發展商每人只占25%項目股份，項目便沒有單一控股方。該項目在上市公司會計入帳時會變成投資在聯營公司（Investment in Associate）的項目，而不用把該項目的總體資產及負債合併計入（Consolidate）房地產開發商母公司的資產負債表之中。該項目發展的盈利與否只會直接計入損益帳。所以房地產開發商的表內負債水平就可以因為合資安排而降低。

投資者要留意無論你如何細心閱讀財務報表，你仍無法察覺很多公司真實營運的問題。所以我才會強調不應過度集中持股，因為很多風險不是可以事前預計的。最經典的是公司隱藏了表外負債，令投資者防不勝防。我們可以看看下面安然公司的故事。

安然公司在2001年的倒閉事件

安然（美股：ENRNQ，已除牌）是一家創立於1933年位於美國德克薩斯州休斯頓市的能源類公司。安然公司2000年時在財富雜誌被列為全球500強公司的第16位，安然擁有2萬多員工，是當時世界上增長最快速的電力、天然氣以及電訊公司之一，2000年披露的營業額達1千億美元，卻在2001年轟然倒下宣告破產。事件更間接令替其進行核數，當年全球5大會計師行（Big 5）中最進取的安達信（Arthur Andersen）被吊銷牌照並最終結束營運，使得現在會計界只餘下四大會計師行（Big 4）。

安然的破產是典型的財技案例，在2000年前公司的管理層使用非常積極的會計手段去增加公司的營業收入。比如把只收仲介人費的服務項目，整筆計入公司營銷。把公司簽訂的項目以最大可能的經評估金額計入當期的銷售及利潤。即使項目根本未開始運營，公司也把項目將來能產生的潛在利潤先行透支在當年的財務報表上。安然背後還成立了很多合夥公司，這些公司大多被安然公司的高級管理層所控制。安然利用這些公司進行表外借款，即是把真實的借貸項目放在非上市公司的主體外進行，這樣借入的貸款及負債就成為了表外負債，不會直接反映到公司的資產負債表之中。安然高達130億美元的巨額隱形債務就無法被投資人所察覺。

財務報表經過美化後，公司的業務銷售不斷上升，公司的利潤也水漲船高。公司的P/E被炒到近70倍，P/B達6倍。這在平淡無奇的天然氣行業是極高的估值，而證券分析師大多建議買入及持有。可是安然的首席執行官及不少高管卻一直在拋出手中的安然股票，賣出別人眼中會生金蛋的鵝並獲得豐厚的收益。2000年8月，安然股票達到歷史高位每股90美元，隨2000年互聯網泡沫爆破的市場調整，股票價格開始無以為繼一直下滑到2001年中只餘下40美元，而且紙終究包不住火，安然公司的財務做假新聞及資料開始出現在公眾視線，許多投資者意識到公司的財務真的有問題，股價在2001年11月只剩下不到1美元，公司並在不久後宣布破產。

所以投資者對個股進行大額投資時，公司財務的真實性評估也是非常重要的。一間傳統行業的公司能迅速成長，利潤不斷上升，你就沒有懷疑過利率是怎樣賺來的？如果你只用一般量化分析，你的系統可能會告訴你安然是超班馬，量化系統就算可以衡量公司財務數據的不合理性，也無法判斷其真實性。好多時候大型投資機構對生產型企業作重要決策時，除了會晤管理層，亦會派一些人去生產及銷售現場調查，觀察產品運送與原料進出、用電量水平變化、物料消耗是否合理等，往往是更有力的證據。不過對個人投資者而言如此一番折騰並不切實際，更簡單的執行是進行分散投資，並剔除業務高度可疑的個股。要知道我們沒有任何方法可以完全排除財務不真實的問題，投資人只能盡自己的能力進行合理的規避，對美麗得不太真實的公司業績保持一份警覺。

資產回報率（ROA）

負債水平對股本報酬率（ROE）往往有很大的影響，一些投資者亦會採用資產回報率去分析究竟，公司業務的盈利能水平是否真能由大量借入沒有太高效益的資本去獲得。

$$ROA = \frac{淨收益\_（Net\ Income）}{年度平均總資產（Average\ Total\ Assets）}$$

比如你是一個開發商，開發了大量的項目，看上去P/E及ROE等都不錯。如果開發公司是以大量低利潤項目配合大量借貸才做得出業績，ROA指標就可能會非常低。這反映了公司的業務是以大量低成本信貸去支持，盈利能力一般。所以ROA相對ROE而言更能反映該行業的投資項目在不考慮借貸因素下是否客易賺錢。

我們可以得出以下的關係：
ROE＝ROA x L（槓桿比率）

即使是一門利潤率較低的生意，在用上大量的借貸後，這種財務的槓桿會提升了ROE。但其實公司業務的獲利能力一般，一旦借貸成本上升利潤水平就可能大降。所以這種高負債的公司在同等獲利水平（ROE）下的經營風險會較高。

速動指數（Quick Ratio）

速動指數（Quick Ratio）

$$= \frac{流動資產（現金或等價物、應收帳，包括已回購股份等可出售證券）}{流動債券（一年期或以下的短期債務）}$$

速動指數用來評估公司的現金流安全性，指標超過1代表公司資產的流動性很好，短期的高變現能力的資產比起短期要支付的負債多，流動性資產處於安全水平，短期內沒有太大因資金不足而倒閉的風險。實際此指標更多用在債券投資的風險評估，除非是經營狀態太差有倒閉風險的公司，速動指標對評估公司股價並沒有太大的參考價值。

如同之前面債券討論中所述，如果公司有大量的負債會在一年內到期，而流動資產又不足以應付還債須要時，必須要觀察金融市場的的融資環境有沒有急速惡化，以評估公司的負債有沒有不能展期的現金流危機甚至出現倒閉的風險。

市帳率（P/B Ratio）

公司的帳面價值是指其總資產減總債務，帳面價值是越多越好。其實一間公司的帳面價值等於股東權益。

$$市帳率（P/B）= \frac{股價}{公司每股帳面價值}$$

	特拉斯 TSLA	摩根大通 JPM	百度 BIDU	工商銀行 1398	中國石化 600028
ROE	-33.9	12	18	13.5	5.4
P/B	10.9	1.48	2.34	0.81	0.9

2019年1月23日

市帳率（P/B）指標反映了股價相對於公司會計帳目上的帳面淨值的溢價。P/B是衡量股份估值的重要靜態參考指標。通常成長型股票或市場熱炒的股票市帳率會比較高，10倍至20倍的市帳率在美股科技股中也很常見。可是當熊市來臨或陷入經濟衰退時，企業盈利很可能會出現較大

幅度下降甚至沒有盈利，市盈率（P/E）對於股份估值的判斷能力就會大幅減弱。這個時候應用P/B可以看到股市的市值有沒有跌到極度便宜的水平。新興市場的指數20年牛熊週期市帳率的低點在1倍左右，除了1998年接近0.8，即使是2008年的全球金融危機P/B也不過是1倍左右。P/B在熊市估底是一個很有用的參考指標。

市帳率在牛市中的參考價值就很一般。因為當股市在快速上升階段，P/B只會越來越高，你不能以P/B高就判斷市場的走勢。在美股大牛市中，大型科技股如亞馬遜（AMZN）可以由5倍市帳率升到10倍，再由10倍升到20倍。如果只選用P/B指標判斷股票價格走勢在牛市中就會進退失據，因為市帳率越高的股份往往是市場上最熱炒的股價。股價升到你不敢相信為止，以市帳率作參考你可能在升市的初段已經認為市場非常昂貴，可能會錯失許多個股上升的機會。如果不幸以估值指標作參考嘗試放空你認為高估值的個股，結局很可能是股份繼續上升令你的放空倉位發生巨虧，黯然離開資本市場。初級投資者可能學了半桶水的價值投資理念，認為任何市場下都會有便宜又有安全邊際的個股，買入了連在大牛市都升不起的低市帳率股份，以為自己是股神巴菲特接班人，要當長線的價值型投資者，其實只是買了升市無你份，跌市一起跌的垃圾個股，中了價值認知陷阱的智慧型接盤俠。

公司的業務模式分析

對個別公司的業務模式（Business Model）分析是對個股投資的重要參考。尤其是成長股的業務模式分析特別重要。評估公司的經營首先是分析其所在行業的動態市場容量，即市場目前究竟有多大，預測未來幾年可以成長得多大。這是公司的發展極限，比如中國的手機市場及汽車每年的銷售都是有極限，因為人口總量是相對固定的，當產品或服務銷售數量達到市場極限時，最大可能的銷售總額及利潤成長來源就要來自產品的價格提升。問題是價格不可能無止境上升，而且除非公司以往經營管理不善，否則經營成本一般也難以出現大幅下降去改善利潤。大家

可以觀察到近年蘋果公司的手機產品銷售數量無增長，但產品卻越賣越貴令盈利不斷維持增長。就算利用手機內容如音樂增值股務等銷售也是有容量的，所以蘋果公司慢慢地就不應視為成長股，而被視為價值型股份。公司的股份回購行動減少了流通股數充當了每股盈利成長的來源，在經營利潤沒法持續增長下估值會被市場下調就很正常了。所以分析其業務的潛在增長空間，對分析公司的盈利前景非常重要。

公司的成本控制能力，也是投資人的考慮之一。有一些公司擴張非常快，但成本上升的速度比銷售更快。成本急升不只會蠶食盈利，甚至可以拖垮公司的業績，因為日後要為關店進行一定程度的損失入帳。新東方以往曾因為擴張過快而出現年度虧損，因為每開一間店就會增加資本開支，而且會涉及到折舊等成本。如果發展太快最終經營不善而須要關店，開業時以資產入帳的裝修設備等成本，最終結業時很可能須要直接計入損益帳中計入經營損失。對公司的盈利報表非常不利。所以合理擴張當然是好事，但盲目的虧損式擴張只為增加銷售增長往往得不償失。

評估公司的業務有沒有高門檻也是業務分析的重點。有些公司的產品及服務擁有很的強競力，主營業務沒有太多有威脅性的直接競爭對手，有很強的行業門檻（Barriers to Entry），投資界便會形容公司的經營擁有業務護城河保護。這類公司的中長期利潤會比較有保障，比如晶片行業的龍頭股台積電，作業系統及辦公室軟體的龍頭微軟。中國的銀行業有很強的入行門檻，尤其大銀行在資金面有明顯的規模成本效益，在以往年代形成很強的盈利能力。互聯網的騰訊、阿里巴巴都是主要業務有強大競爭力的公司，很難有公司能與他們競爭，因為沒有誰有幾千億的資本可和他們爭奪主營業務。沒有業務護城河的公司如航空業，往往很受油價等成本影響，利潤的不確定性很強，長期獲利能力一般。

互聯網公司出現原本以為是增加了商業社會的競爭，但實踐證明互聯網是一個有嚴重自然壟斷（Natural Monopoly）性質的行業，贏家通吃輸家敗走。比如經營搜尋服務的谷歌和百度，市場上雖有很多其他的競爭者，但競爭的差距非常大。無論用戶怎麼罵公司的服務提供有多不好，仍然繼續使用，因為沒有找到有效的替代者。比如騰訊壟斷了社

交媒體以及互聯網的入口流量。阿里巴巴壟斷了網購的流量入口，京東及併多多雖有威脅但很難動搖其龍頭地位。如果某一網上銷售平臺要求商家只能選擇單一平臺作銷售，商家只能放棄其他較弱但收費較吸引的管道。這就是互聯網的壟斷威力，亦是公司盈利的來源。

美國的視頻網站奈飛（NETFLIX）、音樂網站（SPOTIFY）都是自然壟斷的代表，他們能以比其他競爭對手出更高價買入版權，並把服務平臺設計得更多功能、更多內容及選擇，同時能用更低的服務費用提供給消費者。這對想看視頻或聽音樂的消費者並沒有什麼理由抗拒這項選擇，而要用其他收費更高卻只能提供更少選擇的內容供應商。當更多的消費者使用單一公司的服務時，會進一步增加平臺的規模效益（Economies of Scale），令平臺的平均客戶服務成本降低。這種自然壟斷是互聯網競爭模式中不可避免的影響，百家爭鳴最後一家獨大。除非平臺違反了當地的反競爭法，否則這種互聯網強者恆強的模式將來仍會長期存在。

公司治理也是投資者進行長期投資前不可忽視的一環。良好的公司治理確定管理層按公司股東的最大利益行事，而不是按管理層自己的利息作考慮。其實投資者一般並沒有任何對公司治理的影響力，不當行為很多時也沒有辦法利用制度，比如引入獨立董事等手段就能避免。投資者更重要的是要帶眼識股，觀察公司管理層長期在派息政策、薪金及成本控制、股份增發或回購政策，員工持股或發放認股權等行為是否合理。如果是新上市的公司，就很難事前評估，要看的是主要管理層的操守及誠信，但是事前判斷又談何容易。

投資者可以對一些已經上市，卻有非常多不良資本操作紀錄的公司避之大吉。比如避開一些不斷用財技進行增發新股、供股集資、合併股份等等的股份。不過這等股份的股價變化往往非常迷人，有時出現連續上升，很多個人投資者明知道箇中風險仍會選擇參與其中。明知山有虎，偏向虎山行，因為他們總是認為自己可以戰勝莊家。看書店有多少教授如何跟莊獲利的書籍出版大賣就知道。我只提醒一下，沒有太多投資經驗的市場參與者就不要去高估自己的投機能力了。長期投資的股票必定要考慮公

司的治理水平，如果公司的大股東換出，並以高價賣給另一投資機構。必須要小心評估公司的經營風格及公司治理會否大幅改變。

再好的業務模式也可能是壞投資

傳統投資學上總是認為有業務護城河的好公司較值得投資。是的，不過前提是用合理的價格買到，長期投資才比較可能有回報。但其實那些業務穩定增長又財務表現優異的公司如早被投資界公認是優質股，股價很可能早已被熱炒到嚴重透支狀態，你再追入時不再容易長線獲利。有一種很危險的投資概念叫有買貴沒有買錯，這種極低智慧含量的想法卻往往在大牛時獲得許多投資者認同。他們只看價格是否繼續上升，什麼都不理，還引述什麼市場人士的觀點作支持理論。我無阻止大家去淘金，而且即使有人怎樣苦口婆心跟你說某某熱炒個股這個價值已沒有投資價值，被獲利想法沖昏頭腦的交易者心裡只會叫勸告者滾開，誰也不要去阻止我發財。2007年的中人壽在香港熱炒，還記得一些財經專家們指出一個中國只有一只中人壽（港股：2628）業務不可估量，股價熱炒去到50多元以上。可是熱潮退去後，股價便一落千丈，在2009年時只剩下高峰期的三分之一，中間經歷2015年大牛市也推不回去之前的高位。選擇長期持有的佛系投資者到了2019年初，股價仍是只剩16左右，除了多年收取的約4港元的股息能幫補一下損失。信奉有買貴沒有買錯的投資者不知道人生有多少個十年可以這樣消耗時間和資本。美股中熱炒過後一地雞毛的案例也多不勝數，好像美股的英偉達（美股：NVDA），有玩電競的朋友應該很熟悉，受惠區塊鏈概念被熱炒。從2016年初20多美元爆升到2018年9月的280美元。簡直是股價高處未算高的經典教材，不過2018年尾只用了3個月就由280美元滾下山坡到150美元。從2017年中後任何時間買入英偉達並選擇長線持有的投資者都有帳面虧損，大家能比較的只是輸多還是輸少而已。

公司主要股東結構與總市值

大家投資個別上市公司時要必需留意一下公司股東的結構，首先要留意大股東及其關聯人士的持股。如果是股權非常集中，比如主要股東控制接近70%流通個股。股價被控制及操作的可能性，就會比由數間不同的大型機構投資者作為主要股東的公司高得多。

不過由於流通股份少好炒作，一旦被拉升，升幅可以達非常驚人的幅度，一年之內上升100%，你以為到頂，再升到200%，你認為是幻覺，再突破加速升到500%，問你服了嗎？中國恆大在2017年前常年只在5港元左右，到了17年連升了10個月一口氣升到30元。如果你使用估值去衡量股價，並作出放空行為，不先去評估多頭交易對手的力量及驅動上升的因素，想不巨虧平倉都難。在交易市場一定要知己知彼，才能百戰不殆啊。

有一些個股已被原有的主要股東賣出大部分或全部持股，就要特別小心。大股東比誰都更瞭解公司的業務狀況，更重要的是他們往往有能力預期業務大約何時到頂的能力。他們不會選擇真正到頂才賣，因為那時已經沒賣不動找不到買家了。所以留有餘地是一種很有智慧的交易哲學，尤其當你是市場主要參與者短時間內退出並不容易。有智慧的大股東會選擇股價仍有上升空間的情況下開始賣出。基金等機構在市況好時不介意分批買入大股東手上的股票，基金相信公司的業務模式可以持續獲利下去，而且股價上升中也很容易賣出獲利。往往過了一段時間大眾才認識業務已經到頂了，公司卻再也沒有給力的管理層能力挽狂瀾，業績下滑，股價一落千丈。曾經是香港恆指成分股的思捷環球（港股：330），大股東一直在2008年金融危機前股市不斷上升時一步步賣出股份，而且股價還能越賣越升。在大股東清倉後股價最終由2007年115港元以上跌至2018年的不足2港元，所以大股東的交易行為對個人投資者而言很有參考性，因為沒有什麼投資人會比大股東更瞭解自己公司的真實價值。市場及媒體總會告訴你這次不一樣，股份仍很有上升潛力，但我就只會相信大股東用腳投票的答案。

基本分析的作用

　　基本分析最大的作用是把沒有長期投資價值基礎的個股剔除。基本分析在數據獲取上往往是用過往數據的靜態分析。最有參考性的未來數據，亦只是上市公司業績的前瞻指引，得出來的評估往往來不及市場變化。最簡單你去評估航空公司時很重要的一個成本因素是燃油成本，燃油的價格卻會隨國際油價大幅波動，2018年時油價2個月的升跌波幅往往大於20%，你怎麼可能在某一時間點得出準確的靜態定價？就算區間定價也沒有太大意義，因為區間太闊了，就沒有實際操作的參考價值。

基本面無法判斷短期波動

　　你又怎樣能評估消費者市場對手機巨頭蘋果的反應？消費者在以往總是願意不斷以更高價買入其手機，在2015年如是，2016年如是，2017年出售價過萬的iPhone X系列如是，2018年卻賣不動了。你怎麼能事前估計得到？如果你從iPhone網頁找出到貨時間評估超額訂單不足時，你準備放空（先融券賣出再買回）蘋果股票，價格卻由9月中發布新機時約220美元水平一直維持了半個月，最終上升到10月的230。正常放空的投機者都會考慮停損，因為市場看似不買帳，即使你堅持持有到11月1日蘋果股價仍是照舊維持222。很多短線放空者都會放棄了。這時市場卻有消息指蘋果新機訂單下跌，第二天開市已裂口下跌到207左右。這時再行動你就要冒股價再被拉升的風險去放空，而且因為波動率太大已經無法有效率使用衍生工具對沖了。股價在之後幾天再下跌後不久再次回升至207水平，在11月7號更升到209。在保持盈利平倉的哲學下應該在股價升回207左右平倉賺了一點點。然後卻在這時開始在基本面沒有新消息下，蘋果的股價在不到半個月時間內一直下跌並跌穿180美元。試問你怎麼可能從基本面預測到股價的短期波動？

基本面認知陷阱

基本面在長期可以反映股票的價值，但是什麼才是長期？要多久才反映？是1年？3年？5年？還是更長時間？其實會否是你自己判斷錯了，陷入了基本面認知陷阱之中？堅信沒有上升潛力的個股有投資價值，並長期持有，以基本面的理由安慰自己，認為是市場走了眼。其實市場行情的主要驅動力是資金，而持有資金的機構主力大多有追逐短期利潤的本性，即買升不買跌，沾弱不沾強。而基本分析長線的資金往往購入後便不再交易，對盤面無持續拉升效果。投資的價值最終必需由現金收息及股價增值反映，如果投資項目長期持續沒有產生回報，對交易者而言就是一個爛項目。

市場資金流向與股價沒必然關係

投資者總認為股份或個別市場有資金流入就必然利多股價。2017年大量熱錢流入了香港股市，恆生指數、MSCI中國不斷創新高。可是2018年外資流入了2千多億到A股，A股當年表現卻接近全球最差。2018年美國的股份回購創紀錄最高，美國的全年股市回報水平也是2008年金融危機以來最差。

我曾經無數次被資金流向數據影響了對投資項目的判斷。其實資本流入不一定會對股市產生短期利多作用，尤其是那些選擇採用掛出被動式買盤入貨的長線資金，他們買入股份後並不會持續進行買賣，也沒有提供持續買入力量。只是把更多可交易的股份凍結，不再參與市場的主動買賣活動，這會令盤面繼續交易的活躍流通股份數量減少，卻不一定能提升股價。股份回購也有相似原理，被動式買入的資金是有助於穩定及承托股價卻無助於快速推升股價。我花了很多時間才認清資金流向因素對短期市場的盤面的影響非常有限。市場的交易氣氛往往才是中短線盤面表現的主導因素。

基本估值與股價關係撲朔迷離

　　股票市場的交易價格狀況經常完全脫離基本面。投資教科書上假設市場上股票價格的不合理狀況只會在短期出現，長期而言股價會發生均值回歸並最終能更準確反映其基礎價值。可是這個預想情景往往很長時間也沒有發生。沒有太多實質盈利的股份價格卻可以長期維持在高位，比如亞馬遜（AMZN）。看似盈利較高有價值的股份繼續在低位，比如美國的銀行股，中間的差距就是業務增長的速度，亞馬遜業務看似不會到頂。投資者會發現在相當長的一段時間，你好像看不到價格偏高的個股出現均值回歸的苗頭，因為沒多少投資者會想賣出處於明顯上升軌的股票。信奉價值為主的投資者，面對這些市場其他投資者用錢去投票的結果時，往往感到十分困惑。

　　短線市場的異動則更難以用基本面解釋了。2018年11月20日蘋果（AAPL）下跌5%，京東（JD）在美國下跌7%，拼多多（PDD）竟然逆市上升17%。我抽出這兩間公司作簡單分析，以當天計算拼多多的市值為253億美元，京東的市值為280億美元，兩者市值只差10%多點。我們先看一下11月20日的靜態基本因素

	股價	EPS	P/B	GMV	年度活躍買家
京東	19.49	0.13	3.1	3948億人民幣	3.05億
拼多多	23.14	-0.91	18.7	3448億人民幣	3.85億

　　京東的銷售增長放慢，活躍人數減少，雖然沒有虧損，部分收益還是由投資了英國Farfetch公司獲得公允價值上升收益。主營業務短期亦難以盈利，盈利及增長空間受限。而拼多多的活躍用家數、年銷售的增長率，等都明顯強於京東。除去增長率可以見到銷售數值其實差不多。兩家公司的盈利狀況是五十步笑百步，拼多多更出現虧損，這種微利甚至持續經營虧損狀況在互聯網企業很常見。但當你比較營業收入

（Revevnue）時就會感覺到兩者的明顯差異，拼多多的平臺收益三季度只有30多億，京東的營收入卻高達1048億。其中原因是京東自營的銷售額是直接計入營收，而拼多多銷售只計入股務費收入。但怎麼看也是差距巨大。如果一看P/B更是震撼，京東只有3.1倍左右，而拼多多的估值已到驚人的18.7倍。你必需考慮京東在全國物流建設包括物流中難度最高的冷鏈物流建設、科技研發能力的投入與拼多多的差距。然而資本市場認為兩者的價值是相若，在2019年初時拼多多的市值甚至一度超越京東。你只有感覺到資本市場有時比較重口味，非常偏好於銷售增長型股份。

如果你是基本面投資者，兩間公司中必需選一個，你幾乎肯定會選擇京東。作為投機者，如果兩間公司必需選一個，你有可能選擇拼多多。這是因為順勢交易買升不買跌，是許多短線交易者的投機哲學。基本面較佳不是買入原因，必須要有市場走勢配合。**市場價格往往像鐘擺，有時高得瘋狂有時低得心寒，在下跌趨勢未有止跌回升跡象時不要貿然買入**。雖然在2019年1至2月間美股回升時，兩間公司的股價都上漲了，去到4月分京東估值再次領前拚多多，但其實短線的走勢事前誰也沒多大把握。

如果一間公司股價雖然不斷上升但長期投資價值並不明顯，是否打算進行投機有時也要考慮對沖成本才能決定。對於對沖策略沒有認識的讀者可參考本書後面解釋對沖策略的章節。拼多多當時的期權交易不活躍又差價大，引仲波幅（Implied Volatility，IV）近乎98%，要以超過10%股價成本才能大概對沖30天的下跌風險。當時30天認售期權行使價22.5，買入價2.35賣出價2.6，對沖成本異常昂貴。如果無法以合理成本有效進行對沖，參與投機交易就是更純粹的賭大小了。**資本場上的老交易很少會參與這類純冒險遊戲，潛在的升跌空間只能留給市場上的勇士去賺（蝕）了**。

經過了美股2018年12月的一輪暴跌後，我們以2019年1月18日美股收市價，比較美股的科技龍股頭蘋果和亞馬遜這兩間公司的股價，估值及經營狀況。

	股價	EPS	P/E	P/B	銷售增長	盈利增長	總市值（美元）
蘋果	156.8	11.9	13.2	6.9	11.5%	23%	7417億
亞馬遜	1696.2	17.8	95	21.2	30.7%	27.9%	8294億

　　你可以看到美股中蘋果公司與亞馬遜公司的巨大估值差異。而最值得留意的是這時期的市場已經歷了大幅下跌。兩間公司在2018年下半年都曾經達到接近1萬億美元估值，可是亞馬遜公司的高估值並沒有令其在熊市下跌中出現股價崩潰，反而蘋果在同期的下跌幅度比亞馬遜高。以基本面分析難以理解估值及盈利表現差距如此巨大的兩間公司，為什麼亞馬遜的股票總估值及股價走勢竟然會優於蘋果。

　　其實市場上交易有一個很有趣的交易邏輯，如果一個間公司已經停止成長，即是已經完全沒有幻想空間，其股票的估值水平即必需下降。蘋果的成長已經差不多到頂了，而且業務模式相當透明，沒有太多幻想空間，盈利水平也差不多到了市場的極限。相反地，如果一間業務快速成長的公司，即使盈利很少或完全看不到盈利，投資報告上用個量化模型作推演，只要假設業務增長率能保持增長3至5年，業務就會有倍數計的巨大成長空間，假如能把業務轉化為盈利的話，盈利水平就會暴漲，令不合理的價格變得合理。而且發表報告的投資銀行會對公司的業務成長設定一定目標，只要稍為調低實際目標，然後等業績公報時說公司的業績指標大勝預期，再用點資金在交易市場上推一把，股價又能再創新高了。

　　理性的投資者想想就知道每一個行業都有其增長極限，增長率不可能長期維持，而且當增長率無法轉化為盈利，高估值股票的國王的新衣故事最終還是會被大眾認知道。尤其是總市值已經達到一定程度的公司，市場總量是有天花板的，就算公司有超強競爭力把所有競爭對手都打下去，吃掉了大部分的市場占率，當市值升至完全透支市場極限，股價根本是無以為繼並不可持續，憑資金堆上去的空中樓閣必然會倒下，但是這個過程須要的時間卻無法估算。如果你因為高估值而放空個股，通常都會率先破產。因為泡沫存在的時間往往超過你想像，但堅不可摧

的股價卻可以突然間進入暴跌週期。好像2000年的科網熱潮，上升時勢不可擋，下跌時一瀉千里，下跌時間事前不可估計，下跌幅度事前也不可估計，令放空交易非常困難，大家面對疑似泡沫爆破時不參與就好了，不要去亂放空。

　　大家必須要認識到在資本市場中，主動型基金或對沖私募的目標是創造同等波動風險水平下的超額收益。要獲得超額收益靠沒有增長的低估值股份是沒有用的，除非是熊市大底時以超低價買入，賺取由交易時機產生的策略收益（Alpha）。真的在熊市大底時更有爆升能力的股份比比皆時，投資經理往往有更好的選擇。所以資金管理者要跑贏大市必須要找熱點甚至自己去創造熱點，高增長股份就是他們以資金互相追逐的遊樂場，因為這些充滿未來業績幻想空間又有神祕感的股票無法有效去計算估價。這樣的投資故事才有吸引力，才有股價能不斷上升的幻想空間。這是不能逆轉的市場現象，我們無可能返回1950年代葛拉漢運用價值投資大放異彩的年代，資本市場的有效性比當年強的多，再很難撿到什麼便宜了。投資主題變成了用時間換取業務成長及潛在盈利爆發，因為這樣才有超額收益的空間。

　　大家進行投資時一定要認識到市場對成長股的偏好。在熊市時，低估值股份的下跌幅度通常會較成長股低，只要成長型公司在衰退中沒有倒下，等到要牛市一來臨成長股又會再次大放異彩，而低估值股份只會進行修復行情然後繼續其黯淡無光。除非低估值股份能持續提供給你相當吸引的現金流支持，如每年穩定並持續有高比率的現金紅利等直接收益，否則不應該單單因為估值便宜而選擇對股票進行投資。在交易上有句話，它便宜是因為它真的很爛（It's cheap because it is cheap）。大家不要在資本市場上貪便宜，尤其是牛市時的便宜貨，除非你確信板塊輪動很快會推升到你持有的便宜個股，否則連牛市也推不上的個股長期持有真的沒什麼獲利的希望了。

基本面投資者的參考資訊

投資者進行投資決定前，通常都會對擬投資標的進行資訊收集。不過大家總有一個錯覺是資訊越多越好，感覺就好像讀書時只要功課做足了考試就會高分。其實資訊收集是要做，但真的不是越多越有用，反而很多時候你收集的資料是互相矛盾的，比如一些資料看升，一些資料看跌，看得令人頭昏腦脹。讀者如果是普通的個人投資者，而不是職業的市場交易者，應該沒有可能有大量時間去做分析。如果你有全職工作放工後仍樂此不疲的做分析，你的人生應該除了股市什麼樂子也沒有。大量消耗時間精力在股市，對個人投資者的人生幸福感體驗來說幾乎肯定是得不償失。其實除了少數超長線如巴菲特類的持股者，絕大多數在交易市場內手握大資本的參與者都不會對個別股票進行太過詳細的基本面分析，因為實際負責操盤的投資人目標往往是要跑贏大市，市場漲上去了，估值貴不貴都得照樣加倉，否則沒有回報表現投資客戶就會流失或被炒。

很多時短期獲利的關鍵是你敢不敢對不確定性事件冒風險下注，如美國議息的結果及利率前瞻指引變化、比如美國總統選舉結果、國際貿易談判的變化、業績公告前部署，估中了就能吃一波行情，估錯了就認了吧，這些錢都是勇於冒風險的大膽投資人才能賺的，卻與你獲取基本面資訊沒有什麼關係。

長線資人只須要一定的資訊作參考，尤其指數化股市長線投資要準備的資料更簡單，比如利率及經濟成長，評估市場估值水平以及留給投資人的獲利空間，最後參考技術面進行投資決定。投資者願意接受市場回報的不確定性，在合理價格買入，等待長期投資的回報，並不須要大量的分析資訊。當然對個別股票進行加倉位元配置的投資者仍是須要較多的參考資訊。其實投資的心態往往比資訊更重要，你對持倉有沒有信心，會否買入後惶惶不可終日。交易者更須要在沒有投資機會時保持耐心，不打沒把握的仗，身心休息充足精神飽滿，才是個人投資者較佳的作戰狀態。

公司年報

　　如果你的人生太得閒，看看市場中數以千計的年報是消磨時間的最佳方式。年報內容非常冗長，而且往往千篇一律，負責做年報的員工往往都是機械式的完成任務，你多認識幾間上市公司負責編寫年報的朋友就知道，他們自己都不太想看自己寫的東西，只是一定要完成上市條例的任務。當然有一些很注重投資者關係的公司會把報告寫得很詳細，還有公司前景及業務預測，這些就比較有養分，能判斷行業發展的因素，並評估一旦這些預期因素出現變化時對此等公司的影響。但投資者必需謹記年報上的資料是極度滯後的，我們只可用作參考，而絕對不應是判斷當下是否入市的唯一依據。

新聞及盤面資訊

　　很多投資者習慣每天早晨先看一遍財經新聞，這是很好的一種習慣，去掌握一下剛剛發生的金融及國際事件，同時留意各地市場對事件的反應。如果交易者的時區是中國的亞洲時區，早上第一個開盤的應該是日股，但是日股有點像日圓匯率反射器，跟A股及港股的相關性不大。投資者應該留意的是昨晚美股的收盤狀態，以及早上亞洲交易時段美股標普指數期貨（ES）及納指期貨（NQ）的最新變化。無數次美股下跌而亞洲區不大跟隨的情況都是早上期貨比昨天的暴跌收市價有輕微上升。因為如果亞洲區的投資機構想影響市況，在亞洲時段拉升美股期貨其實只需用很少的資金，卻能做成很大的心理因素影響，至少其他的交易機構都會看到期貨市場企穩後未必出現一面倒看淡。如果早上美股期貨比昨天美國收市價仍大幅下跌，市場情況就會十分兇險。往往亞洲各地股市一開市時已大幅裂口低開，大家一齊賣貨逃生。

　　不過投資者要留意，亞洲時段的美股期貨對同日美國市場開市後走勢的預測能力非常差，往往亞洲時段估升到美股開市時段變成暴跌。同樣情形亦發生在美國上市的A股類交易所買賣基金，比如跟蹤深滬300指數的ASHR基金，往往美國股交易時估計第二天A股能再升，第二天A股的交易時段出現大跌。兩個市場隔日交易差價1～2%是等閒之事，而且不

是升跌幅度估錯，連升跌的方向都估錯，所以大家要認識到真實市場真的是變幻莫測，期貨市場的預測只能作參考。

基本面資訊的重要性

參考基本面資訊時往往會發現好與壞的因素會同時存在，例如銷售快速增長時成本上升太快導致無法盈利。投資者把年報看了又看，左驗證右查證，上網把分析師報告，連股吧朋友的評論全看一遍也不會提升太多額外回報，有時還適得其反，參考得太多變成不知所措。

說了很多基本面分析在交易時不足的地方，我其實還是要強調認識基本面的重要性。因為基本面始終是決定整體市場內個股升跌的長遠最大單一因素，而且無論牛熊市況中，基本面良好估值合理的個股最終有大機會再次跑出，但是對股份的短期走勢沒有太大啟示。而且我們交易時亦必需配合市場實際走勢作判斷。另外投資者也不能忽略宏觀的金融環境，比如目前的利率水平及央行貨幣政策的變化率。我初入市場時看過很多似是而非的基本面報導分析，什麼PB 0.5、PE低於4倍，有潛在上升空間。後來往往發現市場給出如此低的估值通常是有理由的，這股票有很多數據看不出的問題，比如利潤並非可持續，公司管治非常差等等。大家不要學了一點分析技能或指標就以為自己半桶水的武功能夠輕易打敗市場。亦千萬不要執著基本面或技術面的方法誰優誰劣，取各家所長，建立一套能在盈盈虧虧的交易中總體獲利的方法才是好的方法。

除了自己進行分析，我們有時亦可以參考投資機構的報告，以及不同的策略師經濟學家等分析。近年還流行許多自媒體股評人或獨立分析者，大家參考資料時必需小心謹慎。資本市場從來沒有天掉下來的餡餅，持續免費的東西一定要有收入來源去支持，投行的報告收入來自機構投資者用家的交易佣金，經濟學家、策略師等是受薪的員工，如果提供有用的資訊，卻找不到其收入的來源或模式，對金融行內的人都會很疑惑，因為許多行內人都知道免費的東西往往是最昂貴的。當然像橋水

達理奧這種已經不用為錢做任何事的人例外，大家可以在他的網站免費正版下載他達數百頁的《債務危機》一書電子版，這些大師追求的是不朽於世的個人影響力，期望能造福社會。

參考投資銀行的分析報告

大型投資銀行會在市場上提供股份分析建議及資訊的報告。投資銀行的賣方分析員（Sell Side Analyst）會負責撰寫報告，大多數寫好的分析報告首先是給予投行的客戶參考，令其可以因應建議及時作部署。投行賣方報告賺錢的方法是按照其客戶跟其建議買入證券後產生佣金收入而間接獲利。等基金和客戶消化完投資報告後就可以免費發放給其他使用者。為什麼免費送資訊給你？因為資訊已經過期了，或是部分機構跟從建議低位入貨後，總須要有其他投資人一起參與從而提升股價，如果大型股升勢持續，跟進買入了不一定會虧錢，因為往往還有更多更勇猛的接盤俠跟進其中。但若發生在中小型股往往拉升後後勁不繼，就比較容易當了真正的接盤俠。

我們看到的大行的報告建議往往像是用後視鏡開車，當市場開始上升時個個喊升，當市場開始下跌時卻沒有什麼人能預先建議你離開。大行報告的價值在於事實的分析而不是觀點。比如他們找出行業的運營資訊、公司財務狀況等等。你可以參考作自己的判斷，而大行定出的目標價就最好不要理會。在大牛市中，目標價會一個又一個的達成，分析師會被捧上天，然後下跌來臨時，分析師的報告就好像過期了的報紙，被棄一旁。資深的投資者知道不少新晉分析師大學畢業沒多少年，牛熊週期都未完整經歷過一個，好像大學時交功課那樣寫出一個樣板式的報告，堆上一個有創意的目標價（定價前往往先參考一下其他行家的價位）。很少有機構或行內人會完全相信他們的購買建議，因為盲目相信別人往往要付上很大的代價。大家就不要對投行目標價太認真了。

拿兩隻大家較熟悉的股票做例子：

　　騰訊（港股：700），2018年大跌40%以上，股價2月最高超過470，到10月分最低回到260，市值減了2萬億港元以上。按理這史詩式的下跌，分析員應該有可能察覺到，預早給出逃生建議。

　　實際情況如下：
　　2018年5月分當股價開始下跌到400元附近時，主要國際投行仍然給出買入建議，目標價全在500以上，你取個目標價中位數520，10月股價最低時260剛好跌到目標價的一半左右了，沒有一個賣出建議，也沒有一個估價低於400。

　　阿里巴巴（美股：BABA）也是另一經典例子，而且下跌時跌勢更急。
　　2018年股6月股價達210元，2018年10月最差時就只剩下130，就4個月時間跌去了2,000億美元和騰訊當時的命運沒有多大分別。我們如果找出持續下跌期間的大行報告，一面倒是買入建議，平均目標價超過240，而即使在下跌期間的7月、8月，甚至10月，最新出爐的大行報告目標價仍超過220。

　　雖然市場回穩後，騰訊及阿里巴巴的股價不足3個月時間從低位反彈了近30%，但即使到了2019年的3月，兩只股份仍比大行的目標價有一定的距離。大行對市場劇本的預測能力跟一般人並沒有太大的分別，不要高估任何人對市場走勢的預測能力了。大家要明白連中央銀行預測經濟走勢都經常是錯的，就不要對各種預測太上心了。

　　不過偶爾大行報告也會在市場中形成巨大的殺傷力，尤其在股市爆升階段和股市震盪下跌階段。2018年11月17日，納指的晶片股龍頭英偉達（美股：NYDA）開盤裂口下跌19%，盤中大跌近20%。收盤仍下跌達18%，交易中段股價沒有明顯拉起，前一天買入的投資者完全逃走無門，因為開市第一口價已跌了19%。下跌主因是一間華爾街頂尖投行發出了報告稱已將英偉達從其「確信買入名單」中移除，報告稱在這檔股票上明顯判斷錯了。英偉達的業務不及財報預期，此前大大低估了庫存增加及遊戲業務的調整。在市場信心虛弱時，一份吹響逃生號角的大行報告，投資者就真的會四散逃命了（Run for Your Life！）。

股市的合理區間

2019年3月中國證券時報的頭版新聞標題令不少投資人眼前一亮。報導指出要讓投資銀行報告中的賣出評估成為常態。文章中指出要嘗試改變投行報告只當市場啦啦隊的角色。同月另一頭版又為股票做空（Short Selling）機制平反，解釋其在股市中可發揮穩定器的作用。其實要建立健全的市場生態，就要有買有賣，不在於股市短期是上升還是下跌，而是股市能否反映基礎價值。個股偏離基礎值在全世界的金融市場也很普遍，可是當總體市場大幅偏離基礎價值，就很難避免出現市場以暴跌作終結。槓桿及風險融資的監管是否到位，投資生態完善可以幫助防範系統性風險。短期而言市場必有很多交易面的股價活動，但長期而言總體市場跟基礎價值就有極強的相關性。

長期投資人沒有什麼回報，只有追漲殺跌才能獲利，大家都會理性地無視（Rational Ignorance）股票的基本因素，令市場變得十分短視。如果沒有真實的業務及盈利，任由市場建立巨大的空中樓閣，結果只會引起快速的暴升暴跌週期循環，整個市場陷入瘋狂上升或一片死寂就很難發揮資本市場的長期投資、股權融資的功能，只會變成了投機樂園。雖然還有很長很長的時間才有可能改變市場生態，但市場的長期投資人都非常樂於見到這種改變。

我們要明白市場價是市場交易出來，而不是有標準或能用什麼數學方式算出來的。股票並沒有一個真實固定的合理值，只有一個廣闊的合理空間。熊市時10倍市盈率是合理的，牛市時20倍的市盈率也是合理的。牛熊切換階段三數月內20～30%的波幅也是等閒的，為什麼三個月前10元的股票乏人問津，三個月後同一只股票升到14元後盤面卻非常熱鬧越升越有勁。公司還是那一間公司，股份還是那些股份，改變了的不過是市場的預期和信心而已。2007年美股到達金融危機最高位的CAPE P/E只是在正常水平，卻在2008年遇上百年一遇的金融危機。2016年的CAPE P/E遠比2007年的估值高位還要高，但是在之後的2017年卻遇上了天天上升的大牛市。如果股票市場有一個簡單的升跌公式，那就不應稱為市場，而應該稱為股市印鈔機了。

　　一般投資者要留心免費獲得的分析報告或分析投資建議往往是最昂貴的。因為個人投資者是以真金白銀在投資，投資者為自己的投資錯誤付出的代價可以十萬甚至百萬為單位。大家要瞭解、分析員這份工作的核心是使用分析報告刺激相關的投行交易、收入就是他們的工作，至於報告使用者有沒有錢賺，不是他們能力可控制的範圍。他們之前的預測被事實打臉後，只要在新的報告中提出之前的報告是看錯了，修改預測降低目標價就可以了。你如果亂跟進建議盲目建倉，萬一遇上巨虧未必能翻身再來。即使是國際頂尖投資大師的建議，也只可以參考，因為他們會快速修改自己的判斷，卻不會在媒體上公開提醒你他們已經更改部署了，謹記永遠保持獨立思考判斷。

看看金融市場用腳投票的變化

　　除了觀察期貨市場及資金流向，在美國上市的中概股表現也能反映當前國際市場對中國類資產投資的氣氛，因為代表有資金想流入或流出中國類資產。如果投資者早上看到全球股市下跌、美元高息債、新興市場債等風險資產也下跌，只餘下美國國債上升，這就代表了全球市場進入了避險模式，投資者爭相賣出風險資產，並買入低風險國債避險。因為你賣出股份後可以持有現金等待機會，如果你覺得近期沒有股市的投資機會才會考慮轉到國債類投資，因為持有國債在股市表現好轉時往往回報差勁，大量資金從股市撤向債券市場中最安全的國債，就代表投資者在用腳投票表達他們對資本市場變化判斷。但是如果這現象只維持一兩天往往參考性不大，因為資本市場是非常反覆的。同一時間總會有很多個人及機構看升，又有大量機構看跌，但是一旦持續發生並形成一個趨勢，比如你看到美國長期國債的價格持續上升，而其他風險資產的價值總體走低，市場就很可能進入了避險模式。

　　匯率也是一個要留心的因素。國際金融資產多數以美元定價，如果一旦新興市場貨幣對美元大幅度貶值，或形成了持續貶值預期，該等資產的賣出壓力往往很大。主要的新興市場貨幣有人民幣、巴西里拉、

南非蘭特、俄羅斯盧布、印度盧比等。其實目前新興市場貨幣在國際匯率交易市場的占比仍非常小，但也是投資者要留心觀察的一個投資風險因素。2018年的土耳其里拉貶值風暴，導致以美元計價的土耳其基金（TUR）自同年最高位下跌達60%。所以投資者亦須小心留意匯率的變化，我們會在本書匯率部分再詳細解釋匯率的變化分析。

有時交易者亦會參考資金流向及成交量去判斷市況。市場淡靜時的超低成交量是無法做假的，因為你沒有辦法阻止其他人去交易，所以低成交現象必然代表市場淡靜。但資金流向對盤面的判斷往往並不明顯，因為有外部資金流入也可能有內部的投資者賣出抵消。如果在大升市，有資金流入當然是好事，但在大跌市中少量的外資流入只是杯水車薪，一點作用也沒有。而且這些往往是長線資金，以被動買盤不推升股價去買入股份，沒有太大拉升市價的力量。大家亦要小心那些外部資金其實來得快走得更快，往往早兩天成百億資金流入，過兩天就變為淨流出。你心中不禁想大喊，說好了的長線資金呢？才下跌兩天人都跑那裡去？你看看2018年下跌前的港股，淨流入速度很嚇人，但當市場開始滾動式下跌時，那些外部資金淨流入都不見了。

分析員、策略師與經濟學家

分析員的角色

投資銀行的賣方分析員（Sell Side Analyst）只是一份工作的銜頭，主要任務是撰寫分析報告促進投資機構相關的股票交易佣金收入。投資機構如基金公司裡提供內部交易建議的買方分析員（Buy Side Analyst），他們也沒有股市的水晶球，你不應該幻想他們建議一定是準確的。其實行內真的有一些敬業的分析員天天辛勤地實地考察企業和高管會面，從財務數據、側面營運數據如用電量、運輸出入情況等瞭解經營情況，給了許多外行人不能瞭解的資訊，對股市良好運作也是有很大的價值創造。

大家要理解分析員工作壓力非常大而且穩定性不高，熊市來臨時許

多分析員都會降薪或被裁掉，能夠做到成名的分析師數十個都未必有一個，不應對每一份分析報告的結論太認真。而資深的交易者永遠只應把分析報告當作參考不會是唯一的交易根據。還是那一句，個人投資者須要對自己的交易結果負全責。因為沒有人會幫你的錯誤埋單，不要把自己的錯誤決定歸究他人，做決定時要小心權衡。要學會從資訊中抽出有價值的部分增強自己知識，才能把自己的投資能力變得更強。

經濟學家的角色

除了分析員，在大眾接觸到的投資報告中，還有經濟學家以及策略師這兩種大家常聽到的頭銜，大家要理解一下他們的角色。銀行或投行內的經濟學家主要對利率及經濟運行作出預判，他們會把複雜的經濟數據變成正常人可理解的報告，供銀行內部及客戶參考。我會覺得他們的角色更似地震預報專家，在危機形成前發出預告，可是卻給不出危機發生的時間及破壞力的準確評估。比如你收到報告認為200年5開始美國的次級按揭有風險，那麼看了警告是否應該立即離場？2006及2007年卻是極好的股市投資獲利年分。經濟學家往往提出很多不同類型預警，這些預警卻很多時候沒有發生，即使真的有發生，實際發生時間往往誤差達3～5年。這麼大的時間誤差，基本沒有交易參考價值。令交易者無法從此等報告中得到有價值的交易建議。如經濟學家涉及利率預期等分析更精彩，簡直是百家爭鳴，你估加息3次，我估加2次，他估加4次，經濟學家要揚名，出報告就要估市場上的極端值，要保命就盡量估市場的中間值，洋洋灑灑數頁至十數頁的報告，你看了究竟信哪一個？他們誰都試過估中，但除了新入職那位外誰都試過嚴重估錯，投資最終還是要憑自己的判斷，或者直接不做預測只根據股票基礎價值做長期部署，或進行長期組合式投資。

經濟學大師費沙破產的故事

經濟學家費沙（Irving Fisher）是經濟學界大名鼎鼎的人物，他畢業於耶魯大學數學系，後來轉到經濟學界發展。除了建立了費沙定理等重要的經濟學理論，費沙也在指數化（Indexing）建構及相關專利中賺到豐厚的收益。他熱衷投資並曾經大獲成功，費沙於1929年之前就擁有當時的1000萬美元資產，這些資產足夠他花十輩子也花不完，他應該可以問鼎當年最富有經濟學家的寶座。

但是令人意想不到的是他在美國1929年股市崩潰後，於1930年代初陷入破產。在1929股市崩盤前，他堅信自己的股市計量模型是正確的，發表了著名的「股市高原論」，認為股票價格已經升到一個可以不斷持續維持高位的的高原（Stock prices have reached what looks like a permanently high pleateau）。更把自己全部財產押在股市繼續上升之中，最終卻一無所有。他在晚年連一間自己的房子也沒有，要靠耶魯大學買下一間房子再轉租給他，好讓他有個容身之所。他一生都未能擺脫破產的影響，並在晚年時貧困地渡過餘生，無法再次東山再起。

為什麼費沙如此富有還進行高風險投機？也許他只是想證明自己是對的，而賺得更多的錢就是最好的證明，去告訴別人自己就是市場的大贏家。人性的貪婪及各種弱點不會因為你聰明透頂就可以消除，這亦是為什麼很多非常聰明的交易者，最終卻在金融市場的博奕當中一敗塗地。過度自信，是投資的最大風險。無論你的投資模型及理論是多麼的堅實，在市場盤面走勢面前其實都可能是不堪一擊。因為只要市場沒有採用跟你相同的邏輯去交易，你一旦用上了槓桿借貸去投機，就可以一次破產。市場永遠只有走勢，沒有對錯之分，投資人對市場的認知如不貼近現實情況，要付出的代價往往非常之沉重。

策略師的角色

策略師扮演投資策略預測者的角色，直接給予投資者資產配置的建議，他們往往並不會直接涉及實際的交易面，即不會像交易員般會真金白銀的進行投資，只是出報告推介交易策略及進行資產配置建議，有點像戰爭中參謀的角色。讀者朋友如果認真地看這本書，應該知道金融市場的不可預測性，而他們偏要擔當預測者的角色，把沒法把握的金融交易預測，在媒體、在報告中公開策略。

可想而知這份工作的壓力十分大，因為策略都往往是公開的或留有文字紀錄，很易被其他人評估到是否有誤，很多時都要把自己的聲譽押注，也不是一份好工作。

誰人須要策略師的投資指導及建議，投資機構有自己的基金經理，基本都有自己的專業觀點，除非有一些很新的觀點及證據推翻了原有判斷，否則不會怎樣參考策略師的意見。最大可能是投資銀行的個人客戶用作資產配置參考 而且大家只要統計一下你認識的策略師的建議，往往對錯參半。大家要留意如果一個有效的交易策略公開給大眾，因為湧入

者太多而分薄利潤，往往不會有太高的回報。隨時別人早已部署完成，就差要找多點接盤俠過來推高一下以完成策略。所以個人投資人對接觸到的免費投資建議必需小心使用，吸取其中的養分但必需保留自己的判斷，因為免費的東西，往往是最昂貴的。

經濟分析對投資決策的有效性

　　經濟學在解釋事物運行上很有解釋力，經濟量化模型也會幫助政府決策者理解某項政策對經濟指標的預計影響。把經濟學用在預測長遠經濟走勢及股市走勢卻是有心無力，因為同時影響經濟及資本市場有大量因素如市場信心等不可預先量化卻對經濟表現具關鍵性影響的因素。所以有人打趣說如果你找10位經濟學家作預測會得出11個不同的答案，雖有點誇張但事實卻真的如此，你看看不同銀行及投行的經濟學家對市場利率走勢的報告便知道了。倫敦大學政治經濟學院（LSE），對數十年來英國政府做過的經濟預測曾經做過統計，大多預測都是上一年經濟較好就預計來年也差不多好，經濟學家的計量模型預判往往是滯後於經濟危機的發生，當真的有危機出現時才急急隨真實變化而向下修訂預測，其實多數情況下經濟學家事前完全沒有辦法預視經濟危機的出現。有多少經濟學家敢在2007年中預計2008年有嚴重經濟衰退，如果有，我信相同一位經濟學家會在往後的年分不斷無中生有地天天預言經濟衰退，你跟他的分析去進行交易只有自求多福了。讀者朋友，那些經濟計量模型最大的功用是用來做學術的，不是用來做交易的。

　　經濟學家在資本市場的角色就像古代帆船站在船頂觀察臺上放哨的水手，他們不時會對資本市場這艘大船發出警訊。雖然經濟學家高瞻遠矚，不過千萬別以為他們也是交易場上的好手，他們只是扮演危機預報者的角色。如果投資者完全聽從經濟學家的風險預報建議，對過熱的市場進行放空，不知道交易者要破產多少次。因為過熱，可以變成非常過熱，再變成沸騰。1996美聯儲主席就提出當時股市可能出現非理性繁榮（Irrational Exuberance），實際上要到2000年股市泡沫才出現爆破調整。

基本面估值對實際股市盤面產生影響的時間滯後太嚴重，很多時根本無法作出有效交易。所以有經驗的交易者不會傻得純粹因為股市或個股的估值過高而放空股市，最多先撤離市場不參與。因為他們深明箇中危險性，不會胡亂跟市場作對。

　　我最初開始投資時仍有大量經濟學知識的包袱，總是認為某項因素如加息預期的因素變化會對市場有特定影響，但投資結果虧損連連，在檢討虧損交易時才發現問題所在。我認識到如果自己想在金融市場生存下去必需先拋棄大學時代所有經濟及金融學對市場的所有認知，重新檢定什麼的理念是合適當下的市場。拋棄所學知識重新再學習，是一個非常痛苦的過程。你幾乎懷疑已學會的一切看似專業的技能都是毫無作用的，要虛心的接受市場老師的真實指導，不再執迷於自己的錯誤認知之中。對數據的過度信賴是經濟學家型交易者的心魔，這只會誘使你建立瘋狂交易頭寸的狂徒，你確信市場走勢是錯的，而且錯得瘋狂，也許你的分析真的是對的，只是市場在如你預期的暴跌之前先來個持續時間及幅度令你意想不到的大升浪，一旦在錯誤的時間用上了錯誤的交易頭寸，無論你贏了多少次，最終慘敗的命運往往早註定。因為你的命運在你信奉經濟數據或預估模型作決策的第一筆交易時已經被決定了。不理解市場，而相信自己的經濟或投資模型是智慧型投資者的重大風險來源。

　　經濟學分析用在投資上的最大真實幫助是看到如資產泡沫等危險是否存在的，卻沒有辦法判斷危險爆發的時間以及下跌幅度，用在交易盤面上沒有太大的參考價值。因為在經濟學家判斷危機會爆發之前往往先出現強勁上升，並且持續一段你想像不到的時間。即使危機真的爆發，下跌也不是如許多人心中所想像的直線式進行，而是不斷有猛烈的反彈，跟進放空的投資者可以短時間內損失20～30%。許多人只知道2008年都爆發了特大的金融危機，股市大跌，卻很少人提到其實整個2008年的巨額跌幅主要分布在6個星期的時間內，全年其他46個星期的市場交易狀態主要呈上下波動，而不是一直下跌的。在2008年中在大部分時間作日內或短線放空一樣可以虧損連連。即使是深陷危機的2008年10月分也可以出現單週15%的升幅，以為在熊市中放空股票可以輕易賺錢的人就大錯特錯了。

　　市場只有交易出來的行情與走勢，從來沒有對與錯之分。堅持認為市場走勢是錯誤，代表投資者只認同自己的觀點是絕對正確的想法，是極度危險的一種偏執想法。我年輕時也受一些投資書的影響，誤信逆勢投資可成大事，以一已之力建立跟市場走勢相反的倉位同市場作對，最終虧損連連形同自殘。投資大師在書中總是說得不清楚，他們當時必需確認週期尾部，而且市場開始調整，盤面對他們開始有利，才嘗試捕捉市場逆轉趨勢，而且必需做好逃生計劃，因為每次市場真正大逆轉時多數伴有強勁反彈，而且也甚有可能出現判斷錯誤被停損。這根本不是適合正常大眾參與的交易策略，卻說得好像輕而易舉，一切在事前就在掌握之中。如果股市交易有那麼容易，你跟我都不用工作了，問題是你想想，你賺的錢是誰虧出來的？很多時你視股市為提款機，市場卻視你為一棵韭菜而已。

　　多少投資者以基本因素分析市場後，認為目前有機可乘，最終被市場殺個片甲不留，巨虧出場。比如你認為市場暴跌恐慌時買入，認為市場已經嚴重超賣，是近年低點的買入機會。用了槓桿借貸衝入市場，卻先遇上近十年最大跌幅力量，帳面出現大幅虧損要在最低位去槓桿平倉。2016年初A股出現很難事前預計的二次探底行情，借貸撈底者很可能要停損離場。你總不能事前知道下跌會有多深，當被迫要在最低位減倉或平倉時，那種看到隧道出口的光芒卻沒法走出去的痛苦絕非筆墨能形容。

　　2000年初時美國科網爆破，納指從最高點4800點附近大幅下跌了40%，當大部分人預期市場會繼續一瀉千里，首先迎來的卻是在同年5月至8月間指數大幅反彈上升了近30%，最後在9月分才開始了二次暴跌，納指最終用了一年時間由4000點暴跌至2001年9月的1200以下。這種暴跌前強烈反彈的熊夾行情（Short Squeeze）可以輕易把放空交易者夾至重傷甚至破產。

　　如果你在2018年尾跟從許多投資大師建議放空美股，你會獲捕了12月分一波近15%的特大下跌行情，但市場卻並沒有如許多大師預期那麼樣出現終極下跌，而是出現快速反彈，不用3個月內完全收復12月時下跌的部分。美股市場的最大莊家美聯儲改變了貨幣政策預期，暫停了加息的步伐，大幅提震了美股及全球股市行情。中美貿易衝突風險的緩和也有

一定正面影響。面對新的因素改變你必需快速自我修正，認為自己的觀念是絕對正確並堅持己見，是非常危險的投資行為。不要盲目堅持原有的觀點，投資市場的唯一不變的定律就是不確定性永遠存在，只有適者生存（The Most Adoptive Alive）是資本市場不變的法則。

股票市場技術分析

技術分析其實就是一種利用歷史股價波動去推測未來股價變化的分析方法，並沒有什麼複雜或神祕的技術在背後。相信技術分析有效性是假設股票價格波動會不斷用相同或相似的歷史形態重覆發生。可是交易價格的真實波動往往沒有跟從歷史發展，而是出現了一些新的形態。但我們不能否認參考圖表在輔助交易判斷上仍是有一定的參考價值，只是不應該當成唯一的交易根據。

有關技術分析的書籍多不勝數，比較著名參考書有約翰‧墨菲（John Murphy）的《金融市場技術分析（Technical Analysis of the Financial Markets）》，另外馬丁‧J‧普林格（Martin J.Pring）的《技術分析解釋（Technical Analysis Explained）》也是很暢銷的參考書。我曾經有考慮過本書中不加入技術分析部分，後來想了想如果缺少了去談技術分析，就好像投資分析學習的拼圖中缺少了一大塊，會有嚴重缺失，就放棄了移走的這部分念頭。我在本書中加入了技術分析的環節並不是我對那些圖表形勢及指標有什麼創新性發現，這部分的內容在許多投資書籍分析都能見到。我只是擔心一些沒有深入理解技術分析的讀者，要麼直接無視，要麼迷信其中。所以我除了簡述一些重點，會把注意力放在應用技術分析的考慮要點與限制性，避免大家拿了一些技術分析書就以為自己撿到了武林祕笈，希望幫助讀者理解市場預期變化與技術形態的一些關係。

技術分析的技巧被認為可以在不同的市場應用，比如分析股票的技術分析技巧也可以應用在期貨市場、外匯市場。不過讀者必需留意實際交易上純粹使用技術分析的風險非常大，單一技術指標的準確度往往不足

45%，即是你看到一個技術形勢跟進獲利概率跟擲銅板決定買賣沒有太大分別，混合指標應用只會給你無所適從的交易訊號。而且跨市場的技術分析應用風險更是非常大，因為嘗試跨市場交易的初級交易者根本不知道不同市場盤面的差異。你必需非常熟悉你所交易的市場特性，以技術分析去輔助判斷市場的情緒及盤面狀態。如果以為學了一些技術分析之法便以為自己可以縱橫各交易市場的朋友，估計最終都要付上高額的學費。

其實當一個市場內相信技術分析的投資者越來多，就會有更多投資者因為技術指標被觸發而引起相似的交易，從而令技術分析的參考價值變得越大。比如許多交易者會同時觀察股價有否突破阻力，在突破時大量人類或演算法交易一湧而上，做成價值快速上升，直至新的阻力價格出現。又例如交易者以市場的相對強弱指數（RSI）跌穿30為抄底入市指標，當市場真的運行至30附近，大量抄底買盤就會因技術指標觸發而進行抄底交易，並且真有可能形成底部。這種現象可稱為技術分析的自我實現。

技術指標只是一種觀察市場運行的手段，其有效性視乎市場中有多少參與者相信並作出交易指令。但如果市場上有其他因素限制了交易者的行為，比如趨勢交易者在前一輪的市場波動中爆倉被抬離場，令信奉技術指標的交易者比例減少，又或市場上有新的重大負面消息出現令下跌幅度遠超預期，令原先在投技術指標附近抄底的投資者受到重創，甚至出現不少槓桿投資者被強制平倉，令市場有大量不問價錢不理指標的強迫性賣盤，技術指標便會在該等時間徹底失效。

市場上交易者持有不同的交易理念，才能保持市場上有買有賣而不是一面倒的交易行為。如果市場上的大多數交易大多根據某些量化或技術指標，市場的交易行為就會趨同，市場上數量甚多的活躍交易者會同一時間進行相同的行動，快速消耗量化或技術信號能產生的獲利效果，甚至可能出現上升過猛嚴重透支股價的潛在升幅，沒多久又出現快速下跌的市場洗牌行為。所以有時依賴技術分析進行投資會產生一些交易訊號的陷阱。

投機原理

在詳細解釋技術分析以及對沖交易概念之前，交易者必先要對金融投機交易（Speculative Trading）這概念有所理解。對衍生工具及對沖原理不太認識的讀者，在本書較後的章節會對期貨及期權等的市場風險對沖工具有較深入的解釋。金融市場內的機構性投機者如對沖基金不等於我們傳統認知上的賭徒，而是專業的金融市場統計學概率遊戲的賭徒。他們只有在預期概率對自己有利時才去交易。

投機交易指可以使用任何可交易工具，包括股票、期貨、期權、任何金融交易合約等進行交易，不太理會市場的基礎因素，只以預期能獲得盈利（Positive Expected return）為交易判斷的交易行為。投機行為是推動短線交易以及對沖交易市場的重大驅重力量，沒有了投機者，市場的流動性就會大幅減少，你想賣也未必賣得出持股，因為你很可能會找不到交易對手。

投機絕不適合大部分的個人投資者，因為沒有長期交易基礎，時間也不是你的朋友，更多時更像純粹的賭博。投機的老手會盡力站在統計學概率對他有利的地方進行投機，控制單個項目的最大損失。而股票新手只會在市場上亂試手氣，有時連幸運暴利、自我膨脹認為自己是投資大師。如果新手認不清獲利的隨機性（Randomness），誤信自己是交易戰神沒有及時收手，最終的結果當然只會是本利歸還給市場，這不是會不會發生，而只是什麼時間發生。因為你不知道當前市況預期盈利概率早已不是站在你投機的方法。

投機者獲利的三種法則：
1) 贏多於虧
   投機交易的平均贏利率比虧損率高，每筆盈利金額與虧損金額相當，預期投機回報是正數。

2) 贏大虧小

　　投機交易的平均贏利率和虧損率相同，但平均每筆盈利金額比平均每筆虧損金額高，預期投機回報是正數。

3) 一舖翻身

　　投機交易的平均贏利率低於虧損率，但平均每筆盈利的金額遠比平均每筆虧損金額高，預期投機回報是正數。

　　即使專業的投機者有時也不會掩飾其實他們投機行為就是賭博。但跟賭場中的大眾賭客的預期盈利率多是負數不同，投機老手只會選擇預期賺錢概率較高的項目。所以如果市場的交易成本如對沖成本上升太快，投機者就會考慮中止交易了。有時如果市場的波動率上升太快，投機者判斷賣出對沖工具（期權）有利可圖，他們可以立即由風險保險的買家化身成風險保險的賣家，並不拘泥於原先的部署。

　　我不得不提醒讀者許多投機老手的戰法是先以資金拆成不同的小占率，並以每筆相對總本金不大的資金對不同金融工具進行交易，以較高的交易頻率獲取概率上的預期優勢獲利，而絕對不是孤注一擲。投機者知道每筆資金也面臨巨大損失風險，有時要對賭成功也要靠事情是否如預期概率發生的運氣。其實一般個人投資者千萬不要想賺投機這些痛苦錢，因為緊貼市場行情投機是很累人的，天天浪費時間看盤面，K線一條又一條移動，一天可能只有半小時有行情，有時幾天、幾星期也沒有行情，望住多個監視器看住毫無意義的上下波動，感覺就是在浪費生命。而且虧損也是兵家常事。時間又往往不是投機者的朋友，如購入認購期權等衍生工具時間更可能是你的敵人。學習這些複雜的金融交易及投機技巧已經很難，更難的是真正的投機經驗是必需由真實交易痛苦地累積。

　　雖然投機者看似在市場上沒有創造任何價值。但是投機者也是市場參與者的一部分，他們在市場上逐利的行為增加了市場的流動性，減低了金融工具的買賣價差。沒有他們存在時市場上就會缺乏交易對手，有時你想對沖風險也未必找到賣家。只是如果一個市場只有短線投機者沒有長期投資者，交易市場就會變成一個短線交易零和遊戲的大賭場。

技術分析與超額獲利

　　如果市場上大部分交易者都不使用技術分析，而根據技術分析信號交易卻能在該時段產生較佳的獲利，就可能被少數的技術分析者分享。在數十年前的股市交易圖表分析並不普及，因為當時須要人手按每天的股價進行繪圖，必須要用上較高的製作成本，獲得圖表資訊的，要麼是投資大戶或機構投資者，個人投資者沒有多少能參考圖表，投資大戶就可以利用圖表的資訊優勢去作更有效的評估其他交易者的部署，利用圖表可以獲得一定的交易優勢便可以被理解。但時而今日資訊如此泛濫，任何人在免費的網站都可以輕易獲得大量精準的圖表，配合數以百計的技術指標進行分析，想利用圖表分析獲得超額收益就會變得異常困難，因為你懂的別人都懂得。

　　在人工智慧活躍於市場短線交易分析的時代，任何技術指標在主要股市指數及個股中出現超額收益都會被電腦分析系統輕易發現並加以利用，超額利潤很快就會被榨乾。當你辛辛苦苦分析圖表，精研數十年的圖表形態，到你交易實際應用的時候可能就發現賺不到利潤了。市場每天都是有升有跌，任何技術指標都會不斷的出現有效獲利或錯誤虧損的結果，很多人十分容易找出利用技術分析獲利的案例，不過同時也很容易找到虧損的案例，只是書中沒有一一提及。一個有效根據技術分析指標的投資組合不只須要獲得正的預期回報，考慮到交易的手續費成本，技術指標投資組合正的預期回報應該要高於同時間買入並持有策略（Buy and Hold）的投資者才有參與的價值。

　　美國在2009年開始近10年的大牛市中，買入後長期不動持有的回報已經非常豐厚，不用看盤也不用付上交易成本。而在市場不斷炒出炒入的朋友有多少可以打敗標普的回報？更不用說打敗納指了！在牛市中安心賺市場回報（Beta）已經很可觀，往往大勝於頻繁買入賣出的交易者。所以市場有價值投資大師巴菲特、有宏觀策略相機裁決交易大師索羅斯，卻找不到一位單靠技術分析身家上百億美元的技術派交易大師。不過技術分析對我們判斷盤面還是有其實際參考價值的，不過大家最好不

要幻想就憑這些簡單技巧就以為自己可以打敗市場了。

　　要評估技術分析是否能獲利，我們要運用投機獲利的概率原理，如果一個技術分析指標組合能在最近一段時間獲得超額收益，很多的量化交易者的自動測試模型應該會發現並加以利用。當太多交易者採用同一策略交易就會把原有的獲利可能迅速吸乾，令策略快速地變得無效。沒有任何單一技術指標是長期有效的。很可能會經歷有效→無效→再次有效的週期。有時當策略交易者放棄使用時又變得有效，這種有效性非常隨機，所以運用技術分析的交易者很難在一個牛熊週期內順風順水。往往會突然出現持續策略失效的劇烈虧損狀況。

　　管理百億美元級數的投資大師沒有誰是純粹依靠技術分析獲得業內名聲的，一個也沒有。規模較小的中小型資金有可能獲得超額回報，但資金量一增大則無法有效管理，因為市場上留給技術分析的超額回報空間及持續時間並不多。你可能根據技術分析大賺一把，卻沒有可能長期內持續獲得厚利，除非同一市場內數以千計的機構交易者的自動化交易系統都是故障或沒有自我學習功能的。用同等的數據及人工智慧策略模擬想獲得超額收益的難度，就好比你在中學數學測試在使用計算機計加減數想長期高分過旁邊的同學。如果看看量化及技術型投資的美國期貨管理基金（CTA）表現，你會發現表現最佳的往往都是迷你型基金，一般規模連1億美元都沒有，許多更只有不到1千萬美元。一年回報超過150%也不出奇，往往3年不發市，發市抵3年，這往往是以年度50%以上最大基金淨值回撤做代價。其實許多CTA基金未等到發市，已經中道崩殂，投資策略在某些持續時間因市場環境不合適而出現重大虧損就須要解散基金了。

　　而且超低概率事件是真的會發生，1987年10月美國單日下跌超過20%的股災（超過20個標準差的不可預期意外事件）前所未見，但往後30年卻再也沒有發生過第二次這種單日暴跌式股災，連發生一天收市時10%跌幅也沒有再試過。只有再試過一些快速閃崩但收市時的下跌仍低於10%。歷史只有相似性，並不會完全重覆地發生，投資者只能參考歷史形態的發展，卻千萬不要盡信。正如1987年的單日暴跌也是史無前例的。

不過對於股市短期的盤面分析，或者沒有資產性現金收益的市場，如黃金、石油等商品市場，技術分析指標仍是重要的參考，只是我們使用時必須要清晰認知技術分析只是投資決策的參考因素之一，而不應是你入市交易的唯一原因。

市場預期與道氏理論

百多年前有份創立美國道指股票指數的查理斯·道（Charles Dow）被譽為技術分析之父，他在1900年前後在有份其創立的華爾街日報撰寫一系列有關於股市觀測的文章，形成技術派投資者熟悉的道氏理論原型，其核心概念是股市每天看似無序波動的背後隱藏市場總體趨勢變動，投資者可以對趨勢的變動進行分析並得到交易上有參考性的指引。道氏理論至今仍影響著很多投資人的投資決策行為，當中有很多關於趨勢、支持位及阻力位元等理念在交易市場上廣泛被投街派投機者應用。道氏理論中的阻力支持位其實也有行為金融學的支持。如果一個高價位之前有很多投資者被套，升到該價位前便會有大量沽盤想平倉拿回本金，形成股價上升的阻力。作為趨勢判斷的工具技術分析仍是有其交易的參考價值。

道氏理論認為市場趨勢分為幾種形態

主趨勢（Major Trend），以年計算的主要市場變化，比如美國在2009年開展的大牛市仍未結束，主要股指由低位上升了3倍以上。主趨勢出現時指數會在主趨勢線的上方運行。參考圖中的上升預期反轉形態，當主趨勢結束時，股價會處於趨勢線的下方，並以股價下跌後反彈的高位無法突破上次的最高位，再次掉頭下跌確認主趨勢結束。

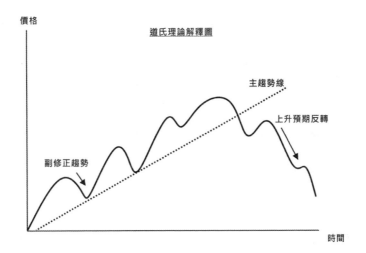

道氏理論解釋圖

副修正趨勢（Correction）以月計算的中短期市場修正變化。如果主趨勢是上升之中，當上升幅度較大時，因為有一些交易者會想先行賣出獲利，所以市場往往會在上升一段時間後出現技術性修正式下跌，或稱為技術性調整。

每日波動（Daily Flucation），以日計算的的短期波動。市場的日內短期波幅往往是難以預測的，因交易者的隨機買入或賣出而沒有明顯的形態。我曾經浪費大量時間去觀察不同市場的日內波動，在多數時間你並不能得到什麼有效的交易訊息。你可以很容易在日內波動中獲利，也很易出現虧損，只是這種隨機性令我們難以有效事前分析，觀察日內波動並嘗試據此交易沒有太大的意義。大量的自動化交易系統會利用任何統計學上有價值的日內波動變化去獲利，一般個人嘗試參與其中估計粥水都不易喝到。

道氏認為個別股票形勢主要有收集、拉升、派發、下跌等主要階段。這個觀測直至今天仍適用於很多個股的走勢解釋。除非有趨勢反轉的信號確認，否則趨勢仍未被推翻，這是判斷上升或下跌趨勢的一個重要參考。不過道氏理論在描繪市場中短期走勢方面提供不了太多的線索，而且事前也無法判斷高低位，只能等市場形成了新低反彈，才能找到擬似底部形態，並須要更多的時間去確認走勢。到你確認了走勢時市場往往已經不再便宜了。道氏理論在實戰中只能作為一個參考。

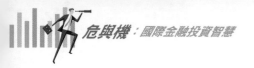

常用圖表技術分析工具

前面提過其實使用技術分析在配合基本面分析時還是很有其參考價值的，不要盲目相信技術，否則會變成了市場上的技術陷阱點心而已。因為基本面看到的交易因素，最終也會反映到價格走勢（技術面上），如果盤面一直不配合基本因素的推測，我們就要重新評估基本面的分析在當前市況的有效性。可是技術指標的數量數以百計，不是用得越多指標越好，有判斷價格的指標才重要，我挑選幾個最常用的指標給大家參考。

K線圖（陰陽燭）

K線提供每口的開市、最高點、最低點及收市價4大資訊。投資者可以使用K線圖去判斷短期的市場氣氛。K線圖對長期股價走勢沒有太大的預測能力，只有一定的方向性及支持阻力位置的參考價值。

陽線

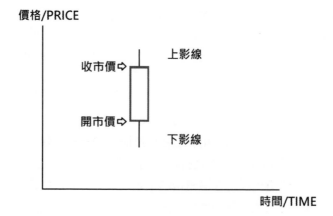

　　紅色（或空心）的陽線代表開盤價比收盤價高上升，當天開市時買入的投資者有帳面利潤。上影線頂反映最高價跟收盤價的差距，上影線越長代表當天較多高位買入的投資者對比收市價有帳面損失。下影線長代表當日最低價與開盤價的差距，下影線越長代表股票當天出現過較高賣壓，股價曾比開市價大幅下跌，不過其後收復失地並拉回升。較多低位買入的投資者對比收市價有帳面利潤。

　　在一段時間內，超過60%交易日出現陽線，而且交替有出現大陽線（日內上升1%或更高），這代表市場的買入力量相對比較強。許多資金在開市後持續進入，如果整體交易價位水平持續上升，代表跟進獲利者眾多，賺錢效應較強，市場保持較佳的投資氣氛。單獨的陽燭沒有太多參考性，要以盤面一同分析。如果在上升趨勢，打開三個月至半年日線圖上，最近期的一只大陽燭（單日1.5%升幅以上）底部是很強的撤出參考點，因為受市場氣氛旺盛後追逐的投資者都出現了帳面虧損，再次上升的賣壓就會大幅上升，阻力重重。

陰線

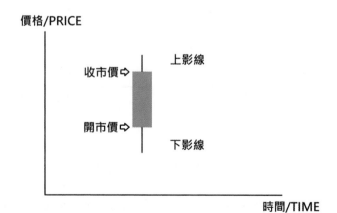

　　綠色（或實心）的陰線代表收盤價比開盤價低，當天開市時買入的投資者有帳面虧損。上影線頂反映最高價跟收盤價的差距，上影線越

長代表當天較多高位買入的投資者對比收市價有帳面損失。下影線長代表當日最低價與開盤價的差距，下影線越長代表股票當天出現過較高賣壓，不過其後收復部分，到收盤仍處於帳面虧損狀態。

同樣在一段時間內，超過60%交易日出現陽線，而且交替有出現1%代表市場的買入力量相對比較強。許多資金在開市後持續進入，如果整體交易價位持續上升，代表跟進獲利者眾多，賺錢效應較強，市場保持較佳的投資氣氛。單獨的陰燭也是沒有太多參考性，要以盤面一同分析，日線圖上對上一只大陰燭（單日1.5%）的頂部被升穿時有可能代表趨勢反轉開始上升。投資者可考慮是否買入，空頭要考慮平倉。

三連陰／三連陽

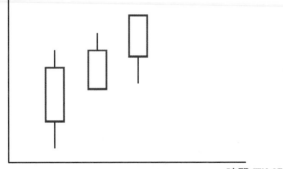

圖表中連續出現續陽線，代表市場氣氛非常好。每一交易日的日內交易收市價都比開市價高，而且每天的收市價都在上升之中。但投資者亦要留意一旦這動能減弱，此等升幅就會無以為繼。遇上一面倒拉升買入的市況，大家要留心短期市場的購買力量是否已被消耗或透支，即是所有想買入股票的交易者早已滿倉持股，如沒有更進取的交易者跟進，等待高位進入交易者的只是市場的沽盤湧現而已。所以高速上升的市況之中，交易者往往會參考最後一支大陽燭的底部才為賣出指引。因為這代表大量在最

後一個大幅上升的交易日後追入的投資者都面臨帳面虧損。如果一旦跌穿此位置，就會形成一定程度的賣壓。交易者往往會選擇先撤出再觀察。

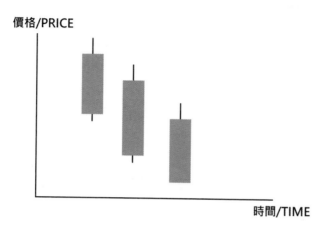

三連陰或多連陰，代表市場氣氛非常差。每一交易日的日內交易收市價都比開市價低，而且每天的收市價都在下跌之中。投資者使用時要留意下跌力量有沒減弱或止跌跡象。在大盤市場比較少出現連續幾天的大幅下跌，投資者要留意下跌有可能是透支性下跌，即市場上出現過度恐慌。放空投資者必需小心，市場透支性下跌後出現劇烈反彈。在2018年2月的美股急速調整到了第三天的下跌就已經見底了。1987年10月的美股大暴跌，也是一天就跌到底部，再也沒有什麼下跌空間。選擇在市場出現恐慌時才跟進放空的投資者都很易受損。

如果市場企穩底部重新回升，我們會以升市場價上升並越過第三條陰燭的頂部作為市場企穩的參考訊號。而且如果在底部運行的時間越長，拉升的參考性越高，因為在底部入市的投資者都能獲利，而且代表上升時賣壓不大。但我必需提醒投資者在下跌市況中股價往往非常反覆，經常上升一會又再尋底，往往會多次嘗試尋底又多次出現拉升。一旦股價再次上升後又再跌穿連陰的最低點，看好股市會見底回升的投資者必需小心考慮是否須要撤出市場，因為穿底後就沒有了參考位置，虧損可能很兇險。所以一旦跌穿此等關鍵位置，就會形成相當大的賣壓。交易者往往也會選擇先撤出再觀察。

＋字星

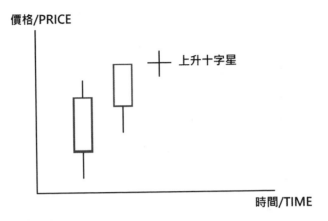

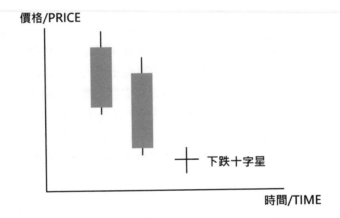

　　十字星代表該交易日買入股份的多方與賣出股份的空方在當天勢均
力敵。很多書本說上升時出現十字星代表轉勢下跌可能性增大。如果在
上升趨勢中有十字星出現，代表市場有較大的整盤壓力。如果下跌的升
趨勢中有十字星出現，代表市場的賣壓在當天出現放緩。我在十字星圖
形上吃過不少虧，以為真的見頂或到底了。大家必需警惕出現十字星可
能是上升途中休息一下，轉頭又再升。或者下跌的停頓之後又再跌。單
獨的十字星不能提供很有價值的資訊，必需參考其他因素作綜合判斷。

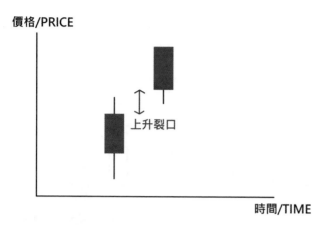

裂口

　　裂口代表市場在開市前受到強烈的基本或盤面因素變化影響，在開市第一口價已比昨天收市價出現大幅上升或下跌。裂口有分為上升裂口或下跌裂口。上升裂口代表一開市時想買入的投資者已急不及待以大幅高於昨天收市價的價位追入股票，而已經持有股票的投資者沒有大幅想獲利拋售的力量，引起開市價格能大幅上升。下跌裂口的原理相同，代表一開市時想賣出持股的投資者已迫不及待以大幅低於昨天收市價恐慌地賣出股票，而已經持有現金的投資者沒有大幅想抄底買入的意欲，引起開市價格大幅下跌。

　　裂口回補是指當市場裂口上升後，市場維持在高位一段時間後無以為繼，下跌並低於裂口的起步點。一旦裂口被回補，短期上升的力量就會受限制，因為裂口上方的所有新買家都面對帳面虧損。看多投資人往往要考慮是否須要平倉，以免面對進一步的損失。

K線圖的使用價值

　　K線圖是幫助我們瞭解當日及近期市場交易狀況的有用資訊，比較

多用作短線交易參考用途。如果做長線的投資者少看K線反而更好，因為K線圖中發出的買賣訊號陷阱太多。你看盤面連續出現大陰燭陷入一片恐慌，過兩天市場又生龍活虎來個大陽燭上升收復下跌幅度。有很多炒家用K線圖布陷阱令其他投資者入圈套，例如假突破阻止等你追買入，或假跌穿支持令你恐慌賣出。

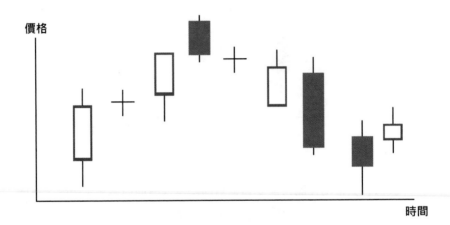

把K線圖中的每天收盤價連起來，就是我們平日常見的股票價格走勢線性圖。而且提供開市、收市價及最高、最低價資訊，對短線交易而言比傳統股價線型圖更有參考價值。尤其是市場出現爆升時，移動平均線非常滯後當前市價，以裂口或最近一條大陽燭底部作撤出參考點。一旦市價低於最近出現的大陽燭底部，這代表最近追入的投資者都出現帳面虧損，短線交易者會有很大的停損壓力。

但是K線圖最大的缺陷在於無法有效預測未來走勢的形態，長線走勢的判斷能力非常低。但觀察一段時間如半年的K線圖表，你就可以參考當時市況下買賣雙方的氣勢。K線圖有時會清楚告訴你現在是牛市或熊市，因為在大牛市熾熱階段中較大比率會見到較多代表上漲的陽燭，出現代表大跌的大陰燭比例會較少。如果一段時間內持續出現較多陽燭，代表投資者積極日內買入。大熊市來到時經常出現長長的綠色陰燭，賣壓強勁，持續下跌很易判斷。但是一去到橫行震盪市K線就沒有用了。

有時如果出現價格抬升的陰燭，可能出現了有投資者拉高出貨格局，投資者就要加倍小心。還有一種牛市多長陰的說法，尤其是牛市初期時參與者的信心不穩，總是害怕會重回熊市，望住上次市場形成的最低點不寒而慄，大幅下跌時立即跳車逃生，形成長長的下跌陰燭。當市場發現沒有太大的後續賣壓，投資者又再次重回市場，展開快速修復行情，這就形成了牛市初期的形態。如果及牛市接近到頂階段，大家都很恐慌見頂下跌，又不捨得放棄眼前升市，投資者的心理比較脆弱。大家都不知道哪裡是頂，無論是2007年還是2015年的A股在見頂前都出現過數次較劇烈的大調整。反而牛市中段如2017年連一次像樣的強烈調整也見不到，市場的波動性會比較小。

　　K線圖用在日內交易亦令投資者較易觀察到日內趨勢高低點，判斷支持及阻力，做短線交易時很難不用K線作參考。不過真亦假時假亦真，這就是短線市場零和博奕的難度所在。日內交易者不少用5分鐘或1分鐘圖作即市的盤面參考，而期貨市場因為要迅速應變參考最多使用的是1分鐘圖。有時個股的大戶有時會刻意製造技術形態引你買入。我在利用技術分析時交過很多沉重的學費，大家一定要小心應用。不要迷信任何必勝技術形態，你必需有自己的個人判斷，謹慎評估當前市場況是否適用。

移動平均線與趨勢分析

　　移動平均線非常簡單易用，只是把過去交易日如最近20天的成交價取其平均值建立參考點，把不同時間的參考點連起來就成了移動平均線。移動平均線反映了一段時間內交易者大概的平均持貨成本，對實際交易決定最大價值在於評估同一時期的交易者較多處於帳面盈利還是帳面虧損。盈利者多，投資者的風險承受能力會較強，他們通常越戰越勇。當時價持續低於移動平均線，代表虧損者眾多，持續時間越長他們的心靈就會越來越脆弱，逃生意識越來越強，甚至成為驚弓之鳥，一有技術賣出訊號便集體逃生，引起短線暴跌。

日內交易形態

日內交易主要參考，1分鐘及5分鐘移動平均線，並留意交易量的變化。日內交易多出現在期貨市場或採用T＋0交易的市場如港股及美股等。投機者進行日內交易，無異於賭博，因為趨勢跟蹤賭的就是市場的走勢會持續，但問題是市場走勢往往並沒有連續出現。我們難以事前預測，日內形勢在統計上也沒有多大的意義。這是一個多花100年時間也做不好的事。如果要你玩擲銅板遊戲，估中答案的概率是50%，你把這些擲銅板的結果連成交易圖表，去估計將來的擲銅板結果，是毫無意義的。我對投資者的建議是遠離日內交易，對沒有辦法去累積經驗和能力的投資形式，最好一開始就不要參與。如果你不幸獲利，能中止你繼續交易的只會是巨額虧損。投機者遇上巨額虧損被抬離金融市場場可能只是什麼時間會發生，而不是會不會發生的問題了。

短線交易

主要參考當日的價格與短線移動平均線 10天、20天線等的變化。股價升穿及保持在移動平均上方繼續持有，跌穿或跌穿某百分比平倉停利或停損 一般短線交易不會參考25天以上的平均線，因為如果要捕捉短期行情滯後就會很嚴重。實際應用時股價跌穿20天後往往又再升彈，但在大牛市中仍可捕捉到某些波浪。利用移動平均線交易，在市場平靜時難以獲得很有價值的判斷，只有大型趨勢市才有參考價值。

其實短線交易的邏輯主要就是追漲殺跌。偶然有些交易者喜歡逆向投資，真是初生之犢不畏虎。如果市場總體是上漲，只要一次判斷錯誤逆向投資就可以引起非常巨大的損失。比如放空了股票卻遇上股票大升被強制平倉等。專業的投資者也沒有多少個是以放空獲利的，因為長期而言被抬離金融市場可能性非常高。大家不要看到什麼交易大法就胡亂嘗試。

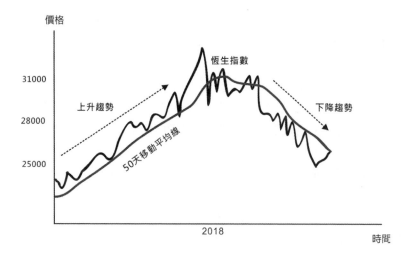

中長線交易

　　50天、200天線等歸類為長期移動平均線。持續向上升即是上升趨勢。長線移動平均線主要用來判斷現在大市是處於長期上升趨勢還是下降趨勢。如上圖恆指在2017年的大升浪中，股價一直高於50天平均線，只是偶有輕鬆觸碰。在牛市中逢低買入的策略往往是以移動平均線為標準，並可以最近一個支持位作停損參考。當市場一段時間出現無法突破高位，移動平均線轉平，就要小心市場很可能出現轉勢。在下跌趨勢形成後，指數往往升至50天平均線後就無力再升，直至市場尋底過程完成，下跌趨勢最終出現逆轉。

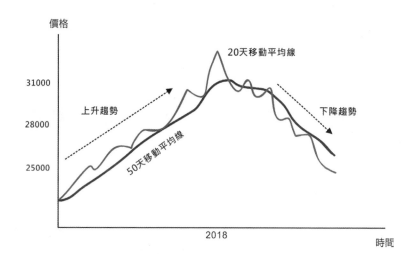

　　在實際的股票及大盤分析，並沒有一個很有效的移動平均線組合可以及時發出買入買出訊號。有一些書會建議A股投資者20天線升穿50天出現黃金交叉，並以20天線跌穿50天出現死叉為賣出訊號。用在2017年香港股票大牛市看似有點用。其實是因為把時間拉長，實際在出現20天線碰到50天線時港股已自高位下跌了接近10%，投資者要損失了3,000多點後才開始停損，其實在跌市時的滯後問題十分嚴重，很多時要忍受8～15%跌幅才出現賣出訊號。而賣出後市場卻出現了反彈，令投資者無所適從。所以只有在單邊升市出現時，移動平均線才是好的交易參考。

　　同樣原理，由於A股的波動比較快，很多時股價觸及50天線已經很滯後，賣出訊號出現時已大幅下降，除非市況改為慢牛，否則參考價值不大。如改用20天線就會出現頻繁的停損，很難以此作獲交易訊號。美股由於波幅較小以50天線升穿200天線為黃金交叉，同樣道理，50天線跌穿200天線為死叉作為賣出訊號。這方法應用在美股納指2016年5月出現買入至2018年11的賣出訊號，中間不做買賣已可以獲利40%多一點。這策略的操作看似非常簡單，訊號出現後一直持有就可獲利。可是這方法只有幾年中遇上大牛市的一陣子有效，其他時間錯誤連連。往往買入訊號出現不久就大跌。而且大多數移動平均線雙交交易訊號出現時市場早已上升或下跌多時，買與賣都進退兩難。不過在美股中如果一些股票上升比較慢如每年波幅15%，股價跌穿200天線是很強的賣出訊號，就盡量不要碰這類股份了。

　　我再次提醒讀者A股由於波動比較大，移動平均線發出的交易訊號滯後得很嚴重，只能作有限度參考。不過在大牛市中你會看到股價一直遠離長期平均線，如果你用日線升過20天平均線一直持貨，並以跌穿20天線平倉中止交易，在2015年A股大牛市用作波段交易效益很好。但在其後幾年，20天線只不斷錯誤發出買入或賣出訊號。所以投資者要不斷定地考慮當前市況合適的參考指標，不要因為以往用這一方法獲利就認為可長久使用。

支持位及阻力位

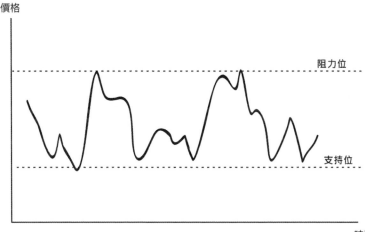

　　股價久攻不上某一價位,在該價位附近買入出現帳面虧損的投資者就會累積,當股價上升至再次接迎阻力位時就會出現賣壓。市場必須要新的力量去突破該位置,令賣壓減少。如果股價被一些資金以短時間攻破阻力,並且在一般時間沒有跌回去,股份就算企位並突破成功。原本有賣出的投資者就會選擇觀望,看看股價能夠再上。投資者要留意如果股份最終看似無力上升,許多投資者會選擇在之前的阻力位上方附近賣出股份欲避免再次陷入帳面虧損,形成股份很快被賣壓再次跌破阻力位,形成典型的假突破現象。

　　同樣地如果股份出現賣壓後下跌至某一水平後不再下跌,想逢低收納的投資者就會在低位時亮出買盤,形成阻止股份進一步下跌的支持位。當市場在暴跌後,估值變得吸引人,而且形成了支持位。一些長線投資者就會考慮緩步入場,嘗試在較低位建倉。當然若股份再次跌破支持就會進行再次尋底。A股在2018年就多次跌穿各種支持,最終在12月形成階段性底部,並開始反彈。底部是事後才知道的,事前我們只能觀察,並按自己的風險承擔能力去考慮是否進行較低位建倉稱為撈底的交易,這是一項高風險和高回報的交易策略,因為當市場陷於恐慌時底部可以完全不合理,並不斷創造近期歷史新底,實際操作時心理壓力其實很大,遠沒有你事後看圖表得出結論那麼簡單。

阻力位變支持

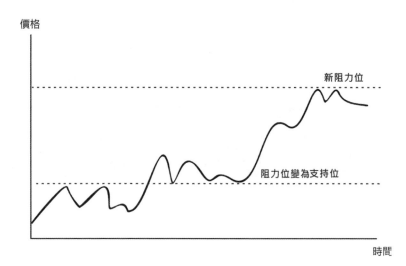

如果股份上升並突破了阻力位後，出現一定的獲利投資者想賣出股份的回吐壓力，引起股價出現一定下跌，稱為技術性調整。如果股份在上次阻力位附近出現買盤支持，上次的阻力位就會變成新的支持位。市場如果守穩，許多參與者就會預期價格可以更上一層樓，直至遇上新的阻力位或股票突然跌穿原有支持位令上升形態中止。

上升軌及上升通道

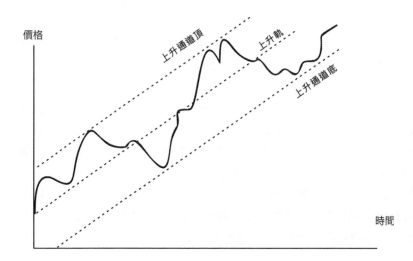

從圖表中，股市起步最低點開始把每個股價調整的低位連結，便會形成上升軌，再把同一時期的每一次拉升的最高點連成一線，便形成上升通道。在真實的交易時，上升軌應用在熱門個股中也有其參考價值。因為很多市場參與者會同時應用此圖表方法，市場走勢往往很神奇地沿上升軌及上升通道移動達半年之後，也許這是技術分析的市場自我實現，即是相信技術分析的市場交易者眾多時，令交易訊號能驅動真實的市場交易形態。

下降軌及下跌通道

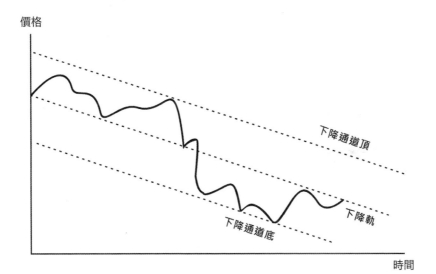

把整個圖表由最高點開始連結每個反彈高位阻力點，便會形成下降軌。如果我們再把同一時期的最低點連成一線，配合之前畫好的下降軌，便會形成下降通道。在真實的交易時，一旦陷入熊市，市場大幅下跌出現反彈後往往到達下降軌附近時會遇上很大阻力，因為很多投資者都想趁反彈浪時以稍高的價位逃離股市。很多時候市場往往連下降軌的底部都能快速擊穿，所以熊市時下降軌的參考價值較差。

特定圖表形態分析

　　除了趨勢線，很多時候市場還會走出幾種常見的短線圖表形態，也有一定的盤面參考價值。但必需留意很多時候形勢是事後才能看到。尤其是市場的底部，是由市場交易出來，而事前是不可以預測到的。預測絕對底部對投資者的實際操作並沒有太大的增值，因為我們沒有任何工具可以事前判斷出市場內所有力量交雜下的準確交易結果。投資者真正要考慮的是現價是否吸引，有沒有長期投資價值。如果決定介入，決定用多少資金進行參與，以及後續的交易計劃。股價走勢雖然不能給我們明確的判斷，但是一些走勢其實一定程度反映了市場主力的交易活動和行為。投資者可以利用此作短期交易參考。當然投資者亦要留意這些走勢會否是主力設下的圖表交易陷阱。

　　觀察短線的日內交易，市場拉升後可能出現三種不同形態：

價格有效拉升站穩

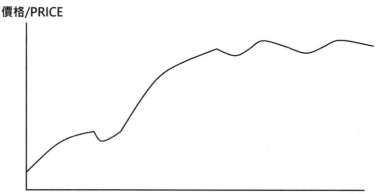

　　股價上升，並在高位成功整固，沒有遇上重大回撤。主力往往會利用掛出買盤營造氣氛，並用資金以盤面中的賣盤價追入貨，只要引起市場上其他交易者的起哄，大家爭相入貨，價格就會被抬升，並吸引到各路資金跟進買入。如果氣氛夠旺，甚至一天內可以翻起超過一次大升浪，變成浪接浪上升，而且賺錢效應強，差不多大多的跟進交易者都能獲利。

價格無效拉升

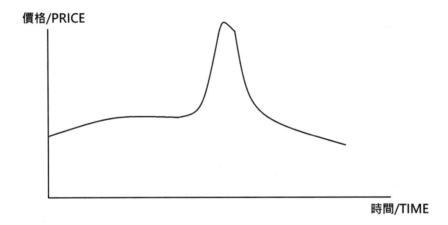

　　主力交易者嘗試推升遇到重大阻力放棄行動，或者受交易員的烏龍指錯誤下單等因素影響等市價出現短期爆升後，快速後繼無力，並遇上重大回撤。由於回撤過程太快，之前拉升的交易者快速蒙受帳面虧損。很多時候回撤的幅度甚至會大於上升幅度，引起價格出現下降。賺錢效應弱，只有在主力拉升時快速賣出的交易者有利可圖，其他跟進行動的交易者大多出現帳面虧損。

價格在拉升後抬級下跌

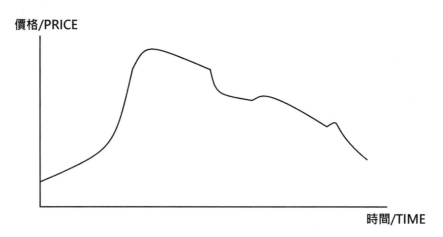

主力嘗試拉升，但拉至高位後有一定的阻力，但賣盤的力量不算大，主力會嘗試控制賣壓，慢慢地賣出持貨。由於主要的持貨其實在拉升前已累積，只要股份價格緩慢下降，其賣出的平均價仍會遠高於其買入價獲利。有時候主力也會嘗試使用裂口上升，只要開市的第一口價大幅高於昨天的收市價，股價慢慢跌落的過程已經可以成功比買入均價高而獲利了，使用裂口抬價比起盤中拉升消耗的資本較少，但是主力用上裂口拉升出貨前必定於前一個交易日已經買入足夠的股票，你如果在裂口抬升後才跟進買入其實未必有什麼短線獲利空間，反而很易成了短線接盤俠。

中線階段性見頂形態

尖頂

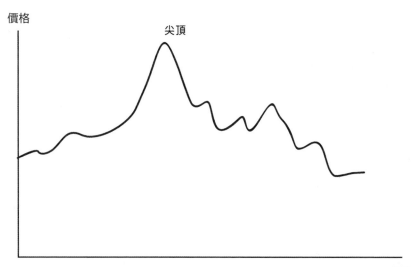

尖頂代表股價受短期力量快速推升，令股價短時間內劇烈上升。當此等短線買入力量完結，市場交易價格就會快速回落。在熊市中亦有可能出現一些放空盤交易者緊急平倉（俗稱軋空倉，Short Squeeze）的強制性買盤形成尖頂。當市場於在一段時間內都無法再次突破價格頂峰，形成一個明顯的尖頂形態。其實尖頂跟無效拉升的形態很像，只是尖頂多是以日線圖作觀察，而無效拉升多用來觀察日內交易。

雙頂

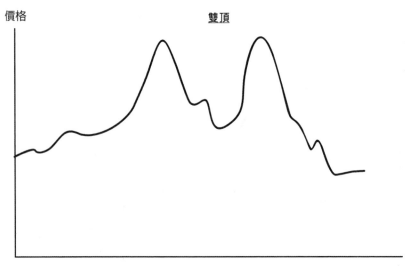

當股價升至高位後出現一定的市場沽盤或獲利回吐盤，出現技術性調整，當股價回落至一定水平後，引來不少趁低吸納買盤及之前高位賣出的資金抄短線底部進行波段交易，當股份由一批預期目標價較低的投資者換到另一批預期股價更進取的投資者手中時，股價再次出現回升。但是第二次上升趨勢去到上一次的高位附近無法突破上次高位，這代表市場上有較多的投資者缺乏信心，把賣盤安排在上次高點附近，形成巨大賣壓。市場再次下跌後形成雙頂，如果市場嘗試沖頂的次數較多可能出現三頂等多重頂現象，視乎市場能否突破新高。

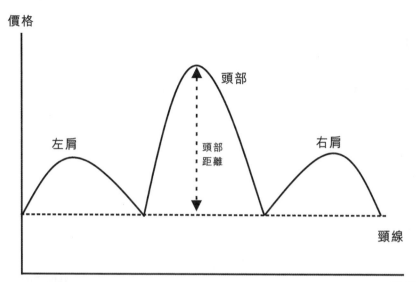

頭肩頂

頭肩頂是一個典型的階段性見頂形態。圖表上先出現了左肩,然後價格突破新高出現頭部位置,市場價格遇上阻力再次回落至頸線附近有買盤支持。市場再次嘗試破頂,但無法成功並掉頭下跌。最終出現右肩形態,代表市場的氣氛開始逆轉,很多投資者預期價格在一段時間內難以上沖。市場上升的趨勢跟古時的兵法相似,總是一鼓作氣時最強大,然後就會再而衰,三而竭。一旦下跌的預期形成市場就很難在短期內再次組織進攻,因為之前高價追入的投資者出現帳面虧損,拉升時的賣壓會相當大。除非有大資金拉升迅速突破阻力位,令想賣獲者看到強勁勢頭時變成觀望,才有可能扭轉下跌趨勢。

對個股而言,出現頭肩頂形態後除非有重大基本因素或政策性改變,否則很難短期再次拉升。股價跌破頸線時會出現賣出訊號,投資者要考慮是否賣出持股,估計下跌幅度以頭部跟頸線的距離作推測。要注意此形態只有在大型趨勢市中才較有參考價值,在小波幅的市況中並不適用。

下跌形態

緩慢下跌

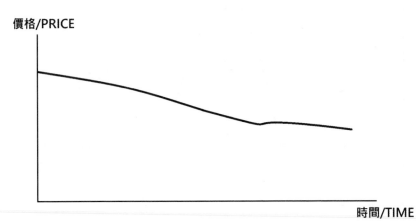

緩慢下跌是一種溫水煮蛙式的下跌，每天下跌的幅度都不大，賣壓不強，但卻沒有明顯的反彈，毫無起色。投資者必需小心長期持有緩慢下跌股份，總損失也可以很大。

震盪式下跌

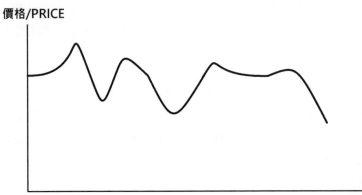

震盪式下跌多出現在股市自高位下跌後的狀態，每每下跌一會兒又再出現強勁反彈，但始終未能突破最初高位，每次在阻力位前就掉頭下跌。如果久攻不破，市場上的買力就會減少，更易出現較大幅度下跌。

過度超跌

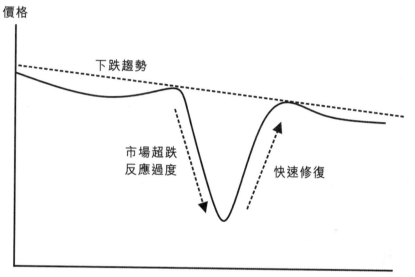

過度超跌指股價受到一些恐慌性因素影響而在短時間內出現劇烈下跌，然後市場開始自我修正。通常回升至之前的高位附近會有一定賣盤出現，形成阻力，要多花一些時間才能再次突破。

裂口低開

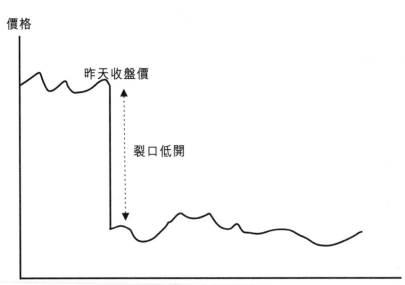

價格

昨天收盤價

裂口低開

時間

　　裂口低開指市場受重大因素影響而出現開市價大幅低於昨天收市價的情況。許多公司公告了不及預期的財報後就會出現裂口低開，如果用線性圖顯示就會如上圖般出現直線下滑。前面提過出現裂口時K線圖就會觀察到兩個交易日的價格出現明顯距離。由於昨天以前買入的短期投資者全部都出現帳面虧損，賣壓沉重。除非有新的因素出現，否則股價不容易在短時間內被拉起並突破昨天收市價。

中線階段性底部的形態

V型底

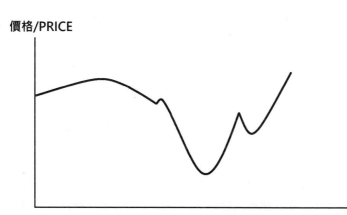

價格/PRICE

時間/TIME

　　V型底指市場先出現急跌，形成短暫的底部後，出現價格快速拉升。首次出現V型底時我們無法判斷會否出現二次或三次探底。V形底是一個事後的概念。V形的出現並一次見底通常是拉升的因素被投資者廣泛認同，比如政府以資金救市，同時央行有貨幣政策配合，一旦拉升因為買入資金面已改變，很難再跌回去。大家可以留意一下急跌後形成了底部，當反彈時會有二次探底現象，當二次探底後股價仍沒有跌穿上次低位，更多的投資者就會有信心買入，並以上次下跌的最低位附近作停損參考，市場交易者都熟識這種圖表形態，如市場形成了交易的共識後較易形成後續升浪。這種形態在一些市場趨勢反轉時比較容易觀測，當然市場出現三次探底或等情形也是可能，而且也可能出現後續反彈力度有限的情況，實際操作時仍是非常困難。這亦是我並不鼓勵圖表交易的原因，因為你長時間分析掌握的方法用在當下市場仍很可能是錯的，我們在事前無法確定任何事。

W型底

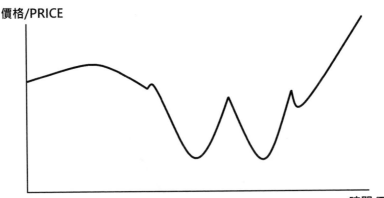

市場先急跌，形成短暫的底部後，出現價格快速拉升。卻後繼無力，並再次回到此次交易價格的低點，但守穩了低點並快速拉升。通常沒有太特別的基本面改善下，市場在價格拉升後對後市的看法分歧比較大。拉升不久無力再上又開始下跌。市場要自行守得穩底部並再次拉升，更多的參與者認同短線到底部已出現，在基本面沒改變時，二次探底拉升時是很好的技術訊號。但投資者必需小心不要在市場仍下跌時追入，因為無人事前知道市場的絕對底部在那裡，一旦市場信心不足，跌穿之前的底部再次下探，就會引發大量資金跟隨，引起再次急跌，抄底投資者有資金被套的風險。

估值修復行情

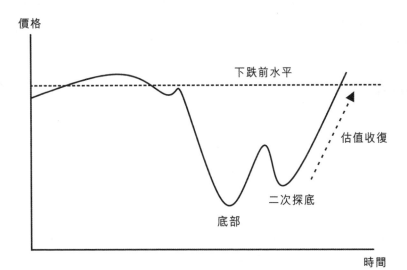

　　當市場出現大跌後估值偏低,長期投資者會開始入市。市場形成一個底部,但投資信心仍弱。見底回升後不久又再次下跌,不過二次探底的底部比上一次提升了。大家就會對市場已經見底形成更大的共識,當市場第二次拉升時。投資者往往就要持有至價格回復到下跌前水平附近,等待市場完成估值修復。跟V型底最大的分別是二次探底時間較長並更接近上次的底部,當市場再次上升時往往朝下跌前水平進發。

L型底

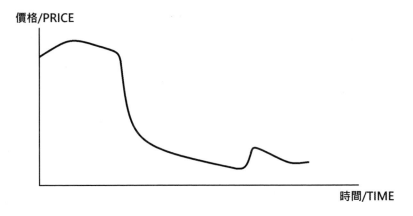

　　市場下跌後沒有再升回來，要等待市場新的力量出現，如果市場估值已經非常低殘，投資者可以考慮是否開始建倉。如果下跌是因為之前的估值已非常高，現在估值只是返回正常水平，你就很難期待股市可以反彈回之前的泡沫狀態。

圓底

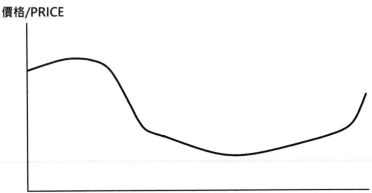

　　圓底是指市場到達底部後不再下跌也無力反彈，在長時間交易後形成一個近似圓形的底部。對整體市場而言，只要公司的盈利有上升趨勢，總體的估值水平就會不斷改善。如果形成底部的時間越長，確認見底的可能性越大。

頭肩底

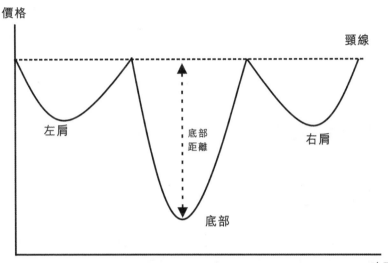

價格

頸線

左肩

底部
距離

右肩

底部

時間

　　頭肩底也是一個典型的階段性見底形態。圖表上先出現了倒轉的左肩，然後價格破新低出現下跌的頭部位置，市場價格開始反彈並再次上升至頸線附近有明顯賣壓。市場再次嘗試尋底，但並無出現新低。最終出現倒轉的右肩形態，代表市場的氣氛開始好轉。股價升破頸線時會出現賣出訊號。要注意此形態只有在大型趨勢市中才較有參考價值，在小波幅的市況中並不適用。

　　上述的圖表形態只是一種很印象式的參考，事實上圖表的形態真亦假時假亦真，沒有太高的準確度。投資者使用時只應用作有限度參考，而不應直接以圖表形態為交易根據。

觀察成交量變化

　　很多投資者也會觀察每天成交量的變化。成交量較高代表市場人氣旺盛。市場緩慢下跌兼成交量低代表市場了無生氣。投資者要留意成交量上升是較易營造，因為只要用不同戶口同時買入及賣出，基本只會消耗一點交易手續費就可以完成大成交現象。

但成交量低迷則必然是市場自我反應，沒有可能做假，因為主要市場參與者無法操縱其他散戶不進行交易。所以一旦個股了無生氣，投資者應考慮遠離該等股份，因為缺乏流動性的個股會缺乏機構投資者參與，股份往往長期低沉。偶然有短暫拉升，往往還是後繼無力，投資者應該要小心。

技術量化指標分析

相對強弱指數（RSI）

相對強弱指數是一個簡單易用的測量市場走勢強弱指標，其運作原理是比較一段時間的升跌幅以分析市場多空雙方的力量均衡。RSI 的最大值為100，最低為零，以50為中性位置，即買賣多空雙方形成均勢。

RSI主要採用14天或9天作為主要測量時距。
以14天為例：

$$RSI = \frac{14天日內的上升平均數}{（14天日內的上升平均數＋14天日內的下跌平均數[絕對值]）} \times 100$$

如果，
14天內股價上升交易日的上升幅度平均數為80，
14天內股價下跌交易日的下跌幅度平均數為20。

$$RSI = \frac{80}{（80+20）} \times 100$$

RSI = 80。

RSI低過30代表市場可能出現超賣，投資者過度悲觀。逆向投資的投資者可考慮是否抄底買入。RSI高過70代表市場可能出現超買，投資者過度樂觀。逆向投資的投資者可考慮是否須要賣出。如果去到80代表極度超買，去到20代表極度超賣。

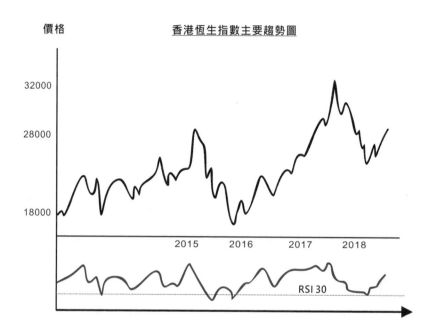

但RSI在實際使用時有很大的風險。如果大家對股市變化進行觀察，RSI跌到30附近多有反彈，RSI升過70後往往有調整。但RSI是不能量度下跌或上升的幅度，實際使用時最大的缺陷是市場在下跌的過程中可以是超跌完再超跌。經歷過2015年大跌的交易者應該對在2016年2月那一波的再次下跌有很深刻的經歷。在15年底時很多指標都顯示市場超賣，很多有交易經驗的老鳥也入市抄底，市場真的迎來了一小波的反彈。令人意想不到的是2016年1月分國際很多市場上也存在熔斷機制，即交易異常時在一定時間內暫停交易等市場修正。，解釋交易盤面時用過的2010年的美股閃崩例子，就是被美國股市的熔斷機制暫停市場後，當日出現強勁修復反彈的。沒有想到當此機制引進A股出現嚴重的水土不服，令市場出現大幅下跌，而且最可怕的是越跌越深，RSI到了35，可以再跌到30，然後再跌到25。誰能告訴我們那兒是底？RSI有時令你獲利連連，卻會在市場一面倒大跌或大升的情況下令你犯錯泥足深陷。

指數平滑異同移動平均線（MACD）

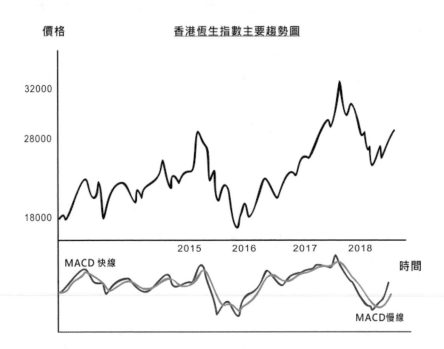

香港恆生指數主要趨勢圖

指數平滑異同移動平均線（MACD）是一個交易者很常觸到的交易指標，亦有不少的自動化交易系統會參考MACD的變化而構成交易訊號。但是MACD發出錯誤訊號的次數亦相當多，只有如大牛市或大熊市中出現明顯的單邊行情，MACD才能發出較準確的買賣訊號，在區間波動市中，MACD的錯誤連連，參考此指標作交易根據很易虧損慘重。

指數平滑異同移動平均線（MACD）由兩條不同時間長度的平滑移動平均線（EMA）的價值改變演化而成。平滑移動平均線（EMA）會將過去某特定時間內的價格取其平均值，此平均線的計算比重以平均線的時間長度設定，愈近期的收市價因為對市況影響愈重要，所以在平均線中的比重會增加。如較前時間的收市價數據沒有明顯移動再加上權重較低，對平滑移動平均線的影響就會較少。

MACD其實就是透過量度兩條指數移動平均線，比如最常用的12天

移動平均線259股票投資EMA（12）和26天移動平均線EMA（26）的差距，找出股價變化顯示的趨勢性改變以及評估市場上升動能。

　　除了直接用在圖表分析上，MACD也可以採用差離值的數量分析。由於非常容易由電腦識別及發出交易訊號，所以很多入門的量化交易者都會不斷以MACD作為量化學習的重要基礎指標之一。

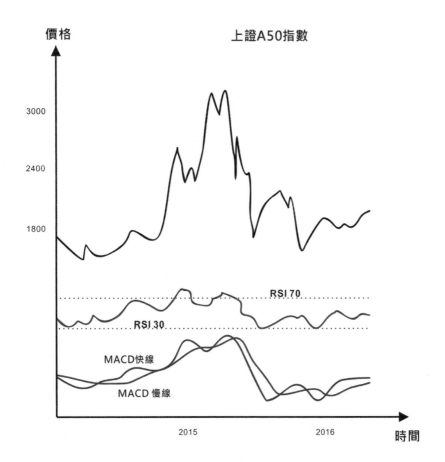

　　我們以2015年A股急升時的上證A50指數作參考。以週線圖來說MACD在波動市中經常會發出訊號，如果在單邊市況中波動不明顯，MACD就會產生較佳的效果。在2015年大升市之中，其實回撤也是經常發生，所以使用MACD也會出現多次停損的訊號。只有單邊上升或下跌時MACD才能有效發揮預測效果。RSI在低位反彈看似有點參考價值，但

如果有二次下跌，RSI低於30以下買入也不代表不用虧損。而如果RSI在升至70後賣出，你應該在上證50指數上升的初段已經賣出，後面絕大多數的升浪與你絕緣了。其實技術指標有的有效性很一般，投資者只能用作參考而不應作為直接交易根據。

差離值（DIF）

差離值（DIF）是以EMA12數值－EMA26數值。如果不斷加快上升中，DIF就會一直升，但當升幅減速，就算股價仍未出現明顯下跌，DIF已經會一直下降，甚至降至零以下發出賣出訊號。相反地，如果不斷出現恐慌式下跌，DIF就會一直升，但當跌幅減速，就算股價仍未出現反轉上升，DIF的負值已經會一直減少，甚至重新上升至接近零附近發出買入訊號。其實差離值等於零，就是剛剛好MACD的快線跟慢線相交的一點。

觀察市場上升形勢的動能變化是很有趣的，即使是一直是上升的指數形態，看上去每一天都是上升的形勢，可是每一天額外上升的速度其實不斷改變。往往當上升動能減弱時才去跟進買入已經無太多的獲利空間。MACD就可以幫我們去觀察這種變化。MACD聽上去很神奇，實際用上來，時而獲利連連，時而虧得慘不忍睹。最關鍵的是對市況的判斷。是不是大型趨勢市，事前誰也沒有絕對把握。所以這不可以算是很有效的入市指標，在不同市場的測試中，往往命中率不高，但你打開一下2007年、2015年的A股、2018年美股的納指，MACD是一個似乎非常有效的交易策略，應用MACD在2015年A股最後一浪上升，DIF明顯由正數降到零及負數是2015年6月15及16日，這差不多是準點發出賣出訊號。

這其實是站在事後的角度看MACD在2015年A股高點發出了準確的訊號。但如果A股當時未到頂，而是再多一個升浪才停，你就會怪責MACD在6月時發出錯誤的訊號令你過早出清持股。因為在上證指數大約3,300點時MACD亦出現過一次賣出訊號，4,500點左右又再發出賣訊號。實際上利用MACD你可能發現在世上沒有絕對準確的指標，只有事後人人都可以扮交易大師。有一點必需提醒讀者，MACD用在股指的訊號有參考價格，但用在個股上須十分小心，由於個股股價易被人為干擾，往

往有時市場會出現假MACD買入訊號，但你入貨後卻發現中伏了，根本是一個圈套。另外由於參考MACD的交易者太多，容易引發羊群效應。一旦大家一同採用相同指標發出逃生訊號，隨時出現暴跌行情，你不一定能在有限損失下賣得出個股。因為A股可以出現跌停，美股、港股等可以是裂口低開或日內劇烈滑價。

而且MACD經常被批評是一個滯後的指標，必須要股市下跌一定程度才能觸發，尤其暴升市時DIF值是較高的正數，如突然遇到壞消息市場出現急跌，DIF往往須要遇到連續幾天急跌後才能跌到負數發出賣出訊號，你可能已經輸到兩眼發光了。在2015年5月28及5月29日，A股曾在兩個交易日內大幅調整達10%左右，而MACD仍是正數沒有發出賣出訊號，如果你在5月參的最高位附近買了股份，等到MACD發出賣出訊號時才賣貨估計已損失達15-20%以上。

如果你把MACD跟市場指數的3～5年長期走勢作比較，有時可能很驚訝地發現訊號在某些時段的準確性。當市場單邊大升或大跌初時MACD有時真的會發出訊號，並在一波主要行動差不多結束時MACD又會發出賣出訊號，看似預測能力簡直接近完美。其實你忽略了大量MACD在其他時段發出的錯誤訊號，在單邊上升或下跌的大行情出現時，MACD發出的訊號總是對的。而在其他時間，尤其是波動市，則經常是錯的。但你怎能事前知道這段時間是波動市還是單邊市？當然事後看圖表時一定知道當時是什麼市況，在當你實際在場內操作時，MACD發出訊號後準還是不準，你什麼把握都沒有，只是時間過去後你才知道自己是遇上了波動市還是單邊市。比如在2015年中的A股或是2017年的美股，遇到了單邊市大賺時當然要逢人說項，認為MACD是神指標。如果在2013至2014年用MACD在A股交易，估計早已因錯誤連連而氣得把技術分析書銷毀，然後跟週圍人說技術分析都是騙人的。許多投資書上只是很機械地提供你指標的形勢及使用方式，卻很少提及技術分析指標的各種應用陷阱，沒有經歷長時間市場實戰洗禮的交易者是不容易掌握的。這就是為何我在書中一再提醒讀者學習到任何指標或分析工具時也不可以盲目相信，必需先作一定的實際觀察及測試才開始用作交易參考。

有些交易者會利用技術指標如前面章節中提及的RSI、MACD，或移動平均線等等的變化觸發交易訊號，並以電腦進行量化交易，由電腦自動作出相應的部署去捕捉市場機會。但是到目前為止的實證研究判斷，技術指標的準確性不高。往往是一半時候是對的，另一半時候是錯的。交易者很難依靠技術指標去長期獲利，要視乎市場中其他交易者是否也一致地根據技術指標進行交易判斷。而且也要視乎當前是趨勢市還是震盪市。必需提醒大家，投資指標是經常地出現隨機有效的情形，即是打開交易圖表很易找到有效的技術指標案例，卻同時可以找到大量技術指標無效的案例。初學者總會以為自己如入寶山中，找到發財的真諦，可是應用起上來卻被左右打臉。只建議把技術指標作交易參考，而不應成為主要的交易判斷。

技術分析的限制及陷阱

技術分析因為簡單易學所以市場上大行其道，由於使用技術分析作參考的交易者眾多，我們不能否定技術分析對短線市場反應提供的參考價值。很多時普通投資者買一兩本技術分析的書，學了幾個必勝技巧，配合上網看看市場圖表一兩天就可以上手做交易了。我自己最初進入資本市場時，亦買了大量美國、中國、香港等地著名的技術分析書進行學習，書中提過的技術指標過百個，學習的時候看著書中案例頭頭是道，進入實盤交易時狀況百出，虧損不斷。其實技術分析準確度一般只有35～55%，提供的交易信號往往是對的，也是經常是錯的，跟擲銅板賭大小的概率差不多。但有些人就是會對某段時間成功預測變化的分析指標深信不疑。打開3年、5年的大市圖表很易發現很多交易信號出現，而且看似跟從交易真的能獲利，可是當你再把時間拉長一點，就會發現訊號錯誤的情況大量出現。大家想想如果資股市交易麼容易，買幾本技術分析書打開K線圖找出訊號，市場上的錢就好像等你來搬走似的，若真有這麼容易，還有什麼人會天天辛勤上班工作，不如都去炒股、炒期賺大錢了。

股市的短線交易是一個零和遊戲，你所賺取的錢必要是別人虧出來的。長期來說股票市場才能反映公司每股盈利，股息水平及市場估值水

平變化（風險喜好程度）。其實你從技術分析學來的本事，早已經被市場交易大戶瞭解並利用。

認識市場預期

市場預期自我實現是驅動短期股票市場價格波動的核心力量。

來到這裡，讀者應該對股票的技術及基礎分析有點基礎認識。我們來認識一些較深入的交易基礎哲學。現在以及將來也不可能有任何理論能完全解釋並能預估市場的變化，因為市場參與者、交易策略及市場預期天天在變。能對市場行為進行局部解釋並提供有限度的參考已經很不錯。股價預測學說其實很像古代百家爭鳴，主流的如有效市場假說、隨機漫步假說、預期理論、反身理論（市場的觀點會自我實現）等等。大家不要執著於理論面，能幫我們應對市場的才是重點。

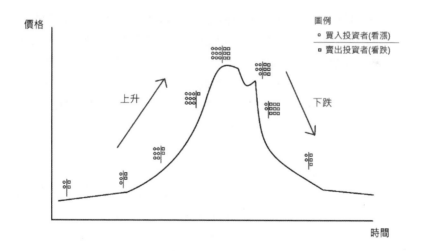

短期內任何正常的資本市場的買入賣出操作已能引起價格出現小幅波動。這種小規模的價格波動會令股價出現隨機漫步式的波動。有時這些小波幅是有意營造的，因為如果主力的機構確定趨勢能引起跟隨者介入，就會有動機在建倉完成後嘗試拉升，測試盤面的沽盤力量。但有時一些投資者的隨意買賣行為也會影響短期盤面。

　　當同一時間有較多投資者對短期趨勢產生較一致的預期，隨機地同時做相似的交易行為，就會形成短期的交易趨勢。在市場上等待趨勢跟蹤交易訊號的交易者就會發現相關訊號，並且會進場交易，形成交易者預期走勢的自我實現。當價值向單邊走向時，更多的傳統網絡及個人社交媒體就會加入報導，更多投資者會察覺到訊號，也作出相似的股價上升預期。如果配合一些如公司業務上升等好消息的出現，即使對盈利的實際影響有限，都會令已持股的投資者更堅定的持股，場外累積了一批等待下跌機會就入市的投資者，價格就更難下跌。更多人確實獲利的賺錢效應吸引更多潛在投資者密切關注市場變化，參與交易的人數就會大幅增加，不斷有場外新資金湧入，趨勢也會自我增強。

　　投資者的最初預期→影響走勢→走勢確認→加強上升預期＝投資者的預期自我實現

　　當公司每季度公報的營運數據都預期較好時，這種預期上升就有實質盈利的支持，只要股價被透支的程度有限，繼續參與者眾多，形成一個巨大的獲益群體，對社會經濟也會有正面的影響。可是如果沒有重大基本因素改變，股價走勢會在上升一定幅度變化後動力自然減弱，股價的升幅減慢，並且出現較劇烈的上升下跌狀況，這是因為大量相信股價仍會上升，和大量預期股價已到頂的交易者在進行劇烈交戰。市場無法突破高位創新高，須要有新的力量才能再次拉升，否則只會有波幅沒有升幅。

　　只要股市升不上去，許多投資者就會失去耐心，漸漸地更多投資者選擇賣出，股價開始見頂，可能會有幾次反覆的破頂嘗試，一旦徒勞無功，市場就會形成更強烈的下跌預期。即使再有反彈，也無法回到上次高位，更多投資者選擇賣出持股，想買入的投資者更少，形成短線劇烈下滑。更多投資者出現懷疑，總有一些提出堅定持股不折騰。更多的就是越來越懷疑，盤面在心理上出現脆弱性。這種脆弱性可能被市場的短期交易行為突然放大，美股在1929年黑色星期四或1987年黑色星期一那種單日大暴跌前夕，並沒有任何重要的新聞資訊出現。在其後很多次的閃崩都是沒有明顯原因便出現下跌。大眾事後急於想尋找下跌的原因，卻不知道下跌本身形成的自我下跌預期就是崩盤的原因。

如果是升市中，市場仍有很強的上升預期，一張骨牌倒下去很快就被後面的牌頂住，不久就被倒推回來。但當市場在高位整盤一段時間，卻無法再創新高，很多的樂觀者就會漸漸變成懷疑者。市場中能頂住波動的骨牌就會一張又一張的變得鬆動，看上去似乎仍只是高位盤整，其實早已脆弱不堪。沒有太多人認為下跌時就是買入機會，更多人在等待下一波上漲就賣出持股。蒼蠅不針無縫的蛋，大崩跌前都不一定有明確的新聞或消息引，但幾乎每次大跌前市場都有投資者對股價繼續上升預期已經變得脆弱的盤面。至少在主要的市場交易者心中出現了對價格能否維持的懷疑，這種懷疑會在市場開始小幅下降時開始加強，一旦市場出現快速下降，懷疑就會被確認，引發不問價賣出的市場逃生行為。再加上強平等盤面因素，心理下跌，變成強利沽盤式

當市場人氣持續低迷時，股市無力大幅升上升，由於市場經歷過大幅下跌，主要賣壓已被消除，如無更壞的因素市場不會繼續走低。可能會形成存量資金博奕的狀態。市場上剩下來的主動式投資者不斷進行市場熱點切換，好像旱季時非洲草原上的小水窪聚集了大量生存下來的動物爭奪有限的水源。

有時消息面或一些政策性因素也會強烈影響市況。如果有巨大的市場事件發生，大量投資者的預期就會在短時間內被改變，交易力量迅間逆轉。比如2008年9月15日雷曼兄弟宣布破產，市場短時間內陷入極度恐慌。大家要留意的不是已發生的事實，而是預期的改變。投資股票是投資未來的收益，過去的收益已成歷史。如果我們只根據事實，如以公司上年已公告業務交易，就好像駕駛時只以後視鏡開車。投資者必需擁有其他觀察能力，去分析去判斷去感受未來的市況的變化。在盤面引起主要市場波動的主要力量就是投資者對市場預期的改變。

市場有一個很廣闊的合理值，美股P/E 12～14倍是合理，牛市時持續在P/E 16～18倍也是合理。我們並沒有任何方法得到確切的合理值。早年曾獲得《機構投資者雜誌》中國股票最佳分析師名銜的張化橋，亦多次在著作表達股市合理值並無有效評估，因為市場可以長期接受偏高和偏低估值。大家要知道均值回歸是一合理的預期，但依靠均值回歸作

交易，最大的缺乏是我們無法預測到發生回歸波動的時間。沒有了時間點的掌握，根本難以作交易決定。在市場較低位置作長期持有可以是一種方法，在較高位時放空是非常危險的行為，故沒有強大的內心與預留充足的投資持有時間不容易從中獲利。

　　瞭解市場的總體預期很重要，投資者原先的預期在一定時間後仍無法實現，市場上的交易情緒就會被新的下跌預期所影響，很多投資者變得沒有信心想賣出離場。觀測市場對消息的反應是一個可以間接地評估市場預期的方法。一個好的消息出現，市場由跌轉升，即代表市場對好消息有反應。同樣一個好消息比如公司的年度業績成長得很好，市場卻不為所動甚而下跌，即代表市場已預計事情的發生，並把利多的因素在消息未發布前計入了股價，這樣好消息被確認後反而有很多投資者選擇趁好消息出貨。因為他們認為股價已完全反映了預期，甚而透支了預期了。市場對公司業績的反應，不是因為新聞報告或大行分析報告分析出來，而是由市場內的交易者用真金白銀交易出來。投資者要留心市場對好的消息有沒反應，如果在熊市底部，比圖表更有價值的是觀察市場對消息的反應，如果市場持續對很壞的消息都沒反應，代表熊市中仍然生存的投資者的持貨能力已經非常強，很可能就離市場的大底不遠了。

股票牛市

　　我們在本書開始時解釋過利率與市場大週期的關係。讀者們現在也有了一定的基本分析及技術分析，以及預期理論的基礎知識後，我們就可以更好的瞭解牛熊週期的交易面變化。我們都知道牛市是指市場在上升的一個過程，市場呈一浪高於一浪的上升之中，每一浪價格的低點在不斷提升。牛市的開始點就是熊市的最低點，因為之後的股價只有比最低點上升，沒有更低了。但最低點是一種事後的概念，對當時交易沒有太大的幫忙。一般動態交易中判斷牛市的技術形態是出現雙底或一浪高於一浪形態開始。A股及香港股市波動太快，用升穿移動平均線測試底部太滯後。美股多用日線升穿200天平均線作評估。留意美國牛市的時間可以達10年以上，而中國A股較常出現只有2年左右的快牛市。

圖表確認牛市的趨勢性上升

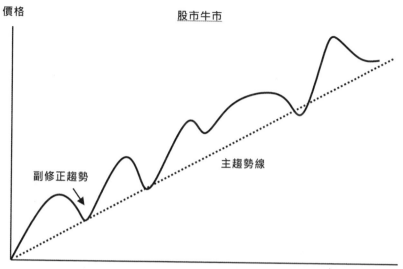

打開5年或8年周線圖表時會觀察到市場處於上升狀態，調整的低點總體一浪高於一浪，連起來形成上升軌，上升軌很少被打破，市場形成較強上升共識。如果在牛市中後段，長期移動平均線持續上移，短期的移動平均線持續高過長期移動平均線，代表市場買力很強，賣壓不大，成交量在市場上升時呈總體上升形態。美股因波動性較低，趨勢持續比較久，亦有不少投資者參考200天平均線是否向上升，並以升過200天線代表牛市開始，並有成交量不斷上升配合。

美股的牛市多誕生在危機後的低利率環境，伴隨信心不斷增加，借貸投資及各路資本開始投入。一開始市場信心仍然不足，升幅往往不大，波幅不高。慢慢更多的資本加入，進入緩升急跌的慢牛狀況。跟進初期牛市的資金很謹慎，場外的投資者很多早已聞股色變，甚至立誓永不入市。所以上升量能不足，在跌跌碰碰中向上升。一旦市場再次較快下跌，部分低價入市的投資者會選擇獲利離場，少數融資盤也會立即逃生。由於低價入市及融資盤本來就不多，下跌清洗一次沒有信心的持貨者，就能吸引之前一直等機會長期入市的資金，你會發現市場很快止跌，但也沒有即時快速上升，這些長期資金並不急於追逐市況。有時市場會再次下跌到上次最

低點附近出現W形雙底，甚至多重底才真正進入拉升階段，之後市場的走勢越來越明朗，更多場外資金因為股價上升而吸引入市。

市場指數不斷上升，直至下一個下跌調整，把一部分缺乏信心或持貨能力較弱的投資者洗走，換上一批更高股價預期，不到價不賣出的投資者。當市場上升去到狂牛階段，股市已經吸引各路人馬同時殺入，股票的換手率會變得非常高。大家想想市場的股票供給總量大致固定，天天有新開股票戶，或買入股票基金的新資金湧入市場。他們只有貨幣，沒有股票，只能用更高的出價利誘現有的持股者賣出心愛的股份給他們，好讓他們能從狂牛盛宴中分一杯羹。一旦市場有震盪，這些投資新手好像終於等到大特賣般，一見價位比高位便宜了就興奮不已，稍為看到價位有止跌後回升的苗頭，立即一湧而上把之前跌出的坑快速填平，出現市場下跌調整速度越來越短，上漲拉升速度越來越快的現像。

MSCI中國指數由2017年頭開始連升了13個月，每一個月的收盤價都沒有下跌。美股在2017年幾乎是風平浪靜的升，投資者坐著不動就能悶聲發大財。這種市況分析跟不分析都沒有分別，敢買就會贏。這是一個勇者的世界，暴走阿叔、廣場舞大媽的股票收益率能輕易完勝股神巴菲特。這時候律師、醫生、會計師、理髮師、菜市場阿姨都在談論股票，連出租車師傅都在聽股票財經報價。再不時聽到某某人發財的事跡跟風開個融資戶口，一百萬本金做滿倉二百萬。滿腦子都是憧憬發財後的日子，想到如沐春風。當大量這樣的融資借貸跑步入場，市場就離頂不遠了。

留意一下牛市中亦有追星效應，如果一些上升中的個股升幅不斷慢於大市，就會被市場遺棄。在牛市中大家都不會有耐心，看看別人家的股一天5%、10%的升幅。投資人只想找到更快的馬車去跑，會很快換出手中跑得慢的個股，尤其基金經理持有跑不動的個股就會跑輸同業，他們往往也是身不由已地去追星。中國移動（港股：941）的股價往往在港股牛市時大幅跑輸大市，有時甚至在大升市中出現小幅下跌，就是因為這種追星效應。

短期股市上升從來不須要理由。市場交易者總是買升不買跌，當

股價上升時就算所買的股票沒有盈利，幾多百倍PE，甚至有沒有業務都不重要。只要價格持續上升，不斷有新買家想買你手中的貨，就是最好的買入理由。因為你永遠在想今天買了，明天能以更高價賣給下一個接盤俠。這種情況會持續直至去最後的恐慌性買入，人們擔心今天不買股明天升更高，參與者都忍不住滿倉操作，省吃撿用把省出來的一分一毫貨幣都投到股市去。等待我們的是股市會在哪一天開始爆破，而不是會不會爆破。要知道短線暴走資金最缺乏耐心，即使沒有下跌只要不再上升，他們也不想持有想立馬換還跑得動的個股，漸漸大盤跑不動了，精明的投資者走了，不再快速升的個股便開始跌了。牛市就真的到頂了。

不過大家亦要留意牛市最高位有時可能維持一段時間，不一定是尖頂式到頂，而可能是先經歷一段時間的高位波動，市場被支持在較高價位，讓部分大力資金高位賣出主要持貨後再下跌。有時這種高位反覆狀態可以維持3至6個月。

牛市中的噴泉熱點效應

一般大型牛市的尾部，交易市場總是非常人聲鼎沸，大量新手投資者抱著發財的幻想衝進股市。市場出現了典型的人傻錢多狀態。這時候大量的錢會依據當天升什麼就去追熱點，由於不同個股的每日交易量不同，流動性就好像噴泉的管道大小，如果有一些流動性較低的個股被一資金熱捧，就好像大量的水要通過狹窄的管道噴出，可想而之可以噴發的力度有多大，股價會出現持續漲停或國際市場中的裂口爆升。投資者會選擇在股份上漲動力減弱時切換到下一個熱點，出現快速的熱點輪換。由於市場中有大量的新手投資者，他們很喜歡逢低買入，感覺曾經到達過的高位股價是如此的真實，只要較低位買入，這個與最高位的差距好像手到擒來，認為市場必然再次帶他們到更美好的高點。他們不理完全不合理的估值，不理市場的動量，心中只有對快速發財的無限憧憬。還認為自己逢低買入是「價值投資」。所以熱點出現後往往不是立即暴跌，而是出現高位盤整波動。更精明的資金早早撤向其他熱點，而

一批新進的投資者決定追入或作堅守。

不過牛市過後，這些熱炒股份的長期持有者大多會經歷暴跌的洗禮，心中只餘下回憶往昔美好時光的感嘆，心中無數次閃過如早知道一早就賣掉那股份的痛苦懊悔，但如果你未知結果，時光倒流一次從回最初下跌時你真心會捨得虧損賣出逃生嗎？你腦海中很可能想明天可能會上升呢，再升一點不用虧本我就賣了。巴菲特對狂熱投資曾經說過一組很發人深省的評論：「交易市場就似上帝一樣會幫助自力更生者。但和上帝不同的是，交易市場不會原諒那些不知道自己在做什麼的交易者。」我不斷強調個人交易者做投資決定時必須要謹慎，因為市場上沒有人會為交易者自己的錯誤行為埋單。

牛市調整與熊市的分別

牛市調整的時間較短1～3個月，跌幅在5～15%左右，回復高位時間多不用6～9個月。熊市持續時間多為1～3年之間，跌幅在20～50%左右，回復高位要2年以上。如果一些特大級別的泡沫市，比如1980年代尾的日本股市，甚至30年後也不能回到之前的高位。

調整市跟熊市在最初下跌時並沒有明顯分別，我們往往要事後才能判斷哪一個是調整，哪一個是牛市的終結。比如2018年2年美股急跌近10%，事後看不過是一個調整，而真正的高位出現在同年10月。不過通常熊市出現前往往已出現一定的高位震盪，除非是很突然的消息及因素出現，否則很少出現牛市高位尖頂後便急速下跌，立即陷入熊市。因為大量看漲的投資者不會那麼輕易就放棄他們的牛市的信念，要經歷一些時間及市場的動盪後，才會有更多的投資者放棄了牛市信仰，決定離開市場，最終形成熊市。對股票牛市運行的形容，沒有更多比投資大師鄧普頓所言更精闢：「牛市總在絕望中誕生，在懷疑中成長，在樂觀中成熟，在興奮中死亡。」

股票熊市

　　牛市到頂後很少出現長期橫行的形勢，往往都是熊市出場的時間。傳統熊市的定義是股市自最高位回落20%以上，便確定進入熊市。

　　通常當牛市最後的買入者發現沒有人比他們出更高價，股價沒有再上漲，但他們相信牛市不會亡，看了心靈雞湯投資書後認為現在是技術性調整（指升幅太急而出現因部分投資者獲利出場的合理下跌整盤）。很多牛市頂部的情況是最初只出現了少幅下跌，卻引起了部分高額融資投機者的平倉接盤俠湧進，但價格再次下跌，更多投資者自願及被迫平倉，一旦市場恐慌情緒蔓延加上趨勢投資者加入平倉放空，高頻交易者因應市場波動中止提供流動性，對沖持貨風險的成本不斷上升，更多投資者選擇觀望，形成了向下急跌的條件。

圖表確認熊市

　　熊市的趨勢性下跌。

　　1年期日線圖表顯示市場處於下降軌，並有多個下跌幅度較大的交易日。長期移動平均線持續下跌，短期的移動平均持續低過長期移動平均線，成交量由較高位開始下跌，換手率漸漸下跌，市場人氣漸漸萎縮。

　　在整體股價開始下跌時，市場盤面中可能會突然出現缺乏買盤卻有排山倒海的賣盤，引起閃崩式暴跌。同時因為有槓桿投資者爆倉，他們的自有資金已完全虧蝕，持倉被證券公司強制賣出以償還借款，由於賣出股份的錢只夠用來償還債務，他們已經虧得沒有本金了被抬離資本市場。即使再有反彈機會，他們沒有辦法參與抄底博反彈了。這時能繼續在市場中交易的資金就越來越減少。市場開始缺乏買盤提供流動性，盤面變得更脆弱，賣壓再出現時便出現整體下跌。

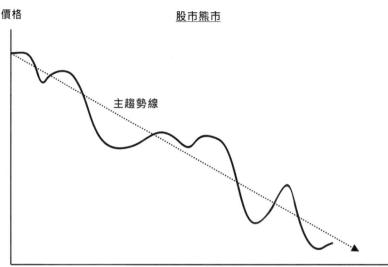

有參與過市場直擊過熊市持續崩跌的投資者都可能會記憶猶新，A股那些跌停板或國際股市上出現的巨幅裂口式下跌，令已持貨沒有足夠對沖的投資者損失慘重。跌停板的基本思考也是多餘，只用等待什麼時候才能開板，看看是否須要開板時當場停損。比較常見的大幅裂口式下跌，由於開市第一口價已大幅低於昨天收市價，最近的買入者帳面已經產生重大虧損，無法像平日正常交易狀況下能在下跌中途賣出持股減低風險部位，已持有股份的投資者必需直接承擔股份下跌的巨額損失。並要在開市後痛苦地考慮是否要割肉求生，還是繼續堅持看看能否反彈，但面對的可能是無底深潭的下跌，尤其是買入了已經被熱炒高高在上的個股，這種賣與不賣的痛苦糾結對沒有投資經驗的人是很難明白的。市場本來就是有升有跌，下跌本身並不可怕，但是持續不斷的大幅下跌，每一次拉升後都站不穩再跌，日內不斷刷新最低價，主要個股幾乎沒有倒外地跌，並以接近全日最低位收市，真的看得令人喪膽。而且往往暴跌後穩定了三數天又來新一波暴跌，急速反彈幾天又暴跌。令投資者士氣全失，這時就形成了熊市暴跌漩渦了。

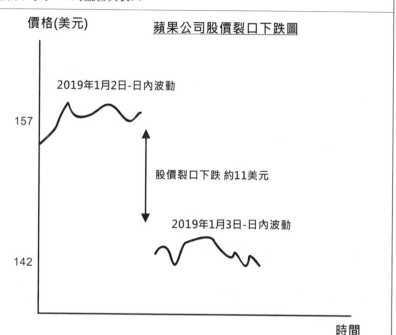

蘋果公司的2019的盈警與裂口

價格(美元)

蘋果公司股價裂口下跌圖

2019年1月2日-日內波動

157

股價裂口下跌 約11美元

2019年1月3日-日內波動

142

時間

股神巴菲特的愛股蘋果公司在2019年初發出盈利修正預警，稱因為中國市場的銷售大幅放緩。公司的業務指引要向下修訂，消息在1月2日收市後發布。1月3日開市後蘋果股價便裂口低開近百分之9，由前一個交易日的收市價154.9開市時下跌至144。雖然盤中有3%左右幅度的反彈嘗試，但仍以幾乎全日最低位近142美元收市，全日下跌了9.96%。單日資本蒸發了700多億美元。並且觸發了美國證監會的限制放空令（SEC Rule 201）。這種多數出現在小型股的放空限制竟然會發生在蘋果這種盈利豐厚，手握1千多億美元現金，富可敵國的公司上發生，不得不感慨世事無常。

滾動式熊市

投資者要留意，不是每一次牛市到頂後都有暴跌，也有可能是緩慢並持續有升有跌的滾動式熊市，只是每次跌的幅度往往比升的多，出現持續長時間波瀾不驚的漫漫熊途，市場人氣漸漸散失。

圖表形態

1年期日線圖表顯示市場處於下降軌。長期移動平均線持續下跌，短期的移動平均不時來回上穿過長期移動平均線，市場價格大幅度來回震盪，而且市場的多頭並未放棄反攻，交易者對熊市的觀點比較分歧。只是交易價格的軸心慢慢向下移，成交量亦一直時高時低。

熊市底部

熊市是自牛市的最高點開始的，之後每一個交易日的最高價都無法再突破之前市場的最高點，市場在下跌的過程中呈一浪低於一浪的下跌，每次升浪價格的高點在不斷下移。熊市底部永遠是一個事後的概念，只有時間可以告訴我們那裡是絕對底部，要尋找絕對底部才交易的人幾乎可以不用交易。因為市場底部多年才出現一次，而且事後才知道。投資者能在相對底部建立倉位，等待數年牛市再來賣出在相對高位，已經是難能可貴了。

有時出現持續市場崩潰的情況往往引起政府或央行短期內去救市，如有，熊市的持續時間會縮短，如沒有政策干預，只能等價格下跌至吸引到場外資金重返市場為止，才能回復有買有賣的交易狀況。如果是滾動式熊市，因為交易狀態正常政府及央行很少會直接干擾，只能做一些供給面利多，如適當減低企業稅項，利用政策鼓勵引入更多長線資金入市。這種慢熊市況由於下跌持續時間太久，要重建信心，總要花很多時間重建。

熊市也有不同的投資機會

熊市相對牛市的價格波動劇烈，而且存在短線暴升暴跌交替。一般美股熊市持續半年至3年左右，A股熊市可達到1至4年。但因為熊市持續時間差距太大，沒有太大交易上的參考價值。有時熊市下跌第一波達到15～20%後可能有強烈反彈，甚至可以接近之前的最高位附近，出現M形頂形態，然後再次下跌，投資者較常以主要市場下跌後出現反彈的最高位，是否低於之前頂部位置並掉頭向下去評估是否進入熊市。因為等到

下跌20%時其實股價已經跌了很多，再追入放空沒有太大勝算。當然如果一旦市場再次上升兼越過之前的高位，我們便要修改對市場是否進入熊市的判斷了。

熊反彈／熊挾

　　熊市中並不是一面倒的下跌，而是會交替出現非常強勁的反彈，有時可達20～40%升幅，這時會令放空股市者出現重大虧損。正常在熊市中，有越來越多投資者相信股價會持續走低，除了已持有大量股票的投資者會賣出持股撤出股市，放空交易者亦可能會進場進行放空交易。放空者相信熊市中股價會不斷走低，先交上一定的抵押金從證券公司融券借入別人手中的股票，在較高價位賣出，等低價時買入補回股票，賺取其中的差價獲利。

　　可是行情總不是跟預期相同，股價可能一段時間內都沒有再創新低。相信牛市未死的投資者仍在，高位賣出持股的投資者現在持有很多現金很想入市再戰，還有高位接貨的交易者想用低價再買股票攤平持貨成本。當各路人馬開始重新入市，股價企穩並拉升，更多投資者加入其中就可能會出現一輪快速上升行情，放空者可能出現極其嚴重的帳面損失，市場稱之為挾淡倉（Short Squeeze）的狀態，如沒有充足的抵押資金放空者可能會被證券商強制平倉，而且當證券行為控制風險強行平淡倉時，往往會以當前市價不斷追價買入股票以完成平倉，做成股價更快速上升。所以別以為在熊市中放空就穩賺不賠，其實也是很高風險的。不過一般這種熊挾行情一般不出兩、三個月便後繼無力，當大家發現行情無法突破之前最高位後又再次調頭下跌。

　　阿里巴巴自2018年中210高位下跌，1月分已跌至130的底位，股價跌入熊市區。創2017年中以來最低位，如果你認為阿里巴巴的股價夠殘，嘗試放空，等待你的很可能是極速停損平倉。阿里巴巴股價在2019年1月4日收盤大升7%，空頭奪路而出。不過讀者要留意阿里巴巴股價的升幅是

在交易時段的首個半小時完成，之後追入的交易者完全沒有日內獲利空間。熊市中的波動往往就是如此的快速，令人難以跟進。而且很易做錯決定，無論是買入還是放空，都很容易被觸發停損，還很可能出現多空雙殺的雙向波動，前一天大升了2.5%，後一天就可以倒跌3%。交易的感覺就像賭場押注買大小，沒有什麼分析可言。做對了的人會跟你說自己有盤感，能感應到市場的波動，做錯了的人就會說市場是騙人的。其實往往成敗關鍵在於運氣，突然的盈警、央行或政府的救市行動、最新數據變化，都不容易事前評估。尤其你就算估計到有救市行動，也估計不到時間，這就難以利用短線如期權等工具捕捉，因為在熊市中一直持股是一件很危險的事。就算蘋果公司一個盈警單日就可以下降10%，其他個股的跌幅更是巨大。如果你是中短線交易者，只宜交易個別機會或反彈波段，不宜久留在市場。除非你決定了進行長期低位建倉，而且這須建立在股票組合而非個股，因為部分個股會在熊市受到毀滅性打擊，跌幅95%以上。除非好像亞馬遜（美股AMZN）在2000年科網爆破後基本面有突破性進展，否則牛市再來時股價也沒什麼可能再復元。

熊市中的短期綠洲效應

大眾認知的熊市總是一片暴跌，慘不忍睹。其實大量主動性基金仍在想方設法自救，只要投資者的錢未即時撤出，他們便要用力量去追蹤碩果槿存的上升熱點，以及抗跌力強的股份，以跑贏市場指數的跌幅。這時候部分流通性不錯而且故事性強的個股，可能會受到一些不是算常利多的消息刺激，令主動資金一湧而上，推升股價，令投資者嘖嘖稱奇。

在2018年前的港股跌市中，騰訊往往成為跌市的綠洲，抗跌力非常強。但由於18年投資故事走了點樣中伏者眾，綠洲的地位就要讓給其他個股。小米在18年11月公告了季度業績，投行的分析報告指小米的業績稍比預期好，未來業務不確定性仍大。市場綠洲個股小米卻能兩天股價反彈14%，由13元升至14.7港元。11月20日小米股價圖是呈標準的追入式上升形勢，一天的成交額高達22億港元。而同一天全部主要股指是呈滑

梯式下跌，A股及港股市場大跌近2%。明顯地是機構投資者調動剩餘資本去追逐綠洲。如果大家見過非洲草原旱季（跌市時）時，剩下的小水源（有流通性的上升個股）都是如此珍貴，因而聚集了大量的動物（機構投資者）一起去喝水，熱鬧非常。如果對市場有深入認識的投資者應該明白，外行人看不懂的上升是有很多市場行為的交易原因，而不是你看媒體時得出的原因。所以熊市中的機會也是不少的，而且反彈力度又快又強，只是難以用長期投資策略，必需跟貼市況，隨時準備逃生。

但是短期的綠州效應並不等於長期會上升，很可能過了不久市場資金就會從一個綠洲轉到另一個。小米的股價最終升了三天之後就展開了大跌浪。所以投機者要留意綠洲有時如海市蜃樓，經常會突然出現和消失無形。

市場橫行震盪

市場橫行震盪，只有波動沒有趨勢。

長期移動平均線趨平，時而輕微向上時而輕微向下，沒有明顯短期的移動。出現存量資金博奕，短期平均線來回移動，仍有短期波幅。交易熱點稀缺，成交量低迷，市場毫無人氣。

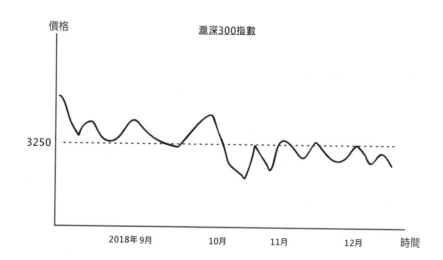

　　這幾個只是一個很概括的描述，投資者不要花太多時間糾結目前是橫行震盪市還是牛市開始。因為兩者最初的形態很相似，要較長時間觀察才能較好分辨。對趨勢做交易時採用留有餘地法則，不企圖把全個趨勢都吃掉，只吃其中最易吃的部分。如果你是長線投資者，早已在較低位入了貨，你只需留意市場是否仍保持在上升軌，並對牛市尾段的狂牛市保持警惕，在越升越急並越升越快的狂牛市，出現輕微震盪後已可考慮離場，尤其資金體量大的交易者，須要一定時間才能完全撤出市場。而且一旦撤出後十居其九股市仍會繼續升，不過除非你布好了風險對沖，限制了最大損失，否則可以一段長時間內不再持倉，不去吃盡市場最後一點的利潤，許多高位退出的交易者都會被困於熊市抄底的路上，因為他們賣出的價位太好，持有大量資金總是想再做交易。學會不貪不該貪的錢和忍耐是在交易市場活得長久的生存哲學。

　　A股2018年下半年的波動，在一個相當窄的交易區間持續上下波動，而且交易軸心在3250附近，短線突破交易經常出錯。真正的突破在1月分才發生，在近5個月的時間市場一直沒有起色，有時牛市前的熊市階段就是如此令人難以預先掌握變化，你看圖根本無可能預計到牛市快來了。這麼多次的反彈都是無功而返。圖表預測市場走勢其實並沒有太大的作用，反而敢於低估值期間建倉的就能獲益。低估值不等於就可以回升，這數個月的時間已經算回升得太快。A股在09年展開修復式上升後，便開始了漫長的下跌週期，把投資者的耐心都耗盡後，卻於2014年中展開巨大升浪。在A股中，有時牛市實在來得太偶然。

交易訊號陷阱

　　我先舉個例子，比如教科書上教的突破平均線追入形態，給你來個假突破等你及其他投資者追入，等你們買貨後發現升勢無以為繼，他們反手賣出壓低股價，你立即恐慌不已，盯盤再盯盤看著市場每口價的變化。看著股價開始下跌，繼續再跌，交易者心中仍相信眼前一切是大戶營造的假像，要堅定持股。可是當股價跌過你的買入價，再跌過這一波

段上升的起步價，你真的會恐慌了。書中不是說形勢不對勁要停損嗎？求求市場給我升回一點我就賣出平倉。這時市場往往給你送來的是一個快速滑價式下跌，你的心中恐慌透頂，背後是涼冰冰的，好痛苦啊。似乎只有賣出才能中止痛苦，好吧什麼價都賣了，你已經慌不擇路，受不了這折磨了，以市場價立即賣出並完全成交。唉！嘆一口大氣，心靈暫時中止了被市場折磨。

可是故事還未完結，你賣出以後只會得到片刻的平靜。因為你賣出後往往會持續查看股票報價，如看到股票又下跌一點，還會有點劫後餘生的感覺，心想還好我逃走得快。可是最作弄人的是沒過多久股價來了一波絕地反擊。股價迅速突破你之前的賣出價，你非常後悔，痛苦懊惱，早知我就不賣出啦。看下股價，又坐不住了，心想在哪裡跌到，就在哪爬起來，又再次追入了，只是這次追入的價位更高。股價又真的升了，你又再次高興起來。沒開心幾天又再次無力下墜了。這次你又再次恐慌出逃，二次被市場割肉。你心中罵市場這個沒心沒肺的東西專坑人，其實市場沒有坑你，是你對市場的認知坑了自己。你對市場的認知就從幾本投資書中吸引，卻沒有認真的驗證過是否適合你當時的市場就應用。沒有人逼你去買股票，是你自己上了自己的當。為什麼我這麼清楚，因為這些都是我的親身經歷，被多次打擊時感覺非常痛苦。

市場每每真正拉升前都可能有多次假突破，有時是有大戶做勢，有時是正常的交易者行為。即使是熊市在突破性下跌趨勢形成前都可能有數次低位震盪拉升。港股在2018年在2至6月持續上下震盪近4個月，經歷5次5～10%以上的拉升，6月第6次下跌才真正出現突破性下跌。是你自己學藝不精以為一次突破就會一直單邊上升或單邊下跌。交易的難度就在這裡，真跌和假跌的技術形勢都差不多，你看了5次假跌後不相信第6次會真跌時他就真的爆跌給你看。

交易者若只使用技術分析進行交易就好像用後視鏡駕駛，你怎麼可能用後視鏡估計未來幾個月的大走勢？隨機估中卻誤以為自己已經掌握交易真理就更危險，因為你會高估自己交易策略的準確性。技術分析其實每一個單項指標準確率不高，評估中及評估錯都很正常，單獨並不是

一個很可靠的方法，混合多種技術指標往往只會帶來更混亂的訊號也不見得有什麼準確度提升。投資者在使用技術分析時最好能配合基本面的前瞻性判斷才能發揮更佳使用效果。

投資價值與長線投資策略

理解了這麼多的分析方法，我就開始討論一個決定投資的關鍵判斷，我們的投資究竟有沒有投資價值？投資價值又是基於什麼的理據？

作為一個投資者，買入一只股票後，我們便失去了手中的貨幣以及以這些貨幣去投資更高預期回報項目的機會。只有當公司派出現金股息（分紅）或我們自己選擇賣出股票持倉變回現金，才能在買入股票後再次獲得貨幣。擁有良好的經營狀況，業務有強大的競爭優勢，有充足的現金流，並能持續以現金股息以及股份回購回饋股東的個股就是擁有基礎投資價值。如果市場的股指有大量這類公司，並且不斷引入創新的更有競爭力的公司進入股票指數，這個股票市場就很有基礎投資價值。

我要提醒讀者投資價值判斷不等於傳統價值投資派的觀點。傳統價值投資派的目標是把一樣值100元的東西以50元去買，買入後要有充足的安全邊際。迷信此法，投資者幾乎會錯過這時代最主要的大型投資機會。這個世代已不同於美國1950～60年代葛拉漢寫《證券分析》的時候。目前主要盈利增長最快的個股都是得益於技術革命，無論是美國的納指成分股，還是中國的騰訊、阿里巴巴、百度，他們從來沒有「便宜」過。如果真的100價值賣50時，很可能有新的技術或替代力量出現，你那時買到的便宜股可能等於當年殞落時期的諾基亞和黑莓，當了個接盤俠而已。

股票價格的長期驅動力量是由兩個主要因素組成
基礎投資價值×市場給予的估值水平＝股票的價格

基礎投資價值是由每股盈利水平，股東權益及成長前景等作綜合評估。如果説基礎投資價值是麵粉，市場給予的估值水平就是發粉。混合起來焗出來的股票價格就是麵包。我們判斷投資價值不只是基礎投資價值而已，也要顧及市場給予的估值水平有沒有太過分。下太多發粉（市場估值過高）的麵包（股價）在冷卻後會很快收縮（下跌），即使麵粉（基礎因素）是優質的，咬下去（長期持有）都是空心的。

無數華爾街的老前輩們驗證過美股數十年的大市長期運行規律，長期的個別股票波動最大投資驅動力量來自每股盈利變化。股票基礎價值的王道就是每股收益的變化。但大家觀乎股市，股價上升得最強勁的個股往往不是每股盈利很高的股票，而是市場熱炒的個股。這就要看你是否相信老股神巴菲特的一句話：「退潮的時候才知道誰是在裸泳。」沒有盈利支撐的個股，也可以大升特升，不過只是當市場燃料用盡，趨勢逆轉時第一個下跌。你知道當年亞馬遜（NASQAD：AMZN）未有盈利能力之前在2000年科網爆破後從高位最高下跌了99%！後面有了盈利模式用了10年時間才修復下跌拿回投資的本金。

無風險利率水平與股市估值

影響股票市場估值的一個很重要因素是無風險利率，低的融資成本配合一個低的無風險利率的環境就是股票市場的乾柴，而等待的就是市場心理轉變的一把火，把大牛市燃燒起來。如果長期無風險利率很高，比如10年期以上的國債提供4～5%利率回報。投資者就會有較大的動機從股市把資金撤出，直接投資到國債市場。大家只知道2008年金融海嘯，卻很少人知道1970年代的美股下跌的慘烈度毫不遜色。從1964年到1981年的投資美股道指的投資回報是零，投資者只能收取少量的股息而股價卻毫無起色，期間還要經歷1970年代的石油及美元危機等多次股市震盪，在市場中生存下去美股的投資者大都沒什麼好日子。連美國的《商業週刊》雜誌在1980年代初的也出現過「股市已死」的封面標題。當時長期國債利率都在5%以上，最高時達到1980年代初的15%以上。投資者

想也不用想更喜歡投資在債券市場，獲得穩定而且較佳的回報。但是隨著市場在1980年代中期利率持續下降，美股迎來了一個黃金時代，直到1987年的單日崩盤出現。

交易A股的朋友是否感到此等情景似曾相識？目前中國的無風險利率高4%以上，股票資產的相對吸引力有限。往後的中國股市有因為長期利率大幅下降而出現股市的一個結構性投資機會，大家就要拭目以待了。

估值是一個動態的系統，永遠不是靜態的。不過我們可視乎預計的投資期長短，採用一個國家的10年或30年期國債利率作中長期投資的無風險利率作考。我們可以根據此評估債市的利率回報會否制約股市的表現。由於美國10年期國債利率的近年波動比較大，投資者可以採用美國的30年國債作評估，假設30年期國債利率是3.5%左右。我們可以找出無風險投資的P/E相對參考值。

$$\frac{1}{30年國債利率} = \frac{1}{3.5\%} = 28.6\%$$

這就代表用債市去評估無風險P/E是28.6倍的價位。如果股市的每股盈利EPS增長停滯，股市的P/E也剛好是是28.6，考慮到股票投資由於有更高風險，相對債券投資就會變得毫無吸引力，也就是說在該價位股市沒有長期投資價值。因為債市的利率派出的全是現金，股票的盈利只是帳面利潤，有沒有財務水分不太確定，而且不太可能全部利潤都派息，更要面對業務的長期不確定性。所以股市指數PE最少得打個六到七折，才算合理一點，原理跟風險定價模型（CAPM）相似，不過用起來更簡單。一算下來股市PE就跟16～20倍差不多。這就是美股合理估值的上限，否則不想在市場中博傻的機構投資者慢慢轉戰債市。最奇怪的是，美股從2009年開始看似一直升值不停，其實標普500這幾年牛市的年度預期PE大約在14倍至20倍來回，去到20左右就跑不動了。

但是這方法並不適用於所有的股市，用在香港及中國股市都不太合適，中國的無風險利率在4%左右，用無風險利率P/E打折估算合理P/E在15倍左右。因為兩地股市的成分股中有大量低P/E的銀行股，導致看上去

指數估值很便宜。你看看深成指數長期都是在20～40倍左右來回。所以採用任何書本的評估建議前必先結合實況才能看出有價值的判斷。在日本的國債近乎沒有利息，無風險利率接近零，理論上股市的市盈率可以無限高，其實近年日本股市P/E在10～17倍之間來回。

公司利潤增長與估值

如果大家拿美國納指去看，P/E估值經常遠超20倍，要留心的是NASDAQ的EPS增長也是非常快，如果有投資者以透支未來3年的盈利增幅去買入也是可以理解。不過如果你在高價買入了已經透支了好幾年的股價組合，一旦市場上升動能減弱，風險就會很巨大。因為當實際盈利及業務增長不能高於或最少乎合預期，市場就會以暴跌來表達他們的擔心。建立在巨大升值想像的股票上升是如此迷人，他們升得非常完美，只是一旦趨勢易轉變臉，你再也找不出他們往昔股價的美妙上升身影。更危險的是有些交易者把沒有盈利上升動能的個股當成增長股般去炒作，還去中長線持有。如在2015年的A股大牛中，不少中小股透支了未來10年甚至50年的利潤，即經營者要賺50年甚至100年的利潤才能支撐股價，這種股份就明顯缺乏投資價值了。

有強勁業務及盈利升值潛力的股份，價格在很長時間都不會跌進安全區間，價格早已透支未來多年收入增長。你要麼等到天荒地老去等下一次金融危機發生時買進，要麼與此等股無緣。高估值的股份往往是市場上上升得最快的個股。好的經營故事再配合好的營運數據就能跑出一個超高估值的股價。

時間（年）	現在	1	2	3	4	5
股價	100	100	100	100	100	100
EPS	2	2.6	3.38	4.39	5.71	7.43
PE	50	38.5	29.6	22.8	17.5	13.5

參考上表，如每年EPS增長30%，目前歷史P/E是50倍，而且增長可持續5年以上，P/E 就會大幅下降到15倍以下。如果增長有很強的確定性，即使現價是50倍也存在投資價值。高估值不等於真的一定是泡沫，投資者可考慮是否局部加入投資組合。

騰訊在5年內盈利由2013年度155億升到2017年的722億，令我們明白成長股的高估值不一定是沒基礎支持的。只不過大多數成長股都過度透支其成長潛力而已，而且增長永遠有一個到頂時刻，到時候時間也不再是你的朋友。使用市場整體估值分析時，你得評估經濟一旦放緩甚至衰退對時，每股獲利（EPS）會否大幅下降。投資成長股不能輕易買入就不理，要判斷業務再上升的空間夠不夠。好像拼多多的活躍用戶數超過京東達3億多人次時，剩下的就只能靠每個用戶的消費金額上升拉動業務，大家可以自己想想再上升的空間有多少。投資人也不要把什麼高估值個股都當成是騰訊或阿里巴巴，他們當年開發中國這個充滿發展空間的市場的發展軌跡是不可能再被複製的，除非有任何的未知的革命性新技術突破。

其實FB、APPL、JD，騰訊等高成長股都在2018年經歷了市場暴跌的洗禮。2018年初上升時如日中天的投資界明星個股，不出半年自高位等閒下跌20%以上。最可怕是全都經歷了裂口下跌，持有的投資者即使在開市後第一口價賣出也大幅虧損。FB更以單日市值暴跌1,200億美元刷新世界市值單日跌幅紀錄。所以被熱炒的高成長個股不是不可以買，但完全被透支多年成長空間的就盡量不要去高位追貨，第二是必須要緊密追蹤公司業績是否跟得上市場的預期，因為一旦公司盈利有風吹草動，用投機熱錢建立的空中樓閣就會崩潰。有時什麼消息也沒有，只要股份的上升動能被透支，也可能突然下挫，短線投機風險甚高。

思考交易策略

理解了基本分析及技術分析的基礎後，我們就開始討論想要在股票投資中獲利最重要的交易策略制定問題。如果投資者只選擇在熊市低

位期間進行建倉交易，你可能有極長的時間不用參與市場。美股牛市有時持續10年以上，等了一年又一年熊市都不來。而且跟西方吃飯次序有頭盤、副菜、主菜有點相似，通常牛市的頭盤不是很華麗，最初的投資回報不是很高，當市場進入持續拉升的主菜階段多是出現在牛市的中後期，因為多數的牛市週期是一浪比一浪高，中間充滿中途參與的機會，不會錯過某一低點就無法參與投資。投在低點只會令你心理上更舒適，但沒信心持貨錯過了日後的升幅也獲利有限。所以我們不一定要交易在市場的最低點才投資。

大多數時間盡量不要做逆勢交易。即使是抄底也不要在下跌進行中去抄，等有沒有多重底，或有新救市政策出現。我進行投資初期看了很多投資書上吹捧逆向交易者的勇敢睿智和高額獲利的故事看得津津有味，對其中信念深信不疑，卻在實際操作時慘蝕得一敗塗地。自以為聰明的交易者總是要接受金融市場的再教育才能成長。請謹記這些交易方法只是參考，絕對不是必勝法則，大家看書時一定要保持獨立思考。

沒有一成不變的交易策略，我前面已經交代過技術分析的限制性。其實任何一個策略只要被大多數人知道後跟進者太多就會沒有賺錢效應。所以如果有個交易大師出書，教你跟他操作就賺大錢，你應該很懷疑，這個策略早已被大眾熟悉的還有誰當你的交易對手把錢蝕給你，還是你已經上當了，陷入了別人設的交易訊號陷阱而自己卻不知道。

市場的交易參與者不斷改變，比如A股2007、2015年大牛的群眾交易者和2014、2018年低位運行時期仍活躍市場的交易老油條已大不相同。而將來的A股交易者不可逆轉地會有更多機構參與，交易風格將會慢慢切換，交易策略有效性亦將不斷變動。人是會進化的，交易場上的策略進化來得更快，資深投資者作出投資策略判斷時必然會先瞭解你的交易對手是誰。

我在書中一再強調在短時間內進行買賣交易就是一個零和遊戲，交易策略的目的就是打敗目前和你一同在市場的參與者，利用各種資訊、價格訊號及陷阱，把交易對手股票戶頭中的錢賺到自己手中。只有選擇

長期投資，把資本投資在優秀的市場或個股，他們不斷在實體經濟中創造更多的商品及服務，賺取真實的收入，並以股息及持續股價上升回饋股東，才會變成贏家策略。

假設沒有太多新增股票供應情況下，來了一個牛市把全市場股票價值總由40萬億升到60萬億，但市場交易者的總獲利會超過20萬億，多出的部分是其他參與者虧出來的。即使在大牛中也有人在較高位入貨後遇到大調整然後虧錢。他虧的錢就變得其他交易者的利潤。

股市中比較慘烈的狀態是存量資金博弈。市場上資本只剩下很少，大多數參與者都離開了，剩下來的都已經是生命力特別頑強的老手，由於還有不少如對沖基金，私募基金是有業績壓力的，他們要互相廝殺，比如賣出一個行業版塊去拉升另一個行業版塊，令一些人在追熱點時犯錯，套下對方的錢。所以有時明明市場都已又低又殘還是不停來回震盪也是很正常的。

我看過很多投資書讓讀者自己參透交易策略，這也是對的。但是作為一本入門書，總得把一些歷史上曾經有點效的方法拿出來給大家參考。雖然不一定經常都成功，或者在當前市況已經失效，至少可以有點參考根據，配合當時市場實況嘗試建立個人的交易策略。

首先我們會分析長期交易策略的應用，持有什麼資產有投資價值？持有時間越長獲利確定性越高的資產就是有長期投資價值的資產，持有這些資產時間就是你的朋友。

優質組合，合理價買入，等待時間成長

增長力良好有充足價值基礎的股票指數組合，在牛市運行中以合理的價格持續購買，此方法比較合適於投資標普500指數。

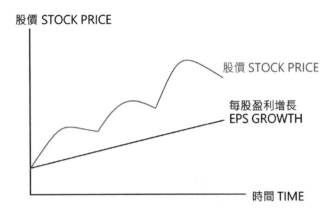

首先評估市場的週期是否到尾部。利率須仍然保持在低位或在加息週期中未到央行的預期加息頂部。一旦到達加息週期頂部，美國國債10年長債息率低於3個月票據息率，出現利率倒掛，中止交易部署並視情況賣出已有持股。

股市的每股盈利EPS必需有溫和成長空間（5～15%），股市價格呈慢牛格局。我們平常可考慮持續建倉買入股票，只要價格稍低於平均值時就可以考慮收集，比如牛市中的調整買入投巧。這就好像做生意買了不錯貨源，不愁銷路，只要買貨價格稍低，仍是有預期獲利空間的。

美股長期P/E在14倍，美股牛市運行期估值在15～20倍運行，只要在股市調整估值偏低端時，就可考慮是否投資標普500指數相關基金，因為你買入後只要熊市未到，時間還是你的朋友，大概率能運行得更高，運行到20倍附近下遇上跌就先行獲利。

如果一旦判斷牛市結束，即出現一浪低於一浪形態。最好結束交易倉位元。美股標普500陷入金融危機式熊市時運行期估值接近12倍或以下，而且P/B會接近1倍的時候，投資者亦要小心過早抄底的風險

對於一個股利持續上升而且估值合理的市場，可以考慮採用長期平均成本法投資。這個方法是最簡單的投資法則，有時亦稱為懶人投資法。

因為投資者每月固定買入指定市場指數基金或相關投資標的。不理股價升跌，不間斷持續收集，升市時買的股票量會較少，跌市時同一筆錢能買更多的股，長期下來成平攤平，等待長期資本增值，多數以此方法用作退休儲備的累積。此方法最大的危險是你必需確定你投資的股票市場穿過牛熊週期後始終長期走勢上升中，公司的EPS要不斷上升，還最好有估值上升助推股價。如果你投錯了毫無活力的市場，好像1990年代時投資持續下跌的日本股市，時間就不再是你的朋友，長期想不虧損都很難。

如果你在美股應用此法，在以往能取得相當好的回報。因為美國市場總體處於上升之中，很多書提到，即使你在最壞的2008年開始進行每月持續投資退休金儲蓄，由於美國人的採用401（K）退休儲蓄計劃有稅務優惠，所以很多美國人也持有證券及債券類的基金投資以作退休儲蓄。當年買入股票指數組合後當年下跌了40%，但到了2011年已經平手，還未計及2009及2010年買入後獲利的持股。聽上去只要定投很神乎其技可以穿越牛熊，買美股好像不會虧損。大家一定要留意在2009年後出現了移動互聯革命，智慧手機及相關產業，產生了大量如蘋果（AAPL）等科技企業的超額盈利。社交網路興起帶出了臉書（FB）一類公司極速發展。數字內容革命亦令奈飛（NFLX）等公司高速成長。網上購物的盛行引爆了亞馬遜（ANZN）及阿里巴巴（BABA）。問題是你看看這些公司的增長其實就算美股長線增長也差不多到頭了。你還是以2008年初網絡相關市場空間增長無限大去看待現在市場潛力嗎？

投資者還要留意你有沒有足夠的時間穿過牛熊，如果你只有數年就退休，你的資產遇上一波大熊市，你也很可能錄得虧損，並因為生活須要資金而必需賣出。一個投資美股納指的投資者在2000年前後入的貨，到了2008年仍然虧損超過60%。人生有多少個10年可以這樣虧損？大家看書的時候被書中的時間段取樣誤導了，就以為長期持有必勝，你看看1990年的日本股市，持有到現在近30年也從未能拿回本金。你用了30年就是為了收回本金的嗎？為什麼要長期投資這種笨蛋遊戲？看清楚你的投資標的有沒有上升潛力才長投，不要以為時間是垃圾資產的靈單，時間只會令垃圾變得更垃圾，因為壞的公司可以虧損除牌。

　　讀者們如果把此方法稍為改良，首先選擇一個持續有創新公司不斷成長中的市場，把想投資的標的設定正常估值（以P/E、P/B，預期EPS）為基礎，設為偏高估值和偏低估值三組。假設在正常每月會投100，偏高時只投0～50，偏低時投150～200。不斷在低價累積較多的投資，然後等待退休前的一波牛市進行減持，把資金轉向波動更小的資產類別。當然投資者必需對長期的估值作判斷，網上很易找到整體市場的預期市盈率及市帳率資料，把10年的週期取平均數，平均值上或下15%為偏高或偏低區間，設定增持及減持空間，並盡量避免在上升市場的尾部，即大牛市的尾部再次增加持倉配置，這樣可以才能更好穿越牛熊，發揮定投功用。

平庸的組合，特價買入，等待均值回歸

　　增長動力一般的股票指數組合，以基本因素判斷是否在熊市較低位入貨。

　　有一些股市的每股盈利EPS已沒有什麼成長空間，股市價格總體橫行震盪。我們平常較少會進行持續收集，只會等其價格大幅低於平均值時才考慮收集。這就好像做生意時買入質量較差的貨源，如能用極低的價錢入手，市況好轉時轉售圖利仍是有獲利空間的。

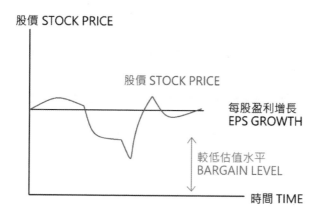

香港股市是一個缺乏成長的成熟型新興市場。其黃金時代已經完全過去。新上市的創新型股票不是看不到盈利前景就是股值奇高，完全透支未來的獲利空間。不是說這些公司經營不善，而是以現價買入沒有什麼長期獲利空間，卻很容易被深套。歐洲股市也經常是大升市時升得慢，大跌市時一起跌。除非出現歐元危機或金融危機令歐洲股市大平賣，否則以總體市況而言沒有什麼長期投資價值。

中國的熊市比牛市較長，但也沒有超過5年的長熊，當滬深300 PE低於12倍，PB低於1.2已比10年均值低出相當一部分，會有一定的投資價值，當然沒有人能知道是否底部，我提醒讀者很多次底部是一個事後的概念。如果你不介意長期投資，可以在P/B 1.2以下開始逢低收集建倉。中國股指P/E長期低於美股並不等於中國股票特別便宜，而是因為低估值（P/E低過10）的大型國有銀行股占股指較大比例，如果考慮中小盤股為主的中證500指數，估值會高過美股的平均水平。

在熊市中雖然有很多長期投資機會，亦要給自己多留點安全邊際及不要太快買光手中的現金。中國股市散戶參與度仍太高，一旦恐慌時若無政策出手支持無法估計底部。近年政策上更傾向少干預，以供給向改革為主改變股市的監管，加強保護小股東的權益，對短期波動的容忍度較以往高。如果不是市場的系統性風險出現全市場無流動性式崩潰，不一定會有國家隊出場。下跌20%是熊，下跌50%也是熊，給自己留一點彈藥渡過漫漫熊途，牛市會在多數人絕望的時間開始再次成長。

2007年香港上市的富力地產被炒到45元，之後遇上金融危機股價最低只餘2.3元。公司的經營沒有重大問題，只是負債水平較多，十年過去股價計及利息仍未回到當年的一半，但如果你在金融危機後買入，回報則以倍數計，所以買入時的估值及價格水平才是長期能否獲利一個重要考慮。

出現技術革命，長期買入相關市場指數投資等待升值

　　出現技術革命，買入相關股市指數等待指數升值也是一種長線策略。指數能有效分散單一個股的風險，因為不少新投入的公司最終會倒閉，個人投資者難以事前預測出誰是能跑出的黑馬個股。指數投資最有價值的機制是會不斷吸入最有盈利能力的創新公司並會剔除經營狀態一般，或沒有增長並且市場流通量低的原有指數成分股。所以一旦擁有新技術的公司持續納入指數成分股，股市指數就會充滿活力，而且自動汰弱留強。公司的盈利增長就會大幅跑贏經濟增長率。只要買入時市場的估值不是透支太多，長期對相關股指投資也是不錯的選擇。

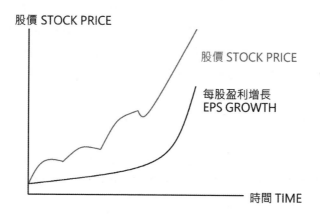

　　1990年代是電腦及互聯網革命的年代，大生產前所未有的上升，伴隨的股價上升也是最猛的，美國標普500指在1990～2000年間上升了超過400%。是美國牛市中最長，升幅最大的。2009年金融危機結束後直到2018年的大牛市，升幅也達300%。主要驅動力量，除了美國的貨幣政策大量印鈔，投資者也不可以忽略，由2010年前後智慧手機引起移動互聯網的革命，產生大量的產業紅行，包括我們熟悉的蘋果公司就是這時間快速成長的。互網網收費內容的革命，以及各種社交媒體的興起，也帶來許新多公司的盈利有爆發式成長。當然當估值去到不合理狀態，或盤面不再支持，就要考慮賣出，因為科技式透支一旦下跌的時候幅度可以很大。

雖然技術革命很可能產生巨大紅利，投資者仍要留心技術革命的紅利在股市有否被透支，尤其如果紅利不是由已上市公司獲得，而是由新上市的公司，當業務變得較成熟時，以相對高的價位在市場進行首次公開發售，投資者能分到手的益處就未必多了。那麼讀者可能會問，中國的互網聯及技術革命紅利分配在那裡？其實中國有大量的人因為技術革命受惠，而且獲得非常巨大的利益，但是一般大眾無法透過交易股票買賣分享到。大多數的中國互聯網公司的紅利落在創業者、並同創業的高級管理層、公司的員工持股，以及天使輪，A、B、C輪融資以廉價獲得股份的資本手中，他們冒著不小的風險同時間獲得非常巨額的利益。阿里巴巴上市時數以千計的員工獲得千萬級數價值的股票或認股權，創造了大量員工成為小富翁。當然還有很多在平臺上做生意獲利的小賣家，他們也是技術革命的實體得益者。小米、京東、美團，拼多多的故事就不再敘述了，創業的大老闆都進了富豪排行榜。而這些公司在新股上市時的定價往往已經很高，上市後再買入的二級市場投資者獲利的空間已經大減，而且即使長期有升幅的個股，股價在持股過程中的波幅往往非常大。牛股如阿里巴巴，2014年上市後真正出現上升的年分就只有2017年，而其他年分都是表現平平，而且下跌時間長，下跌幅度又大，難以把持。我們作為二級市場投資人不像公司高層或創投能低成本獲得股份，高追又往往中伏，大多只能望洋輕嘆。

2003年以3.7港元上市的騰訊是一個例外。其股價在上市後升了幾百倍，在2018年股價高位時未計股息股價已變成了3,070港元。即使在下半年後有明顯回吐，公司上市後在股票市場買入並長期持有的投資者都能賺翻天。但讀者必須要留心很重要的投資細節，騰訊當年跟近年上市的科網相關新股有很大的根本性分別。騰訊當年上市時是一體量很小的公司，上市時是為了獲得資金生存和發展，當時並且沒有很強的盈利模式。2003年上市時亦遇上科網股票估值的低潮期，上市集資僅2億美元，全間公司的估值只是6億美元。如果騰訊完全沒有資金壓力等到近年高價時上市，你想想定價會有多高，到時再追入還有多少升值幻想空間？

華為是少數仍未上市的大型中國科技公司，一直有上市傳言但從未成真。你若認識早年入職華為的中高層，混得一般卻仍能生存下去未被

淘汰的老員工，他們在公司內部股票價值在千萬級數的很常見。混得好的高層每年分紅早已過千萬，你可想而知他們的股票價值是以多少個億去升算。不過作為二級市場的投資者，如果華為有一天要上市的時候，你應該小心思考公司融資的目的，是獲得資本還是讓原始股股東退場。這時候很大可能是整個通訊產業發展差不多到頂的時候了。所以即使出現了技術革命，如果無法在公司的成長期參與，而只能在其業務成熟期高估值上市後買入，就很難有太多的回報空間。

讀者還要留意，如果整體市場因技術革命被徹底透支，許多股價都一飛沖天。好像2000年的美股科網泡沫，正所謂風起時豬都能飛天。當市場信心一旦逆轉時，市場上的投機風潮停了下來，高成長股票指數的跌幅可以非常巨大。好像美股納指的低位就很難評估，很多納指股票在2000～2002年間下跌90%以上，當年的亞馬遜也曾自高位下跌近99%。經過多年的貨幣寬鬆，加上科技業出現不少技術革命，納指持續高速暴升，在2018年時P/B已來到5倍，如果假設要回PB 3倍，也要自高位跌40%，所以一旦市場出現下跌趨勢風險十分之巨大。

但是單憑單一靜態評估對場內交易者並沒有什麼價值，因為此等熱炒股指交易以技術面參考為主。如此高估值的市場一旦下跌，往往會出現鐘擺效應，即由一個極端跌到另一個極端，底部位置就只有等盤面交易出來事後才知道。雖然我們不知道絕對熊市的低點在那裡，但如果真的出現持續暴跌行情把泡沫去掉後再現投資價值，沒有持倉的投資者可考慮是否跟進。只要倉位輕能捱過冬，美股30年來每次熊市不出三年，冬天過後往往就是春天，因為美聯儲會用盡一切可能方法恢復市場穩定，是金子的就會再次發亮，不過不要太早就當接盤俠就好了。

牛市下頂級股王，若股價透支有限，局部加配跟進

　　除了對股票指數進行投資，投資者亦可考慮對對盈利增長前景秀麗的但估值較高的成長型股份進行策略性加配在投資組合裡。首先要確定其技術面維持強勢，評估其盈利上升空間仍充足，考慮在控制風險下選擇對股份進行風險對沖。由於股份穩定上升，對沖成本不會太高，交易者可考慮以部分資產買入作投機性增配。如果其現價只透支短期內如（1～2年）的潛在盈利升幅，而且確信其業務有持續成長空間，即使估值較市場平均昂貴，卻可能以在2～3年的盈利增長下變回合理。時間也會是這類表現優秀的公司股東的朋友。

　　投資者很難期望此類股王能快速下跌，或出現極大幅調整。這就好像做生意找到罕見的優質貨源，賣家也知道是優質，你以不便宜的價位買入後去賺的是往後時間的升值潛力，再賣給將來願以更高價買入的投資者。但此方法仍有相當的危險性，在一段時間內資金被套牢的風險並不小。

　　投資此等高成長標的要緊貼市況，一旦出現業務結構性轉壞，或者無法有效對沖風險，便要考慮果斷放棄持倉，因為一旦高估值股份下跌將無險可守。當股價進入急速上升階段，可以在極少波動下持續往上沖，這種升幅很易出現大量投資者以槓桿參與，因為他們的槓桿持股沒有被股份下跌時洗走一部分，而是一直有更多人跟進累積，這時期股份出現下跌的波動往往比較大。所以持有高成長股作長期投資還是要比較警慎的，一定要留意市場變化。

　　投資者亦要留心千萬不要貪便宜買過氣的成長股，諾基亞、黑莓都是以前非常熱門的手機成長股，但面對蘋果及安卓手機大行其道時，不敵競爭對手固步自封業務不斷下滑，股價持續大跌。投資想撿便宜交易此類已過氣的股份，等待你的往往是繼續無底洞式的下跌而不是見底回升。

長期收息組合策略

在股票市場中選擇業務經營非常穩定、現金流充裕、派息高而穩定的個股作收息，這種策略有點像投資永續債，以不斷獲得的利息為主要收益，不太理會整體市場波動。這類高息股份多數沒有太大的成長空間，利潤卻十分穩定。多數是公用事業股如供水、供電相關、收費公路、房地產信託基金等。一般投資者會選擇息率在5%以上，並會在一旦股價上升太快，息率不吸引人或行業出現政策性風險時賣出。如果利率長期維持5%以上，持續購入高息股用股息來建立退休後現金流保障也是一種投資方式。

但是中間有一個比較大的風險是股票價格的波動，還有就是政策性影響，比如很多國家對公用事業有利潤管制，而且政府過了一段時間就會檢討最高利潤率，很多都會收緊最高獲利率，令投資人的投資回報減少。另外一個考慮就是政府會否開放市場，引進更多競爭者，比如受保護的金融業。投資者要留意一旦公用股的股價突然上升得太多，可能要考慮停止收集股份，因為公用股的利潤很透明，一旦股價透支未來利潤，股份並沒有什麼升值幻想空間，大概率要回調。

垃圾股交易

美國在1990年代曾流行過把當年道指成份股中最高息率的10只股票進行投資，這些公司多是該年度價格下跌最深最慘淡的10只，投資者期待股價在將來會出現較強的修復性反彈。要留意道指只有30只精選的股份組合，這些相對股價表現較差的道指成份股並不屬於意義上的垃圾股，採用此策略在1990年代比直接持有指數成份股能獲得超額回報。

有一些資金體量小的投資者或小型對沖基金，喜歡買入暴跌後估值超低的小型股，或虧損嚴重有重組或賣盤須要的個股作投機性持有。他

們的哲學就是垃圾堆中尋寶，並以分散式投資押注會否有新的白武士型投資者收購此等垃圾公司進行重組。有時只要一個疑似重組消息，不一定真正有什麼事情發生，一次短線的價格拉升便會產生非常高的百分比回報，一個短線升幅往往有非常巨大的百分比回報，令垃圾投股投機者能獲利甚豐。

這種策略的運作重點是，你必需知道垃圾堆中的股票絕大多數無論你持有多少時間也不會有回報，所以投機者就會大量分散資金去持有大量不同行業的垃圾股。比如垃圾被別人收購或重組了，或有新投資者注資了，或有資金炒作了。一旦垃圾被回收再造，利潤可以按倍數計，希望總有一些垃圾可變成金子。如果不幸滿手垃圾也真的只是垃圾，投機者就會損失慘重。實際操作上就算你買中了倍升股但其他大多數垃圾股仍在下跌甚至退市你也很難獲利。而且垃圾股的流通量很小，你買的股票量一多就難以在市場上賣出，因為你大額做空時往往會引起股價大幅波動，少額賣出還不知道要等到猴年馬月才賣得出持倉。

順勢交易策略

順勢交易策略其實是一種很簡單的交易策略，原理就是追漲殺跌跟風炒作，這種簡單的策略在大行情來臨時真有可能獲利滿滿。首先我們須要一個買入訊號，這個訊號可能由移動平均線相交，如10天線升穿50天，或股價持續高於50天線等觸發。又或熊市時股升過200天平均線買入等。MACD的快慢線相交也是一個很多交易者參考的趨勢交易信號，我高度懷疑MACD的信號在將來的獲利可能，因為市場上跟風者太多，跟進交易時價格已很大機會存在被透支的可能。因為在很多市場MACD經常滯後，或跟進時已無法獲利。採用時必需視乎你的交易對手是否為連MACD都不認識的韭菜，否則當韭菜的可能是你。

大行情趨勢就是由資金及交易者的集體心理狀況驅動。而由於近年

程式交易及量化交易等大行其道，一個趨勢形成後就會引入很多其他跟從趨勢交易系統跟進者，進而自我強化。而且在衍生工具大行其道的今天，一個明顯的趨勢會降低波動率，因為波動率再而降低對沖成本，令更多投資者在最大損失有限後安心跟進，直至市場最終出現趨勢逆轉，對沖成本急劇上升，引起投資者難以在低風險成本對沖下跟進。市場就會由上升轉入動盪（有波幅沒有實現升幅），甚至出現下跌。

趨勢交易最有利就是大牛市中的低波動性上升，因為很少有賣出訊號出現，可以很安心地持倉，好像2017年的美股，2007、2015年A股的大牛。

跟蹤趨勢策略缺點不可避免失去首尾的利潤，因為此策略是須要市場先行上升，觸發交易行為，你可能沒有把握在更低位買入的機會。然後等待市場運行，直到市場走勢逆轉，你亦無法把握在更高位賣出的機會，策略必然等到明顯下跌時，你已經帳面利潤回撤了一大波，等到出現交易平倉的信號後執行結束交易部位。

趨勢策略其實有另一更危險的缺點，就是當市場開始下跌時，圖表及盤面狀況往往層出不窮，而且無法從數據歷史中事前知道危險性。在A股市場可能出現持續跌停板，但你做數據回測時假設可以迅速平倉控制風險。理論上市場下跌時可以以放空股指期貨進行對沖，但是2015年千股跌停時期，在一段時間禁止了新建立放空倉位。本來回測歷史認為可用的風險控制工具可能也會突然失效令交易者異常崩潰。

即使在美國市場也會對單日下跌過急的個股進行放空限制，一旦美國證監會作出放空限制，空頭在當時就被動變成潛在買家，只能選擇在什麼價位買入股票平倉，而不能再加倉位。2008年9月金融危機時，美國亦禁止放空數百只金融股，卻造成意想不到的市場流動性進一步降低，股票交易差價大幅加大，短線交易更困難，令下跌時更易出現滑價暴跌，投資者逃生更困難的境地。你如果沒有對金融市場有深厚的認知，胡亂寫個程式交易，以為在家中放了個會自動賺錢的聚寶盤，不幸還遇上風平浪靜市況賺到一點小錢，沉迷此道不能自拔，其實不過是在家中放了定時碎鈔

機，一旦危機來臨時，你會方寸盡失，到時才上網找資料，緊急看書想找出逃生方法已經太遲。專業交易者應該有意識事前去預防交易異常狀況，比如先行降低交易倉位，因為危機發生後往往無法補救。

在美國早有很多採用趨勢交易策略的CTA基金，一直發展到今天，其實不少美國CTA基金的獲利能力不算突出，而且絕大多都跑輸大盤的標普500基金。大家採用趨勢交易策略必需想清楚前面多大機會有大行情出現，市場上沒有大風起來的時間，很易出現市場趨勢快速逆轉交易不及停損的困境。

逆勢交易策略

抄底交易、調整市追入、高位放空，都是逆勢交易策略。因為這等交易都是對當前市場的中短線趨勢進行逆向交易，獲取超額利潤。但採用逆勢投資比起順勢投資的錯誤概率往往更大，一旦錯誤，損失可以非常巨大，因為你跟整個市場的大勢進行反向對博奕。初學投資的交易者往往看投資書時就會被鼓吹作逆勢交易，打敗市場獲得快感。但連投資較易獲利的順勢操作都未學會，就以為自己才是大智者，看到市場看不到的錯誤，損失慘重痛苦離場是大概率的事。美國的聯儲局主席在1996年形容當時的股市有非理性繁榮（Irrational Exuberance），如果你認同主席的想法，並以真金白銀在股市放空支持你的論點，你就會先行虧爆離場。因為美股牛市的結束點是2000年3月，其間指數再上升50%才開始下跌，沒有什麼長期放空者可以捱得過此升浪生存下去。

抄底的核心不在底部運行時的最低點買入，因為當市場的賣壓未消除時，你永遠不知道市場會送你到哪一個新低點，這種萬丈深淵的感覺令人很難安心持倉。股市的底部形態有尖底、W型底、多重底、圓底等這麼多種，盤面根本難以判斷。所以尋找絕對底部這從來不是交易老手入市的目標，而是底部形成參考點，開始緩慢或離開的時候，可以考慮開始第一筆的入市，並以跌穿上次底位某百分比考慮跟進行動，停損或按計劃加倉。

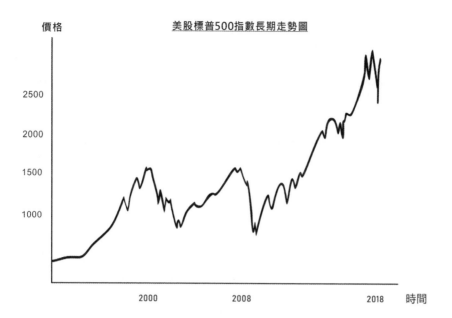

價格

美股標普500指數長期走勢圖

2500

2000

1500

1000

2000　　　2008　　　2018　　　時間

2018年12月的美股大調整

美股2018年尾陷入了大調整，從12月13日開始到12月24日連跌8個交易日，許多交易日都出現了開盤上升、日內上升，最後都逃不了日內下跌的命運。每一天的抄底交易都會虧損。你怎麼知道那一天是底？比月初的起點下跌了接近17%。在過去九年多都沒有發生過，就算你知道美股有下跌壓力，又怎能知道才一月的跌幅就把美股打到接近熊市。下跌的幅度及時間長度就算你是市場老手也是不能事前判斷的，即使你早已知道美股在貨幣政策、貿易及政治風險下會下跌，也很難想像熊市一年的跌幅可以在不足一個月內完成。

價格

美股標普500走勢圖

2900

2800點

2600

2400

11月　2018　12月　　1月　2019　2月　　時間

不過你又怎樣知道，下跌了8個交易日後，第9個交易日（2018年12月26日）的反彈幅度也是過去九年多最大的，標普指數一天反彈約5%。如果交易者之前繼續看空後市做了放空，應該會損失慘重。而進行短線抄底的交易者則成功獲利。但是你又有多大的可能在前8個交易日看到上升苗頭時動也不動沒有入市，卻在第9天開市後市場仍然搖搖欲墜時買入？美股在當天開市頭初段先出現升浪，卻快速出現倒跌，日內交易搏反彈的交易者都出現帳面損失，很可能採取了停損。誰又知道11點開始出現超強勁升浪，一直拉升到收市，中途只有小幅度調整。請告訴我，你怎能事前知道當天11點後會暴升，如果你等待有日內突破訊號，在上升2%以上時才追入後，當天只餘下2%多一點的上升空間。而且這種幅度的升幅9年才出現一次，過去此等訊號出現時追入往往都變成日內高位接貨，你又敢不敢追入？

所以搏短線反彈能否獲利的關鍵其實是運氣，中間沒有太多技術可言。連跌三天是超賣，連跌6天是超賣，連跌8天也是超賣。第9天可以繼續下跌，也可以平盤而收，誰人能事前知道。交易者一定要小心，不要高估自己能力的風險，如果你獲利的因素是幸運，你卻認為是自己眼光獨到技術高超，往往要日後在市場上付出連本帶利的代價，這些帳面利潤很難袋穩的。

其實當你準備抄底時，十次有九次都抄不中。因為底部是事後概念。每每當市場急跌後連續幾天企穩開始上升，你以為市場的大底到了，出手抄底，沒過幾天又返回原點，並且再次跌穿買入價，陷入痛苦之中。其實抄底並沒有必勝之法，最穩健的做法是你確定目前的投資標的有充足的投資價值，願意長期持有。你準備好購買計劃，先把預備投資的資金分開3至5份，訂立如每下跌10%再加注，確保當你第一次投資後的走勢仍有充足的修正餘地。

切忌在抄底失敗後復仇深切，因為持續盯盤被小幅波動吸引，在股價小幅下跌（1～3%）後立即全倉追入，希望在更低的價位追入，卻令自己完全喪失了貨幣資本去應變市場的變化。一旦股價再次劇烈下跌，這時你只有選擇忍痛賣出或痛苦地持有，無法在更好的價位介入，你已經完全喪失主導權，任由市場擺布只能聽天由命了。

投資者亦要留意經濟及股市週期尾部誤導性的低估值假象。因為生意的週期擴張到尾部，歷史利潤水平是以對上一財年的最佳表現為根據。而一旦經濟逆轉，看似較低的估值會因為利潤快速下滑而變得更昂

貴。股市在低位時上升可能很急，但後繼上升動力往往有限，不是獲取豐厚利潤的時機。投資者可改變抄底交易想法，相對低位作長線進入點並保留資金作持續入貨，儲備一些低價入貨的資產等待下一次大牛。

　　尋找有用的交易策略久了，突然會想起了辛棄疾的詞，「眾裡尋他千百度，驀然回首，那人卻在燈火闌珊處。」其實機關算盡，最簡單不過又能賺錢的策略不過是在市場低谷時，持續把閒置的自有資本不加槓桿吸納市場的大盤指數投資，在看似深不見底熊市中，有大把大把賣家因為恐慌願意把自己已虧得很嚴重的持倉傾囊賣出。而只要你買入後有足夠的耐心持有，將來牛市回來的時候往往有可觀回報，因為到時有大把大把的人願意用今天想像不到的價位買你手中的金融資產。不過前提是你所在的股市有明顯的牛熊週期而不是只跌不升的一潭死水。

　　市場總是會給予以合適價格持有優質資產的長期投資者不錯的回報的。因為長期投資是各大策略中最少人實踐的，機構投資者都有短期回報壓力，未捱到長期基金先要解散了。而一般投資人在熊市中不是早早已滿倉被套就是信心全失，發誓不再相信股市了。很少人認識到底部是一個區間，認為值得買入時（可分段買入）入貨就堅定持有。還有一些自認聰明的短線策略，天天估那個是最低點，一下跌又平倉等更低點才買，真拉升時手中卻無股了。所以大家可想而知能一直生存到熊市仍有大量資金可用的交易，並確切執行這套簡單策略能獲利的交易者其實沒有多少。

擺動交易

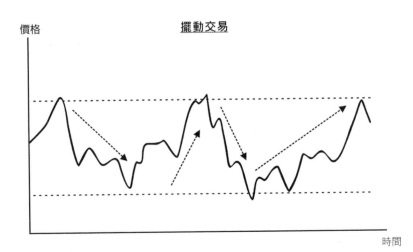

擺動交易（Swing Trading）適用於趨勢不明顯的震盪市。靜態擺動，移動平均線趨平，股價持續在50天平均線上下10%波動。沿平均線動態擺動，移動平均線平緩地向上升，股價持續在50天線上下10%波動。找出當時的相對高位及相對低位元，震盪的上下幅度最好有10%左右，否則容易出現頻繁停損。

1) 當市場下跌到相對低位企穩並開始反彈時介入做多，到相對高位附近賣出

   如果介入失敗，市場突破低位區間（1～3%）要考慮是否先行撤出。

   普通投資者較易應用使用這方式獲利，因為動作是買入並賣出，只要倉位控制不要太大，沒有爆倉風險。

2) 當市場上升到相對高位企穩並開始回調時介入做空，到相對低位附近平倉

   如果介入失敗市場突破高區間（1～3%）可考慮先行撤出。

   普遍投資者比較難做空個股，如用股指期貨、期權等應用難度較大、風險較高，只較適合專業投資者

區間突破跟進交易

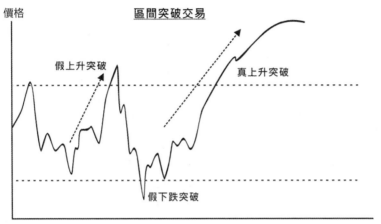

在一個大牛市中，突破跟進也是一個捕捉大升股的短線交易方法。一旦股價突破之前的阻力，甚至創出新高，去高價跟進，市場價跌破20天線考慮撤出。突破形態主要有區間突破，楔形突破等等。除了上升的突破，亦會有下跌突破形勢。突破的準確率不高，經常遇上假突破。但是遇上一次真突破的投機回報十分可觀。投資者可以參考近期突破形態的概率與回報比例作參考。根據投機原理估計作多次交易後有沒有獲利的勝算。

如果處於暴升狀態，平均線已經遠遠滯後股價。這時投資者可以考慮以對上一個股價裂口位置，或上一條上升陽燭的最低點做撤退參考。因為一旦市價觸及這些價位，大量最近高位追入的投資者帳面已是虧損，他們有很大的心理壓力去賣出。除非有更大新消息或新的介入力量出現，否則股價不容易突破上次高位。尤其如果高位出現高原頂，即是持續一段時間在高位平穩運行，這樣高位被套的投資者就會非常眾多，就算股價沒有快速掉頭下跌，要再次突破上次高位就會很難。

　　除非是整體市場從低位出現突破，有基本面的估值修復配合，一般情況下其實區間突破中伏的風險很高，尤其當市場已經處於熱炒之中。由於暴升股的回報很可觀，這會吸引許多短線投機者。許多出現區間突破的個股早已脫離基本面，只是升到你不信，再升到你迷信。看看股價由2017年升到2018年頭的騰訊（港股：700）或亞馬遜（美股：ANZN），不過兩只股在該年都遇上重大調整，跟進突破位置買入的投資者應該在股價上升時上移獲利位置，當股價上升後下跌至某一水平就先撤，以保存利潤。很多書叫大家克服對股票的畏高症，不理基本分析形態，只看資金及盤面，堅定持股不折騰，還配一句要知道這是大牛市的口號。真的不知道背後承擔了多少風險，明顯地這種賭博式投資就不合適長期投資者及基本面的投資者了。交易這類股份最重要是控制投資金額，必須要分散風險，這些不斷突破的股份每每間斷地出現真假突破，往往令投機者真假難辨，進退失據。下了停損就被觸發，賣出沒多久又再上升，一次又一次的突破，令很多深信該股只升不跌的朋友在真正下跌時受到很大的損失。一般投資者沒有準備承擔巨大虧損風險的就不要胡亂參與了。

事件性交易

　　開市前突然發生重大事件，比如有大的政策利多出臺，因為有大量投資者拿著錢想追入，第一口價往往大幅高開或低開，留給你日內交易的空間往往不多。在買入後持續盯盤下，不斷看到價位沖高無果，心灰意冷，平倉損失離場，高興而去，敗興而歸。如果連續漲停，升幅一旦透支過度，打開停板時追入往往只剩下一地雞毛。好像2017年的雄安新區概念股，許多升停板個股比如金隅，在2018年比起17年暴升市前的起步價更低，追入的交易者損失者眾。事件性追入是一個高難度動作，許多時日內追入的交易者最終出現損失。

有時一件大家認為是壞的消息，最終可能被市場解讀成好消息。這種稱為市場認知錯誤風險，最初的市場認知出錯最終並被市場自己推翻。2016年11月美國總統選舉，川普在市場意外的情況下當選，當點票差不多確定是川普勝出後，美國道指期貨在亞洲交易市段大跌800點以上，香港恆生指數大跌1,000點以上。誰也沒有想到這竟是川普大牛市的開始，如果你堅持看空並放空美國市場，在美股開市後當天由跌轉升的幅度已經足以把你虧個底朝天，轉變之快令人目瞪口呆。之後全球股市展開了十多個月浪接浪的上升，全球股市一片歡騰，直至2018年的2月才出現重大調整。

所以投資者一定要學會靈活變化，評估最新的事情發展，不要盲目堅持自己的觀點。因為只有由我們去適應市場，市場是不會等我們去適應或改變觀點的。在市場生存久的投資者大多有較好的認知能力，如果是自己錯了就會毫不猶疑的認錯並修改倉位。認為堅持就會成功的心靈雞湯絕不適用在市場交易。如果把每次錯誤推諉市場，什麼都賴是消息面的錯，錯信專家等等，從不查找自己不足的投資者，投資水平難以獲得進步。

參考不同市場走勢作判斷也往往會得出錯誤的判斷。2018年12月26日美股大幅反彈上升，美股道指上升1,000點，彈創歷史最大升幅，主要指數升幅來到接近5%。第二天亞洲區開市後全面上漲，日本股市升了3.6%左右，你又怎想到中國A股開市時先升1%多一點後，竟然在如此看似利多的國際市場盤面下在收盤時相對前一天下跌了0.6%。交易之難，在於大眾所認為必然發生的事不一定會發生，大家認為有相關性的價格走勢、真實走勢也不一定接近預期。對事件性交易的判斷，一定要有第二重思考，大眾事前預期的走勢是否要發生，必須要由市場的真實盤面去確認，不要盲目跟從事前先入為主的主觀判斷。

套利或錯價交易

套利交易是指交易者利用不同市場之間的差間，不同時間之間的交易價差，或者市場持續交易期期間的買賣差價等機會交易，以較低風險套取利潤。如果你聽到某交易策略有90%以上贏率，多半是採用套利交易策略。套利聽下去又是高大上的東西，其實金融市場發展到今天，高額利潤的套利機會早已不太存在，平日剩下的都是蠅頭小利，一不小心還要冒上風險。只有有時出現嚴重的市場失效才會有較大機會。比如2015年A股千股跌停時有一個交易日，香港的A股基金出現洗倉式下跌，跌幅25%，令基金的報價較當時的基金淨資產低（NAV）20%以上，差不多要連續3天全市場跌停板後才可能跌到這個NAV水平。這種錯價幅度只在市場極端的情況中發生，幾年也未必有一次。第二個交易日基金回復正常價值上升了20%以上。有時資深投資者判斷市況異常或有交易機會就會果斷出手，作出最大損失的評估。雖然交易判斷往往在短時間內確定，但對市場認知及交易的信心是長時間養成的。記住機會是留給有準備的人的。

量化交易

量化交易是以基本分析及技術分析等數據進行數量化分析並量化分析結果為交易判斷基礎，並作出系統性交易決定。量化交易者通常會設立一些數量投資模型進行交易決策。量化交易會使用數據回測（Back Testing）等手段，利用歷史行情走勢變化輔助設定交易策略，並配合自動化系統進行交易，可以不受交易員的人為心理影響判斷。亦有一些機構會以數據量化產生交易訊號，再以交易員作最後的把關進行決定。把投資決定的參考因素進行量化有助高效率地進行數據分析，是一個很有效率的數據分處理方式。

　　沒有深厚的經濟及金融基礎，由純粹統計學找出量代變係進行交易，很易變成量化盲毛並陷入量化陷阱之中。有價格相關性的東西不一定有因果關係（Correlation is not Causation）。比如在一個比往年寒冷的冬天雪糕銷量下跌的同時油價因為取暖須要而上升。這並不代表石油與雪糕銷售有任何反向因果關係。交易者因為錯誤相信市場上存在一些因果關係而建立的交易策略非常危險，交易者亦無法判斷影響因果關係成立時所須要的經濟及金融條件，比如低利率或寬鬆的貨幣政策是否存在，統計大師型的量化交易者往往不明所以就虧了大錢。

　　以數據回測去測試你認為有用的交易策略，是建立在過去的歷史很大可能照劇本重覆發生的假設上。大家如果熟悉歷史的話都知道過去發生的事可以啟示未來，但事情發展的軌跡不可預測。有些交易者沉迷量化交易，把不同的數據，不論基本面的、技術面的混合下來發出交易指示就能戰勝市場。當然可能發生，因為價格運動有其隨機性。用回測打中交易大回報是有可能，但很可能是因為幸運而不是技術較佳，而且股價的運行方式不可複製。

　　第二個問題是數據的可靠性，量化分析假設包括公司提供的所有數據都是真實無誤，而且數據的質素要非常好，沒有太多水份或統計誤差，而且要有連續數據。比如股份經常停牌，或數據出現時間上的不連續都會大大影響判斷的有效性。大家應該從本書基本面分析的章節中知道數據被修飾甚至做假的可能性層出不窮。絕對相信數據是量化判斷模型的一大缺陷。而且很多因素無法有效量化，你無法事前量化評估地震發生的可能影響，因為地震週期在200年，可以在上一次地震後的150～250年間的內的某一天發生，但發生時對市場的影響非常大。你也難以評估風災發生的影響力，比如2018年的颱風季把香港許多數十年歷史的樹連根拔起。50年來從未被動搖，卻一次崩潰。套用金融市場上就是量化判估的限制性。有太多因素無法量化，即使可以量化，以往數據上預測的結果並不準確。你預計樹木不會倒下，因為以往沒有倒下的歷史，你想想2008年的美國全國系

統性房價崩潰，在過去100年從未發生，但不等於不會發生。大家應該明白天災、貨幣崩潰等低概率事件影響量化的判斷有效性，而且一次錯誤足以引起重大虧損。長期資本管理公司（LTCM）在1998年因為量化策略前事估計不了俄羅斯出現債務危險而轟然倒下，投資者必需對純粹的量化策略抱持一定的警惕，因為市場總是變幻莫測的。

第三是如果某一個量化交易策略能從中短線交易中獲取超額回報，這個超額回報一定有限度的。等於買彩票最大的獎金必定低於總投注金額，你賺的錢是別人虧出來的，如果太多人以同樣方式下注並同時中獎，即使中了最大獎獎金仍是相當有限的。觀測目前市場上大多數量化交易基金的績效並不好，基本都是弱於大盤，乎合這幾個假設的判斷。

投資者就要認真懷疑，市場上專業機構投資者利用AI或自動化系統對所有市場交易組合回測數十年的詳細數據，找出看似交易之神的過往最佳交易戰術，和另外一間專業交易機構電腦分析的交易戰術會否很接近，如果一但戰術已經被挖掘，即是訊號一出現，大家一湧而上推升價位買入後已無獲利空間，一旦有賣出訊號大家的自動化系統又爭先恐後逃走平倉最終兵敗如山。這種遊戲最終就會變成一方AI預估對方買入訊號設立陷阱，然後對手發現上次被埋伏後，再以其人之道還治其人之身。變成真真假假的博奕，其實到頭大家都沒什麼利潤，最開心的只有交易所可收取可觀的交易服務費了。

量化是一種高效的數據處理手段，而且對投資者來說也是有十分實用的參考價值。只是投資者必需認清量化分析的用途，但不要迷信其中，也不要以為使用量化策略是穩賺不賠。廣義來說其實近年非常流行的交易所買賣指數基金，不少也採用指數化被動投資策略，也有相當程度運用了量化投資的分析，不過這個量化輔助建立的指數被定義為行內基金表現的基準指標（Brenchmark Index）。你要用主動的量化策略去擊敗基準指數就要靠天吃飯了，這要看你比你的交易對手誰比誰更適應當

下的市場了。或者大家鬥到難分難解然後大家混戰一輪，都分不到任何超額收益。

回測（Back Testing）還有另一個危險的缺陷，我們往往假設我們的交易行為沒有影響股價。但其實我們也是真實市場交易的一部分，但是我們的投資行為同時會影響其他交易者，也會影響到市場價格。很多QUANT的網站上有很多非常漂亮的回測結果，只要你不停修改參數，一定可以找到一個打敗靜態歷史數據的交易方案，看著模擬交易的收益曲線不斷上升，心裡萬馬奔騰。覺得自己透過簡單的量化策略，已經領略到市場真諦，可以在市場大殺四方。也許，你每次只買入一兩手股票，做一兩手期貨，你的策略仍有可能在一般短時間內有效，只要你做的量多了，你就很易察覺策略效果走樣。如果整個市場的交易者都信奉同一套策略，那麼你贏的錢是誰輸出來的？你還記得市場短線交易是一個零和遊戲吧！

量化分析亦無法預期突發性風險或意外事件。2019年5月全體股市一片昇平，5月5日美國突然宣布加關稅，事前毫無預警。第二天5月6日一開市美股期貨市場裂口大跌2%，中國A股市場大跌近6%。一旦消息出現後已經沒有什麼工具可以幫助交易者全身而退。你須要痛苦地在等待或痛苦停損間做決定。最無奈的是前一交易日的收市大部分期貨市場仍是呈高水狀態，標普VIX指數還下跌了10%，市場事前絲毫沒有異動。請問你如何事前能量化這種毫無數據跡象的風險事件？但這種風險事件真的會引起短期重大的投資損失，對槓桿交易者的打擊更可能是毀滅性的。

我必需提醒初入市場的交易者，量化交易的真正好處是能幫助處理大量信訊，許多專業投資者會利用量化模型分析各種數據，評估及預估各種數據及市場變化提供投資決策參考資訊。而且量化分析沒有受恐慌等感情影響交易判斷，並且能以比人手快得多的速度自動下盤。不過因為買入及賣出訊號往往同時發生，大多數基金是參考而非依賴量化訊

號。但是投資者不要迷信量化策略的有效性，其實在美國一個投資者什麼都不做只持有標普500指數相關基金3年以上，已經能打敗95%對沖基金及量化基金的回報率。量化交易當然有可能獲得超額回報，但必定要建立能超越其他對手，並要有能從其他交易對手錯誤中獲利的交易策略，這些技能是無法透過學習累積的。而且由於交易對手不斷進化，原本有利的量化策略卻會在某些時間失效，而且有相同技能水平的量化交易對手增多，僧多粥少時，超額回報難以持久。在金融交易世界，大眾看不明白但高大上的東西總是如此迷人，卻然後往往不一定有真實的長期獲利能力。

量化投機大師倪德厚夫（Victor Niederhoffer）

倪德厚夫是傳奇的量化投資者之一，他畢業於哈佛大學，並在芝加哥大學取得博士學位。曾經在加州大學柏克萊分校任財務系教授。其創立的對沖基金於1996年獲得全球對沖基金主要評估指標MAR比率（即基金回報率除以最大回撤比率）的第一名，著名投資者索羅斯亦曾經委託他管理部分資金。倪德厚夫在1997年出版了《投機者的教育》（The Education of a Speculator）一書，可是其交易之路卻因遇上1997年亞洲金融危機而一敗塗地，基金最終解散清算。他卻在幾年後，再次東山再起，他新成立的基金在2001年至2006年的5年間獲得每年接近50%的回報，並於2004及2005年獲得全球商品期貨基金（CTA Fund）最佳回報率大獎。他2003再次出版新書《華爾街的賭局》（Practical Speculation），書中有解釋其東山再起的心得，並以數據及事實揭破很多錯誤的投資認知，包括對揀便宜股的績效批判。其新基金採用了多元時間序列（Multivariate Time Series）等量化分析工具去捕捉金融市場小幅度的波動而獲利。可是他最終再次於在2007年因美國的次按危機初期引起的巨大波動遇上重挫，損失超過75%基金淨值，而須要再次關閉基金。

這種頂尖聰明人設立的量化基金超額回報與爆破其實有一定的軌跡。這跟債券市場長期資本管理公司（LTCM）爆破事件有許多相似之處，首先是基金持續數年平穩而高額獲利，每年20%～50%以上的淨回報，並且可以三至五年間毫無虧損紀錄。這種不受市場升跌環境影響的全天候超額績效，好得令人迷信其中。然後突然出現量化模型無法預視或有效化解的風險事件，短時間內巨大的市場波幅令事件引起巨大虧損而最終倒下。

這種巨虧與賣出VIX期權策略的美股XIV票據在2016至2018年初獲利連連持續爆升（20美元升至140美元），卻在2018年2月一天跌90%的進程有很大的相似性。一些在平常日子看似無懈可擊的交易策略其實在特大波動市況下可以不堪一擊。投資者或交易者往往在量化模型中看不出這種風險，或者認為發生

的概率太低而選擇無視這種小而極具破壞力的風險。聰明的讀者又會問，那麼在建立交易策略時多做好風險控制，這樣就能把損失控制在合理水平。是的，不過金融市場有一個風險與回報的交換原則，減低風險的代價就是減低回報水平，基金的業績回報會變得平庸，投資者最終亦會撤回資金，過於穩健的量化基金最終難逃解散的命運。參與其中的投資者不應該長期大額押注單量化策略基金，如有較高比例獲利後必需考慮撤回部分投資，並必需轉投其他類別資產之中，並切記不要把全部資本不斷再投資其中，以免出現單一風險事件而出現巨額損失。

倪德厚夫的父親是著名的警察並獲得法學博士，他從小告誡兒子不要接觸賭博及投機。因身為警察親眼看過太多曾叱吒風雲的投機大戶的晚年淒慘景況，一些人因為投機最終一無所有，在貧民區孤獨地離去。他在晚年時仍然告誡兒子那些量化分析不可能把所有風險計入其中。火山爆發、選舉結果、戰爭爆發等基本因素都是不可預計。他認識許多投機大戶一生在鑽研統計資料，卻最終貧困潦倒離開人世後被其打包送走。這是一個擁有智慧的父親對兒子最真心的告誡。當然許多人會認為自己能把所有風險量化，直至風險事件出現才猛然醒悟，然而一切都不可以重來。投資者不可不察也。

高頻交易

高頻交易和量化交易有相似性，但是競爭的重點是鬥快，搶在其他交易者之前獲得交易。多數的高頻交易其實屬於套利交易的一種，希望以速度競賽獲得短時間內的無風險獲利。使用高頻交易有時往往就只是爭取買賣差價的微少獲利，積少成多，能否獲利的關鍵往往就是鬥快下盤。高頻交易者會以超高速電腦系統下單，使用高速的網絡並位於交易所網絡系統的近距位置，力求把自動化交易的時延降至最低，競爭的是以千分之一秒計算的時間差距。高頻交易每次的持倉時間極少。有時會大量發送及取消訂單，但實際持倉數額不會太多，所以即使遇上虧損情況一般單筆交易損失不會太大，並盡量在每個交易日收盤時保持空倉以降低風險。

　　美股的市場上有做市商的存在，他們是傳統較低頻的套利交易者，利用買入及賣出的股票差價獲利。比如同時有交易者以10美元賣出及以10.2美元買入1,000股，做市商跟他們對盤就可以獲0.2美元的無風險利潤。美國的高頻交易就是利用這中間的差價獲利，有時他們會有助收窄市場的買賣差價，令市場的成交更活躍，流動性較佳。當場盤面不佳時有時他們又被咎病影響市場運作，干擾交易價格並增加交易成本。美國的高頻交易非常活躍，首先美國股市採用T＋0交易，交易者可以在買入後即時賣出，而且的交易費用非常低，加上並沒有股票交易印花稅，令低至千分之一以下的買賣差價已可以獲利。而且美國監管機構並不禁止高頻交易，只是不允許一些利用快速撤盤的虛假訂單等等的操縱市場行為。美國實際有十多個不同的交易所，如果一個美股交易者透過證券經紀以全國最佳報價交易，須要在不同交易所的報價中找出最低報價者進行交易對盤，比如你想買入500股價格98.7美元名為超頻科技的股票，目前的盤面如下。

買盤數	買盤	超頻科技	賣盤	賣盤數
		98.9	500	2
		98.8		
		<u>98.7 市價</u>		
		98.6		
3	600	98.5		

　　對上一筆成交價為98.7。如果你想要即時買入股份，要付98.9美元，你想嘗試以較低的價錢買入，比如你以盤面買賣價格的中點98.7掛出報價進行，就要看看有沒有賣家願意用這個價錢賣給你。如果你等得不耐煩，想直接交易，決定用98.9價格直接交易，但當你輸入訂單後，奇怪的事發生了，之前的賣盤不見了。

買盤數	買盤	超頻科技	賣盤	賣盤數
		99.1	800	3
		99		
1	500	98.9 市價		
		98.8		
3	600	98.7		

　　然後你再往上加價，終於成交了，成交價卻在沒有看得到賣盤的 99，而不是99.1。這中間可能有高頻交易者在你在98.7下單時發現你的訂單在搜索全國最佳報價時，高頻交易捕捉到你的訂單買盤，搶先在電光火石之間比你先行在賣單所在的交易所買入股份，你的買單就會撲空。當你往上修改價格時，高頻交易者又可能會迅速地選擇比市場排盤價稍便宜的價格優先和你成交。這樣就能在極短的時間內完成一對買入並賣出的交易，賺取15美元的差價〔（99－98.7）X500股〕，只要交易成本低於15美元的差價獲利，高頻交易者就能賺得到利潤。這些看似微不足道的利潤卻是積小成多。就好像魚塘中靠不斷吃微小生物維生的小魚，有時還是過得很滋潤的。如果中間有傻錢用了市價訂單進行大額交易，因為市價單會按全國最佳賣盤價自動成交，能早一步買入抬高一點賣價賣給這大買家真是樂開花。高頻交易偶爾的盛宴，通常會引起多個高頻交易者爭奪。所以高頻交易的最大對手就是其他高頻交易者。在高頻交易的世界，天下武功，唯快不破。

　　高頻交易者不只會利用買賣價差進行做市套利，也會對交易所買賣基金及期貨與現貨市場進行套利交易。其他常見的套利形式有統計套利，去捕捉市場短暫出現的錯價或價值偏離的交易機會，當然這要視乎市場有沒有快速地出現均值回歸現象。方向性套利則會透過預測市場對一些事件及資訊的變化，付費從更有效率的新聞機構優先獲得資訊，利

用電腦快速分析新聞標題並評估其影響，率先在市場上作出買入或賣出的決定。前提是他們要成功預測市場對資訊的解讀以及價格走勢的方向。所以統計套利及方向性套利往往要比傳統做市套利行為冒上更大的風險。

高頻交易的品種及範圍非常廣泛。只要有獲利的土壤，他們就會自動出現。在中國股市T＋1機制下，進行高頻交易非常困難，不過還是有一些機構成功利用交易所買賣基金以及在期貨市場中進行高頻交易。中國證監會就對一些在A股交易所買賣基金進行高頻交易的機構處以億元級數巨額罰款。所以交易成本，交易所系統的先進程式，監管機構的處理都是決定高頻交易能否存在的因素。至少目前在中國允許高頻交易的空間不算太大，主要有一些私募基金及少量對沖基金在嘗試，雖然競爭者少時仍會有套利空間，可是一旦游走上監管的灰色地帶處罰的金額可以遠超獲利金額。大家不要對中國的高頻交易有太多的幻想。

理論上高頻交易者不用理會市場的基本面，他們不斷在市場的日內上下波動中穿梭，而且會嚴格控制持盤總量避免承擔過大風險。聽上去是有技術又穩賺不賠的生意。但是一旦市場陷入混亂之中，出現強勁滑價以致難以找到交易對手進行交易平倉時。高頻交易者就有可能陷入損失之中，如果市場的波動持續時間較長，高頻交易者往往會選擇在一段時間內中止參與市場。因為他們不願為了微利面對巨額交易損失風險。這時市場的流動性就會進一步降低。所以一旦市場出現單邊下跌時往往更難找到買家，價格可以下滑得更快。

2012年騎士資本（Knight Capital）的交易系統崩潰事件

騎士資本（Knight Capital）是美國主要的做市商之一，利用電腦系統對美國上市過萬種股票提供買賣做市活動。2012年8月1日騎士資本因系統改動後出現交易股務器出錯，不斷在交易所亂出訂單而出現單日巨額虧損。騎士資本（Knight Capital）一天內因交易錯誤，幾乎倒閉。交易所只對小部分的成交進行取消交易。

導致騎士資本出現重大虧損是其中一台交易伺服品出現軟體上的交易程式錯誤，不斷以高價追入股票並以低價賣出，每分鐘的指令可以重覆執行高達過千次，而且不斷重覆，極速燒耗資本最終導致了4.4億美元的虧損。對進行無風險套利為主的做市商來說面對如此巨大金額的損失，已經令其損失大部分的資本而面臨破產風險。雖然事後受到各方金融界的救助，最終騎士資本仍難逃被收購的命運。

出現了俗稱烏龍指或自動化交易系統的錯誤，交易所不一定接受作為取消交易的理由。交易所認為機構投資者必須要小心對自己的交易指令負上責任，即使指令出錯也要承擔錯誤的結果。一般投資者不要胡亂在家中嘗試高頻交易，因為一個小錯誤，甚至你的大樓出現電力故障或網絡故障，在沒有後備電源及網絡系統下後果不堪設想。還不用說軟體有沒有錯誤你也不容易弄得明白。以為在家中安裝了高頻量化交易的聚寶盤，其實是安裝了一個金錢粉碎機就不太好了。

其實一個市場可以容納高頻交易的盈利是有限的，如果同時只有少數機構對單一個股或衍生產品交易，大家都可能同時盈利，這些盈利主要是由其他交易的價差或犯錯而獲得的（好像人民幣找換店賺的價差）。但一旦同時參與者太多，每人分到的生意額就會太少，出現連維護成本（昂貴的電腦及通訊設備，交易設計者及程式員的薪資）都支援不了。這是就要看誰本金少最先離場，由其他生存者分食餘下的占率。如果你沒有深刻行業背景及經驗，買了幾本程式交易的書就想學高頻交易，想在成熟的交易市場分一杯羹。這種行為就好像民兵想學習如何用步槍打爆坦克車。我建議你把時間用來學習如何做好自己的本職工作或發展其他技能可能更有效益。

相機裁決交易策略

相機裁決（Discretionary）的交易策略其實就是憑交易者自己的市場判斷因時制宜作投資，沒有一成不變的機械準則。有一些金融投資的大師，有時沒有明確的交易系統，而是以自己的經驗對市場走勢產生的

感覺作判斷，感覺來自金融市場、政府政策、政治變化、國際形勢變化的認識，不是無中生有的。這有點像金庸武俠小說中的超強武功獨孤九劍——無劍勝有劍，無招勝有招。

很多投資者相信交易系統的概念，而且似乎迷信的程度。在網上的討論，交易系統一直是神一樣的存在，就好像世界上有一個能打開股市財富的奧祕，只是你並未發現。其實我在書中提過的交易策略，已經是許多的交易系統的原型。但真正應用時效果相當參差，必需根據市況調整，比如牛市中用趨勢跟蹤就賺翻天，到了震盪市時升跌形成趨勢後都乏力，趨勢跟蹤只是被人左右打臉。未來必然是舊有交易系統不斷被更新更強的交易系統取代，大家不要相信有什麼可以持續打敗市場的又不用改變的交易系統。如果有人看過80年代海龜交易法的相關書籍，你可能不知道他們當中大多的交易者不多久都被市場淘汰了，現實就是這樣殘酷。建立過於公式化的交易系統，可能在一段時間有效，但很快又被淘汰，有時候太依賴交易系統，比什麼系統都沒有未必有很大的分別

相機裁決投資者會冷靜判斷國際事件及金融環境的變化產生的交易機會，好像英國脫歐，誰會當歐洲某國新的領導，引起的財政政策改變及連帶沖擊、美日會否有貿易談判，對國際匯率的影響。2017～2018年熱炒CDR的概念股也是一個相機裁決參考例子，最初CDR的準備工作已差不多，投資者有明確交易基礎，但因為市場的急劇轉壞，投資者判斷交易基礎已經不存在，在2018年6月分還可以平手果斷出逃，之後就只有被深套的命運。

美國利率上升對不同新興市場的沖擊也是一個好例子。在美國加息週期期間，新興市場的股市並不一定會下跌，有時反而在上升。例如2005～2007年的加息週期，簡直就是新興市場的狂歡派對。那麼為什麼2018年初美國在加息週期的中段新興市場就潰不成軍？因為只看數據的人沒有細思數據背後的市場環境分別。

美元加息會對新興市場之中，擁有較高美元負債及國際收支平衡是赤字的國家，率先做成匯率及股市雙重沖擊。而2005年的前幾年新興國剛剛從1998年亞洲金融風暴之後的去槓桿中復甦，國外負債率相對並不高。但是從2008年美國為應對金融危機利率大降，並量化寬鬆大印金錢開始，全球各國都習慣了長期超低利率環境。不少國家及其企業大量借入以美元為本位的債券或負債。包括香港的銀行亦大量以低利率借貸與國內的企業，因為在當時人民幣持續升值的環境下，以美元計的融資成本隨時是國內的半價以上。2010年時深圳樓房貸款供款利率是5%左右，而香港樓房貸款供款利率竟然低於1%，只隔了一條深圳河便宜了4%是多瘋狂的借貸利差，香港樓市亦進入了快速上升狀態，漸漸形成一個巨大的樓市泡沫。

這時期國際上不少大型公司都會考慮借入美元作長期貸款。一旦美國加息到開始比較高位，一些問題就暴露出來了，海外借貸成本已開始不便宜了，如果貸款到期後就可能不能以低息發新債續期（Rollover），要麼要高得多的利息發新債，或視乎情況考慮是否能轉到國內融資。有一些小國的情況更壞，他們的債務到期後根本不可能在國際市場上以可負擔的利息水平再融資，須要嘗試在國內以本幣融資並在外匯市場購入美元以償還以前的美元負債。這些小國的外匯市場本來流動性就不高，一旦大量出現賣出本幣買入美元的交易盤出現，就可能會大幅推低本國的幣值，做成金融風險，參考2018年的土耳其貨幣崩跌就是一經典案例。

交易策略的共通盲點

我們訂立交易策略總是基於歷史走勢，對從未見過的市場變化沒有足夠防禦，一個連續數年不斷盈利的交易策略可以在一個交易日毀滅。

　　相對2015年的A股大熊市，2016年的1、2月間的下跌對許多投資老手來說殺傷力更大。投資老手早就認識狂牛市場的面貌，並知道狂牛會後一定會有崩盤，早已做好風險控制。沒想過在風暴過後以為有好日子到來時，市場會突然再出現高強度暴跌。在高風險時很少老手會滿倉，在市場深跌抄底時很多老手都認為機會來到不把握在交易場上就是白活了的感覺。如果只動用自有資金，大不了就是深套。但老手有時還忍不住內心的強烈感覺加了點槓桿，出現在市場底位因為槓桿爆倉被迫在自己認為有巨大投資價值的位置強制局部或全部平倉的慘劇。這種深深的痛苦只有親身重創參與過市場的人才能明，你明明看到黑暗隧道盡頭的光芒，交易倉位卻等不到看見光明那一天了，倒在黎明前的黑暗之中。

　　你可能不知道市場上其實會有交易對手風險，你的交易對手輸到破產了，就有可能出現無法賠償給你的情況。2008年許多國際金融機構出現倒閉風險，而部分交易對手如雷曼兄弟這種百年大行也會倒下。如果你有跟他們對賭的投資合約若未完成交收，能拿回多少本金都成問題了，要等破產清算。你亦可能想像不了1987年10月26日香港在美股大暴跌後停市四日再開市時，恆指期貨卻出現40%跌幅。期貨交易者多數只有8%不到的保證金，香港恆指期貨公司因為跌幅太大，好倉損失62億超過期貨保證公司的承受能力，須要香港政府外匯基金等挽救保證公司。而在中國的期貨交易所，其實有極端市況緊急平倉的權力，可以在必要時強行令買賣雙方以指定價位平倉，在以往部分商品交易持續停板時亦曾真實執行過，以避免出現交易對手無法履行合約的風險。這些都是新手投資者或熱愛數量化一切交易現象的交易者想像不到的交易風險。

　　其實不少交易者也可能巨虧在低概率事件上，比如你在連續6個月上升的市場中買入放空期權，相信總有一個月市場會調整能獲利，結果18年2月之前連續13個月MSCI中國指數都出現每月上升。等到第14個月真正下跌時你可能已經沒有本金或信心繼續參與了。另一個低概率事件例子就是2018年11月原油市場出現50年來第一次13個交易日連續下跌，投

機者任何一天抄底賭期油見底反彈都會損失，如果你根據歷史經驗滿倉投機交易，估計已經壯烈犧牲了，從此離開資本市場。

投資世界從來沒有長期必勝的交易策略，投資者須要根據盤面及基本因素判斷當前的市況，作出合適的策略部署。由於市場的變化往往是不能預估的，交易者可以不謹慎作出投資決定，但在市場上能長久生存的交易者必然是謹慎的交易者。

投資者必需有自己的判斷

時機的判斷是不可能絕對準確，對牛熊的判斷也不可能絕對準確。投資者要學會絕不把自己置於巨大風險之下。很多美股的老前輩在寫投資書時，老是強調不問價格不選時機長期持有股票的概念（Stock for the Long Run）。但是他們成書時也許沒有預計到川普牛之後美股的股價能強勁上升到2018年的水平，假設現在股價已透支未來10年的成長，你用現價買入持有10年的預期回報的可能就會極低，而且一旦投資環境改變，長期持股仍可能會出現虧損。

如果你在2000年投資科網股指數，10年後到了2010年還未能取回50%本金。如果不幸在09年賣出，持有9年仍未能取回30%本金。很多投資書中多是以2016年～2017年納指大升後計算科技股年平均回報有多少，而且還選擇在科投股爆破後的起點2003年開始計算，回報率自然極高。這種抽取數據的取巧，會令很多新手投資者迷信長期投資必然可以穿過牛熊，獲利滿滿。

一旦超高位入貨，人生有多少時間可以這樣去浪費，等待一個不知道還會不會回去的價位，又有多少人經歷納指2000至2009年的9年巨虧後還有勇氣持倉有到2017年？在市場中做投資，認知能力真得很重要。有

很多善良的人很用心並不計較回報的寫書教你如何去投資，我拜讀了許多國際及國內著名投資人的相關著作，有一些前輩甚至還回測了100年的市場數據，他們的出發點是好的。書中建議的策略直到出書當時也是合適的，可是往往不再適合在當前的市場環境去應用。因為許多前輩從來沒有見過美國股市能在如此高估值下維持這麼久，他們的世界美國經濟不斷高速成長，股市以可持續的股利增長為主要增長力量，而現在的股市卻以不可持續的估值上升作為增長力量。

傳統長期投資，讓利潤奔跑（Stock for the Long Run, Let the Profit Growth）的概念必需重新檢討，等待在合適的位置或估值下降出現的機會開始累積倉位，而不是聽從大師之言，任何時間及估值只管繼續持有。投資者必需留意全球範圍內的機會，新興市場及各個仍有創新及成長活力的股市，並留意地區性貨幣及金融危機出現時帶給我們的投資機會。我在書中不斷提醒讀者沒有一成不變的投資原則，學習如何觀察並測量市場，適應環境，把自己的投資能力不斷進化才是長久的生存之道。

組合式股票投資

組合式股票投資

　　大家理解了股票投資的基本面和技術面。大家就會進入挑選好股份的過程。我們打開股票的報價系統，數千只的選擇，如此眼花撩亂，真的不知從那檔股票開始投起。對於初學投資的朋友，我的建議是直接買入股票指數基金，因為如果一個大牛市整體市場在上升之中，該國家的主要市場指數必然上升。我們就不必費心去考慮太多個股持倉的問題，同時得到持股風險分散的好處，不用擔心單一行業的政策性風險，是一個很簡單好用的投資工具。股票指數相關工具是全球許多頂尖投資機構及專業投資者的核心持倉，他們會在指數基礎上對持倉進行增減及對沖，獲取超額回報。反而重倉持有個別股票尤其中小型個股的，以缺乏經驗的散戶投資者或個別游資大戶為主，並不是投資界的主流。

　　但理解指數內的行業分布，對投資全球各地的不同股市有重要的參考價值。因為你會發現不同國家股市的主要行業非常集中。而且一個國家內不同的股市指數的表現也有很大差異，尤其中小型股指和大型股指的差別非常巨大。交易這些股指以交易所買賣基金為主要交易工具，我會先解釋一般基金的運作，及購買相關投資工具的要點。然後我會再介紹全球主要的股票指數以及相關的市場交易工具給大家認識。

認識股票指數

　　最早期具廣泛參考及使用的股票指數，是於1884年由查理斯・道（Charles Dow）創立的美國的道瓊斯運輸指數，1885年查理斯・道再創立的道瓊斯工業平均指數（Dow Jones Industrial Average Index）直至今天仍被投資者廣泛參考並應用。該指數反映了30間美國最具代表性的大型上

市公司股票的價值變化，最初指數並沒有按不同股份的市值權重調整，及後方不斷改良及修正。時至今天，當年30只最原始的美國道瓊斯指數成分股已經全部被剔除並換入不同更有活力的公司進入指數之中。最後一間原始的道瓊斯工業平均指數成分股美國的通用電器在2018年6月被剔除，指數成分股的更替反映了沒有永遠經營良好的公司，時代的變遷會令當年的明星股份最終變得暗淡無光。個別公司的經營狀況會不斷改變，甚至倒閉。而股票指數卻因為能自動的新陳代謝，把表現沒那麼好的股份換走，更換成表現更亮麗市值不斷上升、流通性更好的個股。如果把個別股票視為賽跑選手，股票指數就好像把市場上跑出一定水平選手加入其中，捕捉其往後的成長，並換出了跑不動者。股票指數就是一個有生命力的系統，不斷反映該市場內有力跑出公司的價格變化。時至今天資本市場的相關股票指數多如繁星，不同國家都有其相關的股市指數、行業指數、衍生產品的相關指數等等。並不是什麼指數都有參考價值，投資者只須留意成交最活躍的主要指數的變化。

　　最初股票指數的應用並不廣泛，主要是機構投資者用作投資參考。真正引入指數化投資零售領域並影響大眾的是領航基金的創辦人約翰・柏格（John C.Bogle），他設立了根據股票指數被動性運作的基金，只收取較低廉的管理費，幫投資人省下了數以百億計的投資管理費用。近年被動投資在美國日漸普及，市場的占率不斷上升，也引進了更多的新資金投入其中，主動型基金的市場占率緩慢下降，對形成一股資產管理形式的改變大潮影響深遠。當然我們亦要留意被動投資普及帶來的新風險以及市場價格發現的能力會否減弱。

　　雖然指數化投資有很多好處，而且非常流行，但投資者必須要留意到對成熟市場而言，股市的長期回報率不斷下降。如果要推升一檔股票的價格，只須要一點資金就可以，要長期推升整個市場主要個股必需有企業盈利增長的配合，如果每股盈利無法提升，單靠市場炒作推升估值並不能長期推升整體市場回報。正如前面提過就像只有一點的麵粉卻

用上大量的發粉膨大了的麵包，沒多少時間就會冷卻收縮。暴炒資金只會引起大型波動市的出現，伴隨了泡沫的形成和爆破。如果你所投資的股市盈利增長已經很少，你可能要評估市場10年以上的長期回報有沒有4%，如果可能性不大，就只能等待估值下調的機會，利用市場估值下跌的低位加強部署去獲得回報，而不再適用於最簡單的長期投資法。如果承擔了股市波動的風險卻只有太低的回報，投資者應考慮加大比重風險更低的短期債券及其他投資。

股票基金投資

基金是由專業投資機構管理的投資計劃，讓個人投資者可透過基金投資接觸到不同的全球金融市場。大多數股票基金的投資組合會分散投資於相當數量的個別股份，可以達到分散風險的目的。投資者投資單一只股票指數基金已經可以有效分散個股風險，只須面對整體市場的系統性風險。基金投資的投資金額亦相對易於負擔，有利個人投資者參與其中，你只須要數千元已可以投資買入一個風險分散的投資組合。而且基金亦可以突破個人投資限制，比如可以在美股市場買入全球不同個別國家的交易所買賣基金（ETF），好像俄羅斯，越南，印尼，南非等新興國家都可以投資，而你在本地的證券公司是完全無法直接購入當地股票。在中國境內投資者亦可透過QDII基金投資到美國股市如納指及其他國際證券組合，大大增加中國投資者可以投資到全球證券市場的可能。

有一些投資者認為自己操作股票才是真功夫，這觀點就好像旅行時必須要自由行才是真旅行。你有沒有想過，世界上有很多地方交通不便，法律法規、出入境安排等很都困難，必需採用團隊遊才能到達目的地。基金就有點股票市場的團隊旅遊，能令你可以參與到個人無法參與的投資市場或個人資本無法建立的投資組合。如果買入個股後面對的風

險像坐上了小艇，比較易翻船。而股票基金往往好像把不同的船隻連結起來，大大減低翻船的風險，較好的應對市場的大風浪。當然基金投資也不是萬能，遇上金融危機級的風浪，面對重大的系統性風險個股及基金都難以獨善其身，這種情況投資者最好及早賣出持倉上岸持有現金作避險，或者耐心等待不知何年何月的下一個牛市週期的到來。

投資投資界有句名言：「如果你不能打敗你的對手，就嘗試加入他們。」即使是全球最大對沖基金橋水以及金融傳奇大鱷索羅斯的投資也大量持有不同的交易所買賣基金。基金投資也是擁有大量資本精明投資者的投資利器，而絕不是沒有投資經驗者的投資工具。在資本市場我們最注重的是能否獲利及風險能否控制，而不是用難度最大的方法去獲利。當然市場上的基金成千上萬，表現良莠不齊，我們一定學會評估基金表現才進行投資。不過評估主動型基金最困難的是基金經理的表現往往沒有持續性，往往其超額表現在一段時間後變得平庸，這種投資能力均值回歸的現象令主動型基金的投資者不容易選擇到將來表現最好的基金。所以近年被動性指數化投資大行其道，因為被動性基金的管理費非常低，美股標普的交易所買賣基金管理費可低至0.1%以下，而且流動性非常好。投資者在獲取同等市場收益時因為成本低可以獲得較高的淨回報。

如果一個市場內有大量的機構投資者，而且他們的持倉占了70%以上，基金投資獲得超額收益將非常困難。他們必需從也是相當精明的基金同行中的口袋中獲取收益，要想占同行的便宜非常困難，所以能獲得的策略收益回報（Alpha）非常有限，只有少數基金能在一段時間內獲得超額收益，大多數必然表現相較指數而言平庸。水塘就這麼小，你怎麼厲害也不可能獲得超過水塘本身的水，所以近年美股基金的回報差異也不明顯，基金要打敗標普指數（標普500）還比較容易，因為你只要持有更多跑得更快的納指（NASDAQ）成分股就可以。如果你想要打敗納指則非常困難了。其實美國大型增長型的股票交易所買賣基金的表現，基本上打敗了80～90%的主動管理同行。連對沖一哥的橋水達理歐及股神巴

菲特在2012年～2017年牛市5年回報也遠低於如此簡單策略的交易所買賣基金。即使計及對沖一哥橋水在2018的強悍表現，其總收益仍打不過美國大型增長型的股票被動基金。不過我們評估基金必須要加上波動率及最大回撤去看，不會單純看收益率。橋水及巴菲特的基金經風險調整後回報仍是非常亮眼。大家評估基金表現時不可以單看歷史收益率，這種無視風險及回撤的方法是非常危險的基金投資評估，我會在本章教導大家如何用風險回報指標工具去評估表現。

如何買賣基金

如何買基金，你可以透過銀行或證券公司等的基金分銷商購買，一般開放式基金（開放給投資者進行買賣）每一個市場交易日都有指定時段可以當日入市購買。如果透過銀行或證證公司等金額機構買賣非上市的開放底基金，一般賣出開放式基金大約等5～15個工作天就可收回款項，流動性不差。

交易及持有成本

購買開放式的基金（公募基金）的主要一筆過收費是買入費，主要由基金經銷商賺取。這筆買入費由完全免費到收取5%不等，差異很大。由於競爭大許多美股的開放式基金是免收認購費。A股市場相關基金很少收取超過1.5%認購費，香港市場的基金分銷收費一般1～2.5%之間。一部分開放式基金亦有賣出費，大約為0.5至1%之間。基金公司主要靠收取基金管理費賺取利潤，主動性基金年度管理費一般為每年1%至2%之間，如果是交易所買賣基金收費更低，一般在0.05至1%之間。基金公司會每一天在基金淨值中作出相應的費用扣減。少量進取式基金或對沖基金亦會收取基金表現費（Performance Fee），按年度獲利升幅收取10%至25%為表

現費用。如果在市況好時，這會是一筆可觀的費用。

如果一只獨立運營的基金有5億的規模，管理費是1.5%，一年可以收取大約750萬基金管理費。這須要支付基金經理的薪資，以及分析員，交易員及其他行政成本，其實基金公司可以賺取的不太多。如果基金只管理1億資金，就連生存都成問題，因為150萬的管理費不足夠營運主動型基金。基金公司難以用低薪請到有競爭力的基金經理，更沒可能支持一個有競爭力的分析團隊，業績會大概率跑輸大市，最終難逃結束的命運。所以基金界往往強者越強，因為全球大型的基金公司可以共用分析團隊，分攤基金會計、法律、分銷等高昂的行政成本。

封閉式與開放式基金

開放式基金是指基金在設立後，基金單位或者股份總規模並不固定，開放與後來的投資者參與其中。當有更多投資者想投資到基金之中，可以靈活的向投資者出售基金單位或者股份。吸收到的新資金會在金融市場上買入更多的相關投資。如果投資者想贖回基金單位，只需通知基金公司贖回要求，基金公司就會按贖回時的每單位基金淨值扣除相關費用後退還資金予投資者。基金的總發行單位就會相應下降。不過要留意一些基金會對買入及贖回都有一定的限制及手續費用。而且不一定每一個交易日都可以進行贖回，有一些基金每月甚至每年才有指定的日期可以進行贖回指示。基金的淨值是按當時基金在贖回持有資產的市場價格作計算，如果有部分資產出現停牌等沒法直接評估價格的狀況，基金公司會按公司的既定指引對資產進行既定估價程式進行合理的估值。投資者要留意的是資產管理公司對停牌資產的估值要很大的處理空間，可以按場外交易價格或停牌前100%，50%，25%，甚至為零的估價作處理。國際資本市場上對停牌資產的估值保留很大的彈性，即使如美國等

成熟市場亦會允許基金公司基於誠信及公允原則來評估那些已停牌，在市場上難以持續獲得交易價格資訊的證券進行合理估值，再按此估值訂出當天的基金贖回價。

開放式基金的資金管理須要有較高技巧，因為投資者隨時可以加入或贖回，即使在最壞的市況，面對投資者的贖回指示，基金經理仍須要不問市場價格在當天被迫賣出相關投資的份額。在市場波動大時，這種強制贖回往往會加大整體市場下跌的風險。同樣道理，交易所買賣的開放式基金亦有可能因為投資者大量撤回投資而須要在市場上賣出相關的股票投資組合。當市場下跌形成後，被動沽盤是引起跌勢加速的一股重要力量。而且這些沽盤因為是強制賣盤不會考慮任何估值或價格水平，所以金融市場在兵荒馬亂的日子，股份價格的波動可以超越你的日常認知。你現在應該明白有時候股份已經非常便宜了，為什麼還有交易者在不斷賣出股份，被動強制式賣盤是金融市場中最兇猛的下跌推力。開放式基金亦會在交易所內買賣，許多在國際市場上交易活躍的品種都是開放式基金，他們的交易差價非常大時，基金的價格即資產淨值的差距也非常小，否則套利空間出現很快就會被投資者利用並賺取無風險收益。

封閉式基金

封閉式基金的基金單位總數量是固定的。多數是交易所買賣基金（ETF），只能在證券交易所內以直接進行買賣轉讓交易，基金單位元不會因為市場內的買賣出現贖回並註銷。投資者必需留意在國際市場中許多交易所買賣基金的總單位並不是固定的，他們其實是基金單位可以隨投資金額而變化的開放式基金而不是封閉式基金。投資者必須要留意封閉式基金的價格是接市場內的買賣需求而決定的，而不一定會跟基金的資產淨值的走勢相同。有時候在市場過熱時，大量投資者追入相關資產，基金價格比資產淨值可以有2～5%的高額溢價，在市場低殘時基金交易價格遠低過資產淨值也經常出現。2015年A股市場出現大幅下跌時，香

港市場的A股上市基金曾經出現單日的基金價格大幅低於資產淨值20%以上的特殊情況，不過這種情況在第二個交易日便大幅收窄。這是很罕見的短線金融市場拾貝機會，在市場錯價時敢於入市的投資者第二天賣出的回報就是20%。留意封閉式基金的跟基金淨值的差距對投資者而言非常重要，這種產距應該越低越好，買賣盤越多、流動性好的封閉式基金，才值得考慮是否值得投資，否則投資工具本身的交易成本或缺點過大，就應該考慮其他投資方法的可能性。

基金投資風格

以中國基金為例，有一些基金是專注大型股，有一些專注中小型股，有一些只專業投資創投類股份。而按其投資風格就可分為增長型和價值型。一般來說，大型增長型基金是正常牛市下的明確受惠者，因為牛市下一馬當先會是這種流動性好兼增長幅度吸引人的股票。而到牛市尾部的狂牛階段往往有一波中小型股及創投型股的大爆升。這現象在A股比較明顯，在美國由於個人投資者較少，機構投資者對中小創類股份興趣不大，反映中小盤股的羅素2000指數在2017～2018年大牛中連標普500都跑不贏。下跌時更一馬當先，投資表現平平。港股在2007年大牛市中中小型股份大爆升，但到2017年的大牛，主要上升股份變成騰訊、平保等大股，中小股在狂牛中的爆升力已大不如前。究其原因是大量個人投資者撤出市場，取而代之是更高比例的機構投資者參與其中，以及更多的中國資金透過港股通參與其中。所以投資者要留意不但不同資本市場的口味差距大，而且同一個資本市場的口味差距還是會隨時間變化的，參與A股的投資者一定要留心長遠的機構投資者參與度增加的影響，這是一個往後5年10年不可逆轉的大趨勢。

控盤者的風格

有時一些小型基金的基金經理在一段時間內表現突出，但被挖角轉換到大型基金後表現平平，因為管理的資金量一大，就沒有辦法用小型股的投資技巧，如在流通量小的股份進行買入並快速拉升等方法，應用在流通量大的大盤股上。因為大盤股參與機構眾多，你無法影響股票的價格，只能跟隨市場價格的波動，表現變得平庸就可以理解了。股神巴菲特的持股平平無奇，只是幾十年來他能平穩地穿越牛熊。只是由於他的基金體量已經非常大，早已成為市場的一個重要部分。他已沒有太大可能大幅超越市場。他的基金最輝煌的年代是早期的時候，往事只能回味了。

基金選擇的投資基準指標

開放式基金的交易目標是，以基金淨值變化量度的風險及回報指標能，打敗參考的基準指數為交易目標，簡單來說就是要跑贏大市。大多數的開放性股票基金都是主動型基金，他們會主動買賣市場上的個股以追求更高獲利，並會設定一個參考指標，例如MSCI中國指數。基金希望做到上升的時候賺得比市場指標多，跌的時候比大市跌得少。可是股票型基金多有90%資金必需持倉的限制，市場下跌時難以避免有所損失。為減少整體損失水平，部分主動型基金會在市場恐慌時從高風險個股撤到防守性個股的避險活動，你往往看到一些公用股股價在市況不佳時卻站得很穩，甚至輕微逆市上升。

在中國A股市場由於散戶較多，主動型基金有不少跑贏大市的機會，這就是我前面所說在零和遊戲中賺交易對手的錢。要留意的是傳統大型基金很少快速拉升股價出貨的策略，因為他們資金體量較大無法及時在炒作中抽身，較多會選擇長期持有較優質的股份，分享長線投資的回報。他們賣出持有個股多數不是為了持有現金，而是為了購買更有上

升潛力的個股。交易者在市場上遇到快速拉升個股股價出貨獲利就暴走多是遊資及小型對沖基金，因為資金體量較少及沒有現金持倉上限。如果像美國這種成熟的市場，主要交易對手都是機構投資者，大型的主動型基金要賺到超額回報非常困難。

交易所買賣基金（ETF）

近年交易所買賣基金大行其道，美國投資者投資這類被動投資的資金已經比主動投資要多。交易所買賣基金可以直接像股票那樣在交易所交易，而且稅費往往比直接交易還要低，故深受市場歡迎。

交易所買賣基金的交易目標

交易所買賣基金主要是被動型投資基金，他們的投資目標是為了準確跟蹤相關基準股票指數的每日波幅，不加入其他主觀積極買賣元素 不會追逐市場個股的短線升跌交易。運作良好的交易所買賣基金會在交易時段，持續為市場上的買家及賣家提供良好的流動性，盡力降低買賣的差價。

因為美國股市的機構投資者參與度已經非常高，要打敗市場的難度已經非常難。大家參考經典的投資書如葛拉漢，彼得林奇把他們的案例看得如癡如醉時。其實想在現在用近似的策略在市場拿超額回報已經沒什麼指望，目前的投資環境比1960～1980年代要打敗大盤難太多了。

買了主要市場ETF，比如中國的滬深300指數基金，美國標普500指數基金 就解決了一般投資者應該買什麼的問題，因為這些股指覆蓋了50至數百隻股票的持倉。如果你是看好股市，投資交易所買賣基金是最簡單的選擇。

交易費用及成本

投資者可以直接用證券戶口在交易時段買賣交易所基金。要付出的主要費用是經紀的買賣佣金及因買賣差價引起的購入成本。基金公司亦會每天收取基金管理費，一般費用在0.3～1.2%之間。美股個別大型ETF管理費低於0.2%。由於成本很有優勢，在美國等成熟市場要打敗市場的可能性低，所以近年被動投資非常流行。

貝塔係數（Beta）

在分析基金投資表現時，投資者不得不認識兩個重要回報來源，市場風險（Beta）及風險回報超額獲利（Alpha）。

貝塔係數（Beta）代表了市場風險與回報。如果以深滬300指數作為基準，在一段時間內投資者的A股投資組合如果跟基準相同，承擔的風險就是等同市場基準的風險，Beta的水平就是1。同時投資者也會獲得同期的投資回報Beta，你可以理解為風險與回報是同源。承擔了市場風險就會得到市場收益。

如果投資者的投資組合加了槓桿，比如進行了借貸去買比自有本金更多的股票，Beta就會大於1。如果你借了1倍本金，Beta就接近2，市場上升20%你的投資組合在未扣除融資成本前回報就會成40%。但市場一旦下降Beta為2的槓桿組合收益就會慘不忍睹。

市場如果投資者只以60%的資本買股，整體投資組合的Beta就成了0.6。其實要獲得Beta收益非常簡單，只要買入交易所買賣基金就可以獲得非常接近Beta的收益。所以在投資界中獲得Beta比較廉價，基金管理者

的薪資也不會太高。但Beta雖然是廉價，但並不代表低回報。事實上市場上大部分參與者的投資回報都是由如此簡單的投資方式獲得，而不是更複雜的交易策略。2007年中國股市大牛，在香港市場買賣的H股相關開放式基金排名第一的並不是由什麼名星基金經理管理的神奇組合，而是名不經傳的恆生150策略基金，基金採用期貨等槓桿把100元的資金槓桿成150元去投資。就這麼簡單的策略，回報直接秒殺一眾名星基金。可是水能載舟，亦能覆舟，2008的金融危機中基金立馬變成基金排行榜成了倒數第一。在資本市場上要獲得高收益的捷徑是採用高Beta組合策略，只是這種組合很難適應完整的牛熊週期，有時在熊市中跌至不能翻身。

近年在國際市場非常流行的槓桿式基金，就是以高收益為賣點。但是不少初級投資不知道槓桿基金的最大風險是一沉不起。傳統投資股票，比如你買入100元的股份，價值下跌至30元，只要將來股價回到100你的投資名義上並沒有損失，只是在通膨影響下損失了購買力。但是槓桿式基金只要經濟嚴重下跌，本金就會出現損耗，即使股價回到100元，你的本金也可能大幅受損。這涉及非常複雜的數學原理，簡單一點就是當價值下跌時，因有有槓桿你的基金就會減少投資的持倉總量，情形就是本來你有一個大雪球，一直累積時看上去是非常大的，但是一旦以3倍速度被曝曬後 雪球的核心也大幅縮水，即使再滾一次也沒有以往大了。而且槓桿基金還有一個期貨展期的成本，有時要承受一些高水或低水產生的損耗，再加上手續費。一般來說交易槓桿基金的投資者多以日內或超短線持倉為主。很少有人傻得視為長期投資，我知道3倍Beta的投資組合在牛市回報絕對可以秒殺巴菲特，但一旦判斷失誤還以為像股票那樣可以堅守，換來的往往只有一沉不起的命運了。

阿爾法係數（Alpha）

阿爾法係數（Alpha）收益是指風險與回報的超額收益。投資者如果能在相同的風險水平下獲得超額收益，這種承擔更少風險獲得相對較佳回報的超額收益稱為（Alpha）阿爾法收益。事實上這種收益一般很難獲得潛在獲利的空間非常少，在美國不少標榜阿爾法收益的基金，或者改成更吸引人的名稱為特純阿爾法收益的基金，多數其實跟本沒有什麼實質回報。資本市場有些時候是很公平的，不承擔風險就不用幻想有什麼特別收益。唯一看似例外的是套利者，他們其實可以定義為套利生意的經營者，他們賴以維生的就是的股票交易中各種微小的差額，承擔很小的市場風險，卻獲得了收益。其實就好像證券公司以佣金收入為主業，證券公司沒有承擔你的投資風險，當然也不會分享你的投資回報。不過問題是一旦太多人加入其中，這門套利的生意就不好做了，如果考慮人力及電腦程序開發等成本，這門生意亦可以出現虧損的。

獲得阿爾法收益聽上去很高大上，實際操作方式倒很容易。如果你設立了一個時機性的美股投資組合，在2018年2月股市大跌時賣出，在多個月後的低位買入，再次在11月的高位賣出，然後持有到2019年2月回報非常之高，回撤相對很少，你的組合就獲得了大量的阿爾法。這不就是A股中的低買高賣策略，是否太過簡單，這種方法用專業名詞包裝就叫擇時交易，如稱為量化擇時特純阿爾法交易策略可能更有助銷售。這個高大上的名稱背後只要一個喜歡擇時碰運氣的賭徒負責操作就可以了。當然還有更多更複雜的阿爾法策略，比如利用投資組合的相關係數優化，令同等風險下的回報可提升。買強空弱，淨Beta為零的持倉等等。有一些人把阿爾法收益推升至超然物外的地位，簡直是投資者不可觸摸的神祕角落。如果你看一下採用偏阿爾法策略對沖基金的真實回報，絕大多數5年累積收益連被稱為廉價貝他（Beta）收益的標準普爾500指數收益的一半也沒有，策略複雜高大上是一回是，有沒有收益卻是另一回事了。

其實你賺到的Alpha就是其他投資人虧損出來的，問題就是有沒有那麼多的投資者可以虧給你。比如2018年12月初及2019年2月份尾美股的道指基本沒有重大變化，都是在26,000左右。這三個月的時間美股卻經驗了冰火兩重天，美股跌至2018年12月26日的最低位21,700左右，由同日開始反彈並用了兩個月時間再次回升至26,000。如果你在較低的價位買入，賺的錢就是那些沒有預期市場價格會回升，願意特價賣貨給你的朋友。問題是事前誰能確定知道美股會這麼快速的回升。在這段時間股票市場價格沒有變，資產總量沒有變，在一輪價格變化之中，真正改變了的是你跟交易對手帳戶中的資金，要麼是你賺了別人的錢，要麼是別人賺了你的錢，所以說Alpha賺的錢都是別人虧出來的。你就明白在成熟市場獲得阿爾法非常困難，沒有多少比你笨的交易機構可以剪羊毛，反而被坑的很可能是你。阿爾法之所以神奇，是因為投資的收益率基本不受整個市場走向的影響。你就會明白為何有這麼多阿爾法投資根本沒有實際收益。如果你是個人交易者，關注於市場本身（Beta）比關注策略超額收益（Alpha）來得更有價值。

投資者要留意指數跟蹤型基金一般不存在Alpha，因為基金的回報表現跟市場的實際風險與回報是一致的。所以一般評估被動性基金的指標反而是成交是否活躍，以及表現的與相關指數跟蹤誤差的大小。

評估主動型基金的表現

評估一只主動型基金的表現，最主要有二個大方向：

1）回報表現

投資者最喜歡參看同等類別基金近期回報的絕對收益及排名，去選擇表現較佳的基金。其實投資者往往須要必須要參考最大的回撤幅度。

如果一只基金在相同獲利的幅度下，基金的最大回撤較少，我們可以判斷該基金的風險管理較佳。

投資者必需留意我們評估基金經理的表現往往須要三至五年時間，一只基金短時間內獲得突出表現比較易吸引到零售投資者注意，卻不一定能吸引到專業機構性投資者的青睞。保險公司等機構投資須要更長的時間去評估基金的表現。而且在判斷表現時會用更嚴苛的標準。

專業投資者會採用多重回報拆解分析方法。

累積回報分析：比如持有基金年的總回報表現。

年度化回報分析：把總回報進行年化調整計算，公式如下：

$$\sqrt[n]{(1+r1)(1+r2)\cdots(1+r_n)}-1$$

r1 代表了第一年的回報。

r2 代表了第二年的回報。

r_n 代表了第n年的回報。

把每年的年度絕對回報相乘，再把總回報率進行年化調整。

我們可以對基金的表現進行詳細的回報拆解，觀察每一年以至每一月的回報與市場基準的差異，評估相對市場整體而言每月的最大回撤幅度以及獲利水平。假設下面三只基金都有相同的基準指數，基金C可以用槓桿借貸等工具。我們來分析一下三只基金的表現水平。

基金A 進取基金

年分	1	2	3	4	5
回報率%	+10	-5	+30	-40	+40

基金最初淨值是100，5年後的淨值是114.1，累積回報是14.1%。

年化回報只有2.7%。最大回撤達40%的極高波幅水平。基金表現並不亮眼。但部分年分的表現非常好。

基金B精明基金

年分	1	2	3	4	5
回報率	+8	-3	+27	-32	+30

基金最初淨值是100，5年後的淨值是117.6，累積回報是17.6%。

年化回報有3.2%。最大回撤是32%非也是常之高。基金表現並不亮眼。但總體而言的表現比基金A更好。只是該基金比較難登上排行榜首位，但往往會更吸引專業投資者買入。

基金C 勇士基金

年分	1	2	3	4	5
回報率	+15	-10	+60	-80	+60

基金最初淨值是100，5年後的淨值是53，累積回報是虧損47%，非常慘淡。可是勇士基金在升市時經常登上年度表現排行榜的第一名。

年化回報是負12%，即每年虧損約12%。

大家就可以明白一些表現非常不穩定的基金為什麼並不受長線投資者歡迎，幾年賺大錢，一年就可以連本金一同虧掉。

有時一些基金在長牛市時如果以累積回報或年化回報看可能還算不錯，但一旦投資後遇上連續虧損的年分，基金可能就須要解散了。所以看頭和尾的表現和平均回報其實並不是一個好的評估方式，專業投資者會嚴謹分析回報的穩定與連續性。

2) 風險及波動率

專業投資人對基金表現的評估不會只考慮回報排名這麼單純，因為只要吃進大量的風險（Beta），你就必然在大升市時名列前茅。投資人必定要考慮基金的最大回撤，以及基金表現的波動性。通常會採用市場風險（Beta）以及超額收益（Alpha）分析去拆解回報的來源，有一些基金經理偏好加倉中小盤，其投資組合的Beta即使沒有用槓桿也會增加，因為小盤股的波動性較高。如果選擇長線持有槓桿基金穿越牛熊感慨投資的歷程就如南柯一夢。這亦應驗了市場交易的一老句話：「盈虧同源。」如果你看看美股的正反向槓桿型基金，5年損失95%本金者比比皆是。

投資者往往亦會以夏普比率分析投資組合承擔的風險水平相對市場的超額回報狀態，在下面會有詳解。

評估績效的困難性

不少基金的經理經常換人，評估基金經理的長期表現並不容易。如果有一些知名的基金經理能在10多年長期時間能持續跑贏大市，這些人早已在業界非常知名，旗下基金產品可以火爆到暫時停止新投資者加入。可是在國際市場上不同的統計研究均發現基金經理的長期回報超額表現總體會隨時間下降。情形就好像運動員的表現往往在顛峰過後出現下降。雖然也可能有反彈，不過通常黃金歲月過去了就追不回了。這時我總是想到曾經的債券大王格羅斯（Bill Gross）。基金經理的顛峰超額表現往往在5至10年內消散。數十年來屹立不倒者寥寥可數，只有巴菲特等少數大師級人馬了。這亦是為何近年美股中被動投資大行其道，因為主動投資在美國占不了多大優勢。不過A股中因為板塊及個股切換非常快，一些出現超額表現的基金還是存在的，只是當國際資金更多的進行A股，機構投資者的參與度上升，獲取超額收益的難度就會無可避免地越來越高了。

過去的表現並不代表將來，投資者並不容易事前選擇到能在將來跑

出的基金經理。即使強如股神巴菲特,近年的回報表現並不太亮眼。中國A股前公募頂尖基金經理的部分基金項目也會因虧損而解散,更多的基金經理業績像流星一樣劃過。比如2000年時業績以倍數上升的美國科網基金很多最終都要因虧損解散。即使是一些明星級的基金經理也會倒霉,也會經歷一些無法預測的波動事件而變得業績平平。所以選擇到好表現的主動型基金經理,不只要有眼光,有時也要有一點點運氣成分。基金經理是一份非常艱辛,壓力大,而且不討好的工作。許多人以及他們的投資團隊付出了多少心力、時間去調研、去分析,卻仍然難以獲得明顯的超額收益。因為其他基金對手也是擁有非常強大的陣容,往往誰也占不到多大的便宜。

夏普比率(Sharpe Ratio)

夏普比率是指投資組合在承受預期的波動率下比無風險投資可以獲得的額外回報,這是判斷基金投資表現的重要指標。前面提過的Alpha是指不用承擔額外的投資風險而獲得的回報。而夏普比率則是指如果我買入了一項資產承擔了更大的投資組合波動風險,能提供多少超額回報。

夏普比率越高代表持有該資產較在同等波動率下較有可能獲得更佳的收益水平。比如承受5%風險在該年度可以獲得4%回報,而你的投資組合回報率有6%,你的投資組合就會獲得大於1的夏普比率。夏普比率越高,代表在同等風險下能獲得更佳的收益,是評估基金表現的重要指標。

夏普比率計算公式:

$$\frac{[E(Ra) - Rf]}{\sigma a}$$

E(Ra)是指預期的回報(Expected Return of the Holding Asset)。

Rf是指無風險利率(Risk Free Return)。

σa是指投資組合的標準差，即是反映資產價格的波動性（Standard Deviation）。

簡單的理解，如果你的投資組合回報是8%，無風險回報是3%，而你的投資組合價格波動的標準差是10%。你的夏普比率是0.5，表現並不算亮眼。

如果你的投資組合回報是23%，無風險回報是3%，但你的投資組合價格波動標準差是40%，你的夏普比率仍是0.5。你可能會奇怪為什麼我獲得了23%回報的夏普比率跟上面的8%回報竟然是相同的？因為你是承擔了巨大的風險去獲得回報，投資組合的波動率非常高，實際上的較高收益是由冒險而來。對長期的基金投資者而言，這種有巨大回撤風險的組合未必很吸引。

R平方（R Square）

R平方的指標是用作量度基金的走勢與其參考指數指標（Benchmark Index）的相關性。如果R平方的數值範圍由0至1，一個交易所買賣基金的R平方會非常接近1，因為交易所買賣基金會被動的跟參考指標調整，基金表現會跟基準非常接近。但是小型交易所買賣基金，存在較大買賣差價。封閉式的基金因沒有有效套利機制，也可能存在折讓和溢價。雖然交易所買賣基金理論上跟基準有相同表現，實際還是有小量差異的。

而主動性基金如果R平方數值通常較低，比如在0.6至0.9水平，越低的R平方水平代表，則基金經理投資採用了與指數配置差異較大的投資組合策略，可以在選股差異。或投資比例差異而來。我們很難從R平方判斷

基金表現的好壞，但如果R平方很高，代表基金跟指數的波動很接近，
當你看到市場指數走勢時就大概瞭解你的投資表現了。

國際市場投資回報的收益拆解

如果投資者不是投資個別股票，而是對整體市場進行投資，比如買
入一個國家的主要股票指數基金，我們可以把長期的股市投資回報拆解
成以下三部分。

1) 業務性收益（Business Gain）

跟個別股票的分析一樣，整體市場投資收益主要體現在每股收益的
增長，如果公司的營運出色，每股盈利持續增長，就會提供股票市場能
長遠上漲的動力。如果以10年為週期去看，美國股票的長期投資收益增
長率在5至7%之間，經濟衰退週期時會有所下降，不過也很少低於3%。
長期而言投資者的總收益會反映在股票的每股股東權益變化，以及累積
現金股息及紅股總收益之中。

不過投資者必需留意，市場上公司的盈利增長不代表投資者的持股
收益也能受惠。前面提過，如果市場上大比例公司不斷發行新股，吸收
的資本卻沒有在長遠帶來更多的盈利去惠及股東，每股的盈利就會被攤
薄並出現下跌。而當公司的派息比率又低，又沒有做有規模的股份回購
去回饋股東。投資人眼看市場上公司的盈利總體看似不斷上升其投資收
益也不會改善的。所以市場上整體的公司管治水平，以及對投資人的利
益重視水平，對投資者的長遠回報也有很大的影響。

2) 估值收益（Valuation Gain）

　　估值的提升會增加投資者的總回報。假設整體市場的盈利水平不變，投資者的風險偏好改變更樂於投資股市，市盈率由15倍升至25倍，總投資回報就是66.7%。如果市場的估值非常高，比如50倍市盈率，市場估值下降至25倍市盈率，總投資就會損失50%的價值。除非估值再次大幅上升，否則即使用十年時間去分攤估值損失，投資者長期投資也難以獲得利盈利。

　　如果風險偏好的提升是一緩慢的過程，比如10年，這每年的平均年化回報增加就不會多於6%。但如果是一年內完成風險偏好提升，年化回報就會提升了66.7%，這還未計算股息及利潤增加等影響。在中國A股市場，在2015年的大升市中，滬深300指數估值從14倍升至30倍以上只需一年時間，然後又用了不足一年時間由30多倍降回14倍，而當時的投資收益並沒有發生重大變化，也沒有發生經濟衰退。如果你是長期投資者，要選擇長期投資的買入點，估值是一個很重要的參考。

　　但投資在合理估值的股市並不代表穩賺不賠，14倍估值是滬深300指數近年的均值，但並不代表均值不會被打破。在貿易戰的風險下，投資者的風險偏好大降，市盈率降至10～11倍左右，而市場指數卻只是在低位徘徊。當市場處於下跌趨勢中，估值低是必然的。只要一天市場的信心未回復，估值就會隨股價繼續探底，而且因為盈利轉壞，市盈率也可能會因盈利減少而升高。對於盈利基數很低，或盈利水平週期性大幅波動的市場，我們亦會採用市帳率判斷投資收益的變化。當市帳率也降到1左右水平時，一些長期投資的機構及投資人很多時候也會認真考慮是否該開始進行部署。因為這是難得的低估值交易機會。就算市場上的公司盈利出現一定程度下跌，只要估值有少量的收復，股市投資者已經能獲利。

2018美國企業因為受惠於稅務改革，市場的業務性收益是上升明顯。可是同年估值卻在大幅波動，2013年至2018年間美股的估值由14倍升至18倍，卻由於美股投資者的風險偏好大幅降低，於2018年底時急速下跌回大約14倍。估值的大幅下跌抵消了企業因為受惠於稅務改革的收益，到當年的美股投資回報變成了負數。

3）外匯收益（Foreign Exchange Gain）

本國的投資組合一般並不須要考慮外匯的影響，除非本國的上市公司有大量的海外業務會影響到公司帳面上的匯兌收益，否則本國的投資者一般不用考慮外匯收益的影響。不過除非資本市場是完全封閉不允許海外投資者參與，否則對該國股票市場的投資需求必然受到匯率變化影響。海外投資者會考慮潛在的外匯收益，以及如果估計有外匯損失風險須要考慮對沖的成本。日本在2013年如果投資者持有海外資產，投資標的以本國貨幣計算收益會便可能會受到匯率變化因素影響。如果投資者持有一個海外資產組合，國家的匯率在同時上升40%，即使投資標的價格沒有變動，投資者也可獲得不錯的收益。

在2002至2008年歐元兌美元出現大幅升值，由1歐元兌0.8美元升值至1.6美元之間。美國的投資者投資歐元資產享有近100%的外匯收益回報，如果加上投資收益及估值收益，當時美國投資者投資歐股回報就會非常可觀。日本股市2013開始受惠日圓大幅貶值而大升，從2013年的8,500點升至2015年的20,900，上升了超過1倍，股市的升幅看似非常巨大，日本國內的投資者應該非常高興，但若果以美元計算，日本股市這一波的上升只有大約30%的升幅，大部分的升幅被匯率變動所抵消，海外的投資者回報相對就沒有那麼亮眼。同樣道理，如果人民幣在大週期內有較明顯的升值或貶值，都會對海外投資者的投資回報產生重大的影響。

以上三種收益中，只有投資收益有長遠增長空間。如果一項投資只由估值及外匯收益帶動，往往是不可持續。因為估值的上升是有限度的，新興地區的股市在熊市中可以跌至個位數的市盈利，在狂牛市中可達30倍以上。中國A股創業板在牛市中去到80倍市盈率以上也很平常。但市盈率總是有地心引力般在長期影響市場回到一個寬闊的均值空間，在10～20倍之間遊走。從市帳率看大約跌至1倍便有較大支持。

而外匯方面，即使用20年的週期去看多是現有匯率上下50%的波動為主。日圓兌美元的20年波動區間，也是1美元兌75日圓至1美元兌150日圓之間。所以在某些匯率單邊升值或貶值時影響巨大，長期來說國際主要匯率波動的影響是有限度的，因為匯率是連結實體經濟的。但是個別國家的匯率變化可以很劇烈，好像俄羅斯盧布及土耳其里拉等的匯率一年內兌美元貶值50%上也不罕見。但以上分析方法只能用在整體市場，不適合個股分析。因為資金影響長期支持整個市場的高昂估值，但個股只須有限的資金就能長期維持不合理狀態。

中國A股的主要指數及相關交易工具

一直以來上證指數都是媒體最喜歡使用的中國股市指標。時至今天，中國的股票指數品種相當之繁多，其中的滬深300指數由於比較全面反映上海及深圳兩地的主要上市公司，是很受業界歡迎的基準參考指數。而且滬深300有期貨及期權等相關交易工具配套的交易性指數，反而大家聽得最多的上證及深成指數並沒有相關的股指配套，你就會明白那一個指數在交易上更重要。投資者除了參考中國本土編制的股市指數，亦要留意中國A股加入國際指數的影響。

　　國際股票市場指數編制公司主要有MSCI明晟及FTSE富時兩家。全球許多主動型股票基金以及指數化基金作投資部署時都會很大程度參考相關的指數成分。所以中國A股加入MSCI明晟及FTSE富時的新興市場指數，就代表中國A股會進入很多國際基金的成分之中。而且隨中國漸漸開放資本市場，A股在國際指數的估值比會上升。尤其在新興市場指數會占有更大比例，這會在長遠影響數以千億計的外資進入中國A股市場，令中國A股市場的國際化參與程度上升。

中國A股參考指數

上證指數
貨幣：人民幣
指數特性：歷史最久的指數，不過成分股組合不太跟得上時代的變化。但仍有很多人以上證指數的變化作為重要的參考指標。最主要約36%股份成分為金融地產類，其次是工業類占約17%，能源類占9%。該指數主要參考股份的市值權重，而非實際的交易及流通量。所以主要的指數成分股跟A50以及深滬300指數的主要權重股有巨大差異。

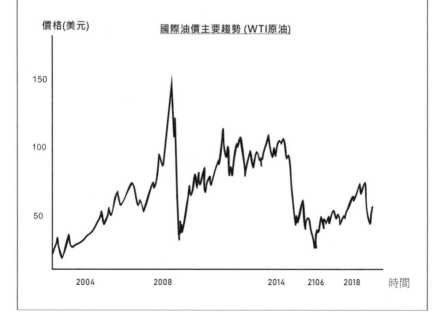

主要成分股（2019年）

601398	工商銀行
601857	中國石油
601288	農業銀行
600519	貴州茅臺
601988	中國銀行

深成指數
貨幣：人民幣
指數特性：歷史最久的深圳股市指數，反映深圳上市的中大型股份，成分股組合卻跟不上時代的變化。成分股中占比最重的為資訊技術，占約22%，其次可選消費占約17%，電訊及工業各占約12%。行業的集中度較少，較大程度覆蓋中小板及創業板的股票。
主要成分股（2019年）

000333	美的集團
000651	格力電器
000002	萬科A
300498	溫氏股份
000858	五糧液

創業板指數
貨幣：人民幣
指數特性：反映A股中創業板較活躍股份的指數，指數成分股有較大的波動率。投資風險比較高。投資者要留意深成指亦有覆蓋創業板指數的部分個股，以創業板指為標的基金並不多。

主要成分股	
300498	溫氏股份
300059	東方財富
300124	匯川技術
300015	愛爾眼科
300002	樂普醫療

中國A股的交易性指數

滬深300指數（CSI 300）	
貨幣：人民幣	
指數特性：最全面反映中國A股大型活躍股票價格變化的指數。指數選取上海和深圳證券市場中市值大而且流動性好的300只A股作為成分股。對A股的股份覆蓋會較上證指數佳，因為指數能覆蓋較多深圳上市的大型公司。	
主要成分股	
601318	中國平安
600519	貴州茅臺
600036	招商銀行
601166	興業銀行
000333	美的集團

滬深300指數中金融類股份占43%的成分，其次為消費類占12.6%，工業只占5.8% 明顯地金融類的權重比較高。而中國平安在指數中的比占亦遠高於上證，主要原因是中國平安的流動性較好，交易比較活躍，即使總市值比較低，仍能在滬深300指數中占有首重。而工行等大型股份由於成交相對不活躍，所以在此指數中排名較後。

滬深300指數的市盈率估值區間非常闊，大致在30倍至10倍之間波動。大約P/E 在13倍以下為相對吸引水平。12～18之間為正常波動區間。市帳的變化比較大，由1.1至5倍以上，市帳率的變動值較大，參考性比P/E低。指數成分股中的總體盈利狀況是總體上升，無論是總資產，總銷售，每股盈利都在改善。中國股市仍會有強烈的牛熊週期，但底部很大可能出現持續的提升狀態，即下跌時的最低點有可能緩慢抬升。但若在高位買入，往往透支了十年的未來升幅，長期投資必需考慮估值水平是否仍保持在合理空間，比如在上升週期中市盈率已升至18倍以上已很難進行長期投資。市場交易者考慮的不會是估值，而是市場的上升動能能否維持。這種情況下，已沒有人能估頂了，只能觀察技術形勢中的支持，阻力位突破，當然也沒有人知道什麼時候會突然逆轉。但我們知道當市場陷入投機狂熱，市場的長期下行風險會非常大。

A股交易所買賣基金有眾多基金可供選擇，例如：
華泰柏瑞滬深300ETF（510300）
華夏滬深300ETF（510330）
嘉實滬深300ETF（159919）

港股交易所買賣基金（港元結算）
華夏滬深300指數基金（港股：3188）

美國交易所買賣基金（美元結算）
DB 滬深300中國A股ETF（美股：ASHR）

A股的股指期貨
滬深300指數期貨（IF）

相關期權
港股的華夏滬深300指數基金（港股：3188）以及美股的DB 滬深300中國A股ETF（美股：ASHR）都有期權交易。但平日兩者的期權成交並不算十分活躍，期權買賣有一定差價。只有A股市場開始狂熱時期權交易才會熱鬧起來，買賣差價可以收窄。

富時中國A50指數（FTSE China A50 Index）

貨幣：人民幣／美元／港元

指數特性：反映A股中50只的大型偏金融類股份，目前超過61%的指數權重為金融股，其次約21%為生活消費品，工業類占約9%。

指數明顯地是偏重於金融股，所以當大升市來臨時，往往上升的速度不如A股的中小型股指數升得快。但波動性會比其他A股指數稍低。由於指數都是銀行類企業，其實長遠的盈利上升空間有限，該等企業大多進入緩慢發展期。由於中國平安在各金融機構中比較進取，股利增長快，成交活躍令其權重異常地高。由於主要持股比較集中，只要拉動幾只中國的金融股就能拉升該指數。

主要成分股（2019年）	
601318	中國平安
600036	招商銀行
600519	貴州茅臺
601166	興業銀行
000002	萬科企業

香港交易所買賣基金 南方A50基金（港股：2822） 安碩A50基金（港股：2823）
期貨 新加坡新華富時A50指數期貨（美元結算） SGX A50 Future
期權 香港交易所對香港的A50指數基金（2822，2823）提供相關的期權交易服務。

由於指數成分股以增長空間有限的大型金融股為主，估值長期較其他A股指數低。市盈率維持在8至17倍之間，一般9倍以下為吸引水平。在中美貿易衝突期間就跌至8倍以下。市帳率在1.2倍至3倍之間。該指數的息率在眾多ETF中亦比較高，一般能達到3%以上。是中國指數中防守力較強而進攻性較弱的投資指數。

上證50指數
貨幣：人民幣
指數特性：反映A股主要為上海股市的大型龍頭估價格變化。此指數與富時A50高度重疊，兩指數的成分股有80%左右相同，差異主要是富時A50包括了約10只深圳上市的股份及部分個股的權重有少許不同。
A股交易所買賣基金有眾多基金可供選擇，例如 華夏上證50ETF（510050） 易方達上證50指數（110003）
A股期貨 A股上證50期貨（IH）

中證500指數（CSI 500）
貨幣：人民幣
指數特性：反映A股中的中小型股指數，指數先排除滬深300指數成分股以免重疊，挑選滬深證券市場內具有代表性並流通性良好的中小市值公司組成。
A股交易所買賣基金有眾多基金可供選擇，例如： 華夏中證500ETF（512500） 南方中證500ETF（510500）
香港交易所買賣基金（港元結算） 嘉實中證五百基金（港股：3150）
A股期貨 中證500指數期貨（IC）

小盤股的估值波動性往往遠較大盤股為高，中證500的市盈率可以由12倍至超過75倍之間巨幅波動。市帳率在1.2倍至6倍之間波動。盈利變化對價格變化並無重大影響，因為估值的波動支配了指數的升跌。該指數較受交易面的因素影響，估值跌至便宜後可以再跌至更便宜，估值昂貴時卻可以一升再升。估值對價格變化並無重大影響，反而投資者較受交易面的因素影響。估值便宜可以再跌，估值昂貴可以再升，參考估值對交易中證500的短期投資部署並沒有參考價值。2018年1月的指數估值在常態水平，全年卻往下跌了近30%才找到新的底部支持，令交易者難以利用估值判斷入市時機，投資者在超低估值時買入，等下一場牛市來到也許是一種方法，問題是估值低處未算低。指數的波動像強烈的鐘擺，即使歷史的最低值也是很可能被跌破的，必須要有足夠的耐心等待可能出現的漫長寒冬。就像沙漠的種子等一次暴雨後快速完成發芽成長，結出種子後快速枯萎，等待下一次雨水的再來。

MSCI中國指數
貨幣：美元
指數特性：反映A股，香港，以及美國上市的中國相關股份，包括阿里巴巴，百度等股份亦收入其中。全面反映中國相關上市公司的在全球市場的股價表現。
相關投資工具： 安碩中國MSCI（港股：2801） 安碩 MSCI中國指數基金（美股：MCHI）
相關期權： 美股MCHI基金相關期權

MSCI中國是各種主要中國指數中基礎盈利上升最快的，無論是每股銷售、盈利、帳面資產都是上升速度最快。其根本原因是該指數包括在不同地方上市、最有活力、流通性最好的中國相關企業。最大的持股騰訊及阿里巴巴就占了接近30%的指數權重。用該指數去看，其實中國經濟充滿活力，只是證券市場的參與者是否能分享得到。

近年市盈率大致在10至18倍之間，考慮到快速的盈利成長，市盈率在12倍以下已有不錯的長線投資潛力。當然中國相關資產在國際市場上波動性一直非常高，令該投資指數的波動幅度及下跌風險也不少。但該指數因為成長性最佳，有很好的的底部抬升能力。雖然對個人投資者而言非必太熟悉，但在，國際機構投資者中早已是最重要的中國投資組合參考之一。在未來該指數在基礎價值上升仍很大可能繼續領跑其他的中國指數。投資者值得注意關於此指數的相關投資資訊。

中國香港股市主要指數

恆生指數
貨幣：港元
指數特性：反映香港主要活躍的上市公司股份
相關最活躍交易所買賣基金： 盈富基金（港股：2800） 恆指最大比重的成分股為騰訊（700）及 匯豐控股（5）各占10%比重，其次是友邦保險（1299），建設銀行（939）、中國移動（941）。
投資者要留意近年港股的上升主要由騰訊帶動，而其他的主要上升動力還包括友邦保險及占率超過4.5%比重的中國平安（2318）。而傳統的匯豐銀行系的表現非常乏善可陳，2019年比2007年的高位價格只剩下一半，收息多年連通膨都未能抵銷。如果你看看其他歐洲銀行股的表現如德銀（美股：DB）等更是慘不忍睹，只剩剩高峰期的10%不到。銀行股深受負利率及量化寬鬆之苦，令利息回報不斷下降，而且還要面對非常嚴厲的監管，動輒就收到數十億罰款，真是十年河東十年河西。如果一個股票指數有大量的金融股，而利率又持續下降，你就可以預期該指數的長期增長會變得有限。
估值長期維持在市盈率11至18倍之間，2008年金融危機間低於9倍。 市帳率常年在1.5至1之間波動，市帳率在1附近是很有吸引力的估值水平。

恆生中國企業指數
貨幣：港元
貨幣：港元
指數特性：反映香港主要活躍的中資上市公司（H股）股份 相關最活躍交易所買賣基金：恆生中國企業基金（港股：2828） 由於此指數的成分股跟恆大指數有大量重疊，最大的分別只是沒有了騰訊，友邦及匯豐銀行，但其餘的成分股跟恆指十分相似。由於指數沒有太大的獨立性，近年指數被關注程度都有所下降。

認識全球主要股票指數及相關交易所買賣基金

美國及國際股市主要指數

道瓊工業平均指數（Dow Jones Industrial Average Index）
貨幣：美元
指數特性：反映美國大約30只活躍的龍頭上市公司股份。由於成分股比較集中，實際上更多長線投資者會選擇標普500指數相關的投資產品。
相關最活躍交易所買賣基金 美股交易代碼：DJI
投資者要留意因為指數成分股比較集中，指數較易被個股股價影響。 有大量期貨及衍生工具跟進道指的相關指數，交易活躍。

標準普爾500指數（Standard and Poor 500 Index）

貨幣：美元

指數特性：反映美國大約500只最活躍的中大型上市公司股份

相關最活躍交易所買賣基金
美股交易代碼：SPY

標準普爾指數相關基金是投資美股最直接的選項。由於覆蓋全面，投資組合
分散，令個股風險合能有效分散，投資者只用承擔市場風險，而不用擔心個
別波動對持倉做成重大粗利影響。
而且有大量期貨及衍生工具可作對沖，相關的基金及投資產品是非常活躍的
股市交易工具。

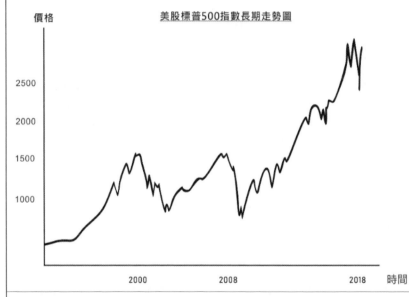

美股標普500指數長期走勢圖

市盈率常年在13至18倍之間，市帳率在2.5至3.5之間。市盈率接近13或市帳率
低於2.5為吸引水平。2008年金融危機後由於企業盈利急速下滑，市盈率曾急
升至100以上。這種情況下投資者要考慮使用市帳率為估值參考，當時的最低
市帳率約為2左右。

那斯達克綜合指數（NASDAQ Composite）

貨幣：美元

指數特性：反映美國大約100只成交活躍的主要科技股的走勢，波動相對較大。

相關最活躍交易所買賣基金
美股交易代碼：QQQ
投資者必須要小心納指的估值在牛市時遠高於道指及標普500指數。是三大指數中風險最高回報最大的指數。由於科技股是按成長股的高估值定價，一旦市場週期逆轉或公司的增長不及預期，指數往往會出現大幅下跌。所以投資者不宜重倉於納指，尤其牛市週期的尾部更要謹慎，在熊市週期中10年也未必能拿回本金，投資風險相對較高。

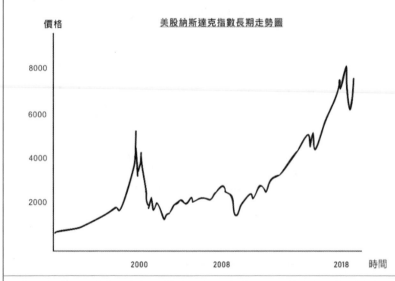

納指因為成長股較多，估值比較高，P/E一般在16至23倍之間。市帳率在4至6倍之間。市盈率在15倍附近為吸引水平。但由於市帳率高而且盈利波動大，當市場處於波動時亦要考慮市帳率會否回到3倍附近。納指相對2000年科網爆破時盈利能力已大幅改善，不過其估值在牛市時長期保持偏高水平，波動率亦較標普指數大，風險水平會相對較高。

羅素2000指數（Rusell 2000 Index）

貨幣：美元

指數特性：反映美國大約2000只比較活躍的中小盤股的股價變化。性質有點像中國的中證500指數。

相關最活躍交易所買賣基金
美股交易代碼：IWM

羅素2000的估值水平波動比較大，市盈率在15至30之間巨幅波動，主要原因是盈利非常波動。即使其他指數出現基礎盈利上升的年分，羅素的成分股卻可能出現盈利下降。盈利不穩定是中小盤股的特徵。市帳率則在1.6至2.5之間波動。長期投資價值比較一般。

市場	指數	貨幣
日本	日經225指數	日圓

相關投資工具（美股：EWJ）
日本股市近年有點像日圓匯率的反向報價器。日股並無太多創新企業上市，長遠由企業盈利上升拉動的效應有限。如果世界陷入危機，日本的保險公司及機構性投資者投資於海外的資金就會調回日本，引發日圓升值。而且同時日圓被認為是避險貨幣，投機者也會買入日圓，引起日股出現嚴重賣壓。除非日本央行進行更大力度的貨幣寬鬆，否則日本股市指數很難避免在全球金融市場波動時受盈利下跌及匯率升值夾擊而大幅震盪，投資者必須要小心。

日本股市呈大型的週期性波動，卻沒有明顯的價格突破。2000、2007、2018年是三次上升的浪頂，以美元計算下，三次浪頂的價值也差不多。高位買入後不知何年才回本。週期下跌幅度約為50～60%。日本股市中有很多出口型的企業，面對全球經濟波動時防禦力很弱，因為那些出口沒有本地市場可消化，一旦出口下降，企業界的整體利潤就會大幅下降。是高風險、低回報的市場。如果日本央行決定更激進地買入日股，即使對股價形成一定支持，卻有可能引起日圓匯價大跌，海外投資者買入後也不見得有回報。

英國	英國富時100指數 （FTSE 100）	英鎊

英國近年飽受政治議題困擾，比如脫歐相關問題困擾多年未解決。英鎊及英國股市大體出現震盪，而沒有明顯的趨勢。而且英國亦早已失去了融資中心的角色，英股中創新成分有限，一般不太受投資者青睞。

英國股市的市盈率在13至21倍之間，企業盈利大致穩定，反而匯率風險較大。由於市場增長有限，如非有政策性事件出現，令英國的股匯出現齊升的可能，否則如此了無生氣的盈利增長，一般的估值水平，還要承受不明朗的匯率波動風險，很難引起海外投資者的興趣。

德國	DAX 指數	歐元

相關投資工具（美股：EWG）

德國是歐洲經濟中最好的國家，德股表現在金融危機後亦是歐洲國家中最好之一。只是德國經濟相當依賴出口，很易受貿易及全球經濟影響。近年投資者反而最喜歡放空歐洲的銀行，尤其像德銀這種長跌長有的股份經常被放空。德國股市的投資價值在下跌的時候才會出現，始終股利增長不快，在較高估值時並沒有長期投資的吸引力。

德股的市盈率常年在12至18倍間波動，市帳率在1至1.5之間，其每股盈利穩定並緩慢地上升。但德股的年度價格波幅如果以美元計算可達30%以上，比如投資者在2018年就要同時承受股指下跌及歐元貶值兩面夾擊，令美元計價的投資者自年內高位的下跌幅度可達30%以上。投資者必須要留心歐元是由許多國家組成的貨幣同盟，如果某些國家出現困難，德國也難以獨善其身，而且歐元匯率也有可能出現較大幅度貶值。

印度	NIFTY 50指數	印度盧比

相關投資工具（美股：INDA）

印度被視為有巨大增長能力的市場，年輕人口眾多，發展空間巨大。問題是印度股市存在與A股相似的性質，估值往往非常高，而且往往短期爆升之後就後繼無力。印度的資本市場並不算發達，股指中創新型的公司不多，形成了經濟增長上升而股利上升有限的現象。很多投資者只留意到印度的股市指數上升得不錯，卻沒有留意到印度盧相對美元而言在2008年金融危機後十多年間持續貶值了超過50%，海外投資者的實際回報其實大打折扣。

如果印度市場將來有重大改革，並能有效引入大量成長企業加入其中，長期投資的價值就必須要認真看待了。因為一個以內需型為主的大型國家是充滿機會的，問題是海外的投資者有沒有機會分享到機會，而不是只承擔了風險，股利卻不見回報。參考過去幾年外資銀行壞帳的情況就知道印度做生意並沒有想像中那麼容易，而且印度的政策性風險如稅法改變，對外商投資的政策也可能會大幅改變。而且匯率風險以及潛在的資本管制風險並不可以掉以輕心，所以這類風險資產只應占長期投資組合較小的比例。

印度股市的估值波動較大，而且估值對股市走向的關係不算明顯。印度的企業盈利波動較大，很易受到各種政策或其他因素影響，令盈利水平突然下降。市盈率約在13至25之間，市帳率在1.8至3倍之間，波幅非常大，短線走勢非常難評估，而且有時上升數年後可以返回原點，令投資者不容易評估未來數年的投資回報。近年的指數保持一定的上升形勢，但估值早已偏高，而且主要指數組合的每股盈利的成長性不高，14至18年間每股利潤及息率都沒有重大變化。不要有錯覺，國家的經濟好股市就能受惠快速上升，投資前必須要認真地了解該國上市公司組合的利業特性、盈利增長能力和估值水平。

巴西	聖保羅交易所上市的公司股票指數（Bovespa Index）	巴西雷亞爾（BRL）

相關投資工具（美股：EWZ）
巴西股市指數在2018年中一枝獨秀，因為很多投資者期待巴西經濟進行結構式改變，大幅改善股市潛力。但其實用美元計算實際上巴西股市在2018年全年是下跌的。這就是我在書中不斷提醒投資者匯率風險的問題。

而且利多預期被透支後，現實是否能跟進才是重點。巴西股市中約30%為金融股，基本物料及能源占另外約30%。由於是物料出口大國，其外匯價格及股市一直十分波動。被認為是高風險的投資。投資人必需小心考慮是否投資於比等高波動性卻沒有長期上升趨勢的市場，尤其在高估值時間更需小心謹慎。

巴西股市比印度更差，有波幅沒有升幅，買入的時機必須要小心估值水平的變化。巴西主要的股市指數成分股按美元計算的盈利及派息水平於2014至2018年間並無重大變化，毫無成長能力。雖然市盈率在9至17倍間巨幅波動，市帳率在0.9至3倍間波動。投資組合波動率非常高，一年價格波動50～60%是平常，投資資源型新興市場國家的風險就是這麼高，波動是才不免的。長期持有的持股方式難以在波動率如此大的市場中獲利。

綜合型國際投資指數

全球股票市場	MSCI 全球市場指數（MSCI Word Index）	美元

實際上全球股票市場指數是以美國股市為主，權重一般超過一半，日本，加拿大及歐洲等發達市場股市占約四份之一左右，其餘占率主要為新興市場股市。

新興市場股市指數	MSCI明晟新興市場指數（MSCI Emerging Market Index）	美元
	富時新興市場指數（FTSE Emerging Index）	美元

新興市場的概念已經存在很久，本來名為欠發達國家市場，後來改稱為新興市場這一個更有動感的名稱。成分股以被稱為金磚四國的中國、巴西、印度、俄羅斯以及南非等新興國家組成。占比最大的成分股為騰訊及阿里巴巴。中國加入 MSCI指數其中影響最大的就是MSCI 新興市場指數，以及上面提過的MSCI中國指數。另外中國A股入富，指的是A股加入富時新興市場指數等較多基金跟進投資的股指，預計未來A股在國際股指的權重會不斷增加。究竟是A股把波動性輸出全世界，還是全球資本降低了A股的投資波動性，就只有時間才能給出答案了。

影響長遠股指表現的因素

　　投資者要理解到影響長遠股指表現的核心因素是每股盈利及股東權益的成長率。第二個因素是公司的股息分派及股份回購力度，以及無風險利率的長期預期，這部分會影響到指數的估值水平。如果美股並沒有明顯下跌，2019年之後10年的年化回報就不太可能高於4%，這會比過去30年的年化回報要低。所以說過去的經驗不等於將來就是這個道理了。2017年的美股大升是受到稅改一次過的盈利提升，利多已被充分透支了。很多人看好未來在新興市場，但由於體量太少，還是很可能出現一曝十寒的光景。當估值被充分透支，在新興市場採用長期持有方式未必一定明智。你開始感覺主要金融市場的核心邏輯了嗎？當然我們亦要留意貨幣政策的影響，因為這已經可以完全扭曲市場自行運行的邏輯了，如果央行瘋狂寬鬆，市場也會跟著開瘋狂派對，我們身處的金融世界比以往複雜太多了。

外匯對沖型股票基金

　　對於海外的投資者來說，投資另一個國家的指數要面對巨大的外匯風險。有時候股市上升的波幅幾乎被匯率的貶值完全消耗掉，令海外投資人得不償失。投資者除了自行進行外匯風險對沖，另一方法就是買入外匯對沖的股票基金。舉日本股市作為例子，2012年安倍晉三上台後採取激進的貨幣刺激政策，沒多久把央行行長都換了，日本股市大幅上升，由8千多點升至2015年的2萬點，日圓匯率卻大幅下降，兌1美元從78日圓一直貶到120日圓，大幅抵消日本股市投資的利潤。如果你直接買入日本基金（美股：EWJ），大約能從36升至52，看上去升幅有近45%左右不錯，但如果你採用日圓對沖的基金（美股：DBJP）的同期表現是22升到44美元，同期升幅是100%！如果一個國家的股市很大程度受惠於相對匯率的下降，考慮使用有外匯對沖的基金可以很大程度捕捉其升

幅。大家可以知道對金融投資的認知差距可以對回報差生多大的影響。
當然如果一個國家是內需上升經濟向好，或資源出口國受惠於能源、礦
產價上升引起股市匯價齊升，你就不要笨得胡亂去對沖外匯波動，自我
減少了投資的淨回報。這亦是為什麼我會在本書中加入衍生工具及貨幣
匯率等投資書不常加入的章節。投資的知識是一個系統，如果你的系統
有嚴重缺失，對你在金融市場的投資回報會有很大的影響。

時機交易的投資組合

我會在本書中的投資組合建設章節，詳解投資組合的理論及應用，
在這裡我先提出一個使用股指投資的時機式交易策略。較高風險承受的
投資者可以把一部分的閒置資金嘗試這種策略。這個組合的基礎是投資
短期貨幣基金，如果身處超低息週期，當時貨幣基金沒有回報，可以直
接持有零利率的現金或超短期國債。大致把資本金分為5至10份，耐心等
待交易全球各地股市的出現交易機會。

由於新興市場這類週期性出現震盪，卻有波幅沒有升幅的市場，往
往在市場陷入一片沉寂後突然出現一次大暴升，吸引大量資金追入快速
形成泡沫再爆破，出現一曝十寒的現象。如果你想參與這種風險交易，
除了極高險的追漲交易外，另一種風險較為低的方法是在估值低迷市場
乏人問津時建立種子倉位。耐心等待市場突然成長那一刻。這個概念聽
上去好像非常容易，執行起來非常困難。因為你要非常有耐心地等待，
可能是一年，兩年，三年，五年，機構性投資者因為不少也有短期業績
壓力，不可能如此長期等待。所以實際上很少人會進行此等交易，只有
擁有可長線投資資本的個人投資者才可嘗試應該。而且絕不可以用槓
桿，因為我們真的沒有方法去評估市場可以跌到多低，槓桿會迫使我們
在持倉出現帳面損失時強行平倉，用作逆向交易的風險極大。

首先我們要對不同的市場建立一個成長程度及估值認知。把市場分
為幾種情形。

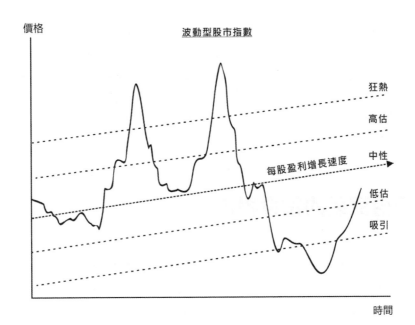

狂熱：市場接近甚至超過歷史估值的最高位。基本因素對市場已毫無意義。交易面的因素才是市場關鍵。股神遍地，大眾對股市陷入狂熱。下跌並引起槓桿交易者降倉可能是壓倒市場終止狂熱交易的主要因素。

高估：市場風格以技術面主導，仍有參與者會考慮基本面，題材切換頻繁。部分價值性交易者撤出市場。

中性：市場的主要波動區間，可以持續數年。

低估：市場受負面因素影響出現下跌，估值跌至較低位。

吸引：市場陷入恐慌，估值跌至極低位。

要執行此交易策略，要注意以下條件。

第一，投資者必須要使用自有本金，每項目不可多於20%本金 因為市場下跌的幅度可以很可怕，要確保仍有資金投資於其他項目降低總持倉風險。

第二，不要去估底，也不受市場的波動影響情緒，即使持倉繼續出現大幅下跌，也不為所動不會在更低價賣出。

第三，資金最好能拆分三筆分次買入單一項目。由於我們無法判斷下行空間，持有過程中帳面出現的虧損可能性很大。如能保留第二、三筆資金可在更低位投資，心理負擔會較低。

第四，建立倉位的不同投資項目的價格走勢相關性越低越好，比如中國A股跟美股的波動相關性較低，較少出現同漲同跌的情況，可以減少同步下跌的風險。如果是美股的道指及標普指數這些高相關性投資，只可以選一個去投資，因為升跌同步。不會改善組合的風險與回報。

當市場出現低估時開始加強留意市場的走勢，接近吸引水平可以開始考慮是否投資其中。並制定好買入計劃，在跌至什麼水平附近再進行加倉。如果市場下跌，按計劃進行加倉位直至買入計劃完成。如果市場出現上漲無法在更低位加倉。投資者可以自行考慮是否在更高位加倉，這須要一點運氣配合，因為沒有人知道市場會否再創低位。當倉位建立完成後，完全遺忘持倉，就好像把米及材料放在酒缸任由其發酵，剩下的只有交給市場及時間了。當市場經過一段時間終於開始出現修復行情，估值會返回中性。如果風險偏好較低的投資人可以考慮開始減持，如果風險偏好較高的投資人可以等待估值去到高估才減持，在市場狂熱時出清倉，並頭也不回的不再看這個市場，就算再升多少也不關你的事，否則很可能就會功虧一簣。因為你變相在更高位買入，你會變得很敏感，並可能在進漲殺跌的過程中大幅消耗帳面的利潤，甚至引起虧損。

由於我們很難判斷一個投資項目最終能否成功發酵成功，變成可享用的美酒，所以關注多個地區的投資機會，比只看住一個國家的股市更有利。比如資源類國家如俄羅斯，巴西等總是充滿波動機會。A股則大家都知道幾年會來一波牛市，透支了未來幾年的升幅，往往又跌回去。但在低位建立倉位者，看到媒體每天非常悲觀的報導，分析師的超低目標價，仍能有勇氣吃一口看似爛透的蘋果，這些人才往往是股市的長期投資獲利者。當然還有成功在牛市中用股權融資的企業，得到最實在的好

處。不過又有多少人能抵抗深不見底的下跌恐慌，在極度低殘時入市？投資者會說會等待市場跌定的時候買入，當你真的在這種時間身處在市場中，很多東西就不好說了。什麼是跌定，下跌的趨勢是波浪式的，一個浪靜止了，你以為安全，下一個浪就把你沖下去了，你未估計能跌到過去的更低水平。令你驚慌失措，一旦陷於恐慌，投資者就無法用作有效的判斷了，只有逃生的慾望。之後的升幅都與你無緣了，因為你只想快點取回本金走了。

投資者必要認識到由於此組合是純股市投資組合，其實抗跌能力非常有限，而且一旦遇上全球金融危機，組合中所有國家的持倉仍可能出現同步虧損。這個組合可以建立在總投資本金中的一部分。而且策略的核心是一個大型國家的整體市場是必需有長期價值的，不會因為時間而消失。如果是一些個別小國的股市，投資的本金應控制在5%以下，因為有全損風險。

這個方法完全不適用於個別股票的投資組合，因為策略背書的是一個國家的實體經濟及經營活動。而如果是個股，背書的只是一間公司的經營，百年過去了美國道指的30只成分股全部被清退出指數，你就明白股市不會消失，個別公司卻會在市代的洪流中永不翻身，你還記得曾經叱吒風雲的諾基亞手機，如果你家中仍有一部過氣的舊手機，可能放在你的交易台附近或當眼位置視之為吉祥物，警惕自己不要高估對公司經營的預知能力。謹慎投資，方可以在資本市場上長久生存。

對沖、投機、
期貨及衍生工具交易

理解投機和對沖交易

現今的國際金融市場，如果只理解基本面、技術面，而不理解對衍生工具及股票對沖行為對實際股票交易的影響，你就很難對交易市場掌握全盤較佳的認知。有時你可能不明白為什麼基本面沒什麼變化，在交易面上卻混亂一片。有時明明高處不升寒，市場卻穩步上升，連波幅都很少，因為這背後有著期權等波動率市場（Volatility Market）的變化的影響。

整個期貨及衍生產品市場的設立最根本目的是用來分散風險的，讓有意願和能力去承擔風險的機構以及個人投機者來接受風險，並獲得承擔風險的相應回報。從1970年代芝加哥商品交易所的利奧·梅拉梅德（Leo Melamed）由傳統的商品期貨交易轉型引入金融期貨交易，對整個金融行業產生了巨大的影響。時至今天，期貨及衍生產品市場已經變成現今全球最大交易額的市場之一。究其原因是金融市場有充足的投資避險以及投機需求，市場把風險分攤並變成碎片化。大家夏天時可能吃過刨冰，如果市場的總體風險就像一大塊冰，大多數人根本無從下手，但如果經過期貨及衍生產品市場把風險分散，把冰塊打碎成一小塊一小塊的小冰粒，就變成一般投資者可以接受的水平，因為總體風險已經有工具可以分散損失，最大損失風險受控制，令很多不可能的金融交易變得可能。如果期貨及衍生產品市場如某些交易者所言只是純粹的賭局，這市場沒有可能在這數十年經歷過各種金融危機後仍然茁壯成長。

但是整個期貨及衍生產品市場事實上存在非常大的資訊不對稱。大型投資機構如投資銀行及專業對沖基金，對其他商業機構的衍生產品定價及設計有非常大的優勢，情況就好像大學教授設計好的概率交易遊戲找學生參與其中。而且即使那學生也挺聰名，完全理解整個遊戲的勝負規則，認為這是一場公平的博弈（Fair Game）。實際上學生往往算漏了他對資產及商品市場價格波動的理解，對市場價格的預期認知，建立在對將來價格影響非常脆弱無力的基本面分析及以過往價格的趨勢之中，而認識不到市場上由交易面驅動的劇烈價格波動風險因素。

看看2018年11～12月的期油市場，怎樣從70多80美元一桶，用不到2個月時間跌到40美元左右的水平，就不用我再多解釋，怎麼用基本分析事前去判斷在如此短時間產生如此劇烈的波動？那些事後孔明的分析可以省掉，在2018年11月前一份投資銀行預期油價暴跌的報告也看不到，設立了長期交易合約預估油價繼續上升的機構也預估不到。不過投資銀行的衍生工具設計者知道，市場在某些時間總會來一場如此暴力的波動，只要合約的設計時間夠長比如5～10年，合約中的交易對手出事被打爆倉暴虧只是遲早之事。

對於個人投資者而言，你不一定要進行任何的對沖或槓桿交易，以及參與到期貨及衍生產品市場之中。但是認識其中運作原理對你認識整個金融市場的運作有非常重要的意義。若果我的讀者之中有大型機構中的財務人員，這部分會幫助你認識如何對企業的部分業務或海外投資進行風險對沖，以及瞭解一些交易工具的風險以及陷阱。要謹記市場上的風險永遠存在，金融市場能幫助我們做到的是付出成本後風險由更多參與者分散承擔。但水能載舟，亦能覆舟，如果我們在參與金融市場承擔了過量的風險，一旦市場走勢大幅偏離預期，參與的機構及個人就要為此付出巨額的代價。

對沖交易策略

對沖（Hedging）交易策略

對沖交易的基本理念是利用金融交易工具把投資股票的持倉淨風險降低，同時爭取在不同市況獲得正回報。要簡單理解股票風險對沖機制，要先理解幾個稍為複雜的股票期貨及衍生產品交易工具。大部分的個人投資者並不須要用上複雜的對沖交易策略。但理解對沖交易以及期貨及衍生產品市場運作，對我們認識現今的市場運行情況非常重要。因為有大量的專業交易者以各種對沖方法及工具在市場作為交易策略。不明白這些就難以理解近年主要股市的一些走勢變化。所以我會嘗試把這

個股票投資上比較艱深的部分也進行一些解釋，並盡量以普通人能理解的語言去解些一些比較深的理念，希望讀者們能從中吸收到一些養分。

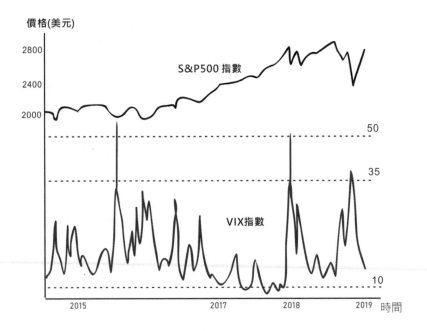

上圖顯示VIX指數與美股上升軌跡，留意2017年和2018年下跌後的主要升浪波段浪，都有VIX長時間低位現象。你可以理解為期權對沖成本低能夠有利股市發展。不過長期穩定在金融市場中會做成不穩定的源頭。你看到2017年的超低波動最終引起了2018年較大幅的波動就可以理解兩者存在一定的關係。我會在下面介紹幾種常見股票的槓桿以及對沖工具。

股票融資融券交易

要進行股票融資融券交易，個人或機構投資者先要開立一個股票保證金戶口（Margin Account）。用自有資金買入股票後，就可以抵押給證券公司換取更多帳面備用資金額度再作投資。不同個股的抵押比率差異很大，大型流動性高的個股能抵押更高比率。比如投資者只有100萬，買入活躍指數成分個股，可以選擇借錢槓桿買入200萬市值的股票，即證券

公司借出100萬資金給你買入這值200萬的股票，當然他們也會收取一定利息作為融資成本，並而設立一個最低保證金，要求及強制平倉水平。比如他們會設定投資組合蒙受30%損失後（即虧損60萬），必需增加保證金或證券公司會把你的持倉強行局部或全部賣出，以免證券公司借出的資金蒙受資本損失。

放空

股票投資者除了持有股票後等升值賺錢，亦可選擇放空股票在股價下跌時賺錢。放空（Short Selling）交易亦稱為融券交易，首先投資者證券行要有提供保證金戶口融券的資質，並提供相應的放空（融券）交易服務。投資者向證券行借出其他保證金投資者存放在證券公司的股票，即從證券公司借入股票先行在市場賣出，然後等股價下跌後買回填補股票存倉，賺取差價，俗稱股票空頭。

以美股的蘋果公司（美股：AAPL）股票為例，如投資者選擇在2018年10月較高位，230美元時放空10,000股，並在2018年11月，190美元時買入10,000股平倉，投資者的帳面利潤為（230－190）X10,000股＝400,000美元，扣取利息成本、佣金等就是淨利潤，這名投資者短期獲取了巨額空頭利潤。

不過放空其實是古老而危險的交易方式，因為放空的回報最大只為100%，但是風險卻是無限大，可以虧損達本金的倍數。有些股份一年能升值幾倍，放空的投資者如在股價上升時不及早平倉可能損失嚴重。而且股票的多頭會留意有沒有被過度放空的個股，大量買入拉升股價，迫使空頭以很高的價錢才能平倉，此稱為迫空行為。放空的投資者一旦被迫空，情況可以異常兇險，因為放空者必需不斷存入更多保證金收維持其持倉，否則就會被證券公司強制平倉。一旦出現資金不足要強平，多頭更會更樂意再次拉升股價，因為你知道這些股票必需有空頭去強制買入，不用擔心沒有買家，空頭以極高價位平倉，損失可達原來投資金額的100%以上。

如果放空交易股市遇上停牌而無法平倉，放空者可能會蒙受重大的損失。假設融券的成本是15%，停牌兩年已可能引起30%重大財務虧損。如果財務成本上升至股票價格的100%以上，如果被放空的公司除牌進行破產清算，你的持倉必定巨虧。只要市場交易不能回復，放空者不能平倉的風險是巨大的。最可行的解決方法是進行場外平倉，即透過證券商尋找已其他持有該股票的客戶，有沒有人願意賣出股票給你平倉，如果未能找到足夠數量的持股者願同你做對手賣貨給你，否則將損失不貲。所以放空流通性低並有長期停牌風險的個股風險甚高，即使你眼光獨到看準市場變化，仍可以蒙受巨大損失。

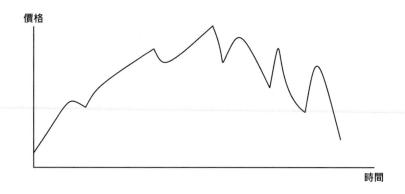

交易者亦要留意監管機構也可能會在某些特殊時間禁止放空，比如美國曾於2008年金融危機期間因應市況波動而一度禁止放空金融，時間也大多不會是放空投資者的朋友，因為股票長期的波動總體以上升為主，時間越長上升的可能就越大，放空的時機掌握一定要很好。而且進行放空必需排除合理的風險疑點，要基本面、技術面配合並無重大疑點才能交易，還要評估長期停牌風險。因為即使做對方向，但交易的時間錯了，放空後首先遇上市場的暴力上升，把你打爆倉停損才開始劇烈下跌，放空者的虧損可以大得不堪設想。

其實就算市場進入了熊市或形成下跌形勢，跌市時的價格波動性往往遠高於市場呈上升趨勢的時候。每每一波下跌後就出現強勁反彈，呈高密度的劇烈波浪式震盪走勢，令你進退失據。打開主要美股，A股等不同股指長期日線圖看看，觀察下跌時的日線圖與上升時的日線圖形勢比較一下就明白了。所以絕不建議普通投資者參與任何直接的放空交易。

股指期貨

股指期貨合約是一個買賣協定，註明於將來指定日期以建立合約時的交易市價買入或賣出相等於某一既定數量股票指數投資組合的金融價值。

比如滬深300指數期貨（IF）價格是3,300，每點值300元，合約總值是99,000一張。保證金8%即最低保證金只須7,980。實際交易時，期貨公司多會因應市場狀況收取比最低保證金多的實際保證金以減少爆倉強制平倉風險。在多數市況日波動不會超過5%，但總有極端交易日股指波幅達8%。8%左右的保證金基本足以應對99%的日均波動。很多投機者直接炒賣期貨是為了達到以小博大的槓桿投機目的。期貨提供的槓桿最高率往往達5至10倍。可以把資金強勁放大，一旦做錯決定當然就會倍數放大損失引起巨大虧損。

期貨合約有不同的到期日，每一個到期日的期貨可以算是一個獨立的賽局，參與其中的人其實是在玩典型的零和遊戲，一個人賺的錢必定是由其他人虧損出來的。而且中間必然有交易費用，所以嚴格來說是一個負和遊戲，即參與的人總體來說是有淨損失的，不過由於手續費相比其他交易工具非常低，可以低於交易金額的萬分之一以下，是一種很有成本效率的風險對沖或加槓桿工具。不過期貨由於有時間限制，並不適合作為長期投資工具，如果期貨不是活躍交易品種，或者不是當期合約而是遠期合約（如半年以後），往往交投非常疏落，買賣差價大幅增加。在金融交易中，買賣差價就是交易成本的重要部分，尤其考慮期貨的直接交易成本非常少，差價的成本往往數倍於交易佣金及交易所費用。另外必須要留意，期貨市場有其最大容量，如果同一時間太多人參與其中，尤其連同期權等衍生產品（包括場外交易市場）的價值若遠超現貨市場時，期貨市場的交易者就會有很大動機直接干預現貨市場的價格，去達成迫使對手虧損平倉離場的目的。

做多期貨的交易者是最容易利用買入並拉升價值迫使空方受損，因為股票可放空的數量是有限，而且放空了必需回補，如果空方吸的股票

越多，被多方用錢拉升迫死時將無法抵擋。這亦是為何每每熊市的反彈力度迅猛而且兇狠，因為一旦空方被挾時往往要奪路逃生，須要不問價買入期貨或相關資產以平倉。所以有人比喻期貨市場為一個戰場，每一次到期日前後是多空雙方的決戰。讀者請謹記在資本市場沒有永遠的多方或空方，昨天的多頭迫到空頭暴倉後，下一筆交易可能已經準備好反身成為空頭，利用賣出已買入的股票，壓低現貨價錢，在期貨市場再次獲利。不明其中的投資者可能很易就被走勢所蒙，被多空走勢夾殺。所以我不會建議讀者利用期貨市場作方向性投機，而只利用其避險功能的部分。

誰都知道期貨市場來錢快，一個月翻幾倍的故事不斷上演，只是一將功成萬骨枯，究竟你是能一敵百，還是兵敗如山的一方？我只知道，如果你投機贏了錢不知收斂，極大可能最終把帳面贏利的連本帶利送回資本市場。請謹記期貨市場是一個零和遊戲，對手盤之間是生死搏鬥，對手會不斷進化並改良策略，設立更新奇的圖表或量化訊號陷阱請君入甕，你千萬別以為那裡是遊樂場或提款機，那裡沒有任何人或任何書可以教導你如何活下去，投機者只有永無盡頭的博弈。

期貨市場對金融市場最大的實際作用是作為現貨股票市場低成本的風險對沖工具。期貨市場上活躍的投機者作為期貨市場上交易對手，其實不自覺的就變成了風險承擔者。購買了股票的投資者可以在股價下跌時選擇賣出期貨合約為資產對沖。如果你買入了100萬滬深300的股票組合，市況短期波動下你想平倉避免損失，你有以下兩個選擇。

1) 直接賣出股票持倉，結束交易。
   賣出後持回現金，進一步市場的下跌的損失風險已完全解除。
   但因為有佣金及稅費，如果短期內交易者有再次買回投資組合可能，就會大大增加買賣的手續費成本。

2) 投資者可選擇在期貨市場賣出10張當月或更長到期日，價值相約100萬的滬深300指數期貨合約。

在期貨合約到期前你原本持有的100萬股票組合的下跌風險已經基本

解除。不過類似於賣出股票持倉的交易影響，投資者賣出期貨後如果股票市場的價格出現上升，你的總投資持倉也不會因此獲得增值，因為你的放空期貨會出現帳面虧損抵消了你仍然持有的股票組合的升幅。

採用期貨對沖最大好處是節省交易成本，如果市場真如預期出現一定下跌後，你想再次重新入市，只須按當時市場交易價買回10張滬深300指數期貨合約，就會把期貨的淨倉位平掉。比如你賣出了10張當月的滬深300指數期貨合約，價格為3,300，之後買回10張當月的滬深300指數期貨合約進行平倉，價格為3,100，而期貨合約買賣的差價（3,300～3,100）在扣除手續費後就會結算成現金獲利大約為60,000元，這就完成了期貨交易的完整流程。而整個交易流程中，你在股票市場的持股數量從來沒改變，而市場上的股價下跌風險卻被股指期貨對沖掉。

1987年10月的大崩盤與期貨市場

1987年10月19日（星期一）美股出現了歷史最大單日大暴跌，美股道指單日下跌了22.6%，標普500下跌20.5%。美股在1987年上升得很快，年初至10月道指升了超過30%。從1982年開始的升浪開始計算，股指已經上升了1倍以上，估值變得比較昂貴，市盈率指標去到20倍，而1980年代的市盈率均值一般只是14倍以下。

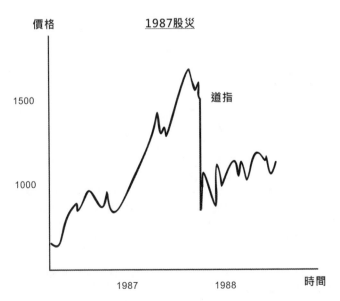

股市在1987年8月分見頂後便無力再破新高位，開始了震盪下行。在10月14日因為美國政府打算取消企業併購的稅務優惠，以及有傳言因為美元匯率下跌聯儲局打算提高利率以支持匯價，更高利率會增加企業及股市中投資者的融資成本，對股票市場形成負面的壓力。在股市已經無力破頂的情景下，更多的投資人選擇離開股票市場，道指當天下跌了3.8%。10月15日市場維持下跌形勢，只是下跌幅度減少。10月16日（星期五），美國有較多的股指期權到期，在過去幾天的大幅波動中令期權價格大幅波動，很多看漲期權變得近乎毫無價值，而看跌期權的成本則暴漲，交易者難以再次設立新的期權合約去展期（Rollover）以替代原有已到期的期權合約繼續避險。更多交易者只好選擇了直接在期貨市場上放空以控制風險。道指週五當天再下跌4.6%。股市的恐慌情緒來到高點。

10月19日亞洲地區包括香港等股市開市後出現暴跌，港股單日下跌了11%。負面的情緒傳遞到歐洲，剛巧英國在10月16日因天氣影響停市一天，大量的沽盤在10月19日一湧而出，令英國富時指數大跌超過6%。消息傳到美國股市後，恐慌情勢大爆發，由於大量沽盤湧現並出現積壓，股票市場在早上9點30分開市後，高達97只標普成分（約指數30%股份市值）在早上10點正仍未能開始交易。所以指數一開始的顯示跌幅不足5%。所以而美股期貨市場顯示在最初的交易時段的跌幅則遠高於現貨市場，但往後幾乎一面倒，排山倒海的賣壓把指數打落谷底，整天交易中途只有上午11點左右從早上低位出現一次不足5%力度要嘗試反彈，還未到中午收市很快又被沽盤打下去。所以投資者還是要認真看待，不在急跌中的市場當接盤俠的傳統交易智慧。下午開市後跌勢加劇，中途只有幾波短暫而不成氣候的小反彈，最終比上午收市的跌幅再增加接近一倍，並以接近全日最低價收市。

從交易面的角度，程式化交易開始盛行以及為投資組合買保險的對沖方式盛行，對是次單日暴跌也有著深刻的影響。當時自動化交易開始出現，投資機構可以同時對一籃子的股票發出買入或賣出的指令，當市場下跌時，由以往逐一股票發出賣出指令，變成對盤面的同股票同時出現賣出指令，在一個極短的時間點內形成市場盤面的系統性賣壓。

當其時不少金融機構參考了布萊克舒爾斯模型（Black Scholes Model）作投資決策，把投資帳戶中的股票跟現金比例作自動化調配。如果股票出現較明顯下跌時，系統就會自動賣出股票，減低下跌時的風險部位。而當股票升時，系統會自動買入更高比例的股票令其可更好的跟隨股市上升獲利。由於直接買賣股票的成本較高，更多的投資機構會選擇在市場出現明顯跌價下跌的時候，自動拋售標普500等相關期貨以對沖持倉，跟賣出持倉效果一樣能減低下跌時的交易風險部位。當市場下跌趨勢明顯形成後，股市市場及期貨市場都會同時受壓，而且由於期貨市場的交易較易在下跌時找不到對手盤，即是找不到交易對手跟你承擔下跌的風險，而出現滑價式下跌。

除了上述期貨市場出現領先下跌效應，引起暴跌的還有指數套利（Index Arbitrage）的因素。在正常市況下，如果現貨的股票價格大幅低於期貨，投資者可以在市場上買入股票現貨，並在期貨市場賣出期指賺取無風險套利。

舉例，美股當月的標普500期貨為305指數點，而現貨市場的成本點數只是約為300指數點，套利交易者就可以買入股份，並賣出期貨，因為股票期貨是以到期結算日當天股票現貨市場（Cash Market）價格作結算，中間的差價（305～300）在期貨到期結算日會自動收窄，投資者獲利相當於這5點差價，扣除交易成本的淨收益，這種市場行為稱為股指期貨套利交易。同樣道理在市場大幅下跌時，可以放空現貨，並買入期貨，扣除提供借貨放空服務的證券商收取額外的融券及交易成本後，獲取中間的無風險利潤。可是在極端市況下，放空行為會直接因為下跌太快而被美國證監會交易規則所禁止而出現無法放空，市場就無法有效自行收窄期貨及現貨市場的巨大差額，引起期貨大幅超跌現貨的恐慌，加劇下跌幅度，期貨市場的跌幅度就會一直領先於現貨市場。所以大崩盤當日期貨的下跌幅度比現貨還深，成交最活躍的標普500期貨日內跌幅達到29%，跌幅遠高於現貨市場的20.5%下跌。

如果從上午的盤面來看，除了交易初段大量沽盤積壓的強力下跌，也不是整個早上交易時段一面倒直線式的下跌，而是有買有賣、有升有跌的，道指上午的損失仍不足10%。交易者並不能把這天的下跌完全歸究於程式賣盤，因為明顯地有人為主動賣盤把幾波反彈都壓下去。當時的交易程式在市場上升時不會主動放空的。從技術上看，下午出現大量融資股票被強行平倉加大了賣售的壓力，美股在大型上升期週期時許多投資者會採用保證金交易投資於大型股票，部分熱門股票的保證金低於20%，可以想像一下大崩盤當天下跌超過25%的個股比比皆是，高槓桿的投機者如不能即時增加保證金，當天就得爆倉，被證券商強行賣出全部或部分持倉，這會把跌幅自我增強，形成暴跌漩渦。

理論上期貨市場的出現其實有減低現貨市場出貨壓力的作用。因為投資者想控制持倉風險不用直接在現貨市場賣出持股，可以減低同一時間的市場賣壓。所以很多市場在引進期貨市場後，波動率有所減少。不過事實上期貨市場的大幅波動也會反過來影響股票市場，尤其在期貨及衍生產品交易模規大於股票市場的美國及香港市場。股指期貨的波動有著很強力拉動現貨市場波動的影響，兩者不是存在因果關係，而是存在兩者互相影響的對等關係。

期貨市場對投資者而言另一個重要的功能是跨時區交易，因為一旦在非交易時段出現重大事件須要立即對沖，橫跨歐洲、美國及亞洲三大時區的股指期貨是很好的風險對沖工具。比如在亞洲交易時段仍可以持續交易美國的標普、納指等期貨，可以對美股進行風險對沖。同樣地中國A股（SGX A50期貨）及香港的股指期貨仍可在部分美國時段進行對沖，萬一美股出現震盪可以立即作出應變，收細風險部位。

　　不過凡事總是有兩面，即使1987年的大崩盤已經遠去近30年，由交易面引發的劇烈動盪仍是繼續發生。2010年美股出現的閃崩事件主角又再次是期貨市場。讀者必需留意期貨市場快速下滑時會對現貨市場構成壓力，因為套利投資者可以買入期貨並放空股票賺取無風險收益。理論上套利行為會阻止期貨市場進一步下跌。但如果期貨市場因其他市場其他交易的投機或避險壓力出現持續的賣壓，不斷增加壓力會直接對現貨市場構成壓力，並且可能在市場引起交易恐慌。所以在沒有跌停或交易暫停的市場，出現短期大幅度下跌接近超過10%幅度的交易異常狀態，即使在將來也很難避免繼續發生。但如果市場陷入恐慌，即使市場當天暫停了交易只會把壓力留在下一個交易日釋放，最經典交易案例要數香港在1987年停市4天後出現單日下跌40%的奇景。就算有跌市停止交易保護機制，考慮2016年初的溶斷機制引發不少個股連續跌停的慘況也是不能避免。只要市場交易者集體向單一方向出現買入或賣出，就會出現市場失常現象，沒有什麼機制是可以避免此等交易風險的。所以當現在的量化及高頻交易大行其道，被動型的交易所買賣基金占領更大的交易占率，主動型基金以及基礎分析投資者越來越少。

　　一旦市場出現暴跌，持有相反方向買入的交易者就會變得很少，買盤的稀缺最終令市場的下跌風險被螺旋式放大，出現持續暴跌。這是當今交易者必需非常警惕的交易風險，從風和日麗的交易環境轉向成狂風暴雨的時間會比以往更少，採用了任何槓桿或長期買入協議（或持續賣出期權）的投資者比以往更容易出現災難性結果，因為短時間的波動會突然觸發槓桿交易被強制平倉或賣出的期權帳面虧損超過帳戶內的保證金也是被強制平倉，就算過了不久市場再次回復，但你已經虧沒了沒法再留在金融市場，這是相當痛心的一種交易狀態，你沒有任何的基本面或技術面的判斷，只是市場的短暫失常就能把你帳戶上的資本捲走突然變成一無所有。大家看看2018年2月分曾超過20億美元市值的XIV交易所票據的經歷，多年持續跑贏美股大盤卻在一天滅亡的過程就可領略箇中風險，我會在介紹衍生工具的部分為讀者作詳細解釋。由於金融市場已經越來越少充滿不同意見的人類進行交易，而是越來越多以相同的數據量化或交易盤面作依據的自動化交易系統取代了，監管者永遠跟不上時代的變化，大家作長期投資是必須要留意今天交易世界已經和以往大不相同，並作出交易上的配以保證資本的長期安全。

2010年5月6日美國的股指閃崩事件

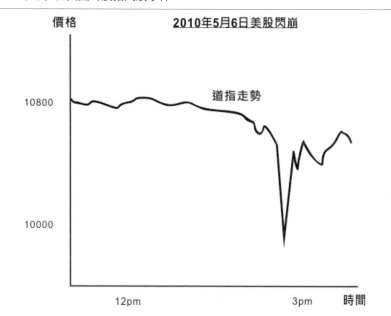

2010年5月6日美股市場出現了短期的閃電式崩盤。日內波幅非常巨大,當天開市以接近前一交易日收市價10,800左右平開,開市至下午2:32分前美股道指出現持續有秩序的下行,大約下跌接近2%至10,600左右,突然下跌是在美股交易時間下午2:42分左右,1分鐘內下跌了300點,並在數分鐘內大約下跌了近7%(道指由10,600左右跌至約9,800點)。查看當時的市場狀況會發現在2:32分開始,美股的期貨出現明顯低於現貨市場的現象,尤其美股的標普期貨,又當了下跌的急先鋒。由於市場下跌太過劇烈,根據當時的美國市場交易規則須要停止交易數秒。之後市場開始快速上升,並在隨後極速反彈近9%,道指回升了近千點。最終收市前市場收復相當部分失地,當日收市10,520點,當日股指大約下跌了3%收市。其實整個劇烈波動過程大約只持續了30多分鐘,閃跌的過程只持續了10分鐘左右。市場開始回籠後並在隨後的數個交易日完全收復失地,到了5月12日的收盤價已接近10,900點。

但是讀者必需留意市場在2010年6月分市場已經回復正常交易狀況下美股道指仍再次探底,6月30日收盤價只有約9,770點並低於5月6日閃崩時的最低價。換句話說美股市場當時是真有下跌的壓力,只是5月12日用了十多分鐘把正常市場要花1至2個月進行調整的時間進行了劇烈壓縮,下跌速度過急引起市場短期劇烈震盪。這跟1987年的大暴跌引起混亂是同一原理,把半年至一年的市場波幅壓縮在1天完成,造成市場的極度恐慌。市場出現過熱有下跌壓力時不是經過一段時間有秩序地進行調整,而是一跌到位,引起大量日內期貨及衍生工具交易出現失常狀況。不過閃崩事件中買了期貨在下跌或暴升中被強制平倉的交易者並沒有得到任何賠償,只有部分在市場交易失常時以極低價格

（如報價從幾十美元突然低至1美元甚至0.1美元）成交的個股交易被交易所取消。

美國證監會在事後嘗試對引起日內交易異常的原因作出調查，得出的原因包括有一檔基金公司在當時以短時間內對標普500期貨進行數量較大的對沖交易，因為該基金在20分鐘內下達比較多的沽盤，壓制了期貨市場的價格，並引起了盤面的連鎖反應。但不少交易者指出該基金放空時採用了盡量不影響期貨交易價格的被動賣盤及分單交易，對該時段總交易量的影響小於9%。高頻交易的電腦系統也被視為原因之一，因為股價下跌時有近2萬張的期貨是由高頻交易產生，實際的淨倉位只是200張期貨左右。高頻交易者在不斷的買入賣出中助推了價格的走勢。

數年之後監管機構再找到一位名不經傳叫撒羅（Sarao）的期貨交易操控者，他住在普通出租屋操盤期貨市場，主要以芝加哥商品交易所（CME）發行的標普500期貨為標的去操縱期貨價格。2010年5月6日閃崩當天，撒羅在期貨市場交易上千次對賭市場。他的主要策略是不斷頻繁的在期貨市場內下單又取消，高頻下單往往是引起量化交易系統的監察指標，比如大量買單的出現往往會引起一些量化買入盤的追隨。而更多的買賣訊號觸發的交易下單，會對市場現有走勢出現加強的作用，最終可能引發市場交易盤的共振，出現閃崩式交易。但明顯地一個如此少本金的交易者沒有可能背負市場出現1萬億美元損失的責任，他的操縱行動只能算是影響交易面的一個因素，而不可能是導致劇烈下跌的主因。

究其原因是我們的現代交易系統其實是如此的脆弱。當市場經歷了數天的下跌，引起了一定的盤面脆弱性後，一旦市場價格形成下跌趨勢並自我強化，市場在下跌過程中其實並沒有自動煞車系統。你會奇怪在劇烈下跌的市場中，這麼多的交易機構居沒有有足夠的力量去阻止短線暴跌的發生，這類閃跌簡直是在市場拾金的機會。也許太多交易機構信奉市場行為即合理的有效市場假設，總是假設市場的交易行為一定有其原因，而且很可能是我們未知道的資訊。或世上其他地方有什麼事發生。當大家發覺是虛驚一場又一窩蜂的殺回交易市場，引起快速修復。這種市場失常直到今天仍偶有發生，只是程度不同，絕不是單一偶發事件。

讀者要留意這種並沒有真實交易意圖的高頻賣單現已被美國監管當局所禁止。但規模較少的高頻下單並消單的誘導性交易行為直至今天在全球的期貨市場仍非常活躍，因為監管者不容易有足夠證據證明誰是真正想下單或只想操縱市場。近年眾多的股市或交易所基金出現閃電崩盤事件，反映現代金融市場即使在系統化及自動化交易主導下，仍沒有可能排除交易性風險。平日作為穩定器的期貨及衍生產品市場在極端市況就會變成市場風險的放大器。

很多金融市場的參與者尤其個人交易者較多採用期貨或期權等去加槓桿，而不是用來對沖風險。A股等新興市場在引入衍生工具後市場波動率初期不一定如理論般下降。也許將來引進更多國際資本，並開放更多期貨及對沖工具給境外投資者交易，有可能加強期貨在資本市場中風險管理工具的角色。當然也難保外資來到中國後一起玩牛熊亂舞，不過以目前外資進入中國股市的建倉方式來看還是偏向長線投資的，風險控制工具的建立長遠來說應該是一件好事。

期權交易

期權就是金融市場中的投資保險工具，但與保險公司賣出的商業保險不同，投資者不只可以選擇買入保險，而且還可以賣出保險。而且期權這種風險控制工具同時提供市場上升保險和市場下跌保險。你可以買入下跌保險去保護你的投資組合，也可以買入市場上升保險去獲得市場上升時的潛在利潤。當然買保險就要付費用，這個費用就是期權金。

只有上升保險的認購期權和下跌保護的認售期權，看似結構非常簡單，但是不同行使價、到期日以及以多種期權組合的交易策略則是千變萬化，一大本厚厚的教科書也解釋不完。我只會集中解釋利用期權去降低投資風險的方法。有興趣更深入研究的讀者可參考期權交易的專門書籍。比如勞倫斯G・麥克米倫（Lawrence G.McMillan）的《期權投資策略（Options as a Strategic Investment）》，以及CFA協會推出的期權相關教材。相對股票投資書籍而言，期權類書籍一般來說是市場銷量的毒藥。因為書中總是充滿令一般人非常痛苦的複雜數學模式。該等書籍相關的書評者不是金融行內人士就是退休工程師之類，對一般人來說那些數理實在太難懂。

但是就算你完全明白了影響期權定價的因素，卻不認知到真正影響期權獲利的是相關資產（Underlying Asset）的波動，而不是量化計價模型本身。而相關資產的變化有很強的幅度及變化時間不可預測性。投資

期權的人實際會用很複雜的期權組合去控制最大風險以獲利。問題就出在降低風險後回報必然降低。如果要用期權獲得高回報必需利用極低發生概率的事件獲利，或者承擔巨額的潛在風險。所以在投資界內也沒有聽過有什麼期權大師，能以交易期權發家致富成為一代交易大師。就算有獲得一定利潤者其獲利的方式並不可以複製，因為期權涉及準確交易時間的計算，可是波動發生時間根本難以事前預計。所以股票界有巴菲特，債券界有曾經叱吒風雲的格羅斯，宏觀交易有索羅斯，期權交易能被人認識的卻不是成功傳奇投資者，而是巨虧事件中的交易員，有1995年的巴林銀行倒閉，2004年的中航油破產等等，或者2007的中信泰富的巨虧全都跟期權相關合約交易有關。對個人投資者而言，期權是一個重要的風險控制工具，使用不當卻會變成巨大的風險來源。但今天的金融市場交易已經不可以無視期權及相關衍生工具市場的重要影響。我嘗試用最簡單的方式令大家理解期權運作，期權其實只有兩種簡單的結構，就是認購期權和認售期權。

期權的條款

期權的條款可以分為美式或歐式兩種，同一交易所會同時有美式及歐式期權的產品提供交易。美式期權可以在任何交易日行使，行使機會大大上升。歐式期權只能在到期日行使。在金融市場上較多股票期權採用美式期權，因為期權的行使彈性較高，對交易者而言較有吸引力。而交易所指數相關期權交易較多採用歐式期權，只有到期日才能行使。

期權交易特質

期權交易可以在交易所內進行場內交易，這類期權多有合法的莊家制，期權莊家（Market Maker）為期權提供報價並提供流通性。但當市況波動時，莊家會把期權的買賣報價價差（Bid-Ask Spread）大幅拉大，令交易及平倉的成本上升。場外期權交易是指投資服務機構為客戶在交易所以外進行配對交易，條款更彈性，但履約保障較差。一般投資者並無必要參與期權及衍生產品交易。但認識使用期權交易的風險及利弊對完整理解金融市場運作非常重要，而且我希望大家認識到賣出期權

策略，如沒有一定的對沖防護可能引起災難性結果，不要因為看了某些書本說賣出期權就好像定期收租那麼樣就頭腦發熱。在金融市場無知或一知半解的代價有時可以非常嚴重，尤其是在期權及衍生工具市場。不少理應深明交易原理及風險的大型機構也曾在此等交易上蒙受巨虧，甚至引起倒閉事件，更不用說普通的個人投資者了。

期權的價格狀況分類

價內期權（In the Money Option，ITM）

相關資產價格高於期權的行使價，期權的價格會較高。到期時期權較大可能仍有行使價值。比如股價是150，行使價是145的認購期權就是價內期權。

平價期權（At the Money Option，ATM）

相關資產價格等於期權的行使價，期權的價格會較便宜。要視乎資產價格有沒上升到期時期權才有行使價值。比如股價是150，行使價是150的認購期權就是價內期權。

價外期權（Out the Money Option，OTM）

相關資產價格高於期權的行使價，期權的價格會更便宜。資產價格到期時必需大幅上升才有行使價值。比如股價是150，行使價是155就是價外期權。

影響期權價值的因素

期權的價值由兩部分組成。

內在價值（Intrinsic Value）

內在價值即是資產價格高於/低於行使價產生的內在價值例如資產

價格為150元行使價為145元的認購期權，就有5元的內在價值，如果投資者立即行使期權，以145元買入相關股份，並往股票市場即時以150元賣出，就可以賺得5元的利潤。當然絕大多數情況，期權金會高於內在價值，比如當時的期權金是7元，你選擇了行使只能獲得5元的利率，卻浪費了2元的期權時間值。所以實際上期權的買家會選擇在市場上賣出期權獲得7元，不會笨得立即行使。

時間值（Time Value）

時間值即是期權的純粹保險費用。如果股份的價格沒有變化，在到期日時這部分的時間值就會變為零。換句話說如果股份沒有如投資者預期波動，時間值最終會損耗並消失。就好像你買了股票市場意外保險，沒有發生任何意外時保險費自然就拿不回來了。

評估期權金變化（內在價值＋時間值）的主要參考指標

對沖值（Delta）

對沖值是指當相關資產變動1元時對期權價格的影響。對沖值在0至1之間，數值越高，相關資產上升時期權金上升得越快。如果對沖值太低，相關資產升跌期權也可能不為所動。通常將到期的價外期權，其對沖值會降至非常低，Delta可能只剩0.01。投資者必須要小心對沖值是動態的，比如股價持續上升，認購期權由價外變成價內時，對沖值就會快速上升，這時期權金就會快速上升，令買入期權的投資者獲得厚利。同樣道理，當股價持續下跌，認購期權由價內變成價外時，對沖值就會快速下跌。令期權金以極高的速度下跌，變成非常低甚至毫無價值。在如果期權在到期時仍處於價外狀態，價權金的價值最終還是會變為零。

伽瑪值（Gamma）

伽瑪值是用來量度對沖值價值變化的敏感度。簡單一點說，就是當股價上升時，對沖值上升的加速度，如果Gamma越大，Detla會隨股價上升而增加的幅度就會越大。其實越價外的期權，當相關資產價格快速

上升時，伽瑪值就會跟隨快速上升。期權價值對資產價格的變化就會越敏感。

時間值（Theta）

只要相關的資產價格不變，買入期權的投資者每天要面對時間值損耗，這是賣出期權投資者的最佳朋友以及買入期權投資者的最大敵人。統計上80%至90%的期權到期後都是毫無價值，賣出期權看似是比較易賺錢的生意。有交易經驗的投資者都知道星期五買入的期權會耗損較大的時間值，因為沒有交易的假日也會計入時間值損耗。如果你星期五買入了短期期權，星期一資產價格不變下已幾乎肯定會面對一定的虧損。當然週末往往可能發生一些不可預知的事件，如政府的政策改變等等，較高的時間值損耗亦會補償賣家承擔的風險。期權交易中你隨時可以切換為買家或賣家，沒有誰佔誰便宜的問題。

波動率敏感度指標（Vega）

是量度期權價值相對相關資產的引伸波幅或稱為內含波動率（Implied Volatility，IV）。如果引伸波幅上升，代表期權交易者認為相關資產未來一段時間有較大機會出現大幅上升或下跌的風險。所以他們賣出期權時須要較高的價格以補償他們承擔的風險。波動率敏感度指標（Vega）的升跌不會影響到期權的內在價值（Intrinsic Value），只會令到期權的時間值上升。換句話說就是因為承保的風險大幅上升，保險費因而加價，買入期權作保護的時間值損耗會大幅增加。

市場利率敏感度指標（Rho）

這是量度借貸成本上升對期權價格的影響。如果市場的利率上升，代表借款買入股票的成本上升。比如認購期權提供了將來買入股票的權利，期權投資者節省了直接借錢買入股票的財務融資成本。所以當市場利率上升時期權的時間值也會因此上升，尤其年期越長的期權影響越大。如果市場的利率保持在低水平，市場的利率敏感度的因素就可以忽略，但在加息週期中買賣長期限的期權，必須要考慮到市場利率變化對期權價格的影響。

更多影響期權價格考慮

預期派息影響

　　投資者會把預期派息的因素計入期權的價格之中，如果股票的現價是60，預計一星期後會進行派息除淨2元。如果其他因素保持不變，股票的在派息除淨後只會變成了58。期權的投資者就會考慮這2元對期權價格的影響。比如認購期權的價格會降低，以反映預期價格受派息影響下降的影響。

　　在股指期貨中，某些月分會有較多的上市公司會在某些月分同時進行派息除淨，這時相關的股指期貨就會出現低水現象，即股指現貨價值明顯高於期貨價格，但這種高水並沒有什麼套利空間，因為到月底結算時股指受到除息的影響已反映在現在的期貨價值格之中。這種股指期貨的低水直接影響到股指期權的定價之中。所以投資者要留心除息影響不要以為自己撿了市場的便宜。

交易對手風險（Counter Party Risk）

　　期權投資者還要留心交易對手風險。不過大部分的個人投資者都會選擇在交易所內進行交易，一般情況下交易所會保證交易成立，大多數情況下不用擔心你的交易對手會出現巨虧跑路的情況。但是很多市場外期權就沒有必然的交易保障了，如果你的交易對手是某一機構的子公司，萬一交易出現巨虧，大不了出現子公司在虧損所有保證金下最後破產的情況。因為有獨立的法人地位（Legal Person）和有限債務責任（Limited Liability）保護，母公司正常情況下沒有責任為子公司償還超額債務。同樣這些對沖或私募基金等交易對手萬一出現巨虧超過100%本金後，如果是場外交易，基金破產清算後交易對手無力償還欠款也是無法追回的。

影響期權交易的盤面因素

影響期權交易價格的因素卻非常複雜，除了理論上的價值計算外，也要留意交易盤面的因素。因為期權的交易往往並不活躍，很多股份期權的買賣差價非常大，可以超過期權金的5～10%，即你買入後很快賣出就已經損失了5～10%投資金額。而且一旦市況波動時買賣差價會進一步擴大。所以除了股市指數以及流通性佳的個股外，一般個股的股票期權交易成交量不大。投資者不容易有效地利用期權去建立策略，所以有時投資者會以成交較活躍的股票指數期權作間接風險對沖，而不是直接用相關股份的期權作對沖。

而且投資者必需留意期權交易最具殺傷力的都是相關資產（Underlying Asset）的突然大幅度變化，如果在交易前沒有為投資進行完整的對沖計劃，可能出現超出預期的巨額虧損，必須要小心利用這種風險控制工具。由於期權金的實際計算方式比較複雜，而且交易系統已經可以自動化計算價格，有興趣的讀者可於附錄中參考相關的統計學概念以及數學模型。

認購期權（Call Option）

認購期權提供買家在指定時間內以指定價格（行使價）買入股票的權利。簡單而言就是買了股價上升保險，提供你在股價上升後仍可用較便宜的指定價買入的權利。不過如果股價沒有升高過行使價，認購期權就會變得毫無價值。買入認購期權後你最大的投資損失就是你的期權金。

你想像一下每次入汽油的價格都不太相同，如果油站跟你說油公司有個新服務，客戶可以買一張一個月期的石油定價金卡，只須付20元就可以鎖定下個月200公升的汽油價格固定不變。如果每升油價升了0.3元你就能省下下個月的油價開支40元（200升汽油 × 0.3元－20金卡成本）。

如果油價下個月反而下降，你也不過是損失了20元而且已，無須要付出任何額外的損失。可能有不少朋友在油價上升週期都會有興趣買一張這樣的金卡。其實這張金卡的金融功能，就差不多等於衍生工具中的買入看漲期權。你只要付出期權金（20元金卡成本），就可以鎖定一段時間內（一個月）想買入的投資標的物（200公升汽油）的最高買入價格。如果金卡可以轉手，當油價上升時，你那張只用了20元買的金卡視乎油價的上升幅度，就可以40，60，甚至100元賣出，變成倍數獲利。買入了金卡為了轉手圖利投機，就等於買入認購期權投機。

在金融市場，投資者亦可以選擇賣出認購期權，好像投資者自己當保險公司賣保險。如果股價沒有升高過行使價，你就會賺得全部的期權金。但一旦股票急升，你賣出看漲期權，可能會面對巨額虧損。沒有對沖保護下，虧損金額可達數倍以至數十倍高於期權金，是極高風險的交易行為。

相關資產	阿里巴巴（BABA）	阿里巴巴（BABA）
買入日期	NOV 21	NOV 21
到期日期	DEC 21	DEC 21
現在股價	149.5	149.5
引伸波幅	41.5%	41.5%
認購行使價	150	145
認購證買入價	賣價6.8 / 7買價	9.7 / 9.9

我們看看上面的美股期權例子，我們以阿里巴巴作為解釋例子。為了簡化持有期權交易期間的對沖值、時間值、引伸波幅等等的複雜影響，我們先以到期日行使價值去判斷使用期權與直接持股的差別。留意一下當時的引伸波幅高達41.5%，即市場預期股份短期內大幅波動的風險非常高，因為2018年11月時美股正好遇上大跌，而阿里巴巴已經自高位跌了超過20%以上。

直接買入持股

如果一個投資者想購入美股阿里巴巴1,000股，要花費149500美元 但又擔心阿里巴巴的股份可能會下跌，他期望的可接受的損失是7%。設想投資期大約1個月時間。他可以直接買入阿里巴巴股份，不用任何風險對沖工具，花費大約149,500美元，美股佣金很低，低於50美元的交易成本幾乎可忽略。為了控制最大損失，投資者可以在交易戶口設定停損指示在，一旦股份低於139（損失大約7%）就觸發自動賣出。市場連續報價交易時段股價觸及139，你未必能在139這口價賣出，你必需考慮作出一些價格下調以成功與買盤配對，比如以138.8嘗試賣出持倉。或者把停損觸發價定在140.2，並以140賣出持倉。阿里巴巴股份的買賣盤很活躍流動性很好，投資者可分批以200股賣出或直接以1,000股賣直接賣出成交，亦不會壓低市場價格。如果真的停損時，千萬不要想省0.1/0.2的差價掛出被動賣盤，你必需果斷地以市場當前的買盤價直接成交，為了這一點的差價可能錯失賣出的時機，看到股價繼續下跌時呆若木雞，最終引起巨大的損失。

如果你買入的不是阿里巴巴而是流動性差得多，每個價位的買賣盤只有數千美元的價值，你十多萬美元市值的持倉如需即日停損，必需小心地分批按賣價賣走。而且交易小盤股的人往往十分精，他們資金量少卻對交易狀況很敏感，一旦發現有較多賣盤持續吃掉買盤，他們會迅速把買入價調低，測試賣家的低線。當你想較快停損時很難避免不去壓低了賣出價就能平倉出逃。所以選擇投資標的時充足流動性往往是專業投資者的重要考慮。

要留意市況波動時有時市場會出現滑價情況，即是市場突然從140.3價格一口價下滑至139.5，這時你的自動賣出設定140送到交易所時已無法對盤成交，因為市價已是139.5，除非股價回升或你打算更改賣價，否則你的交易盤在當天已是不能成交。如果股價再次下跌，這可能引起遠超7%金額的目標損失。

如果當天開市前出現了業績大幅低於預期等情況，或出現重大不利

消息，股票市場開市的第一口價已經會大幅下跌。投資者即使設立了自動化的停損指令其實還是有超額損失的風險。比如你是149.5買入股份，某天出現不利的情況下開市價已經低至135的報價時，你的停損就會無法保護最大的損失。比如當市場低於139美元時，你的自動賣出價為138.8，而當前的市價只有135，你的賣出價138.8變成遠高於市價135所以不能成交。你必需相機決定要麼即時賣出，避免損失進一步擴大，或等待看看股價能否重返較高位置再賣出，但同時需要承受股價繼續下跌的風險，最終可能令虧損持續擴大至不可承受的程度。

投資者如果採用認購期權作為直接持股以外一種投資選擇，方法有利也有弊，我們以投資者打算買入1000股等值的阿里股份的例子來作分析。

認購期權策略（Long Call）

1) 他可以買入行使價145的購期權，只要花費9.9×1,000＝9,900美元的成本。由於現在市場價高於期權的行使價，這種期權稱為價內期權（In The Money Option）。這種策略稱為認購期權策略（Long Call）。阿里巴巴股價在期權到期日前升穿145期權就會維持有內在價值（股價－行使價），如果一直持有到期沒有賣出，你的最大損失就是全部期權金9,900美元。比如阿里巴巴股價跌至130美元，但你持有期權的損失最大只是9,900，而不用損失19,500美元[（買入價149.5－130賣出價）×1000股]。

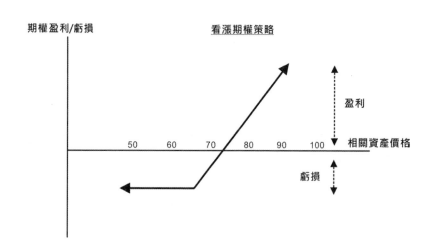

如果直接持有股票，只要阿里巴巴的股價沒有下跌，一直維持在149.5，你一直持有股票就不會出現帳面盈虧。但是如果使用行使價為145的期權作交易，阿里巴巴到期日股價維持在149.5，你手中期權的價值只剩4,500 [現價149.5－145行使價×1,000股]。你以9,900買入的期權到期時就只剩下4,500。那不見了的4,400美元究竟去了哪兒？其實那些不見的錢就是期權的成本，你可以視為購買股票上升保險的成本。如果你認為期權市場這些保費很好賺，沒有人阻止你去賣出期權賺這些保險金。期權市場是一個風險交換的市場，你可以選擇自己當保險公司去賺市場的保費，或是買入保險博取利潤，並不存在一方剝削另一方的情況，因為買方和賣方是可以自由切換的。

2) 他也可以買入高於目前市場交易價149.5，行使價為150的認購期權，只須要花費7×1,000＝7,000美元的成本。成本會較方法一低。不過要阿里巴巴股價在期權到期日前升穿150期權才有內在價值。例如若阿里巴巴升至165，期權的內在價值就會有15,000，扣除買入成本最少可得8,000美元帳面利潤。如果當時期權仍未到期，期權金因為還有時間值等多種外在價值，實際賣出的價格會比內在價值高。

其實只要以149.5的股價買入阿里巴巴股份，一個月到期後如果股價沒有升跌當然不會有帳面損失。但投資者買入了行使價150的期權卻會在到期時把期權金7,000蝕掉。因為阿里巴巴股價在期權到期日前升穿150才會有行使價值，只要到期日阿里巴巴升未能穿過150就會損失全部的期權金。

3) 持有阿里巴巴正股，並賣出價外的阿里巴巴期權賺取期權金，這種策略稱為掩護性認購期權策略（Covered Call），這個方法的好處是可以收到一筆的期權金，稍為降低的持股的風險，並增加了在市況牛皮沒有太大波動時的回報，代價是限制了在一定時間內的最大獲利可能。交易方法是先以149.5買入阿里巴巴股票，並賣出一個月後到期行使價為150的阿里巴巴認購期權，獲得7,000

美元的期權金。如果一個月後阿里巴巴的股價仍是149.5，投資者就可以獲得7,000美元的期權金利潤。如果一個月後，阿里的股價大升至170，投資者只能賺取7,500美元［（170－149.5）－（170－150）＋7］×1,000股的總利益，而無法賺得股票價格上升的全部收益。

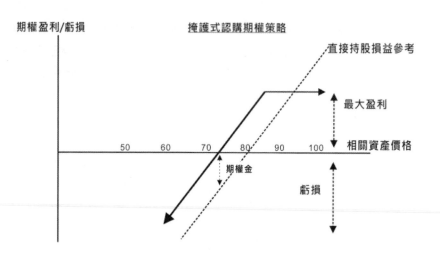

認購期權除了用作投資組合風險管理，有一些公司亦會為其員工以及管理層提供一定數量的股票認股權，該認股權並不可以在指定日期前行使，所以員工必須要較長時間在公司工作才能獲利，而且一旦離職後該等認股權便會作廢。對於優秀的員工而言，提供一定數量的期權作為長期工作獎勵可以降低員工的流動性，留住優秀員工。一般來說，這類期權的行使價往往會較現價高，公司的股價必須要有上升潛力，那些員工持有的期權才有真實的價值。所以不是什麼公司發行一些期權給員工都代表有價值。

認售期權（Put Option）

認售期權（亦稱為認沽期權或看跌期權）提供買家在指定時間內以

指定價格（行使價）賣出股票的權利。簡單而言就好像買了股價下跌保險，提供你在股價下跌後以較高的指定價（行使價）賣出的權利。不過如果股價沒有跌過行使價，認售期權就會變得毫無價值。好像買了商業保險後付出了保費後卻沒有須要索償，保單到期後當然拿不回保費。買入認售期權你最大的投資損失就是你的期權金。

跟認購期權的原理一樣，投資者亦可以選擇賣出認售期權，如果股價沒有跌低過行使價，你就會賺得全部的期權金。但一旦股票急跌，你可能會面對巨額虧損。虧損金額可達數倍以至數十倍高於期權金。這有點像你只收了別人100元的旅行保險費，卻因旅程延誤賠償別人數千元的機票酒店費用。投資者必需留意沒有對沖保護下，賣出認售期權是極高風險的交易行為。

相關資產	阿里巴巴（BABA）	阿里巴巴（BABA）
買入日期	NOV 21	NOV 21
到期日期	DEC 21	DEC 21
現在股價	149.5	149.5
引伸波幅	41.5%	41.5%
認沽行使價	150	145
認購證買入價	賣價7.4 / 7.2買價	賣價5.2 / 5買價

如果你想買入100股阿里巴巴的股票，又擔心股價短時間內有下跌風險，你可以選擇以現價149.5美元買入正股，並買入認售期權作最大損失保護。這種策略稱為保護性認售期權策略（Protective Put）。比如你買入行使價為145阿里巴巴認售期權，在一個月內的最大投資損失已被鎖定。即使阿里巴巴的股價可能下跌至130，你的最大損失只為9,700 美元 [（現價149.5－145認售期權行使價）＋5.2期權金成本]×1,000股＝9,700美元。而不是買入股票後面對的直接價格損失（149.5－130）×1,000股＝19,500美元。買入了股票價格保險後投資者在期權到期前就可以安心持股。

賣出認售期權的巨大風險

當然投資者也可以直接賣出認售期權（Short Put），可能風險就會非常大。比如上面阿里巴巴的例子，如果交易者以5美元單價賣出了期權，獲得了5,000美元的期權金，可是一旦阿里巴巴的股價就跌至130美元後被買入者行使賣出期權，投資者的損失就會非常大，你收了5,000美元卻要賠償別人15,000美元，虧損了10,000美元，損失可以遠遠超過本金。

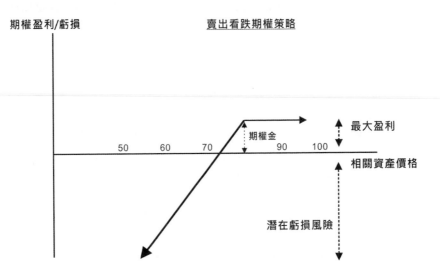

有時甚至會出現只收了1元期權金要賠償20元以上的慘況，比如2019年2月巴菲特的重倉之一的卡夫亨氏（美股：KHC）宣布財報不如預期，並被美國證監會要求說明會計政策。第二天股價出現20%大暴跌。我們看看對期權市場的影響。2019年2月21日卡夫亨氏收市價為48.18，只是輕微下跌-0.08（-0.17%）。當日收市時2019年3月15日到期行使價為47.5的認售期權買賣價是（買入1.35 /1.5賣出）。假設投資者成功以1.5賣出了期權，其損失都是非常巨大。2019年2月22日卡夫亨氏一開市股價報價為35.85。行使價為47.5認售期權買賣價升至超過12美元。如果昨天不幸以

1.5賣出認售期權而沒有做對沖。一天要虧損超過700%期權金。如果前一天不幸以0.25美元賣出了行使價為42.5的認售期權，買賣價是（買入0.2/0.25賣出），我們以0.25賣出價 開市即時賣出的報價是（買入7.3/7.7賣出），如果你即時以7.7賣出。一天的損失可以高達本金50以上倍，這種單日虧損幅度實在是非常驚人。大家必需瞭解賣出期權的風險非常高。多數賣出期權的投資者同時會有一連串的交易策略去對沖風險，比如同時買入更價外的期權以降低萬一市場大幅波動時的損失。另外一點要留意的是即使遇上如此大的跌幅，2月22日一開市期權的引伸波幅只是上升到25%左右，沒有明顯的大幅度上升，即是期權金的暴升是來自相關股票的下跌本身，而非時間值或引伸波幅等其他因素。這亦是我為何提醒讀者不要沉迷於那些期權計價模型之中，因為交易上真正影響獲利多少的關鍵，往往是不能事前預計的相關資產價格波動。

當然反轉來說，你若於早一天買入認售期權的交易者就一天賺50倍了。但除了事前有內線知道，又有誰會大舉買入低波動股票率遠期價外的認售期權？這種是95%概率也會虧損的笨蛋交易。即使你事前知道有壞消息公告也沒誰敢明目張膽在美國證監會眼皮底下，對平日成交不算太活躍的個股買入大量認售期權建倉或大舉放空，這種內線交易者估計都是未領教過美國證監會巨額罰單滋味的。

使用認售期權保護持倉比設定停損交易的好處是，你在市場價格深度下跌時仍然不用賣出持股，可以從容持有靜待市會否反彈。如果你以149.5買入阿里巴巴，只設立了停損，在一個月內無論你設定停損在145，140，135都會被實際的股價下跌觸發停損的發生。而阿里巴巴的階段性低點剛好發生在2018年12月21日附近，並在2019年2月初不足2個月內反彈至高於170美元。採用直接持股並停損者很可能停損後沒有再買回相關股票，錯過其後的反彈行情。而使用期權的投資者在期權到期時仍可從容考慮是否繼續買入新的保險或者認為主要風險已解除，決定直接持股而不再對沖。在風險控制方面，採用直接停損或以認售期權作保護

的差別其實非常大。實際交易上買入了認售期權保險的交易者大多不會直接行使期權，因為這樣會浪費了一定的期權金時間值。他們多數會直接在市場上賣出相關期權平倉。然後把買入期權並賣出的差價計入期權交易收益，以對沖直接持有股票的盈虧。

期權作為風險規避工具的特性

期權是金融市場中一個重要的風險控制工具。但使用期權其中一個最大的問題就是成本。而且期權保護的有效時間也是一個重要的考慮因素，因為任何期權都有到期日。如果購買期權的有效時間越長，保費就會越貴。所以使用期權是一樣很講求時機的交易工具。如果市場風平浪靜的日子，保險費用會很低，但如果市場沒有重大下跌風險不斷買入保險，其實也會降低了投資組合的回報。使用期權作風險控制也是一門交易的藝術，並不容易掌握。

期權的最大缺點就是交易成本高，有各種損耗。期權投機雖有可能獲得數十倍厚利，做這些高槓桿期權卻面對99%以上到期日後變得毫無價值的風險。在牛市過程中，除非你感覺已經到了牛市到了尾部，否則買期權作保險只是浪費金錢。很少有個人以交易期權發家致富，即使偶有獲利傳奇，他把賺錢的方法告訴你照學也沒用，因為期權策略只對應一段交易時間有效，而同樣的時機及盤面卻不可複製。有人在閃崩中賺了大錢，你照做幾年也贏不了一次，往往首先破產。交易期權衍生產品的投行容易大發其財，因為他們往先計算好了對手跟自己的風險，平日會對交易做充足對沖，只賺手續費，在有明顯贏面時才跟客戶對賭。可是2008年時連期權交易專家的投行大摩也深受其害。當時因為對次按市場演變的嚴重程度出現判斷錯誤，賣出的大量看似不可能被行使的期權錄得非常大額虧損，真是上得山多終遇虎。希望個人投資者理解期權在市場交易中的風險控制作用，但千萬不要沉迷其中，錢來得易去得也快。

進行股票期權交易時還有一個流動性不佳的問題。很多股票的流動性未必充足，相關的期權往往乏人問津，買賣差價極闊，令更少交易者參與其中，形成惡性循環。令該股票的期權交易最終變成一潭死水。一般股票指數期權或大型個股才有活躍的交易生態。如果你買入了流通性低的期權，有時看似賺到了利潤卻無法找到交易對手平倉獲利，選擇直接行使期權又會浪費相當的期權時間值及相關損耗，也會相當無奈。所以投資者必須要考慮交易的流動性風險。

投資者使用期權可用作交易一些不確定性較大的項目，如果認為項目有一定的獲利潛力，而期權金的成本仍在合理水平，可利用期權進行相關的風險控制手段，參與較高風險的項目。或者像認購期權的例子般，在持有股票後賣出期權，獲得相應的期權金降低持倉風險，當然代價就是放棄了潛在獲利空間。

期權組合的交易策略例子

一些活躍的投機者進行期權買賣是為了直接交易獲利，而並不是為了對沖相關實體資產的波動風險。常見的期權交易組合可以有數十個，我會選幾個經典的型態作解釋，尤其風險特別高的組合，令大家不要被別人的一些金融術語所迷惑，以為一些很有氣勢的策略名稱就是獲利祕笈。其實不少商業上的巨虧案例就是由這些部署引起，認識期權交易策略的風險對投資者進行風險控制也是很有參考價值的。

零成本上下限期權策略（Zero-Cost Collar）

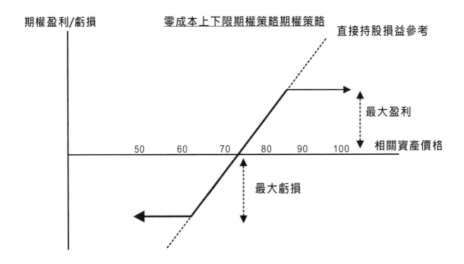

零成本上下限期權策略的核心是對持有的投資組合進行最大波動率風險控制。如果我們買入股票後雖然可以獲得上升時的回報，但必需承擔下跌時的損失。但利用期權風險控制的策略，我們如果願意放棄一定潛在上升的利潤空間，就可以不用額外再花成本保護最大下跌風險。

建立上下限期權策略第一步是，買入目標投資的股票或投資項目，同時買入及賣出相關的股票期權去控制持倉的波動空間。投資者可以買入10%價外的認售期權，去保障投資項目最大損失可能（只是本金的10%）。投資者同時賣出10%價外的認購期權，獲得了期權金收入的同時放棄了10%上升以外的潛在升幅。在相同的時間及接近的引伸波幅下，賣出期權的期權金可以抵消買入期權的期權金，投資者沒有直接付出金錢成本去買入這種投資保險。只是把投資項目在期權到期日前的最大波幅變成只有10%上升空間和10%的下跌空間。

投資者可視風險偏好而調節期權組合，令上升空間變為15%甚至20%。代價就是賣出的期權金會大幅縮小，無法抵消買入認售期權的保險成本，投資組合要付上些較高的風險對沖成本。

不過當你真實採用零成本上下限期權策略進行投資時，在持有過程中的帳面價值變化並其實沒有書本理論那麼簡單。因為當你持有的股票價格開始上升時，你買入的認沽及賣出的認購兩組期權都會同時出現虧損。投資組合的對沖值（Delta）同時被兩邊的期權對沖，組合的對沖值可能連0.3也不到。即股價升10%組合回報才只有3%，當股價出現快速上升時可能感覺很不爽，因為總是市場升多多，投資組合只能升少少。

如果到期日前標的的價格升至組合上限，這就是你的最大可能獲利。你的免費股價最大下跌保護的代價是由放棄最大獲利可能來的，並且接受標的價格上升到上限時獲利仍被拖累，在期權到期前的獲利仍遠低於直接持股的獲利。當股價快速上升時，你手中的認售期權會很快跌至深度價外並喪失大部分價值，但你賣出的認購期權仍有一定的時間值，而且期權變成深度價內時往往成交並不活躍，有較大的買賣差價。直至期權到期把認購期權的期權金完全消耗或對方行使，才能獲得最大預期價格。所以這個策略只適合投資者預期股價長遠上升，但短期有較大的不確定性令你不敢直接入市，大家要認知到每一個組合式投資策略都是有其潛在好處與代價的。

長倉組合（Long Combination）

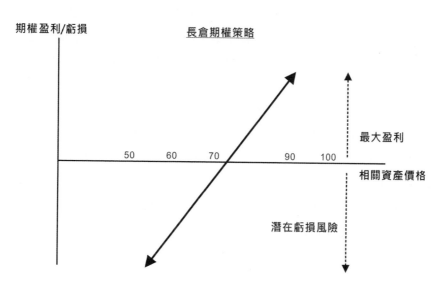

如果完全沒有持有相關資產，直接買入看漲期權交易並賣出看跌期權，此策略就會變成了高風險的Long Combination。此組合的下跌空間非常大，上升空間也無限，其實跟直接在市場上買入期貨或股份在短期獲利上並沒有重大的分別。

跨價長倉期權策略

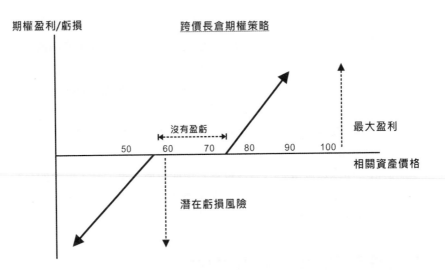

如果把長倉的組合策略加以調整，就可變成跨價長倉期權策略。比如石油期貨的現價是60元，如果買入65元的認購期權，只要股價升過65元就能賺錢，同時以賣出55元的認售期權去取得期權金收益，只要油價下跌沒有跌過55元就不會虧損。這等於不費資金就能在市場中買入石油上升保險，不用擔心石油價格大升。以往很多中資公司建立期權頭寸的時候採用了類似策略後虧得人仰馬翻，甚至出現倒閉事件。看似免費的價格上升保險，只須以少量資金已能控制上行風險，對採購石油礦物量大的中資資源類公司或航空公司來說很有吸引力。問題就出在於這種交易結構的下行風險非常大，可以倍數於交易的保證金，並且在價格下行時一旦保證金不足被投資機構強制平倉，做成重大損失。

因為資產的價格事前不可能預估,尤其商品市場總是在某些年分非常暴力地升跌,而且波幅往往超越想像。這就造成巨虧的根源了。那為什麼以往出現交易狀況的案例不少都是中資機構的海外分公司,這中間可能涉及外匯管制問題,如果要直接對沖原料入口成本,最安全的對沖方式是直接購買一個看漲式期權,這樣損失最大風險可以完全控制,只是會消耗較多的財務費用,好處是不會出現任何不能承受的風險。有可能是海外分公司手中可作外匯保證金的資金並不充足。如果要對較大的貿易額作對沖,以賣出期權獲得對沖資金的交易方式優勢在於資金消耗比較小,所以較有動機採用這種策略。

鐵禿鷹期權策略

鐵禿鷹期權策略(Iron Condor)是非常典型的期權組合。特點是風險有限,回報有限,短期內獲勝機率不低的交易策略,主要適用於市況比較牛皮的情況。由於損失有限,交易者遇上虧損也不會有重大損傷。

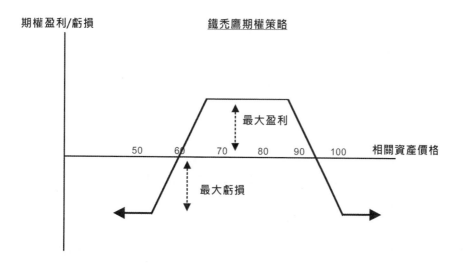

交易的期權組合有點複雜,首先要決定一個預計市場上下波幅水平,比如預期短期內市場的波幅是上下7%,投資者會同時賣出一個較近

價的價外認售期權，市場不大跌超過7%就能獲利。再賣出一個較近價的價外認購期權，市場不大升超過7%就能獲利。因為市場只有上升、下跌或是牛皮三種可能，所以這個組合中最壞情況只可能引起單邊期權的損失，即是市場要麼大升超過7%，或是大跌超過7%。另外一邊的期權金必然地落袋為安。問題出在如果股份突然大升去到20%以上，你賣出期權的單邊損失可能是期權金的數倍，引起巨大虧損。所以投資者要為最大損失買保險，比如現價在12%價外買入另外一組更價外的認購及認售期權。這樣萬一市場單邊暴走，你的總損失仍是被牢牢控制。不過要留意四組期權到期日必需相同，到期時結算，賺的主要就是期權的時間值。這種策略由於勝率較高、風險有限，非常受交易者歡迎，只是回報比較有限。策略賺到的回報率，遠不如簡單乾脆的在牛市中直接持股，在金融市場中承擔了較小的風險當然回報比較低了。

勒束式期權組合（Strangle）

這是一種平靜市況最易獲利，市場突然波動可以虧到破產的高風險交易。同時賣出兩個市價的期權，市場不升不跌就能獲利，市場出現大升或大跌都可能會承受倍數於期權金的虧損。

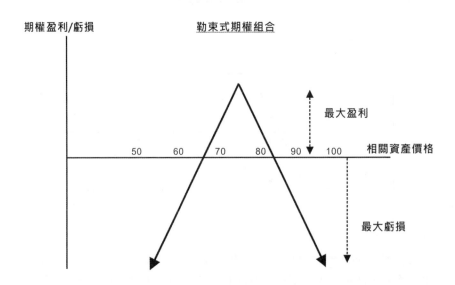

> 1995年的霸菱銀行倒閉事件
>
> 1995年的霸菱銀行倒閉事件就是被這種策略間接引致倒閉的。1994年底至
> 1995年初霸菱銀行在新加坡期貨部門的首席交易員兼總經理利森認為，日經
> 指數會穩定地於19,000點附近窄幅波動，他使用勒束式期權組合（Strangle）在
> 19000點上下500點附近大量賣出期權，卻遇上了1995年1月中的神戶大地震。
> 日經225指數在地震頭一天下跌了1%左右。可是指數最終連跌四日從19,241開
> 始跌至17,785。他面對帳面損失加碼買入日經期貨豪賭日本股市會快速回升，
> 之後日本股市真的開始反彈，並彈至18,850點附近。可是指數無力上沖，利森
> 也沒有選擇平倉離場，而是越跌越買。因為賭徒在面對巨額損失時，認為只
> 有賭下去才有可能扳回虧損。到了2月分日經已跌低於17,000點，結局就是利
> 森留了一張對不起的紙條就跑路。最後因為涉及未經授權交易被捕，並被監
> 禁6年。其東家的結果就不用多說了，曾經輝煌一時經營了二百多年的老牌銀
> 行因被虧光了資本宣布破產，並以象徵性的1元終被ING收購。

　　如果把上述策略稍為調整，就會變成賣出勒束式期權組合（Short Strangle）。獲利空間更少，但虧損幅度也稍低。但一旦遇上重大損失還是沒法逃生。

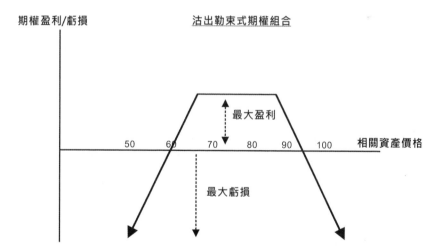

蝶式策略（Butterfly）

聰明的讀者可能想到如果賣出了認購及認售期權後，再買入兩組更價外的期權來控制最大損失。這個策略就叫蝶式策略，雖然盈利會因為買入了認購期權而減少，但大大減低判斷錯誤的風險。

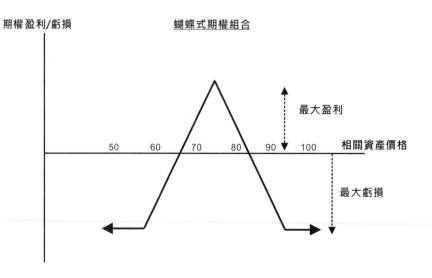

我在這本面向大眾投資者的書中介紹期權衍生工具這種並非普及的交易工具，是想在知識面上去保護大家，以免將來看了不知名的期權交易好易賺一類的讀物。根據書中之法作出交易後出現無可挽回的損失。

再聰明的交易者也有判斷錯誤的時候，有時當情況急轉直下即使你修正了預期也難以挽回了。所以任何賣出期權的策略，也要把下面盈利圖中的損失之腳封停，令最大損失可以控制。30年來美股只有1987年試過一次一天下跌20%，不過如果你賣出了一些看似不會被執行的價外期權，只要一個交易日你就可以破產了。風險控制是本書的主軸，我會一路帶你理解一些看似很易獲利，其實非常高危的交易，盡量規避或控制當中的風險。

認識VIX波動率指數

VIX是芝加哥期權交易所市場波動率指數,由於指數報價的交易代碼是VIX因此得名。該指數反映美股標普500指數期權的隱含波動性。當市場出現恐慌時期權金的引伸波幅會大升,因為投資者不願在市場下跌時承擔過大風險,必須要有很高的保險金並願意承保股市上升或下跌的保險。因此 VIX指數會在市場恐慌時大幅上升,此指數又被市場稱為恐慌指數。

VIX指數的數值是以年化百分比顯示,反映出標準普爾500指數在未來30天的預期波動率。如果VIX指數為20即是代市場預期未來30天的年化波動率為20%,我們把VIX數值進行開方計算就可以算出該月的預期波動。VIX 20代表月有68%(一個統計學上的標準差)的機會在現價向上或向下5.773%($20/\sqrt{12}$)波動。

VIX並不是領先指標,而往往是滯後指標。而低的VIX不只是預視將來市場波動率降低,而是直接影響到投資者的對沖成本,鼓勵更多投資者在便宜的保費下買入相關指數的投資,間接推動價格上漲。所以VIX不是預測市場走向,而是影響市場的走向。直至新的因素出現,打破市場上有更多投資者可以不斷累積買入的現象。

VIX是一個新事物,在2006年才開始有VIX期權交易。VIX期權跟傳統期權的特性是面對非常偶然的風險事件的保費往往更低。因為VIX一整年也未必有一次高於40,大部分平靜的時間的波動率低於15。在2017年股市單邊時更經常低於10,即是市場預期每月波幅低於2.887%。這種超低的保費助長更多人買入美股相關資產,形成非常罕見的毫無重大波動的連續上升形勢。直至市場的買入力量累積太大,長期的穩定性終會被不穩定打破,原理就同借貸形成的繁榮最終會出現明斯基時刻一樣。

2018年2月美股突然短期內出現大暴跌,引起了賣出了VIX相關產品,在沒有足夠的對沖下嚴重虧損下,並引起了相關交易所票據單日暴

跌超過90%，令許多投機者幾年來賣出期權的獲利一夕化為烏有。2018年
12月美股再次出現幅度更大的暴跌，但VIX指數在12月尾開始掉頭回落
後，美股也迎來巨大的反彈，而且投資者如果留心在指數下跌的日子，
VIX指數仍是下跌之中，代表期權賣出者預期後市的波幅會降低，間接地
為股市的投資者作出實質的廉價保費支持，美股以非常罕見的速度只用
了2個月就收復失地，媒體可以歸因聯儲局加息預期改變、中美貿易摩擦
有放緩，這些因素應該影響一天，一星期的行情，但持續了數星期不間
斷的反彈，只要投資者認定市場會升回下跌前的水平，投資人又擔心自
己的判斷錯誤想買入保險對沖，萬一市場再跌穿上次底位的風險，當期
權市場保險不斷下調，會間接增加買入資金的力量，對市場反彈的助推
作用功不可沒。不過當市場回復平靜，VIX在一定低水平波動並不能預
示未來行情是上升還是下跌，只代表市場預估的波動率減低。不要高估
VIX的預測能力，沒有人能長期正確預測股市，波動率市場也沒有像水
晶球般的預測力，波動率市場投資者在面對突然改變的市況往往被殺個
措手不及。

2018年美國XIV交易所買賣票據的大暴跌

美股由瑞信發行的的XIV 交易所買賣票據（ETN），在2017年大幅跑贏美國主
要股市指數，靠的就是賣出波動性風險保險（即賣出VIX期權）策略。

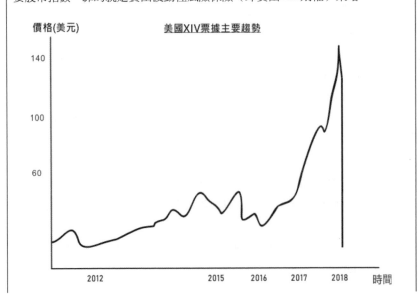

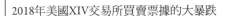

VIX反映標普500指數的波動性，理論上如果股指的價格波動性越少VIX指數就會越低，在市況波動小的時候，市場的總體波動率在穩步下跌之中，只要美股一直緩慢上升，雖然偶有波動，但過了一段短時間波動會平息。由於較遠期的期權會面對較大的市場波動風險，定價會較高。只要沒有發生重大風險事件，隨時間過去賣出VIX期權並不斷展期（Rollover），賣出VIX期權就幾乎變成看似成為穩賺不賠的生意。由於美股持續上升，波動性在2017年大幅下跌，由往年平均的15～20區間跌至2017年尾的8～10歷史最低波動區間，XIV基金也水漲船高，年內上升達100%以上，大幅拋離股票指數升幅，全盛時期有多口超過20億美元以上的資金投入其中。

以賣出VIX期權相似模式賺大錢的投資者不計其數。可是由於VIX波動率指數的賣出者太多，價格基數變得太低（Low Base），一旦波動性突然上升（如由10升到20），單日的VIX指數上升的幅度就可能達到100%或以上，引起基金的交易倉位元出現重大損失。2018年2月美國出現短線爆跌，VIX指數由歷史低位在短期爆升數倍，XIV票據賣出的股市波動風險保單出現巨額虧損，價格單日爆跌90%以上，並由於虧損過猛XIV在2月分當月結束營運。而最可怕的是，暴跌在投資者第二個交易日開始時已跌去近90%，買入的交易者完全是逃生無門，投資XIV的買家在2月尾產品結束時，最終只能收回暴跌前大約5%的價值。

股票衍生產品相關交易工具

　　由上世紀90年代開始在投資銀行大賣的衍生工具交易產品，一直發展到今天，可交易的品種和工具已經超越我們的想像。差點可以說只有你想像不到的，沒有你交易不到的。如果你錢夠多，又有天馬行空的交易想法，跟投資銀行提一下，他們充滿創意的衍生產品經理只要認為跟你對賭有很大的贏面，會非常樂意的創作全新的合約跟你對賭。美國次貸爆破前債券市場用作對沖風險的信貸違約掉期（CDS）都是由投行客戶提出，然後投行根據客戶須要創作出來，只要投行能獲利的工具絕對可以無中生有去創作。更何況股票類這種已有交易所上市相關主體，市場有良好流動支持的衍生工具，投行只要賺取無風險差價及銷售佣金已經能獲得厚利，不過話說回來近年的競爭大，投行的獲利難度不斷加大。由於衍生產品有眾多不同結構、時限、條款，並且極其複雜。本書只會對一般零售投資者較有機會接觸的衍生工具產品作簡單介紹。

股票掛鉤票據（Equity Linked Investment，ELI）

　　股票掛鉤票據是零售投資者能接觸到的股票型衍生交易工具。一些銀行及金融股務機構也會提供ELI的投資股務。其實ELI是一種賣出認售期權的結構性衍生工具投資產品。投資者買入股票掛鉤票據時很多時並沒有買入真實的股票，而只是賣出了一個指定到期日的價外認售期權（Out of The Money Put Option）。

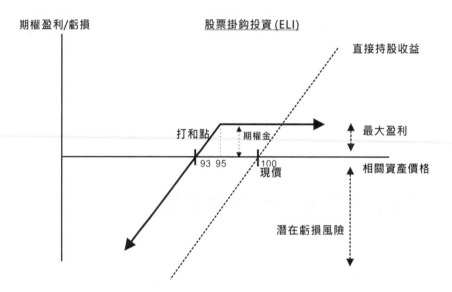

　　如果到期日前你賣出的認購期權被行使，你便要以行使價買入相關的股份。舉例，你打算買入一只現價是100元的股票，你認為股價短期未必大升，即使買入後股價出現短期下跌也不擔心，並願意長期持有，你就可以選擇買入該股份相關的股票掛鉤票據，比如接貨價為95元，如以年利率12%計，你二個月的持有期大約有2%的本金增值。如果到期前你要接貨買入相關股票，你會比現在即時買入的損失少了5元及大約2元的利息，成本降低了7%，大約為93元。但代價是潛在收益也大幅下降，如果同期股價升了5元，你卻只能賺得2元的收益了。減低了風險的代價自然是降低了投資回報，這是金融市場的一種風險與回報的交易。如果一

檔股票的引伸波幅越大，同等行使價下期權金就會越大。不要貪最高息的股份，因為短期交易而言期權金可能只有本金的2%～3%，卻要抵受一個月20～30%的波幅，風險非常高。如果要冒這麼大的風險，就失去了在平穩價格賺保險費的初衷，真的要冒如此大風險不如直接買股份，潛在回報會高得多。

那麼一些投資者可能奇怪，投資者為什麼不直接在市場上賣出期權，這不是更簡單直接嗎？當中最大的分別是買入ELI只要投資戶口，期權卻須要開立期權交易戶口，多數零售銀行都沒有提供此對零售投資者來說風險較高的期權交易服務。因為買入ELI必須要準備充足的本金，在最壞的情況就是買入股票，因為本金充足不存在要追加保證金或爆倉。還有一個因素是ELI可以是場外的期權，交易所不一定交易得到的較冷門股份，只要找到交易對手就可以訂立合約。

股票掛鈎票據能承擔相當的股份下跌風險，卻只能獲得有限回報的。投資對象願意並有能力以比現價稍低價格買入股票，並不介意接股票實貨作長期持有，期望收取較定期利率高的回報。投資者賣出了認售期權，實際上只是承擔了股份下跌的風險，你的交易對手也沒法分享股價上升的利潤。因為交易對手只是買入了你的認售期權，他們也不會因股價上升而獲利。有時候是衍生工具的發行商利用ELI投資較低的引伸波幅去對沖他們總持體倉的風險，以達至接近中性持倉（Delta Netural）。ELI投資工具能在市場經歷牛熊週期，存在這麼多年總有其發揮作用的地方。這種工具令一些資本金充足的投資者間接參與衍生工具交易市場，而且由於投資者本金充足，最大虧損風險有上限，不會出現在沒有充分對沖及本金準備下賣出認售期權，引發虧損超過本金的慘劇。ELI投資者最壞的情況也可能遇上個股大暴跌，令資本金受到較大損失。最壞的情況是掛鈎的股份不幸遇上長期停牌。並且最終除牌，所以投資ELI亦要切忌集中單一個股投資，亦不應占總資本過大的比重，以控制最大虧損風險。

累計期權合約（Accumulator）

　　累計期權合約（Knock Out Discount Accumulator，KODA）是在2008年金融危機發生後令很多專業投資者談之色變的投資工具。這是一種比較複雜的結構性衍生產品投資合約。合約可以和任何可金融大類的產品進行交易，比如外匯、股票及商品等。產品的本身是中性的，有一些投資界的人士認為該產品被戲稱為我遲早宰了你（I kill you later）是只看到負面的一面。在平靜的市況下，這種合約能很好地獲利，甚至比直接持有股票可能獲利更高。累計期權合約 Acculmator曾經在香港大行其道，最大原因是2008年金融危機前香港的股市出現長時間的上行趨勢。不斷的賣出期權看上去就好像一門沒有風險的生意，前提是風險並沒有發生！

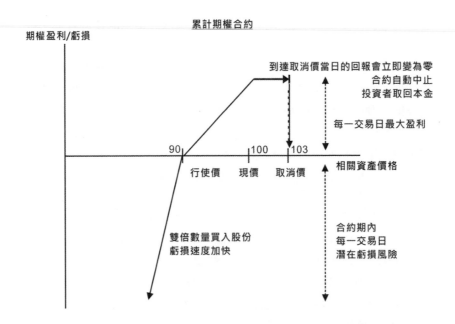

累計期權合約

　　累計期權合約設有取消價（Knock Out Price），如果股價上升超過一定的程度你的買入合約就會自動中止。不過如果價格下跌並低於行使價（Strike Price），便要在合約到期前不斷以2倍甚至4倍去買入股票。例如

你想買入的股票現價為100元，如果使用累計期權合約每天買入1,000股，你就可以不斷以90元的價格買入股票，每天可以獲利10,000元，感覺就好像開動了印鈔機。不過只要股價升至103元合約就會自動失效。所以獲利的關鍵是你買入的資產不要大升也千萬不要大幅下跌。因為無論跌至什麼低價你也要以90元買入，如果股價只剩下50元，你也要以90元買入，而且是兩倍合約數量每天要強制買入2,000股，每天虧損80,000元。而且合約期往往非常長，比如250個交易日，如果每天要虧8萬，一張合約可以虧上2,000萬以上，而且想想股價還可以再創新低，還未算交易費用，估計都要哭暈在地上了。

這種合約下你的交易對手虧損有限，盈利卻無限，但問題是只要市場沒有大幅波動，交易對手也會承受一定程度的虧損，並不是必賺的遊戲。其實買家和賣家都不知道市場走勢會在近期開往哪一個方向，別老是道聽途說有人能準備預測市場走勢。賣出累計期權合約的交易方的目的是持續參與合約，令時間成為對自己有利的一方。因為就算虧損了3年，只要有一年市況逆轉就大賺一筆可以獲利了。只要培養了交易對手不捨得離場的習慣，虧掉的錢最終可以賺回來。而且賣出合約的一方也可以輕易作出對沖，因為最大損失風險受到控制。而且若場內交易的期權引伸波較高，賣出價外的認售期權已經可以獲得很好的權利金，可以輕易補償買入合約買家的獲利，不一定要冒上風險當頭的交易對手去獲利。任何交易，買賣雙方都有可能獲利，否則應稱為騙局而不是交易。不過如果你經常地賺錢，卻從來沒想過交易對手是怎樣獲利的，為什麼願意一直虧，你就很可能在將來某時刻把賺到的資金連本帶利奉還，因為你沒有意識到自己正置身於風險之中。

當你不斷賣出超過自己本金承受力的保險，如果樂此不疲進行交易，終將在市場逆轉時付上沉重的代價，甚至遠高於自己的總本金。一些當時的富裕家庭，就是因為參與了這種類的衍生工具合約而最終破產。即使機構投資者中信泰富也因為2008年買入了累計期權合約企圖對沖澳元外匯風險，最大對沖得益只是4.3億，卻意外地承擔了澳元因為大幅減息兌美元大幅下跌20%的巨大外匯風險，最終因合約損失了143億港元。如果讀者一直看完這本書，就知道多少機構中了衍生工具的交易陷

阱。如果你自己不是自願走進陷阱之中，沒有人會迫你進去。可是這麼多年過去了，中了衍生工具尤其期權交易盈虧圖表中（Pay off Diagram）最大虧損可能陷阱的各類機構不計其數。不理解金融，卻熱衷交易，始終是巨大的風險來源。無論是機構還是個人，不要高估自己預測市場的能力。做好風險控制，把最大虧損可能作出控制，才是金融交易的長久之道。在金融交易的市場，風險和回報其實並不成正比，如果交易時故意忽略一個看上去很低概率的風險，最終可能出現的風險就必定由這個交易部位發生。

一旦買入了合約，就不能隨意中止。唯一的逃生方案，就是當市場反向大幅下跌的初期，你奮力買入不同到期日的認售期權去對沖，只要市場繼續下跌，你的總損失就能在一定程度被控制。這是危機中最大限度的解毒的嘗試。問題是當市場的波動率上升時，期權金往往非常高，而且差價巨大，要對沖也並不容易，很多投資者已經失去了自救的勇氣以及執行能力，在虧損的時候還要先花錢對沖令人非常痛苦。除非市場突然快速回升，否則這已是沒辦法之中最佳的選項之一。對一般投資者而言，如果事前沒有完整的風險控制計劃，最好一開始就不要參與其中。

累沽期權合約（Decculmator）

累沽期權合約（Decculmator），其實就是累計期權合約的反向版。持有股票的投資者，可以每天用比市價更高的價格賣出股票，如果價格上升並高於行使價，投資者要以行使價賣出雙倍數量的股票。如果股價跌穿取消價，合約自動中止。如果投資者本身沒有持有足夠的正股，一旦股價快速上漲，如果行使價是110。投資者就可能不斷買，如120，130買入，然後按合約110價雙倍買入股份持續賣出。虧損也可以非常慘重。使用累沽期權合約的前提是你預計股份不會大升，同時你有充足數量的真實持股可供賣出。

我為大家介紹這些複雜的衍生工具合約，目的是為了警惕大家使用

金融工具合約的風險。如果你確定能承擔最大的損失風險才作交易，就算虧損了最大風險仍會是預期之內。如果你不理解合約的最大風險，承受了自有資本不能承擔的風險，在市場突然大幅轉變時，可以引起非常災難性的結果。

期權市場的預測能力

　　期權市場是一個偏向以統計及數據量化為定價根據的市場，有時會低估一些價格波動的風險。除非是對一些有明確風險的日子如公司的業績公報，美聯公報議息日期，美國總統大選日期等會增加風險溢價。期權市場對一些非量化因素的風險變化，往往並沒有明顯的前瞻性行為。比如一些事件已經開始發生，市場正在出現初步趨勢，但近期價格的波動率未有明顯上升，期權市場有時會對人類認知上較明顯的潛在風險上升視而不見，賣出期權者可能會低估風險發生的可能。交易者可以觀測到交易對手方報價評估系統的缺失並加以利用且考慮買入相關期權。

　　舉一個簡單的例子，A股市場總是一段沉寂的行情，然後出現井噴式行情，而這種市場買盤的湧入的時間非常集中。而以市場近期價格波幅統計為報價基礎的交易系統有時會低估了實際波幅。在A股出現強勁拉升行情的2019年2月日初，期權市場對A股深滬300指數的引伸波幅估計仍是只有20左右水平，即是預計當年A股的總體上下波幅只有20%，一個月的預期波幅只有5%多一點。這樣的年化波動率用在短期期權交易時就會大幅低估短期內的潛在波幅。買入中短期的期權交易勝率就會大幅上升，該月的實際波幅達到14%。2019年2月25日，A股出現了井噴式行情，一天上升了百分之5.6%。因為A股有很強的自我加強趨勢特性，單向波動率大升的風險會明顯加強。而期權的報價有時並沒有考慮相關特性，否則引伸波幅不會停留在此水平，到了月底時引伸波幅才上升到30%左右的較高水平。所以投資要留意一下期權市場因為太依賴量化，只有較弱的趨勢預見性，無法利用期權變化評估後市的變化。

　　如果以低價在美股賣出了深滬300基金相關認購期權的交易者就可能會遇上重大虧損，美股的深滬300基金（美股ASHR）到期日為2019年的4月18日，相關的認購期權看漲，未平倉合約的總數竟有數萬張之多（每張100股），當時的引伸波幅為24%。相反同期的認售期權基本乏人問津，只有寥寥的數百張。大家可想而知這批交易者都是如何精明的利用期權市場的計價弱點去獲利，當然你會說有誰能事前知道A股會在2019年4月前大升？相信交易者就是押注中美貿易戰緩和後續上升的可能性，而且一月分上升趨勢已明顯，只是波幅仍有限，他們押注了A股歷史上經常出現的單邊走勢行情。當然這中間仍是有很大的不確定性，風險仍是非常大，但對能承受高風險的投機者而言，這種風險和回報不成正比的投機項目是很有吸引力的。

　　有時期權市場又會出現一些異動，比如在本書開頭提到2019年美股期權的異象。正常來說較近期的期權因為面對風險時要作出的損失與回報不成正比，往往波動率定價會較高。如果遠期期權的波動率明顯大幅高於短期波動率，比如2019年3月納指從12月的低位大幅回升時，1年以上長期期權的引伸波幅比1個月的短期引伸波幅比高超過5%。這種就代表了市場上的期權賣家察覺到風險的存在，而買家也接受這種風險定價。因為只有賣家加價沒有買家是形成不了市場的，既然保險的買家也願意付出較高的保費，你就明白有些風險已是被市場預期之中，只是會不會發生，什麼時間發生及波動的力度，大家就不能準確預計了。投資者應該參考期權市場的警訊及早作出部署，避免投資組合承擔過大的風險。

對沖與停損

　　除了使用期權對沖持倉風險，交易者有時亦會使用停損來控制風險。但是頻繁停損也是導致交易虧損的一個重要原因，交易者在投資前應思考如何盡力降低在交易停損設定被觸及的可能。面對升勢非常凌厲的優質股，要麼你較早時或升勢開始時就已經買入，在利潤支持下才考慮是否浮盈加倉。要麼你等股市下跌週期重現，投資價值明顯

時作長期投資。否則想以高位追入就要很小心,會否不斷出現停損被迫離場的情況。

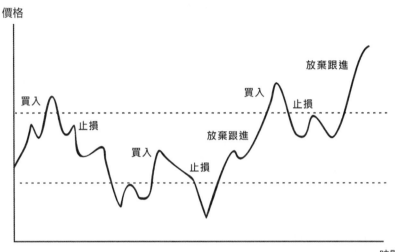

有些讀者看過一些投資策略建議,在股價狂熱時跟進買入,只要準備好停損,不就可控制風險沒大問題了嗎?如果股票或指數價格只維持小幅波動,並呈一直上升形勢,這個設定停損的方法是真的能獲取厚利的。但當你有充足的實際交易經驗時就會知道這個操作實際執行時非常困難。很多個人投資者本身都是非常聰明,擁有各種高學歷的,或有豐富的社會工作經驗,為什麼有時也會變成接盤俠?當你買入個股持有一段時間後,有時會遇上價格下跌並觸及你的停損價,比如從買入價下跌10%以上或股價跌穿20天線等等。股價卻在你停損後往往沒過多久又再次快速上升。你後悔停損太快持股信心太弱,打開報價看著價位今天升一點,明天又升一點,跌不回來心如刀割。把心一橫再次高位追入,股價又真的又升了一點,不過好日子沒過多久又有回調,你又擔心做接盤俠,還是停損了,可是又遇到調整而不是轉勢,股價又再次上升。

投資者若做了二、三次停損都只是遇上調整,通常都會很後悔沒有堅定的持股。交易者看書找靈感,看到經典投資書美國李佛摩的《股票作手回憶錄》,想起書中老火雞交易者的名言「要知道,這是牛市」。

老火雞教大家牛市一定要堅定持股，否則損失沒人承受得了。你認定是自己太軟弱，沒堅持百年來市場牛市要堅定持股的不變真理。市場就是這樣一步一步教育智慧型投資者成為接盤俠的。你會在下一次真正暴跌時再也不準備停損了，因為你確信這次跟以往是一樣的，卻機關算盡不小心成了知識陷阱的受害者。

那麼有沒有方法可以投資這類上升個股，又不用頻繁停損，其實現今的市場可用策略已經跟以前大不相同。要高追優質個股可考慮採用期權保護交易。當然關鍵的因素是要看期權的成本有沒有太高，才能判斷是否仍有獲利空間。但長線投資者最好不要參與這種高風險的活動，因為有價值判斷的長期投資者一旦忍不住手，高追明顯透支盈利增長空間的個股，往往已是市場上升的尾部。持有這類投資亦往往使長期投資人焦慮不安，對個人心理有很負面的影響，這些錢還是留給比其他高風險承受的投資者去賺好了。

對沖持倉風險

前面提過當市場由慢牛變成快牛進入加速上升階段，往往是獲利最快速的時候，而且上升的個股是完全不用配搭任何理由的，有交易者願意用更高價買入就上升了。我常跟大家說價格是交易出來的，並沒有程式可計算的。同一時間想賣股票的人比想買的少，有買家願意以更高價買入，股價就會不斷上升。

當市場上沒有長期投資基礎，被稱為垃圾資產的投機項目價格大面積地持續上升，市場的危險性就會一直累積，直至市場狂歡的音樂中止。當市場狂熱時，你會發現很多場外的訊號，比如一直在市場外從不買賣股票的朋友都忍不住開個股票戶口想發財，還跟你聊投資。大媽無心跳舞去了茶樓論股，還要她們的年化回報成倍高過股神巴菲特。如果你是一個交易老手，現在的盤面跟你平日的認知完全不同，即使是優質

的個股價股亦已大幅透支，你知道危機迫近，但眼前的利潤卻很吸引，是否投機，怎樣投機？

只要對沖的成本可以接受，預期回報比較高，交易者就可以部分資金進行對沖投機，切忌全倉交易。因為你會連市場一點點的風吹草動都會惶恐不已，因為全倉，你已經沒有任何轉身的空間，處境非常危險，因為即使市場只是調整，波動10～15%你的倉位已會蒙受巨大損失，心理壓力過大會令你無法冷靜判斷市場狀態。

我舉一個對沖應用例子，比如投資者想投資100萬到最近期炙手可熱的投資，目前股市大盤指數上升速率是每月5～8%，而使用買入認售期權（買入股票下跌保險）對沖下跌風險的成本是每月3%，即買入期權後最大損失是3萬，盈虧比率是1：2，可以考慮是否投機。如果對沖成本只是2%，盈虧率就會升至1：3，持續上升市況往往會壓低波動性，因為股市月月升，你想一下，賣出股市下跌保險的認沽賣家13個月來都能賺到錢，市場交易者會想第14個月就算下跌也不會太多吧？所以在上升週期尾部買入認售期權的保費未必昂貴，即使累積上升的股價明顯地提升了整體市場的風險，但市場往往是無視的，這個情形資老交易會形容為波動率交易工具價格被低估的狀況。當買入認售期權的費用變低，會鼓勵更多的投機者作短線炒作。因為即使股市出現暴跌，投機者的最大損失已經被認售期權保護。做生意總有盈有虧，損失期權金本身已是交易中預期可能發生的事，投機者他們會很冷靜地平倉退出市場，重新評估市場的力量變化進行下一次投機。當然在下跌後，對沖的成本會急升，在一段時間內，在同一市場內，會較難有交易機會。而同一時間，很多沒有投機知識的跟風短炒者，在沒有任何對沖保護下因為市場暴跌而虧損慘重。

如果利率一直還在較低位，未到中性或稍為過中性，就會鼓勵投資者借入更多錢加槓桿投資，令市場上有大量投資者不斷借錢投入到股市之中。在大牛市的尾部往往全球主要股市時都會有大量資金在加槓桿殺入

場。一旦市場下跌時，大量投資者事前沒有足夠防禦部署的話，結局就只可能是虧得很慘。槓桿式牛市是非常危險的，因為當市場上有大量的人以借貸作為交易資本時，一旦市場出現下跌，他們想降低風險最直接的選擇就是賣出手上持股。當一部分投資者選擇以較低價賣出股價，會產生連鎖效應令其他槓桿投資者出現更大的帳面虧損，甚至迫使原來沒有打算賣出的投資者也恐慌性賣出，以免出現保證金不足的爆倉慘況。

買強空弱策略

對沖基金有很多不同種類，買強空弱是一種執行上很簡單的傳統的策略。此策略在牛市熊市都可以應用。在2018年11月的大跌市中，美股納指的跌幅明顯高於道指，因為納指的估值非常昂貴，並且透支了多年的業務預期，一旦市場進入熊市很大機會納指會有更大跌幅，但為免看錯大市出現大額單邊損失，你可以同時買入道指對沖萬一股市上升時的風險，最少能減去部分淨損失。具體行動是放空1,000,000美元納指（QQQ）基金，買入1,000,000美元的道指（DIA）基金，此兩檔基金流動性非常好，1,000,000美元建倉在不太影響市場價格下可在數分鐘內完成，如果5萬美元內稍為拆細單一分鐘內建倉完成。此簡單策略在美股10至11月的跌市中可獲利5%，即5萬美元，在風險受控下是一個交易策略選項。

但是此策略最大的缺點是我們做判斷時可能買錯了弱者而放空了強者。美股在18年2月大跌後，同時亦出現DIA跌幅小於QQQ，但之後數月QQQ再創新高，但DIA已無力再上。所以QQQ下跌較快必需在市場進入熊市或恐慌狀態才成立。判斷是否熊市時要留意納指能否守穩200天線，並在市場情緒變好後考慮平倉獲利，以避免市場出現熊夾反彈。要知道世界上並沒有完美的策略，如果做錯了就要及時修正，堅持自己是對的跟市場鬥氣多數沒有什麼好結果的。

槓桿買賣對沖策略應用

買賣對沖策略是以借貸加槓桿，同時放空一定程度的股票減低淨倉位，同時保持賺錢的動力。這是美國早期對沖機金常用的策略。

例如你有10,000，1：1融資借入10,000變成20,000本金，投資14,000買入優質股票，同時放空（即是先賣出股票，並在低價時買回賺取中間利潤）6,000你認為表現最差的股票，淨倉位變成14,000－6,000＝8,000。股票上升時你的動力不減，下跌時放空的6,000弱勢股通常先倒下，可從中獲利填補損失，所以損失會比持有10,000股票少。聽下去好像好神奇，那罩門（致命弱點）在哪裡？第一你選的強股沒有想像中強，反而掉頭下跌。第二是放空的弱股可能因某些新因素猛升，做成雙重傷害。第三個更持久的危險是一旦市場的利率持續上升，借貸及放空的成本就會急速上升。可能即使策略再正確也無法獲利。直到今天，仍有許多著名對沖基金採用類似的策略，而近期比較著名的雙向損失案例可數綠光資本對沖基金，他們跟投資者的通訊中表達不知為什麼他們原有的選股策略原則在現在市場失效。所以連專業投資者有時也難以完全駕馭的對沖策略，一般個人投資者就不要胡亂嘗試，學費往往異常高昂。

對沖與投機的警惕

我簡單的向讀者介紹對沖原則和策略，不是希望大家進行大量對沖投機，而是希望這一本金融入門書，可以帶給廣大投資者一點風險對沖基本認識，也希望借此預防你們因為無知而深陷入對沖交易的陷阱之中。使用任何槓桿融資交易、做空、放空期權都是非常危險的投資行為。這些高危投資行為在處理不當時可以損失超過100%本金，不少金融交易界縱橫市場20、30年的老交易也是倒在這類交易策略之上，槓桿加上沒有對沖保護的裸露持倉（Naked Position），幾十年經驗的投資者只

要重倉交易以上工具，一次看錯市的交易產生的巨額虧損已經足以使其立即破產，危險非常之大！

前面曾提及過英國的霸菱（Barings）銀行在1990年代因為期權交易引起的連串的交易失當而虧損倒閉，以1元象徵式出售。被喻為天才的霸菱新加坡分部交易員利森（Nick Leeson）在1994最初出現了一定的交易虧損，為了追回損失進行越權交易，賣出大量日經平均指數期權，賭一把日經平均指數不會大幅波動，卻不幸遇上神戶大地震引起交易倉位元巨額虧損，銀行的自有資本幾乎全損而倒閉。有興趣深究的讀者可買《摩鬼交易員》（Rogue Trader）一書作參考。較近期的有寫《賣出期權完全技巧》（The Complete Guide to Option Selling）一書的作者哥特，他所管理的對沖基金在2018年因期油及天燃氣市場交易爆倉，虧損投資者的100%本金。當然還有很多交易者都熟識的上世代傳奇投資者李佛摩（Jesse Livermore）使用槓桿投機交易曾輝煌不已，卻在晚年最終一敗塗地的故事。不要以為對沖交易失當是職業投資者的專利，2008年金融海嘯期間有不少香港投資銀行個人客戶買入累計期權合約輸到破產或資本受到極大傷害。

大家千萬不要看了一些投資書後以為自己已悟道可以在市場上大殺四方，什麼賣出期權就像是每個月收錢。讀者朋友，許多投資書的作者出書時都是他們人生中交易上最輝煌的時候，你哪會知道其實他們不少人最後結局竟是輸到破產，晚境淒涼。

我在對沖與投機這部分花了這麼多篇幅的目的是給那些初學投資，對交易充滿幻想的讀者來一盆大冷水。資本市場的錢沒有那麼好賺，風險和盈利是一個銀幣的兩面連在一起分不開的。我再次提醒讀者，槓桿融資交易、做空、無風險對沖下放空期權是非常危險的交易行為。普通的投資人盡量不要道聽途說以為此道是賺快錢之法，甚至說可以穩定獲利。沉迷高風險交易，你無論之前贏得多少次，賺了多少錢，只要有一次犯了大錯就可能把自己一輩子積累的本金全都虧進去。謹慎交易，方得始終。

最後送給大家美國傳奇交易者李佛摩未被投機失敗擊潰前的警世良言。他認為投機是天下間最充滿魔力的遊戲，可以令許多人產生迅速暴富的幻想。但是這個遊戲懶惰不想動腦子的人不可以玩，心理不健全的人不可以玩，企圖一夜暴富的冒險賭徒家不能玩，這些人一旦貿然參與投機遊戲之中，終究要一貧如洗。李佛摩一生在投機市場叱吒風雲，晚年時最終投機失敗，損失了絕大部分的資本，結局令人非常唏噓。對人性有如此透徹認識的人也躲不過深藏自己人性中的陷阱，時間過去了此警告從未過時，因為即使千百年過去了人性卻從未改變。

對沖基金

對沖基金原初出現時的理念是靈活運用投資工具，無論在升市、跌市情況下仍爭取正回報，捕捉市場機會與更好地管理風險。最早期的對沖基金可追溯到1940年代尾的美國，時至今日已管理過萬億美元。

在1970年時代因美國的股市因為當時的融資利率太高，大部分的對沖基金不是關門大吉就是業務大幅縮水。去到1980年代股指期貨交易開始活躍，對沖基金可以用低成本的期貨去對沖持倉風險，行業又再次迎來成長。1987年10月的股災，其中一個被指為兇手的就是對沖基金在股市下跌市用程式化交易，在期貨市場一同賣出標普500期貨對沖，由於同時發出放空指令，令股票市場的恐慌加深。引發美股自1950年來唯一一次的單日20%大暴跌。

1973年芝加哥期權交易所（CBOE）已經開始提供了股票期權交易服務。到了90年代後股票期權交易在全球主要市場開始更為普及，對沖的手上股票組合方法更為方便。發展到今天，股票、期貨及期權，已經是專業對沖基金形影不離的交易工具。由於這些衍生工具的槓桿更方便及更安全（期權的損失最大只為期權金），成為了許多對沖基金獲取無風險收益的重要工具。

417

其實對沖基金發展到今天，有部分的基金已經失去了對沖降低風險的原意，一些行業參與者更貼切的形容是成了無約束對賭基金。對沖基金跟其他市場參與者對賭，每年每季每日千方百計想短期打敗對手。對沖基金能獲得超額回報的方法不外乎是增加風險量如增加槓桿，吃進更多風險，交易術語稱為高Beta組合（Beta值越高代表市況波動時夠盈利或虧損都會加大）。而另一更精明的方法是建立能打敗市場優勢的交易策略，在無吃進更多風險下增加回報，這種神一樣存在的賺錢方式行稱為Alpha（Alpha值越高越好）。大家都想賺到的時候，就更難獲得。市場就這麼大，你的收益來源就是其他被你打敗的基金經理手中客戶的資本。聰明人想賺聰明人的錢，最終大家都賺不了什麼錢。

2008年著名的股神巴菲特和一只叫優勢合伙人的對沖基金投資基金（Fund of Fund）打賭，看誰在十年後的收益率更高。最終的結果是到2017年時標普500在這十年中獲得了7.1%的年化收益率，優勢合伙人精心細選的五只皇牌對沖基金只獲得2.2%年化收益率，這個2.2%回報率只打敗了同期的美國無風險利率。所以高大上的名稱不等同賺錢的代名詞。

股票及衍生產品市場的生態系統

股票市場及其相關的衍生產品市場其實是一個巨大的生態系統，一個健康的交易生態是同時有一些人預期某些股價上升，有些人預期某些股價下跌，市場存在各種觀點及不一致的預期，令市場同一時間內有買有賣，交易暢順。在正常的交易市況下，股市及期貨的放空行為就像在股市中安裝了減速系統，在股市過熱時提供一定的反向力量，減低市場單向波動，有助市場平穩健康發展。

如果想像股票市場就像一個大草原，而交易者就像市場上的羊。即使市場上沒狼或任何其他捕獵者，同一時間草原的承載力是有限的，太多羊群走到草原上就會把草都吃光（推高股價並不斷攤薄每股盈利），而且吸引更多的新羊群加入其中（新開證券戶及證券不動戶復活），在

沒有任何外來威脅下，最終因為羊太多把草吃到寸草不生而威脅到羊群的自身的生存。如果讀者們看過《狼圖騰》一書，狼的出現有助維持草原的生態平衡，他們會令草原上羊的總數保持一個動態的平衡，而不至於因為數量太多超越市場承載力引起系統性生態崩潰。

市場必須要同時有買有賣才能暢順運作，如大多數交易者的預期是一面倒看漲。市場就會以可怕的速度直沖越過大眾認同的目標，最終極可能引發股災。市場的成長速度，並不可能大幅高於草長出來的速度（企業盈利），太多的交易者追逐有限成長的草（企業真實獲利），最終只會演變成交易市場生態災難。有時政府也會加入宣揚股市交易，美國的川普總統就很喜歡以股市表現與其政績掛鉤，以股市上升為喜。在市場暢旺時，有時候市場接收到一些資訊後就會充滿幻想力，把一些與官方有關的資訊或一些官員的個人看法及目標變成目標去自我實現。

股票及其相關市場是經濟的一部分，但亦只是眾多金融交易市場中的其中一個而已，股市與經濟並無絕對關係。政府相關機構要重視監管，以及加強投資者的保障，逐步開放市場引進更多的市場參與者。引導市場平穩健康發展，形成更健全的生態系統。並把一些利用虛假消息及手段干擾市場，利用市場漏洞的交易者進行清退。市場參與者從來不會聽從指令演繹慢牛行情，行情是真金白銀交易出來而不是指揮出來的。改善公司治理及企業盈利水平才是股市健康的內功，建立健康的生態系統包括促進期貨及衍生產品工具市場的有序健康發展，有利於穩定市場的長期發展，並減少出現一面倒快速上升的瘋牛行情最終又演變成下一次的暴跌。

1987年大股災，真正的元兇不是期貨，而是過度投機。市場修正是必然，只是當時市場修正的速度太快令人意想不到，把半年至1年的波幅在1天釋放做成了重大震盪。無論是美股，中國股市等市場，每一次股市出現暴跌，市場及媒體總是會想找出誰是引導市場下跌的真兇。卻很少有人指出過度貪婪引發的過度投機是每一個股市暴跌的根源。瘋狂的投機狀況下，股價可以把一間公司未來50年以上可以賺得的錢都透支了。大股東本來好好經營也忍不住把股份賣給你，他下半輩子累死累活可以

賺的錢都不夠在市場上一次賣出股份賺得多，這種泡沫能維持才奇怪。沒有誰在放空股市，股市也會自行爆破。原理同草原上的羊太多時把所有草都吃光了，把土地的承載力破壞了，還做成水土流失，把草原也毀了。該好好經營公司業務的都沒心思經營，只想怎樣在市場上圈錢。各路媒體都不約而同大吹大牛市到來了，美股A股什麼點數不是夢，這些都是導致市場暴跌的幫兇。反而暴跌往往不是放空者或期貨及衍生產品交易直接導致的。

值得注意的是，近年許多市場的個人投資者交易比例都有下降，美股及港股市場已由機構性投資者占絕對主導。這本來並不一定是壞事。可是機構的投資觀點也趨向一致，投資觀點的多樣性開始消失，市場很易出現一面倒行為。而且量化交易及被動基金投資的普及，都會放大市場單邊上升及下跌的影響。量化交易往往是市場趨勢的放大器，而不是市場趨勢的製造者。如果交易者的行為太一致，很易引發市場出現共振，出現可怕的單邊行情。美股在2018年12月的波動只能算是預演，更大的波動因為市場信貸的繼續累積而更有可能在將來發生。能否避免市場的骨牌連橫倒下要視乎政府的政策及央行的行動。

在危機時信心值萬金，如果政府設有平準基金，在市場陷入不合理狀態時由國家隊入市建倉，直接為市場注入流動性令交易狀況回復正常。中止短時間劇烈下跌引起槓桿及衍生工具投資者強制平倉的連橫發生，避免螺旋式下跌漩渦的出現。平準基金還能像商品交易常見的緩衝庫存計劃（Buffer Stock Sheme）上的在股市估值較高時開始賣出獲利，壓抑股價的過度升值，把獲利的國家隊資金留待下一次危機時使用，引導及改變市場的預期並影響交易行為。即使號稱自由市場的美國，在2008年國際金融危機期間，美國政府大量注資到銀行、汽車公司，並認購其股份以穩定市場。事後卻沒有什麼人質疑美國政府為什麼要干預市場，公司要破產不就由得其破產吧。是可以的，美國就是任由投資銀行雷曼兄弟破產，認為其破產對市場的沖擊有限。卻意想不到引起金融機構拆借市場的極度恐慌，誰都不知下一間倒閉的機構是誰。金融機構都擔心借出去的錢隨時收不回來，市場出現嚴重的流動性及信心危機，並引起2008金融危機的暴跌高潮。這個該救不救的歷史教訓應該非常深刻。

未來潛在的超級黑天鵝情景

　　放空、期貨及衍生工具在平日有市場穩定器的作用，但在危機發生時就會變成風險的助推器。交易者賣出股票後，成了淨空頭就是市場未來的必然買家，因為他必須要再次買入股票去平倉。期貨及衍生工具都有為投資者分散風險的功能，有助市場穩定。但我們亦必須要警惕一旦市場出現短期單邊行情會有可能引起期貨及衍生產品市場失靈，比如2018年2月VIX指數短時間快步上升，引起衍生工具的賣方超短時間內出現劇烈虧損而保證金不足，要強制平倉。

　　如果日內的波動更大，就會令整個金融市場的穩定器全部失靈，引發超級黑天鵝暴跌事件。大部分的衍生產品市場在波幅超過 8〜10%左右就會因為大量槓桿交易者的保證金不足而出現市場異常行為。如果市場升至高位後，在一段時間內已經出現了一定下跌調整，盤面出現了脆弱性。如果交易日內出現巨額的裂口低開，再出現低開低走，會令大量的股指期貨多頭須要賣出期貨進行平倉，大量的期貨放空單會壓低期貨市場的價格，跟股票市場出現巨大的低水。

　　期貨市場跟股票現貨指數出現較大的低水，會引發套利及量化交易者自動地在市場中放空股票，並買入期貨進行套利。這會進一步拉低股票指數，引起更大的恐慌。而在暴跌市況中很多賣出了認售期權的交易者會因為突然的股票暴跌而出現巨額的帳面虧損，必需立即買入認售期權平倉，這種買壓會引起期權價格暴漲，引伸波幅劇烈上升。期權價格暴漲就好像股票組合的保險費急劇上升變得太貴，令投資者買不起保險去有效對沖其投資組合的下跌風險。只能考慮是否賣出股票組合，或者賣出股指期貨對沖。賣出股指期貨又會再拉低期貨及現貨股指的差價，引發更大的賣壓。對沖基金在沒有充足的風險控制工具可用下，沒有多少敢於逆市大額下單即時去接市場跌下來的飛刀。因為一旦市場再往下跌，你的業績就可能會大幅跑輸在更低位入貨的同業。

　　在暴跌之時，買入了交易所買賣基金等被動投資的交易者很可能同

時在市場中賣出其基金以避險。標普500指數基金這種動輒涉及數百隻個股的組合，大額賣出交易所買賣基金會同時對數百隻股票形成系統性賣壓，幾乎所有主要個股都會出現重大賣壓而近乎無一倖免。主動型基金無法透過轉換股票組合避險，他們也要考慮是否賣出部分股票增持現金以應付潛在的贖回。而且考慮做市商及高頻交易者在劇烈的波動市中會選擇撤出觀望，股票的買盤更少，流動性變得更差，買賣差價拉大。一旦再有因強制平倉因素引發的大量市價沽盤湧出市場，就會在交易盤面引起劇烈滑價式下跌。

　　政府及央行在一個交易日內是沒有足夠時間組織有效救助，只能出口術為市場打氣，說會決心維持市場的正常穩定、有充足的流動性會支持金融體系。如果政府及央行事前沒有準備好足夠金額、隨時可動用的資金能即時介入股市，打氣對自我崩潰中的盤面根本沒有幫助，只能眼睜睜的看著市場下跌的骨牌完全倒下。在美股等沒有跌停板制度的市場，這種超級黑天鵝市況一旦出現，跌幅可以接近甚至超過1987年的股市異常。雖然這種發生概率非常小，卻非常可怕。這種異常的下跌在未來並不是完全沒有可能發生。尤其歐美等地的監管者過度相信股票市場的有效性，沒有相應的市場煞車機制，以及充足的即時危機處理手段，才是風險所在。認識到風險的存在，才會有意識去控制及化解。否認或低估風險的存在，才是最危險的根源。

貨幣、利率
與債券市場交易

貨幣市場前言

　　前面我們已經對貨幣進行過解釋，利率就是借入貨幣的成本，同時亦可以指如存款等借出貨幣的回報。銀行會在社會上吸收閒置的存款資金，支付利息予存款者，並把存款放貸到有資金須要並有能力還款的借貸者手中，賺取中間存款及貸款的息差以獲利。淨利息收入是多數銀行主要的盈利來源，當然銀行還有其他的非利息收入，如提供外匯、信用卡、金融產品仲介佣金等等不同的服務費用收入。

　　在實際的金融市場之中，借入貨幣的利率跟實際借出貨幣的利率往往並不相同。因為有金融仲介機構會賺取存款及貸款之間的息差以獲取收益。但是如果沒有了銀行體系，閒置的資金與貸款的須要就很難有效配對，而且也沒有了銀行體系存款創造（Credit Creation）的功能。沒有了銀行專業的信貸把關及各種複雜的抵押擔保等專業方式以保護借貸資金安全，個人存款者的錢借出後就可能冒上很大的風險，而且萬一貸款出現較多壞帳時，銀行須要用上所有的股東自有資本去填補放款損失缺口，優先保護存款者的利益。當然讀者可以輕易找出一些銀行經營不善的案例，但是在美國1930年代大蕭條以後商業銀行體系出現大規模倒閉事件並不存在，即使是2008年金融危機之中被政府接管的商業銀行還是少數，而且因為有存款保障計劃並沒有引發擠兌。倒閉或被接管的多是允許以極高金融槓桿做生意的投資銀行。商業銀行最壞出現的只是股東的資本損失90～100%的例子，如英國的北岩銀行（Northen Rock）。政府把銀行接管，注入新資金就能復活，客戶的存款仍然可以提取。只是該銀行股的股東資本損失可以高達90%本金甚至出現全損（Total Loss）。不過除了冰島的銀行外，全球很少再出現客戶存款重大損失的情況。穩健的銀行體系對經濟長期發展非常重要。

　　制定貨幣政策的中央銀行會設定該國或經濟地區貨幣的基準利率（Base rate），商業銀行如果須要從中央銀行借錢就要支付基準利率的利息。商業銀行的實際存款及貸款利率會參考這個基準利率定價。而不同銀行之間是可以互相借貸的，這個同業借款市場每天按主要銀行的利

率報價作定價，是影響最終市場存款及貸款利率的關係。如果同業貸款比央行的基準利率便宜，銀行如有資金須要就會先考慮在同業市場進行借款，而不會考慮用更高的利息成本從央行進行拆借。

債券就是貸款合約進行證券化，令本來到期才能收回本金貸款流動性不高的貸款合約，改變成為可以在市場上買賣交易的債券，投資者可以在債券到期前進行交易，大大改善了貸款交易的流動性，令整個貸款市場變得更活躍。全球的債券市場總值比股票市場還要高，是體量最大的金融市場之一。認識利率及債券市場是理解金融市場運作的必要知識。

即使是債券類投資也會有一定的孳息率差價買賣差價存在，只是賺取差價的不一定是商業銀行而是投資銀行或基金其他金融機構，尤其在流通性較差的較低評級企業債市場。沒有賺取差價的做市商（Market Maker）存在，交易就會變得很困難。債券市場或稱為固定收益市場內有大量的機構投資者參與其中，而且涉及大量非常複雜的金融工具，隨便一部專業的債券書籍便是近千頁的內容。本書只會重點覆蓋個人投資會接觸到的利率及債券投資工具。

認識銀行間的基準利率

銀行在吸收了存款後須要放貸才能賺取收益。銀行不只會向個人、企業及政府相關機構直接進行放貸，銀行亦會考慮把超額的儲備金借予其他同業，此等貸款稱為同業貸款。這種同業貸款被視為銀行正常情況下獲取中短期資金願意付出的最高成本。銀行普通儲蓄存戶的存款利率，理論上不應高於銀行同業的拆借利率，否則直接從同業借入資金比從零售客戶中獲得資金更便宜，沒太大動機會提供更高的客戶存款利率。除非銀行獲得零售客戶後能從中進行有效的交易銷售，比如賣給投資者不同的金融產品賺取佣金及差價。

全球市場的利率總體比金融危機前大幅下降，美國在2015年開始的加息週期有可能終結。如果將來中國也出現同類情況慢慢下跌至2%以下，貨幣基金將不會是合適對抗通膨的長期投資選擇。須要考慮投資不同類資產以獲得實質回報。投資者可以參考中國的主要銀行拆借利率，即1個月至12個月的上海銀行同業拆息（SHIBOR）。儲蓄存戶要留意每逢年中6月底時或12月底時，銀行由於有半年結底的資金須要，銀行的同業拆息水平會比平日升高。建立定期存款可以獲得較高的回報。

倫敦是全球最大的離岸美元拆借中心，其美元拆借利率倫敦銀行同業拆借利率（LIBOR）對海外美元的存貸成本有指標性的意義。投資者可以留意1個月至12個月倫敦銀行同業拆借利率，已經很有參考價值。通常你的商業銀行能提供給你的美元定期存款利率會低於LIBOR的利率。當然如果你的銀行提供的利率比LIBOR報價低很多，你可以考慮查詢更多的銀行以獲得更合理的存款利率。

不同的貨幣如歐元、日圓等都有其同業拆息市場。大家可以留意到一些貨幣的利率是負值的，即部分機構間的存款利率可以是負數，究其原因是歐元區或日本對銀行等機構存於央行的超額儲備部分會收取負利率，可視為當地銀行沒有借出資金的罰款，部分存款資金會被中央銀行沒收。

貼現率與基準利率

央行有向銀行體系貸款的最後借款者的角色。一般的商業銀行有法定的最低存款準備金要求，如果他們在短時間內出現資金不足，可以向中央銀行進行短期借款。而央行借款予商業銀行的隔夜拆借利率就稱為貼現率。如果貼現率提高即代表銀行從央行進行借款要交較高的利息，資金成本會較高。當然要想從中央銀行借款要以合規格的抵押品進行借款，比如國債等等的金融資產作為借款的抵押品。要留意的是貼現率不等於我們日常說的央行加息或減息的政策性利率，通常

貼現率會比政策性利率高，銀行與其他貸款機構而且不同的金融機構的貼現率並不一致。

　　美國政策性利率為聯邦基金利率（Federal Fund Rate），有一定的彈性空間比如2.25～2.5%。中央銀行想調節市場利率，有時會進行公開市場操（Open Market Operation），即買賣政府債券等手段去控制貨幣供應及利率水平。但這主要針對的是短期借款市場而言。央行一般不會直接干擾長期的借貸市場，而量化寬鬆（Quantitative Easing）則是指央行透過買入長期國債甚企業債券等以壓低長期債券的利率水平。所以投資者可以觀察到各國的央行執行QE後長期國債的利率都大幅走低。

　　中國的政策性利率稱為央行基準利率，同業拆借市場（SHIBOR）的每日利率會根據市場的資金供求情況在央行允許的範圍內進行定價。如果有時央行亦可以透過調整存款準備金影響商業銀行的貨幣供應，間接影響市場的利率水平。如果央行降低存款準備金，銀行可以在同等存款下貸出更多的放款，增加貨幣的供應從而壓低市場利率水平。中國的央行政策工具比較多樣性，有時中央銀行會允許一些銀行以一些借出的政策性貸款作為抵押品，以優惠的利率獲得央行借款，令金融機構更樂於借貸給特定的行業，比如小微企業或特定行業等，並給予一個較長的借貸年期，利用資金成本較低的誘因去引導貸款到特定方向，或者定向對某些符合條件的商業銀行進行降準，間接鼓勵銀行借出政策性貸款。

貨幣交易市場

　　貨幣市場是指一年期以下的貨幣類金融產品交易市場。亦是最熱門的金融交易市場之一，各種寶類貨幣基金，以及銀行自行設立的貨幣基金近年都大行其道。短期的理財產品視乎性質是否以短期貨幣類投資為主，有部分亦歸入貨幣市場產品。

無風險利率

　　無風險利率代表投資者在資本市場上承擔近乎零的風險仍能獲得回報。在中國，無風險利率可指一年期內到期的國債平均收益。而美國則較多以三個月期的美國財政部短期國債票據息率為指標。

　　投資者參與貨幣市場最簡單的形式是儲蓄或定期存款，大眾可以參考當天同業拆息的水平，評估銀行給予的定期存款報價是否合理。留意純粹的銀行存款不應該大幅高於銀行同業拆息水平，否則很可能是買入了有存款之名但非存款之實的其他金融產品。正規的銀行存款受存款保障，萬一銀行有經營風險，存戶仍能收回存款保障制度下的最大賠償金額。

　　進行貨幣市場投資時亦要留意流動性風險，即投資項目要轉換為現金時會否有損失。有些銀行的定期存款到期前不可取出，或者喪失全部或大部分利息。短期的投資級企業債也被視為貨幣市場工具的選項，可是當金融市場出現流動性緊縮時這類看似很穩定的投資工具也可能出現較大幅度的二手市場價格下跌。

　　貨幣市場基金也是一個熱門的短期投資選項。中國由餘額寶引領的貨幣市場基金大熱影響了很多投資者的投資選擇。天弘基金等貨幣基金利用其投資優勢為投資者獲得較直接銀行存款高的回報，而且提取更有彈性。直接提升了投資者短期無風險利率的獲利水平。不過投資者亦要留意通膨率的影響，如果通膨率太高，持有貨幣基金的實質回報就可能變成負數。

　　如果市場利率持續下降，中國的貨幣基金就難逃走上美國同行在低利率時期大幅萎縮的命運。美國的短期票據貨幣基金曾經盛極一時，因為可以提供比銀行存款更佳的回報。當央行減息時，貨幣基金的利率也會持續下降。在極端的情況下，扣除費用後的淨回報會接近負值。由於自2009年起因為美國的短期利率接近零，貨幣市場基金一般都錄得負回報，大量投資者撤出貨幣市場，令貨幣市場基金大幅萎縮。

債券市場

認識債券市場

債券一般是由政府機構或商業機構發行的債務工具，發行債券是一個機構獲得資金的方式，用以支援借款機構的營運及發展。投資於債券實際上是直接借款給給發債機構。

投資特點

投資債券的回報較明確，發債機構一般會承諾在指定時間如每半年償付指定的利息，並最終在債券到期日償還全部本金。發債機構不論盈利與否都必需於指定時間還款，否則債券持有人可以申請公司破產以取回全部底部分投資。

假設的觀測時間為2019年2月，下表會用於後面的債券條款說明

貨幣	發行商	票息%	到期日	買入價	買入收益率%	賣出價	發售收益率%	風險評級	最小交易	可贖回
RMB	開發大王	4.75%（半年）	20/7/22	94.7	6.5	95.3	6.3	BB	1M	N
USD	聚寶銀行	4.25%（半年）	20/8/26	97	4.7	97.7	4.6	A	200K	N
USD	貿易大師	5.25%（半年）	永續	66.5	7.9	68	7.7	B	100K	Y

投資債券的現金流明確

債券投資者可以確定何時收取多少款項。債券發行機構必需於指定

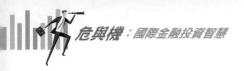

日期付款，並於指定時間償還全部本金。投資者不用思考何時賣出債券的問題，也不用尋找交易對手，因為一般債券會在指定到期日償還投資者全部本金。

認識債券的基本條款

債券的投資其實可以很簡單，只沒有違約事件發生，你付出的成本及將來收到的錢都是確定的。如果你買入了上面例子中開發大王的人民幣債券，以債券的買入價購買，投資者只需付出95.3萬人民幣，並付出交易佣金及支付賣家持有債券的當期應收利息，之後你每半年收到人民幣2.375萬的利息，直到2022年7月20日到期取回本金及最後一期利息。

如果投資者購買了以美元計算的聚寶銀行債券，最低的買入額是20萬美元，由於債券目前賣出價是97.7，以折讓價賣出。投資者其實只需付出了19.4萬美元的本金及並支付其他相關的交易成本，每半年便可收取4250美元的利息，直至2026年8月20日到期拿回本金及最後一期利息。

如果投資者買了貿易大師永續債券，只須付77,000美元，每半年可收到2,625美元的利息。除非債券被發行人贖回，否則你並不會拿回本金，所以你獲得的利息回報是最高的，但明顯地風險也更大，因為不知道什麼時候可以收回本金。一般情況下，投資者在發行時買入債券的最初價格多為100元附近，如果你看到債價大幅下跌，比如例子中貿易大師的賣出價只是68元，這32元的債券差價是最初買入或之後接手的投資者蝕出來的。所以不要以為債券投資是沒有風險的，即使沒有發生違約，如果中途賣出債券仍可能要蒙受資本虧損。

債券的結算貨幣

債券採用的結算貨幣對投資者而言非常重要，購買債券及獲得的

利息及本金都是以此結算貨幣計算。常見的結算貨幣有美元、歐元、人民幣、日圓、澳元等等。要留意的是一些國家的國債或其企業發行的債務，很可能是以美元而非本國貨幣作為結算貨幣，因為債券以美元結算會減低外匯風險，能更吸引外國投資買入。

發行主體

發行商，指此債券的借款主體。通常是企業的母公司主體進行發債，發行主體有責任償還本金及利息，如未能按時支付，投資者可以申請把借款主體進行破產清算。有時候一些母公司會以子公司發債，好處是子公司萬一出現違約母公司仍可以獨善其身，不用替其子公司償還欠款。不過這些債券一般不受市場歡迎，除非有充足的抵押品或有母公司進行擔保。債券是機構投資者為主的交易市場，沒有多少笨蛋會輕易被坑。

票面息率與孳息率

票面息率指持有每份債券的債息收益。比如例子中的開發大王債券面值為100，票息為4.75%，每半年派息一次，即每持有100元債券面值的債息回報為每半年2.375。假設投資者最初以100的面值直接買入最小交易額為100萬價值的債券，在債券到期前投資者每半年會收到23750元的債息回報。

票面利率越高，債券投資者在債券到期前會不斷收到現金收益，這些現金利率可以再投資。如果一只債券的票面利率有8%，你用100元面值買入，大概6年後你已差不多收回了一半的投資本金回來，這些本金可以再次以當時的市場利率作投資。所以債券的票面利率越高，投資者越快收回現金可作再投資，對市場利率升跌變化的敏感度就會下降。相反，一些毫無債息稱為零息債的債券，因為持有過程中完全沒有現金收益，對市場利率改變非常敏感，如果在加息週期市場利率不斷上升中，零息債的價格受市場利率影響會出現大幅下跌。

孳息率（Yield）

由於債券的在市場內的交易價格並不是固定的，所以買入債券時我們須要考慮孳息率，而不是簡單的票面利率。孳息率（Yield）計算是須要以下資訊：

1）投資者買入債券的價格

債券的條款相同，買價越低，孳息率越高。

2）票面息率

債券的其他條款相同，息率越高，孳息率越高。

3）債券到期時收回的面值

一般收回面值為100，如有重組等狀況可令債券到期收回面值低於100。

債券的條款相同，到期面值越高，孳息率越高。有一些年期較長的高息債，其債券買入價可高達120以上，但到期時只能收回100。這中間的溢價就會減低債券投資者的孳息率。

投資者要對以上資料作綜合計算才能計出孳息率。可幸的是債券交易商早就為我們計好了孳息率，我們不用多此一舉自行計算。大家只要孳息率能更真實反映投資此債券實際回報率，是債券投資的最重要的指標之一。

如果你買入了一只一年期的債券，票面利率為5%，而你的買入價為101，而不是債券的100面值。你持有債券的實際回報只有105/（1＋r）＝101，我們可以找到孳息率（r）為3.96%。如果買入的價格是100，你

的回報就會變回5%。同樣道理，如果債券到期日時間越短，同等的債券價格上升對我們實際回報的到期孳息率（Yield to Maturity）負面影響就會較大。

有些投資者亦會簡單參考當期孳息率（Current Yield），即把票面利率直接除以債價，而不考慮未來價格變化的影響。但這種簡單分析對較長存續期的債券的回報評估就會出現較大誤差。一般專業債券投資者主要參考的都是到期孳息率（Yield to Maturity）。

由於債券市場尤其個別的企業貸的交易通常並不活躍，投資機構報價時都會同時報出以買入價計算的買入收益率，以及以賣出價計算的賣出收益率。參考上表聚寶銀行例子，投資者如果即時以賣家報出的賣出價成交的到期孳息率只有4.6%。但如果投資者以買入價掛出，如果最終有賣家願以較低價成交，到期孳息率就有4.7%。在例子中可以看到，不同的買入價會影響到交易者持有債券的最終回報。

債券到期日剩餘時間（Time Left to Maturity）

債券到期日距離現在越遠，債券到期日剩餘時間就會越長，即是持有債券的時間會比較長，中間會收到較多的債息。到期時間越長的債券對市場利率的影響也會越敏感，所以當市場整條孳息曲線的利率都上升0.5%時，即代表之前價格買入的債券變得不吸引，因為現在買入的每年回報升高了0.5%。對到期日越長的債券而言，債券價格的負面影響越大。在不考慮現金流折現的簡化情況下，你可以簡單想像，對2年期的國債而言，0.5%的市場利率上升對債券回報的負面影響是1%（0.5%X2年）。而10年期的國債就會變成5%（0.5% X 10年）。對30年長債而言的影響就是15%（0.5% X 30年）。當然考慮到現金流折現及債息再投資，實際的影響會比這個評估數未字少一些，但負面的影響還是相當巨大。

所以在加息週期中，尤其是預期市場利率會快速上升的時間，投資者往往會偏好對加息負面影響較少的1～2年內到期短債，以避免持有長債在加息週期中遇上重大虧損。所以債券基金的投資者亦要明白在快速加息週期中持有長債是很難獲得收益的。在2017至2018年加息週期中持有長期美債的回報都是負值。這些明顯看得見的風險其實是可以規避的，你只要等待中央銀行的加息預期改變才重回長債投資就可以輕易的避開風險，而央行往往非常仁慈的會事前告訴你他們的加息路徑預期。除非是遇上一些央行事前無法預計須要突然降息的情況，比如2018年12月的美股暴跌，聯儲局表達會暫停原先加息路徑，先對加息行動持觀望態度，債券市場對央行對利率預期逆轉的訊號，投資者大舉湧回債市，美國的長債價格便應聲快速反彈上升。

信貸評級與違約風險

債券投資很受信貸評級影響，因為信貸評級反映持有債券的違約風險。違約即代表發生債券發行人違反約定的情況，比如債券發行機構無力在指定日期支付債券的利息及本金的情況。如果一些公司的企業債被下調評級，對債券價格會有非常負面的影響。投資者會擔心債券違約風險上升而會要求較高的利率去補償其買入該債券須要承擔的較高風險水平債券，價格就會應聲下跌。

因為很多機構性投資者在投資上有限制，比如一些保險公司及退休基金有投資政策限制，只能投資於投資級別的債券，比如A以上級別，或BBB以上級別。如果債券的評級被下調，機構投資者必需強制賣出債券持倉。

不過不是所有債券都有信貸評級。比如許多私人公司發行的債券，或者一些中國房地產開發商的美元債券並沒有信貸評級，只要債券發行商有信心債券發行時有足額認購，他們就不須要花一筆錢給評級機構進行信貸評級評定。而且獲得的評級也不一定太好看，債券賣得出，最終

沒違約就成了。問題是買家也不傻，這種債券由於風險較大，往往須要支付較高的利率作為風險補償。而且由於沒有評級，債券在二手市場的流動性往往比較差。若出現違約風險上升時你很難能賣出債券，或者只能面對非常低的買入報價。

　　有貨幣發行能力國家的本地貨幣債並不受投資評級的影響。比如中國政府發行的人民幣債由於中國央行有無限制的本幣的發行能力，理論上政府發行人民幣債無違約風險。所以不受國際投資評級影響。同樣道理，英國政府發行的英鎊債券也不會受到國際評級下降而有重大的影響。不過，主權國家發行的外幣債，比如土耳其，印尼等發行的美元債，就會很受到信貸評級改變的影響。如果被調低信貸評級，該等國債的債券就會明顯下跌，利率會上升以吸引投資者。但太高的利率可能引起國家無力償還外債的問題，因為該等國家無法發行美元，如果以本國貨幣大量兌換美元以償還外債幾乎肯定會引起貨幣劇烈貶值。如果外債占國民生產總值（GDP）比率高，就有可能因此引發地區性金融危機。比如以往的阿根廷金融危機，1997～98年的亞洲金融危機，2018年的土耳其金融波動等。要視乎國際機構如國際貨幣基金會有提供協助以應對金融危機，以控制危機蔓延到其他國家。

國際上三大評級公司的評級標準

標普		穆迪		惠譽	
長期債	短期債	長期債	短期債	長期債	短期債
投資級別債券 – 高評級債券（High Grade）					
AAA	A-1+	Aaa	P-1	AAA	F1+
AA+	A-1+	Aa1	P-1	AA+	F1+
AA	A-1+	Aa2	P-1	AA	F1+
AA-	A-1+	Aa3	P-1	AA-	F1+
A+	A-1	A1	P-1	A+	F1+
A	A-1	A2	P-1	A	F1
A-	A-2	A3	P-2	A-	F1
BBB+	A-2	Baa1	P-2	BBB+	F2
BBB	A-2/A-3	Baa2	P-2/P-3	BBB	F2
BBB-	A-3	Baa3	P-3	BBB+	F2/F3

非投資級別 – 高收益債券（High Yield Bond）/ 垃圾債券（Junk Bond）					
BB+	B	Ba1		BB+	F3
BB	B	Ba2		BB	B
BB-	B	Ba3		BB-	B
B+	B	B1		B+	B
B	B	B2		B	C
B-	B	B3		B-	C
CCC+	C	Caa1		CCC+	C
CCC	C	Caa2		CCC	C
CCC-	C	Caa3		CCC-	C
CC	C	Ca		CC	C
C	C	C		C	C
D 違約					

　　以標普評級為參考，AAA 至 BBB－評級的債券都是投資級別。以最佳的AAA債券評級為例，長期違約風險低於5%，債務發行人的償付能力非常好。BBB級別的長期潛在違約風險在15%～20%左右，實際違約比例仍相當少。如果經濟及外部環境沒有重大變化，債券違約風險不大。

　　非投資級別債券是指BBB評級以下的債券，公司的經營風險較高，而且一旦遇上經濟及外部環境變化償付能力會較差，甚至出現財務狀況迅速惡化的狀態。市場主要會交易BB至CCC評級的債券，更差的評級就幾乎接近即時違約或極大可能違約的狀況，連敢於冒險的投機者也不多敢於買入。BBB－以下評級債券被市場稱為垃圾債券（Junk Bond）。由於投資銀行的固定收益部門認為名稱太直白影響銷售，他們發明了高收益債券這一個更動聽的投資產品名稱。

　　新興市場債其實絕大多數都是非投資評級。即使是主權債券，即國家發行的美元或外幣債券往往評級也是非投資級別。比如南非、土耳其、希臘等外幣國債也被評級機構評為非投資級別。希臘國債的持有人更在2011年歐債危機時損失慘重。不過主要希臘國債持有者都是歐洲的商業銀行，對一般投資者的影響有限。

投資評級有時會有（＋）或（－）號代表投資評級的細分，如果本來債券評級是BBB，現在變成了BBB－，即代表債券的發行人違約風險加大。債券有可能變成非投資級別。如果投資機構給出了投資展望是負面，而目前的投資評級是BBB－，債券就有很大可能最終變成了非投資級別，債券的賣壓會較大。如果評級展望是穩定，即代表短時間內沒有太大的信用評級變化風險，如果展望是正面，債券有可能獲得評級上調，令到債券價格上升。

信貸違約掉期（CDS）

信違約掉期（Credit Default Swap，CDS）是一種債券違約風險的衍生金融工具。買入一只債券的信貸違約掉期等於幫自己持有的債券買入保險，萬一出現違約事件時本金及利率都能獲得保障。聽下去是很好的工具，但是如果一只債券的主要回報來源是承擔信貸風險，當買入信貸違約掉期後回報率可能跟無風險的國債利率相差無幾。這樣投資回報便會變得不吸引人，還不如直接買入國債簡單直接。

CDS的發行人並不須要持有相關的債券，同樣地CDS的買家也不一定是為了手中的債券買保險，而是純粹的投機性買入。CDS是一種於場外交易市場交易的金融衍生工具，沒有人能保證你的交易對手在債券真的違約時能賠償你全部本金及利益。實際上你的交易對手可以在一次巨大的金融風險事件出現倒閉，比如2008年的雷曼兄弟事件。如果你的CDS交易對手是雷曼兄弟，你的保險就會出現交易對手風險。所以別以為買了保險一定安全，因為金融交易的保險對手也會賠到倒閉的。試想想只收了幾元保費的保險卻可能要賠償保費的數十倍。如果出現許多債券同時違約的系統性風險事件，並不是很多交易對手都可以安然渡過危機。

如果風險事件沒有發生，賣出CDS就好像印一張廢紙給人就能收錢那麼好賺，這是一門看似很高利潤的生意，前提是風險事件不會發生。

有一些稱為總入息基金類的債券基金，其回報總是比同行高出一點，其中一種策略是同時會買賣CDS獲得更佳回報，這代表在金融危機來臨時這類基金的波動性會比較大。當然如果基金經理在危機前買入大量CDS則另作別論。當年一些對沖基金在危機前買入了大量CDS，在危機時大賺一筆同行的錢，這種交易手法就不是一般投資者可以彷效的。

似乎CDS對個人投資者而言十分遙遠，事實上當年大量的CDS產品賣到全球各地的零售投資者手中。2008年在香港發生的雷曼迷你債券違約事件，就是涉及大量的零售投資者買入了CDS而受到重大損失。如果大家聽到什麼存款利率特高，比如比起當前市場利率高出1%（100點子以上）你應該懷疑是什麼金融工具令投資回報可以高於正常？留心產品有沒有跟什麼資產的信貸及資產價格掛鉤。有時一些很少發生違約可能的公司，卻會突然出現問題。投資者必須要明白你多賺了0.5%～1.5%的利率，承擔的是100%本金損失的風險。當然風險沒有發生時，你的投資回報真的可以稍稍升高。可是在金融市場中看似不可能發生的風險是存在的。美國在1930年代大蕭條後就從來沒有發生過全國性系統性房地產崩盤，連聯儲局前事也估計不了房地產的崩盤，2008年會演變成這麼嚴重的金融危機，你又怎樣能事前知道？投資者千萬不要低估低概率事件的發生可能性。

債券市場直接投資

債券可分為交易所上市及非上市債券兩類。投資者可在發債機構首次公開發售債券時直接向該機構認購債券。一些國家的國債，如美國國債較多採取競價拍賣方式由投資者進行認購。通常債券發行機構會參考同風險等級的債券在二手市場的孳息率（Yield Rate）水平。然後提供一個小幅度的利率優惠以吸引投資者。比如同等風險及年期的債券市場孳息率為6%，債券發行機構會定價為6.1～6.2%令投資者有短期交易獲利空間，吸引投資認購。

投資者亦可以在二手交易市場買賣債券。在交易所上市的債券，買賣方式與股票投資非常接近。對於非上市債券，投資者可透過銀行或金融服務機構，如投資銀行及有提供債券交易的經紀行進行場外（Over the Counter）交易。

債券交易的手續費因應提供服務的機構而有較大的差異。買入的手續費一般為債券價格的0.1（10個交易基點，10 Basis Point）到0.5（50交易基點）不等。對派息、贖回等亦會收取不同程度的手續費。債券投資者可以花多點時間細心比較不同的債券服務機構的收費。由於債券交易相對股票交易不活躍，有些投資者買入就持有多年直至到期，債券交易服務的手續費及服務費用有限。很多投資服務機構都不會太主動推介債券投資，而且很少機構只專注債券投資服務，因為能獲得的交易收費實在太少，靠這吃飯不足夠維持機構運作。所以很多如商業銀行等的機構都省得向個人投資者宣傳有債券投資服務。然而債券投資卻是穩健累積財富的重要工具，很多專業投資者會把債券加入其投資組合之中降低的波動風險，只是不太被個人投資者認識。參與債券市場較多的為機構投資者，個人投資者參與並不活躍。

債券投資的理論定價

傳統上債券的定價是以現金流折現模型作分析。把持有債券在未來能獲得的金錢進行時間折現，比如以債券利率進行折現換算。其實原理很簡單，如果債券利率為3%，明年才收到的100萬，今天的現值就是把100萬除以（1＋債券利率3%），大約現值為97.1萬。原理就是如果現在你有97.1萬現金，把資金做一年期3%回報的債券投資，下年就剛好能收回100萬。現金流折算的模型並不難明白。有興趣參考更詳細債券計算數學的讀者可以參考書後的附表。

但在真實的債券交易市場價格的變化比較複雜，獲利方式也有很大的多樣性。現金流折現模型只是靜態的評估持有債券並沒有出現任何市

場利率改變，以及債券違約風險改變等因素。如果市場利率上升，你持有的債券就會變得不吸引。比如市場無風險利率是1%，你的債券孳息率是3%，持有債券只要沒有違約出現，有2%的額外回報。如果市場無風險利率變成2.5%，你持有的債券就會變得不吸引，債券價格便要下跌才能吸引到其他投資者在二手市場買入。所以市場利率變化風險是債券持有者面對的重要的風險因素。

而違約風險即是指債券發行人出現無法償還利息或本金等，又或出現重大的公司股權變化等引起債券出現條款性違約。一旦債券出現違約，投資者很可能蒙受重大損失，所以若你看到債券市場上有一些債券的孳息率去到40% 甚至90%以上，千萬不要以為撿到大便宜，通常是有明顯的違約可能原有的債券持有人才願以如此看似優厚的條件賣給你。一旦違約發生，投資者最大的損失為本金的100%。你以為自己20元買了值100元的債券，最終有可能會變成毫無價值，要視乎債券在發債主體清算後有沒有可能撿回一些剩餘的價值。

修正存續期

債券的修正存續期（ Modified Bond Duration）改良了傳統麥可存續期計算的限制。債券投資資訊中一般直接把修正存續期簡稱為存續期，存續期並不是指債券的剩餘到期日長短，而是指債券對利率上升的敏感度。我們主要採用存續期去量度的是如果市場利率改變一定的百分比下對債券的價格影響有多大。舉例，一債券的存續期是1.28，則市場利率上升1%，理論上債券價格就會下降1.28%。如果另一債券的存續期是2，如果市場利率上升1%，理論上債券就會下跌2%。你會觀察到持有存續期越長的債券，在市場利率上升時會受到較大的損失。因為你買的債券票面息率利是固定4%，買入時的市場利率是2%，你的債券比市場無風險利率有2%（200點子的）差價。如果現在市場利率是3%，你的債券比市場無風險利率只有1%差價，對其他投資者而言並不吸引，如果你想到期即賣出就必需以更便宜的債價才能吸引到別人買入。如果你的債券是長債，

因為市場利率上升時持有該債券會長時間獲得並不吸引回報，債券的存續期越長，受市場利率上升的負面影響就更大。

存續期受三大債券因素影響：
- 債券到期日剩餘時間越長，存續期越長（數值較大）。
- 債券的票面息率越高，存續期越短（數值較小）。
- 如果債券的到期日距離及票面息率相同，債券的孳息率越低，代表買入債券的價格較高，債券的存續期會越長（數值較大）。

債券凸性

債券凸性（Bond Convexity）是指當市場利率上升時，債券的價格感敏度其實也會改變，如果一只債券在利率上升時的價值上升幅度大於利率下跌的幅度，這種在利率改變時的特性稱為債券凸性。

一聽之下非常難以明白是什麼，其實簡單一點說，現在孳息率相同的兩個債券，凸性越高的債券在市場利率上升或下跌時都有較好的表現，市場利率上升時會較相同存續期的債券價格受負面影響較少，債價下跌幅度較少。而凸性越低的債券在市場利率上升時表現較差，債價下跌幅度較大。當市場利率下跌時，凸性越高的債券價格上升得越快。所以理論上在同等的存續期下債券的凸性越高，在利率較大幅波動時投資者都會有較佳的表現。比如凸性是120的債券會比凸性是90的債券無論在利率大幅上升或下跌有更佳的表現，所以對投資者而言可能會較吸引。凸性只對5年以上的債券價值變化有較重要的參考作用，持有兩、三年以內即將到期的債券，凸性的影響往往可以忽略。

投資者要留心一些附有可贖回條款的債券可以有負凸性。因為當市場利率下降時，理論上債券價格會上升。當你正在想著多賺一點的美好時，債券的發行人如果可以在市場中發行更低利率的新債券去融資，他們就會有動機去原價贖回你手中的債券，令你在利率快速下降時反而分

享不到高利率的回報，這種可贖回債就帶有負凸性傾向。投資者一般不太喜歡這類債券，所以你往往見到這類價的孳息率會比沒有贖回條款的債券高，比如一些銀行的長期可贖回債看上比直債利率高出很多，其實這種高孳息率是市場利率下降時債券被原價贖回的風險補償。投資者不要只因利率看似較優厚就以為自己撿到寶，要切記投資場上往往是風險與回報的交易。尤其是主要只有機構聰明錢參與其中的債券交易市場，這裡是金融市場中最難獲得超額收益的地方之一，除非是金融市場整體動盪之時。

債券投資的風險與價格變化

如果持有的債券沒有出現違約，投資者可以穩袋債券投資的全部訂明利息及本金。如果一只2年期每年5%票面利率的債券，每年派息一次，發行價為100元。第一年會收到5元利息，第二年會收到5元的利息及100元的投資本金。不理會再投資等因素下，投資者兩年投資期一共收回110元。獲利10元。無論市場怎樣變化，只要債券沒有違約，投資人持有兩年的總現金流收入是固定不變的，所以債券投資的最大的回報是有限，不像投資股票有獲利的想像空間。但實際上債券的價格有時會有大幅度波動，而且會產生不少的交易機會。以下的風險因素改變都會對債券的價格造成較大的影響。

違約風險及信貸評級

發債機構能否如期支付利息及償還本金，即所謂信貸風險會極大影響債券的價格。公司經營狀況改變，負債水平變化以及現金流的強弱都會影響到市場對公司信貸風險的評估。如果經營環境急速惡化，債務償付能力下降，影響公司的債務違約風險水平上升。評級公司就很可能下調債券的信債評級，二手市場的價格會大幅下降，並可能因為機構投資者有投資限制，不能持有低於某評級的債券（例如標普BBB級別的投資）須要強制賣出。當然一些債券甚至完全沒有債務評級，比如許多私

人公司的債券或中國房地公司的債券都沒有評級，債券公開發售時只會有一些對其經營狀況有信心的投資者認購。一般投資機構如保險公司如有投資限制，比如只能買入高級別債券就不會參與其中。

其實債券市場能獲利最豐厚的交易都是公司經營出現風險，債券價格大幅下降。比如一只1年後到期，5%票面利益，票面值100元的公司債，因為市場恐慌時只賣65元。如果公司仍對債券有償付能力，投資者付出65元，一年後就能收回100元本金及5元利息，利潤非常豐厚。當然風險也極高，因為在到期日前你根本不知道公司是否真的能清償債務，一旦違約，而且公司有一些投資者事前不知道的隱性債券，或大量的資產已經被抵押，債券投資人可以損失全部或大部分本金。有時一些投機者會持有這些債券但不會持有至到期，他們會博取市場環境變好時的債券價格與面值差價的收斂，在到期日前賣出獲利，減低持有到期日出現違約的風險。

很多債券投機者都是在債券暴跌風暴中獲取巨大利潤。橡樹資本的霍華‧馬斯克就在2008年金融危機暴跌時大量買入債券，並最終在債券市場2009年回復正常時大賺一筆。選擇債券交易因為只要發債的公司沒有違約，持有直至到期日時必定收回100%債券面值。一些低評級債券當時只餘10～30%面值，如果公司不倒閉獲利可以非常高。而股票在市場回復時仍未知道什麼時間可以返回以往的價位。

但一般投資者千萬不要胡亂學習買暴跌垃圾債券，因為很可能你買的真是一張廢紙損失100%本金。這些專業的投資者會小心選擇倒閉風險較少的公司，並對債券進行組合式分散投資，因為他們深知這些組合中個別債券違約風險仍相當大。如果你沒有足夠的資金及能力，千萬不要胡亂嘗試加入其中。誠如霍華馬斯克所說，雖然今天看來當時的決定是正確無誤，但如果當時美國政府及央行沒有對市場進行足夠力度的挽救措施，結局可能完全改寫。即使獲得厚利仍沒有低估當中的風險以及運氣的成分。從中可見優秀的投資者都有很強的真實認知能力，不會過度高估自己的能力。

流動性風險

　　一些低評級的債券二手市場並不活躍，而且交易差價巨大，持有債券後便難以賣出。其實在大多數情況下低評級的企業流動性不高，想短期轉手時非常困難，往往要接受較低的價位收吸引其他投資者買入。相對而言極高評級的美國國債類的投資一般有極佳的流動性，尤其年期越短的國債流動性越高，價格差距非常小。這亦是為什麼很多投資機構主要只交易國債及高評級的債券品種，機構投資長期國債的最大目的往往不是為了單純的持有並收取每期利息，而是要賺取利率變化時對長期債券價格的重大影響。比如美國10年國債的利率由3.2降至2.7，看似波動不大，但對債券價格的影響已經超過5%。而這波幅只是在2個月的短時間內發生，一些基金就是利用這些債券價格的變動機會而獲利。債券市場也有做市商行為，由於很多債券其實是透過交易所以外的場外交易市場買賣，價值不透明為市場及債券交易商提供較大的套利空間。如果促成買賣，無風險套利的單筆差價很可能遠比股票高，而且客戶往往不知道交易對手的實際出價，交易商在資訊上有很大的優勢。當然近年固定收益的做市商交易利潤因為訊息透明度的改善及同行競爭加大而減少了，但對比股票交易的競爭程度及效率還是相差很遠，仍然存在較多的套利空間。

市場利率風險

　　當債市的整體利率水平因為加息等因素而顯著上升，一般債券的價格就會明顯下跌。假如1年期無高等級企業債提供4.5%利息，如果當前的國債利率為3%，企業債如果違約風險不大，企業債的投資就會變得有吸引，持有一年的利息回報較高。如果市場國債利率上升到4.5%，跟企業債持平，企業債就會變得缺乏吸引力，更多的投資者會選擇賣出。

　　如果企業債券到期日較遠期，債券的存續期（Duration）就會比較長，遇上國債利率大幅上升，已發行利率相對較低的企業債會變得不夠吸引，很難避免債價下跌。存續期越長的債券因為價格對市場利率變化較敏感，債券價格下跌會比較快。比如10年後才到期債在市場利率上升時價格會比3年後到期的債券下跌得更多。因為企業債的回報長時間不吸

引人，須要較低的價格才能吸引投資者買入該債券。

如果被動投資者買入此等長年期企業債券仍可選擇持有直至到期，損失的只是把資金能投資到更高利息項目的機會而產生的潛在回報損失。主動投資者如因借貸買債等原因須要選擇賣出，就要面對即時的帳面損失。如果投資的債券以基金形式持有，由於基金會根據市場價格調整基金的淨值，市場利率上升時會令基金投資的債券組合價值受到必然的負面影響，基金的淨值會下跌，投資者賣出基金要承受帳面損失。而且由於債券基金會不斷把到期的債券資金投資到其他債券上，基金淨值並不一定能隨時間而收窄。要視乎市場的利率環境有沒有改變，以及其他如企業盈利等因素的改變。而直接投資債券者如沒有發生違約事件到期時必然收回本金及利息，不會做成帳面上的虧損。所以在債券投資之中，選擇直接持有或以基金式持有的同期回報其實可以有較明顯的差異。

匯率風險

如果投資的債券是以非本國貨幣計算價格，投資者必須要留意匯率風險。一些新興市場國家會發行當地貨幣計價的主權債券。如果該國的匯率不斷上升，投資該國債券不只有債券收益還可以獲得外匯收益。所以一些新興市場的主權債在匯率上升週期中非常受歡迎。比如早年人民幣之升值週期中，兌美元的匯兌收益有時可高達一年5%，加上利率的總回報也相當不錯。相反，如果一個國家的本幣匯率非常波動而且沒有明顯升值趨勢，即使該債券的利息收益不錯，機構投資者往往要先考慮外匯對沖成本，如須要使用外幣掉期等去對沖外幣風險，扣除成本後的淨收益往往並不吸引。

舉一個簡單例子，如果一年期的美債利率是2.75%，而中國國債是3.1%。假設外匯對沖成本須要消耗0.3%收益。美國的投資者買入人民幣國債淨收益2.8%（3.1%～0.3%）相對直接買入美國國債而言毫無吸引力。相反地，如果1年期人民幣國債利率是4%，美國國債利率是2%，即使外匯對沖成本要消耗0.4%收益。投資中國國債仍有利可圖。如果該機構的美元借貸成本能鎖定一年期2%或以下，該機構就可以借款去買入人民幣

國債進行近乎無風險的套利交易，賺得1.6%收益（4%－0.4%－2%）。當然這個套利是否可行，關鍵是須要消耗多少的本金作為抵押以及融資成本，銀行不會在無充足抵押時借款，除非是銀行或金融機構自行交易，否則我們必需考慮實際借貸的成本。

有一些新興國家發行以美元計價的主權債或企業債，由於並非採用本國貨幣作為借款，該國須要從貿易順差或外匯市場交易才能獲得美元以還款。當美元兌該國貨幣出現快速升值時，會導致該國的主權債及企業債出現違約風險大增。這些新興國家的債券價格就會大幅下跌。在2018年中因為美國的加息預期增強，新興國家的貨幣兌美元出現明顯貶值，包括土耳其、印尼、斯裡蘭卡等許多新興國家的美元主權債價格大幅下跌，甚至暴跌。直至2018年底美國加息預期放緩時才開始出現明顯的價格反彈。

再投資風險

如果市場的利率下降太快，你持有的債券發放的利息及本金再投資時就會變得困難。比如你持有的債券每年息率是5%，假設你相關利益每年再投資的回報是5%，但在市場利率大幅下降至3%後，你持有債券的潛在回報因再投資利率下降而有所降低。對於一些有提前償還本息選項的債券，投資者必需小心債券發行人會有很大動機在低利率環境下提早贖回債券，並以更低的利率重新發債替代。而一些住房抵押貸款也可能因為在低利率下，很多借款人可以用更低利率借入貸款而出現大量提早償還個案，拖低相關債券的投資回報，或者須要因應債券結構提早贖回。

通膨風險

通膨投資債券的投資者面對的一個重大風險。我們進行投資的根本目的是為了獲得將來的實質購買力上升。如果通膨率是5%，而債券投資的回報只有3%，我們的實際購買力是在持續下降，尤其是在高通膨下持較長期的債券，長期的投資回報不斷被通膨蠶食。以往投資理論中，債

券市場的回報會根據通膨調整，如果通膨升高債券的價格會下降，令孳息率上升重新吸引投資者投資債市。可是由於金融危機後國際上許多國家的中央銀行都採取了激進的貨幣政策，壓低債券的息率，令債券投資與通膨率的自我調整關係脫鉤。投資必需警惕債券投資能否應對貨幣濫發危機。

被動與主動式債券投資

被動式債券投資

　　買入債券後一直持有至到期，投資的目標是為了賺取穩定的利息，有比較多機構投資者參與，也有部分個人投資者會直接參與債券交易。

主動式債券投資

　　較頻繁的買賣債券，利用債券價格的波動變化來賺取差價。主要參與主動式投資者有主動型債券基金、對沖或私募基金，很少個人投資者參與其中。專業的機構投資者也會採用期貨、期權去增加債券投資回報。比如交易不同國家的債息收窄或擴闊等獲利，以及利用匯率上的變化獲利等。所以有少量的債市基金的回報總是跑贏基準，靠的不是買債收息而是主動出擊。但其實主動式交易非常困難，即使有豐富的專業知識也不代表可以打敗大市。前債券大王格羅斯（Bill Gross）最終在近年一敗塗地黯然退休，連數十年的投資經驗也不是獲利的保證，一般個人投資者就不要對自己進行主動式債券交易抱有太大的幻想空間。

　　但是主動式債券交易對我們認知整體債市運作非常重要，否則你不可能明白為什麼有人願意借100元給德國政府，十年後只收回99元的看似虧本交易的奇怪行為。

主動式債券交易的獲利空間

　　首先投資要知道債券的回報好像一條兩頭被拴住中間有彈性的一條繩。只要沒有出現違約事件，繩的兩頭是固定的，投資最大回報的想像空間是有限的，但好處是持有收益比較明確。相對而言，股票市場則像一條隨風飛舞的繩子，繩子的一端跟公司的營運與收益作有限的連結，風起時收益真的可以飛上天，風停時收益又可能摔在地上。所以許多偏好穩健投資的交易者更喜歡債券投資的回報穩定性。

　　但即使沒有債務違約，持有債券中途賣出的收益其實可能大幅波動。有時持有債券的收益會被央行貨幣政策扭曲，機構投資者會利用這些波動去獲利。為了簡化分析，以下的債券例子會假設為結構最簡單的直債（Straight Bond），並且簡化存續期及債券凸性息以及再投資對總回報的影響。否則同時間要考慮影響價格的因素過多，大家就不容易理解主要風險改變下對債價的影響。在真實債券交易計算上主要以數學模型計價，連很微少的價格變化都會盡量計入其中。可是債券數學模型永遠解決不了三個問題：

1) 市場利率在將來遠期的變化，因為連聯儲局主席都不知道。
2) 真實的違約風險最終是否必然發生，有時公司在最後一刻才成功再融資。
3) 市場的交易行為會否異常，有否恐慌性拋售出現。

　　數學定價在市場平穩期及較短的交易時間有很好的參考作用，長期債價的變化預測則比較困難，我們只知道如果市場利率上升1%對債價的實際影響，而難以事前知道市場利率在3年後是上升了0.5%，還是掉頭下跌2%。所以交易債券的超額獲利關鍵就在這等不確定性上，投資者承擔了額外的不確定性去企圖獲取超額回報。當然專業的交易者亦會利用利

率期貨、期權、信債違約掉期等工具的價格變化去獲利，亦會交易不同國家債券利息的差價，比如同等年期美國國債對德國國債的利率差距是收窄還是擴闊。但有時即使經驗老到的投資也會弄巧成拙，反而因判斷錯誤連市場回報也賺不回來。曾經在債券市場上叱吒風雲的老債王格羅斯就是經歷了一連串的主動交易失誤而黯然退休，一般投資者就不要高估自己的預測能力。

債券到期剩餘時間的影響

理解債券價格的潛在變化幅度與到期日剩餘時間（Time Left to Maturity）是正相關的，因為離到期時間越長，債券在將來收到的利息總額就會越多。

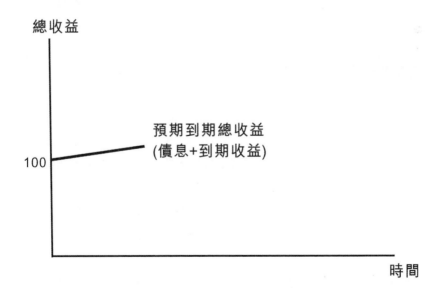

比如每年票息為5%的債券，如果一年後到期，假設債價為100，持有債券一年後收回的總回報上限是105。同樣條款及價格的債券，如果6

年後才到期，在不考慮債息再投資下最大的總回報是130（債價100＋5% 票面息率X 6年）。我們看看下圖就理解為何持有債券的回報好像一條兩頭被拴住中間有彈性的一條繩。剩餘的時間越長，總收益在中間的波動可能性就會越大。

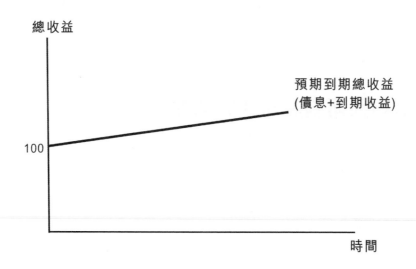

違約風險上升的情形

　　當發債主體的違約風險上升，或出現了重大的負面因素影響，債券價格就會出現重大下挫，持有債券的投資者將面對重大的帳面虧損。下圖所示市場預期債券違約風險上升時，債價已會率先下跌。當市場意識到違約極有可能發生，就會出現債券價格的滑波式下跌。即使確信違約必然發生，債券仍有可能進行交易，而交易就是違約後債券持有人有沒有可能取回部分本金。投資者除了已收到的利息外有可能會面對無法收回本金的風險，債券價格最終會接近零。如果債券是零息債，其收益就會像下圖那麼樣可能降至零附近。如果債券在破產清算後仍有少量本金能取回，在違約後以極低價買入的投機者仍可能會有一些利潤。

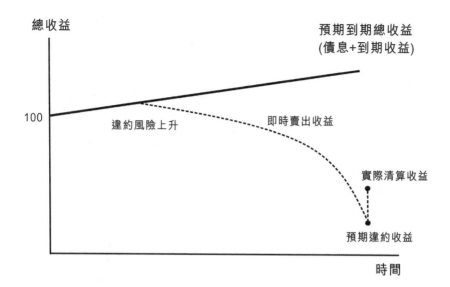

企業債類的違約風險通常比較高。有時一些企業破產後債券持有人最終也會出現全部損失。不是什麼企業都是大到不能倒（Too Big to fail）。許多企業在破產後對社會經濟面的影響有限，如果企業的負債太重，而經營持續虧損已經很大，破產後企業扣除了如員工欠薪、稅費等優先償付債權後，通常沒有什麼可償付給債券投資者。投資企業債時絕不應該只投資單一企業，因為個別公司的經營風險有很多不確定，必須要進行組合式投資，並確定投資的企業業務相關性較低。比如你全部企業債都是房地產開發商，這種組合就沒有風險分散能力了。

出現局部損失的違約事件

不是所有的違約都會損失全部本金。不少國債違約事件，如1998年的俄羅斯國債事件，或2011年的希臘國債，即使出現違約後投資者最終仍大約可取回30～50%本金。當市場的交易價格過低，有些投機者就會嘗試賺取當中的風險收益。這是虎口中獲利，因為面對的是全部本金損失的巨大風險。

突然的潛在違約風險上升

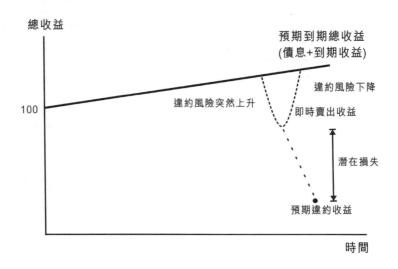

上圖顯示了一些突然的潛在違約風險增加事件。債券的價格會在正常走勢下突然出現大幅下降。如果出現違約，投資者會面對重大損失（圖中潛在損失的部分），他們可能不介意在仍能取回部分本金下虧本賣出。有時一些風險威脅事件最終會得到解決，比如一些公司獲得一些銀行或金融機構的再融資，令其看似會違約的債券最終解除了風險。比如2018年一間亞洲地區的航空公司發行的相關債券價格曾因傳聞違約風險會大增，引起了債券價格在到期前2個月由100元大跌至只剩下80，公司卻最終順利獲得足夠資金償付100元的到期本金予債券投資者。這種短期風險事件，如果最終危機得以化解，年化投資回報非常之高。但如果一旦違約，債券投資者的損失就可能遠超過20%的最大回報可能。這些債券市場的風險投機，就是債市投資巨大回報的來源。但我必需在此提醒投資者，很多債價無故急跌的公司最終真的會出現違約，一般投資者切勿胡亂參與投機。

2008年金融危機期間大量垃圾債被拋售只剩10～40%面值。敢於低位買入的投機者可以獲得高達10倍回報。問題是你敢還是不敢承擔風險，因為你持有的債券組合遇上全損，也會損失100%本金。當然投機者會買入大量的高風險債去分散單一債券全損的風險。可是事前我們很難預估

這方法是否真的可以獲利。但利潤就是歸於敢於吃進沒人敢吃的風險，並沒有死掉的投機者，因為有時吃了大風險，真的可能會一無所有。一般投資者還是以時間賺穩健的債息收入最為穩妥，對賭違約風險的錢不是一般人可以賺的。

市場利率變化風險

當市場的利率水平上升時，會對債券的價格構成不利影響，因為持有債券的票面息率會變得不吸引。參看上圖可見到當市場利率持續上升時，債券的價值會不斷下降。不過當時間開始接近到期日時，由於存續期（Duration）縮短，債券對利率上升的敏感度下降。債券價格會重新接近票面值。換句話說，如果投資人不理會市場利率的影響，一直持有債券到期，其實市場利率的升降對你的投資全期回報不會有實際的影響。而影響的是你放棄了賣出該債券而買入其他收益率更高債券的機會。債券投資的可愛之處就是只要你直接持有債券，債券的年期在1至3年以內，一直持有至到期，只要沒有違約其實沒有可能有什麼名義損失。只可能損失了其他投資機會，而投資期不長到期後又可以以新的市場利率再投資。所以被動式債券投資對眼光的要求很低，你只要坐住不動，等待到期，只要沒違約就跟銀行定存差不多。

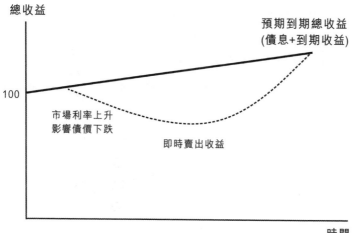

當然讀者會問，那不如直接做銀行定存就可以了，這中間其實差別很大，拋開違約風險以外，債券的利率是以市場的長期利率定價，而定存通常是做一年以內的時間，所以回報是跟從較低的短期利率。如果你做長期5年期定存，中間是不可以取回資本，或者須要放棄大部分的定存利息。而債券，尤其投資級別債券會活躍於二手市場交易，持有中途可隨時按市場價格賣出而不用被罰息。所以債券投資對資金調配而言比較靈活，而且利率往往較佳，撿便宜的機會也較多。

市場利率下降

如果市場利率下降，對債券投資者而言有正面的影響。因為你持有的債券票面息率比市場當前利率變得更吸引。舉例投資者持有一只剩餘5年期，每年5%票面息率的債券，假設買入價是100元，如果同等年期的市場無風險利率由3%下降至2%，對債券持有者而言就會非常有利，因為大量投資人會想買入該債券以獲得較佳的回報，債券價格會上升。如果債價是100元，同等條款下你的到期回報就會變成了25元。如果債價變成了是105，在不理會債息再投資影響下，你持有5年後到期的總回報是125元，你的最大獲利空間是20元。市場利率上升會透支未來的債券總收益上升空間，因為債券的利率正常不可能是負數。所以當市場利率下跌，進一步下跌的空間就會縮小。如果市場利率降至1%，持有債券在最好的情況下也只能期待市場利率降至接近零。這時候應該積極考慮賣出債券，因為留給債券持有者的獲利空間已經不多了。一旦市場利率重新上升，債券持有者就可能要冒上很大的債券價格下跌風險。

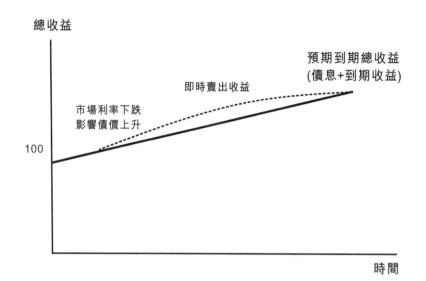

　　參看上圖,當市場利率下降,債券價格拉升的過程是債券投資回報最高的時候。你看後面的賣出收益線非常偏平代表你花了大量時間再去等待只能獲得非常有限的回報。主要回報都在利率開始上升時已被透支了。所以當市場利率已經非常低的時候,投資債券其實有很大的虧損風險,尤其是預期利率有上升空間的時候。美國債市在2016,2017年表現都非常差,持有企業債或長債的投資者都錄得虧損。這是因為這時美國進入了加息週期,整條無風險收益曲線都向上升,即是美國國債的利率全面上升,美國國債的價格相應下跌。這一現象直至2018年底,市場預期聯儲局會放慢甚至中止加息,市場預期美國經濟放緩風險增加,美債出現孳息倒掛才中止。如果美國最終開始進行貨幣刺激,債市的週期轉換又會再次上演了。

負利率債券

　　負利率是指買入債券後持有直至到期不單賺不了利息,連本金也確定拿不回來。比如2017年10年期德國國債的總收益是負值的。市場中保證虧本的生意是沒有人做的。投資者買入負利率的債券有仍獲利可能。

第一種情況是市場利率繼續下跌，如果我買入債券後市場無風險利率回報由-0.1%下降至-0.3%，債券價格仍會上升，買入者會有淨收益。只要你確定有人願意用更高的價格買入你的債券，你仍可以賺得一定的買賣差價。而這個大買家就是中央銀行，因為當推行量化寬鬆等政策時中央銀行會買入國債及企業債等債券。銀行在國債拍賣時買入的負利率債券不愁沒有買家，所以買入負利率債券在一些特殊環境下仍是有利可圖的。

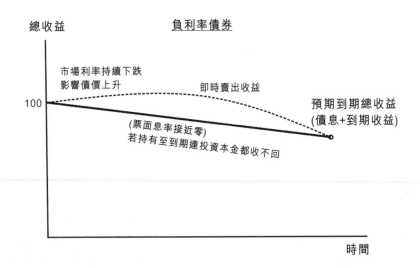

銀行買入負利率債即使債價沒有上升，有時也對自身有利，因為國債被視為無風險資產，不會影響到銀行的資本占用成本。在負利率環境下，銀行持有的超額儲備會被央行變相罰款，如果負利率罰款是0.5%，買入國債的負利率是-0.1%，其實銀行買入了負利率國債反而對自身有利，銀行能省下0.4%的中央銀行超額儲備罰款。不過整個金融市場的正常交易行為就會被這些貨幣政策所扭曲。

貨幣政策對債券價值的影響

在經濟過熱時，中央銀行會加息以降低經濟活動總量，以避免經濟過熱。同樣地當經濟活動收縮時，中央銀行會降低政策性利率以刺激經濟。

貨幣緊縮對不同級別債券的影響有很大產異，如因經濟暢旺而進入加息週期，因為違約風險降低，較高風險債券與國債之間的淨息差反而會減少。舉例，高評級債在經濟週期向好時與國債的淨息差是0.5%至1%，即是持有投資級別債券比持有國債高0.5%至1%。即使是經濟較好時，非投資級別企業債與國債的利息差距也會較大，差距約由2.5至3.5%之間。2007年次按危機爆發前垃圾債與國債的利率差曾低見2.43%，可以間接反映當時的市場資金非常充裕，而且有很強的風險偏好。市場願意承擔巨大的本金損失風險以獲得一點點的額外資金回報。

　　理論上減息週期應該利多債券價格，但投資者必需留意違約風險有否上升。因為相對市場利率變化而高，違約風險對債券價格的影響更為致命。因為利率上升只會影響債息的收益是否吸引，而違約風險卻會影響全部的本金也可能冒上風險。所以即使2008年最初開始降息，垃圾債的價格暴跌，垃圾債與美國國債的息差由好景時代的3%曾暴升高達15%。這麼高的息差代表極高的違約風險，而事實是當時的真實違約率卻仍然低於5%，而非像1990年代初或2000年科網爆破後超過10%的違約率，做就了垃圾債投資罕見的獲利機會。問題是如果當時美聯儲及財政部如沒有及時及足夠力度的措施去拯救金融市場，誰能事前預計實際違約率會否超過15%？所以我們理解貨幣政策的同時，必須要優先考慮債券市場本身的違約風險。如果你在2007年美國減息時買入大量債券，在2008年連投資級別企業債跟美國國債的息差也達到5%以上的年代，你的企業債券組合必然會受到重大的損失。所以投資者千萬不要被如減息單一因素影響而作出決議，必須要有市場全域考慮的觀念。

　　部分槓桿債券持有者，只以市場短期借貸去購買債券賺取長短債之間的息差，如果借貸只是2.5%，而長期較低評級企業債債息有5%，如果沒有發生違約，則是可以落袋為安這中間2.5%的息差（5%－2.5%）。一旦市場短期借貸利率上升，比如升到4%，其長債的價格就會大幅下跌以補償市場利率上升的影響。投資者如果買入大量槓桿債券組合須要強制

平倉，在平日交投本來就不太活躍的企業債市場形成巨大賣壓，一些投機者甚至會損失全部資本，不可不小心。

量化寬鬆對債券市場也有很深遠的影響，因為中央銀行從商業銀行手中買入長期政府債券及企業債券，就會自動壓低長債的利率水平。持有較長年期的投資者就可以受惠市場長債息率的下跌而獲利甚豐。而且銀行體系內有大量閒置資金也有利降低市場利率水平，令債券投資變得更吸引。當然量化寬鬆是有極限的，一個國家內的國債及高投資等級企業債是有限的，而且長期扭曲金融市場下。如果下一次危機到來，中央銀行就會缺乏工具去應對。你想一下該降的利率都降了，可買的債都買了，中央銀行還有什麼手段去刺激經濟。

中央銀行最後一招就是最激進的直昇機撒錢計劃，即是財政部努力花錢，而錢則直接由中央銀行支持以刺激經濟，簡單來說就等於直接印錢用來派錢及提高社會福利。聽下去好像很吸引，大家都有錢不是很好嗎？錢解決到的問題就不是問題了吧！當然沒有那麼簡單，這種方式是直接由央行增加永久性的貨幣供應，無論是開一張支票送給財政部或提供永久不用還款的永續債給財政部，其結果都會引起大量現金在社會間流動。最初都能一定程度緩解危機，最後幾乎不無例外地引發惡性通膨。

看到這裡的讀者應該記得我常提到貨幣政策的命門就是通膨，之所以量化寬鬆大增貨幣供應仍不發生通膨是因為一般大眾的薪資等可支配收入都沒有出現大升，真正脹了的是金融資產及房地產的價格。而卻沒有多少人會永久賣出該等資產作消費，買了房的都想買更多間房子，買了股都想滾雪球。錢沒有多少滾到實體經濟之中，而且受惠資產升值又能賣出非自住房產的都是少數人，自然無法引起通膨升高。當然長期的代價是財富分布更不均和民粹主義的崛起，但這不在央行的優先考慮目標之中。全球央行的決策者總是自掃門前雪，只著眼解決短期經濟及金融市場的問題，沒多少個會考慮貨幣政策對社會溢出效應，或對這些問題視而不見。2016年的英國脫歐，歐洲激進政黨的掘起，以往高福利社

會因政府財政難以長期支持出現動盪的概率加劇，未來國際政治變化的風險會重新進入投資者的主要視線。

　　採用有節制的全民基本收入的直昇機派錢貨幣政策有可能令貧富差距收窄，因為較低收入人群將直接受惠政府的福利開支上升，而不再是擁有資產者才能獲益的量化寬鬆政策。有理由相信未來會有更多政府推廣全民基本收入一類的廣泛性福利政策，在一些國家地區性的基本收入實驗中，獲得基本收入對大眾工作動機沒有重大影響，卻可以增加大眾的幸福感。不用天天擔心受怕被人工智慧及全自動化生產弄得貧無立錐之地，不是每個人都有能力極速進化，也總要讓普通人能夠生活下去。只要基本收入不會影響工作動機，對社會而言沒有太大負面影響。而且基本收入不一定以純現金派發而是補助醫療，教育等開支，降低快速推升通膨的風險，社會的幸福應該會加強。問題是政府的財政能否負擔，比如希臘等國的高福利政策最終引起了2011年的歐洲債務危機，最終還是要再次削減福利。派發基本收入可能引起的物價上升會不會發生，會不會失控？其實只要生產力能配合，總產出有所上升，通膨並不失控下全民基本收入政策不失為好辦法。美國前聯儲局主席伯南克多次提出直昇機撒錢估計終會發生，不過結局就難以預料，因為善用工具和濫用工具只有一線之差，對於結果我們只有拭目以待了。

　　直接貨幣融資去支持財政支出通常被視為刺激經濟的猛藥，少量服用可強身健體，加快痊癒，長期過度使用必死無疑。中國央行在朱鎔基年代已明令不允許央行直接購買財政部的國債，因為1990年初曾嘗試過貨幣財政引起雙位數的通膨率。其他曾濫用貨幣財政的國家很多都以惡性通膨終結。不過如果政府財政有約束下使用貨幣支持，會不會利大於弊，就視乎政府怎樣使用此等政策工具了。對投資者而言，雖然溫和的全民基本收入及福利政策不一定對債券市場差生負面影響，可是一旦出現任何更激進貨幣政策的苗頭，應該盡快撤出長期債券市場，甚至大幅減低債券持倉，視乎當時的估值及實際稅務情況考慮增加股票類（如果

股票收益沒有被大幅徵稅），黃金商品類實物投資。債券市場的息率有多高我不知道，但是通膨率一旦持續升高，可能維持雙位數一段時間。持有債券的收益未必可以抵消通膨影響，因為央行可能同時印錢壓低國債利率，令債券的要求回報和通膨失去相關性。到時的主動投資者可能要大規模撤出債券投資。

限制直接貨幣融資的還有匯率市場考慮，因為濫發貨幣引起的匯率暴跌可以引起嚴重的入口性通膨發生（Imported Inflation），即入口貨價大幅上升引起惡性通膨。但如果率先採用此方法是美國或日本等大型經濟體，反而會給予其他央行更多激進貨幣政策推行的空間。可能全球央行一起印錢去令外匯市場保持穩定，從而令直昇機撒錢在相當一段時間內變得可行。估計到時最開心的應該是實物商品類的投資者了。2018年有不少的央行積極買入黃金作為儲備，比如俄羅斯央行，究竟是否他們也預感世界貨幣政策有長遠激進化風險，就不得而知了。但我必需提醒讀者以上是激進型貨幣政策的假設情況，是否真的發生以及相關金融資產的最終影響事前根本無法預估。而且你也不可能預計政府會否推出任何行政政策，比如強制兌換貴金屬資產等，禁止資本流動等，這些在歷史上時有發生的政策轉變會令你事前的部署變得無效。你事前作太多準備未必有益，投資者還是見機行事為佳。

債券的分類

按發行主體而言債券的種類如下。

主權債（Sovereign Bond）

國家發行的債務，以一個國家的國力進行擔保及發行的債券。如果主權債是以本國貨幣發行，我們會考慮其本幣債務違約風險非常低。

即使像日本那裡總債務高達國民生產總值（GDP）的兩倍以上，沒有太多人會擔心日本政府有債務違約風險，因為日圓由日本央行印出來就有了，你要多少可以印多少。

地方政府債務（Municipal Bonds）

地方行政體發行的債券，如州政府、市政府或一些較低級別的地方行政體發行的債券。支持債券價值的是地方財政的稅收及其他收入。由於地方政府並無貨幣發行權，所以違約風險遠較國家主權債為高。美國亦有很多地方債券出現違約的案例。不過購買美國的地方政府債務有免稅的優惠，如果地方政府的財政穩健，即使債息未必比國債高，免稅的優惠對投資者也有一定的吸引力。

在中國的層級政府結構下，地方政府亦是發債的主體，發行了大量的地方債務。投資者亦要留意地方政府債務並有大而不倒的可能。在某些合適的時間，央行可能有意識地讓部分過度舉債的地方政府債券出現可以控制的技術性違約。在對金融體系沒有重大影響下，令無風險意識的投資機構得到一定損失的教訓，減低地方債過度膨脹，最終尾大不掉而出現嚴重道德風險的潛在危機。投資者要明白即使過去的經驗告訴你並沒有風險，並不代表將來一定會同樣安全，不要被過去的經驗認知所蒙蔽。

企業債（Corporate Bond）

商業企業發行的債務，發行主體較多是股份制有限公司，但也可以是非股份制私人公司的企業發行債券。企業借入債務最大的理由是用作投資擴張，如果債券的年期較長，對短期公司經營的現金流壓力就會較低，所以即使借貸金額相同的兩間相似公司，長債較多的企業經營穩定性會較高。一般經營狀況不佳的企業是很難發行5年或以上的長債，或須要以非常高的息率以吸引投機性資本。

有一些如銀行等是為了滿足監管機構要求要補充資本金的缺口而發債，這種發債對盈利的改善未必有很大幫助。有一些經營狀況差劣的公司只能發行1至2年期的短債，持續去應付經常性開支。如果企業借入的債款未能從經營現金流中支付，很可能持續要以借新債還舊債方式續命。當金融環境收緊企業無法借到新債，又沒有其他可行的融資方式，如發行股票以集資，企業就很可能會出現違約，債券持有人可以失去全部或大部分的本金。

合成型債務（Synthetic Debt）

合成型債務（把不同的貸款合約利用財務手法合成變成一個經過包裝的債務投資產品，像把不同種類的肉碎弄成一塊肉餅，你都不知道自己吃下的是什麼東西，無法清楚評估風險因子。此等債券沒有單一的借款主體，實際上你很可能並不清楚資金是借了給誰人。合成債券經過財務手段或衍生工具的風險對沖美化後可能獲得很高的投資評級。投資者必需小心評估實際風險，或者選擇避開合成債務。

最著名的合成債要數引起美國出現2008年金融危機的債務擔保證券（Collateralized Debt Obligation, CDO），這是一種結構非常複雜，由抵押債權及其衍生產品組合構成的證券化商品。簡單一點說，CDO的投資者間接借款予款機構，並承擔債務相關貸款違約風險。不少的CDO經過統治原理進行分類調整配合衍生產品合成美化後，卻可以獲得了投資級別的債券評級，甚至AAA最高級別的信貸評級。當年不少的美國地方性退休基金也大量吃進了CDO，在2008年時引起了退休金投資者的重大損失。有興趣深入理解的讀者可參考米高·路易士（Michael Lewis）的《大空頭》（The Big Short：Inside the Doomsday Machine）一書。另外法蘭克（Frank Partnoy）的《血戰華爾街》（F.I.A.S.C.O.Blood in the Water in Wall Street）一書對投資銀行如何應用衍生工具改善債券評級有很生動的解釋。本來明明風險很高的新興市場債經過外匯及各種對沖工具的包裝下竟可變成債市的搶手貨，令人嘖嘖稱奇。

其實一般大眾直接購入合成債務的可能性理應不高，但當年這些合成債務成功賣到全世界。香港的零售投資者不少也直接或間接受相關債券違約事件影響。所以我得再次提醒讀者在金融世界不要貪小便宜。為什麼同樣是AAA的債券合成債券的利息可能就不多於0.5%的回報，投資者卻承擔風險以倍數計的違約風險損失？這種就不是風險和回報等價交換，而是不合比例的風險承擔，雖然這等看似非常愚蠢的交易其實在金融市場經常發生。因為很多投資者會大條道理的認為只要違約不發生這些差價就是白白下袋了。他們不明白自己究竟承擔了多大的風險，可能還要食髓知味，做完一筆又做下一筆相似的債券交易。直至出現風險事件時才發現自己一直以來其實做了金融市場的大笨蛋。

按發行條款的債券分類

直債（Straight Bond）

直債是指持有現金流結構最清晰的一種直接債券投資。直債有明確的到期日，而且到期時間不會過長，發行機構沒有到期前提前贖回的選擇，無論市場利率變化，發行機構必需持續付息給投資者直至債券到期。如果到期前沒有違約事件投資者必然會收回100%本金。利率則是按固定時間比如每半年，固定的票面息率如5%發放，沒有任何增減的空間。美國政府發行的定息國債或者一些固定條款的企業債也歸類為直債。由於發行條款固定，對投資者較有保障，所以相同的孳息率回報下，直債會比其他債券更受歡迎。

零息債（Zero Coupon Bond）

投資者在買入零息債後並沒有固定利息回報，而是一筆過在到期時收取100%債券面值的款項。投資者的回報就是買入的價格和到期收回本

金之間的差價獲利，一些長年期的零息債買價可以低於面值的50%。比如值100元的債我們只須付65元，到期時能足夠收到100元，這中間35元的差價就是產生孳息率的來源。我們把到期價與現價進行折現分析就能找到預計的年化回報率。一般來說持有零息債的投資者要冒較大的風險，因為持有期間毫無現金流收益，萬一出現違約連息都未收過1元就出現重大虧損。所以零息債較多出現在國家發行的主權債，而較少出現在企業債市場。如果企業發行大量的零息債，投資者會比較擔心企業到期能否一筆過支持大額開支，或者當時能否借新債還舊債。

永久債券/永續債（Perpetual Bond）

永續債是一種沒有到期日的長期債務。債券發行人按期如每半年支付債息直到永遠。發行人可以在指定時間如3年或5年後贖回，也可以選擇不贖回。有一些永續債為吸收投資者會有一定的利率自動調整條款，比如過了5年後仍不贖回，債券的利息會向上調升2%，或增加債券與當時無風險利率的差距。由於絕大部分的商業機構並不可能永續經營，持有永續債的投資者長期風險比直債高得多。為了吸引投資者永續債的利率會比同一公司發行的直債有明顯的利息差異，實際市場交易中可以見到息差可達200～500點子。但投資者必需認清發行永續債主體的持續經營風險。較常見成功發行永續債的是銀行或一些歷史較長的大型企業用作補充長期資本。部分房地產企業也會發行永續債去降低負債比率，因為永續債沒有到期日，在會計處理上可以計入公司的權益（Equity）而非負債（Liability）。這類高風險永續債的息率往往相當吸引，當然前提是公司沒有發生違約的風險。有一些經營一般的大型債業也會發行永續債，投資此等債券投資者的理念往往是估計企業能大而不倒（Too Big to Fail）。高風險易受週期或政策影響的行業，發行的永續債並不適合一般的投資者，而且二手市場往往並不活躍，投資者亦要留心永續債的流動性風險。

浮息債（Floating Rate Bond）

　　浮息債的利率發放會按當前市場基準利率環境自動調整債息，這類債券對投資者最大的好處是不用擔心市場利率波動的風險。不過當然也喪失了市場利率下降時的潛在回報。投資於浮息債並不等於安全資產，因為浮息債也會面對違約風險。所以一旦市場整體的風險上升，浮息債投資也可能會出現虧損。

　　短期的浮息債基金有時會視為貨幣基金一類，可是當市場違約風險上升時持有浮息基金也可以虧損，買入貨幣市場類的基金遇上損失往往令投資者意想不到，本來視為最安全的資產並不是絕對安全，2018年美元定期存款的回報約有2.5%，而浮息債基金（美股：FLOT）卻在12月左右短時間內因市場整體風險上升而出現2%的跌幅，幾乎把全年的利息收益抹平。所以投資者必需認識到在兵荒馬亂的時候，看似安全的資產也可能受到波及，只是程度上的分別而已。

可轉債（Convertible Bond）

　　可轉債會提供投資者在持有一定的時間後，以指定的價格把債券轉換成該發債主體或相關公司的股票。可轉債在近年美國股市暢旺的年代非常流行，因為投資者都很想以較低風險捕捉股票價格長期上升的機會。比如一間公司的股票市場價是每股150美元，可轉債指定兩年後投資者可以選擇以每股170美元把債券轉換為公司的股票。中國的企業也樂於發行可轉債。主要原因是可轉債的利率支出較低。公司發行此等債券後可以用較低的成本融資，就算股價上升只不過是發行多一點想要多少就有多少的股票，公司的股權可能稍為攤薄而已。

　　可轉債其實是一個低利息債券配合一個長年期的公司股份認購期權的投資組合。不過對投資者而言並不是穩賺的工具。除非投資者是發行時就已經買入該可轉債，並一直持有等待轉換。如果是在二手市場買入，可轉債的價格往往受公司股票價格漲落而大幅波動。如果投資者買

入的是可轉債的基金，持有者很可能發現在股票市場下跌時其基金價格
的下跌也不遑多讓。因為買入基金時已是等同在二手市場買入已計入股
價上升收益的可轉債，能否獲利就要看相關股票往後的表現。所以可轉
債的投資者同時面對利率風險、股市風險以及違約風險。在金融市場波
動時可轉債的防守力非常薄弱，債價也會出現明顯下跌。在股票市場快
速上升時，可轉債往往在各類非槓桿債券組別中一枝獨秀。

債券投資與破產清算次序

　　債券投資者面對的最大損失就是公司出現債券違約並最終破產。投
資者能否取回款項要視乎破產清算時他們的償付優先次序。不同國家的
破產清算次序並不相同，一般來說清算次序可以參考下面的優先排序：

1) 最優先的債權為已完成抵押手續的擔保債權，如公司抵押在銀行
   獲得相應貸款的資產，銀行能在公司破產後最優先取得抵押資產
   的持有權。
2) 政府及破產相關費用，如破產的清算人（Liquidator）相關服務
   費、政府的稅務費用等最先繳納。
3) 公司員工的薪資以及各項福利金款項。
4) 債權人會按照不同債務合約訂定優先順序，優先債券持有者享有
   最優先的償還次序，次順位債券持有者較後。
5) 公司的優先股股東優先拿回款項，剩下的資金由普通股股東進行
   分配。如果公司的債務比率較高，普通股東因為償付次序最後，
   一般都只有很低比例的投資金可以取回。

　　債券持有人的償付優先並不是最前，如果公司出現較嚴重的資不抵
債，尤其公司已發行了很多抵押貸款的情況，有可能普通債券的持有人
只能取回很少的資產，甚至出現全損。

白武士與債轉股

一些公司在進入破產程序前仍會嘗試尋找買家作收購。新的潛在買家會嘗試與主要債務人接觸，如果主要債權人能作出一定的讓步並接受收購方案，比如願意只收回一定比例的本金並獲得一些股份作補償，令公司得以繼續營運。這種安排有可能減少債券投資者的總損失，債務人會比較破產與收購方案的損失作評估。這些買家有時會被稱為白武士收購者，他們把公司重組，並從實體經營方面改革公司運作，有時令一些破產邊緣的公司獲得重生。美國有很多知名的私募基金專門從事這類收購案例，若能化腐朽為神奇，成功令公司業務重生，利潤將會相當豐厚。

債轉股方案也是另外一種處理瀕臨破產企業的折衷方式，把公司債權人的債務轉為股權，債主變成公司的股東。此安排對高負債公司有非常大的好處，因為股東出的資本是不須要償還，債轉股後公司的總體負債水平就能大幅降低。而且債務減少能大幅降低總利息開支，有可能令公司能繼續營運並且獲得經營利潤。如果公司的經營非常差劣，繼續營運也只會令虧損擴大，債轉股對投資人而言就沒有了吸引了，很可能走破產程序還能拿回更多投資本金。

稅收與債券投資的關係

美國公民投資美國債券獲得的回報須要繳交入息稅，而且是收取利率的時候就已經要交稅。情況就好股票投資的股息須要交稅一樣。不過要留意的是，美國國債只須交聯邦稅而不用交地方稅。而地方性債券的收益不只不用交聯邦稅，如果買的是居住地的地方債，連地方稅也可以獲得豁免，變相完全不用交稅。買了企業債的朋友則無可避免要為其債券收益交

稅。而買了零息債的朋友的稅務支出最痛苦，因為明明許多年後債券到期才收到本金及潛在的獲利，持有債券期間債息回報一分錢未到手卻要每年按默認的年度利息（Implied Annual Interest）去為其零息債交稅，真是未見官先打八十大板。所以零息債在美國並不太流行。

海外投資者直接持有美國的債券，包括國債地方債及企業債等都不須要繳納利息稅。不過投資者必須要留意如果是通過債券基金或交易所買賣基金持有的美國債券，該基金配發給你的利息卻會被美國政府視為股息，須要按股息相關的海外課稅率徵收10～30%稅款。海外投資者要留意美國的銀行存款及公司債是免除遺產稅的，目的是鼓勵海外投資者參與相關投資，如果投資美債及海外資產資金量大，必須要考慮稅務影響。有須要可以考慮以公司或信託基金形式持有，當然由於營運成本高昂，有較大額資產的投資者作出上述安排才可能有成本效益。而投資者在居住地買入的美國債券基金投資並不須要支付美國的遺產稅，不過仍要繳付本國的遺產稅務（如適用）。

個人投資者在投資時須要考慮稅收對債券投資回報的影響。目前在中國一年以上長期持股的股息是免稅的，銀行定期存款也是免稅，而債券投資除了國債外則並沒有免稅的優惠，一般債券投資的利息須要繳交所得稅。如果當前稅率仍為20%，債券的債息回報是5%，對投資者而言，實際上只有4%的收益。這亦導致一些投資者可能在派息登記日前賣出債券等交易行為。因為部分金融機構有稅務優惠，會有動機買入投資者些微優惠價賣出的債券作短期的買賣套利交易。不過個人投資者必需考慮交易成本，尤其是流通性、低買賣差價大的債券，很可能得不償失。事實上在中國實際的債券交易主要都是機構為主，個人投資者較少參與其中。

利率期貨與利率預期變化

　　利率期貨主要反映市場對未來一段時間的利率變化預期。如果利率期貨預計央行的加息可能性上升，期貨市場中的預期息率變化若沒有對金融市場做成重大震盪，即代表央行可能按預期加息而不會做造成重大影響。所以有時央行的行動也要參考市場的交易行為。因為一旦市場對未來的加息行為產生過大的恐慌，引起資產價格大幅下跌，聯儲局就可能要被迫停止原本的加息行為，轉為觀望市場的反應。因為如果市場出現大暴跌，引起資本市場的混亂以及嚴重的負財富效應，都會對實體經濟構成重大影響。央行可以接受平穩有序下跌而不會改變其原有政策，但當市場以暴跌來跟央行吶喊，央行也很難一意孤行地執行既定的貨幣政策。2018年12月美聯儲對加息預期的大幅轉向，就是被美股近20%的大跌逼宮的。不過維持金融市場穩定對經濟亦是非常重要，投資者必須要知道央行行為受市場影響的可能。投資者不要盲目相信自己擬定好的市場暴跌劇本，如劇本中的大丑角是央行加息，你必需認識到丑角被市場暴跌嚇退場後，市場又會變回平靜。

　　但讀者可能會想為什麼2008年的金融危機中，美聯儲的減息沒有立即終結資產市場下跌。2008年是因為大量樓宇按揭借貸的壞帳出現，許多債券及金融機構出現違約，絕不是減一點利息可以解決問題的，必須要政府直接用財政政策對金融體系進行拯救，否則銀行體系以至整個金融系統就會整體崩潰。但是2018年時根本並沒有出現債務危機，而只是出現資本市場的估值下調，所以央行的政策預期改變就如及時雨暫停了風暴。如果央行堅持加息利為，市場一旦進入劇烈估值下調模式，利率的預期的變化未必能煞停市場下跌的步伐。他們在1929年因為太遲救市而力度不足，無法阻止美股大暴跌最終並引起大蕭條的錯誤，尤其任由地方型銀行體系崩潰所犯過的錯誤，在很長時間也支配一代又一代聯儲局局長的政策思維。大家要謹記中央銀行不以股市升跌為政策目標，如果市場是有序下跌調整估值也不會引起央行的干預。只是當股票市場疑

似出現崩潰並威脅到實體經濟，投資者就不要認為為央行會袖手旁觀。對交易者而言必需留意交易面上的盤面大逆轉，如果你在2018年12月底大幅放空美股認為暴跌會持續，而低估貨幣政策轉向的影響，在2019年1月的美股由低位快速上升的修幅行情中幾乎肯定會焦頭爛額。

在這短短的2個月期間，美國25年以上長期國債的價格大升10%以上，美元計價的高收益債券從2018年12月的低位也上升了近10%。你就會明白即使你是純粹的債券投資者，也是要留意股市的發展和變化，因為今天的資本市場是一個整體，每一個市場與另一市場都會相互影響，投資者不應只專注觀察單一資產市場運作。比如一個地方房地產市場出現較明顯下跌，並有壞帳上升出現，你應該考慮是支持該地方房地產按揭貸款的是銀行體系，還是信用合成債券（CDO）類的資金。並預計該等市場很快就會受到沖擊，並準備應變或交易計劃。

孳息曲線

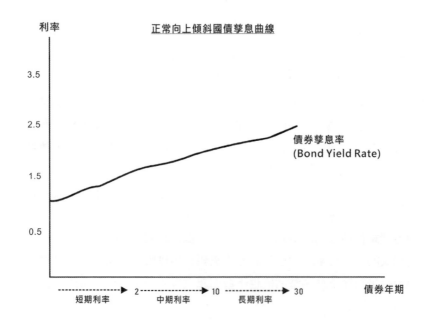

孳息曲線（Yield Curve）是把一個國家不同年期的國債利率連結，形成一條可觀察短期及長期息率變化的曲線。孳息曲線變化有非常強的經濟衰退預測能力。美國近30年出現3個月期國債（準備名稱為財政部票據）利率高於10年期國債利率時，一般在6至24個月內很大可能出現經濟衰退。是一個非常強力的衰退預測指標，而且準確度甚高，40年來近乎從未失手。只是發生衰退的時間存在非常大的彈性空間，投資者不能以此作為直接的股市交易根據，因為股票價格往往會繼續上升一段時間才下跌。所以只能視為參考警訊而不能視為直接交易根據。

如果同時觀察失業率低於4%，就能確認經濟週期擴張到接近頂峰。出現衰退時的經濟下滑幅度就會較大。因為經濟越近頂峰，越多的低效率投資，甚至只靠融資支找持的虧損業務大量存在，一旦經濟逆轉。這些沒有經營基礎的生意很可能率先倒下，引發經濟收縮，情形就如同2000年科網爆破後大量科技空殼公司出現倒閉。債券的投資者必須要密切留意市場變化，尤其是高收益債等較高風險的債券投資風險很可能會在未來快速上升。

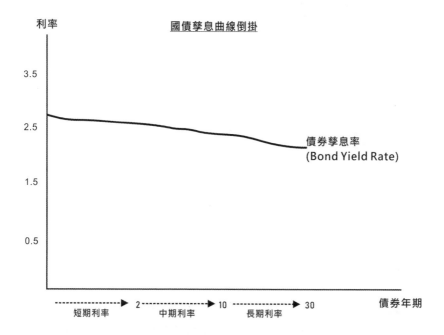

　　發生孳息曲線倒掛（Inverted Yield Curve）主要有兩個可能，第一是短期利率上升速度太快，這代表央行的政策性利率上升幅度太快，市場的長期利率升幅跟不上短期。第二個可能是因為市場預期經濟衰退風險增加，大量的金融機構買入長期債券去鎖定長期的回報，減低將來降息時債券利率大幅下降而難以再投資的風險。前聯儲局主席耶倫認為孳息曲線平緩不一定代表衰退，只是因為市場的資金偏好改變，不須要利率溢價去補償長期借貸。但不少聯儲局官員仍然認為，孳息曲線倒掛是重要的貨幣政策參考指標。

　　平緩甚至倒掛的孳息曲線會嚴重傷害銀行及保險公司等金融機構的盈利能力，亦會降低銀行的借貸意欲。因為金融機構的利潤來源是以較低的成本借入短期資金，並以投資或放貸收取長期利率較高的利息，短期資金成本與長債的息差是銀行淨利息收入的主要來源。在國際金融危機發生後全球的銀行都風光不用，除了更嚴格的監管及合規成本，不少國家採用的超低利率政策並用量化寬鬆壓平長期債息，大幅減弱銀行及保險公司的收益來源，這也影響到保險公司的紅利發放率出現下降。銀行亦可能因為借貸利率不吸引人而收緊放貸，因為貸出的款項是要承擔風險的卻沒有相應的利差回報可收回。最終因信貸緊縮引起消費及投資活動放緩而引起經濟衰退。所以倒掛的曲線不只預視了經濟風險的存在，也會間接提高經濟衰退的可能性。

債券基金投資

　　以基金形式投資債券其實非常盛行，尤其美國的交易所買賣的債券基金，其手續費率竟可低至0.1%以下。難怪專業的投資機構及對沖基金也直接持有交易所買賣基金，也不直接持有債券組合。事實上債券市場中除非是美國國債，或非常活躍的企業債，否則有很高的買賣差價成本，有時高達0.5%以上。而交易所買賣的債券基金差價往往在0.1%以內。相對而言流動性更高，而且也不用擔心個別債券違約的風險。不過再次提醒海外投資者買入該等美債基金獲得的派息收益會被美國徵稅，視乎不同地區稅

率10～30%不等。海外投資直接持有債券反而沒有稅費支出，所以投資美債的投資者必需考慮到基金投資產生的額外稅費支出。

投資者可能要考慮，於每次利息結算（除息日）前賣出交易所買賣的債券基金，除息後債券基金價格會相應下跌，投資者可以考慮再買回。因為持有時收取到利息會反映到債券價格之上，所以只要投資者在除息前賣出就可以減低稅費總開支，不過這要視乎增加的手續費開支及買賣差價成、交易成本是否低於利息稅的支出。

美國的短期國債基金（美股：SHY）
美國的中期國債基金（美股：IEF）
美國的長期債券基金（美股：TLT）

其實這類國債近年的回報本來就非常差，尤其在利率上行週期。如果買入長債去賭美國的長期利率下降，會有一些交易的機會。但投資者必需留心美國的短期利率可能在經濟再次衰退時再次快速下降。但美國的長債息率未必能大幅下降，因為美國已經出現嚴重的結構性赤字，須要不斷發新債。長債利率會否下降，要視乎聯儲局會否進行非常激進的貨幣政策，比如再次推行量化寬鬆計劃，甚至直升機派錢計劃。這時美元的匯率將無法避免下降。低利率、大量發債、美元匯率仍保持穩定，是三個不可能同時達到的目標，除非美聯儲向全球主要國家的央行廣發邀請函，要求包括歐洲，日本等各路央行一齊大印銀紙，重演2008年的美元越印越升值的奇蹟。如果有幾家央行不為所動，投資者就會有極大動機賣出美元，令美元的匯率受巨大的壓力。關於匯率的影響我在後一個章節詳談。

中國的債券基金回報其實非常一般，往往連貨幣市場或理財產品的利率也較直接買入國債好。國債相關的投資產品及基金很少個人投資者直接參與。除非是利率快速進入下行週期令長期國債的價格出現較大幅度上升的時候，一般情況下持有債券基金投資回報不吸引人。一般個人投資者可能不理解為何國債仍是受歡迎的投資工具？因為銀行投資國債被視為無風險或低風險的投資工具，不占用或只小量占用銀行自有的

資本金。如果一間商業銀行的存款中有一些活期存款，利率成本只是0.5%，計入定期存款等資金總成本是1.5%，銀行資金買入國債收到3%，淨利潤是1.5%，這筆收益不怎樣須要消耗銀行自有資金成本。銀行可以把更多的超額儲備放貸到其他項目如一般商業貸款等去獲利。這樣就等於把銀行可借出的總貸款加大。所以你應該明白何為理財產品的利率有時會高於國債，但國債市場仍是這麼活躍，因為參與的機構投資者能從中獲利。其實資本市場是一個複雜的生態系統，沒有人可能完全弄明白，對投資者而言能知道一些重要的概念就可以了。

1998年長期資本管理公司（LTCM）的巨虧事件

長期資本管理公司（LTCM）成立於1993年，由一批非常著名的債券投資者以及兩位獲得諾貝爾經濟學獎的經濟學家創立的大型債券投資對沖基金。

基金以非常高明的量化策略進行各種複雜的統計套利，固穩收益套利等去獲利。比如公司的交易模型找到某一期限的債券價格相對其評估價值較低，出現了可以獲利的價格坑洞，公司就會立即買入填補價格坑洞。或者新發行的債券與已發行的債券之間的價差收斂。公司採用大量的槓桿進行交易，槓桿倍數最高達到25倍以上，高峰時持有過千億美元資產，並持續在1998年之前每年都獲得豐厚收益。投資者在不到4年之間獲得了近300%的回報，而且每一年的回報都是雙位數的正數收益，這一回報率在債券投資相關領域而言近乎是無人能及。

可是在1997年尾亞洲金融風暴開始以後，該基金的業績已經開始下降。面對一些風暴級的市場變化，量化策略往往未能適應劇烈變化及突然缺乏流動性的市場狀態。1998年中時因為基金前事低估俄羅債務危機對全球債券市場的影響，美國期限相近的國債孳息率正常在市況下的價差收斂現象變成了價差擴闊，公司的持倉蒙受巨大損失而轟然倒下，損失了40多億美元幾乎虧掉了全部的資本金。最終基金在紐約聯邦儲備銀行聯合一眾投資銀行的協調救助下，把基金的投資部位逐漸平倉後，基金運作至2000年正式倒閉。投資該基金的投資者不單幾年所賺的利潤全部消失，連絕大多數投資本金也賠上了。

投資者必需對槓桿式的量化策略保持極大的警惕，因為市場總是變幻莫測的，而多年的投資獲利只要遇上一次風浪就可以變成一無所有。如果債券基金在一個正常年度的獲利是5%，頂尖的主動交易債券基金經理獲利是7%，你就要想想為什麼有一只神一樣的投資債券對沖基金可以獲利20%？幾乎肯定是用上了高槓桿！你應該明白你投資於該等基金面對的風險絕對不是債市風險，而是槓桿投機的全損風險！

外匯交易市場

外匯市場

外匯市場是全球交易金額最大的市場，每天交易金額遠超過股市及其他如債市等交易市場。外匯市場並沒有一個像股市交易所這類中央的交易場所，而是由分散於全球的主要商業銀行以及外匯經紀商之間互相交易而形成一個巨大的店頭交易市場（Over the Counter Market）。

在外匯交易中大部分的交易寸頭都是投機性交易而非有真實的商品及服務須要。中國個人投資者的外匯交易並不活躍，除了有資本帳限制下個人購匯限額，短線外匯交易獲利的難度也不可以忽視。但即使是全球金融市場最發達的美國，個人外匯交易也不活躍。美國證券交易委員會已經禁止在其監管下的所有經紀交易商進行槓桿式外匯交易，目的是避免非專業的投資者進入極高風險的高槓桿式零售外匯交易，以更好保護投資者的利益。

交易外匯的工具有很多種，除了現貨市場，期貨市場中的外匯遠期外匯掉期及外匯期權等交易也非常活躍。其實交易外匯無非是利用匯價及貨幣利率的變化獲利。多次的地區性金融危機，包括1998年的亞洲金融危機都與匯率波動有莫大關係。外匯價格變化對全球資產配置有非常重要的關係，理解外匯市場的運作是更好認識全球金融交易市場的必要知識。

全球最主要已發展國家的貨幣有美元、歐元、日圓、英鎊及澳元。人民幣是新興市場貨幣中交易量最大者，南非蘭特等也是活躍的交易品種。外匯市場跟貿易總量及國力並沒有必然的正比關係。中國是全球第二大經濟體，但在外匯市場的影響力及活躍度還是相當有限。箇中原因是在國際市場中人民幣計價的資產有限，而中國本身設有有資本帳限制，資金並不能完全自由流動。所以人民幣在外匯交易市場中亦不活躍，展望將來人民幣在國際外部環境更穩定時會再逐步開放。

外匯的報價

交易任何外匯，都會有一個雙邊匯率報價。一個貨幣的升值，必然會出現另一貨幣的相對貶值，所以外匯市場不可能出現全部貨幣貶值，但可以出現單一貨幣兌全部外幣升值，比如在金融危機中的美元作為主要避險貨幣兌其他主要貨幣出現升值。

歐元兌美元匯率報價的例子。

EUR/USD 歐元兌美元	
1.13902	1.13905

如果想買入100萬歐元的買家，只要付出113.905萬美元可以即時成交。

如果有買家想賣出100萬的歐元，可以獲得113.902萬美元。

中間的10萬分之3的差別就是外匯市場的買賣交易差價，是交易外匯成本的一部分。在銀行間外匯交易市場這個差價非常之少。讀者要留意一般商業銀行的買賣差價都是非常高，大約在十萬分之5,000至10,000之間（0.5～1%）甚至更高。所以在商業銀行外幣存款戶口的外匯交易市場跟本沒有任何短線交易空間。這亦是為什麼商業銀行其實很喜歡存戶進行外匯買賣，因為這種無風險的差價獲利是很好的利潤來源。

實際上參與大額外匯交易的都是以機構為主，他們往往是互相博弈，希望能從機構對手的帳戶上賺錢。雖然說外匯交易量大，不過大部分的外匯交易都是發生在全球30間國際大型銀行之間，大型國際銀行對外匯交易尤其本國貨幣的外匯有定價的一定影響力。中央銀行也是外匯的潛在交易者，日本、中國及許多新興市場國家的央行都會在一些情況下參與外匯市場交易，通常是直接或間接在外匯市場中進行交易以穩定本國貨幣匯價。

外匯市場由於只需非常少的波幅即可以獲利，如果交易手續費率低，賺取千分之一的匯價波動即可獲利，所以高頻的交易者一天交易金額往往是自有金額的數倍甚至上千倍。例如一個以10倍槓桿交易的交易者只有10萬美元本金，卻可以每次交易100萬美元的外匯頭寸，如果當天買入賣出一次就是200萬美元的交易額，交易十次就是2000萬美元的交易額。所以每次有人提到外匯市場的交易額大，只是一個假象，實際每天交易的淨風險頭寸遠少於當天的交易額。不過由於大量的資本以槓桿在其中快進快出，一般來說交易的流動性非常好。而且要成功在一段時間內干預外匯市場中的主要外幣交易代價非常高昂，除了央行可以在本幣供應上干預市場，現在已難有個人或個別機構有足夠的實力持續影響外匯市場。有人說外匯市場是最公平的市場，其實也不可以這樣說，有人的地方有有江湖，有交易的地方就有操縱空間，只是能夠影響的時間和波幅的大小而已。

外匯交易的方式

一般大眾進行外匯交易是通過銀行戶口進行，部分商業銀行亦有提供槓桿式外匯投資服務。由於銀行在外匯交易中能賺取無風險的差價收益，所以多數銀行都非常樂意去開展外匯業務。

商業銀行外匯存款

在商業銀行進行外匯交易的回報計算。

買入外幣的成本減去賣出外幣的回款就是淨利潤。要留意買入外幣後可以做定存等，獲得利息也會計入收益之中。整個投資過程中扣除手續費賺到的本幣淨收，就是外幣的投資回報。如果這個回報比我們只持有本國貨幣並作存款的收益為高，投資者在考慮風險後可能就會參與這種最簡單的外匯交易。不過中國的投資者要留意每年的個人購匯額度限制，實際上的潛在獲利空間不高。

槓桿式外匯買賣

　　槓桿式外匯買賣視乎槓桿比例可以是極高風險的交易形式。國際上有一些金融服務機構以及商業銀行亦有提供個人客戶槓桿式外匯交易服務。槓桿比率可以高達20倍以上，單日較大的波動已經可以令外匯投資者倉位出現重大虧損。除了考慮價格變化，同時亦要考慮兩只外幣的利率回報差異，以及服務提供者的利率差等費用成本。因為你投資一只貨幣時會收到利率回報，卻同時要借入貨幣的借貸利息成本。有時借入貨幣的利率成本突變會令投資者損失，比如2016年底離岸人民幣交易市場曾經出現中資銀行收緊融資，令離岸人民幣短期拆息超過10%的現象，令借貨放空人民幣的投機持有成本大增，令他們須要損失平倉。其實現在已沒有太多的投機者敢亂放空人民幣，更大的影響來自真實的貿易與資本性流動，而不是純粹的投機性放空。他們吃過了太多虧早已知道人民幣並不是好的放空標的，多數對沖基金早已轉戰其他市場去了。

外匯利差交易（Carry Trade）

　　既然買入一個貨幣，就會同時賣出另一貨幣。如果投資者賣出利率非常低的貨幣並買入利率較高的貨幣，就可以去賺取中間的息差，以及獲得潛在匯率變化的回報。最簡單的例子是投資借入近乎沒有利息的日圓，買入利率較高的貨幣如美元或新興市場貨幣如南非蘭特等。只要匯率變化不大，就可以賺取中間的利差。其實這是相當高風險的投資行為，我不建議個人投資者參與其中。因為如果買入的貨幣利率大幅下跌，投資者要承受利率下跌的同時還要面對巨大的匯率下跌風險。2008年時就有不少投資者在放空日圓買入澳元的利差交易中蒙受巨大的損失。因為當時日圓作為避險貨幣而大幅升值，而澳元作為高風險的商品貨幣而且利率急降，兌日圓出現大幅貶值。

外匯掉期

外匯掉期是一種同時買入及賣出不同時間外匯的合約工具，參與的交易雙方可以對沖合約期內的匯率變化風險。

例如一位日本投資者持有100萬美元，他須要一年後把美元兌換回日圓，但日圓的匯率經常在某些年分出現巨大波動。他可以透過外匯掉期合約，在今天就把將來的外匯價格進行鎖定，與另一個已持有日圓在一年後有須要兌換回美元的投資者訂立遠期兌換合約。假設當時的日圓匯率是1美元兌110日圓，由於日圓沒有利息，而美元有利息，在補償對方投資者利率的差異後，持有外匯掉期合約的日本投資者可以在一年後以1美元兌112.5的匯率把持有的美元投資轉回日圓，以避免承擔匯率變化風險。

外匯掉期有助一些在全球有不同業務，擁有多種貨幣的跨國企業對沖外匯持倉風險。外匯掉期的功能是只交易利率風險，對沖掉外匯波動風險。因為如果掉期合約建立後，美元利率比預期中上升較快，這位日本的投資者就會因此受惠。而交易的對手方因為目前持有日圓，而於該年度未能享受美元利率上升而受損。

參考遠期外匯及衍生工具定價

進行外匯投資時可以參考遠期外匯定價。這是一個很有用的外匯市場觀察工具。在進行遠期外匯期間，交易的雙方除了要面對如外匯掉期中的利率風險，同時要面對匯率波動的風險。

如果日圓在遠期市場中出現的貶值超過了利率差異的部分，可以理解為資本市場預計日圓會因為一些潛在風險因素出現貶值。在外匯遠期市場中訂錯價的虧損風險會很大，因為投資者可以選擇買入或未賣出貨

幣。所以機構在參與匯遠期市場報價時都會比較謹慎，不會胡亂出價。當然任何人或機構都無法預期未來有什麼因素會影響匯價，比如英國脫歐、油價上升影響印度盧比貶值，因為石油是印度的進口產品，卻會令俄羅斯盧布升值，因為俄羅斯是主要的能源出口國，這些因素事前往往難以預計。

但是如果某一貨幣遠期市場出現大幅貶值，一定存在一些不確定的潛在風險因素，令交易的雙方都願意用這一個較低的匯率成交。2015年人民幣匯改，引發外匯市場較大的波動，1年期人民幣在遠期市場（Forward Market）的匯率比現貨市場（Spot Market）的匯率貶值超過5%。在2018年人民幣同樣面臨貿易衝突等不確定性而貶值至1美元兌6.9人民的水平，而1年期人民幣的遠期市場匯價卻仍是1美元兌6.9人民幣左右。這表示外匯市場預期人民幣沒有長期貶值空間。市場的交易者可以吹牛皮，但外匯市場的交易價格不會吹牛皮，因為這種市場交易是要用真金白銀的損失做代價的。市場無法把未能預知的風險事件計入價格，但市場已考慮了可以預見的主要因素，所以遠期外匯變化對投資者看清楚市場當前的判斷非常有參考價值。

外匯價格形成機制

世界上主流的匯價有三種定價方式。

自由浮動匯率（Free Floating Exchange Rate）

完全由市場定價的匯率，匯率不受央行直接干擾，由主要的機構參與者在外匯市場的直接交易下形成市場價格。完全自由浮動的較小型國家匯率有時會比較波動，好處是完全不須要外匯儲備金，市場力量會自行調節匯率及相關的經濟活動。

例子：美元、歐元。

有管理浮動匯率（Managed Floating Exchange Rate）

由央行及本國金融機構作一定程度干預，並同時允許市場供需力量參與匯率定價。以避免匯率出現大幅度的波動。

例如：人民幣，韓圓。

固定匯率／聯繫匯率（Fixed Excahnge Rate / Linked Exchange Rate）

由央行決定固定匯率定價，有部分國家亦會允許本國貨幣對掛鈎貨幣上下波動0.5%～ 5%。部分經濟系統如果要交易外匯必須要得到權限，個人及商業機構不可以自由兌換外幣。中國曾於2005年前相當一段時間內採用固定匯率制度，及後才逐步放寬匯率價格的彈性。

不同匯率包括歐元、人民幣的有不同的因素及價格形成機制。全世界目前的主要資產仍以美元計算，所以多數的匯率報價是以相對美元的價格作比較。採用固定匯率的經濟體系多數把匯率與美元或歐元等全球主要貨幣掛鈎。匯率價格不受市場供求關係影響，匯價非常穩定。代價就是國家不能自由調節利率，及資本市場未必能完全開放、資金不能自由進出。如果固穩匯率出現大幅高估或低估，才可能須要較大幅度修正，而且修正的時間可能很短，往往會出現較大幅度的匯價震盪，比如1997年的亞洲金融風暴。

其實對部分歐盟國家而言，採用歐元取代本國貨幣的效果其實非常近似於採用固定匯率。好處是匯率穩定，消除了匯率風險易吸引外商投資，但代價是放棄了貨幣政策的彈性，例如經濟衰退時無法透過減息刺激借貸消費及投資，以及利用貨幣貶值以刺激出口改善經濟。如果一旦要脫離歐元，重新發行本國貨幣，金融市場對新貨幣往往沒有什麼信心，很可能出現恐慌性拋售，出現無秩序的相對貶值，對經濟產生負面的影響。故要小心留意歐洲國家在未來的政治動態，會否有脫離歐元傾向，以重奪貨幣發行權，支持公共開支及福利政策。

讀者必須要認識到外匯市場的價格波動不同於其他資產，除非出現主權國家或經濟體系濫發貨幣引發恐性通膨，或者出現由外幣借貸引起的國家債務危機，否則大多數的主要貨幣的年度波幅必然是有限度的。一個經濟體系的勞工及生產設備不會憑空消失，他們生產的物品及服務就是一個國家外匯的最大支持。但是由於短期資本流動，往往會造成外匯市場相對經濟活動而言出現較大波幅的變化。

而由於資本市場中的許多資產如房地產等不能在金融市場上自由交易，所以有時一些國家的貨幣大幅增長不一定會直接反映到外匯市場變化之中，而只是流入本國的資產市場之中。除非這些膨脹了的資本可以快速變現並且在資本完全流通的情況下快速流走，造成短期內本國貨幣在外匯市場的供應大幅增加，才會真正引發本幣的大幅貶值。所以有泡沫或貨幣增發不一定等於貨幣的必然貶值。

外匯市場的特性

外匯市場其實存在一個相對論，一個國家的升值必定是由另一國家的貶值引起。如果其他國家同時亦進行貨幣增發，那麼相對而言兩國的外匯就未必有太大的波動空間，兩國匯率可能仍然維持平穩。那麼如果兩個國家同時進行激進的貨幣政策如量化寬鬆，甚至直升機撒錢，也不會做成外匯市場的巨大波動。但一旦出現非同步加減息，經濟較好的資本流出國進行加息，而資本又可自由流動，那些經濟不佳無加息空間國家的貨幣就可能出現大幅貶值。

許多經濟學家或一些作者總是誇大貨幣危機的影響，在最近的事實看來，即使俄羅斯的匯價於2015年出現高達50%的購買力跌幅，出現短暫的經濟衰退，俄羅斯經濟沒過兩年還是生龍活虎，而且經濟進行了結構改革較少依賴出口及石油，令國家的經濟支柱更多元化。較大型的國家在本國保有相當的物品及服務生產能力前提下，對匯率波動有很強大的承受力。土耳其在2018年出現外匯大幅下跌50%以上並須要大幅加息以穩

定匯價，實體經濟的負面影響仍遠低於金融市場的變化，因為以本幣計算的資本市場並沒有太大的沖擊，外匯的波動相當程度吸引了外部因素的震盪變化。其實中國自2008年國際金融危機後已經大幅減少對外貿易的依賴程度，換句話說對匯率波動的承受力越來越強，這給予人民幣匯款的漸進市場化更大的推進空間，因為我們會變得較少擔心外匯波動對國家經濟生產活動的沖擊。

其實匯價就好像一條有強勁韌性的橡皮筋，在基本因素（均衡匯率）定位下只可以有限地向上或下波動。當然一些波動十分突然時往往會引起市場恐慌，然後過一般短時間又回覆正常。沒有主要經濟體匯率會長期持續地單向升值，過了某一水平就會被橡皮筋的彈力拉回來，不可能無止境單向波動。而且即使有明顯單邊趨勢形成的市場，當你用近鏡看看外匯市場每小時，每天的波動，往往總是雙向的，中間有大量的買入賣出交易機會。好像日圓在1980年代的升值，人民幣在2005至2013年間的升值，當持續升值到達某一水平後，就沒有出現匯率持續單向升值的情況了。雙向波動就是外匯市場的特性，當然如果你的交易捕捉到一個大型的波動，回報還是很豐厚的。但即使是中央銀行也沒長期水晶球能事前預算長期匯率的變化，我們只能在市場形成新匯率後觀察市場及國際收支變化，再判斷匯率有沒有進一步下跌空間。

國際收支平衡與利率在外匯市場的影響

對於採用浮動或有管理浮動匯率機制的經濟體系，我們必須要從外匯的需求與供給去分析影響匯率價格變化的因素，首先我們要瞭解國際收支平衡以及利率變化這兩個相當關鍵的基本因素。

對大部分時間在本國居住及生活的個人而言，持有外幣對其日常生活其沒有多大的影響。對絕大多人群而言外幣不是必需品。對於中國這類擁有各種大類產品生產能力的大型經濟體系而言，由於只有一部分的商品或產品是必需進口，國內大部分的商品及產品都可以自產自銷，在

生產活動層面對外匯的淨需求相對經濟總量而言就會較小。如果一些國家生產能力比較弱，天然資源又匱乏，就必須要依賴進口物品，非常依賴國外貿易，好像英國等國家，對外匯的相對需求就會較大。

國際收支平衡狀況

經常帳收支平衡（國家的物品及服務總出口－總入口淨＋對外要素收入淨值＋轉移支付）。經常帳赤字會引起海外對本國貨幣需求的減少。

資本及金融帳收支平衡（資本物品如房地產等的交易淨值＋外商直接投資＋金融包括股票債券等投資交易淨值＋外匯儲備）。資本帳赤字亦會引起海外對本國貨幣的需求減少。

比如美國這種長期出現經常帳收支平衡赤字的國家，只要其資本及金融帳收支平衡上有足夠的流入去抵消經常帳的赤字，就能協助其匯率長期保持穩定。這亦是為美國須要在全球資產市場擔任結算貨幣的重要角色，因為你參與國際金融交易時很難避開使用美元，這樣就可以保持美元在全球貿易及交易結算貨幣的地位，從而保持美元的需求。。

利率及貨幣政策

利率的變化對國家的匯率有非常重要的影響。如果一個國家加息，代表持有其有的貨幣可以獲得更高的利息收益，這有助吸引投資者買入其貨幣。許多面對貨幣急速貶值陷於貨幣危機中的央行，都會選擇大幅度加息以維持匯率穩定。比如2014年12月俄羅斯就曾一次過大幅加息，俄羅斯央行把基準利率由10.5%提升至17%以支持俄羅斯盧布匯價。土耳其央行於2018年9月亦大幅加息，由17.75厘勁升至24厘以支持土耳其里拉的匯率。這些大幅加息都是因為該國貨幣相對美元於一年內出現了50%上的貨幣貶值，央行被迫在經濟受損和貨幣崩潰中作出痛苦的選擇。而突然大幅的利率上升是因為該國央行因各種原因對貶值採取容忍態度，直至匯率失控才不得已被迫採取補救措施。在保經濟和保匯率之間，央

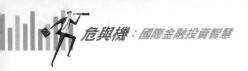

行正常會把國內經濟處於優先考慮，而盡量把利率保持較低水平以保護投資及消費不受信貸成本上升影響。如果萬不得已須要大幅加息，必需考慮本國經濟能否接受，並輔以財政的相關政策助本地企業融資渡過難關，否則就可能出現非常嚴重的經濟衰退。

從外匯市場的需求及供給進行分析，我們可以分為交易性外匯需求和資本性外匯需求。我們理解一下什麼時候我們須要外匯，什麼時候海外的買家須要我們的本國貨幣。

外匯市場的基本面供求分析

交易性外匯需求（主要來自國際收支平衡中的經常帳項目變化）

消費層面

- 個人在旅遊或進行海外網購時才須要使用到外幣，使用外國的旅遊酒店等服務，或者須要外幣支付留學生的學費及生活費。
- 匯款予居住於海外的家人朋友。

生產層面

- 企業買入外國進口商品及股務，轉而售賣給本國的消費者，須要兌換外匯以作購買。
- 企業生產上須要進口原材料，比如石油及礦石等的天然資源原材料。工業及高科技產品須要進口零件如晶片等，對外匯產生需求。
- 企業須要付給海外的股息、利息等而須要購買外匯。

資本性外匯需求（主要來自國際收支平衡中的資本及金融帳變化）

實體投資

- 外商直接投資（Foreign Direct Investment），如在外國設立分公司、生產廠房等，須要買入當地貨幣，對當地貨幣的需求上升。
- 購買海外房地產等非金融資產，須要購入外匯以買入相關資產。

金融投資

- 本國企業及個人購買海外的證券及債券等外幣金融資產，比如投資者買入美國國債就是對美元產生外匯需求。增加在匯市中的本國貨幣供給形成本國貨幣賣出壓力。

外幣融資

- 本國政府或企業進行外幣借貸時，借入的外幣最終會轉換成本國貨幣，增加本國貨幣的需求。但是當外幣借款到期須要開始償還利息或本金時，政府及企業須要在外匯市場買入外幣以支付該外債的利息以及本金，形成本國貨幣的賣出壓力。一新興國家有較高外債比率的，往往外匯價格會比較波動。

投資性需求

- 利率的變化也很大程度影響投資需求。如果日圓的利率固定不變，而美元的利率加息，更多的日本投資者就會想買入美元，因為可以獲得更高的利率，而引起日圓的賣壓上升。
- 投機性外幣買賣其實是最活躍的外匯交易活動。如果投機者預期外匯會升值，會先行買入外匯博取投機利潤，令外幣在市場的需求上升引起升值。套利交易或者利差交易（Carry Trade）等活動都是典型的投機性交易。買入外幣並不是為了買入任何實際的貨

品服務或是金融資產，而是純粹買入貨幣獲得各種利率變化及匯率變化的資本性收益。

央行與外匯儲備

· 政府的外匯儲備變化。如果政府須要動用外匯儲備以支持本國匯率，會在一定時間內增加本國貨幣的須要，支援匯率升值。但由於本國無法生產外匯，央行實際持有的外匯往往是由對外貿易的順差時賺回來的。比如中國出口產品到外國時賺到的外匯，減去當年中國花在進口等消耗了的外匯，如果出口商把外匯都換成人民幣，這些賺到的外匯的淨額就變成了央行的外匯儲備了。外匯儲蓄可以增加人民幣的發行與供應，同時提供央行的匯率政策更有彈性。在有須要時使用外匯以支撐本國貨幣的匯價，是採用有管理浮動匯率的國家必要的家底，否則就會很易受到投機者的攻擊。比如1997年因亞洲地區不少國家貨幣被投機者攻擊而出現的大幅貶值引發的亞洲金融風爆。

要注意以上影響匯率的的因素有時是雙向的，引起外匯需求上升的因素隨時間而改變時，比如借入外幣貸款，也可以在長遠變成引起需求下降的因素。比如外商投資時對本國貨幣的需求會增加，有助推升匯率。而當外國投資撤出時就會造成貨幣賣壓。

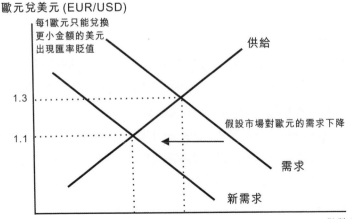

當一個國家貨幣在外匯市場的供給上升，其匯率就會下降。舉例有大量的美國公司想投資海外，美元的供給就會增加，引起美元匯率下壓。例如旅遊需求增加，更多人民幣會出現在海外換成其他外幣，在外匯市場的角度就是人民幣的供應增加。

當一個國家的貨幣在外匯市場的需求上升，其匯率就會上升。比如國際油價上升，因為俄羅斯是主要的石油出口國，外匯市場對俄羅斯盧布的需求就會上升以購入俄羅斯生產的石油，引起俄羅斯盧布升值。如果外國個人及機構因為人民幣的利息比較高，對人民幣有較大的投資需求，會推升人民幣匯率。

基於上述的交易性外匯需求以及資本性外匯須要的影響，這就形成了外匯市場最基本的供求關係。海外對本國貨幣需求增加，本國貨幣兌外幣升值，本國貨幣如因買入大量進口，或出現資本性流失，本國貨幣供給增加，本國貨幣兌外幣貶值。但投資者必需理解外匯市場的每日匯率也是市場參與者交易出來的，而不是純粹內供需分析得出來的。在長期而言，供需是影響主要匯率趨勢的最重要因素。

不同貨幣的特性

商品貨幣

商品貨幣是指影響其國家貨幣匯率的主要因素，為石油類或礦產資源類商品的出口需求變化。比如俄羅斯主要出口為石油及天然相關產品，占總出口可以超過50%，匯率會受到石油價格波動而大幅貶值或升值，澳洲的出口以能源及礦石為主，也被歸類為商品貨幣。當全球經濟活動減弱時，對該等商品的需求就會大幅下降引起匯率貶值。而且澳洲的最大出口地為中國，如果中國經濟放緩，對澳元也有明顯的負面影響。

非商品貨幣

加拿大貨幣有五分之一的比重是石油相關產品，一定程度受油價影響，但加拿大的出口還有很多工業類影響，所以不被歸類為商品貨幣。英國的出口比較偏向機械、汽車、醫藥等產品，沒有主要支配性的出口品種。日本則以汽車、電子及光學等產品為主要出口。美國以晶片等電子產品、飛機、機器及石油相關為主要出口。歐元區由於組成國家眾多難以作出獨立統計，實際上歐元區國家超過一半以上的貿易額都是在歐元區國家及英國之間內部發生。對外的貿易額度影響其實不算太大。歐元區更像是自成一經濟區域，而不受匯率波動的影響。我們可以預計到英國脫離歐盟後相互貿易比例可能有所降低，除非關稅突然升高，否則影響並不明顯。

中國的主要出口是電子機械及工業產品，還有大量的輕工、玩具等產品。這些產品的價格不像資源出口國那樣太受商品波動的影響。而且中國出口的產品有不少的原料是從進口而來，比如電腦及手機設備是為生產所進口的，如果匯率升值，原材料成本較便宜，產品售價就可以調低。中國的出口對匯率的變化不算敏感，中國對外貿的總體依存度不斷在減少，而且國際收支基本保持平衡。所以引起匯率變化的影響往往不是由實際交易性外匯需求變化引起，要轉為留意資本性外匯需求的變化。

避險貨幣

當全球經濟發生危機時，美元和日元往往被認為是避險貨幣，匯率在危機中會出現一定程度的升值。美國及日本的本國投資機構在金融危機時很可能會大量賣出全球各地的投資頭寸，並在外匯市場中兌換回本國貨幣。而外匯市場的投資者深明此道，亦會在匯市中推波助瀾，令日圓及美

元在危機中出現一定的升值狀況。尤其當日圓在較快速升值時，日本的保險及投資機構的外幣投資若沒有充足的外匯對沖部署，必需爭分奪鈔兌換匯回日圓，否則當日圓升值這些海外資產就會錄得大量的匯兌虧損。而且很多利用日圓長期低息進行套利交易（Carry Trade）的投資者都要盡快平倉，以免匯率上升做成重大匯兌損失，形成避險貨幣匯率升值的自我循環。日本央行有時也會作出一定干預減低升值的速度，不過很難完全扭轉市場的預期。同樣道理，美國公司的部分海外資產亦會在美元升值時錄得一定的外匯虧損。由於匯率是相的，一國的匯率轉強另一國的匯率必然轉弱。避險貨幣就是在危機中反而吸引外匯投機者買入的貨幣，大家可以留意將來會否有其他貨幣能取代美元或日元的避險地位。

實際上影響外匯市場價格波動的並不一定是貿易相關的基本面因素，更多是來自對一個國家的經濟狀況與信心，從而影響到短期資本的流動，以及一些投機的行為去推波助瀾。宏觀策略型投機者會留意一些經濟變化加以利用。如果一個國家濫發貨幣引起通膨失控，很易在外匯市場引起信心危機，該國的貨幣就可能大幅貶值。當然亦要視乎政府干預的力度，如果政府擁布充足的外匯，可以在一段時間內令匯價變得相對穩定。而國家的外債水平亦是投資者的參考，因為如果一國有很多主權債是以外幣借入，以及企業大量借入外幣債務，未來就會有較大的利息及本金償付壓力。如果一旦國家的貨幣陷入貶值危機，企業就更難償付外債，可能要賣出更多本國貨幣去償還利息，使得匯率下跌變成了惡性循環，引起更大的動盪。

匯率波動對經濟的影響

非商品貨幣在應對匯率波動時比較有彈性，因為這些國家出口貨品的原材料往往是進口而來，實際本國的增值（Value Added）部分可能低

於貨品售價的40%。所以就算匯率升值，產品的對外售價未必須要大幅上升。同理，就算本國匯率較大幅度貶值，實際上外幣的出口價格未必有太大的影響，因為進口原料費用上升後，出口的本國貨幣報價也會上升，抵消一定匯率貶值的影響。如果一個國家的主要出口的增值都是由國內產生，並不須要進口太多原料。當匯率波動時對其經濟的沖擊就會非常大。比如石油出口國對外賣出石油，幾乎所有增值都是本國完全獲得，油價下跌令出口下降時對經濟總體的沖擊就會非常大，因為出口下降的金額幾乎100%反映到國家的GDP之上。而中國等國家出口額減少時的影響可能低於40%的GDP，當中的差別非常之大。對投資者而言，判斷出口下跌該國股市及債市會否受到負面影響，有相當的參考性。

均衡匯率與市場匯率

均衡匯率是一個理論上的概念，現實上並不存在一個特定價格的均衡匯率。只要國家的內部經濟目標如經濟增長、通脹水平、全民就業等可以取得平衡，而同時外部如國際收支平衡等處於穩定狀態，匯率市場就達至了理論上均衡狀態。大家如果看了前面的章節，就應該理解到凡是由市場力量決定價格的地方，價格必然是交易出來而不是有任何一個用數量模型可以測算出來的。因為市場上的交易者沒多少個根據模型做交易，而是根據交易盤面的資金流入流出的影響。所以做外匯交易比較困難的是匯率變化的規律有時不明顯或難以事前預測，即使政府及央行的估計往往也是錯誤的。

當然政府可以採用固定匯率去定下一個指定價格的利率。但是在國際收支出現嚴重不平衡下任何過度高估或低估的匯率也沒有可能在長期維持，難以避免在日後出現單邊升貶值或突然解除固定匯率引發市場大幅暴升或暴跌。大家可以想像水塘中的水自然流走（浮動匯率），如堤

壩企圖蓄水（錯誤定價的固定匯率）後崩裂那一個的沖擊更大。所以明顯地多數的匯率危機是採用了固定匯率或有管理浮動匯率的國家引起，無論是1992年的英鎊以及1998的亞洲金融危機。

浮動匯率、資本管制與貨幣政策

　　資本自由流動、浮動利率以及貨幣政策的獨立性並不可能三者同時兼得，這被稱為外匯市場的三元悖論。如果一個國家採用了固定匯率，須要放棄獨立的貨幣政策。因為若果該國的利率大幅低於掛鉤的貨幣利率，理論上套利者就會賣出其貨幣，令其匯率出現巨大的貶值壓力。但在真實的外匯市場這要視乎套利的空間是否足夠，因為太少的差距在考慮資本運用的成本後未必有動機進行套利。而事實上，採用跟美元固定匯率政策的港元，短期市場利率經常低於美元的短期利率，由於港元及美元在半年以上的長期利率相近，短期利率的利差在考慮成本對投資者而言並不算很吸引人，長年沒有出現活躍的套利行為把港元匯率貶值至迫使利率上升。所以對外匯的理解必定要更多從交易面理解，而不是純粹的參考經濟及利率等指標。

　　港元採用跟美元固定匯率的政策，在1998年成功抵擋外匯貶值。不過這種成功不值得慶祝，因為當其他地區如韓國、馬來西亞、印尼等貨幣出現大幅貶值，本地商品及服務的成本就會大幅升值。當匯率無法自行調節，就只有透過非常痛苦的商品及股務價格以及資產價格來調整，樓價一年內暴跌超過50%，失業率在往後幾年升至超過8%，通貨緊縮物價持續下降了6年，工資大幅降低。經過了近6年時間的價格調整才令實質匯款率回到均衡。這是一個以許多人出現破產、資不抵債、政府財政大幅赤字等巨大代價的實體經濟調整過程，所以大家不要過度強調匯率穩定勝於一切，以有彈性調整的匯率去抵擋及適應外部沖擊才是更好的選項。

大國的貨幣政策也難有獨立性

只要資本自由流動，一個國家或地區的貨幣政策無論採用固定還是浮動匯率也沒有獨立性，這稱為外匯市場的二元悖論。因為如果外部的經濟不穩定，美國等大國一旦加息過快便會對新興國家構成巨大的壓力，有可能引發地區性金融危機，進而負面地影響到美國自身的經濟。

由於美元資本在全球自由流動，美國利息環境持續時很多國家都累積了一定的美元外幣借貸。如果美國的利率上升，很多新興國家借入的資本就可能會回流美國，造成新興市場國家匯率的大幅貶值。

2018年美元利率持續上升時，許多新興國家的貨幣兌美元出現10%以上的貶值。2018年中時印度央行的行長就多次呼籲美國聯儲局加息要顧及對其他國家的影響，由於當時油價大幅上升，印度是主要石油入口國，國際收支已經不平衡。如果美國再快速加息，印度只能選擇是任由匯率貶值或以加息阻止匯率下跌，代價就是傷及本國實體經濟，並且會加劇國際收支不平衡，甚至可以嚴重到引發地區金融危機。

即使美國採用了浮動匯率，在資本自由流通的環境下，美國較快速度加息即使對美國國內的經濟及市場並沒有直接的負面影響，也可能間接地引起新興國家出現地區性金融危機，令美國經濟最終也受到外部市場的沖擊而受損。現代的央行想要保持貨幣政策的獨立性越來越困難了。

過度干預匯率反而是最大的外匯風險

政府的外匯市場干預行為本來用意是穩定外匯市場，但在低估市場力量下干預外匯，往往是引起外匯短時間劇烈波動的最大因素。前面提過如果沒有過份干預，由市場匯率較自由地波動，就好像水塘的水可以

自然調節流出。採用由市場力量引導的有管理的浮動匯率，並在平日不積極干擾，好像建立了堤壩但平日會定時開閘去釋放過大的市場壓力一樣，可避免貶值壓力一次釋放。如果沒有足夠的能力，只建立了承壓有限的堤壩還天天關閘去控制市場，一旦壓力累積過大堤壩抵擋不住，反而會崩堤引起一次性壓力釋放，引起更大的外匯波動，導致該國經濟及金融體系可能出現重大危機。

歷史上多次的貨幣危機都是由央行過度干預匯市引起的。其實要執行固定匯率或有積極干預的浮動匯率並維持資本帳開放，前提是手中有足夠的外匯儲備。你想像一下放空外匯的投機者就好像戰場上衝鋒的敵方士兵，央行就像阻擋敵人進攻的機關槍堡壘，外匯儲備就是機關槍堡壘內的子彈。當敵人大舉進攻（放空當地貨幣）時，該國的中央銀行須要不斷以外匯儲備（如美元）買入本國貨幣（如韓元）才能支持匯價，這時敵人被機關槍堡壘的火力壓制動彈不得。不過進攻一方的投機者也是身經百戰的，他們算好了對手方的央行有多少外儲水平，並等待對手彈盡的時機再一舉消滅。當央行的機槍手兄弟班看到子彈快打完時，往往會嘗試找援兵，第一個想到的可能是國際貨幣基金會，不過通常會開出非常辣的經濟改革條件，包括政府要大幅收縮公共開支、加強開放外貿等。而且遠水未必能救近火，投機者看到對家央行快沒子彈了，一舉衝鋒占領央行的陣地，奪取該國匯率的定價權。歷史上許多國家的中央銀行面對投機者時兵敗如山，其實是不可避免。因為一個匯率的定價要令外匯收支大致處於均衡狀況，才有可能長期維持。問題是外匯及經濟狀況永遠是變化不定的，今天的均衡狀況，下一年就可能不合時宜，當幾年時間累積了一定的力量而不進行疏導或釋放，就算沒有投機者的進攻，也是不可持續。如果高估嚴重，會出現大量資本外流；如果低估嚴重，龐大的外匯流入會引起基礎貨幣泛濫並構成通脹及資產泡沫風險。

1992年英鎊

英國政府於1990年按1英鎊兌2.95馬克的價格貶值下限參加了歐洲匯率機制（歐元誕生前的前身）。1992年的英倫銀行英鎊兌德國馬克的匯

率貶值下限被索羅斯等投機者狙擊而崩潰。蒼蠅不叮無縫的蛋，索羅斯等外匯投機者觀察到英鎊的固定匯率定價過高，作出攻擊。由於當時德國馬克的利率升高，迫使經濟疲弱的英國也要加息，以吸引投資者買入英鎊 否則就不能守穩匯率的下限，同時英國貿易已失去平衡，不斷出現赤字。投機者等待機會來到大舉放空英鎊，最終英倫銀行抵抗投機者數天後消耗掉主要的外匯儲備宣布投降，任由英鎊短時間內貶值超過10%。其實引起外匯失衡的根本原因是匯率定價錯誤，而投機者就是起了加速匯率變化的角色。如果央行主動有序調整，急速波動引起的市場動盪是可以避免的。

1997年亞洲金融危機

1997年的亞洲區央行包括泰國、韓國等嘗試穩定匯率失敗，究其原因是該等國家嘗試把匯率與美元保持在一較穩定水平，但是幣值出現高估，外貿出現逆差，須要不斷借入外幣債券填補收支平衡，手中可用的外匯儲備有限。以索羅斯為首的投機者大舉放空該等國家的匯率，並在多次攻擊後把幾個亞洲國家的央行遂一擊潰，並引爆了亞洲金融危機。

2011及2015瑞士法郎

瑞士央行2011年及2015年放出兩隻外匯黑天鵝，一次2011年因為匯率出現持續升值趨勢，不利經濟及出口，突然宣布將透過瑞郎與歐元掛鉤來壓抑瑞郎升勢，與歐元的匯率下限訂為每歐元最少可兌換1.2瑞士法郎，令瑞郎在外匯市場應聲貶值，兌歐元急速貶值近10%，由1歐元兌1.1瑞朗急速貶值至1.2瑞朗的水平。2015年1月瑞士法郎（CHF）兌歐元的匯率因為持續的升值壓力突然取消兌歐元1.2的匯率下限，單日兌歐元升值接近20%，而且單日波幅非常大每歐元兌瑞朗（EUR/CHF）由1.2跌至0.86左右。許多外匯投資者以及外匯交易商因此損失慘重甚至破產。因為大升值前不夠一星期瑞士央行仍向外宣稱會保持匯率穩定，這種突然翻臉極大程度震撼外匯市場。

大家應該知道如果沒有客觀條件硬性地干擾匯率，當市場的壓力最終累積並釋放，就會產生突然的外匯波動事件。外匯的波動並不可怕，發達國家貨幣一年匯價調整20%的上的也很平常。可是突然一至二兩天出現巨大的匯率升值與貶值的壓力集中釋放，就會對市場造成巨大的衝擊，就會影響到外匯市場參與者對該國貨幣的信心。面對非常高的不確定性，外匯對沖成本也會大升，不利於外貿以及實體經濟活動，亦會很大程度打擊投資信心。

完全固定的匯率其實是一個風險代價非常高的制度。東歐的拉脫維亞嘗試採用歐元前也經歷類似情景，2008年國際金融危機發生後，由於拉脫維亞要維持匯價穩定，必須要以本國工資、租金下跌、出口大降、經濟衰退以及失業急升作為代價，引起2009年本國實質經濟增長出現15%的負增長，情況比國家破產匯率大幅貶值的的冰島（只有不到9%）下跌更差。大家就要明白為保衛固定匯率的代價往往比放棄來得更大。在各大經濟目標前，匯率應該在國家經濟、失業率及人民生活影響之後，而不應為堅守某一心理意義大於實質的匯率付出過大的代價。如果民眾及金融市場的參與者明白這個道理，匯率在一定水平的合理波動沒有也不應引起市場恐慌，才能令匯率產生調節經濟及生產活動的功能得以發揮。

外匯市場的事件性交易

在外匯市場很受國際政治以及經濟事件的影響，有一些風險事件有明確的發生日期，比如某國的大選結果公告日等。2016年的英國脫歐公投就是一個很好的案例，在公投結束後，最初的點票預示英國會留歐，英鎊在升值。當時清點選票的地區比較多在蘇格蘭及大城市，而主要支持脫歐的鄉鎮還有大多數未公告結果，造成脫歐不成的假像。所以喜歡事件驅動性的投資者最好對不同國家的政治狀況有一定的理解，這才能減少從眾犯錯的風險。

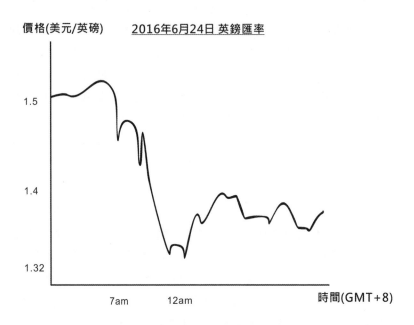

如果你做趨勢投資，英國脫歐公投點票初期，英鎊匯價其實是在升值之中，你的趨勢交易訊號會告訴你做多英鎊。一旦加入了做多英鎊的大軍，虧損多少就要看你怎樣安排損停盤指令了，因為迎接你的是暴力滑價與劇烈下跌。如果你的停盤是以某一價位賣出，而容忍的滑價幅度不夠大，因為下跌速度太快，你掛出市場的停損盤可能於英鎊突然下滑後無法成交作出停盤。如果你相信已下達的停損交易會自動成交走去睡覺了，2016年6月24日亞州交易時段早上出現大暴跌，英鎊單日跌幅達10%（這是20年發生一次的超低概率事件），如果配上10至15倍的外匯交易槓桿足以令你的交易帳戶當天就爆倉。

當然也有可能你及時停盤並立即轉向放空並大賺一筆，這種情況能獲利的機率太少，必需有單日劇烈下跌，你必需有相當把握事件能引發一段時間的高強度震盪。如果你一旦喜愛了立即反手的行為，在平日多數情況下執行都要準備在市場多交學費，因為等待你反手的對家正等接盤俠獲利了結，你往往不明白為什麼你一反轉不久市場也跟著反轉。有一句交易老話，多頭可以賺錢，空頭可以賺錢，滑頭一定虧錢。我不信這老話不知吃了多少大虧才明白這句話中的交易智慧。

外匯市場的技術面因素

　　基本因素如外貿需求、利率、經濟增長等在一段時間內保持不變，實際上中短線的外匯交易是以技術面的趨勢波動驅動為主，短期內的升或跌並沒有任何的理由。因為匯率上升，形成持續上升預期就會繼續升，同樣道理因為跌，所以跌，然後又會突然反轉。很多時候外匯的交易會出現隨機的雙向波動。

　　當有一些市場基本因素出現改變，外匯市場有很強的趨勢自我加強特性，很多交易者會認為跌破或升穿某一匯率水平就會出現單邊行情，所以很多交易者對關鍵支持位非常敏感。比如人民幣是否保住1美元兌7的支持位，其實在實體經濟層面沒有重大影響，在心理層面則有較廣泛的影響。如果一籃子貨幣包括歐元及日圓等對美元貶值，中國的匯率如果不跟隨兌美元貶值，就會令中國的出口變得昂貴而缺乏競爭力。適度的對單一貨幣貶值，對人民幣在國際市場的購買力並沒有重大影響，但是在心理層面就會令很多機構及個人理解為人民幣將來持續單向貶值。如果大眾都能明白保不保住某一匯率跟本並不重要，只要匯率保持穩定而且有彈性去調節經濟狀況才是最好的。但很少有普及金融書籍向大家解釋外匯規律，很多時由無知引起許多不必要的恐慌。

外匯交易的閃崩事件

　　外匯交易的趨勢交易特性有時也會在毫無基本因素下觸發，導致市場出現像股票市場的閃電崩盤事件。日圓及主要外幣兌美元在2019年1月3日的亞洲早盤時段集體暴漲暴跌，然後幾小時內又回復之前的交易水平，可以看得出短期內干擾市場波動是有可能的。尤其現在外匯交易非常偏向量化交易，即使是銀行的自營交易也交由電腦完成，人只是負責

監測交易系統是否正常，並定時檢討交易策略，改變交易參數。人類的直接參與變得越來越少，電腦根據盤面及量化數據發出的交易指令往往有很強的一致性，令暴漲或暴跌在外匯市場更常出現。

外匯市場閃崩案例

2019年1月3日早市，日本假期休市，日圓匯率出現10年難得一見的閃崩。日圓在15分鐘時間內由1美元兌109日圓急劇升值至105兌1美元，某些市場交易盤甚至達到103兌1美元。這種毫無理由的波動令設定了停損的投資者被市場的震盪影響下須要自動進行平倉，幾小時後市場已經回升至107的較正常水平。

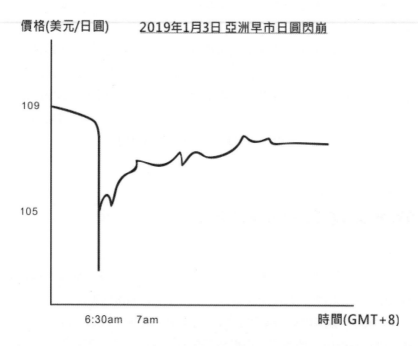

一些假期休市或低流動性的日子，只要市場出現某些單向振動，正常情況下會有其他對手盤干擾價格以致單向不一定發生，可是在缺乏流

動性下當價格的骨牌倒下會出現突然毫無理由的波動。而投資者還要評估究竟是否有什麼事情發生了，比如立即查看地震資訊、國際新聞，因為發布新聞總要一些時間，即市之中你永遠不確定是否有什麼仍未發布的事情已經發生，當過了一段時間找不到可能，那麼最大的可能就是交易失常，主動型投資者就會進場進行風險套利活動，這樣才能重新改變價格走勢。但設立了自動停損指令的投資者一睡醒就發現被無理由的波動平倉了，可能一天都氣難平。金融市場的波動就是這樣，不一定有什麼真正的理由才會導致下跌。

更無辜的是澳元等其他貨幣的投資者，由於日元大幅升值同時亦影響到澳元等貨幣對美元短時間內大幅升值5%，這種金融市場的共振亦是重要的風險來源，即使基本面交易者如何算無遺策，仍無法算到由交易面引發的風險。所以任何的金融市場投資必需考慮到風險控制的重要性，因為有太多的變化是毫無預期可能，卻足以引發重大的交易損失。

人民幣國際化與其匯率定價演變

人民幣是一只有管理的浮動匯率貨幣。中國的外匯市場經歷了無數次改革，以至後來，1990年代中至2005年維持8.24兌一美元的固定匯率。從2006開始加強了匯率的波動彈性，允許人民幣升值。2008年金融危機後至2010年之間曾短暫重回固定匯率，然後再次進行匯改允許人民幣彈性波動。從2000年至2014年人民幣兌美元從1美元兌8.24緩慢地升值至1美元只能兌6元人民幣。在2014年開始人民幣出現了一定的貶值壓力，至2015年8月11日人民幣再次進行匯改，完善中間報價機制，單日貶值了2%，隨後人民幣匯率出現了較明顯的波動，最終在1美元兌7人民幣前保持穩定。其實近20年人民幣跟美元匯率只是從1美元兌6至8人民幣之間波動，相對其他主要貨幣如歐元、日圓等兌美元的30%以上波幅都少得多。

人民幣的市場化改革不斷進行之中，有興趣深入理解的讀者可以參考管濤所著的《匯率的博奕》一書作深入了解。

對投資者而言，最重要的不是認識機制，而是認識機制背後的運作邏輯。中國的匯率在很長時間內都不可能完全自由浮動，因為這會形成外匯市場的巨大不確定性。反而在有管理下可以更有彈性地調整匯率去配合國家的經濟狀況，在主要市場參與者間形成匯率價格的預期，並有清晰的變化因素可判斷，才是更配合當前的經濟狀況的制度。

對於匯率機制，因時制宜及因地制宜非常重要，並沒有說自由浮動的匯率一定優勝於有管理的固定匯率。不要一聽到自由就以為一定是好的東西，完全自由浮動對匯率其實構成一定的風險，就好像如果你的樓宇按揭的利率是大體穩定，你會很易預計到每月的現金流，如果你的借貸利率是完全自由浮動，現在銀行資金短缺，卻沒有中央銀行進行調節，每月供款利率4%，半年後升至6%，再半年後升至8%。利率上升4%，每500萬的借款一年會新增20萬的利息支出，估計你都不太喜歡這種自由了。

金融市場中的完全自由代表波動率上升，有時實體經濟中的外貿與外商投資須要應付這些不確定性要付出代價的。當然我不是說像歐元區這種固定匯率就沒有代價，他們也有放棄了貨幣政策與匯率的調節功能，引起了各種的問題。無論固定或是浮動都有利弊，關鍵是如果市場參與者的信心並不穩定，而且很易形成像A股走勢的單邊預期。在任何危機中，信心勝萬金，有管理的浮動在匯率上有更穩健的金融減震設計，是利大於幣的。

外匯儲蓄的大幅上升或減少，配合國際收支及資本流動的變化，有助我們預計該國家的匯率有沒高估。在當前的匯率下，如果外貿狀況有順差或大致均衡，但外匯儲備大幅流走，即是代表資本淨流出嚴重。如

果持續了一段時間，即代表當前的匯率被高估。2015年人民幣匯改前就曾經出現過這種現象，2011年的瑞士法郎（CHF）也發生過。最終的處理手法還是要對匯率進行再次調節，只是調節的過程會比較急，往往會引發市場震盪。大家可以看到即使貿易衝突開始後，2018年中國的外匯總儲備並沒有明顯減少。如果當前匯率下，貿易總體收支平衡，資本正常流動，我們便可確認當前的匯率是在一個合適的區間。這是2015年人民幣匯率改革後，匯率形成機制增加了市場參與度的影響。匯率水平更反映當下的市場供求，央行並能作出一定穩定性的調節，這似乎是目前最佳的匯率選項。因為過度的高估或低估約會形成更大的不確定性，如果匯率無法調節以反映市場變化，就會形成匯率波動風險因素，看看瑞士在2011及2015年的兩次大波動就可以理解了。當匯率市場信心形成更穩定，再漸進增加匯率市場化程度，才是最佳路徑。

人民幣國際化的進程不斷進行中，人民幣在很長時間仍不會成為主要外匯市場交易貨幣，因為作為全球貿易及資產計價的支付工具，人民幣首先要可以在國際間自由兌換，並且要具備高的國際流通性即在海外也有大量的人民幣存量，開放資本帳管制並提供足夠的人民幣股票、債券等資產可供全球投資。中國亦要發展成全球主要的融資及股票發行中心，令國際上人民幣計價的資產比例上升。這樣國際上才有更多個人及機構會增人民幣的使用量。雖然目前離人民幣真正達至國際化還有一大段距離，但我們看到更多的貿易結算採用了人民幣。A股市場的漸進開放、債券市場的對外開放，都是一步一步推進人民幣國際化的步伐。2018年人民幣原油期貨市場的出現，亦是人民幣踏出影響國際商品定期市場的重要里程碑。人民幣的國際化並不會直接影響經濟發展速度，卻會增加中國的國際影響力。因為開放市場後中國的資產價格升幅不只影響本國的投資者，也會影響許多海外的投資者。在未來有秩序雙向開放資本市場似乎不可逆轉，境外及境內的投資者將來會有更多直接或間接的雙向投資管道，機會總是留給有準備的人。

主動外匯交易一般並不適合一般投資者

外匯交易市場是一個近乎24小時不停運作的市場，主要透過不同的商業銀行為主要的交易對手。外匯市場往往突然波動產生交易機會，交易者有時要在亞洲市段、歐洲市段，美國市段同時交易，如果要持續看盤反應苦累不堪。如交易者選擇以自動化指令下盤或停損，往往睡一覺醒來就被技術性停損了。

外匯交易往在中短期中以技術面分析為主，升過了一段交易區間再估計下一步的走向，並沒有一個絕對的均衡匯率點。基本面有時可以看到大的走勢方向，卻無法分析出一段時間的價格變化，外匯市場價格多數是交易出來的，比如突然的閃崩事件，而不是由任何數量模型估量的。如果在一段時間內的外貿及資金流處於較平衡狀況，我們就可以理解為外匯市場處於均衡之中。

很多時大眾對貨幣的變化的恐慌，往往來自無知。只要大家一個國家的外匯價格形成有較確定性的模式，無論是升值還是貶值，只要變動的原因及因素被大眾所預期及認知，市場的恐慌就會自然消除。投資者亦可以留意遠期外匯及現貨外匯的差價判斷匯率賣壓。這是市場對該國貨幣用真金白銀交易出來的預測，如果遠期外匯出現計算利率差異後的明顯升值或貶值，大家就要留意一下是否市場預期一些因素會出現明顯變化，可以對投資部署作一定的參考。

商品交易市場

商品交易市場

大宗商品（Commodity）是指通常用作生產貨品或服務的重要原料。硬性商品指從天然資源開採的金屬如黃金或石油等能源。通常商品的主要進口國企業會活躍地參與相關的期貨交易。中國是製造業及建造業的大國，煤炭及鋼鐵相關的黑色系商品期貨的交易亦非常活躍。

軟性商品為農業、養殖或種植產品，主要有大豆，小麥，玉米，蘋果等農產品可作交易。近年美國的商品交易市場更引入虛擬商品作期貨交易，令商品交易市場的交易品種不斷上升。商品市場是一個走勢非常波動兼難以評估的市場，而且有強烈的對賭成分，主要參與者不少是進行投機性交易，並不會參與實物的交割。大部分讀者都不會直接參與這個專業交易者為主導的市場，因為商品市場也有其作為資產配置分散組合風險的作用，我會選擇大眾最有機會參與的能源及黃金交易市場作較詳細解釋。

為了令讀者更理解到商品交易市場的投機性以及交易難度，我先為大家送上一個很有啟發性的玉米期貨投資的案例作參考。

1971年玉米枯萎病的交易故事

1970年代威瑪創立投資公司專注於美國的商品交易。這位創辦人畢業於於麻省理工學院，是諾貝爾經濟學獎得主薩繆爾森的學生。威瑪在商業期貨有深入的研究及理解，其團隊會收集各種如降水、日照等影響作物生產的數據，亦會親身派員到商品生產地實地視察，對作物生長作專業評估。1971年美國的玉米種植業面對玉米枯萎病的威脅。其公司派人請羅格斯大學病理專家去做實地評估。專家確定生產的風險被誇大，玉米的產出沒有受到太大的影響。他們大規模做空了玉米期貨，期待人們認識到收成影響有限後可從玉米價格下跌回到正常水平中獲利。

不久後全國性的新聞節目中播出另一間大學權威性病理學家的評估，認為玉米枯萎病對玉米的收成有非常嚴重的負面影響。由於預期玉米的收成會大跌，第二天開後市玉米期貨快速暴力上升，並最終升至停板。他們沒法即日平倉，直至第二個交易天才能以高價把手中的倉位平掉，經此一役損失了一

半以上的自有資本金。相當諷刺的是，他們的羅格斯大學病理學家的判斷事實上是正確的，玉米的最終收成並沒有受到重大的跌失。但對他們在玉米期貨市場上的損失已經無法挽回。因為只要市場價格在一定時間內快速上升，他們的放空倉位因為保證金不足就要被強制平倉，即使你交易的理據是正確的。這就是投資商品交易市場的困難之處。

　　對大多數的投資者而言，我們不一定須要直接參與到商品交易市場之中。但我們平日仍須留意商品市場的變化，對我們瞭解金融市場的運作非常重要。1973的石油危機就引起了美股的大跌，而且商品價格大幅上升時往往會提升整體的通膨率水平，對中央銀行的利率政策也有一定影響。而當金融貨幣危機出現時，平日波幅有限的黃金市場就會變得非常活躍，黃金投資會吸引許多投資者的注意，黃金投資會擔起在危機中對沖資投資組合下跌風險的角色。

原油市場

　　國際主要的石油期貨合約分為美國西德克薩斯州輕質原油（WTI）英國的北海布倫特原油（BRENT），以及上海原油期貨三種。以往國際油價的主要訂價是參考西德克薩斯州輕質原油及布倫特原油的期貨價值作主要定價參考，結算貨幣均為美元。中國作為全球最大的原油入口國，發展原油期貨市場對全球石油定價作出影響亦是非常合理，中國的人民幣計價原油期貨是用作購買中東地區相關實體油種的優質對沖工具，而且以人民幣定價有助降低中國石油相關企業在進口原油時面對的匯率風險。全球的原油定價也是基於這三種原油的期貨價格所決定。

　　原油作為最大的大宗商品，對國際金融市場有巨大的影響力，甚至因石油危機曾經引發1973年的全球經濟衰退。理解原油及相關能源市場是認識國際金融體系不可或缺的一環。

原油市場的現貨與期貨

石油的現貨交易是指以實體的石油庫存作直接交易。所以多數的現貨交易中心都是港口地區，好像歐洲的鹿特丹、美國的休斯頓、亞洲的新加坡、東京和上海。好像迪拜原油也用在不少亞洲地區的石油現貨交易上，由於期貨交易量少，對金融體系的影響較少，所以很少會在金融界的新聞中出現。

參與原油的期貨交易有很強的金融性質而非以最終實物交收為目的。理論上原有期貨多是可以安排實物交收，但大多數的交易者都會選擇在合約到期前進行貨幣結算而不會進行實貨交收。以美國西德克薩斯州輕質原油（WTI）為定價基準的石油生產地區以美國，墨西哥及南美洲的產地為主。以英國的北海布倫特原油（BRENT）為定價基準的石油生產地區以中東，非洲的產油地區為主。前兩者交割都以輕質低硫柴油為主。上海的原油期貨也有實物交收的功能，主要可交割的油品以中東地區產的中質含硫柴油及中國的勝利原油為主，可於上海國際能源交易中心指定交割倉庫進行實物交割，不過大多數交易者仍會以交易成本最低的貨幣結算為主。

重質原油中的雜質較多，所以開採和煉油的流程和技術比較複雜，而且提煉的成本比較高。相同的原油容積去提煉，輕質原油能提煉更多較高增值的油品如石油氣，航空汽油等。而重質原油能夠提煉出的高價值產品相對較少，重質原油裡較多的雜質最後都變成了石蠟、瀝青等低的增值產品。所以在國際市場上輕質原油比較受歡迎，價格比較高，而重質原油的價格會比較低。目前來看中國原油市場定價比較接近英國的北海布倫特原油（BRENT）的定價。大家需留意美國西德克薩斯州輕質原油（WTI）、英國的北海布倫特原油（BRENT）都是輕質原油，而上海原油屬重質油。中國的原油價格與外國之間存在價差是非常正常的，因為不同的油品及可實質貿易交收地區的價格絕對值不能直接比較。而且這幾個原油市場的油品並不存在直接套利空間，你不能把上海交割的重質油移到其他期貨市場交割，差價會必然存在。這亦令中國的原油市場有一定的價格彈性空間，其價格走勢不一定與國際上其他期油價格有

相同的波幅及走向，交易者一定要留心這中間的差別，不要以為參考外盤價格下跌就等於上海期油必需下跌。不同石油期貨市場之間會有較高的相關性，但不會完全一致波動。

原油的需求

原油主要用在交通運輸、機械運作、發電、取暖等用途。原油並不能直接使用，而須要加工及提煉成各種如柴油、汽油等成品油。所以煉油廠就是原油的主要直接買家，煉成的石油及其副產品再賣予最終的消費者或分銷商。所以如果主要煉油廠進行大維修，比如較多煉油廠會選擇在冬季檢修，對短期的原油價格產生一定的壓力。實際上原油的價格與經濟週期沒有絕對的關係。石油的使用需求是非常穩定的，價格改變不會大幅影響需求的數量。原油需求的年需求即使受經濟週期影響變化一般不會超過5%。

長期而言，原油的需求正被其他替化能源所取代。電動車及市內軌道交通普及化將大大影響能源市場的格局，今天你在深圳街頭坐的出租車已基本上換成了電動出租車，路面行走的新能源汽車比例將會越來越多。因應國際社會更關注環境保護及全球暖化等問題。可再生能源的供應占率會不斷上升，汽車及設備的石油及石化性能源需求會漸漸下降，這是難以逆轉的趨勢。所以長期的國際石油需求很可能慢慢地減少。

原油的供應

由於原油的需求比較穩定，事實上原油的供給是影響原油價格的關鍵因素，原油有自產自銷和貿易原油兩種。美國的原油比較多自產自銷，由於美國生產的原油很多並沒有遠程運輸能力，大部分的石油生產只會直接用在本國市場。而英國的北海布倫特原油，可直接裝在油輪上運走有較佳的實際貿易用途，所以全球貿易用途的原油有較多以布倫特油定價。布油期貨的最終現貨結算交易比例也遠比美國西德克薩斯州輕質原油高，因為貿易流通性較英國的布倫特油、長期比美國的西德克薩斯州有較高的價格，而且這兩種石油的溢價可達油價的5～20%。交易者

也不可以忽略石油庫存這個影響短期供應的因素。不少石油使用大國如中國、美國等都有相當規模的石油庫存。如果全球主要的石油庫存不斷累積上升，當油價上升時這些石油庫存就可以快速供應市場，以滿足消費者的需求，從而壓抑油價的上升。石油庫存的累積數量越多，石油價格就較難快速上升。

油價的再平衡週期

因為油價的短期需求非常穩定，油價上升其實就是石油大買家，如中國、印度、日本等石油淨入口國的錢更大比例的流到石油生產國之中。而油價下降其實就是石油大買家省了很多錢在口袋中，石油出產國則少了很多收益。大家可能有簡單的想法，石油生產者必然希望油價越高越好，其實這並不真確。石油價格過高可能引起石油買家出現經濟衰退，無力繼續支付高油價，並引起國際油價的最終下跌。而且過高的油價會鼓勵其他替代能源加速占據更多的市場占率。比如更多的人改用電動車，更多的生物柴油替代傳統柴油。而且高油價也會鼓勵石油生產商增加石油開採速度，更多較高開採成本的地區如美國的頁岩油生產區會進行開發並增加供應。

最終石油出產國組織的市場占率會降低，他們的生意被這些新的替代者取代。並在長期因供應的最終增加而壓制油價的上升，最終可能突然出現油價的再次大跌。所以對石油出口者而言維持穩定，而有利可圖的可油價至為重要，而不是希望油價暴漲再暴跌。可是這些年來油價往往非常波動，尤其是一段時間的高而且穩定的油價，最終會提供不同地區石油生產者大量的動機去增加供給，至供應上升及石油庫存開始累積。2011至2014年間油價出現了一段高位波動的時期，然而等待市場的往往不是溫和的調整而是劇烈的大暴跌。石油市場這種再平衡過程在交易面上是很高風險，因為即使你知道供給會增加，發生的時間點不能有效判斷，發生的幅度不能預計。到那時候什麼基本面分析都會完全無效，剩下的只有交易面、技術面的判斷了。

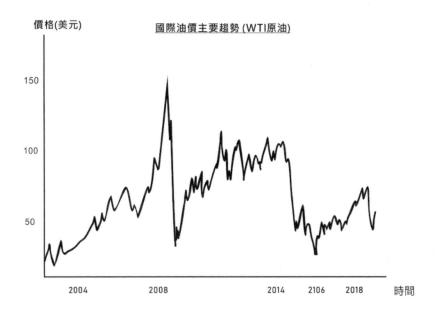

價格(美元)

國際油價主要趨勢 (WTI原油)

時間

理解原油市場的交易面因素

　　原油市場的價格有極大的波動性，是一種累積數十年經驗也不能準確分析的商品。即使是石油生產國組織這樣的機構去嘗試影響油價穩定運行，也無法有效控制油價的上下波幅。以美國西德克薩斯州輕質原油（WTI）為例，你可以在一年內看到油價在2008年中因為國際金融危機影響，由140美元一桶只用半年時間暴力下跌到30多美元一桶，油價又可在2009年由低位30多美元一桶回至升年底的80水平，高低位差距往往以倍數計算。過了幾年美國頁岩油技術進步引起的大量新增供應，同時石油出產國沒法成功協調收縮供應，在這背景下2014年油價又再大暴跌，一年內由110美元一桶跌到40多。2016年開始因石油出產國持續減產成功引起的石油價格再次拉升，吸引大量投機性買入，市場上有大量投機者參與其中，預估油價可升過100一桶的水平，在2018年10月上升至78美元一桶的水平，持續兩年的升市卻在2018年10月用了兩個轟然倒下，再次跌回40元左右一美元水平。消息面只有早已不是新聞的中美貿易戰摩擦加劇，以及美國對伊朗實施的石油禁運制裁出現鬆動，石油的真實供給沒有受到重大的影響。在2019年初油價卻迎來一波極低波動的上漲，不

足4個月內油價由低位上升近由42升至65，升幅達50%。再次見證油價的波動特性，上升或下跌趨勢自我加強（Adoptive Trend），短期價格波動跟基本面沒有大的關係。我們要理解石油市場是一個窄幅平衡的市場，供需的短期波動都可能大幅影響價格。很多時候影響油價的不是真實的使用需求以及供給量改變，而是預期將來的需求或潛在供給改變。翻看原油的歷史走勢，你怎麼用基本面分析都難以事前評估油價在什麼時間會出現多大程度的波動。

在期油市場價格大幅波動以後，媒體總喜歡給價格上升或下跌提供各種各樣的理由，比如石油出產國組織OPEC減產，比如中美貿易戰爆發，又或許頁岩油技術改善。頁岩油技術改善等這些因素不少是長期因素，頁岩油的油井又不會一天之內冒出來，那怎樣去有力的解釋油價的波動？交易者必需理解油價是交易出來的，所以油價變化也很視乎交易者的倉位。大部的期油合約保證金不超過10%～20%，當油價短期下跌達5%以上，期貨的多頭或空頭其中一方就會承受巨大的壓力，須要追加保證金或強制平倉。如果交易盤面上有大量的投機者做了好倉頭寸，他們必須要賣出合約才能完成平倉。當市場上看空的交易者為主，就沒有多少投機者願意為買入後一點點可能出現的小幅上升利潤，冒大幅下滑巨虧的風險去買入原油期貨。已做好倉的交易者必需以更低的價格掛出賣單以平倉，當更多的交易者須要平倉時，市場就會出現滑價下跌，非常兇險。而更多的期貨交易因為虧損過大已被強制平倉。即使市場出現短暫上升，也會很快被帳面虧損慘重心急平倉的交易者的沽盤再次壓下去。直至平倉的壓力消除才能基本止跌，所以下跌的過程往往非常暴力，因為這些是跟市場沒有討價還價餘地的強制賣盤。有看過書中股票市場盤面崩跌解釋的部分讀者，可把價格形成原理應用在石油期貨市場的運轉之中。

原油市場的交易工具

交易者可以直接交易原油期貨，上海原油期貨只在有限的亞洲時段進行交易，不過在這比較短的時間內成交量仍非常活躍，目前已經是世界三大最活躍的石油期貨市場之一。美國西德克薩斯州輕質原油（WTI），英國的北海布倫特原油（BRENT），流通性非常好，而且可以在亞洲時

段內進行交易，交易保證金比較低，是很好的直接交易工具。

　　但投資者必需留意石油期貨合約有每月到期日，除非你想進行實物結算，否則必需在合約指定的最後交易日前把合約先行結算或進行展期。即月合約由於交易活躍，所以交易成本之一的差價非常小（一般1至2個最小交易價位，低於千分之一成本）。而遠期合約由於成交較不活躍，交易成本差價會比較高，所以流動性相對較差。石油市場由於每月都會有大量合約到期須要展期，這種期貨市場的轉倉活動會須留意遠期合約的高低水差價影響。傳統上遠期合約升水代表投資者看好油價長遠走勢，而遠期貼水即代表投資者看淡未來走勢。比如2019年3月到期的期貨是52.25美元一桶，2019年6月分的合約價格是53.35美元一桶。即是做多油價的投資者在買入較遠期的合約要付出較高的成本。

　　2018年初油價一波快速上升前石油的遠期市場是低水的，期貨市場似乎顯示投資者應該是預測長遠油價走勢在下跌。但是結果卻是2018年初迎來一輪大急速上升，這是否代表期貨市場的預期是錯誤的？這也不一定，沒有交易面理解的投資者應該想不到找出引起升水或低水變化的原因。如果市場剛剛經歷了大暴跌，近期合約的價格下跌會最接近現在最新合約的報價，而那些遠期合約的下跌速度往往比較慢，形成一條看似升水的遠期油價曲線。原理就好像拿住一條彩帶的一頭向上升，彩帶的尾部總是跟不上動能而在較低位置。同樣地快速上升中的期油市場，近期合約的升幅往往最大，而遠期合約會較慢的跟進走勢，形成遠期市場出現低水現象，卻無阻止油價繼續上升的力量。這亦就好像在空中拿住一條彩帶的一頭向下拉，彩帶的尾部總是跟不上下跌動而能在較高位置。只有在價格較平穩階段，較明顯的遠期升水或低水現象才有較佳的參考價值，大家交易時必需注意。

交易所買賣石油類基金

　　最直接的交易工具是買入美國的石油交易所買賣基金，最活躍的基金為（美股：USO）。此基金直接跟隨油價走勢，流通性很好，不過限美股交易時間可作交易。

如果想放空石油，可選擇直接放空（美股：USO）。或者採用反向兩倍槓桿（美股：SCO）基金。放空或反向基金都有很大的風險，直接放空的最大損失可以超過投資本金，槓桿基金在出現資本損失後由於投資本金會自動收縮，如果遇上油價大幅上升而虧損，即使日後油價繼續下跌並回到你買入槓桿基金的相同水平時，你的本金可能往往出現了相當程度的損失，是一個輸家的遊戲，一般投資者最好不要參與。

另外原油相關交易所買賣基金其實並沒有完全跟蹤你報價看到的油價走勢，因為期貨市場的交易者每一個月都可能須要再展期（Rollover），而展期時新的合約可能會有高水或低水現象影響投資表現。如果你買入看升油價的基金，如果期貨市場持續高水，即石油基金不斷要買下一個月的較高價合約，即被逼買貴貨，你每月都會因為展期而損失一定的本金。所以石油放空基金並不是一個很好的長期交易工具。

原油市場的巨虧案例

在原油市場上深受損害的企業及個人案例多不勝數，舉幾個著名的例子給大家參考。即使大型的石油貿易機構如航空公司等用油大戶，在原油市場上往往也是虧多贏少，個人投資者千萬要小心。

2004中航油（新加坡）破產事件是一組典案例。中航油曾經成功在石油期貨市場獲取厚利，公司於2003年開始涉及石油場外期權交易市場，主要交易美國西德克薩斯州輕質原油（WTI）品種。由於判斷失誤，最初由交易員引起的期權交易虧損約在500萬美元左右。公司的管理預計油價會下跌，經商討後並沒有進行停損。並決定加大看空部位，繼續對賭油價會下跌。到了2004年初，由於部位加大，虧損已達3,000萬美元，此時停損雖會確認財年有重大虧損但公司仍能繼續經營。公司的管理層分析了30年的國際油價走勢圖，這麼長的時間，經歷了各種生產動蕩及戰爭，油價仍從未突破並企穩40美元一桶水平，認為當前的交易部

位應該是正確的，決定對期權交易進行展期，即是在交易對手同意下令期權的到期時間延長。當時的主要交易對手為日本的三井物產，而對家預計油價會上升同意展期。時間延長後，油價在2004年中曾出現回吐並跌回35美元附近，公司卻沒有把握機會控制損失平倉。最終當油價再次上揚並在9月沖突破50美元時，公司面對重大的損失。

中航油（新加坡）在期權交易中最大的對手日本三井能源風險管理公司，因應油價上升要求催繳期權保證金。中航油被迫在55美元進行部分平倉，之後再多次於高位平倉。而且公司未能得到更多後續款項支持保證金，公司最終虧損5.5億美元宣布破產。這跟1995年霸菱銀行因為違規交易最終倒閉的路徑進程非常近，兩者的主要交易及決策者都在出事前一兩年獲得相當的交易獲利，自信滿滿。最開始都是由比較輕微及可控制的虧損引發，為了翻本追回損失不斷加大倉位，賭一把去追回損失。而兩者同時遇上歷史上未能預見的事件，霸菱的個案遇上神戶大地震，中航油新加坡遇上1980年代開始從未遇過美元貶值引發的的石油交易價格大暴漲。兩者都有中途可以停損的機會，但兩者的交易者都選擇命運交由市場決定，而沒有進行風險控制。因為風險控制會令交易由帳面虧損變為真金白銀再也拿不回的交易虧損，並直接反映到公司的財務報表之中。這些教訓是如此深刻，代價是如此高昂，然而卻沒過多久就被人們所遺忘。

國泰航空公司因為曾在燃油對沖交易中有一些獲利，但是在油價暴跌後於2008年虧損超過70億港元。但公司沒有汲取教訓，在2014年國際油價大幅下跌70%後，2015年國泰航空因在往年已建立的燃油對沖交易虧損了超過80億港元。國際上航空公司的燃油對沖不會超過25%總用油成本，而國泰在不少年分曾採用超過50%總用油成本的高比例對沖，對賭油價上升。巨大的對沖虧損在不少年分把公司上下辛苦服務經營的數十億利潤全數輸掉，令人不無感嘆。機組人員天天辛苦工作的成果，就這樣在衍生工具市場白白輸掉，你就會明白有時企業界在金融交易市場往往也是升的時候看升，跌的時候看跌，並低估了商品交易市場的長期波動性。有時企業還會冒險建立長年期合約頭寸，並沒有足夠對沖保護，一

且油價有突然轉勢就自然會虧損嚴重，看看主營業務的實力能否填補投機虧損了。

2018年底國際油價出現急跌，一間大型石化公司由於對國際油價走勢判斷失誤，套期保值業務的交易策略失當，公司進行交易所場內原油套期保值業務在油價下跌過程中產生損失。比如一些能源類的貿易企業會採用購買看漲期權，同時賣出認售期權的低成本對沖策略。在油價快速上升時可以獲利，油價出現中等程度的下跌時亦不會有虧損。理論上放空期權可以減少看漲的時間值損耗，這種策略在油價平穩或上升時本來是低財務成本的有效策略。關鍵是油價走勢不能反方向劇烈下跌，否則賣出認售期權就會出現巨額浮虧。損失可達保證金的數倍至數十倍。非常危險。誰能事前預計到劇烈的下跌會發生在2018的年底？國際油價卻在10由70多美元突然下跌至12月的40多美元。

風險控制的重要性在於對我們未能預見的風險情況進行防禦，即使看上去似乎毫無發生的可能。有誰料到美國的天然氣期貨可以在2018年12月一天之內急升超過20%，令美國一間對沖基金一夕之間虧掉全部客戶本金。其實引起交易重大虧損的最大原因往往是最過度自信，而非市場風險本身，無論是個人或機構的交易者，如果相信自己的觀點必然正確，並進行風險可以大於全部交易，無論之前賺了多少錢，很大機會最終出現重大風險事件，投資者之前帳面賺了多少錢也是毫無意義的。

黃金市場

數千年來，黃金一直扮演著實物貨幣的角色。絕大多數社會都認為黃金是有價值的，並接受作為交易工具用途。直至今天，作為金融交易工具的黃金相關投資工具仍有其保存價值，用來作避險工具的重要角

色。我們存在銀行的用作電子交易的紙黃金（Paper Gold），是不能提取實物的。老一輩人總有把一點黃金飾品或金幣等存放在保管箱的習慣，不為資本增值，只是留個心安。但是實物黃金的交易成本非常高，交易時的差價比較高。所以如需對黃金作較大額買賣投資，採用金融交易工具仍是較有效率的方法。

作為金融交易工具，主要購買黃金的途徑有銀行買賣紙黃金，在證券市場買入交易所買賣黃金基金（Gold ETF），GLD是美股最大的交易所買賣黃金基金，交易成本非常低，買賣差價低至萬分之一，而且流通性極好每天成交金額可以10億美元為單位。更進取的投資者可選擇買入黃金期貨及衍生工具，或以融資進行槓桿式黃金買賣，由於風險太高，不建議個人投資者參與。黃金有一些工業用途，但更主要的需求來自成金飾品及投資性須要。除非黃金大幅漲價引起很多成本較高的礦場積極增產，否則黃金的供給比較穩定，所以引起金價波動的主要因素就是投資性需求。

國際金價在1980年代開始到2005年一直維持在250～500美元一盎司的區間波動，實際長時間大多維持在300美元一盎司左右來回。黃金雖然在理論上有對抗通膨的保值效用，可是在該段時間長期持有黃金扣除通膨實質是負回報的。在2003年開始交易所買賣的黃金基金出現大大方便了黃金交易的效率，這同時提升了黃金的投資性需求。而且當時一些如俄羅斯央行亦在增加黃金儲備，新興市場如中國、印度等由於收入上升對黃金飾品的需求上升，亦增加了黃金的總體需求。投資者要留意由於國際黃金交易多以美元計價，但美國並不是主要產金國。理論上美元強則較易引起金價走弱，美元弱則較易導致金價走強。黃金與美元匯率之間在不少時間內都有相當程度的負相關性，所以有些投資者亦會把黃金加入組合中以對抗美元下跌的風險。當時美國總統小布希決定改變強勢美元的政策，以利出口及經濟，美匯出現貶值的大週期中，美匯指數由2002年的高位近120跌至2008年的72水平時，在多個有利因素同時影響

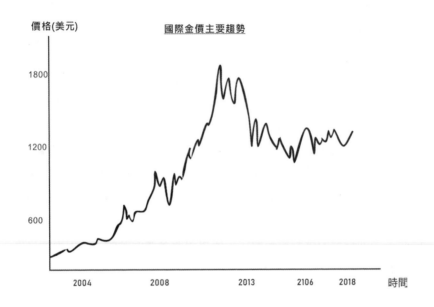

下，黃金展現了巨大的升浪，由300美元一盎司升至1,000美元一盎司。2008年金融危機加深時，更多資金回流美元避險，美元指數由72反彈至87，黃金由1,000跌回了700美元一盎司。

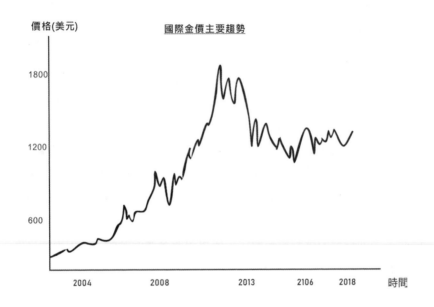

國際金價主要趨勢

2008年國際金融危機發生後，黃金仍優秀地發揮了其避險的功能，是當年全球金融資產暴跌潮少數錄得正回報的金融交易工具。美國進行貨幣量化寬鬆大印銀紙以及2011年的歐債危機助力，黃金於2008至2011年間升值了一倍多，從700多美元一盎司一直升至最高1,900美元一盎司。不過黃金與美元匯價的反向關係概念並不是什麼時間都適用，美元指數在2009～2011年在90～72之間來回波動，而黃金價格卻一騎絕塵的升到2011年的高位1,920美元一盎司。美元與黃金的反向關係的終結，最大干預因素是國際金融危機後全球的中央銀行都通過了貨幣政策去刺激經濟。黃金發揮了其在危機中的硬貨幣角色，在避險及投機性買盤支持下走出自己的行情。所以投資者不能一本通書學到老，交易場上很多長期驗證得來的法則也會在新的因素影響下而失效的，很多交易者的大敗就是倒在自己的經驗之中。當2011年歐債危機過去後，由於黃金價格早已被炒至高位，開始出現價格無以為繼。在2012年後便出現了長期的跌浪，之後幾年間一直在1,100～1,400美元之間來回波動。

供給面方面，最大的參考是全球金礦的開採成本及相應的開採能力。如果金價一段時間內維持高位，較高開採成本的金礦也會進入投產，供給增加最終會壓抑金價上升的力量。但新增的供應往往要數月，以至數年後才能開始增產，所以黃金供應對中短期金價的影響可以忽略。實際上黃金的交易更受技術面的影響。比如在資產市場陷入恐慌時，對黃金的避險性投資性需求大增，投資者多會觀察金價是否會突破上行的阻力位，如果成功站穩，金價會再嘗試向下一個阻力位進攻，直至突破所有歷史高點。下跌時的原理一樣，交易者會以金價是否跌破支持位去觀測。跌穿了一個支持位後再觀測，金價在下一個支持位能否守穩，直至尋底過程完成。

黃金的避險功能

其實黃金本身並沒有必然的避險功能，黃金只是一種貴金屬，沒有與各項資產價格變化的必然關係。在當前市況是否真的具有避險功能要由當時的市場參與者用真金白銀交易出來才能驗證，並以與當時主要資產類別的價格走勢的相關性差異而自我強化。讀者不要盲目相信黃金與股市走勢，以及利率上升之反向關係。影響黃金價格的因素非常複雜，不同的交易力量同時角力。

傳統觀點上黃金在美國貨幣加息週期中表現比較差，因為持有黃金是毫無利息的，利息上升會令黃金投資相對沒那麼吸引。因為如果黃金價格不上升，持有黃金的投資者的回報是零，連抵消通膨購買力損失的回報也賺不到。金價必需相對貨幣的升值才能增加持有者的購買力。當貨幣的利率不斷上升，持有無利息的黃金吸引力則會下降。除非金價大幅上升，否則人們會更偏好持有貨幣資產。但事實上在美國2002～2006年的加息週期中，金價不斷上漲，升幅超過100%，這主要是因為當時美匯指數下行及其他投資性需求主導市場力量，蓋過了高利率單一負面因素的影響。因為金價以美元結算，如果美元兌其他外幣貶值，通常會利多黃金的美元報價。

對黃金進行基本面分析時，由於黃金等貴金屬沒有利息回報可計算。我們無法使用股票或債券市場常用的現金流折算分析等資產估值方法。我們只能用黃金的需求及供給面作基本因素分析，但實際上我們難以評估到黃金的投資需求的大少。你想要避險可以有期貨、期權對沖或放空股票這麼多工具可選擇。我們又如何能事前準確評估當時有多少投資者因為避險需求買入黃金，或者有多少個人投資者及對沖基金會投機性買入黃金？每一交易日的市場情緒變化都不定，使用基本分析去判斷金價變化只能有方向性參考的作用，而且即使方向判斷正確，也無法有效判斷黃金的升跌幅度。

實際金價的變化非常反覆，在支持與阻力之間不斷來回角力，並不是一個容易獲利的交易對象。大多數機構及專業投資者只會把黃金作為資產組合中對抗風險的一個部分。因為傳統上黃金跟股市及債市等價格走勢沒有太強的正相關性，可以考慮持有部分黃金投資用來分散投資組合下跌的風險，加入黃金投資能減低總體組合的波動率。

黃金與匯率

金價跟利率，美元匯率及股市之間的關係其實撲朔迷離，時而有明顯的變動關係，時而毫無關係甚至逆向而行。在2018年2月的美股出現短期10%大調整時，黃金價格沒有發揮避險功能，卻是同步跟從美股下跌的，並在美股回穩後的數月間反覆下跌了近10%。短線看好黃金投資者都面臨帳面虧損。這時候的金價出現了以美元匯率指數為主的正關係，2018年上半年美國國債及短期利息不斷上升，美匯指數相當強勢，美匯指數與黃金價格走勢又出現了常見的反向關係，並蓋過股市避險需求的影響。

可是當2018年10月至12月中美匯指數上升時，金價卻反常的小幅上升。年底時美元指數小幅下降，黃金價格卻半個月內升了7%。黃金跟美匯的反向關係變成了正向關係。由於2018年12月中後期美股再次出現大

調整，市場面對大跌時避險需求非常強。對黃金的避險需求超過了美匯的影響。到了2019年初美股回穩後，金價又開始掉頭下跌了。

當然事後的分析總是容易，事前要判斷則非常困難。2018年2月分和12月分這兩段時間都遇上了美股大幅下跌，為什麼美匯指數及股市相對黃金價格的關係如此反常。其中有一個細節大眾容易忽略，就是2018年12月開始美國的部分年期的國債孳息曲線開始出現倒掛現象，即是美國長期債息比短債息還要低。這代表債券市場不看好未來經濟前景，引起大量投資機構加強風險意識，積極進行避險部署。由於不少大型投資機構在投資政策中有限制不能買入期權等衍生工具避險，這些機構應對資本市場風險的傳統手段是買入長期國債以及買入黃金避險。美國10年國債息率由2018年11月的3.2%下降至年底的2.8%以下，就代表了大量資本湧入了相對安全的國債市場。黃金在此時也形成了上漲形勢，由11月分低位1,200美元一盎司升至12月的1,280美元一盎司。並於2019年初一度升過1,340美元。可是當美元指數轉強時，金價又自2月高位跌回1,280美元附近。可見美元匯率，利率預期及避險需求是如何強烈地影響黃金價格。這亦大大增加了評估金價改變的難度，因為匯率，利率及市場風險都是非常不確定的因素。

黃金的週期性變化

如果真的有危機出現，國債加黃金的投資避險理念就有可能會自我強化，財經媒體開始有更多的黃金投資報導，縱使有很多人對長年沒有價格突破的黃金投資仍將信將疑，但總是有更多的人受影響願意用真金白銀投資到黃金之中。當金價開始出現單邊上升時，已經持有黃金的投資人就會不太願意賣出其持倉，因為擔心賣出後未必有機會用更低價買回，金價在一波上升中遇到的賣壓不大，上升過程沒有遇上重大調整，交易者更容易確立其上升趨勢。

當黃金的表現與股市下跌的反向相關性在一段時間中確立，更多的機構就會加入其中建立黃金交易頭寸以降低投資組合的波動性風險。這種自我強化會一次又一次在市場的驗證下增強。而且黃金市場總值相對股市的總值少得多，只要有一部分的資金從股市撤到金市，已足以令金市出現明顯上升。然後更多投資者會投入到金市之中，直至其他資產市場重回穩定，價格相對變得吸引人，資金就會再次從金市撤走，形成一個黃金價格的大型週期的變化。

一般個人投資者投資組金中黃金的持倉一般都是偏低（10%以內）甚至為零。只有在經濟週期的尾部或有明顯趨勢才值得介入。因為黃金價格的運行週期非常長，一旦在高價位買入了，用5至10年的長時間去等待金價也是不會回到過去高位的，也完全沒有利息可收取去抵消跌幅。所以比如在2011～2012年間高位買入黃金後，眼看其他股市、債市持續上升，你手中高位買入的黃金價格卻掉頭下跌，縱使偶有上升帶你一絲希望後不久又無力下跌，一次又一次無法突破阻力，你的心裡一定不是滋味。

如果下一次金融市場再陷入恐慌，而央行又再進行大規模的貨幣增發以刺激經濟，國際金價真的有可能會出現一波新的行情。但長線的黃金投資者必需留意市場的真實變化，因為當金融市場從歷次金融危險中開始回復正常時，長期持有大比例的黃金並不是一個明智投資方式，因為金價很可能又會再次陷入長年停滯或下跌週期之中。

商品市場的價格波幅往往是非常暴力的，因為商品市場有大量的期貨交易參與其中，是一個巨大的零和遊戲市場。商品市場短線價格波動主旋律的邏輯是令最少的人能跟進獲利，所以總是平靜過後來一波暴力上升，再來一波暴力下跌，令大多數的投資者無所適從。大家亦難以作有參與價值的預期，因為預期總是趕不上變化。不過商品市場與股市間的相關性有時較弱，不少機構性投資者在投資組合中也會考慮加入少量商品作風險對沖。我會在投資組合理論的部分述及。

房地產與金融市場

房地產與金融市場

　　房地產是全球許多家庭最重要的資產。房地產的上升，會令已買入房子的家庭產生財富效應，他們有更高的消費信心，理論上會消費更多，促進生產活動。房地產的開發，從建築工人到相關的產業鏈如水泥、鋼鐵都會受惠。而賣地及相關的收入又會增加政府的收入，政府可以用資金提升公共股務，如公交運輸，教育及社會休閒設施等改善，從而提升市民的生活質素。

　　如果房價跟從居民收入大致同步上升，工作的群體有能力負擔得起房子的供款，並享受房子的資本保值及增值功能，對總體社會來說是好處大於壞處。可是在全球市場來說，房價要麼無力上升，要麼成為脫韁的野馬，直衝上天。高房價不只是中國現象，在美國、在澳洲、在加拿大的主要城市，房價在金融危機後，受惠全球央行大幅增加貨幣供應都成功突破了2008年的高點還不斷創新高。而當地大多居民的收入保持低水平的上升，暴升的房價令有房群體成為人生勝利者，自住物業以外擁有投資性房產的更是大贏家，賣出一個大城市房產獲利的錢夠抵消其他家庭工作幾十年的工資收入總和。而未在大升浪之前買樓的家庭就變成了弱勢群體，在不斷上升租金壓迫下節衣縮食，或房子越搬越小，越搬越偏遠。最終有一些在忍受不住壓力下，問身邊所有可借錢的人嘗試集夠首期款買樓，並用最接近每月最大現金流可支援下進行長年期樓宇按揭貸款安排。當這些邊緣借款者不斷累積，再加上大量較有資本者以大槓桿投機性貸款買入看似只升不跌的房產，一旦房價長期停滯或下跌，就可能慢慢形成樓市自我下跌週期。如果沒有太多的強力政策干擾，就可能因為房價下跌產生債務危機。

　　過去受地區房地產因素影響漲跌不一的房地產市場，在2008年金融危機過後，受惠主要央行的同步放水支持，大量信貸創造的資金追逐有限的實物資產，令全球主要國際城市的房地產市場出現波瀾壯闊的同步繁榮現象，美國許多大城市的房價在這10年中早已漲過2007年美國房地產市場泡沫爆破前的峰值。隨著美國等央行開始收緊貨幣政策，許多國

際城市如紐約、悉尼、倫敦、香港、北京等都在2018年出現同步冷卻現象，這種全球房產同步升跌是數十年來從未發生的現象。全球房地產市場價格的相關度不斷上升，代表我們已經越來越難利用不同的國家或地區的房地產投資進行風險分散。投資房地產這單一資產品種的系統性風險正在上升。

房地產投資的價值構成

要清晰了解投資房地產的回報價值，首先要理解房價的組成部分。我們現在買住宅房產價格其實包含兩個主要價值組成。

1) 土地價值
2) 建築成本

因為樓宇在建成使用後只會越來越殘舊，樓宇的建築成本作為會計帳目上的資產是一項不會增值，只會不斷產生折舊損耗的項目。事實上樓宇經過十幾二十年的居住後往往就須要大翻新，如外牆滲水、喉管老化等必需處理。實際上樓價上升的主要原因是源自土地價值的上升。

當一個地產發展商以比鄰近二手市場賣價更高的價格買入地皮，在考慮計入建築及各種財務成本後，要獲得盈利必須要賣得遠高於當前二手市場的市價，否則只會虧損。鄰近二手市場的業主看到大地產商這麼積極，當然會立馬封盤提價，原本考慮買入樓盤的家庭被迫以新價追入，或絕望地幻想房價會掉下來，有足夠能力往往立即買進，從而快速拉起附近樓市的二手房價。最終樓宇開賣時新盤價和二手價的差距就會大大收窄。在考慮新樓比二手房有更長的使用年限，新樓樓價有溢價也相當合理，最終開盤時也能大賣。因為人們看到最近樓價在快速上升，不早點買看來只會升得更貴。由於由地價上升，倒迫市場整體房價上升在很多城市都不是個別現象。在全球國際城市中房價負擔指數最高的香港，可以看到開賣的新樓盤賣1.5萬左右一平方英呎，而附近的地價最新

拍賣超過1.8萬一呎的奇景。投地的發展商是準備3～4年的建設預售週期把賣價翻一倍的架勢，只能佩服勇者是無懼的。

地產發展商也不是只賺不賠的，如果遇上環境不景氣，尤其區域性政策性轉變。好像海南的房產在行政指令下在2018成交幾乎被凍結，專注海南地產的開發商也蒙受不少的損失。比如燕郊的房子曾經一度熱炒，限購令一出令很多高價買入的投資者面對巨大的帳面損失。最大的影響是買家都不見了，房子交易直接沒有了流動性，你想低價賣出也很難找到人承接，連房產中間都大面積關門了。房地產開發商在投地時偶然也會出現一時頭腦發熱的情況，高價搶標投地後發覺按目前的市場環境，建設完成後無利可圖，直接把土地閒置，情願面對土地被收回的風險也不進行工程建設，這種在房地產企業界的衝動行為在行業內也不算是奇聞。

決定一個地方的房地產價格長期走勢的因素首要是居民，沒有人就沒有居住需求，就算你怎樣分析利率變化宏觀大勢也沒有什麼意義。如果一個地方的高收入人群眾多購買力強，就是對該城市土地價格的最大支持。投資房產首要的思考就是高收入人群的去向，最少要考慮人口有沒有淨流入。人口不斷流失的地方土價是沒有空間上升的。就算是全球地價最貴城市之一香港，在一些交通不便要走路入深山的村落，村民情願把土地荒廢了也不花錢重建。你就明白如果沒有需求，即使土地沒有成本也沒有會進行建設的。如果你去過日本北海道地區看看那些人口嚴重流失的市鎮，你如有房子租又租不出，減價也沒有什麼人會買。大量二手房空置，房地產的價格就不能高於建築成本，因為土地已經沒有什麼價值了。

為什麼人們總想擠在特大城市中居住？最大的理由必定時是對口更高收入的工作與機會，工作的人群情願忍受較長的通勤交通時間，也不願離開該城市的工作圈。所以一般來說一個城市以當地工作及居住人群的收入水平為影響房價的主要因素。但去到城市內部的區域價格細分就要留意更多的因素。一個城市內地價較高的房地產地段通常是接近主要商圈交通方便。居住地方有充足的醫療與教育的配套，購物設施充足，

而且餐飲及休閒配套如電影院等充足。這些區域內如果建築質量較佳的房子小社區，只要賣出價稍低於當時市場價，成交還是很活躍的，因為有很多人早就想等機會移到該等社區之中，大家要記得有人想移居該地才有需求。

其次受追捧的是社區發展較完善的次核心居住區，這些區域往往有完善交通網絡，只是往返時的交通時間會稍長，地價會稍平。因為房價及租金較便宜，有大量人口聚居，日常生活須要無需跨區即可完成，也沒有市中心附近那麼擠擁，如附近有綠化及休閒設施如單車徑等更佳。這類地方的價格上升潛力往往會比成熟地區更大，因為一開始地價比較便宜，買入的成本低，所以社區發展起來後有時回報率會更高。但如果是郊區獨立的小社區或別墅，附近沒有生活交通配套未來也沒有大型發展計劃，樓盤建好後的買賣流通性往往比較差。你要考慮自己有沒有實用或休閒度假的須要才購買，而不太好考慮是否能有價格升值。另外買家亦要留意總價比較高的房地產流通性往往比較差，所以買入後遇上經濟不景氣時就算減價也很難找到買家。

買新房時亦要留意跟二手房的溢價水平，如果新開售房子的價格大幅高於同區二手市場，買入後有可能出現長期價格停滯。眼看週邊地區的二手房價上漲，自己的房子只是原地踏步。在香港這個全球最難負擔的房地產市場，仍有投資者在2010年買入市區新的房子到了2018年只升值不到10%，而同期香港房價卻升值近100%的例子，部分次核心區的升幅更達到150%以上。如果新盤的未來上升潛力已被開售時高價透支，買入房子後未來的價格上升空間就會大幅減少。當然你不考慮回報及保值純粹買入心頭好則另作別論了。有時候發展商如想加快回款，定價時可能出現負溢價，即新樓比二手市場的平均樓價還要低。真實用家當然會考慮買新房子，而二手市場業主往往不願即時大幅減價，出現二手交易完全沒有成交的冰封狀況。大家要理解二手市場是一個滯後於經濟及金融環境的市場，因為較大型發展商多數有資金回收壓力，所以一手市場大型項目價格變化往往更快反映經濟及市場環境的改變。

分析房產價格變化亦要考慮非收入來源的購買力，很多時購買房產

的人並不在該城市工作。比如在北京、上海工作而在老家買房，你就得考慮這種出外工作者的購買力會超過當地長期居民的購買力。還有一點是以房買房的購買力，這是經濟學上稱為財富效應的購買力。你想想，在1990年代買入了北京或上海老房子的朋友，在今天房價翻了多少倍。他們的工資收入上漲幅度往往遠低於他們資產價值的上升。他們賣掉老房子的錢就是以天價購買新房子的購買力。這些購買力並不是從工資收入而來，而是房地產價格上升就會令已經持有房產的人名義貨幣購買力大幅上升。如果房地產價格大幅上升並遠超當地居民收入上升水平幅度，沒有積累房產要靠自己打拚的新一代便難以承擔。如果大量的新一代都無法支付高價房產，無法養育下一代，該城市的自然人口增長在未來將必然下降，要看有多少新移入人口去補充，當生活成本太高時更多人亦會考慮選擇移居到其他城市，形成不同城市間的人口移動推力。

獲取信貸的難度及成本也很大程度影響房地產的購買力，如果利率較低，借貸比例高，比如20%首付就可以買房，在短時間內房屋的需求會出現上升，因為更多沒有充足首付的購買者入市。英國曾經試過在2008年金融危機後提供首次置業借款計劃，符合條件的家庭只需5%首付就可以買房，房貸由政府作部分擔保。這種措施在市場下跌時期會有助穩定房地產市場。不過由於這類購房者的借貸比例非常高，出現貸款相關風險的可能也會較高，我會在後面的章節詳加討論。

有一些度假型城市有一些候鳥型居住者，這種間歇性的需求也會對房地產造成一定支持。明明該地方入黑後十室九空，房價卻沒有出現明顯的下跌壓力。有一些國際城市有較多海外買家，這亦會形成一定的海外需求。當房價脫離很多本地居民的收入水平時，不同國際城市的政府也會推出一些政策以限制海外買家，甚至出現對非本地只能強制限時賣出的情況。

理解不同的購房需求以及購買力來源，你才會明白很多時候以本地居民收入水平變動並不能解釋該地區的房價變化。當然土地以及開發後的實際住宅供給也是影響房價的重要因素，新增的住宅供應越多，發展商要全部賣出的壓力就會較大，價格就會較難上漲，二手房交易不活躍很可能

會出現有價無市的情況。大家可以理解即使一個地區空置的房屋比例較高,如果大多的業主沒有賣出壓力,房產成交價格未必會即時下跌。但是沒有真實需求,建設再多的房子也是毫無意義的。因為房價沒有下跌,但你想賣出去的時候卻找不到買家,要麼要打很大的折扣才能吸引到買家成交。所以分析房地產必定是先分析需求,再考慮供給狀況。

房地產投資的現金流與財務槓桿

購買房產的財務安排中,最簡單的就是無需借貸使用自有資金作全款購買。買房後會流失手中的現金,這是一筆把資金換成了磚頭房子的交易,將來能獲得現金流的方式主要有租金收入以及未來賣出該房子後能收回的賣房款項。所以投資房地產的主要回報有兩個,第一是能收到房租作為持續性現金流收益,第二是賣出房子後一次過收取的資本增值或損失。

現實中要靠自己能力去買房的工薪階層,買房子時往往須要較高比例貸款。即使父母在上海、北京等城市已有房子,如果年輕一代想結婚後買婚房,一般父母想幫忙也多數只能幫忙湊首期款。因為當年父母買入老房子時往往是以很低的價格買入,或者是單位資助的房。如果父母以他們現在的收入再也買不回同等大小的房,很多時也是無能為力。即使你是大學中的終身教授,除了自住房外,面對目前房價也無力購買第二個相近質素物業。這是很現實的問題。即使你在學術界做到萬中無一,拿到了諾貝爾獎的獎金,想在北京或香港市區買個質素較佳的兩房單位都很困難。

個人樓房貸款對現金流的影響

當物業涉及了樓房貸款(Mortgage),現金流的安排就會有很大的變化。購房者付出了首付,還要持續每月進行還款。由於自住房子沒有租金收入。只有一間房子的家庭往往不敢賣出,怕拿了房款後買不回

來。購買的自住房子就只消耗現金，而不會產生現金。自住房是消費性開支而沒有太大的投資屬性，因為你一直住在自己的房子不會賣出，房價的升跌其實與你無關。

如果是投資性買房，並且不是全款購入，付出了首期後，每月需扣除銀行貸款的供款開支，同時可以獲得租金收入，將來把投資性全房賣出，可以獲得一筆過的賣房款項作投資。買入房子就可以影響到現金流收益，當房產的價格升值，在不賣出房子的前提下，仍可以進行再抵押借貸，或稱為二按借貸去獲得現金。很多時候二按借款人是為了獲得現金再次購買新的房產。

房地產與房屋政策

房地產價格跟總土地供應面積未必有絕對關係，反而是每一城市政府的房地產供給政策對房價有非常大的影響。

美國的加州其實有大量的土地，建築成本也不高，為什麼加州的房價動輒要百萬美元以上這麼貴？最主要原因是允許發展商興建新房子的新屋動工許可不易獲得，而且建屋的限制也較多，如果有較多的人口移入，就會做成居所不足的問題。有些地方興趣任何新房子前先要得到當地大多數居民同意，大量的法律及環境規管令新社區的建設可以花上十年甚至更長時間，這樣就較難增加房屋供應。地積比率在人口密度較高的城市也是一個影響房屋供應的重要影響因素。地積比率由地方政府或相關的規劃委員會決定，地積越高，代表同一土地可建成較多的樓面，比如同一塊土地可建成數層的平房或是數十層的高層住宅，能提供的居所數量差異就會很大。所以地積比率越高，房子的供應量就會越大。

當然收入水平也會影響樓價，但是這並不一定是關鍵性因素。新加坡的人均收入與香港相若，土地面積只有香港的26%左右，平均房價竟然比香港便宜30%以上。這主要歸因於新加坡政府的房屋政策，為大多數

的市民提供經濟的資助房屋，解決了80%以上人口的住屋需求。當年新加坡就是參考了香港最初的公營房屋政策，香港卻最終放棄了由政府主導住宅建設，有好幾年時間完全停建所有資助房屋，私人發展商須要不斷以高價競爭政府有限推出的地皮，形成極高的發展成本，並推高現有的二手物業市場價格。

如果一個地方的房屋供應嚴重不足，即使政府想重新主導住宅地產市場，因為要涉及舊城改造，或另覓市郊土地並進行基建及交通建設，沒有十幾二十年的建設也很難把供給跟得上。但試問年輕人又有多少個十幾二十年可以消耗？年輕人變了中年阿叔阿姨也負擔不起一個自己的家。本地居民的生育率極低，須要不斷增加能忍受擠壓居住環境的移民去補充勞動力缺口。

房地產與信貸

國際上的金融危機有不少都與房地產有關，主要原因是地產是金融體系內的優質抵押品，銀行樂於為擁有房產者提供超低利率貸款。房地產作為抵押借款，在銀行體系內就會進行信貸創造，房地產相關的投資及貸款活動變成銀行體系內間接增加了貨幣供應，換言之房地產可以間接地印錢。中國在2018年的央行基準貨幣約為30萬億，包括銀行體系的廣義貨幣供應M2即高達160萬億，當中超過半數以上的廣義貨幣供應M2是由房地產相關活動創造的。

開發商首先用自有資金競投土地，買入土地後開發商就可以向銀行進行融資開發，銀行的開發類貸款比其他融資管道一般利率比較低，但銀行會把開發貸款視為較高風險項目，如果市場風險上升，從銀行獲得融資會比較困難。

如果資本實力較雄厚的開發商亦可在境內外的資本市場發行債券進行融資。境內的企業債發行要視乎當時監管環境是否許可，境外發債多

須要使用美元作借貸貨幣，容易出現匯率風險，而且利率也不低。開發商亦可從各類貸款機構型包括擔保、信託等俗稱為影子銀行的機構進行借款。由於銀行借款與信託等機構的拆借視為同業借貸，不需像借出開發貸款那樣，在遵守巴塞爾協定下須要使用較多銀行的自有資本作風險準備金。銀行很有動機去繞過巴塞爾協定，進行更多的間接借貸以促進利潤增長。這些從信託等公司借出的錢，其實都是直接或間接從銀行體系內融資，近年監管已大幅收緊。最終進行開發時，開發商只須使用比例很少的自有資本就能進行大量的開發，實際上房地產開發商的自有資金與債務的比例往往在5～10倍之間，即可以用1元的自有資本開發10元的項目。在考慮已發行的永續債及關連子公司的表外負債等隱性債務，實際的槓桿率可以更高。

舉個例子，房地產開發者擁有100億的資本，可以透過不同的融資方法支援1000億元規模的開發項目。而這些建成後的房產賣給大眾買家時，買家又可以向銀行進行貸款。如房地產市場沒有出現重大波動，銀行一般很樂意為購房者提供樓宇按揭貸款，因為按揭這種抵押貸款的生意理論上有房產作為優質抵押品，在銀行界的巴塞爾協定規管中只須占用較少的風險準備金。

銀行樓宇按揭放款一般主要參考兩個簡單的指標，第一個指標是收入與負債比率（Debt to Income Ratio），購買者的每月樓宇按揭還款一般不能超過每月收入的50%。第二個指標是房產的貸款與估值比率（Loan to Equity Ratio），正常情況下銀行借貸的最高比例為房地產的賣價或評估價值的60～70%。由於新房的定價與價格參考較有彈性，而只要開發商賣出的房子價格比較高而且又能賣出，銀行就會以賣價而非週邊樓盤的市價作估值參考。銀行創造出來的貸款資金也會因為購房者的高額房產貸款而增加。

購房者的資金流到開發商手中，開發商歸還款項後又可再借貸進行投地及新項目開發的過程。這個開發商買地，直接或間接借錢開發，銀行借錢予買家買房，銀行收回開發貸款，再次借錢開發商進行新項目，再借錢與新項目買家的過程是動態中不斷在不同銀行間進行。而這個過

程就是銀行體系不斷以房地產進行抵押貸款並不斷進行自我信用創造的過程。受惠於快速的城鎮化以及經濟發展，中國的房地產開發速度在世界上是史無前例的，明白了這個存款創造過程，就會理解為何目前中國的銀行體系存款總量可以比美國銀行體系存款總量還要多。

　　房地產的建設以及相關的存款創造是很正常的經濟活動。全世界的地產開發占本國GDP比例多為5～10%，考慮中國及印度等地的城鎮化過程仍未停止，房地產占經濟總量稍高很正常。慢慢地因為住房的建設已能滿足主要的居住需求後，開發就會變為城市改建及區域翻新，而不再會是一個又一個的新開發區，城市建設的速度必然會放慢。真的風險在於無序的建設，比如在沒有人口增長基礎的小城鎮建設了可住兩倍以上總人口的房子，人們買入大量不會用來住的投資性房產，卻發現買入後不知道能賣給誰，出現有價無市現象。出現大量的空置房屋，連想放租都沒有什麼人會租，並可能引起地區性小房企出現資金回收困難。這樣對社會經濟而言也是一種資源浪費。

　　在國際股票市場中房地產開發商不是占比很大的行業，美國的道指成分股中連一間純粹的房地產公司也沒有。擁有大量上市中國房地產公司的香港股市，能加入主要股指恆生指數成分股的內地房地產企業目前只有一家。而以5年較長週期去看，以房地產的銷售總額與淨利潤總額，其實每筆銷售對應淨利潤大多沒10%，甚至連5%都沒有。房地產企業給人高利潤的印象，是因為用上了大量的財務槓桿進行借貸，所以公司的股本回報率（ROE）可以在房產市場運行暢順時能超過20，在如此大槓桿經營風險下獲取這等利潤率其實獲利能力並不算太高。

　　中國房地產價格上升中，真正的受惠者是廣大擁有房產資產的家庭以及地方政府。1998年中央與地方分稅制實行後，地方政府能100%獲得全部土地出讓金的收益。這些地方財政收益能幫助支持當地的公共開支，城市的改造和建設，教育資源如中小學的校園的建設及改善、綠化公園及休閒設施的改善等等，不少支出也是由土地出讓金支持的。只是對一些城市而言這種發展模式難以永久持續，尤其人口流出較明顯的城市。因為不同城市的人口吸引力不相同。

如果空置率偏高，以及房價大幅超過當前居民收入的地市，都難以在長遠依靠房地產持續支持發展。未來中國的城市發展及房價發展必定是因地制宜，並很受產業發展以及全國人才流動的影響。而且由政府主導的保障性住房亦可能會對地產市場產生更大的影響，房價或租金能否為新的一代收入所能負擔，將會成為影響中國長期人口變化的重要因素。人口下降，住房的需求就必然下降，看看日本的經驗就知道了。2019年中國東北的某地級市棚改房二手價低至幾百人民幣一平方米的新聞刷亮了很多人的眼球。其實同在2019年日本東京邊遠郊區總價不用10萬元人民幣也能買到一整棟的房子。在以老人為主的衰落社區，交通配套不完善還要付房產稅印花相當一筆錢去維修物業。房子變成了負債而不是資產，人們請願廢棄樓房都不願取回產權使用。你就明白有些房產到了白菜價也不一定有買入的理由。國際大都市過度透支房價的地區也可能會出現人才流出，因為人才只能為生存而奮鬥卻無力安家時，他們就會積極考慮到其他有工作機會並有能力安家的城市定居。

負資產是指一個在資產價格下行週期，借貸買入資產的資產價格低於貸款總額，出現資不抵債的情況。在房地產曾經經歷大幅下跌的日本和香港等地，在不同時代曾經出現過大量的負資產個案。不過隨房地產價格近年大幅上升，很多人已經不再聽過這個名詞。當借貸買入資產的個人因為遇上樓價大幅下跌，其持有物業的價格低於總貸款金額，就會變成負資產持有者。比如一項物業以1,000萬買入，向銀行借貸700萬。當樓價下跌至650萬時，物業的持有者即使賣出樓宇所獲金額仍不足以支付樓宇按揭借貸的欠款。如果借款者不幸的沒有足夠的現金流繼續供款，銀行就會強制收回其物業並可能作出強制賣出。如果銀行賣出價為650萬，銀行就有可能會繼續追討借貸者50萬的借款差額 (700萬～650萬)。不過銀行是否真的會繼續追討差額要視乎不同地方的按揭條款及相關法例。

比如在美國購房較少會遇上因負資產而引起個人破產的個案。這是因為美國一般的物業按揭條款對購房者較為有利，萬一出現樓價大幅下降時，購房者只需把鎖匙寄回給銀行確定終止按揭就可以終止要繼續償還債務的責任。所以當美國人購房後遇上資不抵債又無力供款時，購房者並無須要為樓價貶值負上全部責任。購房者最大的損失是首期款項

以及所有已作出的供款。當然相關物業就會被銀行或相關金融機構收回業權。購房者損失了已投入的資金，房子還被收回也是很大的打擊，但至少不會陷入長期負債的困境之中。這亦是為何美國不少城市的樓價在2007～2008年大幅下跌40～50%後，出現了大量由負資產或無力償債引致的按揭終止個案。那是誰為這些不良貸款埋單？當然就是借出款項的銀行或相關的金融機構了。

大家要明白到購買房地產必須要量力而為。如果須要借貸購房，不要購買超過自己供款能力的房子。除了準備首付及其他雜費外，請盡量保留一定的應急現金以支持在收入出現短期波動時能持續供款。因為只要你能持續供款，就算樓供下跌對你的生活並沒有重大的負面影響。如果你有真正居住須要，樓價下跌時你可能後悔早知道下跌後同一筆錢可以買大一點，但沒有誰可以事前準確預測樓市的長期變化。但若你借入了難以負擔的債務出現無力供款，房子就會被銀行收回，可以損失全部自有本金並有可能被追討差價。即使將來價格有可能也不關你的事了，人生中遇上一次這類全損事件難以再累積資本東山再起了，大家務必要謹慎借貸量力而為。

利率水平與房地產市場

樓房貸款利率	1%	2%	3%	4%	5%
每月還款	3769	4239	4742	5278	5846
利息支出	833	1667	2500	3333	4167

上表顯示利率與每月還款，利息支出變化的關係。低利率對物業借款者非常有利，以25年還款期每百萬借貸計有1%的利率下每月只用還3,769元，而且當中只有833元是利息，用作償還本金的數額為2,936元，可見較高利率下大部份每月還款都用在償還借貸本金。如果利率上升到5%，每月還款不但上升至5,846元，而且當中的利息成本大升至4,167元。

所以傳統觀點上當利率上升時對房地產的投資是不利的，一般情況下房地產與利率呈負相關。實際上我們觀察在利率上行週期的初段，利率及房地產的價格可以是同步上升的。只有當無風險利率或長期國債利率接近甚至高於房地產的總預期收益（預期樓價上升及淨租金收益率），才會開始對房地產形成壓抑作用。美國在2004年6月開始加息，聯邦基金利率由1%升至2006年的6月的5.25%。美國樓市在2007年才正式見頂回落。所以利率改變對樓價往往有滯後的影響，即利率上升一段時間後樓價才出現負面影響。

如果一些地區預期的樓價上升幅度較高，即使租金回報低至2%的不合理的水平，加息仍然不能壓抑樓價上升。只有樓價開始升不動，賺錢效應減弱人們才會考慮賣出房子。我們留意到2018年全球主要國際城市不少樓價都出現了一定的鬆動與下跌。未來的走勢很視乎美國的利率變化進程，如果美國停止了加息，甚至掉頭減息。而美國長期國債的利率也下跌，投資者賣出房地產的壓力就會減少。

在不少國際城市即使租金回報低於3%，大量的投資者仍樂此不疲的買入樓宇。最大的原因是買入房子後可以超低利率進行租金回報與銀行樓房貸款利率的套利。部分地區在低利率環境下從銀行獲得融資的長期成本是只1～2%左右，如果租金的回報有3%。只要物業一直能出租，付出了首付後就好像每年有人為你供樓房貸款那樣。舉例投資者買入一個600萬的物業，首付240萬並借入了360萬的房貸。如果利息成本是1.5%還款期為30年，每月的還款額只約為12400元。如果租金扣除稅費及管理費等的淨收益每月有15000元。不單止每月不用自己供款，還有淨現金收入。無論樓價如何變化，30年樓房貸款還款完成後，這房子就是自己的全款物業，甚至可以房養老。如果手上現金充足還可以提早償還。這種低利率物業投資槓桿獲利就是推升不少國際城市樓價的重要力量。如果利息成本上升至5%，供款初期每年的淨利息成本高達18萬。收了租金也不足以償還每月供款，除非樓價能不斷反地心引力上升，否則房地產投資自然就變得不吸引人了。

以上的槓桿買樓投資的方式，雖然在樓價上升時可以借助低利率融

資的好處，看似能夠輕易地獲利。其實此策略有兩項潛在的風險，第一就是前面提過的利率上升風險。當然如果全球央行持續推行寬鬆政策，利率急升的風險未必很高。但是別遺漏了考慮經濟下行的風險。當經濟下滑時，市民的收入下降會壓低租金，因為能負擔高價租金的人會越來越少。即使供樓的利率下降，仍然有充足現金可以買樓，並且有穩定收入工作以應付供款的人會減少。在需求減弱下，樓市最先會出現很少成交量的市場凍結現象，然後就有一些用了較高槓桿買樓，持貨能力較低的業主急於賣樓，樓價就會開始出現鬆動。當成交開始向下時，銀行的樓宇估價也會下降以應對抵押品質素下降的風險。在銀行收緊估值及變相減少貸款金額下，買家要付出的首付變相要提高，更少的買家有能力買樓。當樓市的成交減弱時，令原本想換樓賣出自住物業以購入新物業的計劃須要取消，潛在買家進一步減少。這就會令樓市進入下行週期，即使仍有租金收入，亦會出現賺息蝕價的狀態。

不過影響個別城市樓價的因素非常多，利率變化只是其中一個參考因素。供應面、政策面的因素亦往往是關鍵因素。購房者不要只關注利率的影響而忽略個別城市的發展及差異因素，比如有較多人口移入的城市，其樓價的穩定性會較其他城市高，而人口淨流出的城市空置單位會不斷上升，不易拉升價格。

房地產相關的稅項與法例

全世界對房地產都有大量不同的徵費。買入房產時很可能會有一筆過的稅金要繳交，通常稱為印花費（Stamp Duty）。如果出租房產的租金收入在多數國家都會視為入息，當對相關收入進行徵稅。如果是海人士購買房產，在一些地方可以被徵收房價15%甚至更高的特別印花稅。而且買入時亦要支援交易佣金以及相關的法律及行政開支。

即使持有房產自住，仍可能被徵收一定的行政稅費。而房產稅則是更具殺傷力的稅種，持有房產者須要每年按評估樓價交稅。比如持有日

本的房產每年會被徵收1.4%固定資產稅，還有0.3的都市計劃稅。持有房子還必需交管理費以及當地的社區基金，通常為租金的15%，自住亦要繳交。日本的房地產自有率低於50%，與房產稅不無關係。不同的國家，出售房產獲利時仍會視乎持有年期收取所得稅，通常為10～30%之間。而如果房地產涉及遺產繼承時，在一些國家都須要支付遺產稅。

有一些地方的房子擁有人只有土地使用權，並沒有土地擁有權。當物業的使用權到期後，通常須要繳交地稅予政府或付出一定成本後令土地使用權獲得展期。如果業主無力支持地租，在一些普通法（Common Law）國家的案例中，房子擁有權可以被政府收回，業主會喪失業權。但這非常視乎當地的行政政策及執行程度。土地相關法律是相當地方性的法律類別，並沒有全球通用的準則。因為即使是同一個城市中不同地段及區塊，可能出現一些是永久業權，一些只有使用權或以可續地租形式批出。這是非常複雜而且專業的法律問題。比如一些地區容許逆權侵占，土地的非法占用者只要證明你占有該地方符合指定期限，比如30年仍沒有被合法擁有者驅離就可申請占有。法例的原意是令產權更清晰，令一些數百年前的業權後人不會發現了陳年地契而大興訴訟，令業權誰屬糾纏不清。另一好處是令失去清晰業權的土地不會被荒廢。不過這種法例對身處其他法律體系地區的朋友而言是很難想像的。投資海外房產還要涉及匯率及資本限制風險，所以進行海外實體房地產投資時要考慮的因素非常多，並不適合大部分的投資者。

房地產證券化

房地產的證券化有助把固定不動的地產權益賣給海外的投資者。可是面對如此多而且複雜並隨時改變政策的稅費，再加上全球住宅的租金回報率非常低迷，往往扣稅後的淨收益連2.5%也不到，令住宅房地產市場難以進行證券化。

　　如以基金形式投資住宅項目，最主要的持續收益來源是租金收入。租金收到後須要扣除稅費和各種支出才是淨收益。即使地產項目升值，如果基金賣出項目只能獲一次性現金流收益，然後收益就會無以為繼。因為地產價格大升時，賣出項目拿回的資金已難以進行再投資。而且還要面對高額房地產交易費用，往往得不償失。基金的持有者須要不斷忍受極低的年回報，然後不知等到何年何月基金決定解散，賣出所持住宅項目套現，投資者才可以獲得真正的現金流收益。所以這是一項並不太受投資者歡迎的投資項目。

　　有一些房地產開發商囤積不少自建單位作收租，從投資角度看就像是住宅房地產基金，這些收租房往往占用大量財務資源，卻只有很低的相應租金回報，市場往往給予極低的估值。因為該等發展商手持的單位一天不直接賣出，對投資者而言並沒有真實的收益，只能獲每年微不足道的1.5～2.5%淨租金收入股息。除非有併購等特殊事件發生，否則這種公司的股價很難有太大上升動能。

　　較常見可以進行證券化的是商業的地產項目，比如商場、辦公大樓等，因為一般該等商業項目有較佳的現金流收益。這些項目往往會組合成一個商業房地產信託基金，並且在交易所上市。由於房地產信託在分派政策上會把每年收益近90%分派予投資者，股息的回報率往往不錯，受到不少投資者的歡迎。香港的領匯房地產基金（港股：823）主要持有商場收租，透過不斷改善及美化商場環境，增加租金收入，投資者在2005年至2018年長期持有的總收益接近最初投資金額的10倍。領匯房地產基金2005年上市時只是10港元，多年多收息及股價上升總價值超過100港元，是悶聲發大財的經典例子。不過上升潛力早已被透支，除非基金出現大量高價賣出資產作一次性分派，否則未來已很難獲得超額回報了。

　　在美國也有很多房地產信託基金（REITs），雖然在牛市時也有一定的上升潛力，但是在經濟衰退時，可以錄得非常重大虧損。持有房地產信託基金在2008年的虧損可達40%以上，跌幅甚至比當年的股市更大。並

不是低風險收息的投資選項。而且海外投資者必須要留意美國會對房地產信託基金的派息徵稅10～30%不等，令海外投資者買入房地產基金作長期持有的興趣大減。另外一種較常見的證券化項目是房地產的相關抵押貸款資產。我們會在後面加以分析這種債務與國際金融危機的關係。

日本的房地產泡沫與爆破

　　有時候央行會主動加息去刺破樓市泡沫，最經典的案例是日本央行行長三重野康在1990年代初加速加息主動刺破樓市泡沫。美國與日本、德國、法國等國家在1985年簽署了《廣場協定》，令美元在其後數年有秩序貶值，企圖改善美國長期的國際收支赤字。日本兌美元的匯率在1985時1美元可以兌換250日圓，到了1989年日圓匯率升值至1美元只可兌換120日圓期。大量熱錢流入日本，推升了日經平均指數以及日本的房地產市場。由於出口受壓，日本的經濟增長率下降至1%左右，日本央行降低利率，加上金融監管寬鬆，變相鼓勵投機，大量居民加槓桿借錢買房，令居民債務占GDP比例由簽訂廣場協定時約55%左右升至1990年初的70%左右。

　　當時日本的樓價非常之高，東京的地價差不多可以買下整個美國房產市場。為了壓制泡沫，央行的貼現率（Discount Rate）從1988年11月的3.75%大幅加至1990年8年的6%，如此快速的加息首先令日本股市在兩年內暴跌超過50%。但日本房地產實際上要到了1992年日本央行及政府提出限制土地融資的政策，日本土地出讓金（地價）才開始出現下跌。從此日本房地產行業的投資活動開始大幅降溫，最終引起日本的房地產市場泡沫爆破，日本央行再次減息想緩解急跌的影響已無補於事。預期樓價下跌的影響已經蓋過利率變化的影響。當時應該沒有太多人想到那一次房地產的下跌持續超過20年，再加上人口下降需求減少的影響，一些地方的土地價格在20多年後卻只剩下高峰期價格的四分之一左右。

房產泡沫與金融危機

　　引發2008年國際金融危機的源頭就是美國的房地產市場出現系統性崩潰。美國的房地產市場因為2000年科網股爆破後，美聯儲大幅減息而受惠。大量低成本的信貸源源不絕的湧入房市，再加上缺乏充足的金融監管下次級按揭濫發，令一些明顯沒有還款能力的借款的人也輕易獲得樓房貸款，並利用金融創新手段把這些債務的風險間接包裝成債務擔保證券（Collateralized Debt Obligation，CDO）轉嫁風險予全球的投資者。美國的金融機構把這些債務利用數學原理包裝成高評級債券並賣到全世界。金融創新把單一國家的房地產泡沫的影響波及全球金融市場。所以個人投資者及機構投資者必須要小心避免買入被包裝的毒債，為了一點零頭的額外收益卻承擔了難以想像的高風險。

　　在一些地區房地產按揭的貸款年利息曾經可以低於1%以下，即是只要樓價一年上升1%就已經能獲得淨收益。如果按揭借貸的成數不算太高，拿房子收租的租金就夠補貼利息甚至完全償還每月樓房貸款還款的本金。更多的投資者意識到槓桿買房是一門近乎穩賺不賠的生意。銀行也樂於做這種抵押貸款生意。在巴塞爾協定三的原則下，樓房貸款只占用的風險加權比率稍有提升，但總體而言對銀行來說仍是低成本生意。除非一個地方的政府或中央銀行有行政手段干擾銀行對房貸相關生意的投入，否則在利潤的誘因下銀行必然會願意承擔更多的風險。直至樓市風險非常明確，壞帳率急升，抵押品的估值大幅下降，那時再減少新增貸款已經無補於事了。

　　由於房地產市場涉及大量的銀行信貸參與其中，一旦房價出現明顯下跌，銀行體系若已吃下了大量的風險資產，並且批出了大量的高成數按揭，在最壞的情況下會變成大量資不抵債的壞帳。當大多數銀行都出現相似困境，就可能會威脅到整個銀行體系及金融市場，出現系統性崩潰。例如美國的次級按揭信貸引發2008年美國金融危機。1980年代日本房地產的暴升，最終導致了1990年代的泡沫暴破，引起銀行體系內大量壞帳，導致日本出現迷失十年。所以看似長期持有穩定夠利的房地產市

場，在過度的債務累積推升價格下其實暗藏巨大風險。不是每一個地區的樓市下行週期都會引發系統性金融風險，香港的金融管理局很早前已經把按揭的成數收緊，千萬港元價值的樓宇最低要有50%首付，令銀行體系有非常充足的抵押品可以抵禦樓市下行週期出現壞帳的風險。

近年來房地產投資在全球各地的年化回報都長年在10%以上，而且近乎沒有出現過重大下跌。許多房地產投資者甚至完全否定房地產是有週期性的，10多年20年都沒有重大下跌令大多數人都無視任何房地產投資的相關風險。由人口下降及老齡化在全球各地大城市中日漸普遍，令我們不得不考慮日本大城市的經歷會否在更多的地方上演。即使未來沒有出現下跌，但上升的空間會因為租金收益率下跌及居民借貸的收入槓桿比例已經去到上限難以再推升估值而令未來潛在的回報率下降。投資者一定要留心房地產市場變化會否引起相關的系統性金融風險。

資產配置

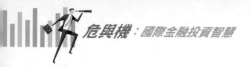

資產配置

　　資產配置（Asset Allocation）是指把可投資的資金在不同投資項目之間進行分配。學習資產配置，利用組合式資產投資是一個很有效率的投資方式，放棄積極型選擇投資時機，在獲得市場回報之餘，利用投資組合中不同資產擁有不太相關的價格走勢把組合的虧損風險減低。對大多數有全職工作的個人投資者而言，每天不停在交易市場追漲殺跌的模式根本不切實際。你有多少的個人時間可以去學習和更新金融市場每天的變化，你上班中又如何不斷留心市場變化調整倉位？

　　沒有太多時間可以投入主動交易的投資者，放棄了不切實際的一注獨贏和一朝暴富的心態，選擇對主要資產大類進行組合式投資去獲取長期回報並且有效分散投資風險，是一個切實可行的長期投資做法。當然代價就是沒法獲得超額回報，而且也沒有可能暴富。不過正是這種沉悶無聊，毫不刺激的投資方式是許多資本市場長期投資人的獲利之道。當然若果你投資的目的不是為了回報，而只是為了尋求在市場中追漲殺跌的快感，又或者只是想把自己的投機性獲利經歷變成朋友間的談資，以炫耀自己投資技能的與眾不同，學習資產配的方法對你就沒有什麼價值了。

　　在本書最前的危與機部分提及過資產配置是分散投資風險的重要手段。其實進行資產配置投資只須要選擇有基礎價值的投資項目，並找到適合自己風險及流動性須要的投資組合工具，承擔一定的投資風險，然後把回報的多少交給市場決定就可以。除非你家財萬貫，對能力和運氣都一般的大眾投資者強，要消耗大量的時間來不斷選擇交易時機，否則以增加一點潛在的超額回報往往得不償失。不過在進行資產配置之前，我們要先問自己幾個重要的問題。

投資組合的目標是什麼

　　許多人投資沒有目標，錢沒有人嫌多，當然是越多越好。問題是獲得更多回報是躲不開承擔更大的風險。如果你的投資目標純粹是打敗通

膨,只要當時的貨幣類投資的回報高於通膨率,你根本什麼都不用做,只買點近乎無風險的貨幣類投資。當然不是買了一些權益類或項目開發類的理財產品,長期債券或合成債務等也不算是貨幣類,而是債券類投資。一年內到期的銀行定期,國債或貨幣基金投資才算是貨幣類投資。

如果你完全不介意風險,你可以配置更多的股票類,甚至是增長型股票類為主。因為長期而言這類資產的增長最快,可是短期回撤風險也是最高。

投資的時間可以多長

如果你的資金有短期變現的流動性須要,比如你打算短期內賣掉金融資產去買房,或準備子女留學費用、結婚嫁娶等開支,就應該減少甚至完全不進行任何風險投資,尤其股票類投資。因為股票類資產的週期在8~10年之間,在股市過度透支的時代,高位買入的股票10年後也未必能拿回本金。如果你有短期資金可能須要要面對重大的本金虧損,而且沒有了等待市場轉好的可能。比如你在1970年代投資美股標普或2000買入美國的納指。如果投資者的短期內變現的需求較低,能持續進行投資的時間越長,投資風險資產的比例就可以相應提高。

最大的風險承受水平有多大

投資前請先問自己能夠接受投資組合出現多大的虧損?如果潛在虧損風險太高,你可能睡不著或感到相當困擾或痛苦。你就應該降低資產組合內的股票比例。由於長債的價格波動比率也不少,可以考慮加大短期債券及貨幣類的投資。在美股的熊市之中,大約可以自高位下跌50%,而個別指數如納指更可以下跌70%以上。中國A股波幅更大,而且波動時間更短,牛市1~2年的升幅就等於美國花了10年才完成的行情,然後熊市1年就把別人3年大熊市的跌幅都跌夠了,非常刺激。如果你沒有足夠的風險承受力,可以考慮以10~30%之間的資金參與,或者完全不參與。但是風險和回報是一個銀的兩面,當中國大牛出現時看似遍地都是獲利的機會,只是你是否能夠把利潤落袋為安才是關鍵。

資產配置的理論演變

　　進行置產配置就好像要設計一條叫資本號的商業戰船，能抵受風浪在交易市場中獲得回報。一艘戰船的船倉中如果有很多獨立的隔層設計，即使遇上惡劣天氣碰到冰山等風險事件也不易沉沒。因為獨立隔層多不會發生船倉同時進水的情況，即使遇上風險事件時出現部分受損，只要其他的隔層仍然安然無恙就不會沉沒。這些間層就是比喻現代投資理論中，把資產分散買入不同價格相關度較低的投資項目，進行風險分散的組合式投資配置。如果投資組合中有低波動相關性的不同國家股票組合，比如不同品種的債券、商品外匯，甚至衍生工具。這種投資組合很少會出現同步下跌，這樣配置便能比較禁得起金融市場的風浪考驗。

　　投資組合中加入大量風險隔層的代價就是潛在最大獲利會比較低。在沒有重大風險的日子，你會眼睜睜看著身邊只裝有單一資產類別的其他商船在你身邊絕塵而去，尤其是那些槓桿特快商船，其收益率羨煞旁人。而當風高浪急，危機四伏的日子，那些往昔威風百面的商船不少卻會翻船沉沒。你的船雖然也受影響但較易能挺過去。當然挺過風浪的日子，新的一批快速戰船又會出現，只是今次船長都是新面孔，因為舊的一批船長大多挺不過大風浪而被打沉了。採用了風險分散組合的商船雖然收獲不夠高，卻能在資本市場長久生存。而新面孔的金融交易者再次表現出對風險的無畏無懼，馳騁金融市場，繼續羨煞旁人直至下一次的風暴出現。這就是資本市場不變的循環。

　　當然大家也許又會想，如果天氣好的時候改用特快船，天氣差的時候才用穩定船，收益就會更高。這當然是對的，如果慢牛長升，天氣長期晴朗的持續時間很長，採用承擔更高風險更快速的商船能獲利更高。採用風險分散的組合未必是一個好的選擇，因為明顯地會比高比例股票配置的回報低得多。如果你在牛市初期用上全股票組合，在週期的尾部才改用風險分散組合，總回報當然會大幅增加。

　　最大的問題是你怎麼可以事前預測金融市場的天氣變化，可能你會

說以經濟週期或利率週期、孳息曲線等去判斷。似乎有時是對的，比如2008年金融危機後，很明顯的是股票估值在貨幣政策刺激下會出現明顯的修復性行情。問題是當時你又怎知道這個牛市竟然可以持續十年，你可能吃了2009至2010年兩年的行情後就不敢再投資股票了，雖然成功避開了2011年歐債危機的波動，卻很大可能會錯過了往後幾年更大幅度的升浪。

但如果你真長期持續待在金融交易市場裡，會發現認真預測就輸了。根本沒有一個永恆有效的方式能預測波動的發生，用什麼數據去分析只能找到一些時而有效時而失靈的關係。所以全世界累積回報最厲害的投資者股神巴菲特（Warren Buffett），是以集中式持股的股票投資組合，獲得投資史上最高長期累積收益。他情願在2008年危機時仍然繼續持股忍受30～40%的本金損失，也沒有擇機買入賣出，只是坐等風暴的過去。這種操作方式對許多散戶投資者而言簡直匪夷所思，大家會不理解股神為什麼不去嘗試賣在最高點，買在最低點。因為巴菲特知道自己無法預知股市，他用了數十年的時間一直參與在資本市場當中，仍然確定的說自己無法預測股市。因為即使你預測到方向，也不太能預測到波動的強度，也不太可能估計到準確的爆發時間。反而你身邊的朋友甲，同事乙或某大師卻可以輕言預測市場在什麼時間能到什麼點數。究竟是哪一個更可信，我只能告訴你隨著投資的經驗增長，你就會更清晰什麼是真正的答案。

2007年美股上到當時的最高位，其實用估值去看如CAPE P/E等並不昂貴，甚至可以說價格合理。可是你有沒有預計到在按揭貸款市場引起的信貸市場波動足以推翻了股票投資的商船，股市下跌的元兇不出在股市被熱炒致估值過高，而是由其他金融市場的環節引起。你相信自己的股市雷達能預計到天氣變化，應該萬無一失。卻沒想到波浪直接由海底傳上來，令你措手不及。金融海嘯出現的2008年，美股的道指在5月分之前其實仍非常堅挺，而且由於能源股大幅上升抵消了其他板塊的下跌，股票指數並沒有出現持續的明顯下跌。你怎麼能事前估到往後的幾個月形勢急劇惡化。就算你估到，你又怎樣再估到2009年初開始美股掉頭大升，而且長大牛市一升就是10年。你就不要扮自己有什麼先知的能力了？商品大王羅傑斯（Jims Roger）在2018下半年時估計美股會大跌，他完全預計中了劇本的前半部，預計不了後半部。還有很多著名投資者

都不斷作出各種預測，只是從來沒有人能預測出完整劇本。只有巴菲特始終不作預測，不是他不想告訴你，而是他真的不知道。如果我們什麼都知道，比如在A股2007年吃了大行情後逃頂，2015年又再暴吃行情再逃頂，在2018年尾買重貨，就能再吃2019年初的大升浪，你應該可被封為交易大師。

　　其實習慣逃頂的人往往很長時間都不敢再參與市場，2007年逃了出來，2015年就不敢參與，就算你再次逃得出來，2017年的中等升浪，2018年的估值修復行情也絕無你的身影。有一些投資者認為不到建國底（上證指數低於1,949點）不敢入市，基本上就不用再入市了，因為投資者留意的是指數的絕對數值，而忽略了每股盈利及指數的成分股構成已經改變。證券分析教父級人馬葛拉漢認為道指升過100點就是十分昂貴，他於1950年代中開始就不敢投資美股了。他的學生巴菲特卻有不同的觀點，持續參與市場並見證道指升穿20,000點。試問就算你有聰明才智，又怎麼可能樣樣事情都能事前知道。想在金融市場中長久生存，不要道聽途說，相信有什麼神功祕笈。

　　年化收益率是很波動的指標，有些基金經理某些年分非常好，拉升了年化回報，之後就乏善可陳了。如果長期投資亦要參考長期累積回報，全世界長期累積回報最厲害的投資人巴菲特，就是以精選個股集中持倉累積了大量回報。但是前提是他生於美國，並且從1950年代開始交易。否則在目前全球股市都相當高估值的情況下，他的投資回報能再滾出大雪球的機會就會變得很小。如果巴菲特身在日本或中國，採用全倉式股票投資，估計就不可能擁有現在的成就了。所以讀者朋友不要盲目崇拜某一投資者，必需結給他身處的金融環境及時代背景思考。如果你採用美股投資思維用在A股或日股，估計一定水土不服。

　　我們無法有效預測市場，根據歷史的長期觀測來說，盈利水平在上升中的股票投資回報最高。但是短期如1至5年間的投資回報並不確定，如果買入了價格極度透支的指數如2000年時投資了納指基金，持有9年仍是嚴重虧損。要10多年才能回本獲利。如果不是遇上許多創新公司的盈利爆發並遇上貨幣超發，納指的投資者不知還要多久才能苦盡甘來。如

果你把A股的創業板視為美國的納指進行長期投資，只好祝君好運了。比如1989日股的投資者30年後仍未回到當時的指數高位，人生有多少個10年甚至30年可以這樣浪費就不知道了。所以純股票的投資組合風險偏高，而且不適合短期有資金流動性須要的投資者。更穩健的做法是進行多資產組合式投資，當然我並無意指組合式投資是最好的，而只是穩定性較高，也並不代表不會遇上虧損。金融交易市場總是蘿蔔青菜各有所愛，我只想較客觀的各訴你各種方法的利弊，等投資者自行判斷什麼樣的投資最適合自己。

現代投資理論（Modern Portfolio Theory）

馬科維茨（Markowitz）於1952年發表之效率前緣（Efficient Frontier）概念開創了近代投資組合理論基礎。不過由於初版理論過於粗疏，在許多其他學者的研究改良下。漸漸發展出各種更複雜的資產定價模型。比如資本資產訂價模型（Capital Asset Pricing Model）。在考慮無風險利率後把每一風險承擔水平下的最佳報酬組合連結，形成了資本市場線（Capital Market Line），在線上的每一組合都代表市場上相同風險承擔下最佳的風險與報酬水平。及後再發展的現代投資組合理論（Modern Portfolio Theory），其核心的精神就是以單項投資占總資金比重決定投資風險的大小。即使組合內有較高風險的投資項目，比如新興市場股票，如果投資比例設定在10%，即使新興市場下跌了20%，對投資組合的直接影響只是負2%，總倉位的風險損失是有限的。如果想在承擔同等風險下獲得更佳回報，可以把不同價格走勢相關性較低的資產放進投資組合內，因為一個資產下跌時另一資產可能同時上升，抵消投資組合的下跌幅度。進行資產組合分散投資就可以承擔近似風險水平時增加投資的回報。由於解釋市場的有效性及現代投資理論非常沉悶，有興趣的讀者可以參考本書的附錄部分作更詳細的理解。

本來現代投資理論一直深深影響資產管理行業的投資策略，可是2008 年爆發了全球金融危機改寫了我們對現代投資組合理論的有效性認

知。2008年時由於全球金融體系出現嚴重的流動性緊縮，高風險資產受到恐慌式拋售。發達國家股票、新興市場股票、新興市場債、高收益債都同時出現暴跌，甚至一般視為避險資產的高評級企業債也受波及。只有作為傳統避險資產的長期美國國債及黃金投資能逆市上升。這種短時間強大的金融衝擊導致許多以往走勢相關度不高的資產種類間之相關係數突然間同步升高，令現代投資組合理論原本預期持有不同種類資產的風險分散效果消失，反而出現了同步下跌風險。原以為投資組合能避險的投資者也面對嚴重損失。

2015年中國匯改時，亦引發了全球股債同步下跌。2018年美聯儲加息時也產生了美國股票、新興股市、企業債、垃圾債、石油商品市場等各類資產全面下跌。只有黃金及美元定存等少數投資在2018年底出現正收益。這一系列事件改寫了我們對投資組合理論的認知，以往認為有益的策略會在某些市場環境轉變時下突然變成有害策略，令投資人無所適從。

其實資產之間的正負相關性並沒有如教科書所描寫的那樣簡單，這些相關性其實是動態並能隨時逆轉的。這令許多以往信賴現代組合理論的投資者感覺自己就在駕駛一部平日運作暢順，但偶然會失常的汽車。現代投資組合仍是投資界一個重要的資產組合配置概念。但我們必須要認識到投資組合理論現在已經變成了百花齊放。當然我們仍沒有找到最佳的策劃，因為每一個新的策略都有不同的缺點，但不執著傳統已過時的知識，對新一代的投資者而言非常重要。

風險平價（Risk Parity）資產配置

由於現代資產管理組合在2008年的差劣表現，令到風險平價學說於金融危機後乘勢而起，得到很大的重視和發展。風險平價概念指出傳統股債混合的投資股組合，多以60%股票與40%債券建立組合，試圖達致風險分散的效果。實際上組合中近90%的波動都是由股票投資引起。如果我們純粹按市值權重投資組合（Market Value-Weighted Portfolio），股票的實

際風險占比就會過高，影響到投資組合的表現。解決方法之一是借貸去買入更多的債券，令其風險占比與股票成更合理的比例。比如把債券投資金額由組合的40%，利用借貸提升至120%，股票投資維持60%。這樣就會得到更準確的60股票及40%債券的風險平價投資組合。如果不考慮手續費及融資成本，測試的回報會比傳統按市值權重投資組合為佳。

　　但實際上執行風險平價投資，須要借貸買入債券提升投資組合風險水平以提升回報率。如果投資執行定期的再平衡策略，每次資產重新調整（Asset Rebalance），我們必須要考慮交易成本以及借貸融資的成本。如果市場的融資成本上升較快，風險平價的投資回報就會大幅被借貸所蠶食。而且當市場利率上升時，債券價格往往會出現較大幅度下跌，會拖累投資回報的表現下跌。令風險平價的組合回報低於傳統60%股票及40%債券的簡單組合。

　　風險平價組合的投資回報其實高度依賴股票及債券投資能維持負相關性，如果這種相關性突然改變，比如2015或2018年都出現過的股債突然變為正相關的情況，投資組合就很難避免虧損。而且債券市場最好維持較穩定的狀態，如果在金融市場的違約風險急劇上升時，債券投資出現槓桿虧損有可能把整個投資組合壓垮，出現巨額虧損。而且風險平價組合必須要配合低融資成本的環境，否則借貸投資成本太高就會壓低總投資回報。

板塊切換資產配置（Sector Rotation Asset Allocation）

　　如果同樣是60股票／40%債的組合，投資者可以把投資的項目進行更細緻的分類去捕捉由週期帶來的板塊超額回報，由於經濟週期的不同過程不是所有行業都能同時受惠，分析大量數據及行業週期走勢有助投資者尋找經濟週期運行中的下一個熱點板塊以獲得超額利潤。其實聽上去高大上，不過是主動型股票基金早已應用已久的方法，利用經濟週期

及政策變化去估計下一個熱點板塊。舉一簡單例子，如果經濟放緩時你會預計政府會增加基建投資，預先買入機建類板塊。又或者投資者預計貨幣政策會放鬆，對樓市有利多作用預先買入房地產板塊等待升值的機會。

另外一種板塊切換手段就是不斷換入強勢股板塊，換出較弱勢的板塊，又或純粹跟蹤股價已經出現突破上升的熱點板塊，不斷在股票市場的板塊間切換去追漲殺跌。這種板塊切換投資的核心理念是，價格自有其有趨勢，強者恆強，弱者恆弱。但這種策略必須要在市場趨勢明顯的市況中應用。如果在波動市胡亂切換，不只要付上高昂的手續費，而且更可能不斷犯錯買了就跌，賣出就升。因為市場若在進行區間波動，沒有明顯突破之時，弱股往往會見底就反彈，強股升至某價位便見頂回落，價格趨勢無法持續，令投資策略無法發揮效果。

風險因素為本資產配置（Risk Factor-Based Allocation）

風險因素為本資產配置是一種以識別投資風險來進行分散投資的組合。傳統上的資產分散並不代表風險分散，比如美國的利率快速上升時會同時引起股票市場及債券市場同步下跌。

投資人應該把風險因素出現的成因分類，並對風險因而進行拆解。減少因為單一風險因素出現而出現組合回報大幅波動的風險

常見的風險可以分類爲

市場風險（Beta）：任何資產大類都有其市場風險。除了短期國債一類的無風險資產假設並沒有市場風險。投資於股票市場無可避免受到證券市場波動風險（Equity Market Risk）影響，債券投資、商品投資都有其相關的市場風險。

單向動能風險：市場有可能單向波動上升或單向下跌的波動風險，而且單向趨勢往往會自我加強，令市場出現交易異常狀況，市場中主要只有單邊的買家或賣家，單向波動會大幅增加市場出現崩盤的風險。主要出現在股市、商品、房地產市場等。

外匯風險：外匯市場波動對資產價格的影響，股票，債券，商品等都會受其影響。

利率風險：利率快速上升令資產價格受負面影響的風險，股市、債市及房地產市場都會受影響。

信貸風險：市場認為債券整體的違約風險上升，令債券的孳息率與國債的收益率差價拉大，令企業債的價格形成較大的下跌壓力。主要影響債市。

交易對手風險：跟投資者訂立合約的交易對手無法履行合約。比如賣出信貸違約掉期（CDS）的交易對手無法賠償足夠的費用。場外保證金交易的對手出現破產，而無法履行合約。

不同的資產可能都會受同一個風險因素影響，分辨風險來源會幫助投資者在建立投資組合時考慮單一風險因素出現時，會否對投資組合帶來系統性打擊。可是現實上我們非常困難地去單純分拆不同的投資風險因素。所以要實踐風險因素為本的投資組合比較困難。

對沖與資產組合管理

如果投資者願意放棄一定的潛在獲利可能，就可以利用期貨及衍生工具作為風險控制工具，去控制一段時間內投資組合最大的損失風險。舉一個例子，正常來說美國股市的年波幅是15%，如果你已經持有一定的股票資產，願意放棄股市一年內超過15%回報的潛在升幅，賣出遠期價外認購期權。就可以獲得期權金買入相應的遠期價外認售期權作最大損失控制，投資組合內的股票投資年度最大損失就可以控制在15%之內。

有投資者可能會想，只買入股票價格下跌保險的認售期權不是更簡單嗎？如果控制最大損失為15%的保費為投資額的5%，而牛市運行10年週期，你每年交了5%的保險成本還要交足10年，想想就知道長期累積會對投資組合的回報構成非常重大的負面影響。所以通常是市場運行週期的尾部才開始考慮建立防禦是比較可取之法。投資者想對投資合組降低風險也是要付出相應的潛在回報下降為代價。

簡單的資產配置方式

金融資產的大類有股票、債券、商品、外匯等幾大種類，而且每一種類下可以再細分為不同的副分類。在最簡化的投資組合之中，投資者可以只考慮股票及債券、貨幣類投資的配置。以下的部分例子中我們會簡化投資組合為只有債券及股票。很多個人投資者的主要投資為房地產，我們這部分是指用於房地產投資以外可作金融投資的自由現金。投資者必需考慮其資金會否受房地產價格變化而須要從金融投資中撤出資金。如果有這種流動性需求則要考慮降低風險資產如股票的比例，因為股市跟樓市有一定的正相關，金融市場動盪時股樓皆跌。如果房地產已進行大額借貸，投資組合中又以高比例的風險投資為主，總體風險就會很高。

進行較複雜的投資組合設計時，有時會考慮加入如黃金等商品以及外匯相關投資入其中，而且會進行因應市場環境改變的動態配置。對一般個人投資者而言，動態的不斷進行資產配置非常困難，這是大型對沖基金的工作。但即使強如對沖基金行業的龍頭，也會出現在2017年的大牛市中拿不到什麼正回報的狀況。對一般投資人而言，進行積極型資產配置並想獲得超額收益超越大多數人的能力，所以我們會首先討論操作更簡單的被動型資產配置。

定立投資比例，定期定額投資

60%股票／40%債券投資組合

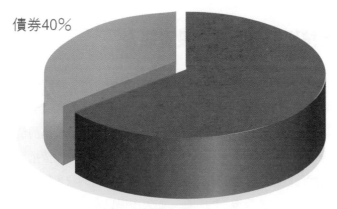

債券40%

股票60%

　　按投資者自行設定的投資組合比例每月買入並持有，是很常見簡單建立退休金儲蓄的方法。最簡單的是以60%股票配對40%債券的比較作組合，或者保守一點以50%股票配合5 0%債券作每月的定額供款投資。目的是賺取長期股債混合型投資的回報，適合手中自有資金不多，以每月薪資收入作定額供款（每月收入的5～20%）進行長期投資的工薪一族。目標是退休時獲得一筆比較可觀的資金作退休長期開支使用。不用理會週期變化。如果投資更保守可考慮加大債券至60%，把股票投資降至40%甚至更低以減低資產波動率。

風險投資比例跟年齡遞減

　　風險投資比例跟年齡遞減也是一種簡單的投資配置，以100減實際年齡作股市配置比例。比如你今年25歲投資比例為25%債券及75%股票。如果你今年40歲投資比例為40債券及60%股票。投資組合每年調整的過程會把組合中的波動性風險減少。在進行風險遞減時，投資者可以把每年新的供款進行比例調整，而以往的投資可以保持比例不變。

如果一個股票市場在長期上升趨勢之中，這樣的投資組合會令在以往股票價格較低時買入的投資獲得成長，並減少長期持續投資的風險部位，並在退休前幾年開始考慮是否對投資組合進行較大的調整，漸漸降低已投資資金中股票組合的比例。

一筆過資金按比例分時建立投資組合

如果投資者本身的本金總額較大，不適合長年期每月長時間購入，可以考慮在設定投資項目的組合構成比例後，如50%股票及50%債券，在一段時間內每交易日累積建倉，這樣可以避免在單一交易日以較高的價位買進。比如想分散資金在3個月內完成建倉，每一交易日內每天按指定金額買入資產，當然代價就是若果股市正在快速上升，組合的買入價就會越來越高，這必需視乎投資者對後市的判斷。如果市場只在上下震盪而非單邊上升，分時建倉也是一個可取的方法。如果大家有留意透過滬深股通投資A股的資金往往呈現單日線性流入的狀態，就是分時建倉的例子，只是外資建倉的資金每日有調整，而買單是在日內分時買入，比如每5分鐘買入一定金額，避免單一大單影響價格大幅波動，直至建倉完成。

全球資產配置（Global Asset Allocation）

全球資產配置的核心理念是把投資的資本被動的分配到全球不同主要資產之中去減低單一資產波動。一個簡單的全球配置可以有30～50%的環球市場股票，30～50%的環球債券，以及0～20%的黃金及商品組合。

比如一個簡單的全球投資組合：

40%資金：全球發達國家股票。

10%資金：新興市場股票。

20%資金：中短期已發達國家國債及企業債。

10%資金：20年以上已發達國家長期國債。

10%資金：新興市場債券。

10%資金：黃金及商品

全球資產配置

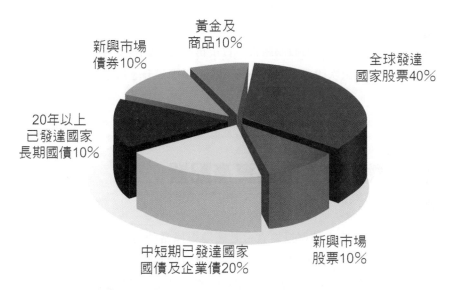

這種投資組合的設計是以美元資產為主進行配置。如果你的地區貨幣並不是美元，可能要考慮外匯對沖因素。而考慮到中國的人民幣國債基金表現往往還不如貨幣基金或貨幣形理財產品，在貨幣利率還未出現大幅減息的情況下，中國的投資者可考慮把組合中的中短期國債轉成貨幣基金。

投資組合再平衡策略

投資者首先考慮把資產分散到指定比例的組合中，如60%股票及40%債券，開始建立了投資倉位後，由於股市及債券的價格會波動，影響到實際投資組合比例改變。投資者可以採用投資組合再平衡策略，每半年或一年檢討組合中的投資部分比重是否須要用再平衡策略調整。比如股票牛市中，股票的組合比例可能由60%升至65%，投資者可以賣出部分股票（5%），加大投資到債券之中，再次把股票投資組合重組為60%。當股市大跌，投資組合中的債券可能超過股市，這時就可以賣出部份債券組合，買入更高比例的股票組合，實現再平衡。當股市再次上升時，投資的收益因為上次股票市場低殘時實施再平衡提升了股票組合的比例而受惠其中。

相機裁決的主動型資產配置

相機裁決的主動型投資者會動態地根據當時的金融環境及市場情況進行資產配置，因應投資者對不同金融資產週期變化的理解，對不同類型的資產進行主動型配置。比如當經濟衰退及金融風險上升時，部署更多的防禦性資產如貨幣類投資、長期國債、貴金屬等。當市場陷入恐慌，而金融環境開始寬鬆時，增加股票類資產配置以及高收益債券等風險資產以捕捉市場轉向的收益。更進取的資產管理者會加入放空、期貨及衍生工具作風險管理並試圖在同等風險承受範圍內增加收益。不過掌握週期變化其實非常困難。

主動型資產配置中，美林時鐘曾經是著名的週期資產組合配置參考。這是在2000年代初美林證券分析了過去幾十年不同資產的歷史收益與波動率而提出的週期性資產配置的理念。其主要理念是股票是主要資

產類別中長期回報最高者，債券其次，貨幣類投資只能稍高於通膨，商品投資有時能有超額收益。經濟衰退時加配債券及現金減少股票投資，而經濟復甦時加大股票投資比重，當經濟過熱增加商品投資及股票比重。當經濟出現高通膨率低經濟增長的滯脹時加配商品，尤其石油類能源商品往往有不錯收益。大約在2008年前這套模式有相當的參考性。

可是近年這套模式已經開始失靈，而且除了應用在美國市場效果較佳，在中國及日本等國的效用不明顯。在2009年開始的超低利率環境，以及頁岩油的出現大幅改變了現今的投資環境。商品的價格上升週期更短，上升力度更低，美國也由石油淨入口國變成了淨出口國，徹底改變了世界的能源格局。更多的可再生能源及電動車普及，以及更嚴謹的環保法令，也會在長遠降低石油的總需求。除非有重大的事件如地緣衝突出現，導致短期石油供應急劇下降，正常情況下大宗商品中的石油已經難成大氣。貨幣類的收益更是慘不忍睹，連通膨都抵消不了。債券類投資的週期性更強，已經不是純粹的用時間賺收益，而必須要積極配合利率（判斷市場利率風險）及經濟週期（判斷違約風險）才配置。因為當利率市場由零開始上升，中長期的債券因為債價下跌，投資收益可以連續多年出現負數。而當違約風險上升時又會令高收益債的投資者損失。市場中很難簡單應用以往大獲成功的方法。

主動型資產配置雖然有可能獲得較高的潛在回報，但也很可能會錯過很多機會，亦有可能引起更大的風險。投資者很難確保自己的週期配置是否適合當前環境。這個方法並不適合只想簡單投資的投資人，而且也不能保證有超額回報。如果你仍想嘗試根據自己的眼光進行投資組合配置，我們可以先設定一個標準的60%股票／40%債券的簡單投資組合。然後一步步考慮不同細分的股票種類，比如成長型股票的比例，考慮一下引起增加或減少相關資產配置的因素，然後根據自己的投資風險偏好作出調節。以下提出的考慮因素只是根據參考了資產歷史的變化，並無法確保能正確預測將來，投資者一定要謹慎地根據自己的判斷作出投資組合決定。

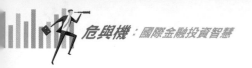

股票投資配置的考慮因素

何時考慮增加股票配置

- 預期市場見底，或估值非常低迷。
- 經濟暢旺，通膨上升。利率在市場預期下緩步上升。

何時考慮減少股票配置

- 經濟見頂過熱，市場已經完全透支未來數十年的利潤增長。
- 交易市場出現重大警訊如孳息倒掛現象後市場開始動搖。
- 利率比市場預計快速上升。
- 市場融資槓桿比例過高，引起急速去槓桿風險。

股票投資的不同類型

成長型：經濟擴張週期表現較好。

價值型：防禦性較強，經濟收縮時下跌幅度可能較低。

創業型：這種沒有盈利支持的股份在擴張週期資金氾濫時表現最好，平日往往毫無起色，乏人問津，寒冬時得不到融資可能就掛了。

按市值及流動性分類

大型股：買賣盤多流動性充足，須要大資金才能推動，沒有明顯個別機構投資者能長期影響價格，價格表現相對較穩定。

中型股：買賣盤較少，因為較少的資金已能推動，上升時往往充滿

動力。可能存在個別機構大戶在一段時間內對價格構成重大影響，價格表現較波動。

小型股：買賣盤稀少，缺乏機構性投資者。股價往往要等風起時才看看能否飛一次。少量買賣盤已能影響價格，有時甚至一天沒有成交。

經濟週期開始復甦時加配大型增長型，在中段時可以考慮加配中型股到組合之中，捕捉股票上升週期尾部的升浪。盡量避免以大比例的倉位參與小盤股，只可以考慮是否作小量投機性配置。近年來由於資本市場中的個人投資者不斷減少，像美股及港股中的小盤股即使在大市破頂中仍有很多沒有跟隨大市上升。A股在2007及2015年的上升中小盤股上升最烈，但下跌也最深。投資者必需留意在中國A股更大比例加入國際指數後，大盤及中型股會受惠資本淨流入，而小型股卻未必直接得益。在股票價格會沿最少阻力方向前進的思維下，大盤及中盤股的上升阻力會降低。小盤股很受資金及投資氣氛帶動，要等下一次大風起時才看看能否再起動。在經濟週期尾升時考慮減少股票總倉位元配置，並加強大型價值型股票配置，減持中小型股及成長風格的個股。當然實際上我們無法事前預測是否見頂，或何處才是週期尾部，所以主要資產配置是以可能犯錯為代價去獲得較原本為佳的回報可能，並不適合想簡單輕鬆投資的投資者。

債券投資配置考慮

債券是投資組合中非常重要的穩定器。因為債券市場在多數時間下的波動性較股票少。但投資者也不能對債券類投資掉以輕心。因為近年在貨幣政策的扭曲下，債券的回報率低而且債價高昂，一旦市場利率快速逆轉就會在債市做成重大波動，並引起相當程度的虧損。只有高級別的短期企業債及國債才算得上是低風險投資，可是回報往往非常低，在央行推行量化寬鬆的年代有時連1%的回報都沒有，只是聊勝於無。

利率上升風險時

直接買入短期（1年內到期為佳）高評級債券或國債。進取的投資者可以選擇放空長期國債、高收益債券。長期國債對利息非常敏感，一旦持續加息債價便會大幅下跌。高收益債的吸引力是利益相對優質的債券較高，一旦國債類利類上升，高收益債價格必需下跌以維持投資的吸引力。而且息差往往會擴闊，即是高收益債的價格要下跌更大幅度，才能吸引投資者買入。投資者要留心如果美國的利率上升引起新興市場貨幣出現貶值，新興市場債的本幣債券基金價格也會大幅下挫，用美元為結算貨幣的新興市場主權債務債券違約風險也會上升，債價也會同樣大幅下跌，投資者必需多加留意。

違約風險上升時

增加配置買入國債、主權債類別。國債是最高級別的債券，違約風險最低。我們一般假設有貨幣發行權的主權國家本幣國債並沒有違約風險。2011年歐債危機的出現是因為如希臘這類沒有貨幣發行權的國家發行了大量的債務而出現違約，令債券投資者蒙受重大損失。一些較小的新興市場國可能過度倚賴少數資源出口作主要收入來源，當資源價格大跌或者出現天災突然出現權力改變等因素都可能令國家陷入危機。有可能會主動違約，宣布不再償還以往的債務，令購入債券的投資者蒙受重大損失。

投資者在市場風高浪急時要避開低評級的企業債，即垃圾債或稱為高收益債以及可轉債。因為公司就算最終沒有違約，債券價格會出現大幅下跌，持有債券的投資者在風暴發生時，看到債價下跌遍地黃金的機會，卻苦被套牢，難以有資金把握機會了。

金融市場混亂時

加配長期國債類投資，減低配置所有類別的企業債及新興市場債券。在兵荒馬亂的時間，只有本幣主權債才是安全的避風港，而即使以往貨幣基金所持有短期高級別企業債也會出現明顯的債價下跌。因為沒有人能確定大企業是否真的是大而不倒。高收益債的市場更是風聲鶴唳，倒閉的謠言四起，債價隨時出現暴跌。而為了挽救市場信心央行必定會採用積極的貨幣政策。長期國債的利率很可能進一步下降，令長債的價格出現較明顯的上升。可轉債的價格亦因為股市轉差而大跌。投資者在市場中買入可轉債的主要動機是為了潛在股票轉換的價值，當股票大幅下跌，轉債為股並沒有什麼收益可能，同時違約風險又會上升，可轉債的價格可能會出現大幅下跌。

貨幣類投資配置考慮

在正常市場運行週期下，持有貨幣類的投資回報通常非常之少。而且在量化寬鬆年代，貨幣類投資的回報率往往低於通膨率，即是持有者的實際購買力不斷被通膨蠶食。所以長期持有高比例貨幣類的防禦性投資會大幅降低投資組合的總回報。銀行定期類貨幣投資只有利率快速上升週期出現股債雙殺時才是避險之王，這種情況出現時間一般不超過1至2年，因為資產價格的下跌很快會引起央行的貨幣政策改變，當市場再次逆轉時再持有現金就不是好的選擇了。

貨幣基金如以短債為主要投資，仍有可能因為違約風險上升時因為基金價格下跌而損失。如果貨幣基金是以銀行同業類拆借為主，則風險較低，但仍要留心交易對手的風險。因為銀行間的同業貸款若出現銀行倒閉事件也不一定能收回本金。而銀行的儲蓄通常都有存款保障計劃，存款非常有保障，總體風險較少。

商品類投資配置考慮

石油類商品的價格已經跟經濟週期沒有太過明顯的關係，2014年的油價大暴跌是供應增加為主因，與全球經濟增長並沒有明顯關係。而2017～2018年間的升浪也是由於主要產油國限產以及中東產油地區地緣政治衝突擔憂引起的，與全球的經濟活動也沒有明顯相關性。但是一旦全球貿易衝突上升或全球經濟放緩時，石油的需求就會明顯下降，除非產油國有非常大幅度的減產去維持油價穩定。投資者應考慮是否減少配置資源及商品類投資，因為商品價格很少是逆經濟週期上升的，尤其是產油國沒有發生重大地緣政治風險的情況下。讀者必需留意全球的能源格局已經出現了不能逆轉的改變，石油出產國已經沒有能力長期控制油價，因為一旦降低供應，短期可以提振油價。但沒過多久更便宜的美國頁岩油的市場占率就會上升，並替代原有石油出口國的市場占率。並非石油出產國成員的能源出口國俄羅斯亦意識到這種長期格局變化，他們並不想大幅減產把石油的市場占率拱手讓人。所以投資者對商品投資的回報潛力應有更清楚的認知，看住過往的石油動輒升過100美元一桶的技術分析圖表對你並沒有太大的參考價值，而只是一種認知陷阱。因為若非暫時有突然因素變化，石油類商品投資已不可能回到往昔的輝煌。

黃金投資在金融波動時期可以考慮配置在投資組合中，尤其美國一旦出現更激進的貨幣政策及財政政策，可能一次過毀掉全球對美元購買力的信心。在更強勢的國際結算貨幣取代美元地位前，黃金作為傳統硬通貨的價值可能會再次顯現。危機中配置一定黃金比例有助降低投資組合的波動性。但投資者必需留意一旦危機過去長期持有黃金的回報仍然會是乏善可陳。黃金投資只適宜進行階段性配置，尤其是經濟擴張週期的尾部，以及孳息曲線出現倒掛現象後配置去預防央行進行過度的貨幣政策刺激，導致濫發貨幣的風險。

外匯類投資配置考慮

　　一般的投資組合很少直接加入外匯投資到其中。因為直接持有外匯只能靠有限度的匯率波動以及往往非常低的利率作為回報來源。除非明確外匯有大幅波動傾向，否則加入高比例的外匯配置到投資組合中作長期投資並不明智。簡單外匯投資的長期回報往往並不吸引人。

　　可是在特殊情況下，尤其主要資本市場劇烈波動下，持有避險貨幣如美元，日圓等而賣出新興市場貨幣往往也會錄得一定的正收益。而如果一個新利率的貨幣如2008年前的英鎊出現利率大降時也是很好的放空對象。所以在作出防禦性資產配置時，可以考慮高配避險貨幣的相關資產，降低高風險貨幣的相關資產，比如澳元以及新興市場貨幣相關的資產。

　　另外投資者亦應考慮外匯因素到投資組合的資產配置之中。在危險來臨時，必需考慮所投資相關國家的匯率有沒有足夠的承受能力，會否出現大幅貶值。比如2008年投資英國股票要同時承受外匯市場暴跌以及股票市場暴跌的雙重打擊，令海外投資者在沒有進行外匯對沖的情況下遇到非常重大的虧損。

全天候資產配置

　　全天候資產組合是設計一個能適應主要市場變化的穩定投資組合。傳統投資組合中大部分的風險都是由股票投資而來，而債券只占組合風險很少的一部分。如果要組合中承擔的股票及債券風險相同，要增加債券組合占比以令其風險相對股票組合得以平衡，投資者可動用借貸提升債券在組合中的風險比重，變成更接近股票投資的風險比重。這個重視

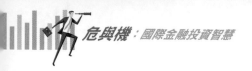

不同資產的實際風險占比的概念稱為風險平價（Rsik Parity）。投資組合會把相關度低又有獲利能力的資產進行配置，目標是取得較高的風險回報比率（Shape Ratio）。不過在全球資產大歡騰的2017年，這種方法獲得的回報卻會低於傳統的60%股票／40%債券配置。所以世上也是沒有投資必勝的法則。我們可以假設用美國的交易所買賣基金建成一個投資組合，中國A股的投資者可以參考其中的原理，但不要依樣畫葫蘆，因為中美的金融工具走勢並不相同。

這種組合的核心是投資全球不同市場股票及債券以及商品。

25～35% 全球股票組合

領航的全市場基金（美股交易代號：VTI）。如果只投資美股可選美國的標普500基金（美股交易代號：SPY）。

25～40%的長期國債組合

比如美國的長期國債基金，比如貝萊德的美國長債基金（美股交易代號：TLT），領航長債基金（美股交易代號：VGLT）。

10～20%的短期或中期國債組合

比如美國的中期國債基金，比如貝萊德的美國7～10年債基金（美股交易代號：IEF）領航中期債券基金（美股交易代號：VGIT）。除非利率快速上升，否則回報多能保持正數。

一些投資者會採用浮息債基金（美股交易代號：FLOT）替代，進一步降低利率風險。代價是浮息債的回報在低息環境下會接近零，而且在極端的金融環境也會有一定債價波動的風險。

5～15%的商品及外匯基金

例如投資美國的德銀商品市場指數基金（美股交易代號：DBC）。
美國SPDR的黃金基金（美股交易代號：GLD）。

全天候基金的表現回報一直不穩定，時而獲利時而虧損，在股債同升的情景年回報在7～15%之間。下跌年分較多在在-5至-12%之間，金融危機時的防禦力會因國債組合提供較強防禦力，但仍可能因股票及商品的虧損錄得負回報。投資者千萬不要以為能全天候獲利。組合的大約年化波幅率在10～15%左右，在風險及波動率考慮平均回報稍比持有債券好一點。在股票牛市時期，投資回報會低傳統60股／40債的投資組合。

而且全天候組合在利率快速上行週期表現比較差。因為股市跟長債同步下跌，組合中可能產生防守作用的只有短債，浮息債和表現相關度低的商品。所以此全天候組合的缺點是難以抵擋利率快速上行的風險。相反地處於利率下行週期尤其長債利率下行週期表現最好，因為往往會出現股債同時上升的現象。

純阿爾法交易策略（Pure Alpha）配置

純阿爾法交易策略是指投資組合沒有設定須要參考的相關基準指數，投資回報與主要市場變化不一定存在相關性。這種組合在市場大升時也可出現虧損，市場大跌時反而可能獲利。由於此策略並沒有承擔市場風險（Beta），當然也分享不到市場回報。投資組合直接由投資經理相機判決決定投資什麼項目。

一些標榜絕對收益（Absolute Return）的對沖基金，投資者還可以選

擇承擔不同的波動率。選擇越高的波動率代表越高的潛在回報與承擔更大的投資風險。如果你看到2018年某大班對沖基金獲得了超過14%的回報一定驚為天人，可是前幾年美股大升的波潮中，該基金在幾個年分中連5%的年度回報都未必達到。放棄了市場風險其實也等於放棄了市場的回報，投資者要付出的代價其實也不少。大家就不要迷信什麼無風險投資策略，根據不明出處的網上投資策略建議，就幻想自己成為對沖投機大師。我只想說對大多數運氣一般的投資人而言，別浪費心機在設計什麼必勝組合或無風險獲利組合。簡單的策略在合理的水平下承擔市場風險獲得市場回報已是不錯的選項。

大道至簡

「沒有人能預測股市，一個也沒有。」我用了很長的時間才接受並真正領悟巴菲特這句話的睿智。管理1萬億美元資產的挪威主權基金，在2018年尾的大跌市時仍保留超過65%的全球股票組合，並在市場大跌時稍為加倉約200億美元股票持倉。他們的債券持倉一般在25～35%之間，非上市地產占比低於4%，大致就是一個簡單的偏股型股債混合組合，沒有使用什麼神祕的交易策略。他們只會在全球股票及債券的持倉組合進行品種切換，這種股債混合持倉配置看似很簡單，但長期已能達至相當不錯的資本增值了。股神巴菲特也從來不會預估熊市何時發生，他會選擇一直忍耐市場的波動而不賣出持股。大家可能會問，金融市場難度沒有什麼能人異士可以預測走勢嗎？讀者可能會舉出多不勝數的例子指出很多人預測市場成功的例子。是的我也看得到，不過請你也看看他們預測錯誤的次數，往往是錯誤遠比正確的多，有時真的是壞了的鐘一天裡總有兩次準。天天喊底的預言家一定會有一天準確命中市場底部，不過你跟他建議重倉買入，估計早已虧得被抬離資本市場。

　　建立投資組合的資產配置手段是我們放棄自認為市場天才，天天追漲殺跌，由市場給予相關回報的手段。我在投資過程的長時間中一直相信，把握交易時機，把握趨勢改變，一定是有方法的，獲得超額回報能有多難。當你長期進行市場操作時才會體驗到，很多情況事前根本無法有效判斷。美股指數在2018年12初至2019年2月尾是維持在相同的水平，並沒有實際波幅的。如果事前知道這情況，誰又會願意在2018年12月尾美股暴跌時大幅賣出，這不是當了大笨蛋嗎？你知道2018年12月24日暴跌迎聖誕美股進入了大調整時，很多人都預期熊市來到了，媒體一面倒宣傳熊市快到了的訊息，而且不少股票真的跌到熊市區了。根據歷史統計顯示熊市不會這麼快即時收手，很可能下跌更多，很多人當然就會先行賣出持倉避險。

　　誰能預料聯儲局的加息預期快速轉向令股市出現急劇反彈，從12月低位不到2個月時間完全收復失地。如果有人能預測到早已發達了，因為市場3個月時間的來回波幅接近40%，加點槓桿，買賣兩次中短期價外期權賺個10～20倍有何難度。問題是你要事前能準確知道，我們未觀察到有多少大型投資機構在這次波動中大賺特賺。在暴跌時敢於買入，你必須要押注美聯儲改變利率政策及中美貿易局勢緩和，承擔了風險，獲得了相應的回報。其實說穿了有時候有點是在賭運氣，因為誰在事前也沒絕對把握。

　　投資世界大道至簡，建立因應你自己個人投資風格的投資組合進行長期投資，已經是一個很好的長期投資方式。如投資於美國這種持續上升的市場中，採用簡單不過的60%股票／40%債券組合，配合再平衡策略已能獲得不錯的收益，並往往比許多看起多高大上的投資組合策略長期回報更佳，至少在風險承擔和回報方面會是合理交換。當然在不同的國家的股市是否採用60%／40%的方式，必要視乎該國的股市有沒創新公司加入以及有沒有長期盈利增長可能。而且如果美股在估價較高水平出現經濟衰退，出現較持久的熊市也不是不可能，沒有人敢說長期採用

這種策略就能必然盈利，只是市場盈利時總能分一杯羹，虧損時不會全虧而已。

不過新興市場股票這種快速切換風格，而且牛熊週期短的市場類別，選擇在較低估值時才介入似乎長期回報會較佳。不可能單一的投資組合方式用在任何市場都適用。不過採用一些非常複雜的投資組合策略也沒有保證能有什麼超額獲利，有時還會弄巧成拙，沒有一套主動交易策略長期必定能獲利。比如投資者企圖用不冒市場風險的各種阿爾法（Alpha）交易策略，即使驗證過在以往時間是有效的，也可能會因參與者增多而使策略回報下降甚至失效。至於投資人可以再根據自己的風險偏好在組合中改良應用，比如允許一定資金比例進行擇時交易，或按市場的估值彈性調整投資比較。當然不是什麼方法都適合所有人，組合式投資的波動性及娛樂性較低，缺乏參與的刺激感。如果你交易的目的是追尋刺激或快速獲利，這個方法就完全不適合你了。

投資者的個人修養

投資者的個人修養

在金融交易領域，對任何現在或潛在的交易者說教或講述大道理或企圖喋喋不休對他人曉以大義都是徒勞無功的，真正能影響到交易者行為的必須要動之以利。而建立投資修養就是為了個人以及社會長期最大利益而進行。一個沒有修養的投資者，看到什麼疑似能發財的投機機會都很可能會奮不顧身的衝過去，動不動就把大部分資產投到單一高風險項目中，就算短時間內能獲取暴利，也沒有辦法能走得多遠，他的資本很易遇上突發風浪就翻船。

想賺快錢，到金融或商品期貨市場轉兩圈，來個痛快的滿倉操作，使用期貨槓桿把承受的市場風險提升到10倍以上（Beta×10），浮盈加倉，要麼一朝富貴，要麼準備去搬磚了。有時交易者還要幻想自己是金融市場的指揮者，心中默念孫子兵法的口訣，「故其疾如風，其徐如林，侵掠如火，不動如山」。感受一下在資本市場中馳騁的痛快。有一些喜歡以小博大的交易者，不時買一大把末日期權，或超級價外期權過過手癮，來一個1賠200的賠率。投中低概率事件的就有200倍獲利。2018年底的石油市場大暴跌前買入大量價外認售期權，或者以短期價外認售期權收割年底的美股急挫，資金翻個50倍不成問題。不過採用這種九死一生的玩法，10年難得一次能開中大獎，這種交易方式其實久賭必輸。

要賭錢，金融市場絕對可以滿足你，一個上午賺到的年化回報率就可以高過世界第一對沖基金橋水的年化報酬率，大有傲視世界之氣勢。朋友，估計你應該還未學會金融交易市場的虧字是怎樣的寫法。比如末日價外期權這種買入後99.99%都會出現全損的遊戲你都熱衷參與，形同派錢結別人花，只是市場不會對你說句多謝而已。我也有翻看過《如何買到期期權》（Trading Options at Expiration）這類書，什麼的交易方法都會有人去推介，只是浮躁而來的錢，往往終將隨風而去，最終仍是手空空無一物。建立個人修養對投資者能否長期保護資產並在承擔合理風險下進行財富增值其實十分重要。

　　金融投資中有一種下跌，叫做交易中不能承受之跌。如果投資者用了任何槓桿交易比如100萬借成200萬，維持保證金比例是70%，即是買入的資產在下跌30%後就要追加保證金，否則會出現爆倉被強制賣出全部或部分持貨。如果遇上重大波動事件，股票或商品投資的價格出現裂口大低開或持續跌停板，所有投資及本金就可能化為烏有。如果在期貨市場，付出投資目標的6～10%保證金就可以開始交易，即是下跌2～4%左右就須要補倉。如果開市時已經大跌，所持的倉位可能一開市就被強制平倉，這些事情在期貨市場經常發生。專業的交易者會在建立交易頭寸的使用風險控制工具去參與此等市場，不會傻得冒上損失全部家當的風險孤注一擲。但沒有風險管理意識的個人投機者就很難說了。當你遇上一次重大錯誤，虧損了95%的本金，你要贏多少才能追回損失，你須要把剩下來1元賺成20元。在金融市場中如果想短期內賺回本金除了進行毫無勝算的豪賭別無他法。因為即使你買入了號稱長升不跌的美股市場，過去100年平均年化回報率只是6～7%。要追回20倍損失要從少年等到變成白鬚翁了。

　　金融交易的金錢遊戲不同平日上網玩遊戲虧光了可以再復活，然後毫髮未傷的再來一次的。許多投資者的帳戶出現虧損後，就會想盡各種方法用最快的時間賺回來，然後吃進更大的風險，再虧損得更快。陷入虧損漩渦中不能自拔後會認為只有賭下去是唯一的希望，認為只有賭能拿回失的東西。古語有云：「財不入急門」，豪賭的過程總是贏跟輸夾雜，但是結局卻總是差不多的。在金融投資過程中只要遇上一次重大的投資虧損失去本金，一切的損失都不可能復原。輸光本金後，甚至借貸去賭以求翻本，不只最終一無所有，更可能要背上沉重的債務，令人不勝唏噓。如果你只是剛畢業不久20多歲的年輕人，投資上犯大錯賠光了本金，大不了努力工作並再儲蓄，學懂風險管理後過幾年就能東山再起。如果過了30歲時遇上巨虧，可能連房子首付都虧沒了，準備結婚的錢都蝕清光，大好姻緣都不知會否因此錯過。如果是40多歲一旦抵押貸款，最終房子車子都可能要變賣還債了。如果50歲以上，一次巨虧後可能後半生都要貧窮潦倒了。

金融投機與人性

　　為了令大家能鑑古知今，我精選幾次投機泡沫的經典案例作一些介紹，令讀者對於金融泡沫及人性有更深刻的理解。我們在前面的章節中已經分析了不少現代金融危機的例子，比如2008年全球金融危機。我會選上一些比較古老的案例，你會發現其實數百年過去了，人性卻從未改變，任何價格上升中的東西，只要供應是有一定上限的都可以被熱炒。

　　關鍵的是投機項目的價格必定要持續上升，令持續參與的人數不斷上升，最終引起交易價格的爆升，並在高位維持一段時間，然後沒有更多的新資金或投資者湧入，獲利賣出的壓力會令投資泡沫自動爆破。我希望讀者理解到投資泡沫的本質，而不是純粹看歷史。你必需警惕歷史的教訓，雖然投資的標的已經沒有可能死灰復燃，今天再也找不到投機者去熱炒鬱金香花球。可是有更多變著花樣的鬱金香花球，一樣出現在我們的身邊，引起無數的狂熱。一樣價值無法估計的投機項目往往不是無價之寶，而真的是毫無價值的垃圾，投資者必需警剔參與投機泡沫的風險。

1637 年的荷蘭鬱金香狂熱

　　荷蘭人在17世紀初開始接觸到鬱金香花，欣賞其優雅美麗。開始越來越多人以栽種鬱金香花為時尚。而鬱金香的花以至其花球的價格更是隨需求上升開始不理性暴漲。早在1624年，一株罕見品種的鬱金香已經可以賣到一個普通工薪階段的3至4倍年薪。到了1634年大量的鬱金香外行人湧入市場，加速投機的熱情。1636 年，單是一棵頂級質素的鬱金香球已經可以賣到普通工薪階級的20倍年薪以上。以往並不值錢的普通素質花球上漲速度更快，不少在短時間內出現10倍以上的升幅，一株已經可以賣到普通人的年薪水平。大眾不理性地期待鬱金香花以及其種子的價格不斷上漲，最嚴害的是出現了鬱金香期貨交易，賣家承諾春天時能

提供指定數量及品種的花球,而買家也憑空開出了信用憑證。大眾蜂擁加入鬱金香花的相關買賣,追逐富貴的發財大夢。到 1637 年2月3日,花球找不到買家的謠言出現,大眾突然開始意識到鬱金香不合理的價格。

當花球開始找不到高價的承接者,更多人以更低的開價急於盡快賣出手中的持貨,然而平日的買家都不見了,鬱金香的價格一瀉千里。大眾又從一場發財大夢中醒來。那些在市場暢旺時高價脫手的投機者賺翻天,而那些高價囤積花球的接盤俠哭暈在花園中。那些進行鬱金香期貨交易的交易者,因為最終出現違約,衍生出大量的訴訟,政府最後在1638年允許雙方只須按合同的3.5%定價交割。期貨市場的強制平倉事件早在數百年前已經上演,真的令人嘖嘖稱奇。

其實鬱金香泡沫在金融投機史上真的是小菜一碟,所涉及的國家主要只有荷蘭一國。而且投機人士只是一眾較有錢的人為主,普通人士沒有足夠的資本參與投機的。而金融市場以及大眾經濟並沒有受到重大負面影響。這種只能算是地區性的財富轉移事件,連地區性金融風險都算不上,因為沒有涉及重大借貸或引發債務危機。只是相對於以後的各種金融泡沫事件,沒有什麼比一個如此實在的鬱金香花球更立體的呈現人類投機交易活動的愚蠢。這些現在稀奇平常的花球,在當時可以買到如此貴重的馬車、房子等物品,真令現在的人連做夢也想像,卻是如此真實的發生過。

鬱金香泡沫成功地展示了投資泡沫的財富大轉移功能,並警示後世的民眾要遠離投機泡沫。有了鬱金香的案例之後的,往後的各種金融危機等等都很易被理解。千百年過去了,人性中的貪婪、從眾和恐慌行為從未改變。金融市場的歷史為主流大眾所忽略,一個又一個的歷史教訓不合理地被社會快速遺忘。不出十年時間就可孕育新的一批無知並無懼的投機者,即使是近期發生的金融市場的歷史教訓很快就會煙消雲散。狂熱的投機精神在資本市場上長存,一代又一代的投機者相繼冒起又再次消失。投機者的永恆信念是,不要問只要買,買入了有金山銀山就等我來賺。即使有人好心勸告,他們只會認為那些前人的經驗早已跟不上

時代，他們堅信這次的機遇跟以往的泡沫是不一樣的。

當然每一次投機之風吹起時連豬都可以飛天的，不過泡沫過後往往只會剩餘下一地雞毛。新一代的交易者不斷重覆犯下前人似曾相識的錯誤，令人不勝唏噓。年輕的讀者可能會想，為什麼大部分的市場交易者都不讀一下金融史，吸收引教訓。他們讀的歷史往往只限於讀取市場交易圖表的歷史價格走勢。許多人迷信有效市場假說認為價格就代表一切，有價值的就代表是真實的，不去探求導致價值變化的真實因素，不去認識交易市場的愚蠢。

即使不進行任何投機交易的投資人，亦要學會觀察泡沫形成的潛在危機，評估危機會否蔓延並引起系統性金融風險，投資者要學會在危機到來之前保護自己。要知道當泡沫引起嚴重的金融危機，比如1929年大蕭條時，大量謹慎儲蓄的存戶也可以無辜地因銀行倒閉而損失了畢生存款。2008年金融危機影響到大量美國退休基金因買入了按揭相關債務出現大幅度的投資虧損。有時即使你什麼直接的投機行為也沒有參與，也可能被泡沫爆破的殺傷力間接波及的，所以個人投資者對資本市場出現的系統性風險不可以不留個心眼。

法國的密西西比泡沫

在18世紀初由於法國國王路易十四連年發動戰爭，使得法國國民經濟及國家財政陷於極度困難之中。這時候出身英國蘇格蘭富裕銀行世家的約翰·羅（John Law）進入了法國當權者的視線。

約翰認為採用貴金屬本位制，發行貨幣就要受到國家手中的金屬數量制約，而且貴金屬的開採數量有限，難以短時間內增加。如果採用信用貨幣制度，比如直接印製紙質鈔票，就會令法國的貨幣發行更有靈活性。他建議法國只要建立一個能夠充分供給貨幣的銀行就可以擺脫困境。約翰

認為在經濟不景氣就業不足的情況下，增加貨幣供給可以在不提高物價水平準的前提下增加就業機會並增加國民產出。當社會的產出開始增加之後，社會的總需求也會被拉動，對貨幣的需求也會相應增加。

不過這種金融貨幣政策的最大風險是如果使用不當，貨幣供應增加太快，就可能會引起嚴重的通貨膨脹危機。約翰認為只要擁有信用貨幣發行權的銀行提供充足信貸供社會進行更多生產活動，更多的新增物品供給足夠支持更多的貨幣。這裡的貨幣泛指政府法定貨幣、銀行發行的紙幣、股票和各種有價證券所代表的價值，這樣就可以促進經濟繁榮並且不會引發嚴重通膨問題。

1716年約翰在巴黎建立了通用銀行（Banque Générale）並擁有發行紙質貨幣的特權，大眾可以使用其貨幣兌換金屬硬幣和繳付稅項。法國政府規定這種以裡弗爾（Livres）為單位的紙幣為法定流通貨幣。他隨後在1717年買入了密西西比公司，並改組成名為西方公司（The Company of the West）的上市公司。由於該公司取得了當年仍是法國位於密西西比河流域（即現在美國路易斯安那州地區）的貿易特許權，並且被允許壟斷當時法國控制下的加拿大地區的皮革貿易，亦被稱為密西西比公司（The Mississippi Company）。

由於通用銀行經營得很好，1718年被法國政府強制收回並改名為皇家銀行，只讓約翰充當管理人。約翰只好專心地管理其貿易業務，法國為補償他的利益再讓他取得非洲、亞洲包括印度和中國公司的不同貿易特權。1719年約翰成功壟斷法國的主要對外貿易權，並把旗下各項貿易業務重組成立印度公司（Company of the Indies）。他於同年1月分發行每股面值500裡弗爾的新股集資，並取得了法國皇家造幣廠的承包權。印度公司並於同年先後獲得了法國的農業間接稅以及直接稅承包權，公司的股份價格不斷上升並在8月分突破3,000裡弗爾。1719年約翰決定通過印度公司發行股票來償還15億裡弗爾的法國國債。印度公司在1719年9月12日增發10萬新股，每股面值5,000裡弗爾。他不斷的發行更多紙鈔票以支持其印度公司發行更多的股票。狂熱的投機者堅信印度公司的股票只升不

跌，股票上市後價格就直線上升。最終股價於1719年12月升至1萬裡弗爾一股，短短1年間股價升值接近20倍。

股價的上升由大量的新增貨幣提供支援。投資者賣出了持股後大量的現金流入市場，短時間大量的紙貨幣供應無可避免地引起通膨。大約從1719年後不到2年時間法國的物價已經上升超過一倍。單是1720年1月分通膨已超過了20%。這時開始有越來越的投資者想賣出持股獲取豐厚的利益。聰明的投資者開始要求以金幣作為結算，約翰須要限制每筆交易最多只能換取100裡弗爾等值的黃金，餘下以紙鈔支付。後來約翰宣布紙鈔價值比的面值下降一半，即持有1萬裡弗爾只等於持有5千里弗爾的購買力。再加上投資者開始理解到密西西比地區並沒有太多值錢的貴金屬可以開採，更多的投資者選擇賣出手中的股票，引起股票價值的暴跌。到了1720年底股票的價格已經下跌至1千左右。投資者都損失慘重。約翰只好在泡沫破滅後逃離法國，在威尼斯度過餘生。

用今天的角度去看約翰可以算是傑出的貨幣理論思想家兼勇敢的經濟理論實踐者。他以法國作為試驗場作了一次巨大的貨幣政策測試，雖然以失敗收場，如果不是當年的貨幣供給過於激進，他的想法未必一定會這麼快就一敗塗地。大家可能想不到幾百年前的事似乎遠去，但其實直到今天仍有很多央行在採取類似的方法去刺激經濟，比如許多中央銀行採用量化寬鬆印錢刺激經濟的計劃。日本央行更直接印鈔去購買日本交易所買賣股票基金，這跟約翰印鈔買股的行為本質上無太大的差別。約翰當之無愧是經濟學貨幣政策實證研究的先驅，對國家層面濫發信用貨幣過於激進時產生的風險給後世留下警示。

英國的南海泡沫

英國同樣在18世紀初因戰爭引起大量國家債務累積了近900萬英鎊債務，令英國政府出現償還困難。英國也在千方百計想辦法去減低債務負

擔，連發行彩票去吸錢的方法都嘗試過實行，但收到的款項始終不足夠還債。1711年南海公司（South Sea Company）宣告成立。南海公司是一間政府與私人共同參股的股份制有限公司。英國成立南海公司把債權人擁有的900萬英鎊的債務強制轉為南海公司的股份，承諾會給股份擁有者每年6%左右的回報，作為接受政府債務轉換的回報，南海公司獲得了南美洲及附近海島的貿易壟斷權。當時許多英國人認為南海地區擁有大量的金銀財富，雖然實際上該海峽當時主要仍由西班牙所控制，南海公司並沒有什麼真實的業務，只有幾艘船主要負債奴隸的運送工作。南海公司設計了一個非常氣派的紋章作公司象徵，在市中心租了相當氣派的辦公司以充撐場面，並維持一副充滿實質業務的大公司派場。

到了1718年，英國又再次陷入對西班牙戰爭之中，國債總量不斷在累積。這時候英國的南海公司參考了約翰在法國的做法，也來個依樣畫葫蘆想發行巨額的南海公司股票收購政府國債。南海公司真的打算買下英國政府的全部國債，總額約為5,000萬鎊，成為英國政府的唯一借款人。當時英國格蘭銀行、東印度公司也是英國國債的主要持有者。南海公司以超優越的條款，額外提供英國政府700多萬英鎊的費用，南海公司同時將政府債券的利率維持在5%，但7年之後按條款利率將由5%下降為4%。對英國政府來說，不但能收取可觀的費用，並可以減省日後每年的利息支出，是相當理想的財務安排。可是南海公司承擔了巨額債務後又沒有實質業務，想到最有效的方法就是抬升股價，然後賣給公眾，變相從公眾獲得了的資金去支持債務。

1720年，南海公司數次發行股票去融資以購買英國國債，公司提供股票購買分期融資計劃，只要支付10%的保證金就能買入國債。下一次付款是在一年後，其餘尾款在四年內付清即可。股票從每股128英鎊一直暴升到1,000英鎊。英國出現了大量沒有實質業務的泡沫公司去吸收資本。並且全英所有股份公司的股票都成了大眾的投機對象，大眾陷入了狂熱的投機之中。這時南海公司的管理層建議英國政府訂立《泡沫法案》，令許多不相關的泡沫公司被解散。突然間大眾也開始把泡沫經營懷疑到南海公司身上。1720年7月外國投資者開始拋售南海股票，看到股價下跌

的英國投資者也加入做空，南海股價出現暴跌，到了12月分已跌到124英鎊，回到上升的起點。南海泡沫破滅後英國國會建立了調查委員會，由於南海公司的董事在股份暴跌前大量拋售了股份獲利，好幾名南海公司的董事以及一些財金相關官員被捕，不單被沒收因泡沫投機所得，部分人還被沒收全部個人資產並被關到監獄，這些人一生名節及財富盡失並落得如此下場，也是令人不勝唏噓。

事件中比較有趣的是發現萬有引力的大科學家牛頓也在事件中嚴重損失。牛頓最初購買了南海公司的股票後，曾在4月分感到股價不能持續賺本金約1倍時賣出，獲利7,000英鎊。但看到股價不斷上升又忍不住再次把資金殺回去，最終牛頓大約損失了2萬英鎊，這損失等於他擔當英國鑄幣局局長的十年收入總和。當時2萬英鎊的購買力估算約為今天的300萬美元。牛頓在事後不得不感嘆說道：「我能計算出天體的運行軌跡，卻難以預料到人們如此瘋狂。」

大家要明白交易能否獲利跟個人智力沒有絕對正相關，智力高如牛頓者內心中也會有貪婪和恐慌，而牛頓就是敗在了自己的貪婪之上了。他的智力和理性告訴他股票的價格也會有地心引力不可能永久上升，這令他最初成功賣出獲利，可是他心中的貪婪再次驅使他投入股票市場，最終在投資上遇到重大的損失。

泡沫投機的共通特質

當你細心觀察歷史各次主要的投機泡沫，你會發現一些有趣的共同特質。

投機項目的特性

投機項目都多被吹捧及包裝，交易者對標的無法進行有效的價值評

估，也沒有可靠的價格參考。交易者不清楚的業務盈利來源，或為何投資項目被認為是有價值的，而交易者卻對投機項目的將來價格充滿了幻想空間。包括2000年的互聯網泡沫也是這樣。

金融環境配合

經濟環境中出現貨幣濫發，或出現超低利率借貸成本環境，又或者大眾手中有大量閒置的貨幣，都是促成投機項目能盛行的重要助力。投機參與者在貨幣寬鬆時，往往可輕易地使用借貸或槓桿式合約，加速泡沫的膨脹速度。

上升的過程

最初總先經歷緩慢上升，或經過一定時間的沉寂，投機品種最初未被大眾所認識及接受，要有更多人加入其中才能啟動拉升。主要推波助瀾者都往往有華麗的外表，能夠揮金如土，一副成功人士的氣派。配合媒體及輿論的炒作，吸引越來越多的大眾參與，直至最終達到全民參與，或參與度達到極限。為了避免泡沫太快破裂，必需不斷推升各投機項目的價格，令參與的其他投機者不捨得賣出項目去獲利，減少賣出的壓力，並以只升不跌的神話利誘更多人當接盤俠。

爆破的過程

高價買入投機標的的新買家都是最脆弱的潛在的賣家，他們的持貨成本遠高於以往的其他買家，心理壓力非常大。所以投機項目上漲得更快，更多人在高價買進，其實潛在的賣壓就會不斷上升。必須要不斷抬升價格才能維持局面。當價格在一段時間不能再上漲，不須要特別的原因或消息，市場會自我發現原來已沒有更愚蠢的新買家願用更高價買入時，泡沫的燃料耗盡便會出現自動爆裂。更多的人因為投機項目下跌加入做空行列，這個過程往往會有點反覆，偶然價格還有一些強勁的反彈。最終卻再也找不到足夠數量的買家去接貨。槓桿買入者被強制平倉

賣出持貨，市場出現恐慌，下跌速度加快。最終泡沫大爆破，只剩下一地雞毛。

爆破後的檢討

社會在投機事件爆破後總要找出導致市場泡沫或暴跌的真兇，貪婪的投機者這個幫兇被認為是純粹的受害者。歷史上從來沒有泡沫事件中的投機者是被強迫參與的，他們自己的貪婪支配了理性，卻把投機交易的錯誤完全歸咎於遇上了騙子。他們認為錯不在己，既然騙子已被抓了，也沒有必要為下一代進行相應的預防教育。所以類似的投機泡沫事件一代又一代的繼續上演，沒有多少人真正吸收到歷史的教訓，人性中的貪婪在缺乏預防教育下，令投機事件在歷史上不斷重演。

面對必需品投機

對於投機泡沫，理論上別參與其中才能明哲保身。但如果投機的標的是人生中的的必需品，比如房地產。即使再聰明的人也無法避免投機行為的間接影響，當你找不到一間賴以棲身的小房子時，無處安家又何以容身?正所謂貧無立錐之地。深陷其中的智者也必定非常困擾，因為有些泡沫可以歷久不散，日本的房地產1980年代後期不到5年的時間暴升，卻用了近20年時間才完成下跌過程。20年可把青年耗成中年，中年耗成了老年，那時候都不用成家，可以開始找安老院了。一整代的人就這樣被投機害慘了。日本近年流行的斷捨離極簡生活，獨身主義，全部都是1990年代房地產泡沫爆破後才出現的思想產物。近年日本育齡女性的人均生育率已經止跌，可是總體人口經歷了20年的萎縮已經無可避免地持續下降。最可悲的是在投機熱潮過程中，人們還會問你為什麼不早點參與投機，你祖輩為什麼不參與或幫助你投機？彷彿不投機就是原罪。

身處必需品投機浪潮中的普通人無處可躲避，除非政府有政策上的幫助，比如新加坡採用由政府主導房屋政策，否則個人能自保減低影響的方法並不多。不過要留意的是，無論泡沫有多大，正常來說一般人的工資收入增長是有限的，否則收入增長太快應該很快就會出現超級通膨。央行無可避免的要收縮貨幣並引起資產市場暴跌。就算央行不收緊貨幣任由惡性通膨出現，最終都是殊途同歸引起資產價格崩潰及實質經濟衰退。只是央行不主動刺破泡沫時不用被社會當成引起泡沫破裂的兇手，最多只會被後世的經濟學家嚴厲唾罵。

　　當資產價格上漲，收入與資產價格的距離會越來越遠，比如10年家庭收入總和可買房，變成20年甚至30年。當資產進入了上漲的週期，你的收入上升永遠追不上樓價，痛苦度只會越來越強烈。如果是房地產價格過高，最直接的替代方法是選擇租房。房租會隨房價上升，但是房租是消耗性消費開支而不是資產，不可以抵押也沒有太多的財務槓桿可支援。至少我沒怎聽過靠勞力吃飯的工薪階層能以超過70%每月收入去長期租房，你總得花錢吃飯和生活的。所以房租的升幅極限不可能超過家庭收入的一定比例。

　　和你一起去搶房租的人的收入增長也是有限的，房東可以不斷按市場的承受力極限提價，但過了一定水平就找不到租客了，會有越來越多空置單位。當然如果房價上升太快，空置的成本又太低，又或者身處於房屋供應嚴重不足的城市，你竭盡所能工作仍是找不到負擔得起的住房，要麼就只好越搬越遠越搬越小，或者考慮在別的地方過新生活。人生總是有選擇的，有捨就有得，少了一些工作收入同時換來的是更舒適的生活，更美好的心境，不一定是壞事。最困難的處境是一些專業工作只能在某些城市找到，這樣你要考慮是否在一個城市工作而在另一地方安家了。

　　當然你若認為房價必需不斷地上升，你自然會用盡一切借貸及槓桿去買最貴的房子，因為往往越優質的房子升值能力最快。但是如果你確信資產已無升值空間，卻有成家等原因萬不得已要被迫參與其中，可以

買入自己收入供款負擔能力以內質素普通的房子，把房子跟買入車子一樣視為折舊消費品，不理會升值貶值，只為自己有片瓦遮頭，避免承擔過高的個人財務風險。等將來自己的收入上升，儲蓄增加了再進行房子消費升級，減低資產波動令生活陷入困境的風險。我們無法預期泡沫何時破滅，只能盡力去應對減低對生活的實質影響。

經濟學家約翰·加爾布雷斯（John Kenneth Galbraith），在其著作《金融投機簡史》中提到，人性使每個人相信，自己的聰明才智能判斷出最好的投資工具與投資時機。要想在動盪的市場中保身，投資應保持絕對的懷疑，別被那些所謂金融天才，以及風光無限好的未來前景沖昏了頭腦。許多資深的投資者都在預期經過十多年濫發貨幣後，下一場大型投機泡沫爆破事件何時來臨。即使一個特大級數的泡沫爆破事件結束了，又會再次在另一種資產發生，可能是債券市場、房地產市場、股票市場、藝術品、名酒、古董、貴金屬、虛擬商品，甚至外太空的資源。只有在泡沫投資爆破後，有少量的金融作家把事件記入史冊，為少數願意暸解投機狂熱風險的下一代提供借鑑。

理財目標與財務自由

> 天下熙熙，皆為利來；天下壤壤，皆為利往。
> 夫千乘之王，萬家之侯，百室之君，尚猶患貧，
> 而況匹夫編戶之民乎！
>
> 司馬遷《史記》

對一般人來說，住房，教育，醫療，退休保障是普通家庭頭頂的幾項重大開支。不少人對金錢有較強的焦慮感，因為有錢才可以解決頭頂的這幾座大山。沒有錢的生活就真的壓力山大，日子比較難過，這是無法買心靈雞湯書自我安慰就能解決的。年輕時一無所有，遇上困難的時候有時我會攤開自己的手看看，什麼都沒有就靠這雙手去奮鬥去創造，

都沒什麼可以輸的了，就沒什麼好怕了。如果你本身沒有金錢資本，手中只有少量儲蓄，千萬不要對金融市場的投機致富有抱有任何幻想，這種賭博行為只會令多數的人貧者越貧。努力去學習新知識，保持良好的學習和工作態度，提升自我的人力資本，才是改善生活的最佳途徑。

當大家透過努力或成功進行資產交易，手上儲蓄的錢越來越多，你有沒有什麼財務的目標？你的目標會否只是簡單的為了打敗通膨，保存儲蓄的購買力？還是想冒險獲得較高的資本增值去達成更多人生目標？其實很多人潛意識上賺最多的錢就是最大的人生目標，因為有了錢可以解決頭頂的各種壓力大山。獲得更多錢真的能促進很多好的事情發生，比如在交通不便的地方買了一輛車方便一家人的交通出行。比如支付兒女學習各種技能的費用，帶著一家人愉快地親子旅行，孝敬父母令他們老有所養。這些都是錢的良好促進作用。可是單單只有錢是不可能獲得良好的因緣，這需找到一位合適的人一起為生活努力。買到優秀學校的學區房絕不等於就可以培養孩子成材，培養小孩須要很多言傳身教的投入，你怎樣待人接物包括對待長輩，你的下一代就會受你影響，只想花點錢是解決不來的。其實錢在人生很多事項中是很無能的，比如錢永遠買不回時間變回年輕。

有沒有想過，擁有很多財富本身也可以成為人生的枷鎖。如果你的錢不是用來一般改善生活的用途，而是用來與身邊的人作比較以獲取虛榮用途，你就可能成為一個金錢的奴隸。家庭年收入10萬時，總幻想在年收入有50萬就太好花了，到了50萬就想要100萬，知道老同學有200萬時，你就想要500萬。你可能不能想像，千萬年薪的人也可能為錢苦苦掙扎，他們可能位居最頂尖高新行業的最高層，卻把自己的資產多層房產全抵押掉去投資。為什麼都這麼有錢了還這樣冒風險？因為有千萬年薪的人的小目標就是賺他幾個億。不為什麼，就是為了自我感覺良好，獲得把這水平的同輩都擠下去的快感。在外人看來這麼有錢的人，表面風光的錢及資產的同時，其實背後還有大量負債，現金流緊拙，想花錢消費時也不是隨心所欲。心也往往是不自由的，因為天天要想獲得更多。超豪華婚禮的主角，生活中的幸福感未必高於互相依靠同心合力過日子

的普通小夫婦。錢最大的作用是支持生活中的必要開支，以免缺乏錢成為生活的重大限制。財富及金錢最重要是給了我們更多的選擇可能與自由，比如做一份自己更喜歡但收入更低的工作，仍能維持生活狀況。

有一些人很強調夢想就是獲得財務自由，即被動收入如租金、利息、退休金等能超過生活支出，這樣你就可安坐家中不用工作，睡覺睡到自然醒，過上無所事事無憂無慮的生活。除了你擁有的錢以外，一個人在社會上的真正價值是有多少人須要他生產的物品及服務。飛機師駕駛飛機帶乘客到達千里之外的目的地，一個賣煎餅的伯伯為客人提供熱騰騰的早餐，工作一樣是創造價值受人尊重。交易界的老前輩德國的科斯托蘭尼（André Kostolany）很年輕時已財務自由，由於有太多錢又無事可做太空虛了，他竟然得了神經官能症要去看心理醫生，得到的處方竟然是請找點自己覺得有意義的事去做。他開始寫專欄、在咖啡館做教學後立即藥到病除。如果你拚命工作及投資的初心是改善自己一家的生活，為社會創造一點價值，想想自己有沒有在追逐金錢的過程之中迷失了，是否變成以獲得更多錢去衡量自己的價值。如果有更多人不再以純粹的財富去衡量別人，尊重包括你自己在內每一位辛勤工作的人在社會中的價值，社會的整體幸福感也會得到提升。

對個人及社會而言獲取一定的物質生活仍是非常重要的。二千多年前孔子已提出人若無衣食則亡其所以養的觀點。多數人還是要先獲得足夠收入解決基本住房及生活各方支出，基本生活過得去，才有更堅實的條件去開展精神文明建設。我們還是得先繼續努力學習提升工作技能或經營能力，增強投資智慧並善用我們的儲蓄，精神面建設才能有更強大的物質支持基礎。詩和遠方可以建立在幻想之中，卻永不可能站在原地就能達到。我們作為普通人不須要天天去想辦法在資產市場上獲取厚利，或者執著要打敗市場，只要能在控制風險下分享一下資產上升的好處，賺點實質回報改善生活已很好。保持持續學習的能力，對我們實現更遠大的目標也是很重要的。

留有餘地的哲學

　　學會凡事留有餘地的生存哲學，即中國傳統哲學中的中庸之道，是交易者在市場中能長久生存的重要哲學原則。在市場中能獲利最多最猛的都是年輕並不畏風險的操盤者，他們快速的衝向各種風口，投資回報遙遙領先各路投資前輩，傳統的基金投資大師在他們面前形同古董和化石。不過一旦市場逆轉，又會再次應驗在退潮中才知道誰人在裸泳的股神名句。貪圖最後一點利潤往往一無所有。投資回報是贏不盡，賺不盡的。美食家蔡瀾有一個的生命燃燒論，把蠟燭兩頭一起燃燒是最光亮的，不過很快就會燒完。投資也是一樣，把槓桿上到盡回報是最大的，不過也很快就玩完被抬離場。休息是為了走更遠的路，不要天天想把天下間的錢都收到自己口袋，把自己的壓力推升過極限，就要看你身體或心理那一樣先出問題，你一定會被迫停下來。而且你會錯過很多生命中沿途的風景。就算你真的達成了財務目標，卻失去了當初的意義，又有什麼價值？還是那一句，不忘初心，方得始終。

　　《金錢遊戲》（The Money Game）一書中，作者佐治·古文（George Goodman）對金錢有深刻的思考。他看到許多金錢遊戲的參與者永遠在投射更美好的將來，而忽略活在當下的生活真諦。只為了贏而贏，而卻忽略了生命中真正重要的東西，這相當發人深省。媒體有時會不斷強調什麼人購入了什麼資產獲得厚利的投資故事，並配以幸福生活的美好祝福。暗示要成功就學學他們吧，鼓勵大家勇敢地擁抱風險，獲取市場源源不絕提供的超額回報，成就美好人生。而為了令故事更精彩，當然要加入一些失敗者去襯托，形容他們一直想找機會抄底加入其中，卻一直沒有膽色，錯過了一次又一次的機會，是一個徹頭徹尾的失敗者。只能眼白白的看到其他人搭上了資產上升的幸福快車。彷彿不加入投資或投機的人簡直是帶有原罪，應該被譏笑。

公眾開始崇拜那些持有資產賺大錢的成功者，而把任何過早賣出資產或沒有買入投機者描寫成失敗者。「他們看不到市場還在上升中的嗎？現在賣出真的太笨了！形成未買入者的強烈焦慮。如果投資者沒有足夠的修養，是很難抗拒這種不買入的定力。除非是生存的必需品被迫須要量力而為有限度參與。否則其他非必需品的暴漲中，如果你知道這是圈套式投機，就算很可能可以交易獲利，你也有足夠的定力不參與這種坑人的遊戲，這就是投資者的修養。我們無法阻止投機泡沫的發生，我們卻有足夠的自由決定是否參與其中。如果一個社會有大量有修養的投資者，騙取大眾錢財的短期泡沫就難以膨脹。

是否擁有很多財富並不是量度人生價值的重要標準，一個人或他所創造的物品及服務被他人所須要，才能真正反映其個人在社會上真實價值。一位千億家財的財主離開了，沒有太多人會有什麼感覺，人們只會關心一下有沒有爭產故事即將會上演，然後沒過幾天就被世人遺忘。人生的價值不在於有多少財富，賣早餐的老伯也對每天光顧的顧客產生有益的價值。有一些思想家的影響即使時代改變卻能對社會長期發揮影響，這就更是另外一種境界了。

其實人生有很多角色，沒有任何人可以做到面面俱到，媒體很多時把一個人在某一方面有突出表現便把該人士簡單地界定為成功者或失敗者。其實在投資行業內公認獲得巨大成功者而言，包括巴菲特、索羅斯、格羅斯等等，許多投資大師的個人生活其實一團糟，有些經歷了多次離婚，家庭關係分崩離析，他們從不缺錢，卻往往缺乏尋常百姓看似隨手可得的家庭溫暖，了無生氣的家庭生活簡直就是稀奇平常，只有在投資場上他們才會變得生龍活虎，因為這裡他們可以忘了生活中所有的不如意。無論是藝術家、作家、投資家、企業家，當一個人全神貫注只想做好一件事，生活中的其他方面很易會變得很糟糕。

擁有更多財富的目的

　　不斷追逐更多個人財富的的終極目標是什麼？其實你想用財富獲得什麼，你又打算用多少東西，時間精力去換取財富？到頭來發現失去了的時間永遠買不回來，失去了的生活永遠買不回來。李家誠先生曾經在老年時對記者說過，如果能讓他變成18歲的年輕狀態，他願意變回一無所有，用所有的財富作交換。原來很多年輕人從來不知道，時間有著如此高的價值，有些人恨不得把所有時間都去賺錢，卻忘卻他們一直擁有的東西，沒有好好利用時間在賺錢以外的價值，多久沒有認真的看看周圍的人事與風景。其實很多人從來沒有想過這些問題，他們以為有了錢就擁有了一切，有了錢的人生就是完美的人生，想要什麼就有什麼。這是因為他們的人生閱歷實在太淺，他們從來不知道較富裕的人面對的煩惱和困擾並不比其他人少，除了錢可以直接一次過直接解決的問題以外。

　　錢最大的力量令我們可以有選擇的自由與空間，不要為了錢做一些自己不喜歡甚至違背內心的事，能保持獨立的人格。金錢也是維持個人及家庭生活的必需品，沒有足夠的金錢維持最基本的生活，詩和遠方也只能永遠停留在想像之中。不過錢在很多事情上都是無能為力，比如感情，比如時間，太多的東西是不能用錢可以交易的。只是對很多平凡人來說，錢不夠看似是他們生活中面對的最大問題，很少人認真的看看自己擁有的一切。許多人省吃儉用汲汲營營，不斷積累更多的錢更多的房子以及財富，卻繼續想要更多，因為他們賺錢的唯一目的就是為了賺更多的錢，卻不知不覺間成了金錢財富的奴隸，反而失去了自由。

　　究竟你獲得多少財富才足夠，獲得更多財富的目的是什麼。誰人都知道沒有錢生活都成問題，什麼也談不上。人生須要努力和奮鬥。但當你開始有能力選擇時，你仍是把獲得更多財富放在首位嗎？古語有云：「窮則獨善其身，達則兼濟天下」，怎麼去用運用你的財富才能令你最愉快？讀者請自行思考你心中的答案。但無論你的答案如何，無論你將來有多少財富，切記不要以擁有財富的多少去量度別人以及你自己的標

準。對社會上任何用自己的勤勞努力獲取收入的人都應該保持足夠的尊重。人生的真實價值在於體驗和經歷，在於建立人與人的關係，在於被別人及社會的須要，而非純粹為了在金錢遊戲中勝出！

後記

天空不曾留下翅膀的痕跡，但我感恩我已經飛過

I leave no trace of wings in the air，but I am glad I have had my flight.

泰戈爾 《流螢集》

投資犯上重大錯誤時的心境非常痛苦，想想上面泰戈爾詩中的意境，最少自己曾經努力嘗試，心中也許就會釋然。但錯誤本身並不值得歌頌，我希望你們透過學習能減少犯上重大錯誤。希臘哲學家柏拉圖的《理思國》一書中有個洞穴囚徒比喻，當你被困在洞穴之中，看到影子的舞動就以為是全世界。這比喻用在投資認知上也是很合適，只有投資者能走出洞穴才能認知到真實的世界，而不應沉醉於自己的狹窄認知之中。

如果要用一本書去教下一代學投資，應該買那一本書？不同書店中總有一整架的投資書，什麼類的投資工具都有專門書藉，但整合金融市場知識系統性的普及讀物不常見到。我就起了念頭去嘗試寫作一本較有一定深度的普及性讀物供大眾參考。這本書的寫作目就是引領你去認識更廣闊的金融世界。

我知道書中內容涉及的範圍相當廣泛，一些內容可能須要時間消化。我希望你至少閱讀後掌握到幾個關鍵的概念：

· 金融市場交易的是風險與回報，當中的風險與回報並不是等價交換。沒有承擔風險就很難賺得到高回報，承擔了風險卻不代表有

回報，可能只當了笨蛋接盤俠。投資者必需小心權衡交易中的風險與回報比例是否合理。

- 如果想在金融交易中長久生存，保護投資本金安全優先於爭取最大投資回報。因為賺多少次的錢都可以一次過輸清光。
- 高大上的策略長期回報未必強於簡單的策略，只是不神祕的策略很難迷倒投資大眾，太清晰透明就不迷人了。
- 很多人都相信並一起做的事不一定是正確，在金融市場中從眾不能減低風險，只是多一個人在高位接盤而已。
- 免費的東西往往是金融交易中最昂貴的東西，無論是免費的交易策略或看似零成本的期權對沖策略往往隱藏巨大風險。
- 看了任何書，學習到任何新方法不要頭腦發熱，認為找到交易祕笈。過去的歷史及經驗不一定適用於未來，慣性思維是風險的源頭。過去沒有發生的不等於將來不發生，要有前瞻性思考。
- 事後孔明眾多，卻沒有人能長期準確預測市場。無論是股市、匯市、債市，一個也沒有！
- 投資前做好風險控制計劃！（重要的事情說三遍）每一筆風險投資投出去以後，都不定有機會把資金收回來，永遠不要低估市場的波動性。

　　資訊不等於知識，看了許多投資資訊並不代表投資知識就能改善。但好的知識也不代表就可以傳播，我希望讀者可以成為知識的傳播者，幫助傳播投資者教育的理念。一個人的力量非常有限，眾人的力量才能非常強大。閱後喜歡本書或發現了其他優質財經讀物的朋友可以在自己的社交媒體幫忙推介，令投資者教育得到更大的重視。沒有良好的投資者教育及知識的普及，發展及壯大金融市場就會非常困難，在新興市場中股票是用來炒的現象就很難出現根本性的改變。如果更多的投資者因為知識而在市場過熱時選擇不推波助瀾，市場低迷時更多人能亮出信心的火炬，市場的振幅就會下降，令更多長期參與者能得益，而不是玩暴走音樂椅遊戲看誰在音樂停止時跑得最快。

　　不是每一個人都有足夠的能力與運氣在主動交易中戰勝市場，長期

獲得超額回報。如果說堅持和努力就可以，這完全是無視客觀事實的扯淡，因為你賺到的超額回報必定是別人虧出來的。可是每一個普通人都是潛在的金融市場大笨蛋，連天才科學家牛頓也在南海泡沫中當了大笨蛋，虧了他十年工資總和，你就不要懷疑自己有足夠聰明才智就沒有當笨蛋的潛質了，因為智力高低不一定能克服心性中的貪婪與恐慌。資本市場只有一個不變的生存法則——物競天澤，適者生存。我希望大家能認清市場的真實風險和生態，無論你選擇或不選擇參與金融投資，你也可能直接或間接的被資本市場的利率、匯率等影響，認識金融市場如果運作也是很有價值。選擇主動參與金融市場交易的朋友，請你永遠保持懷疑並做好風險控制。機會往往是給有準備的人的，即使有些知識你現在用不著，難保哪一天就大派用場。

在本書最後感謝太太在成書過程的無言支持，我在相當長的一般時間內把所有的空餘時間都用來寫作，往往寫作至深夜難以兼顧家中大小事情，她總是毫無怨言。她在我一無所有時就願意跟我一起奮鬥，並容許我繼續在金融市場中自由探索。在我遇上重大挫敗時還是一如既往的支持我再爬起身，如果沒有她的支持，這本書應該就不會存在了。

附錄

統計學上的常態分布與資產波動性

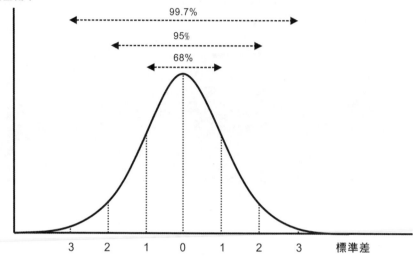

資產價格在指定時間內維持在:
1個標準差的波動範圍的發生概率＝68%。
2個標準差的波動範圍的發生概率＝95%。
3個標準差的波動範圍的發生概率＝99.7%。
4個標準差的波動範圍的發生概率＝99.994%。

　　事實上4個標準差以外的超低概率事件也會在金融市場發生。比如1987年10月的單日暴跌股災的標準差超過20個以上，即是近乎沒有可能發生的事，事實上卻發生了。所以在金融市場，統計學是一種工具，迷信統計學卻是一個潛在的認知陷阱。因為在金融市場那裡，什麼低概率的風險事件也會發生。只要一次失誤，就可以令你傾家蕩產。遠的不要說，2015年的瑞士法郎暴升事件就令好多外匯交易商陷入破產困境。如果你學會了警剔低概率市件，躲開了一些投資陷阱，這本書就沒白買了。

現金流折現計算模型（Discount Cash Flow Model）

$$投資資產的現值 = \frac{CF0 + CF1}{1+k} + \frac{CF2}{(1+k)^2} + \frac{CF3}{(1+k)^3} \cdots$$

CF0 = 買入產品後的即時現金流，通常為零

CF1 = 下一年（或下一個派息日）的現金流

CF2 = 第二年（或第二個派息日）的現金流

K = 是指資產的必要報酬率

現金流折現計算模型是公司進行資產估值的標準方法

可是有以下的限制性

· 資產必要報酬率其實並不確定，事實上經常在變化。

· 評估的現金流並不準確，評估的質量差。

· 收到的現金流其實不確定。

· 企業今天的盈利增長不等於下一年也會增長。

· 企業賣出資產產生的一次性現金流也會影響估值。

· 現金流有時為負值。

股利增長模型（Gordon Growth Model）

$$投資資產的現值 = \frac{D1}{r-g}$$

D1 = 今年年底預計所收股息

r = 股票的必要收益率

g = 股息增長率

　　使用上最大的問題是股息增長率其實並不固定，股票的必要收益率其實經常改變，而且股息的派發多少也是不確定的。所以計算出來的參考價實際上沒有多大的參考價值。

債券價格現金流折現模型

債券投資的現值（P）

$$= \sum_{t=1}^{n} \frac{C_t}{(1+r)^t} + \frac{M}{(1+r)^n}$$

n ＝派息次數

r ＝每期收到利率

t ＝獲得分派的總次數

C ＝債券的債息現金分派

M ＝到期收回債券本金總值

　　如果債券的違約風險是固定不變，只考慮市場利率變化的影響，這模型有一定的參考性。如果債券的違約風險大幅改變，這債券價格現金流折現模型計算出的理論價值便沒有更大的意義了。

期權定價模型（Black-Scholes Calculator Option Pricing）

認購期權定價（Call Option Pricing Model）

$$C = Se^{-qt} N(d_1) - Xe^{-rt} N(d_2)$$

認售期權定價（Put Option Pricing Model）

$$P = Xe^{-rt}N(-d_2) - SP^{-qt}N(-d_1)$$

$$d_1 = \frac{\ln(\frac{S}{X}) + (r-q+0.5s^2t)}{s\sqrt{t}}$$

$$d_2 = d1 - s\sqrt{t}$$

C	認購期權定價 Call Option Pricing
P	認售期權定價 Put Option Pricing
S	現在股價 Current Price
X	行使價 Exercise Price
r	短期無風險利率 Short Term Risk Free Interest Rate
In	指數對數 Natural Log
t	到期前剩餘時間 Time remaining to Expiration Date
s	股份價格的標準差 Standard deviation of the stock price：（影響引伸波幅）
q	持續複利派息率 Continuously Compounded Dividend Yield
N	累積常態概率 Cumulative Normal Probability

　　事實上交易時交易系統會自動計價及算出期權的波動率參數，理解這模型可以幫助投資者思考影響期權理論定價的因素，你會明白到市場現價與行使價的差異變化是多數情況下主導期權價格的關鍵因素。這個期權定價模型對一般人而言難以掌握，當中的算式除了用作嚇唬初學期權的投資者或在大學投資課程用來考核，真實用在交易上須要參考的地方不多，即使你完全不明白這計價模型對實務交易並沒有什麼重大影響。

期權市場的肥尾分布（Fat-tailed Distribution）

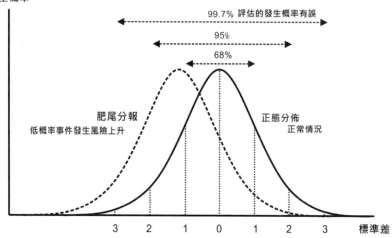

期權市場的肥尾分布其實是指很低發生概念的事件風險上升，比如令本來近乎不可能的3個標準差以外的低風險事件（0.03%發生可能）發生的可能性大幅提升。即是代表市場出現劇烈波動大幅上升或下跌的概率風險大幅上升。肥尾代表超低可能性事件發生可能性上升，令期權投資者以傳統統計學下假設常態分布算出的價格可能低估了波幅。比如2008年金融危機，2011年歐債危機，2018年12月美股大跌，都出現了肥尾效應。市場在很短的時間內波動，令期權的賣方定價可能出現錯誤，買方買入價外期權時可能占有便宜。當然有時期權市場也會考慮肥尾效應出現的風險而增加期權金的賣出價，這必須要視乎當時的實際市況去判斷。

有一些低概率交易者會選擇持續買入超低發生概率的期權，賭一下黑天鵝事件的發生。2017～18年初時有一很著名的VIX看漲期權5毛錢（50 Cents）交易者，每次大量買最便宜的5毛錢美元的VIX看漲期權，從2017年2月起每個月都虧損，卻在2018年2月分一戰回本，據估計此交易可能賺得了2億美元。試問有誰可以每月虧數以百萬計美金，連虧12個月也面不改容？不過此後VIX的波幅已大幅上升，5毛錢策略已沒有什麼機會了。事實上5毛錢投機者在2018年2月分以後已經銷聲匿跡，這種專

業的投機者不會笨得守株待兔，把已經失效的方法持續使用。大家聽過就算了，千萬不要認真作出嘗試，因為此等九死一生的策略只能在特殊市況（市場維持超低波動性及潛在賣盤壓力累積）用上一次，是不能複製並重用的策略。

現代投資組合理論（Modern Portfolio Theory）

投資組合預期回報

E(Rp)＝組合預期回報

R＝預期回報，Ri代表組合內一項投資項目的預期回報。

W＝權重，wi代表投資組合內一項投資項目所占的權重。

$$E(Rp)=\sum_{i=1}^{n} wi\,E（Ri）$$

投資組合風險評估方差

$$\sigma_p^2=\sum_{i=1}^{n}\ \sum_{j=1}^{n} Wi\,Wj\,\sigma_{ij}$$

投資組合波動

$$\sigma_p=\sqrt{\sigma_p^2}$$

二個資產投資組合的風險評估（比如60%股票／40%債券的組合）：

$$\sigma_p^2=w_A^2\sigma_A^2+w_B^2\sigma_B^2+2w_A\,w_B\,cov_{AB}$$

w_A^2＝投資項目A的投資比重

σ_A^2＝投資項目A的波動性

w_B^2＝投資項目B的投資比重

σ_B^2＝投資項目B的波動性

$2w_A w_B cov_{AB}$＝投資項目A與投資項目B的風險波動相關係數

投資組合回報模型決定風險的三個因素

- 波動性：σ_A^2（風險強度，強度越高風險越大）
- 投資比重：w_A^2（吃進的風險分量，分量越小風險越細，投資比重決定風險，而不是波動性本身。你買了2%的高風險資產，虧了50%，只是影響了組合1%的回報）
- 投資組合內資產價格波動的相關性：$2w_A w_B cov_{AB}$

　　如持有的資產擁有低相關或負相關能減低組合的波動率，只有一些資產虧損的時候，一些資產價格出現上升抵消了部份資產的虧損影響，如果多個投資呈負相關，會降低投資組合同時下跌的風險。因為$2w_A w_B$ cov_{AB}是負數時可以降低整體組合的波動率，有助組合獲得更佳的風險回報比率。比如債券市場上升時，股票市場可能下跌，兩者之間可能存在的相反走向降低了投資組合的波動風險。如果兩個投資呈正相關，會增加投資組合的風險，因為升的時候一齊升，跌的時候一齊跌。投資組合無法產生風險分散效果。

　　整個模型最大的問題出現在相關係數（$2w_A w_B cov_{AB}$）影響組合風險的部分。我們觀察到在2008年金融危機期間，本來呈負相關的股市及債市都一同下跌，只有中長期美國國債是例外。股票混合債券的投資組合並不能有效地降低投資組合的風險。由於相關係數的統計學關係被證實並不穩定，令整個理論出現崩潰。有一些投資人認為此理論已經被廢。以投資者的角度來看，在一些時候，股債走勢是存在負相關，但當利率快速上升或下跌，出現嚴重經濟危機時，股票及債券的價格也會一同下跌，比如2008及2018年的美國。

　　但2018年中國債券大牛市，而中國的股市陷入熊市，股債混合基金就取得比股票基金較好的表現。使用現化投資組合理論作決策時須要因地而異、因時而異、投資者必需小心應用。不要相信教科書中那些資產變化的相關度係數的數值在未來也應照辦應用。

資本市場線（Capital Market Line, CML）

$$CML = E（Rc）= R_f + \sigma_c \frac{E(R_M) - R_f}{\sigma_M}$$

符號說明：

R_f＝無風險回報

β＝投資組合的市場風險，或稱為系統性風險

$E（R_M）$＝投資項目的預期回報

σ_c＝投資組合C的投資風險

σ_M＝市場投資組合的投資風險

　　據此模型就可以畫出資本市場線，代表不同風險承擔下的最高回報。我對於吃下更多風險能有更佳回報的理論深感保留。看看過去20年中國房地產完全沒有經歷過重大下行，一、二線城市房地產20年平均年化回報超過10%，但波動率極低。令中國一切的其他資產大類風險回報也變得不合理。因為樓市的長期波動低於債市回報卻遠高於債市。

　　市場價格是交易出來的，真實市場上的投資者沒有多少會按照模型計算出的理論價作投資決定，企圖用理論模型套用在並非完全理性的資本市場去解釋投資行為反而並不科學。理論模型的東西，了解一下就算了。比如投資新興市場要麼一潭死水毫無回報，要麼一年升50%是等閒，你怎麼嘗試拿個平均回報數值去評估風險回報模型往往是毫無意義的。因為中國及其他新興市場在以往都是狂牛與暴跌交替的市場，平均值沒有太大的意義。

資本定價模型

$$E\left(R_p\right)=R_f+\beta_i\left(E\left(R_M-R_f\right)\right.$$

　　資本定價模型比較適合美國這種長期資產回報接近平均值的市場，不過美國投資者也沒多少對此太認真。在中國使用這種定價模型交易估計都要交上沉重學費。最重要是知道一件事，如果你的投資項目擁有高 β（Beta）項目的回報潛力會較高，不過下跌風險也會較大。

　　投資組合中有大量高波動性資產或用了槓桿去加大 β（Beta），市場上升時要賺大錢有何難，可是市場下跌時就很可能虧個精光。

　　在附錄中這些簡單的數學模型很可能已經嚇怕很多讀者立即掉下本書，所以我才放在最後，只供有興趣的朋友參考。不過大家不用擔心看不懂，你是否理解這些模型對你的投資回報其實沒有什麼影響。投資回報是由承擔風險而來，承擔多大的風險，什麼時候才去承擔，這就是藝術而不是科學了。

　　這些投資模型我是用來告訴大家，其實複雜的數學原理除了看似高大上可以促進銷售外，在真實的市場進行交易時知道一點概念就夠了，其實掌握與否沒有什麼優勢。市場在深跌中，重倉買入了，市場見底回升，你就是贏家，市場走向深不見底，你就是輸家，可是市場的走向又由誰可以控制？盲目相信數量模型更會陷自己於危險的境地之中。

　　其實主動型投資往往更像一門藝術，而不是一門科學。由於這本書有很多比較深奧的金融及投資學理念，希望大家能慢慢吸收，並學會自行判斷當前市場是否合適，沒有一本書可以適應所有市場狀況，而人卻可以擁有能力去適應環境，願你們能有所得著。

君子愛財，取之有道

孔子《論語》

國家圖書館出版品預行編目資料

危與機：國際金融投資智慧／黃融著. --初版.--
臺中市：白象文化，2019.09
　　面；　公分.──
ISBN 978-986-358-836-8（精裝）
1.國際金融 2.投資
561.83　　　　　　　　　　　108008235

危與機：國際金融投資智慧

作　　者　黃融
校　　對　林金郎、黃融
專案主編　林孟侃
出版編印　吳適意、林榮威、林孟侃、陳逸儒、黃麗穎
設計創意　張禮南、何佳諠
經銷推廣　李莉吟、莊博亞、劉育姍、李如玉
經紀企劃　張輝潭、洪怡欣、徐錦淳、黃姿虹
營運管理　林金郎、曾千熏
發 行 人　張輝潭
出版發行　白象文化事業有限公司
　　　　　412台中市大里區科技路1號8樓之2（台中軟體園區）
　　　　　出版專線：（04）2496-5995　　傳真：（04）2496-9901
　　　　　401台中市東區和平街228巷44號（經銷部）
　　　　　購書專線：（04）2220-8589　　傳真：（04）2220-8505
印　　刷　基盛印刷工場
初版一刷　2019年09月
定　　價　660元

白象文化
www.ElephantWhite.com.tw

印書小舖
PressStore 出版眾籌

出版 · 經銷 · 宣傳 · 設計
f 自費出版的領導者　購書 白象文化生活館